U0922403

2021
安徽统计年鉴
ANHUI STATISTICAL YEARBOOK

(总第33期　NO.33)

安　徽　省　统　计　局
Anhui Provincial Bureau of Statistics
国家统计局安徽调查总队
Survey Office of the National Bureau of Statistics in Anhui
编
COMPILED

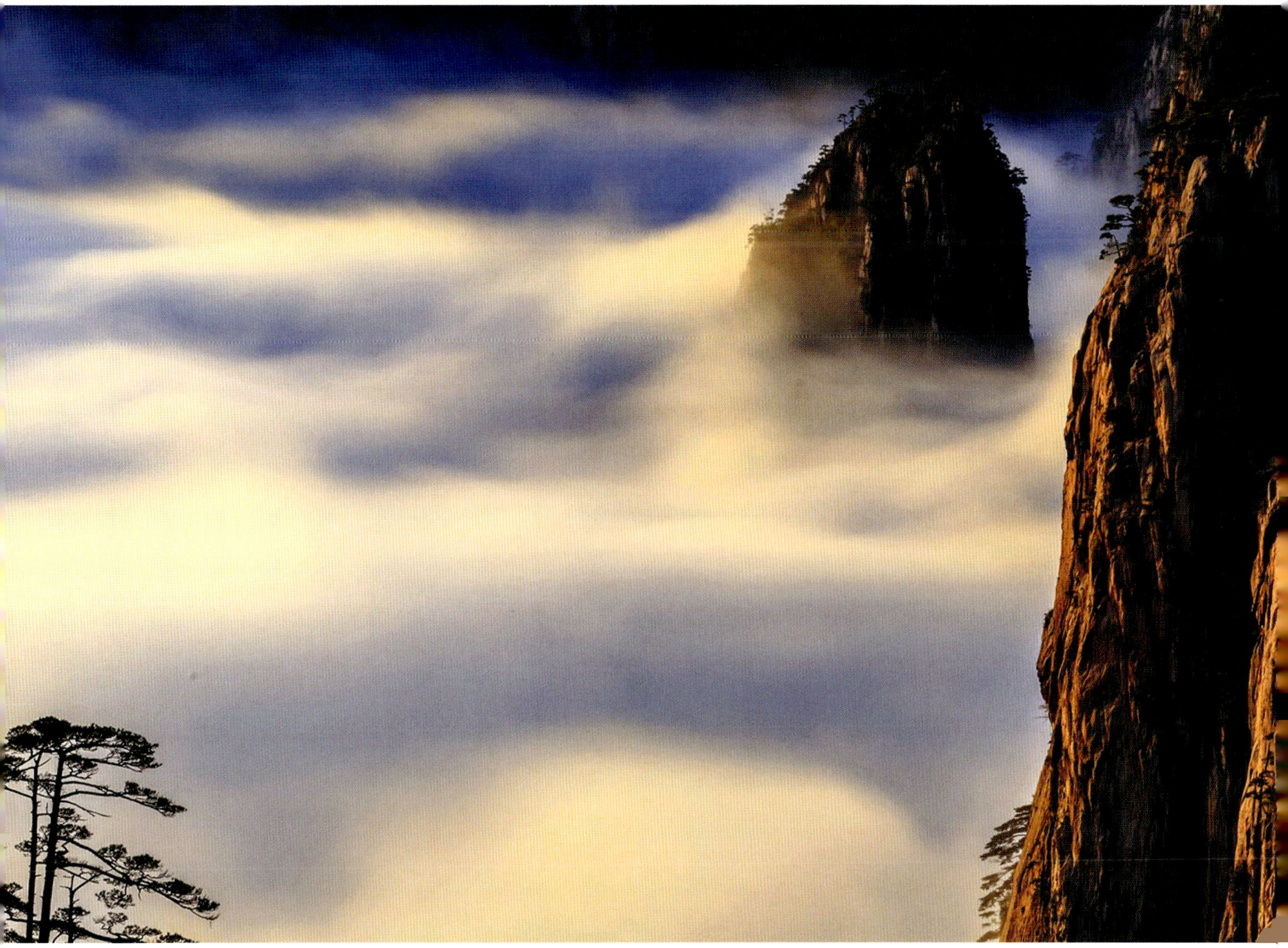

《安徽统计年鉴—2021》
ANHUI STATISTICAL YEARBOOK 2021

图书在版编目（CIP）数据

安徽统计年鉴. 2021 = Anhui Statistical Yearbook 2021 ：汉英对照/ 安徽省统计局, 国家统计局安徽调查总队编. 一北京：中国统计出版社, 2021.10
ISBN 978-7-5037-9591-6

Ⅰ. ①安… Ⅱ. ①安… ②国… Ⅲ. ①统计资料－安徽－2021－年鉴－汉、英Ⅳ. ①C832.54-54

中国版本图书馆CIP数据核字(2021)第158398号

安徽统计年鉴—2021

作　　者/ 安徽省统计局 · 国家统计局安徽调查总队
责任编辑/ 钟　钰　熊　威
执行编辑/ 石东领　吴佳佳　任　虎
装帧设计/ 朴书堂文化 · 陈　强
出版发行/ 中国统计出版社有限公司
地　　址/ 北京市丰台区西三环南路甲6号
邮　　编/ 100073
电　　话/ 邮购（010）63376909　书店（010）68783171
网　　址/ http:// www.zgtjcbs.com
印　　刷/ 安徽新华印刷股份有限公司
经　　销/ 新华书店
开　　本/ 890mm × 1240mm　1/16
字　　数/ 1500 千字
印　　张/ 43.5　彩页0.75
版　　别/ 2021 年 10 月第 1 版
版　　次/ 2021 年 10 月第 1 次印刷
定　　价/ 450.00元　Price:450.00 yuan (RMB)

本书附同版本CD-ROM一张，光盘内容以书面文字为准。
如有印装差错，由本社发行部调换。

《安徽统计年鉴—2021》编辑委员会

AnHui Statistical Yearbook 2021 Editorial Board

《安徽统计年鉴—2021》编辑部

AnHui Statistical Yearbook 2021 Editorial Department

编辑说明

一、《安徽统计年鉴—2021》全面、系统地收录了2020年全省及各市、县经济和社会各方面统计数据，重点展示统计部门服务新阶段现代化美好安徽建设的成果，是一部全面反映安徽省国民经济和社会发展情况的资料性年刊。

二、全书内容共分23个篇章和附录，即：综合；国民经济核算；人口；就业人员和工资；固定资产投资；能源生产和消费；财政、金融、保险；物价指数；城乡人民生活；城市概况；自然资源和环境保护；农业；工业；建筑业；运输和邮电；国内贸易；对外经济贸易；旅游；教育和科技；卫生和社会服务；文化和体育；公共管理及其他；省级和县级主要经济指标及位次。附录部分主要有：安徽农村劳动力非农就业基本情况、企业电子商务情况等。为帮助读者理解和使用有关数据，各篇章附有简要说明和主要指标解释，介绍了统计范围和统计方法。

三、本年鉴使用国民经济行业分类(GB/T4754-2017)。

四、本年鉴中使用的度量衡单位均采用国际统一标准计量单位。

五、本年鉴符号使用说明,年鉴各表中的“空格”表示该项统计指标数据不足本表最小单位数、数据不详或无该项数据,“#”表示其中的主要项。

六、本年鉴中部分合计数或相对数由于单位取舍不同产生的计算误差，均未作机械调整。全书中英文对照，配套出版磁质光盘。

Preface

Ⅰ. *Anhui Statistical Yearbook 2021* comprehensively and systematically includes the economic and social statistical data of the whole province and all cities and counties in 2020, and focuses on displaying the achievements of statistical departments in serving the construction of modern and beautiful Anhui in the new stage. It is an annual reference magazine that comprehensively reflects the national economic and social development of Anhui province.

Ⅱ. The contents of the book are divided into 23 chapters and appendices, namely: General survey; National economic accounting; Population; Employed persons and wages; Investment in fixed assets; Energy production and consumption; Finance, banking and insurance; Price index; Urban and rural people's lives; City profile; Natural resources and environmental protection; Agriculture; Industry; Construction industry; Transport and post and telecommunications; Domestic trade; Foreign economic and trade; Tourism; Education and science and technology; Health and social services; Culture and sports; Public administration and others; Main economic indicators and rankings at provincial and county levels. The appendix mainly includes: the basic situation of non–agricultural employment of rural labor force in Anhui, the situation of enterprise e–commerce, etc. In order to help readers understand and use the relevant data, each chapter is accompanied by a brief description and explanation of the main indicators, and introduces the statistical scope and statistical methods.

Ⅲ. In this yearbook , We use the classification of national economic industries (GB / T4754–2017).

Ⅳ. The units of measurement used in this book are internationally standardized measurement units.

Ⅴ. Notations used in this book: （blank space）indicates that the figure is not large enough to be measured with the smallest unit in the table, or data are unknown, or are not available. “#” indicates a major items of the total.

Ⅵ. Statistical discrepancies due to rounding are not adjusted in this book. *Anhui Statistical Yearbook* is compiled bilingually in Chinese and English and a magnetic CD–ROM has been published to form a complete set.

目　　录
CONTENTS

一、综　　合
Chapter 1 General Survey

二、国民经济核算
Chapter 2 National Accounts

三、人　口
Chapter 3 Population

四、就业人员和工资
Chapter 4 Employment and Wages

五、固定资产投资
Chapter 5 Investment in Fixed Assets

六、能源生产和消费
Chapter 6 Production and Consumption of Energy

七、财政、金融、保险
Chapter 7 Finance, Banking and Insurance

八、物价指数
Chapter 8 Price Indices

九、城乡人民生活
Chapter 9 Livelihood of Urban and Rural People

十、城市概况
Chapter 10 General Survey of Cities

十一、自然资源和环境保护
Chapter 11 Natural Resources and Environment Protection

十二、农　业
Chapter 12 Agriculture

十三、工　业
Chapter 13 Industry

十四、建 筑 业
Chapter 14 Construction

十五、运输和邮电
Chapter 15 Transport, Post and Telecommunication Services

十六、国内贸易
Chapter 16 Domestic Trade

十七、对外经济贸易
Chapter 17 Foreign Trade and Economic Cooperation

十八、旅　　游
Chapter 18 Tourism

十九、教育和科技
Chapter 19 Education and Science

二十、卫生和社会服务
Chapter 20 Public Health and Social Services

二十一、文化和体育
Chapter 21 Culture and Sports

二十二、公共管理及其他
Chapter 22 Public Management and Others

二十三、省级和县级主要经济指标及位次
Chapter 23 Main Economic Indicators and Their Orders of Precedence of Province and County

附 录
Appendix

第 一 篇

Chapter 1

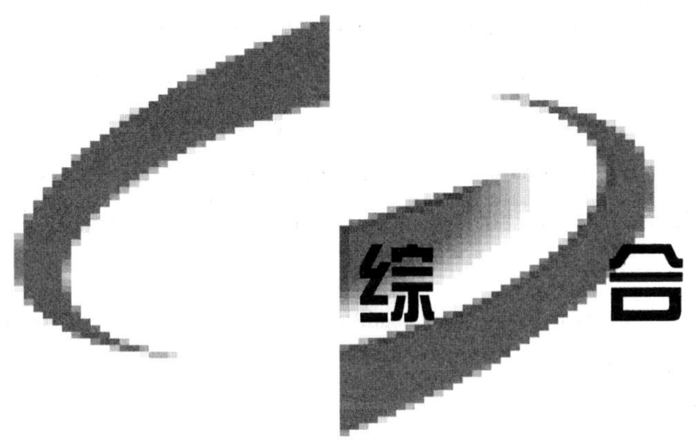

GENERAL SURVEY

简要说明

一、本篇包括我省行政区划、国民经济综合资料等内容。

二、国民经济综合资料中的“各部门单位数”为第四次全国经济普查后部分行业企业资料更新维护数据。

三、国民经济总量、速度、结构、比例和效益指标均取自本年鉴各篇；国民经济综合资料由省统计局综合处整理。

四、我省境内国家级旅游景点黄山、九华山风景区旅游基本情况，由所在地统计部门提供。

Brief Introduction

I. This chapter covers the summary data on national economy.

II. "Number of departments and units" in the comprehensive data of national economy is the updated and maintained data of enterprises in some industries after the fourth national economic census.

III. Data on the total value, speed, structure, ratio and effects on the national economy are extracted from the concerned data in other chapters in this yearbook. The summary data on national economy are prepared by the Division of Integrated Statistics of Anhui Statistical Bureau.

IV. Data on the basic conditions of national scenic spot-Mount Huang and Mount Jiuhua are provided by the statistical department where they are.

1—1 全省行政区划（2020年末）
Administrative Divisions in Anhui (End of 2020)

单位：个（unit）

市名称 Name of City		市级区划数 Number of Regions at Cities Level	县级区划数 Number of Regions at County Level	县级市 Cities at County Level	县 Counties	市辖区 Districts under the Jurisdiction of Cities	街道办事处 Street Office	乡镇级区划数 Number of Regions at Townships Level	镇 Towns	乡 Townships
总 计	**Total**	**16**	**104**	**9**	**50**	**45**	**262**	**1239**	**968**	**271**
合肥市	Hefei	1	9	1	4	4	47	81	65	16
淮北市	Huaibei	1	4		1	3	15	18	18	
亳州市	Bozhou	1	4		3	1	9	79	72	7
宿州市	Suzhou	1	5		4	1	12	94	71	23
蚌埠市	Bengbu	1	7		3	4	19	55	43	12
阜阳市	Fuyang	1	8	1	4	3	18	149	125	24
淮南市	Huainan	1	7		2	5	19	71	59	12
滁州市	Chuzhou	1	8	2	4	2	20	94	85	9
六安市	Luan	1	7		4	3	10	130	87	43
马鞍山市	Maanshan	1	6		3	3	13	35	33	2
芜湖市	Wuhu	1	7	1	1	5	27	44	44	
宣城市	Xuancheng	1	7	2	4	1	15	78	60	18
铜陵市	Tongling	1	4		1	3	5	34	27	7
池州市	Chizhou	1	4		3	1	11	45	37	8
安庆市	Anqing	1	10	2	5	3	18	131	84	47
黄山市	Huangshan	1	7		4	3	4	101	58	43

1—2 全省县以上行政区划（2020年末）

Administrative Divisions of Counties and Above in Anhui (End of 2020)

省辖市 City Under Province Administration	县（市、区） Name of County (City) , District Under Administative
合肥市 Hefei	蜀山区、庐阳区、瑶海区、包河区、巢湖市、长丰县、肥东县、肥西县、庐江县 Shushan District，Luyang District, Yaohai District，Baohe District，Chaohu，Changfeng，Feidong，Feixi，Lujiang
淮北市 Huaibei	相山区、杜集区、烈山区、濉溪县 Xiangshan District，Duji District，Lieshan District，Suixi
亳州市 Bozhou	谯城区、涡阳县、蒙城县、利辛县 Qiaocheng District，Guoyang，Mengcheng，Lixin
宿州市 Suzhou	埇桥区、砀山县、萧　县、灵璧县、泗　县 Yongqiao District，Dangshan，Xiaoxian，Lingbi，Sixian
蚌埠市 Bengbu	蚌山区、龙子湖区、禹会区、淮上区、怀远县、五河县、固镇县 Bengshan District，Longzihu District，Yuhui District，Huaishang District，Huaiyuan，Wuhe，Guzhen
阜阳市 Fuyang	颍州区、颍东区、颍泉区、界首市、临泉县、太和县、阜南县、颍上县 Yingzhou District，Yingdong District，Yingquan District，Jieshou，Linquan，Taihe，Funan，Yingshang
淮南市 Huainan	田家庵区、大通区、谢家集区、八公山区、潘集区、凤台县、寿　县 Tianjiaan District，Datong District，Xiejiaji District，Bagongshan District，Panji District，Fengtai，Shouxian
滁州市 Chuzhou	琅琊区、南谯区、明光市、天长市、来安县、全椒县、定远县、凤阳县 Langya District，Nanqiao District，Mingguang，Tianchang，Laian，Quanjiao，Dingyuan，Fengyang
六安市 Luan	金安区、裕安区、叶集区、霍邱县、舒城县、金寨县、霍山县 Jinan District，Yuan District，Yeji District, Huoqiu，Shucheng，Jinzhai，Huoshan
马鞍山市 Maanshan	雨山区、花山区、博望区、当涂县、含山县、和　县 Yushan District，Huashan District，Bowang District，Dangtu，Hanshan，Hexian
芜湖市 Wuhu	镜湖区、鸠江区、弋江区、湾沚区、繁昌区、无为市、南陵县 Jinghu District，Jiujiang District，Yijiang District，Wanzhi District，Fanchang District，Wuwei，Nanling
宣城市 Xuancheng	宣州区、宁国市、广德市、郎溪县、泾　县、旌德县、绩溪县 Xuanzhou District，Ningguo，Guangde，Langxi，Jingxian，Jingde，Jixi
铜陵市 Tongling	铜官区、郊　区、义安区、枞阳县 Tongguan District，Suburban District，Yian District，Zongyang
池州市 Chizhou	贵池区、东至县、石台县、青阳县 Guichi District，Dongzhi，Shitai，Qingyang
安庆市 Anqing	大观区、迎江区、宜秀区、桐城市、潜山市、怀宁县、太湖县、宿松县、望江县、岳西县 Daguan District，Yingjiang District，Yixiu District，Tongcheng，Qianshan，Huaining，Taihu，Susong，Wangjiang，Yuexi
黄山市 Huangshan	屯溪区、黄山区、徽州区、歙　县、休宁县、黟　县、祁门县 Tunxi District，Huangshan District，Huizhou District，Shexian，Xiuning，Yixian，Qimen

1—3　各行业机构单位数（2020年）
Number of Grass Root Units in Various Sectors (2020)

单位：个（unit）

行业类别	Industrial Category	单位数 Number of Units	#法人单位 Legal Entities	#"四上"单位 "More Than Four" Units
合　　计	**Total**	**1289027**	**1160828**	**43724**
农、林、牧、渔业	**Agriculture, Forestry, Animal Husbandry and Fishery**	**116694**	**115230**	
农　业	Farming	60265	60045	
林　业	Forestry	6689	6422	
畜牧业	Animal Husbandry	21924	21793	
渔　业	Fishery	8483	8445	
农、林、牧、渔专业及辅助性活动	Agriculture, Forestry, Animal Husbandry and Fishery Major and Supporting Activities	19333	18525	
采矿业	**Mining**	**1550**	**1397**	**307**
煤炭开采和洗选业	Mining and Washing of Coal	101	59	22
石油和天然气开采业	Extraction of Petroleum and Natural Gas	5	3	1
黑色金属矿采选业	Mining and Processing of Ferrous Metal Ores	259	243	50
有色金属矿采选业	Mining and Processing of Non-Ferrous Metal Ores	175	147	32
非金属矿采选业	Mining and Processing of Non-metal Ores	916	865	200
开采专业及辅助性活动	Mining Profession and Auxiliary Activities	42	36	2
其他采矿业	Mining of Other Ores	52	44	
制造业	**Manufacturing**	**143567**	**141296**	**17543**
农副食品加工业	Processing of Food from Agricultural Products	8192	7956	1426
食品制造业	Manufacture of Foods	4075	4005	407
酒、饮料和精制茶制造业	Manufacture of Liquor, Beverages and Refined Tea	4411	4356	277
烟草制品业	Manufacture of Tobacco	13	8	5
纺织业	Manufacture of Textile	5186	5140	656
纺织服装、服饰业	Manufacture of Textile, Wearing Apparel and Accessories	11184	11030	715
皮革、毛皮、羽毛及其制品和制鞋业	Manufacture of Leather, Fur, Feather and Related Products and Footwear	2112	2076	305
木材加工和木、竹、藤、棕、草制品业	Processing of Timber, Manufacture of Wood, Bamboo, Rattan, Palm and Straw Products	8870	8785	503
家具制造业	Manufacture of Furniture	4477	4438	261
造纸和纸制品业	Manufacture of Paper and Paper Products	2549	2531	222
印刷和记录媒介复制业	Printing and Reproduction of Recording Media	3348	3303	334
文教、工美、体育和娱乐用品制造业	Manufacture of Articles for Culture, Education, Arts and Crafts, Sport and Entertainment Activities	4000	3950	504
石油、煤炭及其他燃料加工业	Petroleum, Coal and Other Fuel Processing Industries	492	478	51
化学原料和化学制品制造业	Manufacture of Raw Chemical Materials and Chemical Products	4912	4830	1000
医药制造业	Manufacture of Medicines	2411	2367	518
化学纤维制造业	Manufacture of Chemical Fibres	199	195	44
橡胶和塑料制品业	Manufacture of Rubber and Plastics Products	7934	7880	1071
非金属矿物制品业	Manufacture of Non-metallic Mineral Products	13807	13502	2170
黑色金属冶炼和压延加工业	Smelting and Pressing of Ferrous Metals	601	589	134
有色金属冶炼和压延加工业	Smelting and Pressing of Non-ferrous Metals	874	863	246
金属制品业	Manufacture of Metal Products	11626	11484	1121
通用设备制造业	Manufacture of General Purpose Machinery	10271	10103	1162

1—3 续表1 continued

单位：个（unit）

行业类别	Industrial Category	单位数 Number of Units	#法人单位 Legal Entities	#"四上"单位 "More Than Four" Units
专用设备制造业	Manufacture of Special Purpose Machinery	8556	8398	898
汽车制造业	Manufacture of Automobiles	3848	3765	897
铁路、船舶、航空航天和其他运输设备制造业	Manufacture of Railway, Ship, Aerospace and Other Transport Equipments	924	902	152
电气机械和器材制造业	Manufacture of Electrical Machinery and Apparatus	6422	6306	1215
计算机、通信和其他电子设备制造业	Manufacture of Computers, Communication and Other Electronic Equipment	4487	4431	767
仪器仪表制造业	Manufacture of Measuring Instruments and Machinery	2273	2253	160
其他制造业	Other Manufacture	2305	2284	106
废弃资源综合利用业	Comprehensive Utilization of Waste Resources	1475	1464	205
金属制品、机械和设备修理业	Repair Service of Metal Products, Machinery and Equipment	1733	1624	11
电力、热力、燃气及水生产和供应业	**Production and Supply of Electricity, Heat, Gas and Water**	**7444**	**5989**	**518**
电力、热力的生产和供应业	Production and Supply of Electric Power and Heat Power	4918	3804	292
燃气生产和供应业	Production and Supply of Gas	433	302	117
水的生产和供应业	Production and Supply of Water	2093	1883	109
建筑业	**Construction**	**118165**	**107387**	**5879**
房屋建筑业	Construction of Buildings	29992	25577	2785
土木工程建筑业	Civil Engineering	24376	20843	1817
建筑安装业	Building Installation	12952	11806	484
建筑装饰、装修和其他建筑业	Architectural Decoration, Decoration and Other Construction Industries	50845	49161	793
批发和零售业	**Wholesale and Retail Trades**	**337893**	**307510**	**8369**
批发业	Wholesale Trade	156791	150929	3342
零售业	Retail Trade	181102	156581	5027
交通运输、仓储和邮政业	**Transport, Storage and Post**	**38441**	**31798**	**1324**
铁路运输业	Railway Transport	78	43	5
道路运输业	Road Transport	25277	23292	887
水上运输业	Water Transport	1344	1242	195
航空运输业	Air Transport	85	65	6
管道运输业	Transport Via Pipelines	11	9	
多式联运和运输代理业	Multimodal Transport and Transportation Agency	3235	2864	46
装卸搬运和仓储业	Handling and warehousing industry	3791	3139	122
邮政业	Post	4620	1144	63
住宿和餐饮业	**Hotels and Catering Services**	**25708**	**21334**	**2038**
住宿业	Hotels	5720	5233	704
餐饮业	Catering Services	19988	16101	1334
信息传输、软件和信息技术服务业	**Information Transmission, Software and Information Technology**	**49639**	**45235**	**656**
电信、广播电视和卫星传输服务	Telecommunication, Radio and Television and Satellite Transmission Service	3889	1183	78
互联网和相关服务	Internet and Related Service	8253	7901	139
软件和信息技术服务业	Software and Information Technology	37497	36151	439

1—3　续表2　continued

单位：个（unit）

行业类别	Industrial Category	单位数 Number of Units	#法人单位 Legal Entities	#"四上"单位 "More Than Four" Units
金融业	**Financial Intermediation**	**12823**	**3440**	
货币金融服务	Monetary and Financial Service	7331	1228	
资本市场服务	Capital Market Service	1143	752	
保险业	Insurance	3618	863	
其他金融业	Other Financial Activities	731	597	
房地产业	**Real Estate**	**41313**	**34455**	**4454**
租赁和商务服务业	**Leasing and Business Services**	**145585**	**137351**	**1056**
租赁业	Leasing	18823	18262	81
商务服务业	Business Services	126762	119089	975
科学研究和技术服务业	**Scientific Research and Technical Services**	**63777**	**57700**	**588**
研究和试验发展	Research and Experimental Development	7960	7677	42
专业技术服务业	Professional Technical Services	31927	27476	467
科技推广和应用服务业	Science and Technology Popularization and Application Services	23890	22547	79
水利、环境和公共设施管理业	**Management of Water Conservancy, Environment and Public Facilities**	**11771**	**9999**	**166**
水利管理业	Management of Water Conservancy	1850	1003	2
生态保护和环境治理业	Ecological Protection and Environmental Treatment	935	850	17
公共设施管理业	Management of Public Facilities	7100	6418	142
土地管理业	Land Management	1886	1728	5
居民服务、修理和其他服务业	**Service to Households, Repair and Other Services**	**26075**	**24591**	**186**
居民服务业	Service to Households	10251	9606	68
机动车、电子产品和日用产品修理业	Repair of Motor Vehicle, Electronics and Household Products	11230	10743	73
其他服务业	Other Services	4594	4242	45
教　育	**Education**	**39373**	**28272**	**166**
卫生和社会工作	**Health and Social Service**	**19033**	**12244**	**171**
卫　生	Health	14954	8677	162
社会工作	Social Service	4079	3567	9
文化、体育和娱乐业	**Culture, Sports and Entertainment**	**24674**	**23232**	**303**
新闻和出版业	Journalism and Publishing Activities	372	317	31
广播、电视、电影和录音制作业	Radio, Television, Film and Recording Production	3068	2832	91
文化艺术业	Cultural and Art Activities	7482	6844	65
体　育	Sports Activities	2222	2054	9
娱乐业	Entertainment	11530	11185	107
公共管理、社会保障和社会组织	**Public Management, Social Security and Social Organization**	**65502**	**52368**	
中国共产党机关	Organs of Communist Party of China	1452	1291	
国家机构	Government Agencies	26279	13890	
人民政协、民主党派	People's Political Consultative Conference and Democratic Parties	282	279	
社会保障	Social Security	594	313	
群众团体、社会团体和其他成员组织	Non-Governmental Organizations, Social Organizations and Other Organizations	18375	18134	
基层群众自治组织及其他组织	Land Management Industry of Grassroots Mass Self-Governing Organizations and Other Organizations	18520	18461	

注："四上"单位是指规模以上工业、限额以上批零住宿餐饮业、规模以上服务业、具有资质的建筑法人单位和有开发经营活动的房地产开发经营业法人单位。

a) "4 above" units refer to industrial entities above designated size, accommodation and catering industries above designated size, service industries above designated size, qualified construction legal entities and real estate development and business legal entities with development and operation activities.

1—4 各市按三次产业和机构类型分法人单位数（2020年）

Number of Legal Entities by Three Strata of Industry and Type of Institutions and Region (2020)

单位：个（unit）

地区 Region	法人单位数 Number of Legal Entities	按三次产业分 Grouped by Three Strata of Industry			按机构类型分 By Type of Institutions				
		第一产业 Primary Industry	第二产业 Secondary Industry	第三产业 Tertiary Industry	企业法人 Business Entity	事业法人 Institution Entity	机关法人 Government Entity	社会团体 Social Organization	其他 Others
总计 Total	**1160828**	**96705**	**254409**	**809714**	**998274**	**22520**	**8507**	**13666**	**117861**
合肥市 Hefei	342058	9684	60351	272023	326030	2542	809	2566	10111
淮北市 Huaibei	23653	1434	5276	16943	20143	635	321	408	2146
亳州市 Bozhou	79860	19697	13724	46439	59090	1102	371	628	18669
宿州市 Suzhou	71805	11500	15266	45039	54862	1783	442	569	14149
蚌埠市 Bengbu	55001	3180	11297	40524	46673	1116	476	845	5891
阜阳市 Fuyang	105154	12128	25315	67711	87058	2245	758	754	14339
淮南市 Huainan	40624	2682	8163	29779	31742	1365	614	767	6136
滁州市 Chuzhou	64138	4832	18113	41193	52893	1434	560	792	8459
六安市 Luan	70026	12421	16399	41206	55345	1874	609	1209	10989
马鞍山市 Maanshan	45914	2242	11996	31676	41281	864	415	652	2702
芜湖市 Wuhu	73446	3333	16979	53134	66310	1236	489	826	4585
宣城市 Xuancheng	40425	2101	12397	25927	34192	1167	559	647	3860
铜陵市 Tongling	26135	2432	5967	17736	22462	865	323	517	1968
池州市 Chizhou	25046	1886	6564	16596	20051	959	401	727	2908
安庆市 Anqing	68691	5747	20032	42912	57118	2033	783	1016	7741
黄山市 Huangshan	28852	1406	6570	20876	23024	1300	577	743	3208

1—5　各市按控股情况分企业法人单位数（2020年）

Numbers of Corporate Enterprises the Status of Holdings by Region (2020)

单位：个（unit）

地　区 Region	企业单位数 Number of Enterprises	国有控股 State-holding	集体控投 Collective-holding	私人控股 Private-holding	港澳台商控股 Hong Kong, Macao and Taiwan-holding	外商控股 Foreign-holding	其他 Others
总　计 Total	**998274**	**10836**	**6434**	**958071**	**1050**	**828**	**21055**
合肥市 Hefei	326030	2787	1217	316894	295	282	4555
淮北市 Huaibei	20143	372	81	19344	23	14	309
亳州市 Bozhou	59090	428	283	56340	27	7	2005
宿州市 Suzhou	54862	695	411	53055	44	25	632
蚌埠市 Bengbu	46673	555	346	45166	54	30	522
阜阳市 Fuyang	87058	639	601	83616	42	17	2143
淮南市 Huainan	31742	486	379	30585	34	15	243
滁州市 Chuzhou	52893	535	292	50333	68	105	1560
六安市 Luan	55345	704	636	52865	46	28	1066
马鞍山市 Maanshan	41281	436	289	39727	89	62	678
芜湖市 Wuhu	66310	556	355	63398	113	103	1785
宣城市 Xuancheng	34192	722	192	31624	54	39	1561
铜陵市 Tongling	22462	384	311	20214	36	10	1507
池州市 Chizhou	20051	367	188	19181	24	18	273
安庆市 Anqing	57118	734	648	54176	55	49	1456
黄山市 Huangshan	23024	436	205	21553	46	24	760

1—6 国民经济和社会发展总量与速度指标

指　　标	Item	总量指标 2005
人口与就业	**Population and Employment**	
人　口	**Population**	
年底总人口 （万人）	Population at the Year-end (10000 persons)	6516
#市镇人口	Urban	2313
乡村人口	Rural	4203
#男性人口	Male	3388
女性人口	Female	3127
出生人口 （万人）	Births (10000 persons)	75.9
死亡人口 （万人）	Deaths (10000 persons)	37.9
人口密度 （人/平方公里）	Density of Population (person/sq.km)	465
年末总户数 （万户）	Total Number of Households at the Year-end (10000 households)	1849.4
就　业 （万人）	**Employment (10000 persons)**	
经济活动人口	Economically Active Population	3712.8
从业人员	Employment	3669.7
#国有经济	State-owned Units	208.7
城镇集体经济	Urban of Other Types of Ownership	30.8
港澳台投资经济	Economic Units Funded by Entreneurs from Hong Kong Macao and Taiwan	3.7
外商投资经济	Foreign Funded Units	6.7
城镇私营经济	Urban Private Enteprises	86.5
城镇个体	Urban Self-employed Individuals	123.6
城镇非私营单位就业人员数	The Private Institutions in Cities and Towns of Employment	317.4
国有经济	State-owned Units	199.2
城镇集体经济	Urban of Other Types of Ownership	28.2
其他经济	Units of Other Types of Ownership	90.1
城镇登记失业人数	Registered Unemployed in Urban Areas	27.8
宏观经济	**Macroeconomic Indicator**	
国民经济核算 （亿元）	**National Accounting (100 million yuan)**	
生产总值	Gross Domestic Product	5675.9
第一产业	Primary Industry	966.5
第二产业	Secondary Industry	2197.4
#工　业	Industry	1664.6
第三产业	Tertiary Industry	2511.9

注：2020年就业人数为常住口径就业人员数，往年均为户籍口径（下同）。

a) Number of employed persons in 2020 is the number of employed persons with permanent residence in previous years (the same below).

Principal Aggregate Indicators On National Economic and Social Development and Their Related Indices and Growth Rates

Aggregate Date				速度指标 (%) Indices and Growth Rates						
				指　数 (2020年为以下各年) Index (2020 as Percentage of the Following Years)				平均增长速度 Average Annual Growth Rate		
2010	2015	2019	2020	2005	2010	2015	2019	2006—2010	2011—2015	2016—2020
6827	6949	7119						0.9	0.4	
2949	3509	3973						5.0	3.5	
3878	3440	3146						-1.6	-2.4	
3543	3615	3694						0.9	0.4	
3283	3334	3425						1.0	0.3	
75.7	79.0	76.3						-0.5	0.9	
35.4	36.3	38.3						-1.4	0.5	
487	496	508						1.0	0.4	
2093.4	2131.7	2176.3						2.5	0.4	
4096.8	4384.0	4429.3						2.0	1.4	
4050.0	4342.1	4384.0	3243.0					2.0	1.4	
206.0	189.1	170.1	175.9					-0.3	-1.7	
17.9	14.7	8.0	7.7					-10.3	-3.8	
7.0	15.9	12.0	13.4					13.6	17.8	
14.7	19.8	16.4	19.0					17.0	6.2	
133.3	325.0	429.0						9.0	19.5	
264.1	423.1	677.2						16.4	9.9	
372.9	513.8	581.0	565.6					3.3	6.6	
206.0	189.1	170.1	175.9					0.7	-1.7	
17.9	14.7	8.0	7.7					-8.7	-3.8	
149.1	310.0	402.9	382.0					10.6	15.8	
28.5	30.9	26.8	30.0					0.5	1.6	
13249.78	23831.18	36845.49	38680.63	439.3	234.9	142.3	103.9	13.3	10.5	7.3
1600.57	2376.05	2915.97	3184.68	181.2	143.5	116.3	102.2	4.8	4.3	3.1
6395.99	10838.34	14970.00	15671.69	575.7	250.7	142.9	105.2	18.1	11.9	7.4
4949.15	8360.56	11181.67	11662.21	632.1	260.6	143.5	105.1	19.4	12.7	7.5
5253.23	10616.78	18959.52	19824.26	422.3	243.8	147.3	102.8	11.6	10.6	8.1

1—6 续表1 continued

指 标	Item	总量指标 2005
财 政 (亿元)	**Public Finance (100 million yuan)**	
一般公共预算收入	Total Revenue	334.0
#增值税	Value-added Tax	57.7
营业税	Operation Tax	78.1
企业所得税	Enterprises' Income Tax	30.1
财政支出	Total Expenditures	713.1
地 方	Local Governments	713.1
#一般公共服务	General Public Service	
教 育	Education	
社会保障和就业	Social Security and Employment	
物价总指数 (上年=100)	**Price Indices (preceding year=100)**	
商品零售价格指数	Retail Price Index	100.6
居民消费价格指数	Consumer Price Index	101.4
农业生产资料价格指数	Price Indices of Agricultural Means of Production	108.3
农产品生产价格指数	Production Price Indices of Agricultural Products	98.7
工业生产者出厂价格指数	Ex-factory Industrial Producer Price Index	103.3
工业生产者购进价格指数	Industrial Producer Purchasing Price Index	107.1
利用外资 (万美元)	**Utilization of Foreign Capital (USD 10000)**	
外商直接投资合同金额	The Contract Amount of Foreign Investment	155358
实际利用外商直接投资额	The Actual Use of Foreign Direct Investment	68845
能源生产与消费 (万吨标准煤)	**Production and Consumption of Energy (10000 tons of SCE)**	
能源生产总量	Total Energy Production	6215.4
能源消费总量	Total Energy Consumption	6506.0
产 业	**Industry**	
农 业	**Agriculture**	
粮食播种面积 (千公顷)	Sown Area of Grain Crops (1000 hectares)	5988.1
农林牧渔业总产值 (亿元)	Gross Output Value of Farming, Forestry, Animal Husbandry and Fishery (100 million yuan)	1666.2
主要农产品产量	Output of Major Farm Products	
粮 食 (万吨)	Grain (10000 tons)	2605.3
棉 花 (万吨)	Cotton (10000 tons)	31.1
油 料 (万吨)	Oil-bearing Crops (10000 tons)	270.7
黄红麻 (万吨)	Jute and Ambary Hemp (10000 tons)	1.9
烤 烟 (万吨)	Flue-cured Tobacco (10000 tons)	2.6
茶 叶 (万吨)	Tea (10000 tons)	6.0
猪 肉 (万吨)	Pork (10000 tons)	231.7
牛 肉 (万吨)	Beef (10000 tons)	31.5
羊 肉 (万吨)	Mutton (10000 tons)	17.6
肉猪出栏 (万头)	Number of Slaughtered Fattened Hogs (10000 heads)	2812.1
奶 类 (万吨)	milk (10000 tons)	11.0
水产品 (万吨)	Aquatic Products (10000 tons)	177.6
农业机械总动力 (万千瓦)	Total Agricultural Machinery Power (10000 kw)	3983.8
有效灌溉面积 (千公顷)	Irrigated Area (1000 hectares)	3330.8
化肥使用量 (万吨)	Consumption of Chemical Fertilizers (10000 tons)	285.7
农村用电量 (亿千瓦时)	Electricity Consumed in Rural Areas (100 million kwh)	64.2

Aggregate Date				速度指标　(%)　Indices and Growth Rates						
				指　数　(2020年为以下各年) Index (2020 as Percentage of the Following Years)				平均增长速度 Average Annual Growth Rate		
2010	2015	2019	2020	2005	2010	2015	2019	2006—2010	2011—2015	2016—2020
1149.4	2454.3	3182.7	3216.0	962.9	279.8	131.0	101.0	28.0	16.4	5.6
129.5	273.1	942.3	943.2	1634.7	728.4	345.4	100.1	17.5	16.1	28.1
291.9	586.8							30.2	15.0	
106.6	235.6	370.9	362.5	1204.4	340.1	153.9	97.7	28.8	17.2	9.0
2587.6	5239.0	7392.2	7473.6	1048.0	288.8	142.7	101.1	29.4	15.2	7.4
2587.6	5239.0	7392.2	7473.6	1048.0	288.8	142.7	101.1	29.4	15.2	7.4
273.7	400.1	566.8	515.1		188.2	128.8	90.9	29.8	7.9	5.2
386.3	856.7	1222.2	1261.9		326.7	147.3	103.2	30.1	17.3	8.1
334.2	691.5	1084.1	1173.1		351.0	169.6	108.2	30.5	15.7	11.1
103.2	99.7	101.9	101.6	134.7	117.8	108.1	101.6	2.7	1.7	1.6
103.1	101.3	102.7	102.7	145.9	126.2	110.8	102.7	2.9	2.6	2.1
102.0	101.6	102.3	104.8	174.1	134.7	109.6	104.8	5.3	4.2	1.8
110.8	99.8	109.3	115.6	213.8	149.8	124.4	115.6	7.4	3.8	0.0
109.0	93.9	100.3	99.1	122.0	104.2	109.0	99.1	3.2	-0.9	1.7
111.8	93.5	99.9	98.5	139.4	106.6	111.3	98.5	5.5	-0.9	2.2
216462	393800	2359777.0	517192.0	332.9	238.9	131.3	21.9	6.9	12.7	5.6
501446	1361945	1793674.0	1830542.0	2658.9	365.1	134.4	102.1	48.8	22.1	6.1
9673.8	9972.6	8943.6	8602.0	138.4	88.9	86.3	96.2	9.3	0.6	-2.9
9414.0	12301.2	13869.7	14697.9	225.9	156.1	119.5	106.0	8.3	4.9	3.6
6947.7	7280.7	7287.0	7289.5	121.7	104.9	100.1	100.03	3.0	0.9	0.02
2815.0	4183.1	5162.1	5680.9	341.0	201.8	135.8	110.0	5.3	4.3	3.0
3207.7	4077.2	4054.0	4019.2	154.3	125.3	98.6	99.1	4.2	4.9	-0.3
25.8	14.8	5.6	4.1	13.2	15.9	27.8	73.8	-3.7	-10.6	-22.6
176.1	171.4	161.4	162.5	60.0	92.2	94.8	100.7	-8.2	-0.5	-1.1
0.25	0.18	0.22	0.26	13.7	104.5	141.1	117.2	-33.4	-5.8	7.1
1.77	2.63	2.13	2.04	78.5	115.3	77.6	95.8	-7.4	8.2	-5.0
8.0	11.0	12.2	12.9	214.3	160.5	116.5	105.4	5.9	6.6	3.1
234.9	249.8	197.8	183.4	79.1	78.0	73.4	92.7	0.3	1.2	-6.0
13.6	8.3	9.5	9.9	31.5	72.7	119.1	104.6	-15.4	-9.4	3.6
11.4	10.3	18.8	20.7	117.4	181.6	199.8	109.7	-8.4	-1.9	14.8
2737.2	2872.2	2292.6	2150.5	76.5	78.6	74.9	93.8	-0.5	1.0	-5.6
19.1	28.6	33.8	37.6	340.6	196.7	131.5	111.5	11.6	8.4	5.6
193.3	209.3	231.5	232.4	130.9	120.2	111.0	100.4	1.7	1.6	2.1
5409.8	6581.0	6650.5	6799.5	170.7	125.7	103.3	102.2	6.3	4.0	0.7
3519.8	4400.3	4580.9	4608.8	138.4	130.9	104.7	100.6	1.1	4.6	0.9
319.8	338.7	298.0	289.9	101.5	90.7	85.6	97.3	2.3	1.2	-3.1
107.4	156.7	189.2	205.3	319.8	191.1	131.0	108.5	10.8	7.9	5.5

1—6 续表2 continued

指 标		Item		总量指标 2005
工 业（规模以上）		**Industry**		
主要工业产品产量		Output of Major Industrial Products		
布	（亿米）	Cloth	(100 million m)	5.6
家用电冰箱	（万台）	Household Refrigerators	(10000 units)	530.4
房间空气调节器	（万台）	Air Conditioners	(10000 units)	515.0
家用洗衣机	（万台）	Household Washing Machines	(10000 units)	441.8
彩色电视机	（万部）	Colour Television Sets	(10000 units)	374.4
原 煤	（亿吨）	Coal	(100 million tons)	0.84
发电量	（亿千瓦时）	Electricity	(100 million kwh)	645.7
粗 钢	（万吨）	Crude Steel	(10000 tons)	1105.6
钢 材	（万吨）	Rolled Steel	(10000 tons)	1141.6
水 泥	（万吨）	Cement	(10000 tons)	3218
企业单位数	（个）	Number of Industrial Enterprises	(unit)	5277
#大型企业		Large		61
资产总计	（亿元）	Total Assets	(100 million yuan)	5067.1
负债合计	（亿元）	Total Liabilities	(100 million yuan)	3029.0
营业收入	（亿元）	Business Revenue	(100 million yuan)	
利润总额	（亿元）	Total Profits	(100 million yuan)	218.2
建 筑 业		**Construction**		
企业单位数	（个）	Number of Enterprises	(unit)	1946
企业从业人员	（万人）	Number of Persons Engaged	(10000 persons)	98.6
建筑业总产值	（亿元）	Gross Output Value	(100 million yuan)	923.1
房屋建筑施工面积	（万平方米）	Floor Space of Buildings Under Construction	(10000 sq.m)	9869.5
房屋建筑竣工面积	（万平方米）	Floor Space of Buildings Completed	(10000 sq.m)	5081.3
#住宅面积		Residential Buildings		3073.9
交通运输		**Transportation**		
货 运 量	（万吨）	Freight Traffic	(10000 tons)	67128
铁 路		Railways		10386
公 路		Highways		49614
水 运		Waterways		7125
民 航		Total Civil Aviation Routes		3.0
客 运 量	（万人）	Passenger Traffic	(10000 persons)	72871
铁 路		Railways		3486
公 路		Highways		68927
水 运		Waterways		244
民 航		Total Civil Aviation Routes		214
内河港口货物吞吐量	（万吨）	Volume of Freight Handled in Major Ports	(10000 tons)	17157
公路里程	（公里）	Total Length of Highways	(km)	72807
等级公路里程	（公里）	Length of Expressway and Class Ⅰ to Ⅳ Highway	(km)	67083
邮电通信业		**Postal and Telecommunication Services**		
邮电业务总量	（亿元）	Total Business Revenue	(100 million yuan)	284.0
函 件	（亿件）	Number of Letters Delivered	(100 million pieces)	2.1
报刊期发数	（万份）	Number of Newspapers and Magazines Distributed	(10000 copies)	738.0
移动电话年末用户	（万户）	Year-end Mobile Phone Users	(10000 subscribers)	1046.9
固定电话年末用户	（万户）	Year-end Fixed-line Subscribers	(10000 subscribers)	1349.5
城 市		Urban		680.0
农 村		Rural		669.5
公用电话	（万户）	Public Telephone	(10000 subscribers)	65.5

注：自2011年起，规模以上工业企业统计范围为年主营业务收入2000万元及以上工业企业。自2019年起，主营业务收入指标调整为营业收入指标。

Aggregate Date				速度指标 (%) Indices and Growth Rates						
				指　数 (2020年为以下各年) Index (2020 as Percentage of the Following Years)				平均增长速度 Average Annual Growth Rate		
2010	2015	2019	2020	2005	2010	2015	2019	2006—2010	2011—2015	2016—2020
10.9	14.1	9.2	8.0	142.1	73.6	56.6	87.2	14.1	5.4	-10.8
2078.9	2888.2	2505.9	2437.9	459.6	117.3	84.4	97.3	31.4	6.8	-3.3
1666.1	3176.1	3366.4	3009.7	584.4	180.6	94.8	89.4	26.5	13.8	-1.1
1267.0	1725.2	2328.3	2380.4	538.8	187.9	138.0	102.2	23.5	6.4	6.7
395.3	1176.9	1941.8	1611.8	430.5	407.7	137.0	83.0	1.1	24.4	6.5
1.30	1.34	1.10	1.11	131.4	85.1	82.7	100.9	9.1	0.6	-3.7
1443.9	2034.2	2769.4	2682.0	415.4	185.8	131.8	96.8	17.5	7.1	5.7
1853.8	2506.0	3222.5	3696.7	334.4	199.4	147.5	114.7	10.9	6.2	8.1
2446.4	3334.7	3158.4	3607.5	316.0	147.5	108.2	114.2	16.5	6.4	1.6
7874	13085	13988	14176	440.5	180.0	108.3	101.3	19.6	10.7	1.6
16277	19077	17761	18447	349.6	113.3	96.7	103.9	25.3	11.7	-0.7
100	278	255	254	416.4	254.0	91.4	99.6	10.4	12.7	-1.8
15930.3	31360.0	38346.5	43846.6	865.3	275.2	139.8	114.3	25.7	15.7	6.9
9565.9	18028.2	21815.1	24376.5	804.8	254.8	135.2	111.7	25.9	16.7	6.2
	39554.5	37358.9	38549.3	852.2	212.2	98.7	103.2	32.1	17.7	-0.3
1445.6	2000.1	2254.3	2439.6	1118.0	168.8	122.0	108.2	46.0	18.7	4.1
2469	2867	4574	5878	302.1	238.1	205.0	128.5	4.9	3.0	15.4
158.0	168.8	198.4	203.7	206.6	128.9	120.7	102.7	9.9	1.3	3.8
2865.0	5695.9	8503.3	9365.1	1014.5	326.9	164.4	110.1	25.4	14.7	10.5
23295.7	41479.7	48611.4	49377.0	500.3	212.0	119.0	101.6	18.7	12.2	3.5
10512.4	15553.6	15706.7	14516.0	285.7	138.1	93.3	92.4	15.6	8.1	-1.4
6461.5	10501.8	11165.7	9772.8	317.9	151.2	93.1	87.5	16.0	10.2	-1.4
228106	345756	368078	374318	557.6	164.1	108.3	101.7	27.7	8.7	1.6
12091	10158	7825	7549	72.7	62.4	74.3	96.5	3.1	-3.4	-5.8
183658	230649	235269	243529	490.8	132.6	105.6	103.5	29.9	4.7	1.1
32355	104947	124982	123239	1729.7	380.9	117.4	98.6	35.3	26.5	3.3
2.2	2.3	2.1	1.6	54.6	75.0	71.5	77.6	-6.2	1.0	-6.5
159597	87107	59588	32570	44.7	20.4	37.4	54.7	17.0	-11.4	-17.9
5552	8553	13364	9455	271.2	170.3	110.5	70.8	9.8	9.0	2.0
153697	78072	45643	22776	33.0	14.8	29.2	49.9	17.4	-12.7	-21.8
139	185	222	111	45.3	79.6	59.8	49.8	-10.6	5.9	-9.8
208	297	360	229	107.1	110.1	77.1	63.7	-0.6	7.4	-5.1
32502	48044	55488	54095	315.3	166.4	112.6	97.5	13.6	8.1	2.4
149382	186940	218295	236483	324.8	158.3	126.5	108.3	15.5	4.6	4.8
142340	182877	217791	236424	352.4	166.1	129.3	108.6	16.2	5.1	5.3
300.3	740.0	4447.1	5663.2	1994.0	1885.7	765.3	127.3	1.1	19.8	50.2
2.1	0.8	0.4	0.2	11.5	11.5	29.0	59.6	平	-16.9	-21.9
602.2	597.0	462.2	466.6	63.2	77.5	78.2	101.0	-4.0	-0.2	-4.8
2798.7	4232.6	5844.2	6025.6	575.6	215.3	142.4	103.1	21.7	8.6	7.3
1231.0	739.4	570.9	559.5	41.5	45.5	75.7	98.0	-1.8	-9.7	-5.4
612.9	505.3	319.0	411.5	60.5	67.1	81.4	129.0	-2.1	-3.8	-4.0
618.1	234.1	128.5	122.5	18.3	19.8	52.3	95.3	-1.6	-17.6	-12.2
87.9	59.2	27.8	25.5	39.0	29.1	43.1	92.0	6.1	-7.6	-15.5

a) Since 2011, the statistical scope of the industrial enterprises were industrial companies with revenue from principal business over 20 million yuan. Since 2019, the main business income index has been adjusted to the operating income index.

1—6 续表3 continued

指 标		Item		总量指标 2005
国内商业		**Domestic Trade**		
社会消费品零售总额	(亿元)	Total Retail Sales of Consumer Goods	(100 million yuan)	2020.7
批发零售业购进总额	(亿元)	Total Goods Purchases of Enterprises in Wholesale and Retail Sale Trade	(100 million yuan)	1513.1
批发零售业销售总额	(亿元)	Total Sales of Enterprises in Wholesale and Retail Sale Trade	(100 million yuan)	1615.5
批发零售业库存总额	(亿元)	Total Inventory of Enterprises in Wholesale and Retail Sale Trade	(100 million yuan)	116.2
对外经济贸易		**Foreign Trade**		
进出口总额	(万美元)	Total Exports and Tourists	(USD 10000)	911971
进口额		Imports		392933
出口额		Exports		519038
国际旅游		**International Tourism**		
入境旅游人数	(万人次)	Total Number of Tourists	(10000 persons)	63.3
#外国人		Foreigners		41.1
旅游外汇收入	(万美元)	Foreign Exchange Earnings from Tourism	(USD 10000)	18559
旅游星级宾馆个数	(个)	Number of Tourist Hotel of Star Class	(unit)	373
金融保险		**Finance and Insurance**		
金融机构人民币存款余额	(亿元)	Financial Institutions Renminbi Deposit Balance	(100 million yuan)	5993.8
金融机构人民币贷款余额	(亿元)	Financial Institutions RMB Loan Balance	(100 million yuan)	4313.6
保险公司保费收入	(亿元)	Income From Premium of Insurance Companies	(100 million yuan)	133.2
保险公司赔款及给付	(亿元)	Amount Reparations of Insurance Companies	(100 million yuan)	30.4
教育、科技、文化		**Education, Science and Technology and Culture**		
教 育		**Education**		
幼儿园数	(个)	Number of Kindergartens	(unit)	2715
入园儿童数	(万人)	Student Enrollment in Kingdergartens	(10000 persons)	72.38
学龄儿童入学率	(%)	Percentage of School-age Children Enrolled	(%)	99.54
专任教师数	(万人)	Full-time Teachers	(10000 persons)	
普通高等学校		Regular Institutions of Higher Education		3.24
中等专业学校		Specialized Secondary Schools		0.61
普通中学		Regular Secondary Schools		19.70
#高 中		Senior Secondary Schools		5.11
职业中学		Vocational Secondary Schools		1.73
小 学		Primary Schools		25.95
在校学生数	(万人	Student Enrollment	(10000 persons)	
普通高等学校		Regular Institutions of Higher Education		58.91
中等专业学校		Specialized Secondary Schools		18.55
普通中学		Regular Secondary Schools		460.86
#高 中		Senior Secondary Schools		116.90
职业中学		Vocational Secondary Schools		54.78
小 学		Primary Schools		584.11

Aggregate Date				速度指标 (%) Indices and Growth Rates						
				指　数 (2020年为以下各年) Index (2020 as Percentage of the Following Years)				平均增长速度 Average Annual Growth Rate		
2010	2015	2019	2020	2005	2010	2015	2019	2006—2010	2011—2015	2016—2020
5139.0	11184.9	17862.1	18333.7	907.3	356.8	163.9	102.6	19.3	15.7	10.4
4653.0	8389.5	12320.5	13676.3	903.9	293.9	163.0	111.0	25.2	12.5	10.3
5144.1	9454.9	14091.8	15693.4	971.4	305.1	166.0	111.4	26.1	12.9	10.7
397.5	757.1	1015.8	1054.0	907.1	265.2	139.2	103.8	27.9	13.8	6.8
2427677	4880808	6873252	7859430	861.8	323.7	161.0	114.3	21.6	15.0	10.0
1186388	1569384	2833352	3301562	840.2	278.3	210.4	116.5	24.7	5.8	16.0
1241288	3311424	4039900	4557868	878.1	367.2	137.6	112.8	19.1	21.7	6.6
198.4	444.6	655.8	69.3	109.4	34.9	15.6	10.6	25.7	17.5	-31.1
117.4	259.2	377.7	44.0	107.1	37.5	17.0	11.7	23.4	17.2	-29.9
82025	226287	338769	27466	148.0	33.5	12.1	8.1	34.6	22.5	-34.4
453	441	276	262	70.2	57.8	59.4	94.9	4.0	-0.5	-9.9
16366.1	34482.9	54377.9	59897.8	999.3	366.0	173.7	110.2	22.2	16.1	11.7
11452.3	25489.1	44289.3	51520.5	1194.4	449.9	202.1	116.3	21.6	17.4	15.1
438.2	698.9	1348.6	1403.5	1053.7	320.3	200.8	104.1	26.9	9.8	15.0
104.6	276.9	419.0	477.4	1570.4	456.3	172.4	113.9	28.0	21.5	11.5
4018	6988	9631	10876	400.6	270.7	155.6	112.9	8.2	11.7	9.3
100.82	185.65	211.43	216.81	299.5	215.1	116.8	102.5	6.9	13.0	3.2
99.88	99.96	99.96	99.99							
4.93	5.81	6.24	6.56	202.5	133.1	112.9	105.1	8.8	3.3	2.5
0.77	1.11	2.17	2.59	424.6	334.4	233.3	119.4	4.9	7.5	18.5
23.01	22.72	24.27	24.76	125.7	107.6	109.0	102.0	3.2	-0.2	1.7
6.69	7.63	8.04	8.21	160.7	122.8	107.6	102.1	5.5	2.7	1.5
1.40	1.61	0.45	0.17	9.8	12.2	10.6	37.8	-4.2	2.9	-36.2
24.57	23.83	25.54	26.04	100.3	106.0	109.3	102.0	-1.1	-0.6	1.8
93.90	113.07	124.12	136.85	232.3	145.7	121.0	110.2	9.8	3.8	3.9
28.93	27.53	43.45	50.04	269.8	173.0	181.8	115.2	9.3	-1.0	12.7
406.58	303.63	327.64	337.31	73.2	83.0	111.1	103.0	-2.5	-5.7	2.1
127.60	113.55	108.80	113.36	97.0	88.8	99.8	104.2	1.8	-2.3	-0.03
48.68	30.90	10.21	6.32	11.5	13.0	20.5	61.9	-2.3	-8.7	-27.2
460.44	422.50	462.10	468.24	80.2	101.7	110.8	101.3	-4.6	-1.7	2.1

1—6 续表4 continued

指　　标		Item		总量指标 2005
在校学生毕业生数	（万人）	Graduates of Student Enrollment	(10000 persons)	
普通高等学校		Regular Institutions of Higher Education		11.70
中等专业学校		Specialized Secondary Schools		3.78
普通中学		Regular Secondary Schools		142.61
#高　中		Senior Secondary Schools		30.10
职业中学		Vocational Secondary Schools		14.51
小　学		Primary Schools		116.25
预算内教育经费支出	（亿元）	Government Expenditures on Education	(100 million yuan)	117.40
科　技		**Science and Technology**		
研究与试验发展人员	（万人）	Research and Experimental Developers	(10000 persons)	
研究与试验发展经费支出	（亿元）	Expenditures on Research and Development	(100 million yuan)	45.61
技术市场成交额	（万元）	Volume of Transaction in Technical Markets	(10000 yuan)	142553
文　化		**Culture**		
出版数量		Number of Published		
图　书	（万册）	Number of Books Published	(10000 copies)	25220
杂　志	（万册）	Number of Magazines Issued	(10000 copies)	5804
报　纸	（万份）	Number of Newspapers Issued	(10000 copies)	98134
公共图书馆	（个）	Number of Public Libraries	(unit)	88
公共图书馆藏书量	（万册）	Total Collections of Public Libraries	(10000 volumes)	847.4
电视节目制作时间	（小时）	Production Hours of TV Programs	(hours)	58725
广播覆盖率	（%）	Broadcast Covering Rate	(%)	95.6
电视覆盖率	（%）	TV Covering Rate	(%)	95.0
家庭、生活、环境		**Family, People's Livelihood and Environment**		
家　庭		**Family**		
城镇居民平均每户人口	（人）	Average Household Size in Urban Areas	(person)	2.95
农村居民平均每户人口	（人）	Average Household Size in Rural Areas	(person)	4.08
婚　姻	**（万对）**	**Marriages and Divorces**	**(10000 couple)**	
结婚数		Number of Marriages		43.94
离婚数		Number of Divorces		5.75
居　住	**（平方米）**	**Housing**	**(sq.m)**	
城镇居民人均居住面积		Per Capita Gross Floor Space of Urban Residents		19.90
农村居民人均居住面积		Per Capita Net Floor Space of Rural Residents		27.00
生　活		**People's Livelihood**		
城镇居民人均可支配收入	（元）	Per Capita Annual Disposable Income of Urban Households	(yuan)	
城镇居民人均消费性支出	（元）	Per Capita Annual Living Expenditures of Urban Residents	(yuan)	
#食品支出		Food		
农村居民人均可支配收入	（元）	Rural Residents per Capita Disposable Income	(yuan)	
农村居民人均生活费支出	（元）	Per Capita Annual Living Expenditures of Rural Residents	(yuan)	
#食品支出		Food		
工资、居民生活和保障		**Wages, Residents' Livelihood and Security**		
城镇非私营单位就业人员工资总额	（亿元）	Total Wages of Employed Persons of Urban Non-private Owned Units	(100 million yuan)	484.13
国有单位		State-owned Units		307.16
城镇集体单位		Urban Collective Unit		27.69
其他单位		Units of Other Types of Ownership		149.28
城镇非私营单位就业人员平均工资	（元）	Average Wage of Employed Persons of Urban Non-private Owned Units	(yuan)	15334
城镇居民最低生活保障人数	（人）	Number of Subsistence Allowances for Urban Residents	(person)	977182
农村居民最低生活保障人数	（人）	Number of Subsistence Allowances for Rural Residents	(person)	251183

Aggregate Date				速度指标　(%)　Indices and Growth Rates						
				指　数　(2020年为以下各年) Index (2020 as Percentage of the Following Years)				平均增长速度 Average Annual Growth Rate		
2010	2015	2019	2020	2005	2010	2015	2019	2006—2010	2011—2015	2016—2020
23.22	29.25	32.16	32.68	279.3	140.7	111.7	101.6	14.7	4.7	2.2
9.61	8.49	11.84	12.90	341.3	134.2	151.9	109.0	20.5	-2.5	8.7
136.57	107.39	103.98	105.88	74.2	77.5	98.6	101.8	-0.9	-4.7	-0.3
44.38	43.30	36.33	35.13	116.7	79.2	81.1	96.7	8.1	-0.5	-4.1
17.76	13.54	4.86	3.57	24.6	20.1	26.4	73.5	4.1	-5.3	-23.4
87.41	64.32	75.39	74.01	63.7	84.7	115.1	98.2	-5.5	-6.0	2.8
436.06	951.43	1328.53	1257.11	1070.8	288.3	132.1	94.6	30.0	16.9	5.7
	20.48	26.25	27.88			136.1	106.2	21.5	8.8	6.4
163.72	431.75	754.03	883.18	1936.4	539.4	204.6	117.1	29.1	21.4	15.4
461470	1905334	4527213	7424387	5208.2	1608.9	389.7	164.0	26.5	32.8	31.3
23891	27329	28760	31793	126.1	133.1	116.3	110.5	-1.1	2.7	3.1
5842	5251	3742	3485	60.0	59.7	66.4	93.1	0.1	-2.1	-7.9
116988	104830	61730	56092	57.2	47.9	53.5	90.9	3.6	-2.2	-11.8
88	122	127	131	148.9	148.9	107.4	103.1	平	6.8	1.4
1235.8	1942.4	3122.5	3545.8	418.4	286.9	182.6	113.6	7.8	9.5	12.8
82427	77470	80317	76041	129.5	92.3	98.2	94.7	7.0	-1.2	-0.4
97.3	98.8	99.9	99.9							
97.5	98.9	99.9	99.9							
2.84	2.95							-0.8	0.7	
4.03	3.02							-0.2	-5.6	
65.09	73.80	53.92	47.13	107.3	72.4	63.9	87.4	8.2	2.5	-8.6
10.96	18.12	25.01	23.77	413.3	216.8	131.1	95.0	18.1	6.5	5.6
31.55	34.71	41.83	42.09	211.5	133.4	121.3	100.6		2.5	3.9
32.05	46.76	53.52	54.55	202.0	170.2	116.7	101.9		10.6	3.1
	26936	37540	39442			146.4	105.1			7.9
	17234	23782	22683			131.6	95.4			5.6
	5802	7421	7401			127.6	99.7			5.0
	10821	15416	16620			153.6	107.8			9.0
	8975	14546	15024			167.4	103.3			10.9
	3212	4756	5146			160.2	108.2			9.9
1225.12	2823.84	4521.12	4740.34	979.15	386.93	167.87	104.85	20.4	18.2	10.9
691.48	1135.30	1684.83	1884.51	613.5	272.5	166.0	111.9	17.6	10.4	10.7
42.56	69.69	52.79	57.76	208.6	135.7	82.9	109.4	9.0	10.4	-3.7
491.07	1618.86	2783.49	2798.07	1874.4	569.8	172.8	100.5	26.9	26.9	11.6
33341	55139	79037	85854	559.9	257.5	155.7	108.6	16.8	10.6	9.3
883944	646672	366838	344316	35.2	39.0	53.2	93.9	-2.0	-6.1	-11.8
2146238	1963293	1783789	1836832	731.3	85.6	93.6	103.0	53.6	-1.8	-1.3

1—6 续表5 continued

指 标		Item		总量指标 2005
卫 生		**Health Care**		
卫生机构数	(个)	Number of Health Institutions	(unit)	32044
医院、卫生院		Hospitals		2663
疾病防治中心		Disease Prevention and Controlling		132
妇幼保健站		Maternity and Child Care Centers		117
卫生机构床位数	(张)	Number of Beds in Health Institutions	(unit)	127179
#医院、卫生院		Hospitals		119625
卫生机构人员数	(人)	Number of Persons Engaged in Health Institutions	(person)	193973
专业卫生技术人员	(人)	Number of Technical Personnel in Hospitals	(person)	159788
#执业（助理）医师		Licensed (Assistant) Doctors		66102
注册护士		Registered Nurse		47329
市政建设		**City Construction**		
供水管道长度	(公里)	Length of Water Supply Pipelines	(km)	8745
供水总量	(万立方米)	Total Annual Volume of Water Supply	(10000 cu.m)	206386
#居民家庭用水		Household Water		49728
天然气供气量	(万立方米)	Supply of Natural Gas	(10000 cu.m)	11564
#家庭用量		Consumption of Coal Gas for Residential Use		5123
液化石油气供气量	(吨)	Liquefied Petroleum Gas	(ton)	613614
#家庭用量		Consumption of Liquefied Gas for Residential Use		195508
污水排放量	(万立方米)	Volume of Sewage Discharged	(10000 cu.m)	126761
污水处理厂处理量	(万立方米)	Sewage Treatment Plant Capacity	(10000 cu.m)	66347
排水管长度	(公里)	Length of Drainage	(km)	7606
生活垃圾清运量	(万吨)	Volume of Garbage Swept Away	(10000 tons)	477.0
生活垃圾无公害处理量	(万吨)	Volume of Garbage Treated	(10000 tons)	83.9
公共汽（电）车总数	(辆)	Total Number of Public Buses and Trolley Buses	(unit)	8450
出租汽车数	(辆)	Number of Taxis	(unit)	34287
铺装道路长度	(公里)	Length of Paved Roads	(km)	7985
公园面积	(公顷)	Area of Parks	(hectare)	3970
园林绿地面积	(公顷)	Area of Urban Green Areas	(hectare)	41896
建成区绿化覆盖率	(%)	Afforestation Covering Rate in the Constructed Area	(%)	27.5
环境、灾害		**Environment and Disaster**		
化学需氧量排放量	(万吨)	Amount of CoD Discharged	(10000 tons)	44.4
二氧化硫排放量	(万吨)	Volume of Sulphur Dioxide Emission	(10000 tons)	67.2
突发环境事件次数	(次)	Number of Environmental Accidents	(time)	28
环境污染直接经济损失	(万元)	Losses Converted Into Cash	(10000 yuan)	275.4
交通事故发生数	(起)	Number of Traffic Accidents	(cases)	17474
交通受伤人数	(人)	Number of Injured in Traffic Accidents	(person)	19771
交通死亡人数	(人)	Number of Death in Traffic Accidents	(person)	4355
交通事故损失金额	(万元)	Loss of Traffic Accidents	(10000 yuan)	6118.0

注：生态环境部根据二污普数据对2016—2019年环境指标进行了动态更新，前期数据未做调整。

a) Ministry of Ecology and Environment dynamically updated the environmental indicators from 2016 to 2019 based on the general pollution data, and did not adjust the previous data.

Aggregate Date				速度指标　(%)　Indices and Growth Rates						
2010	2015	2019	2020	指　数　(2020年为以下各年) Index (2020 as Percentage of the Following Years)				平均增长速度 Average Annual Growth Rate		
				2005	2010	2015	2019	2006—2010	2011—2015	2016—2020
23019	24853	26436	29391	91.7	127.7	118.3	111.2	-6.4	1.5	3.4
2167	2400	2621	2744	103.0	126.6	114.3	104.7	-4.1	2.1	2.7
124	121	119	121	91.7	97.6	100.0	101.7	-1.2	-0.5	平
119	121	121	123	105.1	103.4	101.7	101.7	0.3	0.3	0. 3
186116	267405	347395	407679	320.6	219.0	152.5	117.4	7.9	7.5	8.8
171389	253716	332365	387743	324.1	226.2	152.8	116.7	7.5	8.2	8.9
247493	377387	454616	503226	259.4	203.3	133.3	110.7	5.0	8.8	5.9
205403	280768	361240	412247	258.0	200.7	146.8	114.1	5.2	6.5	8.0
81097	107792	138407	164325	248.6	202.6	152.4	118.7	4.2	5.9	8.8
76550	119303	163390	188253	397.8	245.9	157.8	115.2	10.1	9.3	9.6
14730	23842	32601	36257	414.6	246.1	152.1	111.2	11.0	10.1	8.7
160816	174263	226762	238126	115.4	148.1	136.6	105.0	-4.9	1.6	6.4
50889	68319	91240	99121	199.3	194.8	145.1	108.6	0.5	6.1	7.7
112190	234585	385150	414417	3583.7	369.4	176.7	107.6	57.5	15.9	12.1
25154	71773	117624	128570	2509.7	511.1	179.1	109.3	37.5	23.3	12.4
615770	736312	162157	157719	25.7	25.6	21.4	97.3	0.1	3.6	-26.5
166335	104259	85728	87248	44.6	52.5	83.7	101.8	-3.2	-8.9	-3.5
124449	150642	189716	208669	164.6	167.7	138.5	110.0	-0.4	3.9	6.7
89086	138293	177204	199819	301.2	224.3	144.5	112.8	6.1	9.2	7.6
13136	24399	33302	35393	465.3	269.4	145.1	106.3	11.5	13.2	7.7
435.25	491.94	646.09	660.70	138.5	151.8	134.3	102.3	-1.8	2.5	6.1
281.0	489.7	646.1	660.7	787.5	235.1	134.9	102.3	27.3	11.8	6.2
11875	18622	27403	28331	335.3	238.6	152.1	103.4	7.0	9.4	8.8
50068	55217	55212	54136	157.9	108.1	98.0	98.1	7.9	2.0	-0.4
10157	13375	16388	17750	222.3	174.8	132.7	108.3	4.9	5.7	5.8
8685	12043	17251	18795	473.4	216.4	156.1	109.0	16.9	6.8	9.3
71463	93786	114267	119533	285.3	167.3	127.5	104.6	11.3	5.6	5.0
37.5	41.2	42.7	42.0							
41.1	87.1	34.2	118.6	267.2	288.5	136.2	346.9	-1.5	16.2	6.4
53.3	48.0	15.1	10.9	16.2	20.4	22.6	71.9	-4.5	-2.1	-25.7
30	8	5	10	35.7	33.3	125.0	200.0	1.4	-23.2	4.6
231.6	75.3	109.4	695.7	252.6	300.4	923.9	636.0	-3.4	-20.1	56.0
7714	13736	10988	10706	61.3	138.8	77.9	97.4	-15.1	12.2	-4.9
9364	15342	11916	12252	62.0	130.8	79.9	102.8	-13.9	10.4	-4.4
2808	2595	2590	2373	54.5	84.5	91.4	91.6	-8.4	-1.6	-1.8
2349.6	6122.5	5297.6	5526.8	90.3	235.2	90.3	104.3	-17.4	21.1	-2.0

1—7 国民经济和社会发展结构指标
Structural Indicators on National Economic and Social Development

单位：%

指　标	Item	2005	2010	2015	2019	2020
人口与就业	**Population and Employment**					
人　口	**Population**					
城乡结构	Urban and Rural Structure					
城　镇	Urban	35.5	43.2	51.0	57.0	58.3
乡　村	Rural	64.5	56.8	49.0	43.0	41.7
性别结构	Sexual Structure					
男	Male	52.0	51.9	50.8	51.9	
女	Female	48.0	48.1	49.2	48.1	
就　业	**Employment**					
产业结构	Industrial Structure					
第一产业	Primary Industry	48.6	39.1	32.1	30.7	25.1
第二产业	Secondary Industry	21.4	25.1	28.4	28.8	31.5
第三产业	Tertiary Industry	30.0	35.8	39.5	40.5	43.4
宏观经济	**Macro Economy**					
国民核算	**National Accounting**					
生产总值产业结构	Structure of Total Investment in Fixed Assets					
第一产业	Primary Industry	17.0	12.1	10.0	7.9	8.2
第二产业	Secondary Industry	38.7	48.3	45.5	40.6	40.5
第三产业	Tertiary Industry	44.3	39.6	44.5	51.5	51.3
投　资	**Investment**					
固定资产投资产业结构	Structure of Total Investment in Fixed Assets					
第一产业	Primary Industry	3.0	1.9	3.2	1.2	1.5
第二产业	Secondary Industry	39.5	47.4	44.6	33.1	30.1
第三产业	Tertiary Industry	57.5	50.7	52.2	65.7	68.3
资金来源结构	Structure of Funded Sources					
国家预算内资金	State Budgetary Appropriation	4.6	7.3	5.1	5.1	5.4
国内贷款	Domestic Loans	17.4	9.4	5.2	8.3	9.0
利用外资	Foreign Investment	1.8	0.9	0.3	0.3	0.2
自筹和其他投资	Fundraising	76.2	82.4	89.5	86.3	85.4
财　政	**Government Finance**					
一般公共预算收入结构	Revenue Structure of the General Public Budget					
中　央	Central Government	73.2	75.4	73.3	69.4	68.4
地　方	Local Government	26.8	24.6	26.7	30.6	31.6
能源生产与消费	**Energy Production and Consumption**					
能源生产总量结构	Composition of Total Energy Production					
原　煤	Coal	99.8	98.4	96.0	88.1	85.8
一次电力	Primary Power	0.2	1.2	2.2	7.3	8.7
能源消费总量结构	Composition of Total Energy Consumption					
煤　品	Coal	88.6	86.2	77.1	70.2	69.8
油　品	Petroleum	10.5	10.3	16.0	16.6	15.4
天 然 气	Natural Gas	0.2	1.8	3.8	5.7	5.1
非化石能源	Non-fossil Energy	0.7	1.7	3.2	8.5	9.7

注：2020年就业结构为常住口径，往年均为户籍口径（下同）。

a) In 2020, the employment structure will be based on permanent residence, while in previous years, it will be based on household registration (the same below).

1—7 续表1 continued

单位：%

指 标	Item	2005	2010	2015	2019	2020
产 业	**Industrial**					
农 业	**Agriculture**					
农林牧渔业产值结构	Structure of Gross Output Value					
农 业	Farming	49.1	52.5	49.7	45.8	44.5
林 业	Forestry	4.7	4.8	6.9	6.8	6.8
牧 业	Animal Husbandry	33.2	29.5	28.9	31.6	33.4
渔 业	Fishery	9.9	9.5	10.3	10.1	9.6
工 业	**Industry**					
工业总产值规模结构	Structure of Gross Output Value of Industry					
大型企业	Large Enterprises	41.2	34.3	31.6	32.9	34.4
中型企业	Medium-sized Enterprises	32.2	25.9	19.7	17.9	18.9
小微型企业	Small and Mini Enterprises	26.6	39.9	48.8	49.2	46.7
建筑业	**Construction**					
建筑业总产值结构	Structure of Gross Output Value of Construction Enterprises					
建筑工程	Construction Projects	85.1	87.5	85.7	84.7	85.0
安装工程	Installation Projects	10.8	8.6	7.6	7.9	7.2
其 他	Others	4.1	3.9	6.6	7.3	7.7
运输业	**Transportation**					
货运量结构	Structure of Freight Traffic					
铁 路	Railways	15.5	5.3	2.9	2.1	2.0
公 路	Highways	73.9	80.5	66.7	63.9	65.1
水 运	Waterways	10.6	14.2	30.4	34.0	32.9
民 航	Total Civil Aviation Routes	0.004	0.001	0.001	0.001	0.0004
国内商业	**Domestic Trade**					
社会消费品零售总额构成	Composition of Retail Sales of Consumer Goods					
城 镇	Urban				82.3	82.4
乡 村	Rural				17.7	17.6
对外经济贸易	**Foreign Trade**					
出口商品结构	Structure of Exports					
初级产品	Primary Goods	7.1	6.3	5.5	5.4	3.2
工业制成品	Manufactured Goods	92.9	93.7	94.5	94.6	96.8
进口商品结构	Structure of Imports					
初级产品	Primary Goods	53.0	53.1	50.8	47.9	46.9
工业制成品	Manufactured Goods	47.0	46.9	49.2	52.1	53.1
国际旅游	**International Tourism**					
来华旅游人数结构	Structure of Tourists					
外国人	Foreigners	64.9	59.2	58.3	57.6	63.5
港澳台同胞	Compatriots form Hong Kong, Macao and Taiwan	35.1	40.8	41.7	42.4	36.5
金融保险业	**Finance and Insurance**					
金融机构资金来源结构	Structure of Sources of Funds in State Banks					
#各项存款	Deposits	96.3	103.4	98.0	94.2	92.4
其 他	Others	3.7	-3.4	2.0	5.8	7.6
金融机构资金运用结构	Structure of Fund Uses in State Banks					
#各项贷款	Loans	69.3	72.4	72.5	76.7	79.5
有价证券及投资	Securities and Investment	3.1	4.7			
教育、科技、文化	**Education, Science and Culture**					
教 育	**Education**					
在校学生结构	Structure of Student Enrollment					
大学生	College and University Students	4.7	8.2	10.4	10.5	11.2
中学生	Secondary School Students	41.2	39.9	30.8	28.6	28.2
小学生	Primary School Students	46.7	40.4	38.9	39.1	38.4

1—7 续表2 continued

单位：%

指　　标	Item	2005	2010	2015	2019	2020
专任教师结构	Full-time Teachers by Type					
大　　学	College and University Students	6.1	8.5	9.4	9.1	9.2
中　　学	Secondary School Students	40.4	42.3	39.3	35.9	34.8
小　　学	Primary School Students	49.0	42.5	38.5	37.1	36.3
科　　技	**Science and Technology**					
研究与试验发展经费筹集款结构	Structure of Funding for Research and Development Outlat					
#政府资金	Government Fund	31.7	22.0	20.0	13.7	15.3
企业资金	Enternment Fund	60.1	72.6	76.7	83.0	81.5
研究与试验发展经费支出	Research and Development Expenses					
#基础研究	Basic Research	9.0	7.5	5.6	5.2	6.9
应用研究	Applied research	20.1	9.6	7.8	8.1	8.9
试验发展	Experimental development	61.4	83.0	86.6	86.7	84.2
生活、环境	**People's Livelihood and Environment**					
生　　活	**People's Livelihood**					
城镇居民消费结构	Consumption Structure of Urban Residents					
食 品 类	Food	43.7	38.0	33.7	31.2	32.6
衣 着 类	Clothing	12.0	10.6	8.1	7.4	6.8
居　　住	Residence	9.3	10.7	20.1	22.1	23.6
生活用品及服务	Household Facilities, Articles and Services	4.6	5.9	5.4	6.2	6.0
医疗保健	Health Care and medical Services	6.3	6.4	6.2	7.0	7.2
交通通信	Transport and Communications	10.6	11.8	13.1	12.1	11.8
教育文化娱乐服务	Education, Cultural and Recreation Services	10.5	12.9	11.1	11.8	10.1
其他商品及服务	Other Goods and Services	3.1	3.8	2.3	2.3	1.9
农村居民消费结构	Consumption Structure of Rural Residents					
食 品 类	Food	45.5	40.7	35.8	32.7	34.3
衣 着 类	Clothing	5.4	5.8	5.6	5.8	5.8
居　　住	Residence	15.7	21.6	21.2	22.8	22.6
生活用品及服务	Household Facilities, Articles and Services	4.8	5.8	5.6	5.8	5.7
交通通信	Transport and Communications	9.0	8.5	11.8	11.8	11.1
教育文化娱乐服务	Education, Cultural and Recreation Services	11.7	9.1	9.3	10.1	9.5
医疗保健	Health Care and medical Services	6.1	6.6	9.0	9.1	9.7
其他商品及服务	Other Goods and Services	1.8	2.0	1.8	2.0	1.5
卫　　生	**Health Care**					
卫生技术人员结构	Composition of medical Technical personnel					
#执业（助理）医师	Licensed (Assistant) Doctors	41.4	39.5	38.4	38.3	39.9
注册护士	Registered Nurses	29.6	37.3	42.5	45.2	45.7
医院床位结构	Hospital Beds by Area					
综合医院	Comprehensive Hospitals			71.2	68.7	66.8
中医医院	Hospitals of Traditional Chinese Medicine			13.5	13.8	14.5
专科医院	Specialized Hospitals			14.3	15.2	15.9
环境、灾害	**Environment and Disasters**					
交通事故损失额结构	Structure of Traffic Accident Loss Amount					
一次性死亡三人以上事故	Accidents With More Than Three Deaths One Time					

1—8　国民经济和社会发展比例和效益指标
Indicators on Proportions and Efficiency in National Economic and Social Development

指　标	Item	2005	2010	2015	2019	2020
人　口	**Population**					
出生率 (‰)	Birth Rate (‰)	12.43	12.70	12.92	12.03	9.45
死亡率 (‰)	Death Rate (‰)	6.23	5.95	5.94	6.04	5.94
自然增长率 (‰)	Natural Growth Rate (‰)	6.20	6.75	6.98	5.99	3.51
就　业	**Employment**					
三次产业从业者比例	Employment Ratio by Type of Industry					
（以第一产业为100）	(Employment in primary industry=100)					
第一产业	Primary Industry	100.0	100.0	100.0	100.0	100.0
第二产业	Secondary Industry	44.0	64.2	88.2	93.6	125.2
第三产业	Tertiary Industry	61.8	91.6	122.7	131.9	172.8
城镇登记失业率 (%)	Registered Unemployment Rate in Urban Areas	4.4	3.7	3.1	2.6	2.8
国民核算	**National Accounting**					
全社会劳动生产率 （元/人）	Overall Labor Productivity (yuan/person)	15604	32968	55081	84645	118907
第一产业	Primary Industry	5345	10163	16902	21594	
第二产业	Secondary Industry	28951	63563	1127	121522	
第三产业	Tertiary Industry	23471	36534	62481	106421	
人均生产总值 （元）	Per Capita GDP (yuan)	9193	21923	39692	60561	63426
固定资产投资	**Investment in Fixed Assets**					
房地产开发企业房屋建筑面积竣工率 (%)	Real Estate Development Enterprise Housing Construction Area Completion Rate (%)	34.2	17.2	16.2	13.0	11.3
财　政	**Finance**					
一般公共预算收入相当于生产总值比例 (%)	Proportion of General Public Budget Revenue to GDP (%)	5.9	8.7	10.3	8.6	8.3
一般公共预算支出相当于生产总值比例 (%)	Proportion of General Public Budget Expenditure to GDP (%)	12.6	19.5	22.0	20.1	19.3
利用外资	**Utilization of Foreign Capital**					
实际利用外资额相当于签订利用外资额比例 (%)	Proportion of Foreign Capital Actually Used to Total Amount of Foreign Capital for Utilization by Signed Contracts or Agreements (%)	44.3	231.7	345.8	76.0	353.9
能源生产与消费	**Production and Consumption of Energy**					
电力生产弹性系数	Elasticity Ratio of Electricity Production	0.51	0.69	0.16	0.71	
能源消费弹性系数	Elasticity Ratio of Energy Consumption	0.76	0.62	0.31	0.58	1.55
电力消费弹性系数	Elasticity Ratio of Electricity Consumption	1.16	0.90	0.40	1.03	1.43
每万元生产总值消耗的能源 （吨标准煤）	Energy Consumption per 10000 yuan GDP (ton of SCE)	1.22	0.97	0.56	0.42	0.43

注：2020年就业比例、全社会劳动生产率为常住口径，往年均为户籍口径。

a) Employment ratio and labor productivity of the whole society in 2020 are measured as permanent residents, while in previous years, they were measured as household registration.

1—8 续表1 continued

指　　标	Item	2005	2010	2015	2019	2020
农　业	**Agriculture**					
农业从业者人均农产品产量（公斤）	Output of Farm Products per Agricultural (kg)					
粮　　食	Grain	1474	2108	2933	2972	3038
棉　　花	Cotton	18	17	11	4	3
油　　料	Oil-bearing Crops	153	116	123	118	123
肉　　类	Meat	217	245	299	295	299
水 产 品	Aquatic Products	100	127	151	170	176
每公顷播种面积农产品产量（公斤）	Output of Farm Crops per Hectare of Sown Area (kg)					
粮　　食	Grain	4351	4617	5600	5563	5514
棉　　花	Cotton	816	918	881	921	801
油　　料	Oil-bearing Crops	2077	2546	2982	3056	3116
工　业	**Industry**					
总资产贡献率 (%)	Ratio of Total Assets to Industrial Output Value (%)	38.90	16.22	12.25	10.49	9.63
资产负债率 (%)	Assets-liability Ratio (%)	61.63	60.05	57.49	56.89	55.59
成本费用利润率 (%)	Ratio of Profits to Industrial Cost (%)	5.14	8.63	5.41	6.47	6.79
流动资产周转次数 (次/年)	Number of Times of Annual of Turnover Circulating Funds (times/year)	2.25	2.63	2.83	1.95	1.69
产品销售率 (%)	Proportion of products Sold (%)	98.24	97.57	97.3	97.89	97.70
建 筑 业	**Construction**					
产值利润率 (%)	Ratio of Profit to Gross Output Value (%)	1.93	3.4	3.3	2.7	2.7
劳动生产率 (元/人)	Overall Labor Productivity (yuan/person)	95803	177486	340696	427868	457314
交通运输业	**Transportation**					
铁路网密度 (公里/万平方公里)	Railway Density (km/10000 sq.km)	168	203	298	337	368
公路网密度 (公里/万平方公里)	Highway Density (km/10000 sq.km)	5223	10716	13410	15581	16680
铁路货运密度 (吨/公里)	Railway Freight Traffic Density (ton/km)	44139	42424	24367	16591	14631
公路货运密度 (吨/公里)	Highway Freight Traffic Density (ton/km)	6814	12295	12338	10778	10298
邮电通信业	**Postal and Telecommunications Services**					
全省电话普及率（按年末常住人口计算）（部/百人）	Access to Telephones, National (set/100 persons)	39.16	67.65	82.72	105.30	107.86
#移动电话普及率	Access to Mobile Phones	17.11	46.98	70.41	95.93	98.70
对外经济贸易	**Foreign Trade**					
进出口总额相当于生产总值比例 (%)	Proportion of Total Imports & Exports to GDP (%)	13.9	13.3	13.8	12.8	14.0
国际旅游	**International Tourism**					
每一来华游客花费 (美元)	Expenditure per International Tourist in China(USD)	293	413	509	517	397
国内旅游人均花费 (元)	Expenditure per Domestic Tourist (yuan)	662	838	896	1012	897

1—8 续表2 continued

指　　标	Item	2005	2010	2015	2019	2020
金融保险	**Finance and Insurance**					
金融机构存款相当于生产总值比例 (%)	Bank Deposits as Percentage of GDP (%)	105.60	123.52	144.70	147.58	154.85
金融机构贷款相当于生产总值比例 (%)	Bank Loans as Percentage of GDP (%)	76.00	86.43	106.96	120.20	133.19
教　育	**Education**					
学龄儿童入学率 (%)	Net Enrollment Ratio of Primary Schools (%)	99.54	99.88	99.96	99.96	99.99
小学升学率 (%)	Promotion Rate from Primary Schools to Junior Secondary Schools (%)	99.56	100.81	100.18	101.96	101.26
初中升学率 (%)	Promotion Rate from Junior Secondary Schools to Senior Secondary Schools (%)	60.51	73.47	96.80	93.84	94.49
学校教师负担系数 (%)	Student-teacher Ratio (in percentage) (%)					
高等学校	Colleges and Universities	18.16	19.05	19.46	19.89	20.86
中等学校	Secondary Schools	24.24	19.23	14.23	14.18	14.32
小学学校	Primary Schppls	22.51	18.74	17.73	18.09	17.98
科　技	**Science and Technology**					
研究与发展经费支出相当于生产总值比例 (%)	Expenditure on Research and Development is Equivalent to the Proportion of GDP (%)	0.85	1.32	1.96	2.03	2.28
卫　生	**Health Care**					
每万人执业(助理)医师数 (人)	Number of Doctors per 10000 Persons (person)	10.19	11.91	15.51	19.49	23.06
每万人医院床位数 (张)	Number of Hospital Beds per 10000 Persons (unit)	12.60	17.90	29.17	38.32	44.68
医院病床使用率 (%)	Utilization Rate of Hospital Beds (%)	68.6	85.9	85.0	83.1	72.2
文　化	**Culture**					
每百万人有艺术表演团体 (个)	Number of Troupes per Million Persons (unit)	1.42	0.81	23.24	37.00	32.75
每百万人有公共图书馆 (个)	Number of Public Libraries per Million Persons (unit)	1.36	1.29	1.76	1.79	1.84
每百万人有博物馆 (个)	Number of Museums per Million Persons (unit)	0.66	1.76	2.46	3.08	3.23
家　庭	**Family**					
负担少儿系数 (%)	Dependency Ratio of Children (%)	34.51	24.68	25.99	28.16	29.27
负担老年系数 (%)	Dependency Ratio of the Aged (%)	15.08	14.21	16.74	20.74	22.83
婚　姻	**Marriages and Divorces**					
离 婚 率 (‰)	Divorce Rate (‰)	1.77	3.22	5.22	7.04	6.67
生　活	**People's Livelihood**					
城镇与农村居民收入增长率比例（实际扣除价格因素）	Proportion of Growth Rate of Annual Income of Urban Residents to the Growth Rate of Annual Net Income of Rural Residents			0.91	0.87	0.98
市政建设	**City Construction**					
城市自来水普及率 (%)	Percentage of Households with Access to Tap Water (%)	90.52	96.06	98.79	99.36	99.60
城市用气普及率 (%)	Percentage of Households with Access to Tap Gas (%)	72.29	90.52	97.55	98.70	99.24
人均公园绿地面积 (平方米)	Public Green Areas per Person (sq.m)		10.95	13.37	14.80	14.88

1—9 社会经济主要指标人均水平
Major Per Capita Indicators of Social and Economy

项　目	Item	2015	2019	2020
地区生产总值 （元）	**Gross Domestic Product (yuan)**	**39692**	**60561**	**63426**
农林牧渔业总产值 （元）	**Gross Output Value of Farming, Forestry, Animal Husbandry and Fishery (yuan)**	**6025**	**7270**	**7972**
主要产品产量	**Output of Major Products**			
原　煤 （吨）	Coal (ton)	1.9	1.5	1.6
焦　炭 （吨）	Coke (ton)	0.1	0.2	0.2
发电量 （千瓦小时）	Electricity (kwh)	2930.1	3900.0	3763.7
粗　钢 （公斤）	Crude Steel (kg)	361.0	453.8	518.8
钢　材 （公斤）	Steel Products (kg)	480.3	444.8	506.2
水　泥 （公斤）	Cement (kg)	1884.8	1969.9	1989.4
布 （米）	Cloth (m)	20.4	12.9	11.2
粮　食 （公斤）	Grain (kg)	587.3	570.9	564.0
棉　花 （公斤）	Cotton (kg)	2.1	0.8	0.6
油　料 （公斤）	Oil-bearing Crops (kg)	24.7	22.7	22.8
肉　类 （公斤）	Meat (kg)	59.8	56.7	55.4
社会消费品零售额 （元）	**Total Retail Sales of Consumer Goods (yuan)**	**16110.8**	**25154.3**	**25727.9**
人民生活 （元）	**People's Livelihood (yuan)**			
城镇非私营单位就业人员平均工资	Average Wage of Employed Persons and Related Index of Urban Non-private Owned Units	55139	79037	85854
国　有	State-owned Units	60433	99851	107953
集　体	Urban Collective-owned Units	47261	66059	76836
城镇常住居民可支配收入	Annual Disposable Income of Urban Residents	26936	37540	39442
城镇居民消费性支出	Living Expenditure of Urban Residents	17234	23782	22683
农村常住居民可支配收入	Farmers Disposable Income	10821	15416	16620
农民家庭生活消费支出	Living Expenditure of Rural Residents	8975	14546	15024

1—10　人民物质文化生活提高情况
Improvement of People's Material and Cultural Life

项　　目	Item	2015	2019	2020
城乡居民收入　　（元）	**Income of Rural and Urban Residents　（yuan）**			
城镇常住居民人均可支配收入	Annual Per Capita Disposable Income of Urban Residents	26936	37540	39442
农村常住居民人均可支配收入	Per Capita Disposable Income of Farmers	10821	15416	16620
城镇非私营单位就业人员平均工资	Average Wage of Employed Persons and Related Index of Urban Non-private Owned Units	55139	79037	85854
平均每人住房面积　（平方米）	**Per Capita Floor Space of Residential Buildir　（sq.m）**			
城镇居民建筑面积	Urban Residents	34.71	41.83	42.09
农村居民建筑面积	Rural Residents	46.76	53.52	54.55
生活、文化、教育、卫生	**Livelihood, Culture, Education and Public Health**			
每百户拥有（抽样）	Number of Durable Consumer Goods Owned Per 100 Households by Sample			
彩色电视机　（台）	TV (Color)　（unit）			
城镇居民	Urban Residents	129.63	137.21	138.60
农　　民	Rural Residents	121.33	133.59	134.78
洗衣机　（台）	Washing Machine　（unit）			
城镇居民	Urban Residents	94.09	99.77	100.80
农　　民	Rural Residents	73.58	89.74	90.70
移动电话　（部）	Mobile Telephone　（unit）			
城镇居民	Urban Residents	216.75	251.40	252.70
农　　民	Rural Residents	205.34	271.69	272.72
每百人每天拥有报纸　（份）	Newspapers per 100 Persons per Day　（copy）	4.1	2.4	2.2
每人每年拥有期刊　（册）	Number of Magazines per Person per Year　（copy）	0.8	0.5	0.5
每万人口中在校大学生　（人）	Number of Enrollment Students of Regular Institutions of Higher Education per 10000 Persons　（person）	162.9	174.8	192.0
每千人口中医院床位数　（张）	Number of Hospital Bed per 1000 persons　（unit）	3.3	3.8	4.5
每千人口中卫生技术人员（人）	Number of Medical Technical Personnel Per 1000 Persons　（person）	4.6	5.7	6.8

1—11 平均每天主要社会经济活动
Selected Indicators on Average Daily Social and Economic Activities

指标	Item	2005	2010	2015	2019	2020
每天创造的财富	**Daily Production**					
安徽生产总值（万元）	Gross Domestic Product (10000 yuan)	155503	363008	652909	1009466	1059743
第一产业	Primary Industry	26479	43851	65097	79890	87252
第二产业	Secondary Industry	60203	175233	296941	410137	429361
工业	Industry	45605	135593	229056	306347	319513
建筑业	Construction	14598	39639	68363	104427	110485
第三产业	Tertiary Industry	68821	143924	290871	519439	543130
一般公共预算收入（万元）	General Public Budget Revenue (10000 yuan)	9151	31490	67241	87197	88110
粮食（吨）	Grain (ton)	71378	87882	111705	111068	110116
棉花（吨）	Cotton (ton)	852	706	404	152	112
油料（吨）	Oil-bearing Crops (ton)	7416	4825	4697	4421	4451
布（万米）	Cloth (10000 m)	154	298	387	251	218
原煤（万吨）	Coal (10000 tons)	23.11	35.70	36.7	30.1	30.4
发电量（亿千瓦时）	Electricity (100 million kwh)	1.77	3.96	5.57	7.58	7.35
钢（万吨）	Steel (10000 tons)	3.03	5.08	6.87	8.83	10.13
成品钢材（万吨）	Rolls Steel (final products) (10000 tons)	3.13	6.70	9.14	8.65	9.88
水泥（万吨）	Cement (10000 tons)	8.82	21.57	35.85	38.32	38.84
家用电冰箱（台）	Household Refrigerator (unit)	14532	56956	79129	68655	66792
家用洗衣机（台）	Household Washing Machines (unit)	12104	34712	47267	63789	65216
每天消费量	**Daily National Consumption**					
能源消费量（万吨标准煤）	Energy Consumption (10000 tons of SCE)	17.8	25.8	33.7	38.0	40.3
每天其他经济活动	**Other Daily Economic Activities**					
货物运输量（万吨）	Volume of Freight Traffic (10000 tons)	183.9	624.9	947.3	1008.4	1025.5
旅客运输量（万人）	Volume of Passenger Traffic (10000 persons)	199.6	437.3	238.6	163.3	89.2
邮电业务总量（万元）	Business Volume of Postal and Telecommunications Services (10000 yuan)	7781	8228	20275	121839	155157
出版图书（万册）	Books Published (10000 copies)	69.1	65.5	74.9	78.8	87.1
出版杂志（万册）	Publishing Magazines (10000 copies)	15.9	16.0	14.4	10.3	9.5
出版报纸（万份）	Newspaper Published (10000 copies)	268.9	320.5	287.2	169.1	153.7
固定资产投资（万元）	Investment in Fixed Assets (10000 yuan)	69068	324642	654796		
城镇	Urban	58607	299409			
农村	Rural	10461	25233			
社会消费品零售总额（万元）	Total Retail Sales of Consumer Goods (10000 yuan)	55361	140795	306436	489373	502293
进出口总额（万美元）	Total Value of Imports and exports (USD 10000)	2499	6651	13372	18831	21533
出口额	Exports	1422	3401	9072	11068	12487
进口额	Imports	1077	3250	4300	7763	9045
实际利用外资额（万美元）	Foreign Capital Actually Used (USD 10000)	188.6	1373.8	3731.4	4914.2	5015.2
国际旅游外汇收入(万美元)	Foreign Exchange Earnings from International Tourism (USD 10000)	50.8	224.7	620.0	928.1	75.2
每天人口变动和婚姻	**Daily Population Changes and Marriages**					
出生（人）	Births (person)	2079	2060	2158	2346	
死亡（人）	Deaths (person)	1038	964	992	1178	
结婚（对）	Marriages (couple)	1204	1783	2022	1477	1291
离婚（对）	Divorces (couple)	157	300	496	685	651

1—12 长三角国民经济和社会发展主要指标（2020年）

Main Indicators of National Economic and Social Development in Yangtze River Delta （2020）

指　标	Item	全国总计 National Total	上海市 Shanghai	江苏省 Jiangsu	浙江省 Zhejiang	安徽省 Anhui
总人口（年末）　（万人）	Population at Year-end　(10000 persons)	141178	2487	8475	6457	6103
国内(地区)生产总值　（亿元）	Gross Domestic Product　(100 million yuan)	1015986	38701	102719	64613	38681
第一产业	Primary Industry	77754	104	4537	2169	3185
第二产业	Secondary Industry	384255	10289	44226	26413	15672
第三产业	Tertiary Industry	553977	28308	53956	36031	19824
地方一般公共预算收入(亿元)	General Public Budget Revenue　(100 million yuan)	100124	7046	9059	7248	3216
地方一般公共预算支出(亿元)	General Public Budget Expenditure　(100 million yuan)	210492	8102	13682	10082	7471
社会消费品零售总额　（亿元）	Total Retail Sales of Consumer Goods　(100 million yuan)	391981	15933	37086	26630	18334
货物进出口总额　（亿元）	Total Value of Imports and Exports(RMB 100 million yuan)	321557	34828	44501	33808	5406
出　口	Exports	179326	13725	27444	25180	3161
进　口	Imports	142231	21103	17056	8628	2245
主要农产品产量	Output of Major Farm Products					
粮　食　（万吨）	Grain　(10000 tons)	66949.2	91.4	3729.1	605.7	4019.2
棉　花　（万吨）	Cotton　(10000 tons)	591.0		1.1	0.7	4.1
油　料　（万吨）	Oil-bearing Crops　(10000 tons)	3586.4	0.7	93.0	32.1	162.5
主要工业产品产量	Output of Major Industrial Products					
原　煤　（亿吨）	Coal　(100 million tons)	39.0		0.1		1.1
天然气　（亿立方米）	Natural Gas　(100 million cu.m)	1925.0	15.1	4.2		2.2
水　泥　（万吨）	Cement　(10000 tons)	239483.7	398.9	15275.1	13272.9	14176.2
粗　钢　（万吨）	Crude Steel　(10000 tons)	106476.7	1575.6	12108.2	1457.0	3696.7
钢　材　（万吨）	Rolled Steel　(10000 tons)	132489.2	1879.6	15004.9	3806.7	3607.5
汽　车　（万辆）	Motor Vehicles　(10000 sets)	2532.5	264.7	75.2	90.4	116.1
发电量　（亿千瓦小时）	Electricity　(100 million kwh)	77790.6	861.7	5217.5	3531.3	2681.6
铁路营业里程　（公里）	Length of Railways in Operation　(km)	146300.0		3998.0		5159.4
公路里程　（万公里）	Length of Highways　(10000 km)	519.8	1.3	15.8	12.3	23.6
#高速公路　（公里）	Expressway　(km)	161000	845	4925	5096	4904
客运量　（万人）	Passenger Traffic　(10000 persons)	966542	9234	85310	58075	32570
货运量　（万吨）	Freight Traffic　(10000 tons)	4735566	138839	275209	300276	374318
邮政业务总量　（亿元）	Business Volume of Postal Services　(100 million yuan)	21053.2	848.1	1699.5	4311.0	608.4
电信业务总量　（亿元）	Business Volume of Postal Services　(100 million yuan)	136758.3	2822.9	9181.7	8309.0	5054.8
普通高等学校数　（个）	Number of Regular Institutions of Higher Education　(unit)	2738	63	167	110	115
本专科在校学生数　（万人）	Graduates of Undergraduates and College Students　(10000 persons)	3285.3	54.1	201.5	114.9	136.8
医院数　（个）	Number of Hospitals　(unit)	35000	405	1996	1429	1388
执业(助理)医师　（万人）	Licensed (Assistant) Doctors　(10000 persons)	408.2	8.23	26.8	21.8	16.3
医院床位数　（万张）	Number of Beds of Medical Institutions　(10000 beds)	713.4		42.2	31.7	31.8

注：年末常住人口为第七次全国人口普查时点（2020年11月1日零时）数。

a)　Number of permanent residents at the end of the year is the date of the seventh national census (0 o 'clock, November 1, 2020).

1—13 中部6省国民经济和社会发展主要指标（2020年）

Main Indicators of National Economic and Social Development of 6 Middle Provinces (2020)

指标		Item		山西省 Shanxi	江西省 Jiangxi	河南省 Henan	湖北省 Hubei	湖南省 Hunan	安徽省 Anhui
总人口（年末）	(万人)	Population at Year-end	(10000 persons)	3492	4519	9937	5775	6644	6103
国内(地区)生产总值	(亿元)	Gross Domestic Product	(100 million yuan)	17652	25692	54997	43444	41782	38681
第一产业		Primary Industry		947	2242	5354	4132	4240	3185
第二产业		Secondary Industry		7675	11085	22875	17024	15938	15672
第三产业		Tertiary Industry		9030	12365	26768	22288	21603	19824
地方一般公共预算收入	(亿元)	General Public Budget Revenue	(100 million yuan)	2297	2508	4155	2512	3009	3216
地方一般公共预算支出	(亿元)	General Public Budget Expenditure	(100 million yuan)	5111	6666	10383	8439	8403	7471
社会消费品零售总额	(亿元)	Total Retail Sales of Consumer Goods	(100 million yuan)	6746	10372	22503	17985	16258	18334
货物进出口总额	(亿元)	Total Value of Imports and Exports	(RMB 100 million yuan)	1506	4010	6655	4294	4875	5406
出　口		Exports		877	2920	4075	2702	3306	3161
进　口		Imports		629	1090	2580	1592	1568	2245
主要农产品产量		Output of Major Farm Products							
粮　食	(万吨)	Grain	(10000 tons)	1424.3	2163.9	6825.8	2727.4	3015.1	4019.2
棉　花	(万吨)	Cotton	(10000 tons)	0.2	5.3	1.8	10.8	7.4	4.1
油　料	(万吨)	Oil-bearing Crops	(10000 tons)	14.3	122.7	672.6	344.5	260.7	162.5
主要工业产品产量		Output of Major Industrial Products							
原　煤	(亿吨)	Coal	(100 million tons)	10.8		1.1		0.1	1.1
天然气	(亿立方米)	Natural Gas	(100 million cu.m)	85.9		2.9	1.0		2.2
水　泥	(万吨)	Cement	(10000 tons)	5616.7	10030.7	11767.9	9826.6	11043.2	14176.2
粗　钢	(万吨)	Crude Steel	(10000 tons)	6637.8	2682.1	3530.2	3557.2	2612.9	3696.7
钢　材	(万吨)	Rolled Steel	(10000 tons)	6181.4	3093.9	4233.4	3649.1	2729.7	3607.5
汽　车	(万辆)	Motor Vehicles	(10000 sets)	4.9	45.2	54.5	209.3	39.1	116.1
发电量	(亿千瓦小时)	Electricity	(100 million kwh)	3503.5	1444.7	2906.1	3015.8	1554.4	2681.6
铁路营业里程	(公里)	Length of Railways in Operation	(km)			6134.0		5630.0	5159.4
公路里程	(万公里)	Length of Highways	(10000 km)	14.4	21.1	27.0	29.0	24.1	23.6
#高速公路	(公里)	Expressway	(km)	5745	6234	7100	7230	6951	4904
客运量	(万人)	Passenger Traffic	(10000 persons)	12457	41913	57909	30112	56376	32570
货运量	(万吨)	Freight Traffic	(10000 tons)	190232	157149	219939	160422	200878	374318
邮政业务总量	(亿元)	Business Volume of Postal Services	(100 million yuan)	150.7	311.3	829.7	471.8	429.2	608.4
电信业务总量	(亿元)	Business Volume of Postal Services	(100 million yuan)	3091.3	3539.9	8155.8	4204.9	5670.5	5054.8
普通高等学校数	(个)	Number of Regular Institutions of Higher Education	(unit)	85	105			114	115
本专科在校学生数	(万人)	Graduates of Undergraduates and College Students	(10000 persons)	84.2	124.2	249.2	161.7	151.0	136.8
医院数	(个)	Number of Hospitals	(unit)		858	2205	1048	1654	1388
执业(助理)医师	(万人)	Licensed (Assistant) Doctors	(10000 persons)		10.5	27.6	16.0	19.1	16.3
医院床位数	(万张)	Number of Beds of Medical Institutions	(10000 beds)		20.7	50.3	29.7	37.7	31.8

注：年末常住人口为第七次全国人口普查时点（2020年11月1日零时）数。

a) Number of permanent residents at the end of the year is the date of the seventh national census (0 o 'clock, November 1, 2020).

1—14　黄山旅游区域主要经济指标（2020年）
Main Economic Indicators of Tourist Region of Mount Huang (2020)

指　　标	Item	黄山市市区 HuangShan Region Of City	歙　县 SheXian	休宁县 XiuNing	黟　县 YiXian	祁门县 QiMen
土地面积　（平方公里）	Total Land Area (sq.km)	2358	2122	2126	857	2215
年末总人口　（万人）	Population at the Year-end (10000 persons)	47.05	47.11	26.75	9.26	18.68
生产总值　（万元）	Gross Domestic Product (10000 yuan)	4105787	2001530	1163242	456391	777038
第一产业	Primary Industry	200956	199013	151192	44683	76227
第二产业	Secondary Industry	1373400	724079	458987	150349	243031
第三产业	Tertiary Industry	2531430	1078438	553063	261359	457781
农业总产值（可比价）　（万元）	Gross Agricultural Output Value (Constant Price) (10000 yuan)	367254	324943	266863	78966	119415
农业增加值　（万元）	Value-added of Agriculture (10000 yuan)	204217	202160	156293	46229	77655
工业增加值　（万元）	e-added of Industry (10000 yuan)	898059	519159	299647	81766	148517
公路通车里程　（公里）	Length of Highways (km)	2095	2065	1625	621	1305
邮电业务总量(现行价)　（万元）	Business Volume of Post and Telecommunications (Current Price) (10000 yuan)	637142	209348	122211	57433	97893
全社会固定资产投资增速	Growth Rate of Fixed Assets Investment in the Whole Society	7.8	10.2	-15.1	10.2	11.0
#500万元以上项目投资增速	Investment Growth Rate of Projects with More than 5 Million Yuan	2.3	14.8	-31.3	13.6	13.5
房地产投资额　（万元）	Investment in Real Estate Development (10000 yuan)	1182678	215363	258730	68093	104036
社会消费品零售总额　（万元）	Total Retail Sales of Consumer Goods (10000 yuan)	2458123	959115	613870	213709	378209
年末职工人数（在岗）　（万人）	Number of Staff and Workers at the Year-end (Fully Employed) (10000 persons)	7.71	1.69	0.85	0.47	0.70
职工工资总额（在岗）　（万元）	Total Wages of Staff and Workers (Fully Employed) (10000 yuan)	604522	144922	77466	37349	59431
财政收入（不含基金）　（万元）	Government Revenue (Excluding Fund) (10000 yuan)	769364	188316	128162	53550	80595
财政支出（不含基金）　（万元）	Government Expenditure (Excluding Fund) (10000 yuan)	1036244	400566	268444	150102	206966
住户存款　（万元）	Household Deposits (10000 yuan)	3899323	2493667	1370419	608716	1057966
农村居民人均可支配收入　（元）	Per Capita Disposable Income of Rural Residents (yuan)	18311	18129	18089	18488	18084
接待旅游人数　（万人）	Tourists Received (10000 persons)	2226.7	663.0	406.1	874.7	197.6
#国际游客	International Tourists	29.3	8.3	4.4	11.2	0.2
国内游客	Domestic Tourists	2197.4	654.7	401.7	863.5	197.4
旅游外汇收入　（万美元）	Foreign Exchange Earnings from Tourism (USD 10000)	9623	1722	950	2679	26

1—15 九华山旅游区域主要经济指标（2020年）
Main Economic Indicators of Tourist Region of Mount Jiu Hua (2020)

指标	Item	池州市市区 ChiZhou Reigon Of City	青阳县 QingYang	石台县 ShiTai	东至县 DongZhi
年末总人口 （万人）	Population at the Year-end (10000 persons)	67.1	29.2	10.7	54.6
生产总值 （万元）	Gross Domestic Product (10000 yuan)	4726227	1423786	282585	2114010
第一产业	Primary Industry	363869	133449	51604	329354
第二产业	Secondary Industry	2274006	593645	62648	891527
第三产业	Tertiary Industry	2088352	696691	168333	893130
农业总产值（现行价） （万元）	Gross Agricultural Output Value (Current Price) (10000 yuan)	601825	211465	83836	588932
农业增加值 （万元）	Value-added of Agriculture (10000 yuan)	374632	137531	52377	353134
工业增加值 （万元）	Value-added of Industry (10000 yuan)	1871246	510772	48317	734987
公路通车里程 （公里）	Length of Highways (km)	3406	1597	1056	3272
全社会固定资产投资增速	Growth Rate of Fixed Assets Investment in the Whole Society	-0.1	16.4	17.4	11.3
#500万元以上项目投资增速	Investment Growth Rate of Projects with More than 5 Million Yuan	-0.5	26.4	22.1	13.6
社会消费品零售总额 （万元）	Total Retail Sales of Consumer Goods (10000 yuan)	2288527	696125	134172	887324
财政收入（不含基金） （万元）	Government Revenue (Excluding Fund) (10000 yuan)	743440	176769	32470	177120
财政支出（不含基金） （万元）	Government Expenditure (Excluding Fund) (10000 yuan)	977462	220964	159070	388062
城乡居民储蓄存款年末余额 （万元）	Outstanding Amount of Saving Deposits in Urban and Rural Areas at the Year-end (10000 yuan)	3844236	1693437	522795	2321073
农村居民可支配收入 （元）	Rural Residents' Disposable Income (yuan)	18055	18267	12512	17394
接待旅游人数 （人）	Tourists Received (person)	14575756	12134597	7850652	9756442
#国际游客	International Tourists	13003	9054	967	5060
国内游客	Domestic Tourists	14562753	12125543	7849685	9751382
旅游营业收入 （万元）	Income of Tourism (10000 yuan)	1568438	1540645	593957	882465
旅游外汇收入 （万美元）	Foreign Exchange Earnings from Tourism (USD 10000)	501	396	155	232

注：年末总人口为户籍人口。

a) Total population at the end of the year is registered population.

主要统计指标解释

可比价格

指计算各种总量指标所采用的扣除了价格变动因素的价格，可进行不同时期总量指标的对比。按可比价格计算总量指标有两种方法：一种是直接用产品产量乘某一年的不变价格计算；另一种是用价格指数进行缩减。

平均增长速度

我国计算平均增长速度有两种方法：一种是习惯上经常使用的“水平法”，又称几何平均法，是以间隔期最后一年的水平同基期水平对比来计算平均每年增长（或下降）速度；另一种是“累计法”，又称代数平均法或方程法，是以间隔期内各年水平的总和同基期水平对比来计算平均每年增长（或下降）速度。在一般正常情况下，两种方法计算的平均每年增长速度比较接近；但在经济发展不平衡、出现大起大落时，两种方法计算的结果差别较大。

本《年鉴》内所列的平均增长速度，均用“水平法”计算。从某年到某年平均增长速度的年份，均不包括基期年在内。如建国四十三年的平均增长速度是以1949年为基期计算的，则写为1950-1992年平均增长速度，其余类推。

企业（单位）登记注册类型

以市场监管部门登记注册的各类企业为划分对象，以市场监管部门对企业登记注册的类型为依据，将企业登记注册类型分为内资企业、港澳台商投资企业和外商投资企业三大类。内资企业包括国有企业、集体企业、股份合作企业、联营企业、有限责任公司、股份有限公司、私营公司和其他企业；港澳台商投资企业和外商投资企业分别包括合资经营企业、合作经营企业、独资经营企业和股份有限公司。

对不在市场监管部门进行登记注册的行政机关、事业单位和社会团体，主要按其经费来源和管理方式进行划分。

法人单位

指具备以下条件的单位：（一）依法成立，有自己的名称、组织机构和场所，能够独立承担民事责任；（二）独立拥有和使用（或授权使用）资产，承担负债，有权与其他单位签订合同；（三）会计上独立核算，能够编制资产负债表。法人单位包括企业法人、事业单位法人、机关法人、社会团体法人和其他法人。按照下属是否有产业活动单位，又分为单产业法人和多产业法人。

产业活动单位

法人单位所属的产业活动单位，指具备以下条件的单位：（一）在一个场所从事一种或主要从事一种社会经济活动；（二）相对独立组织生产经营或业务活动；（三）能够掌握收入和支出等业务核算资料。

单位数

表中的单位数为单产业法人数和多产业法人所属的产业活动单位数之和。

国有企业

指企业全部资产归国家所有，并按《中华人民共和国企业法人登记管理条例》规定登记注册的非公司制的经济组织。不包括有限责任公司中的国有独资公司。

集体企业

指企业资产归集体所有，并按《中华人民共和国企业法人登记管理条例》规定登记注册的经济组织。

股份合作企业

指以合作制为基础，由企业职工共同出资入股，吸收一定比例的社会资产投资组建，实行自主经营，自负盈亏，共同劳动，民主管理，按劳分配与按股分红相结合的一种集体经济组织。

联营企业

指两个及两个以上相同或不同所有制性质的企业法人或事业单位法人，按自愿、平等、互利的原则，共同投资组成的经济组织。联营企业包括国有联营企业、集体联营企业、国有与集体联营企业和其他联营企业。

有限责任公司

指根据《中华人民共和国公司登记管理条例》规定登记注册，由两个以上、五十个以下的股东共同出资，每个股东以其所认缴的出资额对公司承担有限责任，公司以其全部资产对其债务承担责任的经济组织。有限责任公司包括国有独资公司以及其他有限责任公司。

股份有限公司

指根据《中华人民共和国公司登记管理条例》规定登记注册，其全部注册资本由等额股份构成并通过发行股票筹集资本，股东以其认购的股份对公司承担有限责任，公司以其全部资产对其债务承担责任的经济组织。

私营企业

指由自然人投资设立或由自然人控股，以雇佣劳动为基础的营利性经济组织。包括按照《公司法》《合伙企业法》《私营企业暂行条例》规定登记注册的私营有限责任公司、私营股份有限公司、私营合伙企业和私营独资企业。

其他内资企业

指上述企业之外的其他内资经济组织。

与港澳台商合资经营企业

指港澳台地区投资者与内地企业依照《中华人民共和国中外合资经营企业法》及有关法律的规定，按合同规定的比例投资设立、分享利润和分担风险的企业。

与港澳台商合作经营企业

指港澳台地区投资者与内地企业依照《中华人民共和国中外合作经营企业法》及有关法律的规定，依照合作合同的约定进行投资或提供条件设立、分配利润和分担风险的企业。

港澳台商独资经营企业

指依照《中华人民共和国外资企业法》及有关法律的规定，在内地由港澳台地区投资者全额投资设立的企业。

港澳台商投资股份有限公司

指根据国家有关规定，经外经贸部依法批准设立，其中港、澳、台商的股本占公司注册资本的比例达25% 以上的股份有限公司。凡其中港、澳、台商的股本占公司注册资本的比例小于25%的，属于内资企业中的股份有限公司。

中外合资经营企业

指外国企业或外国人与中国内地企业依照《中华人民共和国中外合资经营企业法》及有关法律的规定，按合同规定的比例投资设立、分享利润和分担风险的企业。

中外合作经营企业

指外国企业或外国人与中国内地企业依照《中华人民共和国中外合作经营企业法》及有关法律的规定，依照合作合同的约定进行投资或提供条件设立、分配利润和分担风险的企业。

外资企业

指依照《中华人民共和国外资企业法》及有关法律的规定，在中国内地由外国投资者全额投资设立的企业。

外商投资股份有限公司

指根据国家有关规定，经外经贸部依法批准设立，其中外资的股本占公司注册资本的比例达 25% 以上的股份有限公司。凡其中外资股本占公司注册资本的比例小于25%的，属于内资企业中的股份有限公司。

行政机关、事业单位和社会团体

参照企业登记注册类型，主要按其经费来源和管理方式划分。具体规定如下：

⑴行政机关：包括国家机关和政党机关，原则上均列为“国有”。但有特殊规定的，如供销社等，则列为“集体”。

⑵事业单位：包括经国家机构编制部门和有关业务主管部门批准成立的各类事业单位，不包括实行企业化管理的事

业单位。事业单位的划分办法如下：

①由国家财政预算拨款或列入财政预算外资金管理以及经费主要来源于国有主管部门或国有上级单位的事业单位，列为“国有”。

②经费主要来源于集体单位的事业单位，列为“集体”。

③公民个人（或个人合伙）开办的事业单位，列为“私营”。

④上述以外的其他事业单位，如果其经费来源不明确，按管理方式进行归类。

⑶社会团体：包括经民政部门批准成立以及未纳入社会团体管理条例范围的工会、妇联等各类社会团体。社会团体的划分办法如下：

①未纳入民政部社会团体管理条例范围的工会、妇联、共青团、青联、工商联、科协、侨联等社会团体，国家拨款设立的基金会或基金管理组织以及经费主要来源于国有业务主管部门或国有上级单位的社会团体，列为“国有”。

②经费主要来源于集体单位的社会团体，列为“集体”。

③公民个人（或个人合伙）开办的社会团体，划为“私营”。

④上述以外的其他社会团体，如果其经费来源不明确，改按管理方式进行归类。

Explanatory Notes for Major Statistical Indicators

Comparable Prices

Refer to prices that are used to remove the factors of price change in calculating economic aggregates, so as to facilitate comparison of aggregates over time. Two methods are used for calculating economic aggregates at comparable prices: 1.Multiplying the output of products by their constant prices of certain year; 2.Deflation of data at current prices by relevant price index.

Average Annual Growth Rate

Two methods for calculating average annual growth rate are applied in China, one is often called “level approach” or the method of calculating geometric average, which is derived by comparing the level of the last year of the interval with that of the beginning year; the other is called “accumulative approach” or algebraic average or equation method, which is derived by the summation of the actual figure of each year in the interval divided by the figure in the base year.

Usually the results calculated by the two methods are fairly close, but they differed sharply when uneven economic development occurred with striking fluctuations in growth.

The average annual growth rates listed in this statistical yearbook are calculated by level approach except for the growth rate of investment in fixed assets. The base years are not listed when the years are listed for average annual growth rates. For instance, the average annual growth rate of 43 years since 1949 is listed as average annual growth rate of 1950-1992 without listing the base year 1949. And the analogy of this is also the same for the rest of the years.

Registration Status of Enterprises

According to the types of enterprises registered by market supervision departments, the types of enterprises registered by market supervision departments are divided into three categories: domestic enterprises, enterprises invested by Hong Kong, Macao and Taiwan enterprises and enterprises invested by foreign investors. Domestic enterprises include state-owned enterprises, collective enterprises, joint-stock cooperative enterprises, joint ventures, limited liability companies, joint stock limited companies, private companies and other enterprises; Hong Kong, Macao and Taiwan invested enterprises and foreign invested enterprises respectively include joint venture enterprises, cooperative enterprises, sole proprietorship enterprises and joint stock limited companies.

Administrative organs, institutions and social organizations that are not registered with market supervision departments shall be classified mainly according to their sources of funds and modes of management.

State-owned Enterprises

Refer to non-corporation economic units where the entire assets are owned by the state and which have registered in accordance with the Regulation of the People's Republic of China on the Management of Registration of Corporate Enterprises. Excluded from this category are sole state-funded corporations in the limited liability corporations.

Collective-owned Enterprises

Refer to economic units where the assets are owned collectively and which have registered in accordance with the Regulation of the People's Republic of China on the Management of Registration of Corporate Enterprises.

Cooperative Enterprises

refer to a form of collective economic units (enterprises) where capitals come mainly from employees as their shares, with certain proportion of capital from the outside, where production is organized on the basis of independent operation, independent accounting for profits and losses, joint work, democratic management, and a distribution system that integrates remuneration according to work with dividend according to capital share.

Joint Ownership Enterprises

Refer to economic units established by two or more corporate enterprises or corporate institutions of the same or different ownership, through joint investment on the basis of equality, voluntary participation and mutual benefits. They include state joint ownership enterprises, collective joint ownership enterprises, joint state-collective enterprises, other joint ownership enterprises.

Limited Liability Corporations

Refer to economic units established with investment from 2-50 investors and registered in accordance with the Regulation of the People's Republic of China on the Management of Registration of Corporations, each investor bearing limited liability to the corporation depending on its share of investment, and the corporation bearing liability to its debt to the maximum of its total assets. Limited liability corporations include exclusive state-funded limited liability corporations and other limited liability corporations.

Share-holding Corporations Ltd

Refer to economic units registered in accordance with the Regulation of the People's Republic of China on the Management of Registration of Corporations, with total registered capitals divided into equal shares and raised through issuing stocks. Each investor bears limited liability to the corporation depending on the holding of shares, and the corporation bears liability to its debt to the maximum of its total assets.

Private Enterprises

Refer to profit-making economic units invested and established by natural persons, or controlled by natural persons using employed labour. Included in this category are private limited liability corporations, private share-holding corporations Ltd., private partnership enterprises and private-funded enterprises registered in accordance with the Corporation Law, Partnership Enterprises Law and Interim Regulations on Private Enterprises.

Other Domestic-funded Enterprises

Refer to domestic-funded economic units other than those mentioned above.

Joint-venture Enterprises with Funds from Hong Kong, Macao and Taiwan

Refer to enterprises jointly established by investors from Hong Kong, Macao and Taiwan with enterprises in the mainland of China in accordance with the Law of the People's Republic of China on Sino-foreign Joint Venture Enterprises and other relevant laws, where the share of investment, profits and risks is stipulated in the contract.

Cooperative Enterprises with Funds from Hong Kong Macao and Taiwan

Established by investors from Hong Kong, Macao and Taiwan with enterprises in the mainland of China in accordance with the Law of the People's Republic of China on Sino-foreign Cooperative Enterprises and other relevant laws, where the investment or provision of facilities, and the share of profits and risks is stipulated in the cooperative contract.

Enterprises with Sole (exclusive) Investment from Hong Kong, Macao and Taiwan

Refer to enterprises established in the mainland of China with exclusive investment from investors from Hong Kong, Macao and Taiwan in accordance with the Law of the Peoples Republic of China on Foreign-Funded Enterprises and other relevant laws.

Share-holding Corporations Ltd. with Investment from Hong Kong, Macao and Taiwan

refer to share-holding corporations Ltd. established with the approval from the Ministry of Foreign Trade and Economic Relations in line with relevant state regulations, where the share of investment from Hong Kong, Macao or Taiwan businessmen exceeds 25% of the total registered capital of the corporation. In case the share of investment from Hong Kong, Macao or Taiwan is less than 25% of the total registered capital, the enterprise is to be classified as domestic-funded share-holding corporation Ltd.

Joint-venture Enterprises with Foreign Investment

Refer to enterprises jointly established by foreign enterprises or foreigners with enterprises in the mainland of China in accordance with the Law of the People's Republic of China on Sino-foreign Joint Venture Enterprises and other relevant laws, where the share of investment, profits and risks is stipulated in the contract.

Cooperation Enterprises with Foreign Investment

Refer to enterprises jointly established by foreign enterprises or foreigners with enterprises in the mainland of China in accordance with the Law of the People's Republic of China on Sino-foreign Cooperative Enterprises and other relevant laws, where the investment or provision of facilities, and the share of profits and risks is stipulated in the cooperative contract.

Enterprises with Sole (exclusive) Foreign Investment

Refer to enterprises established in the mainland of China with exclusive investment from foreign investors in accordance with the Law of the People's Republic of China on Foreign-Funded Enterprises and other relevant laws.

Share-holding Corporations Ltd. with Foreign Investment

refer to share-holding corporations Ltd. established with the approval from the Ministry of Foreign Trade and Economic Relations in line with relevant state regulations, where the share of investment from foreign investors exceeds 25% of the total registered capital of the corporation. In case the share of foreign investment is less than 25% of the total registered capital, the enterprise is to be classified as domestic-funded share-holding corporation Ltd.

Government Agencies, Institutions and Social Organizations

are classified into following categories by source of funds and way of management taking reference of the registration status of enterprises:

(1) Government agencies: include state and party agencies, classified in principle as "state-owned". There are exceptions,

such as supply and marketing cooperatives which are classified as “collective”.

(2) Institutions: include institutions of various types established with the approval by organization and staffing departments of the government, but exclude institutions where enterprise management system is introduced. Institutions are further classified as follows:

a) Institutions whose main budget is listed in the government budget appropriations or extra-budget funds, or allocated from the budget of their competent government agencies. Such institutions are classified as “state-owned”.

b) Institutions whose budget mainly comes from collective units. Such institutions are classified as “collective”.

c) Institutions other than those mentioned above whose source of budget are not clear. Such institutions are classified by way of management.

(3) Social organizations: include social organizations established with the approval from the Ministry of Civil Affairs, and organizations that are not covered by social organization management regulations such as trade unions, women's federations etc. Social organizations are further classified as follows:

a) Social organizations that are not covered by social organization management regulations of the Ministry of Civil Affairs such as trade unions, women's federations, communist youth leagues, youth associations, industrial and commerce associations, scientists associations, overseas Chinese associations, etc., foundations and fund management organizations established with funds from the state, and social organizations whose funds mainly come from the budget of their competent government agencies. Such institutions are classified as “state-owned”.

b) Social organizations whose budget mainly comes from collective units. Such institutions are classified as “collective”.

c) Social organizations established by individual or a group of citizens, which are classified as “private”.

d) Social organizations other than those mentioned above whose source of budget are not clear. Such organizations are classified by way of management.

第 二 篇

Chapter 2

NATIONAL ACCOUNTS

简要说明

一、2018 年及以前年份 GDP 相关数据为根据第四次全国经济普查结果修订后数据，2019 年数据为最终核实数，2020 年数据为初步核算数。

二、有关“指数”部分包括“以上年为 100 的指数”和“以 1978 年为 100 的指数”两个方面，“以上年为 100 的指数”表中 2000 年的数据按 1990 年价格计算，2001—2005 年的数据按 2000 年价格计算，2006—2010 年的数据按 2005 年价格计算，2011—2015 年的数据按 2010 年价格计算，2016 年以后的数据按 2015 年价格计算；“以 1978 年为 100 的指数”是以 1978 年为基数，每年指数相乘得到的。

三、人均 GDP 按年平均常住人口测算，2011-2019 年人均 GDP 有关数据为根据第七次人口普查数据修订。

四、居民消费水平是按年平均常住人口计算的人均居民消费支出，它综合反映一个国家（或地区）人民物质文化生活水平。

五、本篇资料由省统计局国民经济核算处整理编制。

Brief Introduction

I. The GDP data of 2018 and previous years are revised according to the results of the fourth National Economic Census, the data of 2019 are final verified, and the data of 2020 are preliminary calculation.

II. The relevant "index" part includes two aspects: "index of 100 in previous years" and "index of 100 in 1978". The data in 2000 in the table of "index of 100 in previous years" are calculated at 1990 prices, the data from 2001 to 2005 are calculated at 2000 prices, and the data from 2006 to 2010 are calculated at 2005 prices "Index with 100 in 1978" is based on 1978, and the index is multiplied every year.

III. Per capita GDP is calculated based on the annual average resident population. Data on per capita GDP from 2011 to 2019 are revised based on the seventh census data.

Ⅳ. Household consumption level refers to the per capita consumption expenditure calculated by the annual average resident population, which comprehensively reflects the material and cultural living standard of the people of a country (or region).

Ⅴ. This data is compiled by national economic accounting Department of provincial Bureau of Statistics.

2—1 安徽生产总值
Gross Domestic Product

本表按当年价格计算。 Data in value terms in this table are calculated at current price.

年　份 Year	生产总值 (亿元) Gross Domestic Product (100 million yuan)	第一产业 Primary Industry	第二产业 Secondary Industry	第三产业 Tertiary Industry	工　业 Industry	建筑业 Construction	人均生产总值 (元/人) Per Capita GDP (yuan/person)
2000	3125.33	741.77	1062.23	1321.33	841.48	220.75	5147
2001	3502.78	760.77	1258.20	1483.81	1007.34	250.86	5732
2002	3827.66	783.66	1347.26	1696.74	1055.27	291.99	6238
2003	4307.77	749.40	1557.61	2000.76	1185.70	371.91	7001
2004	5129.12	950.51	1846.21	2332.40	1378.16	468.04	8279
2005	5675.85	966.50	2197.40	2511.95	1664.58	532.82	9193
2006	6500.31	1011.03	2653.16	2836.11	2031.20	621.96	10630
2007	7941.61	1116.32	3371.80	3453.49	2604.93	766.88	12989
2008	9517.68	1313.08	4194.45	4010.14	3238.44	956.02	15535
2009	10864.68	1382.68	4918.65	4563.35	3743.65	1175.00	17715
2010	13249.78	1600.57	6395.99	5253.23	4949.15	1446.83	21923
2011	16284.92	1867.99	8189.09	6227.83	6424.71	1764.38	27303
2012	18341.67	2018.57	9247.89	7075.22	7279.71	1968.17	30697
2013	20584.04	2173.16	10233.43	8177.44	8045.39	2203.75	34404
2014	22519.65	2294.95	10982.59	9242.11	8595.16	2405.06	37580
2015	23831.18	2376.05	10838.34	10616.78	8360.56	2495.26	39692
2016	26307.70	2489.76	11517.48	12300.46	8909.39	2626.72	43686
2017	29676.22	2582.27	12681.24	14412.71	9739.86	2961.74	49092
2018	34010.91	2638.00	14094.44	17278.47	10639.84	3476.85	56063
2019	36845.49	2915.97	14970.00	18959.52	11181.67	3811.57	60561
2020	38680.63	3184.68	15671.69	19824.26	11662.21	4032.69	63426

注：2020年数据为初步核算数（下同）。

a) The data in 2020 are preliminary accounting data (the same below).

2—2 安徽生产总值构成
Composition of Gross Domestic Product

本表按当年价格计算。(单位：%) Data in value terms in this table are calculated at current price. (%)

年份 Year	生产总值 Gross Domestic Product	第一产业 Primary Industry	第二产业 Secondary Industry	第三产业 Tertiary Industry	工业 Industry	建筑业 Construction
2000	100.0	23.7	34.0	42.3	26.9	7.1
2001	100.0	21.7	35.9	42.4	28.8	7.2
2002	100.0	20.5	35.2	44.3	27.6	7.6
2003	100.0	17.4	36.2	46.4	27.5	8.6
2004	100.0	18.5	36.0	45.5	26.9	9.1
2005	100.0	17.0	38.7	44.3	29.3	9.4
2006	100.0	15.6	40.8	43.6	31.2	9.6
2007	100.0	14.0	42.5	43.5	32.8	9.7
2008	100.0	13.8	44.1	42.1	34.0	10.0
2009	100.0	12.7	45.3	42.0	34.5	10.8
2010	100.0	12.1	48.3	39.6	37.4	10.9
2011	100.0	11.5	50.3	38.2	39.5	10.8
2012	100.0	11.0	50.4	38.6	39.7	10.7
2013	100.0	10.6	49.7	39.7	39.1	10.7
2014	100.0	10.2	48.8	41.0	38.2	10.7
2015	100.0	10.0	45.5	44.5	35.1	10.5
2016	100.0	9.5	43.8	46.7	33.9	10.0
2017	100.0	8.7	42.7	48.6	32.8	10.0
2018	100.0	7.8	41.4	50.8	31.3	10.2
2019	100.0	7.9	40.6	51.5	30.3	10.3
2020	100.0	8.2	40.5	51.3	30.2	10.4

2—3 安徽生产总值指数
Indices of Gross Domestic Product

本表按不变价格计算。 （上年为100） The indices in this table are calculated at constant price. (preceding year=100)

年 份 Year	生产总值 Gross Domestic Product	第一产业 Primary Industry	第二产业 Secondary Industry	第三产业 Tertiary Industry	工 业 Industry	建筑业 Construction	人 均 生产总值 Per Capita GDP
2000	108.6	101.2	109.5	111.9	108.6	114.2	107.9
2001	109.2	102.9	109.6	112.4	108.8	112.5	108.5
2002	109.9	101.0	111.4	113.3	111.4	111.3	109.4
2003	109.4	93.6	113.2	113.6	111.1	121.0	109.1
2004	112.4	108.6	113.1	113.2	111.4	118.6	111.6
2005	111.0	101.7	116.4	110.3	118.9	108.4	111.4
2006	112.6	104.5	118.6	110.5	119.6	115.5	113.7
2007	114.1	103.6	119.2	113.1	121.4	112.1	114.1
2008	112.6	106.2	115.8	111.6	117.4	110.1	112.4
2009	113.1	105.0	116.8	111.9	117.1	115.5	113.0
2010	114.3	104.6	120.1	111.0	121.5	114.9	116.0
2011	113.4	104.0	117.0	111.9	118.8	110.6	114.9
2012	111.2	105.4	112.8	110.9	114.6	106.1	111.0
2013	110.3	103.3	111.9	110.2	112.2	111.4	110.2
2014	109.2	104.6	109.7	109.7	110.1	108.2	109.0
2015	108.7	104.2	108.3	110.3	108.0	109.3	108.5
2016	108.8	102.7	107.9	111.1	108.3	106.3	108.5
2017	108.6	104.1	108.2	110.0	108.2	108.0	108.2
2018	108.0	103.1	108.2	108.8	108.9	105.6	107.6
2019	107.3	103.2	107.5	107.8	107.0	108.9	106.9
2020	103.9	102.2	105.2	102.8	105.1	105.8	103.6

2—4 安徽生产总值指数
Indices of Gross Domestic Product

本表按不变价格计算。（1978=100） The indices in this table are calculated at constant price. (1978=100)

年　份 Year	生产总值 Gross Domestic Product	第一产业 Primary Industry	第二产业 Secondary Industry	第三产业 Tertiary Industry	工　业 Industry	建筑业 Construction	人均生产总值 Per Capita GDP
2000	859.0	303.0	1434.9	1883.6	1411.5	1550.7	658.5
2001	938.0	311.8	1572.7	2117.2	1535.7	1744.6	714.5
2002	1030.9	314.9	1752.0	2398.8	1710.8	1941.7	781.7
2003	1127.8	294.8	1983.2	2725.0	1900.7	2349.4	852.8
2004	1267.6	320.1	2243.0	3084.7	2117.3	2786.4	951.7
2005	1407.1	325.5	2610.9	3402.4	2517.5	3020.5	1060.2
2006	1584.3	340.2	3096.5	3759.7	3010.9	3488.7	1205.5
2007	1807.7	352.4	3691.0	4252.2	3655.3	3910.8	1375.5
2008	2035.5	374.3	4274.2	4745.4	4291.3	4305.8	1546.0
2009	2302.2	393.0	4992.3	5310.1	5025.1	4973.2	1747.0
2010	2631.4	411.1	5995.7	5894.3	6105.5	5714.2	2026.5
2011	2984.0	427.5	7015.0	6595.7	7253.4	6319.9	2328.5
2012	3318.2	450.6	7912.9	7314.6	8312.3	6705.4	2584.6
2013	3659.9	465.5	8854.6	8060.7	9326.5	7469.8	2848.2
2014	3996.7	486.9	9713.5	8842.6	10268.4	8082.4	3104.6
2015	4344.4	507.3	10519.7	9753.4	11089.9	8834.0	3368.5
2016	4726.7	521.0	11350.8	10836.0	12010.4	9390.6	3654.8
2017	5133.2	542.4	12281.5	11919.6	12995.2	10141.8	3954.5
2018	5543.8	559.2	13288.6	12968.5	14151.8	10709.7	4255.0
2019	5948.5	577.1	14284.7	13975.2	15148.4	11666.5	4548.6
2020	6180.5	589.8	15032.1	14369.1	15913.4	12343.1	4712.4

2—5 三次产业贡献率
Contribution Rate of the Three Industries

本表按不变价格计算。（单位：%） The indices in this table are calculated at constant price. (%)

年 份 Year	生产总值 Gross Domestic Product	第一产业 Primary Industry	第二产业 Secondary Industry	第三产业 Tertiary Industry
2000	100.0	3.0	47.9	49.1
2001	100.0	7.4	35.3	57.3
2002	100.0	2.3	39.3	58.4
2003	100.0	-13.9	48.6	65.3
2004	100.0	12.2	37.8	50.0
2005	100.0	2.6	53.4	44.0
2006	100.0	6.1	57.1	36.8
2007	100.0	4.0	55.6	40.4
2008	100.0	7.1	53.4	39.5
2009	100.0	5.2	56.1	38.7
2010	100.0	4.1	63.6	32.3
2011	100.0	3.6	61.1	35.3
2012	100.0	5.4	56.7	37.9
2013	100.0	3.4	58.1	38.5
2014	100.0	4.9	54.1	41.0
2015	100.0	4.6	49.1	46.3
2016	100.0	3.1	40.6	56.3
2017	100.0	4.5	42.7	52.8
2018	100.0	3.4	45.8	50.8
2019	100.0	3.8	46.5	49.7
2020	100.0	4.7	61.2	34.1

注：产业贡献率指各产业增加值增量与GDP增量之比。
a) Industrial Contributing refers to the proportion of increment of every industrial value-added to increment of GDP.

2—6 三次产业拉动率
Pulling Rate of the Three Industries

本表按不变价格计算。（单位：百分点） The indices in this table are calculated at constant price. (percentage points)

年 份 Year	生产总值 Gross Domestic Product	第一产业 Primary Industry	第二产业 Secondary Industry	第三产业 Tertiary Industry
2000	8.6	0.3	4.1	4.2
2001	9.2	0.7	3.2	5.3
2002	9.9	0.2	3.9	5.8
2003	9.4	-1.3	4.6	6.1
2004	12.4	1.5	4.7	6.2
2005	11.0	0.3	5.9	4.8
2006	12.6	0.8	7.2	4.6
2007	14.1	0.6	7.8	5.7
2008	12.6	0.9	6.7	5.0
2009	13.1	0.7	7.3	5.1
2010	14.3	0.6	9.1	4.6
2011	13.4	0.5	8.2	4.7
2012	11.2	0.6	6.4	4.2
2013	10.3	0.3	6.0	4.0
2014	9.2	0.4	5.0	3.8
2015	8.7	0.4	4.3	4.0
2016	8.8	0.3	3.6	4.9
2017	8.6	0.4	3.7	4.5
2018	8.0	0.3	3.6	4.1
2019	7.3	0.3	3.4	3.6
2020	3.9	0.2	2.4	1.3

注：产业拉动率指GDP增长速度与各产业贡献率之乘积。

a) The industrial pulling rate to GDP growth refers to the growth rate of GDP multiplying the industrial contributing rate.

2—7 按行业、产业和收入法构成分的安徽生产总值（2019年）

According to the Industry, the Industry and the Income Method of GDP in Anhui（2019）

本表按当年价格计算。 Data in this table are calculated at current price.

指　　标	Item	总　量 （亿元） Total (100 million yuan)	构　成 (%) Constitute (%)
安徽生产总值	**Gross Domestic Product**	**36845.49**	**100.0**
按行业分	**Grouped by Sector**		
农、林、牧、渔业	Agriculture, Forestry, Animal Husbandry and Fishery	3069.21	8.3
工　业	Industry	11181.67	30.3
建筑业	Construction	3811.57	10.3
批发和零售业	Wholesale and Retail Trades	3404.02	9.2
交通运输、仓储和邮政业	Transport, Storage and Post	1951.53	5.3
住宿和餐饮业	Hotels and Catering Services	741.89	2.0
信息传输、软件和信息技术服务业	Information Transmission, Software and Information Technology	764.76	2.1
金融业	Financial Intermediation	2340.60	6.4
房地产业	Real Estate	2888.36	7.8
租赁和商务服务业	Leasing and Business Services	1083.38	2.9
科学研究和技术服务业	Scientific Research and Technical Services	725.16	2.0
水利、环境和公共设施管理业	Management of Water Conservancy, Environment and Public Facilities	221.60	0.6
居民服务、修理和其他服务业	Service to Households, Repair and Other Services	840.07	2.3
教　育	Education	1497.40	4.1
卫生和社会工作	Health and Social Service	789.92	2.1
文化、体育和娱乐业	Culture, Sports and Entertainment	334.48	0.9
公共管理、社会保障和社会组织	Public Management, Social Security and Social Organization	1199.88	3.3
按产业分	**Grouped by Industry**		
第一产业	Primary Industry	2915.97	7.9
第二产业	Secondary Industry	14970.00	40.6
第三产业	Tertiary Industry	18959.52	51.5
按收入法构成分	**According to the Income Method**		
劳动者报酬	Compensation of Employees	18638.36	50.6
生产税净额	Net Taxes on Production	5072.13	13.8
固定资产折旧	Depreciation of Fixed Assets	5184.17	14.0
营业盈余	Operation Surplus	7950.83	21.6

2—8 按行业、产业构成分的安徽生产总值（2020年）

Indices of Value-added of the Tertiary Industry（2020）

本表按不变价格计算。（上年为100） The indices in this table are calculated at constant price. (preceding year=100)

指　标	Item	总量（亿元） Total (100 million yuan)	构成（%） Constitute (%)
安徽生产总值	**Gross Domestic Product**	**38680.63**	**100.0**
按行业分	**Grouped by Sector**		
农林牧渔业	Agriculture, Forestry, Animal Husbandry and Fishery	3353.37	8.7
工　业	Industry	11662.21	30.2
建筑业	Construction	4032.69	10.4
批发和零售业	Wholesale and Retail Trades	3516.69	9.1
交通运输、仓储和邮政业	Transport, Storage and Post	1970.77	5.1
住宿和餐饮业	Hotels and Catering Services	698.07	1.8
金融业	Financial Intermediation	2553.94	6.6
房地产业	Real Estate	3100.88	8.0
其他服务业	Other Services	7792.00	20.1
按产业分	**Grouped by Industry**		
第一产业	Primary Industry	3184.68	8.2
第二产业	Secondary Industry	15671.69	40.5
第三产业	Tertiary Industry	19824.26	51.3

注：本表为初步核算数。
a) This table is the preliminary accounting data.

2—9 各市生产总值和指数

Gross Domestic Product and Its Indices by Region

本表绝对数按当年价格计算，指数按不变价格计算。
Level data in this table are calculated at current prices while indices at constant prices.

地　区	Region	生产总值（亿元） Gross Domestic Product (100 million yuan)					指　数（上年=100） Indices (preceding year=100)				
		2005	2010	2015	2019	2020	2005	2010	2015	2019	2020
合肥市	Hefei	1074.38	2976.08	5830.95	9370.21	10045.72	116.2	116.4	110.3	107.5	104.3
淮北市	Huaibei	257.86	492.27	774.64	1077.94	1119.06	111.2	113.6	104.6	103.0	103.3
亳州市	Bozhou	264.54	582.63	1066.93	1740.26	1806.01	110.1	113.4	109.2	109.3	104.1
宿州市	Suzhou	317.60	650.57	1235.77	1953.03	2044.99	106.1	112.9	108.9	108.4	103.9
蚌埠市	Bengbu	315.26	672.74	1337.70	2016.02	2082.73	107.7	114.1	110.2	104.7	103.0
阜阳市	Fuyang	415.28	924.09	1687.45	2686.05	2805.20	111.6	113.6	109.6	108.8	103.8
淮南市	Huainan	316.90	707.02	917.36	1283.21	1337.20	115.4	112.3	103.8	105.0	103.3
滁州市	Chuzhou	350.26	837.80	1812.28	2888.70	3032.07	105.5	115.2	110.1	109.5	104.4
六安市	Luan	276.97	614.12	1053.43	1616.89	1669.46	111.0	111.5	106.9	108.3	104.1
马鞍山市	Maanshan	414.00	932.22	1366.11	2085.64	2186.90	111.1	113.9	108.8	107.7	104.2
芜湖市	Wuhu	503.45	1329.42	2366.24	3586.46	3753.02	113.1	117.0	110.0	108.0	103.8
宣城市	Xuancheng	252.23	552.04	1009.66	1557.44	1607.54	108.5	115.0	108.2	107.7	104.0
铜陵市	Tongling	207.12	455.88	720.94	950.56	1003.67	113.5	116.1	109.4	98.1	103.2
池州市	Chizhou	128.10	312.57	569.94	830.07	868.89	113.3	115.7	108.5	107.8	104.0
安庆市	Anqing	423.69	937.65	1557.40	2356.72	2467.68	107.7	112.9	107.3	106.8	104.0
黄山市	Huangshan	161.19	310.13	540.15	816.33	850.40	110.6	112.5	106.2	107.6	102.8

2—10 各市生产总值 （2020年）
Gross Domestic Product by Region (2020)

本表绝对数按当年价格计算，指数按不变价格计算。 （单位：亿元）
Level data in this table are calculated at current prices while indices at constant prices. (100 million yuan)

地区	Region	第一产业 Primary Industry	第二产业 Secondary Industry	第三产业 Tertiary Industry	工业 Industry	建筑业 Construction	批发和零售业 Wholesale, Retail Trade	交通运输、仓储和邮政业 Transport, Storage and Postal Services	住宿和餐饮业 Accommodation and Catering Trade	金融业 Banking
合肥市	Hefei	332.32	3579.51	6133.89	2072.32	1510.35	1013.34	516.56	181.04	970.26
淮北市	Huaibei	80.35	467.03	571.69	422.36	45.17	97.94	72.98	18.96	62.20
亳州市	Bozhou	256.34	631.50	918.17	454.76	177.01	147.65	82.24	32.63	129.75
宿州市	Suzhou	310.42	719.61	1014.96	517.58	202.25	167.41	102.20	37.23	116.25
蚌埠市	Bengbu	255.01	835.19	992.53	674.62	161.16	157.37	117.58	42.33	112.99
阜阳市	Fuyang	391.99	1039.86	1373.34	836.82	203.37	249.85	168.08	46.36	202.91
淮南市	Huainan	142.35	526.17	668.68	457.38	70.15	130.64	76.69	32.23	93.95
滁州市	Chuzhou	271.68	1477.82	1282.57	1189.35	289.03	198.88	134.99	45.67	138.74
六安市	Luan	238.67	606.62	824.18	429.01	177.82	147.55	88.58	27.91	114.05
马鞍山市	Maanshan	99.19	1045.37	1042.34	848.93	197.89	225.87	67.15	33.93	95.34
芜湖市	Wuhu	161.56	1787.28	1804.18	1409.96	391.13	405.46	183.23	56.73	186.67
宣城市	Xuancheng	161.72	758.48	687.34	589.77	168.91	141.88	87.59	28.01	89.23
铜陵市	Tongling	56.44	455.53	491.71	378.59	77.22	81.47	60.15	19.62	53.59
池州市	Chizhou	88.31	382.79	397.79	316.73	66.30	79.17	45.52	23.09	39.14
安庆市	Anqing	240.29	1066.53	1160.86	856.11	211.61	184.78	119.65	47.53	128.55
黄山市	Huangshan	67.21	294.98	488.21	194.71	100.40	89.20	38.57	24.28	52.47

地区	Region	房地产业 Real Estate Trade	构成（%） Composition			指数 Preceding year=100				人均生产总值（元/人） Per Capita GDP (yuan/person)
			第一产业 Primary Industry	第二产业 Secondary Industry	第三产业 Tertiary Industry	生产总值 Gross Domestic Product	第一产业 Primary Industry	第二产业 Secondary Industry	第三产业 Tertiary Industry	
合肥市	Hefei	993.74	3.3	35.6	61.1	4.3	1.2	6.4	3.0	108427
淮北市	Huaibei	96.11	7.2	41.7	51.1	3.3	0.8	3.8	3.3	56661
亳州市	Bozhou	159.67	14.2	35.0	50.8	4.1	3.0	4.8	3.7	36156
宿州市	Suzhou	170.76	15.2	35.2	49.6	3.9	3.0	5.1	3.0	38368
蚌埠市	Bengbu	160.66	12.2	40.1	47.7	3.0	2.0	3.6	2.6	63209
阜阳市	Fuyang	167.89	14.0	37.0	49.0	3.8	3.2	3.6	4.1	34399
淮南市	Huainan	94.43	10.6	39.4	50.0	3.3	1.0	4.6	2.4	43557
滁州市	Chuzhou	223.38	9.0	48.7	42.3	4.4	1.7	6.1	2.5	76087
六安市	Luan	144.54	14.3	36.3	49.4	4.1	2.0	6.3	2.8	37899
马鞍山市	Maanshan	157.33	4.5	47.8	47.7	4.2	1.6	5.5	2.9	101011
芜湖市	Wuhu	229.69	4.3	47.6	48.1	3.8	2.1	3.9	3.7	102964
宣城市	Xuancheng	95.39	10.1	47.2	42.7	4.0	2.2	5.7	2.1	64301
铜陵市	Tongling	76.35	5.6	45.4	49.0	3.2	1.2	4.3	2.0	75748
池州市	Chizhou	55.27	10.2	44.0	45.8	4.0	1.2	6.2	2.0	64843
安庆市	Anqing	207.09	9.7	43.2	47.1	4.0	2.1	5.4	2.8	58684
黄山市	Huangshan	80.54	7.9	34.7	57.4	2.8	2.8	4.7	1.3	63940

2—11 支出法安徽生产总值
Gross Domestic Product of Anhui by Expenditure Approach

本表按当年价格计算。　Data in value terms in this table are calculated at current prices.

年　份 Year	支出法生产总值（亿元） Gross Domestic Product by Expenditure Approach (100 million yuan)	最终消费 Final Consumption Expenditure	资本形成总额 Gross Capital Formation	货物和服务净出口 Net Export of Goods and Services	最终消费率（消费率）(%) Final Consumption Rate (%)	资本形成率（投资率）(%) Capital Formation Rate (%)
2000	3125.33	2001.68	1125.29	-1.64	64.0	36.0
2001	3502.78	2244.37	1262.13	-3.73	64.1	36.0
2002	3827.66	2437.51	1394.63	-4.48	63.7	36.4
2003	4307.77	2732.66	1577.82	-2.71	63.4	36.6
2004	5129.12	3020.64	2112.74	-4.26	58.9	41.2
2005	5675.85	3171.81	2515.26	-11.22	55.9	44.3
2006	6500.31	3565.47	2958.84	-24.00	54.9	45.5
2007	7941.61	4291.22	3738.39	-88.00	54.0	47.1
2008	9517.68	4911.96	4712.84	-107.12	51.6	49.5
2009	10864.68	5576.44	5391.06	-102.83	51.3	49.6
2010	13249.78	6641.31	6714.46	-105.99	50.1	50.7
2011	16284.92	8060.44	8344.61	-120.13	49.5	51.2
2012	18341.67	8939.10	9586.62	-184.05	48.7	52.3
2013	20584.04	9855.59	10907.59	-179.15	47.9	53.0
2014	22519.65	10861.84	11975.33	-317.52	48.2	53.2
2015	23831.18	11767.42	12451.39	-387.63	49.4	52.2
2016	26307.70	13104.03	13531.34	-327.67	49.8	51.4
2017	29676.22	14826.95	15073.65	-224.38	50.0	50.8
2018	34010.91	17494.40	16900.53	-384.02	51.4	49.7
2019	36845.49	19168.14	17930.33	-252.98	52.0	48.7

2—12 支出法安徽生产总值结构

Structure of Gross Domestic Product Calculated by Expenditure Approach

本表按当年价格计算。 Data in value terms in this table are calculated at current prices.

年份 Year	最终消费 Final Consumption Expenditure								资本形成总额 Gross Capital Formation			
	绝对数 (亿元) Absolute Figure (100 million yuan)				比重 Proportion				绝对数 (亿元) Absolute Figure (100 million yuan)		比重 (资本形成总额=100) Proportion (Gross Capital Formation=100)	
					最终消费=100 Final Consumption Expenditure=100		居民消费=100 Household Consumption=100					
	居民消费 Household Consumption Expenditure	城镇居民 Urban Household	农村居民 Rural Household	政府消费 Government Consumption Expenditure	居民消费 Household Consumption Expenditure	政府消费 Government Consumption Expenditure	城镇居民 Urban Household	农村居民 Rural Household	固定资本形成总额 Gross Fixed Capital Formation	存货变动 Change in Inventories	固定资本形成总额 Gross Fixed Capital Formation	存货变动 Change in Inventories
2000	1660.09	668.91	991.18	341.60	82.9	17.1	40.3	59.7	953.77	171.52	84.8	15.2
2001	1837.36	768.67	1068.69	407.01	81.9	18.1	41.8	58.2	1077.74	184.40	85.4	14.6
2002	1974.60	885.93	1088.66	462.91	81.0	19.0	44.9	55.1	1226.00	168.64	87.9	12.1
2003	2209.82	1031.67	1178.15	522.84	80.9	19.1	46.7	53.3	1476.95	100.87	93.6	6.4
2004	2446.37	1154.94	1291.43	574.27	81.0	19.0	47.2	52.8	2000.40	112.35	94.7	5.3
2005	2532.81	1603.67	929.14	639.00	79.9	20.1	63.3	36.7	2367.37	147.89	94.1	5.9
2006	2862.43	1858.70	1003.73	703.04	80.3	19.7	64.9	35.1	2849.30	109.54	96.3	3.7
2007	3480.72	2301.32	1179.40	810.50	81.1	18.9	66.1	33.9	3659.16	79.23	97.9	2.1
2008	3956.70	2659.97	1296.73	955.27	80.6	19.4	67.2	32.8	4616.58	96.26	98.0	2.0
2009	4514.82	3085.73	1429.09	1061.63	81.0	19.0	68.3	31.7	5290.07	100.99	98.1	1.9
2010	5215.09	3610.59	1604.49	1426.22	78.5	21.5	69.2	30.8	6596.26	118.20	98.2	1.8
2011	6133.40	4217.44	1915.96	1927.04	76.1	23.9	68.8	31.2	8205.93	138.68	98.3	1.7
2012	6686.40	4710.35	1976.05	2252.70	74.8	25.2	70.4	29.6	9435.04	151.59	98.4	1.6
2013	7505.51	5419.23	2086.28	2350.08	76.2	23.8	72.2	27.8	10714.17	193.42	98.2	1.8
2014	8412.61	6071.83	2340.78	2449.23	77.5	22.5	72.2	27.8	11780.10	195.23	98.4	1.6
2015	9158.15	6628.74	2529.41	2609.27	77.8	22.2	72.4	27.6	12230.21	221.17	98.2	1.8
2016	10322.47	7535.51	2786.96	2781.56	78.8	21.2	73.0	27.0	13355.42	175.92	98.7	1.3
2017	11720.18	8614.97	3105.21	3106.77	79.0	21.0	73.5	26.5	14903.30	170.35	98.9	1.1
2018	13861.45	10237.00	3624.45	3632.95	79.2	20.8	73.9	26.1	16686.25	214.28	98.7	1.3
2019	15208.31	11192.37	4015.94	3959.83	79.3	20.7	73.6	26.4	17669.46	260.87	98.5	1.5

2—13 居民消费水平
Household Consumption

本表绝对数按当年价格计算，指数按不变价格计算。
Level data in this table are calculated at current prices while indices at constant prices.

年份 Year	绝对数（元） Value (yuan)			城乡消费水平对比（农民=1） Urban/Rural Consumption Ratio (Agricultural Households=1)	指数（上年为100） Index (Preceding year=100)			指数（1978年为100） Index (1978=100)		
	全省居民 All Households	城镇居民 Urban Household	农村居民 Rural Household		全省居民 All Households	城镇居民 Urban Household	农村居民 Rural Household	全省居民 All Households	城镇居民 Urban Household	农村居民 Rural Household
2000	2734	4080	2236	1.82	104.3	108.0	100.7	466.9	543.4	370.4
2001	3007	4390	2451	1.79	106.3	109.1	104.1	496.4	593.0	385.4
2002	3218	4813	2535	1.90	106.0	111.5	101.0	526.0	661.3	389.3
2003	3591	5348	2789	1.92	108.0	109.8	104.7	570.2	726.3	407.4
2004	3949	5691	3100	1.84	106.8	104.9	106.4	608.9	761.9	433.5
2005	4102	7531	2297	3.28	110.4	106.3	110.4	672.3	809.9	478.6
2006	4681	8374	2577	3.25	112.1	109.2	110.5	753.6	884.4	528.8
2007	5693	9931	3106	3.20	112.9	109.8	111.3	850.8	971.0	588.6
2008	6458	10964	3504	3.13	110.9	108.4	109.3	943.6	1052.6	643.3
2009	7362	12183	3970	3.07	110.3	107.9	108.8	1040.8	1135.8	699.9
2010	8629	14009	4628	3.03	114.5	111.3	114.9	1191.8	1263.7	804.2
2011	10287	16075	5738	2.80	115.3	107.5	113.3	1374.1	1358.4	911.1
2012	11185	17260	6082	2.84	106.7	110.8	108.6	1465.8	1505.1	989.5
2013	12490	19114	6573	2.91	105.1	104.0	105.7	1540.5	1565.4	1045.9
2014	13890	20667	7506	2.75	107.0	104.1	109.8	1648.4	1629.5	1148.3
2015	14980	21760	8247	2.64	107.2	104.8	108.8	1767.0	1707.8	1249.4
2016	16730	23831	9265	2.57	108.1	105.8	109.3	1910.2	1806.8	1365.6
2017	18826	26237	10555	2.49	108.1	105.6	109.7	2064.9	1908.0	1498.1
2018	22040	30090	12553	2.40	107.6	104.8	110.9	2221.1	1999.9	1661.6
2019	23970	31927	14145	2.26	107.2	104.8	110.2	2381.0	2095.9	1831.1

2—14 全省各市文化及相关产业增加值
Added Value of Culture and Related Industries in All Cities of The Province

本表按当年价格计算。 Data in value terms in this table are calculated at current prices.

地 区	Region	文化及相关产业增加值（亿元） Added Value of Culture and Related Industries (100 million yuan)		占GDP比重（%） Share of GDP (%)	
		2018	2019	2018	2019
安徽省	**Anhui**	**1537.28**	**1665.42**	**4.52**	**4.52**
合肥市	Hefei	466.45	513.58	5.42	5.48
淮北市	Huaibei	19.28	22.72	1.91	2.11
亳州市	Bozhou	54.30	63.47	3.50	3.65
宿州市	Suzhou	67.68	68.92	3.85	3.53
蚌埠市	Bengbu	106.79	104.80	5.60	5.20
阜阳市	Fuyang	118.19	131.90	4.91	4.91
淮南市	Huainan	24.79	29.74	2.07	2.32
滁州市	Chuzhou	165.75	184.45	6.39	6.39
六安市	Luan	41.57	47.94	2.87	2.96
马鞍山市	Maanshan	76.18	76.22	3.96	3.65
芜湖市	Wuhu	115.89	125.12	3.53	3.49
宣城市	Xuancheng	53.64	62.53	3.78	4.02
铜陵市	Tongling	22.63	21.82	2.37	2.30
池州市	Chizhou	36.49	39.81	4.84	4.80
安庆市	Anqing	81.94	87.28	3.73	3.70
黄山市	Huangshan	44.70	53.27	6.05	6.53

2—15 各市、县生产总值及指数

Gross Domestic Product and Indices by County or City

市、县 County、city		2019年生产总值(亿元) Gross Domestic Product in 2019 (100 million yuan)	2020年生产总值(亿元) Gross Domestic Product in 2020 (100 million yuan)	第一产业 Primary Industry	第二产业 Secondary Industry	第三产业 Tertiary Industry	2020年生产总值指数(%) Indices of Gross Domestic Product in 2020 (2019=100)	第一产业 Primary Industry	第二产业 Secondary Industry	第三产业 Tertiary Industry	2020年人均生产总值(元/人) Per Capita GDP in 2020 (yuan/person)
合 肥 市	**Hefei**	**9370.21**	**10045.72**	**332.32**	**3579.51**	**6133.89**	**104.3**	**101.2**	**106.4**	**103.0**	**108427**
巢湖市	Chaohu	480.13	498.25	43.71	185.25	269.29	102.0	100.4	102.0	102.3	68441
长丰县	Changfeng	591.91	659.40	76.02	265.71	317.68	106.3	102.1	109.3	104.3	85029
肥东县	Feidong	637.13	703.45	76.40	232.40	394.65	105.6	102.6	107.3	105.0	79575
肥西县	Feixi	791.68	870.16	61.91	359.83	448.42	105.7	101.4	106.2	105.7	91308
庐江县	Lujiang	458.50	481.43	57.42	162.90	261.11	102.7	99.6	104.9	101.8	54002
淮 北 市	**Huaibei**	**1077.94**	**1119.06**	**80.35**	**467.03**	**571.69**	**103.3**	**100.8**	**103.8**	**103.3**	**56661**
濉溪县	Suixi	460.99	491.00	54.15	242.65	194.19	104.7	100.8	105.9	103.9	52795
亳 州 市	**Bozhou**	**1740.26**	**1806.01**	**256.34**	**631.50**	**918.17**	**104.1**	**103.0**	**104.8**	**103.7**	**36156**
涡阳县	Guoyang	360.40	380.70	60.95	138.27	181.48	104.7	103.1	106.5	103.5	32400
蒙城县	Mengcheng	382.31	391.46	62.31	104.47	224.68	103.2	103.1	100.9	104.5	35587
利辛县	Lixin	323.39	331.58	53.28	98.23	180.07	103.2	103.0	102.7	103.6	27864
宿 州 市	**Suzhou**	**1953.03**	**2044.99**	**310.42**	**719.61**	**1014.96**	**103.9**	**103.0**	**105.1**	**103.0**	**38368**
砀山县	Dangshan	236.07	246.86	41.86	76.85	128.14	103.4	103.4	104.1	102.9	32059
萧 县	Xiaoxian	374.00	393.24	69.95	165.28	158.01	104.1	104.1	104.7	103.3	37274
灵璧县	Lingbi	276.91	289.05	62.95	67.83	158.27	103.4	102.3	105.2	102.8	29494
泗 县	Sixian	258.77	270.99	60.59	79.01	131.39	103.7	102.6	104.5	103.8	35423
蚌 埠 市	**Bengbu**	**2016.02**	**2082.73**	**255.01**	**835.19**	**992.53**	**103.0**	**102.0**	**103.6**	**102.6**	**63209**
怀远县	Huaiyuan	428.39	425.06	75.23	167.67	182.16	98.9	103.3	95.0	101.6	45195
五河县	Wuhe	246.27	258.57	64.21	58.32	136.04	104.2	101.8	107.6	103.7	49206
固镇县	Guzhen	291.92	311.58	82.31	125.19	104.09	104.4	102.1	106.9	102.5	62317

注：本表绝对额按当年价格计算，指数按不变价格计算。

a) Level data in this table are calculated at current prices while indices at constant prices.

2—15 续表1 continued

市、县 County、city		2019年 生产总值(亿元) Gross Domestic Product in 2019 (100 million yuan)	2020年 生产总值(亿元) Gross Domestic Product in 2020 (100 million yuan)	第一产业 Primary Industry	第二产业 Secondary Industry	第三产业 Tertiary Industry	2020年 生产总值指数(%) Indices of Gross Domestic Product in 2020 (2019=100)	第一产业 Primary Industry	第二产业 Secondary Industry	第三产业 Tertiary Industry	2020年 人均生产总值(元/人) Per Capita GDP in 2020 (yuan/person)
阜 阳 市	**Fuyang**	**2686.05**	**2805.20**	**391.99**	**1039.86**	**1373.34**	**103.8**	**103.2**	**103.6**	**104.1**	**34399**
界首市	Jieshou	328.82	346.45	32.49	198.73	115.23	104.9	102.6	105.5	104.4	53714
临泉县	Linquan	374.51	394.62	90.85	95.43	208.35	104.0	103.6	102.7	104.9	23916
太和县	Taihe	454.63	476.04	59.87	200.93	215.24	104.1	103.5	103.6	104.8	34496
阜南县	Funan	272.93	289.50	62.78	84.71	142.01	104.9	102.7	106.6	104.8	24534
颍上县	Yingshang	399.73	415.93	64.93	162.18	188.82	104.0	102.9	104.7	103.5	34661
淮 南 市	**Huainan**	**1283.21**	**1337.20**	**142.35**	**526.17**	**668.68**	**103.3**	**101.0**	**104.6**	**102.4**	**43557**
凤台县	Fengtai	297.79	305.88	38.41	151.73	115.75	102.6	101.1	103.6	101.6	56229
寿 县	Shouxian	210.14	222.97	55.52	56.43	111.02	102.1	101.0	99.6	104.5	26310
滁 州 市	**Chuzhou**	**2888.70**	**3032.07**	**271.68**	**1477.82**	**1282.57**	**104.4**	**101.7**	**106.1**	**102.5**	**76087**
天长市	Tianchang	524.15	549.28	39.21	335.91	174.16	104.5	101.6	105.0	104.1	91547
明光市	Mingguang	235.27	246.65	41.47	71.42	133.76	103.1	101.7	103.6	103.2	49829
来安县	Laian	311.18	326.98	26.18	157.26	143.54	104.3	101.7	105.0	103.9	77852
全椒县	Quanjiao	267.50	281.85	28.20	120.30	133.35	104.4	101.5	105.8	103.4	71354
定远县	Dingyuan	311.00	326.52	68.94	103.59	153.99	103.1	101.8	104.4	102.6	48374
凤阳县	Fengyang	397.55	414.42	44.94	180.69	188.79	103.3	101.7	104.9	101.8	65781
六 安 市	**Luan**	**1616.89**	**1669.46**	**238.67**	**606.62**	**824.18**	**104.1**	**102.0**	**106.3**	**102.8**	**37899**
霍邱县	Huoqiu	217.71	227.59	62.43	55.33	109.83	103.4	102.0	102.4	104.9	23957
舒城县	Shucheng	298.56	306.54	36.32	139.74	130.47	104.4	102.2	107.2	101.8	43791
金寨县	Jinzhai	187.62	196.95	25.31	84.81	86.83	104.9	101.5	107.5	103.1	39389
霍山县	Huoshan	160.18	166.26	21.05	69.46	75.74	103.2	101.8	103.9	102.9	57330
马鞍山市	**Maanshan**	**2085.64**	**2186.90**	**99.19**	**1045.37**	**1042.34**	**104.2**	**101.6**	**105.5**	**102.9**	**101011**
当涂县	Dangtu	440.07	463.50	34.37	235.16	193.97	104.7	101.7	106.2	103.0	102999
含山县	Hanshan	193.91	204.21	23.03	79.07	102.11	104.4	101.4	106.7	102.9	60061
和 县	Hexian	251.62	266.75	28.36	97.00	141.39	104.5	102.1	106.8	103.2	64278
芜 湖 市	**Wuhu**	**3586.46**	**3753.02**	**161.56**	**1787.28**	**1804.18**	**103.8**	**102.1**	**103.9**	**103.7**	**102964**
无为市	Wuwei	478.66	511.04	56.13	248.12	206.78	105.5	102.2	107.6	103.2	61275

2—15 续表2 continued

市、县 County、city		2019年 生产总值（亿元） Gross Domestic Product in 2019 (100 million yuan)	2020年 生产总值（亿元） Gross Domestic Product in 2020 (100 million yuan)	第一产业 Primary Industry	第二产业 Secondary Industry	第三产业 Tertiary Industry	2020年 生产总值指数(%) Indices of Gross Domestic Product in 2020 (2019=100)	第一产业 Primary Industry	第二产业 Secondary Industry	第三产业 Tertiary Industry	2020年 人均生产总值（元/人） Per Capita GDP in 2020 (yuan/person)
南陵县	Nanling	269.13	281.41	36.02	119.76	125.64	103.5	102.5	106.1	100.9	65369
宣 城 市	**Xuancheng**	**1557.44**	**1607.54**	**161.72**	**758.48**	**687.34**	**104.0**	**102.2**	**105.7**	**102.1**	**64301**
宁国市	Ningguo	365.64	384.64	25.78	222.84	136.03	105.3	102.7	107.6	101.5	98880
广德市	Guangde	320.43	329.64	26.54	156.97	146.12	103.6	102.1	104.6	102.5	65993
郎溪县	Langxi	179.48	183.60	19.23	97.77	66.61	103.2	102.1	103.8	102.5	59035
泾 县	Jingxian	126.07	130.21	19.90	50.53	59.79	104.1	101.7	105.3	103.7	46839
绩溪县	Jixi	87.73	88.32	14.31	39.55	34.46	103.0	101.9	105.3	100.4	63313
旌德县	Jingde	52.48	54.92	8.46	22.38	24.09	104.0	101.7	106.7	102.0	49477
铜 陵 市	**Tongling**	**950.56**	**1003.67**	**56.44**	**455.53**	**491.71**	**103.2**	**101.2**	**104.3**	**102.0**	**75748**
枞阳县	Zongyang	157.66	168.24	30.10	41.34	96.79	103.2	101.2	107.7	101.7	35050
池 州 市	**Chizhou**	**830.07**	**868.89**	**88.31**	**382.79**	**397.79**	**104.0**	**101.2**	**106.2**	**102.0**	**64843**
东至县	Dongzhi	202.26	211.40	32.94	89.15	89.31	103.7	101.2	105.3	102.7	52850
石台县	Shitai	27.94	28.26	5.16	6.26	16.83	101.0	101.3	100.6	101.0	35323
青阳县	Qingyang	134.78	142.38	13.34	59.36	69.67	104.6	101.3	106.3	103.6	56951
安 庆 市	**Anqin**	**2356.72**	**2467.68**	**240.29**	**1066.53**	**1160.86**	**104.0**	**102.1**	**105.4**	**102.8**	**58684**
桐城市	Tongcheng	377.29	392.83	34.75	197.09	160.99	103.0	102.2	104.0	101.5	66021
潜山市	Qianshan	205.93	216.71	29.32	93.83	93.56	103.0	102.1	103.7	102.5	48158
怀宁县	Huaining	297.89	312.27	25.24	160.22	126.82	103.7	102.1	104.2	103.1	61836
太湖县	Taihu	187.93	198.12	31.51	74.90	91.71	103.3	102.0	105.2	102.0	45545
宿松县	Susong	231.11	243.15	50.13	96.47	96.55	103.4	102.2	105.3	101.5	39861
望江县	Wangjiang	183.44	190.83	33.15	79.89	77.79	103.0	102.0	104.7	101.3	40602
岳西县	Yuexi	121.61	124.40	17.45	45.65	61.30	100.2	102.2	96.7	103.1	38876
黄 山 市	**Huangshan**	**816.33**	**850.40**	**67.21**	**294.98**	**488.21**	**102.8**	**102.8**	**104.7**	**101.3**	**63940**
歙 县	Shexian	192.51	200.15	19.90	72.41	107.84	102.0	102.9	102.8	101.0	54912
休宁县	Xiuning	109.30	116.32	15.12	45.90	55.31	103.9	102.8	106.2	102.0	54741
黟 县	Yixian	43.03	45.64	4.47	15.03	26.14	103.7	103.0	107.9	101.2	60051
祁门县	Qimen	75.86	77.70	7.62	24.30	45.78	102.0	102.8	101.8	101.9	53222

主要统计指标解释

国内（地区）生产总值（GDP）

指按市场价格计算的一个国家（或地区）所有常住单位在一定时期内生产活动的最终成果。国内（地区）生产总值有三种表现形态，即价值形态、收入形态和产品形态。从价值形态看，它是所有常住单位在一定时期内生产的全部货物和服务价值超过同期投入的全部非固定资产货物和服务价值的差额，即所有常住单位的增加值之和；从收入形态看，它是所有常住单位在一定时期内创造并分配给常住单位和非常住单位的初次收入之和；从产品形态看，它是所有常住单位在一定时期内最终使用的货物和服务价值减去货物和服务进口价值。在实际核算中，国内（地区）生产总值有三种计算方法，即生产法、收入法和支出法。三种方法分别从不同的方面反映国内（地区）生产总值及其构成。

三次产业

三次产业的划分是世界上较为常用的产业结构分类，但各国的划分不尽一致。根据国家统计局2012年制定的三次产业划分规定：

第一产业是指农、林、牧、渔业（不含农、林、牧、渔服务业）；

第二产业是指采矿业（不含开采辅助业），制造业（不含金属制品、机械和设备修理业），电力、热力、燃气及水的生产和供应业，建筑业；

第三产业是指除第一、二产业以外的其他行业。

劳动者报酬

指劳动者因从事生产活动所获得的全部报酬。包括劳动者获得的各种形式的工资、奖金和津贴，既包括货币形式的，也包括实物形式的，还包括劳动者所享受的公费医疗和医药卫生费、上下班交通补贴、单位支付的社会保险费、住房公积金等。

生产税净额

指生产税减生产补贴后的余额。生产税指政府对生产单位从事生产、销售和经营活动以及因从事生产活动使用某些生产要素（如固定资产、土地、劳动力）所征收的各种税、附加费和规费。生产补贴与生产税相反，指政府对生产单位的单方面转移支出，因此视为负生产税，包括政策亏损补贴、价格补贴等。

固定资产折旧

指一定时期内为弥补固定资产损耗按照规定的固定资产折旧率提取的固定资产折旧，或按国民经济核算统一规定的折旧率虚拟计算的固定资产折旧。它反映了固定资产在当期生产中的转移价值。各类企业和企业化管理的事业单位的固定资产折旧是指实际计提的折旧费；不计提折旧的政府机关、非企业化管理的事业单位和居民住房的固定资产折旧是按照统一规定的折旧率和固定资产原值计算的虚拟折旧。原则上，固定资产折旧应按固定资产当期的重置价值计算，但是目前我国尚不具备对全社会固定资产进行重估价的基础，所以暂时只能采用上述办法。

营业盈余

指常住单位创造的增加值扣除劳动者报酬、生产税净额和固定资产折旧后的余额。它相当于企业的营业利润加上生产补贴，但要扣除从利润中开支的工资和福利等。

支出法国内（地区）生产总值

是从最终使用的角度反映一个国家（或地区）一定时期内生产活动最终成果的一种方法，包括最终消费支出、资本形成总额及货物和服务净出口三部分。计算公式为：

支出法国内（地区）生产总值=最终消费支出+资本形成总额+货物和服务净出口

最终消费支出

指常住单位为满足物质、文化和精神生活的需要，从本国经济领土和国外购买的货物和服务的支出。它不包括非常住单位在本国经济领土内的消费支出。最终消费支出分为居民消费支出和政府消费支出。

居民消费支出

指常住住户在一定时期内对于货物和服务的全部最终消费支出。居民消费支出除了直接以货币形式购买的货物和服务的消费支出外，还包括以其他方式获得的货物和服务的消费支出，即所谓的虚拟消费支出。居民虚拟消费支出包括如下几种类型：单位以实物报酬及实物转移的形式提供给劳动者的货物和服务；住户生产并由本住户消费了的货物和服务，其中的服务仅指住户的自有住房服务；金融机构提供的金融媒介服务；保险公司提供的保险服务。

政府消费支出

指政府部门为全社会提供的公共服务的消费支出和免费或以较低的价格向居民住户提供的货物和服务的净支出，前者等于政府服务的产出价值减去政府单位所获得的经营收入的价值，后者等于政府部门免费或以较低价格向居民住户提供的货物和服务的市场价值减去向住户收取的价值。

资本形成总额

指常住单位在一定时期内获得减去处置的固定资产和存货的净额，包括固定资本形成总额和存货增加两部分。

固定资本形成总额

指常住单位在一定时期内获得的固定资产减处置的固定资产的价值总额。固定资产是通过生产活动生产出来的，且其使用年限在一年以上、单位价值在规定标准以上的资产，不包括自然资产。可分为有形固定资本形成总额和无形固定资本形成总额。有形固定资本形成总额包括一定时期内完成的建筑工程、安装工程和设备工器具购置（减处置）价值，以及土地改良、新增役、种、奶、毛、娱乐用牲畜和新增经济林木价值。无形固定资本形成总额包括矿藏的勘探、计算机软件等获得减处置。

存货变动

指常住单位在一定时期内存货实物量变动的市场价值，即期末价值减期初价值的差额，再扣除当期由于价格变动而产生的持有收益。存货变动可以是正值，也可以是负值，正值表示存货上升，负值表示存货下降。存货包括生产单位购进的原材料、燃料和储备物资等存货，以及生产单位生产的产成品、在制品和半成品等存货。

货物和服务净出口

指货物和服务出口减货物和服务进口的差额。出口包括常住单位向非常住单位出售或无偿转让的各种货物和服务的价值；进口包括常住单位从非常住单位购买或无偿得到的各种货物和服务的价值。由于服务活动的提供与使用同时发生，一般把常住单位从非常住单位得到的服务作为进口，非常住单位从常住单位得到的服务作为出口。货物的出口和进口都按离岸价格计算。

文化及相关产业

指为社会公众提供文化产品和文化相关产品的生产活动的集合。

文化及相关产业增加值

衡量的是一个地区所有常住单位一定时期内进行文化及相关产业生产活动而创造的增加值。

Explanatory Notes for Major Statistical Indicators

Gross Domestic Product (GDP)

refers to the final products at market prices produced by all resident units in a country (or a region) during a certain period of time. Gross domestic product is expressed in three different perspectives, namely value, income, and products respectively. GDP in its value perspective refers to the total value of all goods and services produced by all resident units during a certain period of time, minus the total value of input of goods and services of the nature of non-fixed assets; in other words, it is the sum of the value-added of all resident units. GDP from the perspective of income includes the primary income created by all resident units and distributed to resident and non-resident units. GDP from the perspective of products refers to the value of all goods and services for final consumption by all resident units minus the net exports of goods and services during a given period of time. In the practice of national accounting, gross domestic product is calculated from three approaches, namely production approach, income approach and expenditure approach, which reflect gross domestic product and its composition from different angles.

Three Strata of Industry

Classification of economic activities into three strata of industry is a common practice in the world, although the grouping varies to some extent form country to country. In China economic activities are categorized into the following three strata of industry:

Primary industry refers to agriculture, forestry, animal husbandry and fishery and services in support of these industries.

Secondary industry refers to mining and quarrying, manufacturing, production and supply of electricity, water and gas, and construction.

Tertiary industry refers to all other economic activities not included in the primary or secondary industries.

Labourers Remuneration

refers to all remuneration received by workers for engaging in production activities. Including various forms of wages, bonuses and allowances for workers, including both monetary and physical forms, as well as public medical care and medical and health expenses enjoyed by workers, commuting subsidies, social insurance premiums paid by units, housing accumulation funds, etc.

Net Taxes on Production

refers to taxes on production less subsidies on production. The taxes on production refers to the various taxes, extra charges and fees levied on the production units on their production, sale and business activities as well as on the use of some factors of production, such as fixed assets, land and labour in the production activities they are engaged in. In contrast to taxes on production, subsidies on production refer to the unilateral government transfer to the production units and are therefore regarded as negative taxes on production. They include subsidies on the loss due to implementation of government policies, price subsidies, etc.

Depreciation of Fixed Assets

refers to the depreciation of fixed assets in a given period, drawn in accordance with the stipulated depreciation rate for the purpose of compensating the wear-and-tear loss of the fixed assets or the depreciation of fixed assets imputed in accordance with the stipulated unified depreciation rate in the national economic accounting system. It reflects the value of transfer of the fixed assets in the production of the current period. The depreciation of fixed assets in various enterprises and institutions managed as enterprises refers to the depreciation expenses actually drawn. In government agencies and institutions not managed as enterprises which do not draw the depreciation expenses, as well as for the houses of residents, the depreciation of fixed assets is the imputed depreciation, which is calculated in accordance with the stipulated unified depreciation rate. In principle, the depreciation of fixed assets should be calculated on the basis of the re-purchased value of the fixed assets. However, currently the conditions in China do not facilitate the revaluation of all the fixed assets. Therefore, only the above-mentioned methods can be adopted at present.

Operating Surplus

refers to the balance of the value added created by the resident units after deducting the labourers remuneration, net taxes on production and the depreciation of fixed assets. It is equivalent to the business profit of the enterprises plus subsidies to production, but the wages and welfare expenses paid from the profits should be deducted.

Gross domestic product (GDP) of expenditure method

refers to the method of measuring the final results of production activities of a country (region) during a given period from the perspective of final uses. It includes final consumption expenditure, gross capital formation and net export of goods and services. The formula for computation is.:

Gross domestic product (GDP) of expenditure method = final consumption expenditure + gross capital formation + net export of goods and services

Final Consumption Expenditure

refers to the total expenditure of resident units for purchases of goods and services from both the domestic economic territory and abroad to meet the needs of material, cultural and spiritual life. It does not include the expenditure of non-resident units on consumption in the economic territory of the country. The final consumption expenditure is broken down into household consumption expenditure and government consumption expenditure.

Household Consumption Expenditure

refers to the total expenditure of resident households on the final consumption of goods and services. In addition to the consumption of goods and services bought by the households directly with money, the household consumption expenditure also includes expenditure on goods and services obtained by the households in other ways, i.e. the so-called imputed consumption expenditure, which includes the following: (a) the goods and services provided to households by employers in the form of payment in kind and transfer in kind; (b) goods and services produced and consumed by the households themselves, in which the services refer only to the owner-occupied housing; (c) financial intermediate services provided by financial institutions; (d) insurance services provided by insurance companies.

Government Consumption Expenditure

refers to the consumption expenditure spent for the provision of public services provided by the government to the whole country and the net expenditure on the goods and services provided by the government to households free of charge or at reduced prices. The former equals to the output value of the government services minus the value of operating income obtained by the government departments. The latter equals to the market value of the goods and services provided by the government free of charge or at reduced prices to the households minus the value received by the government from the households.

Gross Capital Formation

refers to the fixed assets acquired less disposals and the net value of inventory, thus including gross fixed capital formation and changes in inventories.

Gross Fixed Capital Formation

refers to the value of acquisitions less those disposals of fixed assets during a given period. Fixed assets are the assets produced through production activities with unit value above a specified amount and which could be used for over one year. Natural assets are not included. Gross fixed capital formation can be categorized into total tangible fixed capital formation and total intangible fixed capital formation. Total tangible fixed capital formation includes the value of the construction projects and installation projects completed and the equipment, apparatus and instruments purchased (less those disposed) as well as the value of land improved, the value of draught animals, breeding stock and animals for milk, for wool and for recreational purposes and the newly increased forest with economic value. Total intangible fixed capital formation includes the prospecting of minerals and the acquisition of computer software minus the disposal of them.

Changes in Inventories

refers to the market value of the change in the physical volume of inventory of resident units during a given period, i.e. the difference between the values at the beginning and at the end of the period minus the gains due to the change in prices. The changes in inventories can have a positive or a negative value. A positive value indicates an increase in inventory while a negative value indicates a decrease in inventory. The inventory includes raw materials, fuels and reserve materials purchased by the production units as well as the inventory of finished products, semi-finished products and work-in-progress.

Net Export of Goods and Services

refers to the exports of goods and services subtracting the imports of goods and services. Exports include the value of various goods and services sold or gratuitously transferred by resident units to non-resident units. Imports include the value of various goods and services purchased or gratuitously acquired resident units from non-resident units. Because the provision of services and the use of them happen simultaneously, the acquisition of services by resident units from abroad is usually treated as import while the acquisition of services by non-resident units in this country is usually treated as export. The exports and imports of goods are calculated at FOB.

Culture and related industries

refers to the collection of production activities that provide cultural products and cultural related products for the public.

Added value of culture and related industries

it is a measure of the added value created by the cultural and related industrial activities of all resident units in an area during a certain period of time.

第 三 篇

Chapter 3

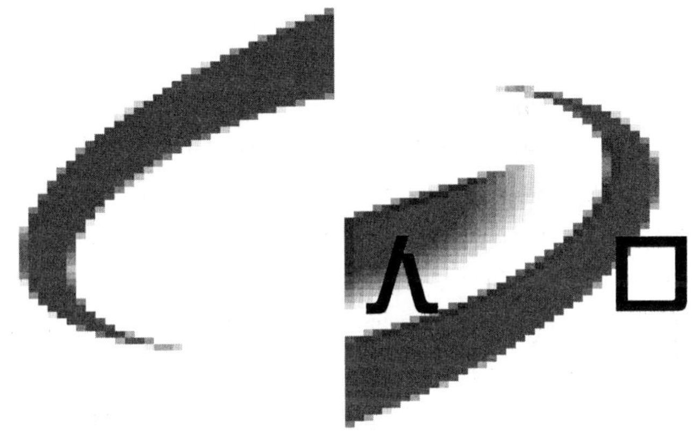

POPULATION

简要说明

一、本篇资料反映我省 2020 年及主要年份人口方面的基本情况，包括全省主要人口统计数据，主要指标有：总户数、总人口、家庭户规模、性别比、少年儿童系数、老年系数、老少比、文化程度状况、少年儿童抚养系数、老年抚养系数、总抚养系数、婚姻构成、就业者身份等。

二、本篇资料来源主要有以下三个方面：

1. 家庭户数据、人口性别比、人口受教育程度、抚养系数等资料，根据历年人口抽查调查和人口普查数据整理计算。

2. 历史上七次人口普查资料，根据历次人口普查资料整理。

三、本篇资料均由省统计局人口处整理编制。

Brief Introduction

I. Data in this chapter show the basic conditions of Anhui's population in 2020, including the main data of population statistics of the whole province, such as family size, sex ratio, children ratio, the aged ratio, ratio of the aged to children, educational level, children dependency ratio, the aged dependency ratio, and total dependency ratio.

II. There are three main sources for Data published in this chapter.

1. Materials on Households, sex ratio, educational level and dependency ratio are tabulated according to the data of the population sample survey and census of the past years.

2. Data from seven censuses in history, compiled according to previous censuses.

III. Data in this chapter are prepared by the Population Division, Anhui Statistical Bureau.

3—1 主要年份人口指标
Major Population Indicators in Main Year

年份 Year	户籍人口 Residence Populations 总数（万人）Total (10000 persons)	户籍人口 城镇人口比重（%）Proportion of Urban Populations (%)	常住人口 Permanent Populations 总数（万人）Total (10000 persons)	常住人口 城镇人口比重（%）Proportion of Urban Populations (%)	出生率（‰）Birth Rate (‰)	死亡率（‰）Death Rate (‰)	自然增长率（‰）Natural Growth Rate (‰)	流向省外半年以上的人数（万人）Floating Out of This Province for More Than Half a Year (10000 persons)
2005	6516	20.99	6120	35.50	12.43	6.23	6.20	842
2010	6827	22.71	5957	43.20	12.70	5.95	6.75	1038
2011	6876	22.93	5972	44.80	12.23	5.91	6.32	1199
2012	6902	22.89	5978	46.30	13.00	6.14	6.86	1157
2013	6929	22.92	5988	47.87	12.88	6.06	6.82	1130
2014	6936	22.69	5997	49.31	12.86	5.89	6.97	1053
2015	6949	27.58	6011	50.97	12.92	5.94	6.98	1045
2016	7027	29.52	6033	52.62	13.02	5.96	7.06	1052
2017	7059	31.07	6057	54.29	14.07	5.90	8.17	1058
2018	7083	32.65	6076	55.65	12.41	5.96	6.45	1048
2019	7119	34.65	6092	57.02	12.03	6.04	5.99	1061
2020			6105	58.33				1152

注：1．户籍人口为公安户籍统计数，常住人口为人口普查或人口抽样调查年底推算数；
2．常住人口是指常住本地的人，不包括户籍人口中到省外半年以上的人口，包括外省来我省常住半年以上的人口；
3．以下各表除加以注明的外，均为常住人口数。

a) Registered population is the number of the public security census, and the resident population is the estimated number at the end of the population census or population sampling survey.

b) Permanent population refers to people inhabit local place, excluding those residence population that going out of this province for more than one year and including the population moving to this province from other province for more than one year.

c) Data in the following tables refer to permanent populations excluding those with notes.

3—2 主要年份人口系数
Ratio of Population in Main Year

单位：%

年份 Year	少年儿童系数 Ratio of Children	老年系数 Aging Coefficient	老少比 Ratio of the Aged to Children	少年儿童抚养系数 Child Support Coefficient	老年抚养系数 The Aged Dependency Ratio	总抚养系数 Dependency Ratio	年龄中位数（岁） Median of Age (year)
2005	23.07	10.08	43.69	34.51	15.08	49.59	34.32
2010	17.77	10.23	57.57	24.68	14.21	38.89	36.36
2011	18.59	11.41	61.36	26.56	16.30	42.86	38.83
2012	18.35	12.08	65.83	26.37	17.36	43.73	39.79
2013	18.51	12.24	66.15	26.72	17.68	44.40	40.12
2014	18.68	11.71	62.72	26.83	16.83	43.66	39.42
2015	18.21	11.73	64.41	25.99	16.74	42.73	39.68
2016	18.31	12.00	65.54	26.27	17.22	43.49	38.63
2017	18.60	12.38	66.56	26.95	17.94	44.89	39.62
2018	18.85	12.97	68.81	27.65	19.02	46.67	40.08
2019	18.91	13.93	73.66	28.16	20.74	48.90	41.91
2020	19.24	15.01	78.00	29.27	22.83	52.09	

注：2010、2020年为普查数据，其余年份为人口变动抽样调查数（下同）。

a) 2010 and 2020 are census data, and other years are population change sampling survey (the same below).

3—3 七次全省人口普查基本情况
Basic Statistics on National Population Census in 1953, 1964, 1982, 1990, 2000, 2010 and 2020

指　标		Item	
总 人 口	**（万人）**	**Total Population**	**(10000 persons)**
男		Male	
女		Female	
育龄妇女　（15—49岁）		Women at Childbearing Age　(Age 15-49)	
总 户 数	**（万户）**	**Total Number of Households**	**(10000 household)**
家 庭 户		Family Households	
集 体 户		Non-family Households	
家庭户规模	**（人/户）**	**Average Family Size**	**(person/household)**
各年龄组人口	**（万人）**	**Population by Age**	**(10000 persons)**
0—6岁		Age 0-6	
7—14岁		Age 7-14	
15—64岁		Age 15-64	
65岁以上		Age 65 and Over	
劳动年龄人口		Population Within Working Age	
男60岁、女55岁以上人口		Males Aged 60 and Females Aged 55 and Over	
民族人口	**（万人）**	**Nationality Population**	**(10000 persons)**
汉　族		Han Nationality	
少数民族		Minority Nationalities	
15岁及以上人口	**（万人）**	**Marital Status of Population Aged 15 and Over**	**(10000 persons)**
未　婚		Unmarried	
有 配 偶		Married	
丧　偶		Widowed	
离　婚		Divorced	
每十万人拥有受教育程度人口	**（人）**	**Population with Education Attainment Per 10000 from Population Censuse**	**(person)**
大专以上		Colleges and Over	
高　中		Senior Secondary School	
初　中		Junior Secondary School	
小　学		Primary School	
文盲人口及文盲率		**Illiterate Population and Illiterate Rate**	
文盲人口	（万人）	Illiterate Population	(10000 persons)
文 盲 率	（%）	Illiterate Rate	(%)
市镇乡人口	**（万人）**	**Population of Cities, Towns and Townships**	**(10000 persons)**
市		City	
镇		Town	
乡		Townships	
人口平均预期寿命	**（岁）**	**Population Life Expectancy**	**（age）**

1953	1964	1982	1990	2000	2010	2020
3066.3	**3124.1**	**4966.6**	**5618.1**	**5900.0**	**5950.0**	**6102.7**
1610.7	1618.2	2576.4	2902.6	3043.8	3024.6	3110.3
1455.7	1506.0	2390.2	2715.5	2856.2	2925.5	2992.4
705.4	741.2	1150.8	1498.8	1576.9	1702.8	1340.2
713.2	**765.2**	**1052.2**	**1337.7**	**1650.5**	**1932.2**	**2288.8**
		1047.1	1332.0	1631.4	1886.2	2191.0
		5.1	5.6	19.2	46.0	97.8
4.3	**4.1**	**4.6**	**4.1**	**3.5**	**3.0**	**2.6**
624.7	542.7	679.9	781.5	515.4	511.7	524.6
481.0	657.6	1115.4	813.4	988.7	545.9	649.6
	1849.6	2968.5	3719.5	3948.0	4284.0	4012.5
	74.2	202.8	303.7	448.0	608.5	915.9
1649.3	1657.6	2615.9	3336.7	3535.1	3725.1	3708.7
		425.7	577.1	761.6	1072.7	1378.8
3052.7	3108.6	4940.4	5585.7	5860.2	5910.5	6059.5
13.6	15.5	26.2	32.4	39.8	39.6	43.3
		3171.3	**4023.2**	**4396.0**	**4892.4**	**4928.4**
		954.6	1112.5	964.2	951.2	
		1959.3	2641.9	3199.9	3582.5	
		237.2	247.7	177.1	310.3	
		20.2	21.1	54.8	48.4	
	258	408	883	2312	6733	13280
	1010	3977	5037	7653	10840	13294
	3861	14236	19970	32826	38604	33724
	19307	29716	34701	37362	27763	26875
		1900.7	1381.8	602.2	484.4	274.0
		31.8	24.6	10.1	8.1	4.5
112.5	214.7	488.5	692.1	843.5	1218.3	
153.8	146.7	219.7	310.3	733.2	1339.5	
2800.1	2762.7	4258.4	4615.7	4323.4	3392.3	
			70.22	**72.62**	**75.10**	

3—4 各市主要年份人口城镇化率
Main Year Rate of Urbanization by Region

单位：%

地 区	Region	2010	2015	2018	2019	2020
总 计	**Total**	**43.20**	**50.50**	**54.69**	**55.81**	**58.33**
合肥市	Hefei	63.00	70.40	74.97	76.33	82.28
淮北市	Huaibei	54.50	60.76	65.11	65.88	64.16
亳州市	Bozhou	29.10	36.96	41.01	42.22	42.50
宿州市	Suzhou	31.40	38.73	42.74	43.96	43.76
蚌埠市	Bengbu	45.00	52.22	57.22	58.58	55.08
阜阳市	Fuyang	31.90	38.81	43.29	44.62	41.97
淮南市	Huainan	62.90	60.67	64.11	65.04	61.08
滁州市	Chuzhou	41.60	49.02	53.42	54.54	61.84
六安市	Luan	35.90	42.81	46.08	47.09	48.49
马鞍山市	Maanshan	58.00	65.15	68.25	69.12	71.69
芜湖市	Wuhu	54.60	61.96	65.54	66.41	72.31
宣城市	Xuancheng	43.30	50.64	55.21	56.33	60.82
铜陵市	Tongling	73.50	52.73	55.99	57.16	66.17
池州市	Chizhou	44.50	51.11	54.10	54.92	59.68
安庆市	Anqing	36.80	45.87	49.22	49.98	55.52
黄山市	Huangshan	41.10	48.28	51.46	52.49	58.29

3—5 各市常住人口出生率、死亡率（2019年）
Resident Population Birth Rate, Mortality by Region (2019)

地 区	Region	出生率（‰）Birth Rate（‰）	死亡率（‰）Mortality（‰）	自然增长率（‰）Natural Growth Rate（‰）
总 计	**Total**	**12.03**	**6.04**	**5.99**
合肥市	Hefei	12.65	4.38	8.27
淮北市	Huaibei	11.69	4.47	7.22
亳州市	Bozhou	13.60	5.70	7.90
宿州市	Suzhou	13.23	6.62	6.61
蚌埠市	Bengbu	13.22	6.48	6.74
阜阳市	Fuyang	14.63	5.96	8.67
淮南市	Huainan	11.47	7.05	4.42
滁州市	Chuzhou	11.90	6.20	5.70
六安市	Luan	12.28	6.23	6.05
马鞍山市	Maanshan	11.38	5.98	5.40
芜湖市	Wuhu	10.84	5.33	5.51
宣城市	Xuancheng	11.07	7.96	3.11
铜陵市	Tongling	8.61	5.46	3.15
池州市	Chizhou	9.16	5.86	3.30
安庆市	Anqing	11.54	5.30	6.24
黄山市	Huangshan	11.03	6.29	4.74

3—6 各市主要人口指标（2020年）
Main Population Indicators by Region (2020)

地 区	Region	常住人口 Permanent Populations 总数（万人） Total (10000 persons)	城镇人口比重（%） Proportion of Urban Populations (%)
总　计	**Total**	**6105**	**58.33**
合肥市	Hefei	937	82.28
淮北市	Huaibei	197	64.16
亳州市	Bozhou	500	42.50
宿州市	Suzhou	533	43.76
蚌埠市	Bengbu	330	55.08
阜阳市	Fuyang	820	41.97
淮南市	Huainan	303	61.08
滁州市	Chuzhou	399	61.84
六安市	Luan	440	48.49
马鞍山市	Maanshan	216	71.69
芜湖市	Wuhu	365	72.31
宣城市	Xuancheng	250	60.82
铜陵市	Tongling	131	66.17
池州市	Chizhou	134	59.68
安庆市	Anqing	417	55.52
黄山市	Huangshan	133	58.29

注：本表常住人口总数及城镇人口比重为2020年年底数。

a) Total number of permanent residents and the proportion of urban population in this table are the end of 2020.

3—7 各市户数、人口数和性别比（2019年）
Number of Households, Population, and Sex Ratio by Region (2019)

地 区	Region	户数（万户） Number of Households (10000 household)	人口数（万人） Population (10000 persons)	男 Male	性别比（女=100） Sex Ratio (Female=100)
总　计	**Total**	**2176.29**	**7119.37**	**3694.33**	**107.86**
合肥市	Hefei	255.33	770.44	395.24	105.34
淮北市	Huaibei	73.04	218.72	112.25	105.43
亳州市	Bozhou	179.68	662.99	347.91	110.42
宿州市	Suzhou	197.85	658.27	342.28	108.32
蚌埠市	Bengbu	113.40	386.30	200.09	107.45
阜阳市	Fuyang	285.36	1077.28	561.09	108.70
淮南市	Huainan	124.39	390.82	204.89	110.20
滁州市	Chuzhou	140.69	455.35	236.31	107.88
六安市	Luan	189.85	591.07	311.86	111.69
马鞍山市	Maanshan	74.60	229.14	117.85	105.90
芜湖市	Wuhu	130.94	389.84	200.87	106.29
宣城市	Xuancheng	98.95	278.77	143.70	106.38
铜陵市	Tongling	54.13	170.58	87.54	105.41
池州市	Chizhou	51.79	162.29	82.94	104.53
安庆市	Anqing	155.39	528.58	273.36	107.11
黄山市	Huangshan	50.91	148.92	76.16	104.66

注：本表为公安户籍年报统计数。

a) Data in this table are taken from the annual reports of Department of Puplis Security.

3—8 各市主要年份总人口文盲率
Illiteracy Ratio by Region in the Primary Years

单位：%

地　区	Region	2000	2005	2010	2015	2019	2020
总　计	**Total**	**10.06**	**11.74**	**8.14**	**5.79**	**5.06**	**4.49**
合 肥 市	Hefei	7.69	8.67	5.28	4.69	4.29	3.72
淮 北 市	Huaibei	8.42	7.59	6.54	4.96	4.45	5.56
亳 州 市	Bozhou	10.70	14.59	10.76	6.87	7.06	6.95
宿 州 市	Suzhou	10.28	11.32	8.64	6.34	6.75	2.61
蚌 埠 市	Bengbu	10.60	12.17	6.90	5.38	5.10	5.31
阜 阳 市	Fuyang	11.25	13.18	9.25	6.85	6.21	5.72
淮 南 市	Huainan	8.32	10.47	6.67	4.95	4.46	3.79
滁 州 市	Chuzhou	10.77	13.14	9.07	5.98	4.83	2.65
六 安 市	Luan	9.75	12.67	7.92	5.82	5.37	2.83
马鞍山市	Maanshan	8.87	7.94	5.24	5.02	4.51	5.43
芜 湖 市	Wuhu	10.81	10.45	5.87	5.23	4.66	4.92
宣 城 市	Xuancheng	8.88	14.47	9.46	5.85	4.99	5.20
铜 陵 市	Tongling	10.76	7.20	6.88	7.14	4.18	8.24
池 州 市	Chizhou	11.29	11.21	8.53	5.84	4.95	7.43
安 庆 市	Anqing	11.84	11.80	8.80	4.97	4.61	2.71
黄 山 市	Huangshan	8.35	8.26	6.25	3.92	3.22	4.42

3—9 各市人均受教育年限
The average number of years of Education by Region

单位：年（year）

地　区	Region	2019年人均受教育年限 The average number of years of Education 1n 2019			2020年人均受教育年限 The average number of years of Education 1n 2020		
		合　计 Total	男 Male	女 Female	合　计 Total	男 Male	女 Female
总　计	**Total**	**9.32**	**9.86**	**8.84**	**9.35**	**9.90**	**8.80**
合 肥 市	Hefei	11.29	11.85	10.73	10.80	11.29	10.28
淮 北 市	Huaibei	9.78	10.34	9.25	9.40	9.89	8.92
亳 州 市	Bozhou	8.32	9.09	7.57	8.38	9.00	7.76
宿 州 市	Suzhou	8.75	9.26	8.29	9.56	9.98	9.14
蚌 埠 市	Bengbu	9.96	10.67	9.26	9.19	9.66	8.72
阜 阳 市	Fuyang	8.53	9.12	7.99	8.51	9.11	7.92
淮 南 市	Huainan	9.40	9.88	8.93	9.23	9.64	8.81
滁 州 市	Chuzhou	9.13	9.77	8.47	9.77	10.30	9.21
六 安 市	Luan	8.84	9.40	8.28	8.98	9.47	8.49
马鞍山市	Maanshan	9.40	10.13	8.66	9.27	9.92	8.61
芜 湖 市	Wuhu	10.14	10.68	9.61	9.50	10.06	8.93
宣 城 市	Xuancheng	8.85	9.29	8.42	8.79	9.25	8.31
铜 陵 市	Tongling	9.59	10.21	8.99	9.01	9.86	8.18
池 州 市	Chizhou	9.09	9.83	8.38	8.74	9.47	8.03
安 庆 市	Anqing	9.15	9.88	8.44	9.18	9.87	8.48
黄 山 市	Huangshan	9.32	9.82	8.82	9.16	9.70	8.61

3—10 按年龄和性别分人口数（2020年）
Population by Age and Sex (2020)

年龄 Age	人口数（万人） Population (10000 person)			占总人口比重（%） Percentage to Total Population (%)			性别比（女=100） Sex Ratio (female=100)
	合计 Total	男 Male	女 Female	合计 Total	男 Male	女 Female	
总计 Total	**6103**	**3110**	**2992**	**100.00**	**50.97**	**49.03**	**103.94**
0—4	362	192	170	5.94	3.15	2.79	112.68
5—9	415	225	191	6.81	3.68	3.13	117.72
10—14	396	216	180	6.49	3.54	2.95	119.97
15—19	324	178	147	5.32	2.91	2.40	121.19
20—24	298	158	139	4.88	2.60	2.29	113.57
25—29	410	211	199	6.71	3.45	3.26	106.07
30—34	487	241	246	7.99	3.96	4.03	98.11
35—39	355	177	178	5.82	2.90	2.92	99.57
40—44	379	191	188	6.21	3.14	3.07	102.02
45—49	491	248	244	8.05	4.06	3.99	101.61
50—54	578	284	294	9.48	4.66	4.82	96.66
55—59	458	227	232	7.51	3.71	3.80	97.71
60—64	231	119	112	3.78	1.95	1.84	105.78
65+	916	443	473	15.01	7.27	7.74	93.83

3—11 各市常住人口基本情况（2020年）
Basic Conditions of Population by Region (2020)

地　区 Region		家庭户人口占总人口比重（%）Proportion of Family Members to the Total Population (%)	人口性别比（女=100）Sex Ratio (female=100)
总　计	**Total**	**93.85**	**103.94**
合 肥 市	Hefei	86.54	106.02
淮 北 市	Huaibei	94.16	100.26
亳 州 市	Bozhou	95.88	104.60
宿 州 市	Suzhou	96.73	102.52
蚌 埠 市	Bengbu	94.82	102.61
阜 阳 市	Fuyang	96.65	102.82
淮 南 市	Huainan	94.65	104.12
滁 州 市	Chuzhou	94.60	106.08
六 安 市	Luan	95.24	105.68
马鞍山市	Maanshan	93.93	104.71
芜 湖 市	Wuhu	91.88	105.24
宣 城 市	Xuancheng	95.02	105.70
铜 陵 市	Tongling	94.73	99.84
池 州 市	Chizhou	94.38	100.06
安 庆 市	Anqing	95.27	101.99
黄 山 市	Huangshan	94.53	102.35

3—12 各市按家庭户规模分的户数构成（2020年）
Composition of Households by Size of Household and Region (2020)

单位：%

地　区 Region		家庭户规模（人/户）Size of Family Household (person/household)
总　计	**Total**	**2.61**
合 肥 市	Hefei	2.52
淮 北 市	Huaibei	2.68
亳 州 市	Bozhou	2.72
宿 州 市	Suzhou	2.74
蚌 埠 市	Bengbu	2.74
阜 阳 市	Fuyang	2.85
淮 南 市	Huainan	2.52
滁 州 市	Chuzhou	2.67
六 安 市	Luan	2.53
马鞍山市	Maanshan	2.54
芜 湖 市	Wuhu	2.46
宣 城 市	Xuancheng	2.39
铜 陵 市	Tongling	2.39
池 州 市	Chizhou	2.47
安 庆 市	Anqing	2.57
黄 山 市	Huangshan	2.50

3—13　各市人口年龄结构（2020年）
Age Composition of Population by Region (2020)

单位：%

地　区	Region	总人口（万人） Total Population (10000 persons)	年龄构成 Proportion to Total Populations 0—14岁 Age 0-14	15—64岁 Age 15-64	15—59岁 Age 15-59	65岁及以上 Age 65 and Over	抚养比 Dependency Ratio 总抚养比 Gross Dependency Ratio	少儿抚养比 Children Dependency Ratio	老年抚养比 The Aged Dependency Ratio
总　计	**Total**	**6102.72**	**19.24**	**65.75**	**61.96**	**15.01**	**52.09**	**29.27**	**22.83**
合肥市	Hefei	936.99	16.52	71.49	68.22	11.99	39.88	23.11	16.77
淮北市	Huaibei	197.03	20.47	66.09	63.07	13.44	51.31	30.97	20.34
亳州市	Bozhou	499.68	25.61	60.79	57.89	13.61	64.51	42.12	22.38
宿州市	Suzhou	532.45	23.53	61.64	58.31	14.83	62.23	38.18	24.05
蚌埠市	Bengbu	329.64	22.21	63.39	59.77	14.40	57.75	35.03	22.71
阜阳市	Fuyang	820.03	24.44	61.77	58.69	13.79	61.88	39.56	22.32
淮南市	Huainan	303.35	19.68	63.95	59.34	16.37	56.36	30.77	25.59
滁州市	Chuzhou	398.71	16.26	67.77	63.89	15.97	47.56	23.99	23.57
六安市	Luan	439.37	18.53	64.61	60.21	16.86	54.78	28.68	26.10
马鞍山市	Maanshan	215.99	14.35	68.12	63.92	17.53	46.80	21.07	25.74
芜湖市	Wuhu	364.44	14.54	69.35	65.17	16.11	44.19	20.96	23.23
宣城市	Xuancheng	250.01	13.64	68.32	63.78	18.04	46.38	19.96	26.41
铜陵市	Tongling	131.17	14.37	68.17	62.94	17.46	46.68	21.07	25.61
池州市	Chizhou	134.28	15.58	67.68	62.40	16.74	47.74	23.01	24.73
安庆市	Anqing	416.53	16.68	66.26	61.81	17.06	50.93	25.18	25.75
黄山市	Huangshan	133.06	14.32	67.57	61.58	18.11	48.00	21.20	26.80

3—14　各市按性别分的15岁及以上文盲人口（2020年）
Illiterate Population Aged 15 and Over by Sex and Region (2020)

地　区	Region	15岁及以上人口（人） Population Aged 15 and Over (person)	男 Male	女 Female	文盲人口（人） Illiterate Population (person)	男 Male	女 Female	文盲人口占15岁及以上人口的比重 Percentage of Illiterate Population to Total Aged 15 and Over (%)	男 Male	女 Female
总　计	**Total**	**49284489**	**24775087**	**24509402**	**2739952**	**668212**	**2071740**	**5.56**	**2.70**	**8.45**
合肥市	Hefei	7821957	3985601	3836356	348215	80718	267497	4.45	2.03	6.97
淮北市	Huaibei	1567018	768686	798332	109605	28072	81533	6.99	3.65	10.21
亳州市	Bozhou	3717355	1860480	1856875	347212	88337	258875	9.34	4.75	13.94
宿州市	Suzhou	4071522	2020442	2051080	139133	33837	105296	3.42	1.67	5.13
蚌埠市	Bengbu	2564326	1277466	1286860	175052	49945	125107	6.83	3.91	9.72
阜阳市	Fuyang	6196354	3079500	3116854	469148	110057	359091	7.57	3.57	11.52
淮南市	Huainan	2436595	1219801	1216794	115092	35519	79573	4.72	2.91	6.54
滁州市	Chuzhou	3338875	1704944	1633931	105835	23280	82555	3.17	1.37	5.05
六安市	Luan	3579609	1801948	1777661	124561	32864	91697	3.48	1.82	5.16
马鞍山市	Maanshan	1849931	936951	912980	117378	26484	90894	6.34	2.83	9.96
芜湖市	Wuhu	3114660	1584570	1530090	179246	44911	134335	5.75	2.83	8.78
宣城市	Xuancheng	2159071	1108476	1050595	129965	34472	95493	6.02	3.11	9.09
铜陵市	Tongling	1123294	555969	567325	108139	24849	83290	9.63	4.47	14.68
池州市	Chizhou	1133622	563078	570544	99768	22813	76955	8.80	4.05	13.49
安庆市	Anqing	3470323	1732241	1738082	112742	21419	91323	3.25	1.24	5.25
黄山市	Huangshan	1139977	574934	565043	58861	10635	48226	5.16	1.85	8.53

3—15 各市每十万人口拥有受教育程度人口（2020年）

Population by Educational Level and Region Per 100 Thousand Persons (2020)

单位：人（person）

地 区	Region	大专及以上 College and Higher Level	高中和中专 Senior Secondary School	初 中 Junior Secondary School	小 学 Primary School
总 计	**Total**	**13280**	**13294**	**33724**	**26875**
合肥市	Hefei	26390	14934	26931	19791
淮北市	Huaibei	12596	12621	38219	22543
亳州市	Bozhou	6710	9833	37345	29993
宿州市	Suzhou	9194	16690	36824	25698
蚌埠市	Bengbu	11592	12165	35029	27165
阜阳市	Fuyang	6853	9636	38992	29278
淮南市	Huainan	11491	12454	36616	27540
滁州市	Chuzhou	12939	19128	33556	24084
六安市	Luan	9683	13638	33731	32191
马鞍山市	Maanshan	15157	13227	32387	26484
芜湖市	Wuhu	17336	13576	29670	27120
宣城市	Xuancheng	11309	12140	34218	30145
铜陵市	Tongling	15427	14358	28754	25963
池州市	Chizhou	13353	11901	29989	29897
安庆市	Anqing	12719	13421	31353	31264
黄山市	Huangshan	12892	12277	35543	27870

3—16 各市2020—2021学年小学初中入学率状况

Percentage of Children Enrolled in Primary Schools and Junior Secondary Schools by Region (2020-2021)

单位：%

地 区	Region	初中净入学率 Net Enrollment Ratio of Junior Secondary Schools		小学净入学率 Net Enrollment Ratio of Primary Schools	
		小 计 Total	女 Female	小 计 Total	女 Female
总 计	**Total**	**99.98**	**99.99**	**99.99**	**100.00**
合肥市	Hefei	100.00	100.00	100.00	100.00
淮北市	Huaibei	100.00	100.00	100.00	100.00
亳州市	Bozhou	100.00	100.00	100.00	100.00
宿州市	Suzhou	100.00	100.00	100.00	100.00
蚌埠市	Bengbu	100.00	100.00	100.00	100.00
阜阳市	Fuyang	100.00	100.00	100.00	100.00
淮南市	Huainan	100.00	100.00	100.00	100.00
滁州市	Chuzhou	99.75	99.78	99.79	99.98
六安市	Luan	99.99	100.00	100.00	100.00
马鞍山市	Maanshan	100.00	100.00	100.00	100.00
芜湖市	Wuhu	100.00	100.00	100.00	100.00
宣城市	Xuancheng	100.00	100.00	99.99	100.00
铜陵市	Tongling	100.00	100.00	100.00	100.00
池州市	Chizhou	100.00	100.00	100.00	99.99
安庆市	Anqing	100.00	100.00	100.00	100.00
黄山市	Huangshan	100.00	100.00	100.00	100.00

3—17　各市婚姻人口构成（2019年）
Composition of Marriage Status by Region (2019)

单位：%

地　区	Region	15岁及15岁以上的人口合计（人） Total Population Aged 15 and Over (person)	未　婚 Never Married	有配偶 With Spouses	离　婚 Divorced	丧　偶 Widowed
总　计	**Total**	**484461**	**16.67**	**74.72**	**1.97**	**6.65**
合肥市	Hefei	53235	20.34	72.78	1.68	5.20
淮北市	Huaibei	19682	15.62	75.69	2.39	6.29
亳州市	Bozhou	21518	18.10	73.77	2.15	5.99
宿州市	Suzhou	22863	14.43	76.18	2.15	7.25
蚌埠市	Bengbu	29048	16.84	73.72	2.48	6.96
阜阳市	Fuyang	41090	16.08	75.82	1.99	6.11
淮南市	Huainan	28649	15.32	74.75	2.51	7.42
滁州市	Chuzhou	36547	16.49	75.12	1.71	6.69
六安市	Luan	32281	14.68	76.00	2.18	7.13
马鞍山市	Maanshan	26330	15.34	75.69	2.19	6.78
芜湖市	Wuhu	32507	16.97	74.58	1.98	6.46
宣城市	Xuancheng	24804	14.09	76.23	2.13	7.55
铜陵市	Tongling	21434	16.37	74.61	1.86	7.15
池州市	Chizhou	17659	17.14	74.33	1.69	6.83
安庆市	Anqing	48423	16.93	73.65	1.98	7.44
黄山市	Huangshan	28391	13.67	75.91	2.72	7.70

3—18　全省育龄妇女分年龄孩次的生育率（2019年）
Fertility Rate of Women At Childbearing Age by Age and Children's Order (2019)

单位：‰

年　龄 Age	生育率 Fertility-rate	第一孩生育率 The First Child	第二孩生育率 The Second Child	第三孩及以上生育率 The Third Child and Over
总　计 Total	**38.60**	**15.21**	**20.41**	**2.98**
15-19	**7.98**	**6.93**	**1.04**	
20-24	**83.91**	**55.69**	**26.08**	**2.14**
20	44.56	32.39	11.27	0.90
21	64.36	47.44	15.26	1.66
22	82.46	54.45	26.48	1.53
23	102.35	70.53	29.74	2.09
24	112.07	66.39	41.66	4.02
25-29	**117.09**	**51.09**	**58.79**	**7.21**
25	126.94	68.69	53.46	4.80
26	125.10	65.30	53.60	6.20
27	132.71	61.06	64.59	7.06
28	116.93	43.98	64.32	8.63
29	92.69	28.18	56.20	8.31
30-34	**68.78**	**13.22**	**47.53**	**8.02**
30	89.23	18.48	61.28	9.47
31	69.22	16.93	45.17	7.12
32	65.67	14.43	41.06	10.19
33	61.85	7.13	47.05	7.67
34	52.55	6.52	40.79	5.24
35-39	**27.65**	**2.57**	**21.09**	**4.00**
40-44	**4.48**	**0.25**	**3.19**	**1.05**
45-49	**0.34**		**0.24**	**0.10**

3—19 各市按行业分的在业人口比例（2019年）

Proportion of Employment Population by Industry by Region (2019)

单位：%

地 区	Region	合 计 (人) Total (person)	农、林、牧、渔业 Farming, Forestry, Animal Husbandry and Fishery	工 业 Industry	建筑业 Construction	交通运输、仓储及邮电通讯业 Transport, Storage, Post & Telecommunications	批发零售、住宿餐饮业 Wholesale and Retail, Hotels and Catering Services	其 他 Other
总 计	**Total**	**305800**	**30.72**	**17.21**	**10.89**	**4.15**	**17.87**	**19.15**
合肥市	Hefei	32782	16.75	12.23	13.77	5.27	23.04	28.95
淮北市	Huaibei	11070	29.01	24.25	8.37	4.63	13.52	20.22
亳州市	Bozhou	13480	39.09	12.22	10.51	3.52	18.92	15.73
宿州市	Suzhou	14053	56.32	7.49	8.36	2.80	14.27	10.75
蚌埠市	Bengbu	16988	35.91	12.84	8.78	4.83	18.86	18.78
阜阳市	Fuyang	27445	38.25	10.88	12.48	3.79	19.68	14.91
淮南市	Huainan	16661	42.32	15.93	6.78	3.75	14.83	16.41
滁州市	Chuzhou	24142	28.71	26.41	7.62	4.36	16.47	16.43
六安市	Luan	21845	33.73	18.83	14.29	4.08	13.16	15.90
马鞍山市	Maanshan	16264	22.98	26.83	11.09	3.48	18.24	17.39
芜湖市	Wuhu	19860	19.66	21.30	10.40	5.11	21.30	22.24
宣城市	Xuancheng	16554	37.84	16.75	8.46	3.74	14.21	19.01
铜陵市	Tongling	12757	19.32	25.15	11.92	4.58	18.28	20.77
池州市	Chizhou	10977	29.77	14.09	11.58	4.34	16.70	23.50
安庆市	Anqing	30998	27.38	20.51	13.38	3.17	17.91	17.64
黄山市	Huangshan	19922	30.05	12.23	10.38	4.59	19.39	23.37

3—20 各市外出半年以上人口比重、性别比及流向（2019年）

Proportion, Sexual Distinction and Floating Direction of Persons Going Out for More Than Half a Year by Region (2019)

地 区	Region	占总人口比重 (%) Percentage to Total Population (%)	外出人口性别比 (女=100) Sexual Distinction of Persons Going Out (Female=100)	外出流向构成 Composition of Floating Directions			
				本县其他乡镇街道 Other Township Streets in This County	本市其他县区 Other Counties or Districts in This City	本省其他市 Other Cities in This Province	外省 Other Provinces
总 计	**Total**	**22.61**	**127.03**	**19.11**	**5.61**	**9.38**	**65.90**
合肥市	Hefei	18.74	118.76	43.77	18.27	5.23	32.72
淮北市	Huaibei	14.72	120.08	31.20	8.12	13.99	46.68
亳州市	Bozhou	22.34	139.46	4.08	0.86	4.50	90.56
宿州市	Suzhou	26.22	155.02	11.64	1.36	6.62	80.37
蚌埠市	Bengbu	24.71	132.45	17.98	6.23	6.99	68.81
阜阳市	Fuyang	23.96	140.58	3.98	0.98	2.71	92.32
淮南市	Huainan	30.73	118.53	16.56	5.20	17.06	61.19
滁州市	Chuzhou	22.62	124.93	22.55	9.14	7.05	61.26
六安市	Luan	22.89	133.35	14.76	4.09	12.48	68.67
马鞍山市	Maanshan	23.72	116.89	22.53	8.79	10.18	58.50
芜湖市	Wuhu	21.07	117.28	21.53	8.58	8.68	61.21
宣城市	Xuancheng	29.58	118.84	32.21	3.48	8.07	56.25
铜陵市	Tongling	18.93	113.07	16.33	6.39	17.43	59.85
池州市	Chizhou	22.49	120.55	20.84	2.79	10.37	66.01
安庆市	Anqing	16.29	131.02	16.75	4.55	12.20	66.50
黄山市	Huangshan	21.64	108.58	27.87	7.51	7.40	57.22

3—21　各市流向省外半年以上的流动人口构成（2019年）

Composition of Persons Floating Out of the Province for More Than Half a Year by Region (2019)

单位：%

地　区	Region	合　计（人）Total (person)	江　苏 Jiangsu	浙　江 Zhejiang	上　海 Shanghai	广　东 Guangdong	北　京 Beijing	福　建 Fujian	山　东 Shandong
总　计	**Total**	**95400**	**30.02**	**25.72**	**21.79**	**4.35**	**3.31**	**2.12**	**1.66**
合肥市	Hefei	3062	33.36	14.78	24.99	2.68	7.38	1.96	1.15
淮北市	Huaibei	1703	31.53	25.33	15.74	4.63	4.58	1.28	3.52
亳州市	Bozhou	7452	34.03	28.79	12.46	5.35	1.26	2.09	2.88
宿州市	Suzhou	8511	40.16	25.81	10.74	2.39	2.93	2.18	1.54
蚌埠市	Bengbu	7390	29.50	31.90	22.53	4.58	2.05	3.05	0.72
阜阳市	Fuyang	14878	17.06	38.21	16.88	6.51	3.16	1.84	2.30
淮南市	Huainan	8287	26.05	12.94	47.46	3.51	1.25	2.56	0.52
滁州市	Chuzhou	6113	52.75	17.69	20.09	2.17	1.27	0.89	0.95
六安市	Luan	7411	47.31	18.49	23.25	2.89	1.78	0.59	0.74
马鞍山市	Maanshan	4429	45.81	8.75	12.35	3.29	10.08	1.27	2.02
芜湖市	Wuhu	4825	28.35	8.05	30.78	5.60	10.04	1.42	1.82
宣城市	Xuancheng	5577	19.48	29.23	38.07	2.79	1.57	1.19	1.24
铜陵市	Tongling	2819	41.77	20.92	14.41	4.93	3.74	0.88	0.54
池州市	Chizhou	3343	22.02	32.97	22.22	4.01	2.33	2.05	1.76
安庆市	Anqing	6658	13.67	26.01	16.47	7.54	5.23	6.67	3.29
黄山市	Huangshan	3783	12.28	56.32	16.68	3.42	1.53	2.16	1.76

地　区	Region	天　津 Tianjin	河　南 Henan	河　北 Hebei	新　疆 Xinjiang	辽　宁 Liaoning	湖　北 Hubei	陕　西 Shanxi	流向其他省市 Floating to Other Provinces or Cities
总　计	**Total**	**1.28**	**0.98**	**1.08**	**0.62**	**0.69**	**0.87**	**0.89**	**4.62**
合肥市	Hefei	2.15	0.93	1.03	2.33	0.53	0.53	1.12	5.10
淮北市	Huaibei	1.00	2.46	0.56	0.56	0.28	0.73	1.12	6.75
亳州市	Bozhou	1.43	1.11	2.24	0.97	0.87	0.33	0.61	5.61
宿州市	Suzhou	1.63	1.15	1.07	0.83	0.25	0.56	4.84	3.96
蚌埠市	Bengbu	0.86	0.41	0.45	0.19	0.17	0.51	0.28	2.83
阜阳市	Fuyang	2.04	1.90	2.14	1.57	1.17	1.36	0.47	3.41
淮南市	Huainan	0.42	0.68	0.31	0.25	0.19	0.49	0.56	2.83
滁州市	Chuzhou	0.28	0.33	0.68	0.11	0.39	0.26	0.16	2.00
六安市	Luan	0.41	0.76	0.38	0.23	0.10	0.65	0.17	2.25
马鞍山市	Maanshan	0.62	1.14	2.00	0.71	0.64	1.68	0.95	8.75
芜湖市	Wuhu	2.90	0.57	1.18	0.20	0.43	1.24	0.91	6.53
宣城市	Xuancheng	0.48	0.44	0.27	0.07	0.15	0.89	0.44	3.73
铜陵市	Tongling	0.57	0.51	0.71	0.13	0.47	1.28	0.67	8.43
池州市	Chizhou	0.88	0.83	0.63	0.23	1.11	0.68	0.71	7.60
安庆市	Anqing	3.10	1.31	1.27	0.41	3.14	1.81	0.47	9.61
黄山市	Huangshan	0.30	0.25	0.13	0.05	0.20	0.75	0.20	4.02

3—22 各市省内跨市外出半年以上的流动人口构成（2019年）

Composition of Floating Population From City to City in the Province by Region (2019)

单位：%

地　区 Region	合　计（人）Total (person)	合 肥 市 Hefei	淮 北 市 Huaibei	亳 州 市 Bozhou	宿 州 市 Suzhou	蚌 埠 市 Bengbu	阜 阳 市 Fuyang	淮 南 市 Huainan
总　计 Total	**13574**	**56.71**	**2.36**	**1.11**	**2.14**	**3.82**	**2.09**	**3.17**
合 肥 市 Hefei	489		1.63	2.12	1.96	4.90	3.59	4.90
淮 北 市 Huaibei	511	32.78		1.97	37.18	7.13	2.88	4.25
亳 州 市 Bozhou	370	45.46	6.08		1.77	6.42	9.51	9.07
宿 州 市 Suzhou	701	46.70	16.88	0.67		10.28	1.42	2.76
蚌 埠 市 Bengbu	750	55.86	1.44	0.54	4.41		2.43	9.64
阜 阳 市 Fuyang	437	53.05	5.68	5.60	0.67	6.02		6.52
淮 南 市 Huainan	2311	78.14	1.12	1.18	0.62	2.79	3.29	
滁 州 市 Chuzhou	703	61.64	0.92	0.92	1.44	13.54	1.03	4.10
六 安 市 Luan	1347	81.72	0.35	0.50	0.30	1.51	0.90	2.01
马鞍山市 Maanshan	771	51.57	1.04	1.52	0.95	2.18	0.85	7.22
芜 湖 市 Wuhu	684	42.00	0.53	0.63	0.11	3.68	1.16	1.89
宣 城 市 Xuancheng	800	40.18	0.74	1.01	0.74	2.21	1.20	1.29
铜 陵 市 Tongling	821	32.94	0.27	0.27	0.90	0.81	0.63	1.08
池 州 市 Chizhou	525	45.17	0.53	0.53	0.53	1.19	2.38	1.85
安 庆 市 Anqing	1221	70.89	0.63	0.40	0.34	2.05	1.53	1.59
黄 山 市 Huangshan	489	59.52	1.36	0.45	0.30	2.57	1.96	1.51

地　区 Region	滁 州 市 Chuzhou	六 安 市 Luan	马鞍山市 Maanshan	芜 湖 市 Wuhu	宣 城 市 Xuancheng	铜 陵 市 Tongling	池 州 市 Chizhou	安 庆 市 Anqing	黄 山 市 Huangshan
总　计 Total	**2.31**	**2.35**	**4.21**	**9.44**	**1.42**	**1.68**	**1.85**	**3.66**	**1.68**
合 肥 市 Hefei	12.25	15.36	10.62	28.59	1.80	6.70	1.47	2.45	1.63
淮 北 市 Huaibei	1.21	1.97	0.61	5.61	1.21	0.46	0.30	1.52	0.91
亳 州 市 Bozhou	4.09	0.33	8.96	4.98	0.77	0.44	0.33	1.22	0.55
宿 州 市 Suzhou	3.84	0.75	3.09	8.77	1.59	0.58	0.67	0.92	1.09
蚌 埠 市 Bengbu	6.40	2.61	4.05	7.57	0.81	0.54	0.54	1.98	1.17
阜 阳 市 Fuyang	2.76	2.09	5.93	7.52	0.75	0.25	0.25	2.42	0.50
淮 南 市 Huainan	1.18	4.78	1.37	2.86	0.47	0.31	0.37	1.06	0.47
滁 州 市 Chuzhou		0.21	6.05	5.95	0.21	0.62	0.82	1.95	0.62
六 安 市 Luan	1.10		2.66	5.07	0.40	1.26	0.25	1.61	0.35
马鞍山市 Maanshan	2.66	0.95		26.21	2.18	0.66	0.38	1.04	0.57
芜 湖 市 Wuhu	1.68	1.79	21.58		8.11	8.95	2.32	3.16	2.42
宣 城 市 Xuancheng	1.57	1.84	4.88	25.90		2.58	1.84	2.58	11.43
铜 陵 市 Tongling	0.63	1.62	1.08	9.43	1.89		16.88	30.70	0.90
池 州 市 Chizhou	0.93	1.59	3.71	16.69	1.19	4.90		12.19	6.62
安 庆 市 Anqing	1.71	2.39	2.16	9.15	0.68	2.39	2.44		1.65
黄 山 市 Huangshan	1.36	0.76	2.27	12.24	6.65	2.87	3.47	2.72	

3—23　全省外出半年以上人口分年龄构成（2019年）

Composition of Population Going out More Than Half a Year in the Whole Province (2019)

单位：%

年　龄 Age	合　计 Total	男 Male	女 Female	性别比 (女=100) Sex Ratio (Female=100)
总计 Total	**100.00**	**55.95**	**44.05**	**127.01**
0-4	**4.44**	**2.43**	**2.02**	**120.24**
5-9	**4.57**	**2.49**	**2.07**	**120.19**
10-14	**4.05**	**2.28**	**1.77**	**128.85**
15-19	**5.17**	**2.96**	**2.22**	**133.32**
15岁	0.85	0.47	0.38	124.34
16岁	0.86	0.49	0.37	132.70
17岁	0.94	0.53	0.41	129.49
18岁	1.14	0.66	0.48	137.14
19岁	1.39	0.81	0.58	139.07
20-24	**9.56**	**5.36**	**4.20**	**127.39**
20岁	1.49	0.83	0.66	127.14
21岁	1.76	0.97	0.79	123.39
22岁	1.83	1.05	0.78	135.62
23岁	2.09	1.18	0.91	128.97
24岁	2.40	1.32	1.07	123.19
25-29	**14.33**	**7.95**	**6.38**	**124.69**
25岁	2.43	1.35	1.08	124.70
26岁	2.56	1.44	1.12	128.07
27岁	2.83	1.58	1.25	126.30
28岁	3.05	1.69	1.36	124.80
29岁	3.46	1.90	1.57	120.90
30-34	**12.58**	**6.97**	**5.61**	**124.16**
30岁	3.20	1.77	1.43	123.24
31岁	2.69	1.51	1.19	126.70
32岁	2.60	1.43	1.17	121.87
33岁	2.10	1.15	0.95	122.00
34岁	1.99	1.11	0.87	127.73
35-39	**8.79**	**5.03**	**3.75**	**134.14**
35岁	1.82	1.04	0.78	132.61
36岁	1.74	1.01	0.74	137.36
37岁	1.85	1.07	0.78	138.25
38岁	1.65	0.93	0.72	128.63
39岁	1.73	0.99	0.74	133.60
40-44	**8.53**	**5.00**	**3.54**	**141.25**
40岁	1.75	1.00	0.76	131.51
41岁	1.72	1.02	0.70	145.09
42岁	1.58	0.94	0.64	146.84
43岁	1.73	1.00	0.73	136.23
44岁	1.75	1.04	0.71	148.01
45-49	**10.17**	**5.76**	**4.41**	**130.46**
45岁	1.86	1.09	0.77	141.79
46岁	1.97	1.11	0.86	129.07
47岁	2.18	1.25	0.94	132.90
48岁	2.09	1.18	0.91	128.88
49岁	2.06	1.13	0.93	121.58
50-54	**8.53**	**4.77**	**3.76**	**126.70**
50岁	1.95	1.10	0.85	128.37
51岁	2.00	1.12	0.88	128.24
52岁	1.54	0.88	0.66	132.25
53岁	1.58	0.88	0.70	125.48
54岁	1.46	0.79	0.67	118.36
55-59	**4.18**	**2.34**	**1.83**	**127.84**
60-64	**1.95**	**1.08**	**0.87**	**123.44**
65+	**3.16**	**1.55**	**1.61**	**96.01**

3—24 各市按外出时间分的外出人口比例（2019年）
Proportion of Persons Going Out by Time and Region (2019)

单位：%

地 区	Region	合 计（人）Total (person)	零到十四岁 0-14 Year	十五至五十九岁 15—59 Year	六十岁以上 60 Year and Year	六十五岁以上 65 Year and Over
总 计	**Total**	**79198**	**13.06**	**81.84**	**5.11**	**3.16**
合肥市	Hefei	5251	14.53	78.40	7.08	4.83
淮北市	Huaibei	2038	10.67	83.99	5.34	3.71
亳州市	Bozhou	2138	15.42	81.44	3.12	2.00
宿州市	Suzhou	5139	13.21	83.65	3.13	1.94
蚌埠市	Bengbu	8371	13.68	81.52	4.79	3.22
阜阳市	Fuyang	7337	12.38	84.73	2.89	1.66
淮南市	Huainan	11510	14.42	78.09	7.48	4.64
滁州市	Chuzhou	5569	14.21	80.36	5.44	3.33
六安市	Luan	5809	15.34	79.92	4.74	2.57
马鞍山市	Maanshan	4391	12.91	80.17	6.91	4.72
芜湖市	Wuhu	4482	12.48	81.70	5.84	3.43
宣城市	Xuancheng	7214	10.86	82.92	6.21	3.48
铜陵市	Tongling	2176	12.79	81.76	5.45	3.35
池州市	Chizhou	1678	11.71	83.30	4.99	2.69
安庆市	Anqing	3128	11.11	85.22	3.66	2.31
黄山市	Huangshan	2967	9.79	83.82	6.37	3.92

3—25　各市、县、区户数、人口数（2020年）

Total Number of Households and Population by City, County and Region (2020)

地　区	Region	总户数（万户）Total Number of Households (10000 household)	常住人口（万人）Permanent Population (10000 persons)	男 Male	女 Female	性别比（女=100）Sex Ratio (Female=100)	城镇人口 Urban Population
总　计	**Total**	**2288.81**	**6102.72**	**3110.34**	**2992.38**	**103.94**	**3559.51**
合肥市	**Hefei**	**358.05**	**936.99**	**482.19**	**454.80**	**106.02**	**770.93**
市辖区	Region of City	191.36	511.82	261.87	249.95	104.77	505.60
瑶海区	Yaohai District	50.06	132.85	68.46	64.40	106.31	130.07
庐阳区	Luyang District	26.25	69.73	34.78	34.95	99.52	69.19
蜀山区	Shushan District	69.21	187.49	95.88	91.61	104.65	185.21
包河区	Baohe District	45.85	121.75	62.75	59.00	106.36	121.13
巢湖市	Chaohu	28.98	72.72	36.65	36.07	101.61	49.30
长丰县	Changfeng	30.34	78.40	40.78	37.61	108.42	47.13
肥东县	Feidong	35.02	88.48	46.45	42.03	110.54	60.15
肥西县	Feixi	37.12	96.75	50.68	46.07	110.01	61.25
庐江县	Lujiang	35.23	88.82	45.76	43.06	106.26	47.51
淮北市	**Huaibei**	**72.23**	**197.03**	**98.64**	**98.39**	**100.26**	**126.41**
市辖区	Region of City	39.54	103.79	51.24	52.54	97.53	83.09
杜集区	Duji District	9.27	23.97	12.06	11.91	101.30	18.85
相山区	Xiangshan District	20.74	54.89	26.96	27.93	96.52	50.12
烈山区	Lieshan District	9.53	24.92	12.22	12.70	96.22	14.12
濉溪县	Suixi	32.69	93.24	47.39	45.85	103.38	43.32
亳州市	**Bozhou**	**180.24**	**499.68**	**255.45**	**244.23**	**104.60**	**212.35**
谯城区	Qiaocheng District	57.79	153.72	78.17	75.55	103.47	75.06
涡阳县	Guoyang	41.14	117.07	60.11	56.96	105.53	44.80
蒙城县	Mengcheng	37.42	110.16	56.37	53.80	104.78	48.02
利辛县	Lixin	43.89	118.73	60.80	57.92	104.98	44.48
宿州市	**Suzhou**	**191.28**	**532.45**	**264.09**	**257.60**	**102.52**	**233.00**
埇桥区	Yongqiao District	63.51	176.63	84.08	81.78	102.81	92.07
砀山县	Dangshan	29.06	76.56	38.60	37.95	101.70	37.40
萧　县	Xiaoxian	40.11	105.46	53.38	52.08	102.51	37.47
灵璧县	Lingbi	33.16	97.47	49.39	48.08	102.72	35.41
泗　县	Sixian	25.43	76.33	38.63	37.70	102.46	30.65
蚌埠市	**Bengbu**	**118.69**	**329.64**	**166.94**	**162.70**	**102.61**	**181.56**
市辖区	Region of City	50.13	133.61	67.08	66.53	100.82	107.77
龙子湖区	Longzihu District	8.76	21.69	10.87	10.82	100.48	17.83
蚌山区	Bengshan District	16.77	44.77	22.10	22.67	97.49	43.11
禹会区	Yuhui District	14.70	38.77	19.53	19.23	101.56	28.13
淮上区	Huaishang District	9.89	28.39	14.58	13.81	105.53	18.70
怀远县	Huaiyuan	32.51	93.53	47.78	45.75	104.43	34.72
五河县	Wuhe	18.78	52.35	26.67	25.68	103.87	23.30
固镇县	Guzhen	17.27	50.14	25.41	24.73	102.76	15.76

3—25 续表1 continued

地 区	Region	总户数（万户）Total Number of Households (10000 household)	常住人口（万人）Permanent Population (10000 persons)	男 Male	女 Female	性别比（女=100）Sex Ratio (Female=100)	城镇人口 Urban Population
阜阳市	**Fuyang**	**283.60**	**820.03**	**415.71**	**404.31**	**102.82**	**344.20**
市辖区	Region of City	72.08	212.85	107.06	105.79	101.20	119.18
颍州区	Yingzhou District	32.90	99.23	49.25	49.99	98.51	64.12
颍东区	Yingdong District	17.96	53.82	27.63	26.18	105.54	25.41
颍泉区	Yingquan District	21.22	59.80	30.18	29.62	101.91	29.66
界首市	Jieshou	24.02	65.09	32.80	32.28	101.62	30.85
临泉县	Linquan	54.75	165.84	83.61	82.23	101.67	50.50
太和县	Taihe	51.77	138.00	70.25	67.75	103.70	61.49
阜南县	Funan	39.32	118.36	60.09	58.27	103.14	34.66
颍上县	Yingshang	41.66	119.88	61.89	57.99	106.72	47.52
淮南市	**Huainan**	**118.61**	**303.35**	**154.74**	**148.61**	**104.12**	**185.27**
市辖区	Region of City	61.65	156.16	78.14	78.02	100.16	125.56
大通区	Datong District	6.36	16.57	8.42	8.15	103.30	12.07
田家庵区	Tianjiaan District	28.78	73.01	36.02	36.99	97.37	70.03
谢家集区	Xiejiaji District	9.27	22.16	10.93	11.23	97.27	17.41
八公山区	Bagongshan District	4.97	11.82	5.74	6.08	94.50	11.26
潘集区	Panji District	12.27	32.61	17.04	15.57	109.41	14.79
凤台县	Fengtai	23.83	63.34	33.17	30.17	109.94	23.74
寿县	Shouxian	33.13	83.85	43.43	40.42	107.45	35.97
滁州市	**Chuzhou**	**145.61**	**398.71**	**205.23**	**193.47**	**106.08**	**246.57**
市辖区	Region of City	27.85	78.27	40.37	37.90	106.52	64.89
琅琊区	Langya District	14.21	41.03	21.03	20.00	105.17	38.05
南谯区	Nanqiao District	13.65	37.24	19.34	17.90	108.03	26.83
天长市	Tianchang	21.72	60.38	30.51	29.87	102.15	43.31
明光市	Mingguang	18.64	48.56	24.50	24.07	101.78	26.96
来安县	Laian	15.86	41.60	21.51	20.10	106.99	23.88
全椒县	Quanjiao	15.68	39.56	20.37	19.20	106.09	25.62
定远县	Dingyuan	24.36	67.14	35.01	32.13	108.95	30.38
凤阳县	Fengyang	21.50	63.19	32.98	30.21	109.17	31.54
六安市	**Luan**	**171.24**	**439.37**	**225.75**	**213.62**	**105.68**	**213.03**
市辖区	Region of City	73.80	196.88	100.45	96.43	104.18	106.99
金安区	Jinan District	32.96	82.92	41.72	41.20	101.26	50.26
裕安区	Yuan District	33.38	92.33	47.30	45.03	105.04	46.16
叶集区	Yeji District	7.47	21.62	11.43	10.19	112.15	10.57
霍邱县	Huoqiu	38.38	94.50	49.32	45.18	109.15	33.43
舒城县	Shucheng	28.81	69.73	35.38	34.34	103.03	31.95
金寨县	Jinzhai	18.83	49.65	26.09	23.56	110.70	20.84
霍山县	Huoshan	11.42	28.62	14.51	14.11	102.88	19.83
马鞍山市	**Maanshan**	**83.58**	**215.99**	**110.48**	**105.51**	**104.71**	**154.86**
市辖区	Region of City	37.95	96.55	49.16	47.39	103.73	87.33
花山区	Huashan District	18.25	45.10	22.60	22.50	100.47	44.17
雨山区	Yushan District	14.05	35.60	18.21	17.39	104.73	34.29
博望区	Bowang District	5.65	15.85	8.34	7.51	111.16	8.87
当涂县	Dangtu	16.47	44.70	22.94	21.76	105.42	28.17
含山县	Hanshan	13.14	33.66	17.25	16.41	105.08	18.79
和县	Hexian	16.02	41.09	21.14	19.95	105.97	20.57
芜湖市	**Wuhu**	**144.22**	**364.44**	**186.87**	**177.57**	**105.24**	**263.53**
市辖区	Region of City	70.78	180.74	92.54	88.19	104.93	159.82

3—25　续表2　continued

地　区	Region	总户数（万户）Total Number of Households (10000 household)	常住人口（万人）Permanent Population (10000 persons)	男 Male	女 Female	性别比（女=100）Sex Ratio (Female=100)	城镇人口 Urban Population
镜湖区	Jinghu District	19.79	47.87	23.48	24.39	96.29	45.93
弋江区	Yijiang District	15.31	42.26	21.19	21.07	100.58	42.26
鸠江区	Jiujiang District	28.29	72.15	38.11	34.05	111.92	58.12
三山区	Sanshan District	7.38	18.46	9.76	8.69	112.30	13.50
无为市	Wuwei	32.09	81.80	42.11	39.69	106.12	41.73
芜湖县	Wuhu	13.10	34.40	17.82	16.58	107.48	24.14
繁昌县	Fanchang	10.15	24.39	12.52	11.87	105.45	14.60
南陵县	Nanling	18.10	43.11	21.88	21.24	103.03	23.26
宣城市	**Xuancheng**	**102.75**	**250.01**	**128.47**	**121.54**	**105.70**	**152.05**
宣州区	Xuanzhou District	32.23	77.43	39.39	38.04	103.55	44.28
宁国市	Ningguo	16.21	38.81	20.05	18.76	106.88	27.27
广德市	Guangde	19.19	49.91	25.98	23.93	108.57	31.46
郎溪县	Langxi	12.45	31.15	15.91	15.24	104.41	19.74
泾　县	Jingxian	12.12	27.58	14.30	13.28	107.66	14.56
绩溪县	Jixi	5.96	13.88	7.03	6.85	102.64	8.26
旌德县	Jingde	4.58	11.24	5.80	5.43	106.76	6.47
铜陵市	**Tongling**	**53.95**	**131.17**	**65.53**	**65.64**	**99.84**	**86.80**
市辖区	Region of City	34.19	84.27	42.21	42.06	100.34	62.60
铜官区	Tongguan District	17.82	45.09	22.32	22.78	97.99	43.99
郊　区	Suburban District	6.89	22.75	8.34	8.09	103.11	7.06
义安区	Yian District	9.48	16.42	11.55	11.20	103.14	11.55
枞阳县	Zongyang	19.75	46.91	23.33	23.58	98.94	24.19
池州市	**Chizhou**	**53.12**	**134.28**	**67.16**	**67.12**	**100.06**	**80.14**
贵池区	Guichi District	24.14	61.53	30.46	31.07	98.04	41.73
东至县	Dongzhi	15.91	39.84	19.96	19.88	100.42	22.14
石台县	Shitai	3.27	8.06	4.11	3.95	104.19	3.40
青阳县	Qingyang	9.81	24.85	12.62	12.22	103.29	12.86
安庆市	**Anqing**	**159.40**	**416.53**	**210.32**	**206.21**	**101.99**	**231.25**
市辖区	Region of City	31.71	80.45	40.28	40.17	100.25	72.85
迎江区	Yingjiang District	11.15	27.87	13.93	13.94	99.88	26.53
大观区	Daguan District	8.79	21.41	10.61	10.81	98.16	17.82
宜秀区	Yixiu District	11.76	31.17	15.74	15.42	102.06	28.50
桐城市	Tongcheng	22.96	59.36	29.37	29.99	97.93	39.84
潜山市	Qianshan	17.14	44.12	22.25	21.88	101.70	23.81
怀宁县	Huaining	19.08	49.67	25.23	24.44	103.20	24.11
太湖县	Taihu	16.66	43.05	21.89	21.16	103.44	17.65
宿松县	Susong	23.06	61.26	31.79	29.47	107.85	24.53
望江县	Wangjiang	16.83	46.24	23.05	23.19	99.38	16.03
岳西县	Yuexi	11.96	32.38	16.48	15.90	103.64	12.42
黄山市	**Huangshan**	**52.24**	**133.06**	**67.30**	**65.75**	**102.35**	**77.56**
市辖区	Region of City	20.57	53.43	26.65	26.78	99.51	41.90
屯溪区	Tunxi District	11.04	29.12	14.12	15.00	94.13	26.93
黄山区	Huangshan District	5.93	14.69	7.67	7.03	109.09	8.64
徽州区	Huizhou District	3.60	9.62	4.86	4.75	102.30	6.33
歙　县	Shexian	14.64	36.30	18.52	17.77	104.22	16.13
休宁县	Xiuning	8.04	21.15	10.71	10.44	102.58	8.88
黟　县	Yixian	3.12	7.62	3.95	3.67	107.61	3.22
祁门县	Qimen	5.86	14.56	7.47	7.09	105.36	7.44

主要统计指标解释

人口数

指一定时点、一定地区范围内的有生命的个人的总和。

常住人口

是指具有中华人民共和国国籍并在中华人民共和国境内常住的人。

（1）居住本乡、镇、街道，户口在本乡、镇、街道的人；

（2）居住本乡、镇、街道半年以上，户口在外乡、镇、街道的人；

（3）在本乡、镇、街道居住不满半年，离开户口登记地半年以上的人；

（4）居住本乡、镇、街道，户口待定的人；

（5）原住本乡、镇、街道，现在国外工作学习，暂无户口的人；

常住户口在本乡、镇、街道，但已离开本乡、镇、街道半年以上的人，在户口所在地只登记人数，不计入户口所在地的常住人口数内。

总人口文盲率

15岁及以上不识字人数与总人口数的比例。

出生率（又称粗出生率）

指在一定时期内（通常为一年）平均每千人所出生的人数的比率，一般用千分率表示。

计算公式为：

出生率＝年出生人数/年平均人数×1000‰

式中：出生人数指活产婴儿，即胎儿脱离母体时（不含怀孕月数），有过呼吸或其他生命现象。年平均人数指年初、年底人口数的平均数，也可用年中人口数代替。

死亡率（又称粗死亡率）

指在一定时期内（通常为一年）一定地区的死亡人数与同期平均人数（或期中人数）之比，一般用千分率表示。

计算公式为：

死亡率＝年死亡人数/年平均人数×1000‰

人口自然增长率

指在一定时期内（通常为一年）人口自然增加数（出生人数减死亡人数）与该时期内平均人数（或期中人数）之比，一般用千分率表示。

计算公式为：

人口自然增长率＝（年出生人数－年死亡人数）/年平均人数×1000‰

＝人口出生率－人口死亡率

在业人口（又称就业人口）

指十六周岁及十六周岁以上人口中从事一定的社会劳动并取得劳动报酬或经营收入的人口。

未工作人口

指十六周岁及十六周岁以上人口中未从事社会劳动的人口，包括在校学生、料理家务、待升学、失去工作、离退休、退职、丧失劳动能力等非在业人口。

抚养系数

指被抚养人口（0-14岁和65岁以上人口）与15-64岁人口的比例。

计算公式为：

抚养系数＝被抚养人口/15-64岁人口×100%

老年抚养系数

指老年人口（65岁以上人口）与15-64岁人口的比例。

计算公式为：

老年抚养系数＝老年人口/15-64岁人口×100%

少年儿童抚养系数

指0-14岁少年儿童与15-64岁人口的比例。

计算公式为：

少年儿童抚养系数＝少年儿童人口/15-64岁人口×100%

Explanatory Notes for Major Statistical Indicators

Total Population

refers to the total number of people alive at a certain point of time within a given area.

Permanent Population

refers to the persons who hold the nationality of, and have permanent residing place in the People's Republic of China.

a) Those who reside in the townships, towns and street communities and have their permanent household registration there.

b) Those who have resided in the townships, towns and street communities for more than 6 months but the places of their permanent household registration are elsewhere.

c) Those who have resided in the townships, towns and street communities for less than 6 months but have been away from the place of their permanent household registration for more than 6 months.

d) Those who live in the townships, towns and street communities while the places of their household registration have not yet settled.

e) Those who used to live in the townships, towns and street communities but are working or studying abroad and have no permanent household registration for the time being.

Those who have their permanent household registration in the townships, towns and street communities but have been away from these places for more than 6 months are only registered as total population not counted as permanent population of the places of their household registration.

Total Population Illiterate Ratio

refers to the ratio of the number of illiterate people aged 15 and over to total population.

Birth Rate or (Crude Birth Rate)

refers to the ratio of the number of births to the average population during a certain period of time (usually a year) which is often expressed in‰. The following formula is used:

Birth Rate=Number of Births/Average Number of Population×1000‰

Number of births refers to live births i.e. the births when babies had showed any vital phenomena regardless of the length of pregnancy.

Annual Average Number of Population is the average of the number of population at the beginning of the year and that at the end of the year. Sometimes it is substituted for with the mid year population.

Death Rate (or Crude Death Rate)

refers to the ratio of the number of deaths to the average population (or mid year population) during a certain period of time (usually a year) which is often expressed in‰. The following formula is used:

Death Rate umber of Deaths=Number of Deaths/Annual Average Number of Population×1000‰

Natural Growth Rate of Population

refers to the ratio of natural increase in population (number of births minus number of deaths) in a certain period of time (usually a year) to the average population (or mid year population) of the same period which is often expressed in‰. The following formulas are applied:

Natural Growth of Population=(Number of Births-Number of Deaths)/Average Number of Population×1000‰

Natural Growth Rate of Population=Birth Rate-Death Rate

Employed Population

refers to population aged 16 or over engaging in social labour which generates income.

Not Working Population

refers to population aged 16 or over not engaging in any social labour which generates income, including students enrolled in schools, house wives, students waiting for entering schools with higher level, persons losing their jobs, retirees, job quitters, disabled, etc.

Total Dependency Ratio

refers to the ratio of number of dependents to the total

population aged 15-64, the number of dependents being population aged 0-14 and population aged 65 and over. The total dependency ratio is calculated as follows:

Total Dependency Ratio=Number of dependents/Population aged 15-64×100%

The Aged Dependency Ratio

refers to the ratio of the number of the aged population to the total population aged 15-64, the aged being population aged 65 and over. The aged dependency ratio is calculated as follows:

The Aged Dependency Ratio=Number of the aged population/Population aged 15-64×100%

The Juvenile and Children Dependency Ratio

refers to the ratio of the number of the juvenile and children to the total population aged 15-64, the juvenile and children being population aged 0-14. The juvenile and children dependency ratio is calculated as follows:

The Juvenile and Children Dependency Ratio=Number of juvenile and children/Population aged 15-64×100%

第四篇

Chapter 4

EMPLOYMENT AND WAGES

简要说明

一、本篇资料反映我省 2020 年及主要年份劳动经济方面的基本情况，包括全省和 16 个市主要劳动统计数据。主要指标有：就业人员、私营和个体就业人员、城镇登记失业人员及失业率、单位就业人员、工资总额和平均工资等。

二、本篇资料来源主要有四个方面：

1. 就业人员数、工资总额、平均工资，根据《2020 年度全省劳动统计年报》汇总整理提供。

2. 私营企业和个体就业人员，根据省市场监督管理局提供的资料整理。

3. 城镇登记失业人数、新增就业人数、城镇登记失业率，根据省人力资源和社会保障厅提供的资料整理。

三、1998 年及以后城镇单位就业人员、职工工资、工资总额、平均工资等指标中不再包括离开本单位仍保留劳动关系的职工及其生活费。

四、表 4—4、15、17、19 中“铁路（国家反馈）”2020 年铁路系统相关数据由国家统计局单独反馈，无法分解到各市，故单独列出。

五、本篇资料均由省统计局人口处整理编制。

Brief Introduction

I. Data in this chapter show the basic conditions of Anhui’s labor economy in 2020 and the mainly previous years, including the main data of labor statistics of the whole province and 16 prefectures such as number of the employed persons, number of persons employed in the urban private enterprises and self-employment, registered urban unemployed persons and unemployment rate, number of employment in units, total wages and average wages.

II. There are four main sources for Data published in this chapter.

1. Data on number of employed persons, total wages and average wages are tabulated and provided in accordance with “the Annual Labor statistical Report of Anhui Province in 2020”.

2. Private enterprise and individual obtain employment personnel, according to the province market supervises the data that administration provides collate.

3. Urban registered unemployment, new employment, urban registered unemployment rate, according to the provincial Human resources and social security department.

III. The scope of statistics on employed person in urban areas, total number of staff and workers, total wage bills, average wages do not include the persons who had left their working units and while keeping their labour contract/employment relation unchanged since 1998.

Ⅳ. Tables 4-4, 15, 17, and 19 "Railway (National Feedback)", the relevant data of railway system in 2020 are fed back by the National Bureau of Statistics alone, and cannot be decomposed into cities, so they are listed separately.

Ⅴ. Data in this chapter are prepared by the Population Division, Anhui Statistical Bureau.

4—1 就业基本情况
Basic Conditions of Employment

单位：万人（10000 persons）

项　　目	Item	2005	2010	2015	2019	2020
经济活动人口	**Economically Active Population**	**3712.8**	**4096.8**	**4384.0**	**4429.3**	
就业人员合计	**Total Number of Employed Persons**	**3669.7**	**4050.0**	**4342.1**	**4384.0**	**3243.0**
第一产业	Primary Industry	1783.3	1583.6	1396.2	1346.9	815.0
第二产业	Secondary Industry	783.9	1016.5	1232.1	1261.0	1020.0
第三产业	Tertiary Industry	1102.4	1449.9	1713.8	1776.1	1408.0
就业人员构成（合计=100）	**Composition of Employed Persons (total=100)**					
第一产业	Primary Industry	48.6	39.1	32.1	30.7	25.1
第二产业	Secondary Industry	21.4	25.1	28.4	28.8	31.5
第三产业	Tertiary Industry	30.0	35.8	39.5	40.5	43.4
按城乡分就业人员	**Number of Employed Persons by Urban and Rural Areas**					
城镇就业人员	Urban Employed Persons	730.5	973.5	1292.1	1415.5	1791.0
#国有单位	State-owned Units	208.7	206.0	189.1	170.1	175.9
城镇集体单位	Urban Collective Owned Units	30.8	17.9	14.7	8.0	7.7
股份合作单位	Share Holding Units	3.9	4.7	3.3	1.8	2.0
联营单位	Joint Owned Units	0.8	0.8	0.3	0.5	0.8
有限责任公司	Limited Liability Corporations	52.3	80.0	203.7	285.8	266.0
股份有限公司	Share-holding Corporations Ltd.	24.8	37.7	60.8	68.7	72.6
港澳台商投资单位	Units Funded by Entrepreneurs from Hong Kong, Macao & Taiwan	3.7	7.0	15.9	12.0	13.4
外商投资单位	Foreign Funded Units	6.7	14.7	19.8	16.4	19.0
乡村就业人员	Rural Employed Persons	2939.2	3076.5	3050.0	2968.5	1452.0
城镇非私营单位就业人数	**The Private Institutions in Cities and Towns of Employment**	**317.4**	**372.9**	**513.8**	**581.0**	**565.6**
国有单位	State-owned Units	199.2	206.0	189.1	170.1	175.9
城镇集体单位	Urban Collective Owned Units	28.2	17.9	14.7	8.0	7.7
其他单位	Units of Other Types of Ownership	90.1	149.1	310.0	402.9	382.0
城镇单位女性就业人员	**Number of Female Employment in Urban Units**	**112.4**	**121.3**	**170.2**	**207.4**	**204.7**
城镇登记失业人数	**Number of Registered Unemployed Persons in Urban Areas**	**27.8**	**28.5**	**30.9**	**26.8**	**30.0**
城镇登记失业率　（%）	**Registered Unemployment Rate in Urban Areas　(%)**	**4.4**	**3.7**	**3.1**	**2.6**	**2.8**

注：2020年就业人数为常住口径就业人员数，往年均为户籍口径（下同）。

a) Number of employed persons in 2020 is the number of employed persons with permanent residence in previous years (the same below).

4—2 各市按三次产业分的常住口径就业人员数（2020年）

Number of Permanent Resident Employment by Three Industries and Region (2020)

地 区	Region	就业人员（万人）Total (10000 persons)	第一产业 Primary Industry	第二产业 Secondary Industry	第三产业 Tertiary Industry	构成（合计=100）Composition in Percentage (total=100) 第一产业 Primary Industry	第二产业 Secondary Industry	第三产业 Tertiary Industry
总 计	**Total**	**3243.0**	**815.0**	**1020.0**	**1408.0**	**25.1**	**31.5**	**43.4**
合肥市	Hefei	490.1	50.1	159.8	280.1	10.2	32.6	57.2
淮北市	Huaibei	95.6	29.4	29.3	36.9	30.8	30.6	38.6
亳州市	Bozhou	256.4	79.7	69.5	107.2	31.1	27.1	41.8
宿州市	Suzhou	296.1	115.1	72.7	108.3	38.9	24.6	36.6
蚌埠市	Bengbu	172.9	56.9	46.0	69.9	32.9	26.6	40.5
阜阳市	Fuyang	447.0	144.1	131.7	171.2	32.2	29.5	38.3
淮南市	Huainan	142.9	47.7	37.4	57.7	33.4	26.2	40.4
滁州市	Chuzhou	215.5	57.6	74.1	83.7	26.8	34.4	38.9
六安市	Luan	246.1	61.7	86.0	98.4	25.1	34.9	40.0
马鞍山市	Maanshan	111.9	17.4	38.4	56.1	15.6	34.3	50.1
芜湖市	Wuhu	198.1	30.3	74.0	93.8	15.3	37.4	47.3
宣城市	Xuancheng	146.5	25.2	55.0	66.3	17.2	37.5	45.3
铜陵市	Tongling	63.2	10.4	19.5	33.4	16.4	30.8	52.8
池州市	Chizhou	65.9	14.2	21.9	29.9	21.5	33.2	45.3
安庆市	Anqing	220.5	56.0	83.0	81.5	25.4	37.6	37.0
黄山市	Huangshan	74.5	19.5	22.1	33.0	26.2	29.6	44.2

4—3 主要年份按城乡分的就业人员数

Number of Employed Persons by Residence in Urban and Rural Areas and Region in Main Year

单位：万人（10000 persons）

年份 Year	合计 Total	城镇 Urban Area				
		小计 Sub-total	国有单位 State-owned Units	集体单位 Collective-owned Units	股份合作单位 Share Holding Units	联营单位 Joint-owned Units
2000	3450.7	652.9	314.8	91.2	8.4	1.2
2005	3669.7	730.5	208.7	30.8	3.9	0.8
2010	4050.0	973.5	206.0	17.9	4.7	0.8
2011	4120.9	1038.3	219.0	18.3	5.2	1.1
2012	4206.8	1141.0	225.7	17.2	4.9	0.8
2013	4275.9	1226.2	196.4	16.2	3.4	0.4
2014	4311.0	1277.4	198.8	15.6	3.3	0.4
2015	4342.1	1292.1	189.1	14.7	3.3	0.3
2016	4361.6	1327.5	191.1	14.2	3.6	0.3
2017	4377.9	1378.5	184.0	13.1	2.9	0.2
2018	4385.3	1385.3	181.2	12.5	2.5	0.3
2019	4384.0	1415.5	170.1	8.0	1.8	0.5
2020	3243.0	1791.0	175.9	7.7	2.0	0.8

年份 Year	城镇 Urban Area				乡村小计 Rural Area Sub-total
	有限责任公司 Limited Liability Corporations	股份有限公司 Share Holding Corpara-tions Ltd.	港澳台商投资单位 Economic Units Funded by Entrepreneurs from Hong Kong, Macao and Taiwan	外商投资单位 Foreign Funded Economic Units	
2000	38.0	20.2	2.3	3.8	2797.7
2005	52.3	24.8	3.7	6.7	2939.2
2010	80.0	37.7	7.0	14.7	3076.5
2011	94.0	43.6	8.3	16.7	3082.6
2012	112.6	45.0	8.0	15.9	3065.8
2013	201.5	59.4	15.9	20.3	3049.7
2014	200.4	58.9	16.7	20.9	3033.6
2015	203.7	60.8	15.9	19.8	3050.0
2016	204.4	62.0	15.4	19.6	3034.1
2017	213.8	61.5	15.7	18.4	2999.4
2018	291.0	69.7	12.4	15.9	3000.0
2019	285.8	68.7	12.0	16.4	2968.5
2020	266.0	72.6	13.4	19.0	1452.0

4—4 各市分行业城镇非私营单位就业人员数（2020年）
Number of Employed Persons by Sector and Region (2020)

单位：人（person）

地 区 Region	合 计 Total	农林牧渔业 Agriculture, Forestry, Animal Husbandry and Fishery	采矿业 Mining	制造业 Manufac-turing	电力、热力、燃气及水的生产和供应业 Production and Supply of Electricity, Heat, Gas and Water	建筑业 Construction	批发和零售业 Wholesale and Retail Trade	交通运输、仓储和邮政业 Transport, Storage, Post & Telecomm-unications	住宿和餐饮业 Accommo-dation and Catering Trade	信息传输、计算机服务和软件业 Information, Circulation Computer Services and Software
总 计 Total	**5656207**	**29606**	**135858**	**1272803**	**101483**	**1058445**	**234702**	**208343**	**58213**	**96838**
合肥市 Hefei	1729908	1784	1100	333462	43325	542986	94845	52267	19525	56344
淮北市 Huaibei	180576	396	47449	30193	3840	13382	4371	2897	858	2307
亳州市 Bozhou	234929	604	2607	48158	3159	23671	14434	8950	3702	2222
宿州市 Suzhou	304321	637	5293	37609	2367	67199	10329	8454	1855	2765
蚌埠市 Bengbu	249628	382	90	54612	2528	37771	10801	10351	1650	1868
阜阳市 Fuyang	392070	3848	7537	64164	3152	47881	18467	12406	2752	3368
淮南市 Huainan	239675	1121	55778	22039	16522	14632	6536	4966	1018	1568
滁州市 Chuzhou	316441	1562	977	120539	2555	38728	8079	7518	1074	2355
六安市 Luan	247757	564	4467	59506	3823	14575	5624	5793	3197	2434
马鞍山市 Maanshan	256972	528	6121	76627	3919	53046	3114	6835	975	4050
芜湖市 Wuhu	498027	1323	523	170032	5099	75327	28607	22254	4195	6339
宣城市 Xuancheng	223897	1061	147	73140	2057	23408	6221	3628	2361	2626
铜陵市 Tongling	169327	1921	1329	54947	1953	29317	3772	5686	7212	1616
池州市 Chizhou	108776	378	1822	23761	1558	7994	3925	3629	880	1325
安庆市 Anqing	343328	13148	582	85891	4517	50610	12474	9623	3206	4060
黄山市 Huangshan	120114	350	36	18122	1109	17919	3104	2623	3753	1593
铁路（国家反馈） Railways (State Feedback)	40461							40461		

注：2020年起非一套表单位采取抽样调查，部分数据因四舍五入的原因，存在总计与分项合计不等的情况（下同）。

a) Starting from 2020, sampling survey will be carried out for non-one set of forms. Due to rounding, some data may vary in total and sub-total (the same below).

4—4 续表 continued

单位：人 (person)

地 区 Region	金融业 Banking	房地产业 Real Estate	租赁和商务服务业 Leasing and Commercial Services	科学研究和技术服务业 Scientific Research and Technical Services	水利、环境和公共设施管理业 Water Conservancy, Environmental and Public Facilities Management	居民服务、修理和其他服务业 Residents Service, Repair and Other Services	教育 Education	卫生和社会工作 Health and Social Work	文化、体育和娱乐业 Culture, Sports and Entertainment	公共管理、社会保障和社会组织 Public Management, Social Security and Social Organization
总 计 Total	**274967**	**156260**	**186382**	**110507**	**70936**	**19599**	**659983**	**350961**	**34653**	**595669**
合肥市 Hefei	125166	48856	48279	58318	6689	4183	117282	66122	12956	96419
淮北市 Huaibei	6293	2694	4331	2090	416	292	22969	16592	622	18584
亳州市 Bozhou	6920	9208	11494	949	1317	806	43280	20525	1516	31409
宿州市 Suzhou	13918	10557	5937	5362	5167	242	52572	27144	1663	45250
蚌埠市 Bengbu	9722	10691	9172	4367	4279	876	37695	21240	1739	29795
阜阳市 Fuyang	15205	10082	6108	4147	11393	877	82171	42486	2044	53981
淮南市 Huainan	11286	8354	10003	3091	7595	344	29750	17312	1381	26378
滁州市 Chuzhou	11516	5750	2629	3032	5676	690	42713	20311	913	39823
六安市 Luan	16678	5736	5364	3546	3909	2373	43304	25261	843	40761
马鞍山市 Maanshan	12612	5469	8846	5313	1427	842	27099	12456	1291	26402
芜湖市 Wuhu	9947	13473	46853	6587	1674	2476	44335	19603	2274	37105
宣城市 Xuancheng	5757	4336	8987	1749	2041	738	28435	15366	1292	40546
铜陵市 Tongling	4671	6297	4295	2599	2171	273	17282	9174	1012	13797
池州市 Chizhou	6498	1825	4972	2112	2065	970	13632	6481	833	24116
安庆市 Anqing	13548	9128	6324	4670	6079	3153	44581	21906	2467	47360
黄山市 Huangshan	5230	3803	2789	2576	9039	461	12881	8983	1807	23940
铁路(国家反馈) Railways (State Feedback)										

4—5 主要年份私营企业年末户数
Number of Households of Private Enterprises at the end of Main Years

单位：户（household）

年 份 Year	合 计 Total	城 镇 Urban Areas	乡 村 Rural Areas
2000	46934	28495	18439
2005	105998	63586	42412
2010	228670	128891	99779
2012	303857	218179	85678
2013	353841	268220	85621
2014	452338	367081	85257
2015	570835	482899	87936
2016	733289	630108	103181
2017	915621	733832	181789
2018	1128262	768022	360240
2019	1345811	696771	649040
2020	1515981	615513	900468

4—6 各市私营企业年末户数（2020年）
Number of Private Enterprises at the End of the Year by Region (2020)

单位：户（household）

地 区	Region	合 计 Total	城 镇 Urban Areas	乡 村 Rural Areas
总 计	**Total**	**1515981**	**615513**	**900468**
合肥市	Hefei	445567	168057	277510
淮北市	Huaibei	34939	11416	23523
亳州市	Bozhou	115566	20559	95007
宿州市	Suzhou	83603	31851	51752
蚌埠市	Bengbu	63667	28427	35240
阜阳市	Fuyang	149339	50728	98611
淮南市	Huainan	52737	25642	27095
滁州市	Chuzhou	84610	41336	43274
六安市	Luan	87374	40928	46446
马鞍山市	Maanshan	59070	33541	25529
芜湖市	Wuhu	99324	42650	56674
宣城市	Xuancheng	52493	28296	24197
铜陵市	Tongling	31284	15890	15394
池州市	Chizhou	27767	12852	14915
安庆市	Anqing	97302	48058	49244
黄山市	Huangshan	31296	15251	16045
其 他	Others	43	31	12

4—7 主要年份个体年末户数
Number of Households at the end of Main Years

单位：户（household）

年份 Year	合计 Total	城镇 Urban Areas	乡村 Rural Areas
2000	1489085	627100	861985
2005	1110417	522609	587808
2010	1341472	999110	342362
2012	1522643	1201810	320833
2013	1678333	1399830	278503
2014	1878153	1597745	280408
2015	2018755	1739521	279234
2016	2357198	2036420	320778
2017	2715364	2338868	376496
2018	3115351	2641590	473761
2019	3580407	2862226	718181
2020	4015048	2976310	1038738

4—8 各市个体年末户数（2020年）
Number of Individual Households at the end of Each by Region (2020)

单位：户（household）

地区	Region	合计 Total	城镇 Urban Areas	乡村 Rural Areas
总计	**Total**	**4015048**	**2976310**	**1038738**
合肥市	Hefei	624382	431822	192560
淮北市	Huaibei	134609	109760	24849
亳州市	Bozhou	377646	212486	165160
宿州市	Suzhou	323151	226834	96317
蚌埠市	Bengbu	210182	154350	55832
阜阳市	Fuyang	452130	329946	122184
淮南市	Huainan	176079	150314	25765
滁州市	Chuzhou	244806	201193	43613
六安市	Luan	238429	197031	41398
马鞍山市	Maanshan	142532	126922	15610
芜湖市	Wuhu	321176	203923	117253
宣城市	Xuancheng	196988	169911	27077
铜陵市	Tongling	83259	77307	5952
池州市	Chizhou	105614	68697	36917
安庆市	Anqing	291250	245402	45848
黄山市	Huangshan	92815	70412	22403

4—9 城镇非私营单位就业人员数
Number of Employed Persons of Urban Non-private Owned Units

单位：万人（10000 persons）

行　　业	Sector	2019	2020
总　　计	**Total**	**581.05**	**565.62**
农、林、牧、渔业	Agriculture, Forestry, Animal Husbandry and Fishery	3.15	2.96
采矿业	Mining	14.28	13.59
制造业	Manufacturing	127.69	127.28
电力、热力、燃气及水的生产和供应业	Production and Supply of Electricity, Heat, Gas and Water	10.41	10.15
建筑业	Construction	111.06	105.84
批发和零售业	Wholesale and Retail Trades	27.00	23.47
交通运输、仓储和邮政业	Transport, Storage and Post	23.70	20.83
住宿和餐饮业	Hotels and Catering Services	5.79	5.82
信息传输、软件和信息技术服务业	Information Transmission, Software and Information Technology	9.26	9.68
金融业	Financial Intermediation	23.23	27.50
房地产业	Real Estate	17.62	15.63
租赁和商务服务业	Leasing and Business Services	18.33	18.64
科学研究和技术服务业	Scientific Research and Technical Services	10.62	11.05
水利、环境和公共设施管理业	Management of Water Conservancy, Environment	8.32	7.09
居民服务、修理和其他服务业	Services to Households, Repair and Other Services	2.20	1.96
教　育	Education	69.49	66.00
卫生和社会工作	Health and Social Service	35.58	35.10
文化、体育和娱乐业	Culture, Sports and Entertainment	3.74	3.47
公共管理、社会保障和社会组织	Public Management, Social Security and Social Organization	59.58	59.57

4—10 城镇非私营单位分行业就业人员数（2020年）

Number of Employed Persons of Urban Non-private Owned Units by Status (2020)

单位：人（person）

行　业	Sector	合　计 Total	国有单位 State-owned Units	城镇集体单　位 Urban Collective-owned Units	其他单位 Units of Other Types of Ownership
总　　计	**Total**	**5656207**	**1759164**	**76543**	**3820500**
按执行会计标准类别分组	**Grouped by Executive Acounting System Type**				
企　业	Enterprises	4033230	225435	45404	3762391
政　府	Government	1557748	1509672	26572	21504
民间非营利组织	Non-profit Organizations	60677	21717	4521	34439
其　他	Others	4552	2340	46	2166
按国民经济行业分组	**Grouped by Economic Sector**				
农、林、牧、渔业	**Agriculture, Forestry, Animal Husbandry and Fishery**	**29606**	**22918**	**488**	**6200**
农　业	Farming	9682	8337	170	1175
林　业	Forestry	2803	2423	58	322
畜牧业	Animal Husbandry	3402	26		3376
渔　业	Fishery	402	149	11	242
农林牧渔专业及辅助性活动	Agriculture, Forestry, Animal Husbandry and Fishery Major and Supporting Activities	13317	11983	249	1085
采矿业	**Mining**	**135858**	**7123**	**634**	**128101**
煤炭开采和洗选业	Mining and Washing of Coal	117276	706		116570
石油和天然气开采业	Extraction of Petroleum and Natural Gas	354			354
黑色金属矿采选业	Mining and Processing of Ferrous Metal Ores	10383	4418	595	5370
有色金属矿采选业	Mining and Processing of Non-Ferrous Metal Ores	3399	1375		2024
非金属矿采选业	Mining and Processing of Non-metal Ores	3859	624	39	3196
开采专业及辅助性活动	Mining Profession and Auxiliary Activities	587			587
制造业	**Manufacturing**	**1272803**	**21942**	**5218**	**1245643**
农副食品加工业	Processing of Food from Agricultural Products	42630	541	72	42017
食品制造业	Manufacture of Foods	25340	10	13	25317
酒、饮料和精制茶制造业	Manufacture of Liquor, Beverages and Refined Tea	28949	408	745	27796
烟草制品业	Manufacture of Tobacco	6661	5615	522	524
纺织业	Manufacture of Textile	36576		52	36524
纺织服装、服饰业	Manufacture of Textile, Wearing Apparel and Accessories	61374			61374
皮革、毛皮、羽毛及其制品和制鞋业	Manufacture of Leather, Fur, Feather and Related Products and Footwear	16911		1	16910
木材加工和木、竹、藤、棕、草制品业	Processing of Timber, Manufacture of Wood, Bamboo, Rattan, Palm and Straw Products	8551			8551
家具制造业	Manufacture of Furniture	8425			8425
造纸和纸制品业	Manufacture of Paper and Paper Products	9370	8	882	8480
印刷和记录媒介复制业	Printing and Reproduction of Recording Media	14231	133	271	13827
文教、工美、体育和娱乐用品制造业	Manufacture of Articles for Culture, Education, Arts and Crafts, Sport and Entertainment Activities	16615	36	85	16494
石油、煤炭及其他燃料加工业	Petroleum, Coal and Other Fuel Processing Industries	7207			7207
化学原料和化学制品制造业	Manufacture of Raw Chemical Materials and Chemical Products	69567	93	85	69389
医药制造业	Manufacture of Medicines	42464	585	14	41865
化学纤维制造业	Manufacture of Chemical Fibres	4915			4915
橡胶和塑料制品业	Manufacture of Rubber and Plastics Products	68906	193	347	68366
非金属矿物制品业	Manufacture of Non-metallic Mineral Products	66018	2092	351	63575
黑色金属冶炼和压延加工业	Smelting and Pressing of Ferrous Metals	37900		29	37871

4—10 续表1 continued

单位：人（person）

行业	Sector	合计 Total	国有单位 State-owned Units	城镇集体单位 Urban Collective-owned Units	其他单位 Units of Other Types of Ownership
有色金属冶炼和压延加工业	Smelting and Pressing of Non-ferrous Metals	28112		5	28107
金属制品业	Manufacture of Metal Products	47935	328	478	47129
通用设备制造业	Manufacture of General Purpose Machinery	75992	2458	227	73307
专用设备制造业	Manufacture of Special Purpose Machinery	57440	905	855	55680
汽车制造业	Manufacture of Automobiles	128825	338	105	128382
铁路、船舶、航空航天和其他运输设备制造业	Manufacture of Railway, Ship, Aerospace and Other Transport Equipments	10410	610		9800
电气机械和器材制造业	Manufacture of Electrical Machinery and Apparatus	145559	910	42	144607
计算机、通信和其他电子设备制造业	Manufacture of Computers, Communication and Other Electronic Equipment	179334	3426		175908
仪器仪表制造业	Manufacture of Measuring Instruments and Machinery	8192	272	7	7913
其他制造业	Other Manufacture	4799	484	26	4289
废弃资源综合利用业	Utilization of Waste Resources	7619			7619
金属制品、机械和设备修理业	Repair Service of Metal Products, Machinery and Equipment	5975	2496	5	3474
电力、热力、燃气及水生产和供应业	**Production and Supply of Electricity, Heat, Gas and Water**	**101483**	**12825**	**343**	**88315**
电力、热力的生产和供应业	Production and Supply of Electric Power and Heat Power	70862	7079	30	63753
燃气生产和供应业	Production and Supply of Gas	10591	65		10526
水的生产和供应业	Production and Supply of Water	20031	5682	313	14036
建筑业	**Construction**	**1058445**	**26342**	**24989**	**1007114**
房屋建筑业	Construction of Buildings	632348	9535	14156	608657
土木工程建筑业	Civil Engineering	233150	14812	1551	216787
建筑安装业	Building Installation	62756	803	3385	58568
建筑装饰、装修和其他建筑业	Architectural Decoration, Decoration and Other Construction Industries	130192	1192	5897	123103
批发和零售业	**Wholesale and Retail Trades**	**234702**	**18046**	**1272**	**215384**
批发业	Wholesale Trade	90907	14328	487	76092
零售业	Retail Trade	143795	3718	785	139291
交通运输、仓储和邮政业	**Transport, Storage and Post**	**208343**	**36696**	**3268**	**168379**
铁路运输业	Railway Transport	42931			42931
道路运输业	Road Transport	114238	14729	1980	97529
水上运输业	Water Transport	7377	934	432	6011
航空运输业	Air Transport	4005	878		3127
管道运输业	Transport Via Pipelines	16			16
多式联运和运输代理业	Multimodal Transport and Transportation Agency	4294	316	48	3930
装卸搬运和仓储业	Handling and Storage Industry	14328	4966	808	8554
邮政业	Post	21155	14874		6281
住宿和餐饮业	**Hotels and Catering Services**	**58213**	**2643**	**411**	**55159**
住宿业	Hotels	28340	2122	236	25982
餐饮业	Catering Services	29874	521	175	29178
信息传输、软件和信息技术服务业	**Information Transmission, Software and Information Technology**	**96838**	**5643**	**146**	**91049**
电信、广播电视和卫星传输服务	Telecommunication, Radio and Television and Satellite Transmission Service	49587	4741	100	44746
互联网和相关服务	Internet and Related Service	5504	176		5328
软件和信息技术服务业	Software and Information Technology	41748	726	46	40976

4—10 续表2 continued

单位：人（person）

行业	Sector	合计 Total	国有单位 State-owned Units	城镇集体单位 Urban Collective-owned Units	其他单位 Units of Other Types of Ownership
金融业	**Financial Intermediation**	**274967**	**26638**		**248329**
货币金融服务	Monetary and Financial Service	101480	22711		78769
资本市场服务	Capital Market Service	3705	168		3537
保险业	Insurance	167597	3129		164468
其他金融业	Other Financial Activities	2185	631		1554
房地产业	**Real Estate**	**156260**	**4590**	**931**	**150739**
租赁和商务服务业	**Leasing and Business Services**	**186382**	**20611**	**3052**	**162719**
租赁业	Leasing	4138	229		3909
商务服务业	Business Services	182244	20382	3052	158810
科学研究和技术服务业	**Scientific Research and Technical Services**	**110507**	**47049**	**1254**	**62204**
研究和试验发展	Research and Experimental Development	13700	8626	59	5015
专业技术服务业	Professional Technical Services	83961	32346	1033	50582
科技推广和应用服务业	Science and Technology Popularization and Application Services	12847	6078	162	6607
水利、环境和公共设施管理业	**Management of Water Conservancy, Environment and Public Facilities**	**70936**	**28181**	**596**	**42159**
水利管理业	Management of Water Conservancy	9927	9674	49	204
生态保护和环境治理业	Ecological Protection and Environmental Treatment	4025	1130	10	2885
公共设施管理业	Management of Public Facilities	55780	16740	537	38503
土地管理业	Land Management	1204	637		567
居民服务、修理和其他服务业	**Service to Households, Repair and Other Services**	**19598**	**3564**	**1180**	**14854**
居民服务业	Service to Households	9479	2887	447	6145
机动车、电子产品和日用产品修理业	Repair of Motor Vehicle, Electronics and Household Products	3854	95	136	3623
其他服务业	Other Services	6265	582	597	5086
教　育	**Education**	**659983**	**582464**	**10733**	**66786**
卫生和社会工作	**Health and Social Service**	**350961**	**278037**	**20550**	**52374**
卫　生	Health	339824	271698	19685	48441
社会工作	Social Service	11136	6339	864	3933
文化、体育和娱乐业	**Culture, Sports and Entertainment**	**34653**	**20819**	**382**	**13452**
新闻和出版业	Journalism and Publishing Activities	6986	4088		2898
广播、电视、电影和录音制作业	Radio, Television, Film and Recording Production	10252	7336	80	2836
文化艺术业	Cultural and Art Activities	11636	7937	160	3539
体　育	Sports Activities	1696	808	39	849
娱乐业	Entertainment	4082	649	103	3330
公共管理、社会保障和社会组织	**Public Management, Social Security and Social Organization**	**595669**	**593033**	**1097**	**1539**
中国共产党机关	Organs of Communist Party of China	28009	27997		12
国家机构	Government Agencies	553585	551573	963	1049
人民政协、民主党派	People's Political Consultative Conference and Democratic Parties	3691	3691		
社会保障	Social Security	3750	3718		32
群众团体、社会团体和其他成员组织	Non-Governmental Organizations, Social Organizations and Other Organizations	6469	6056	133	280

4—11 城镇非私营单位分行业女性就业人员占全部就业人员比重（2020年）

Proportion of Female Employed to Total of Urban Non-private Owned Units by Status by Sector (2020)

以本类型从业人员为100 (Total number of this item employed=100)

单位：%

行业	Sector	合计 Total	国有单位 State-owned Units	城镇集体单位 Urban Collective-owned Units	其他单位 Units of Other Types of Ownership
总计	**Total**	**36.2**	**43.3**	**40.5**	**32.8**
按执行会计标准类别分组	**Grouped by Executive Acounting System Type**				
企业	Enterprises	32.3	34.2	26.6	32.3
政府	Government	44.9	44.4	60.1	59.2
民间非营利组织	Non-profit Organizations	67.9	61.4	63.8	72.5
其他	Others	60.4	55.2	43.5	66.3
按国民经济行业分组	**Grouped by Economic Sector**				
农、林、牧、渔业	**Agriculture, Forestry, Animal Husbandry and Fishery**	**28.3**	**27.9**	**23.8**	**30.1**
农业	Farming	23.9	21.3	36.0	40.1
林业	Forestry	25.6	25.7	20.9	26.2
畜牧业	Animal Husbandry	27.1	20.5		27.1
渔业	Fishery	22.1	26.2	36.4	19.0
农林牧渔专业及辅助性活动	Agriculture, Forestry, Animal Husbandry and Fishery Major and Supporting Activities	32.6	32.9	15.5	32.4
采矿业	**Mining**	**9.8**	**14.7**	**65.5**	**9.3**
煤炭开采和洗选业	Mining and Washing of Coal	8.2	3.5		8.3
石油和天然气开采业	Extraction of Petroleum and Natural Gas	26.3			26.3
黑色金属矿采选业	Mining and Processing of Ferrous Metal Ores	20.2	17.4	67.2	17.2
有色金属矿采选业	Mining and Processing of Non-Ferrous Metal Ores	19.8	14.0		23.7
非金属矿采选业	Mining and Processing of Non-metal Ores	18.3	10.1	38.5	19.6
开采专业及辅助性活动	Mining Profession and Auxiliary Activities	25.0			25.0
制造业	**Manufacturing**	**36.7**	**27.8**	**39.9**	**36.8**
农副食品加工业	Processing of Food from Agricultural Products	45.5	27.9	34.9	45.8
食品制造业	Manufacture of Foods	56.2	20.0	69.2	56.3
酒、饮料和精制茶制造业	Manufacture of Liquor, Beverages and Refined Tea	35.9	36.8	56.0	35.4
烟草制品业	Manufacture of Tobacco	28.2	29.1	27.0	19.7
纺织业	Manufacture of Textile	64.5		46.2	64.6
纺织服装、服饰业	Manufacture of Textile, Wearing Apparel and Accessories	74.7			74.7
皮革、毛皮、羽毛及其制品和制鞋业	Manufacture of Leather, Fur, Feather and Related Products and Footwear	69.3			69.3
木材加工和木、竹、藤、棕、草制品业	Processing of Timber, Manufacture of Wood, Bamboo, Rattan, Palm and Straw Products	40.4			40.4
家具制造业	Manufacture of Furniture	32.4			32.4
造纸和纸制品业	Manufacture of Paper and Paper Products	36.3	62.5	29.8	37.0
印刷和记录媒介复制业	Printing and Reproduction of Recording Media	38.6	45.1	56.1	38.2
文教、工美、体育和娱乐用品制造业	Manufacture of Articles for Culture, Education, Arts and Crafts, Sport and Entertainment Activities	62.4	38.9	57.6	62.5
石油、煤炭及其他燃料加工业	Petroleum, Coal and Other Fuel Processing Industries	16.1			16.1
化学原料和化学制品制造业	Manufacture of Raw Chemical Materials and Chemical Products	26.0	21.5	22.4	26.0
医药制造业	Manufacture of Medicines	48.6	61.5	42.9	48.5
化学纤维制造业	Manufacture of Chemical Fibres	31.6			31.6
橡胶和塑料制品业	Manufacture of Rubber and Plastics Products	39.0	39.9	53.3	38.9
非金属矿物制品业	Manufacture of Non-metallic Mineral Products	26.8	16.9	47.8	27.0
黑色金属冶炼和压延加工业	Smelting and Pressing of Ferrous Metals	15.1		27.6	15.1

4—11 续表1 continued

单位：%

行 业	Sector	合 计 Total	国有单位 State-owned Units	城镇集体单位 Urban Collective-owned Units	其他单位 Units of Other Types of Ownership
有色金属冶炼和压延加工业	Smelting and Pressing of Non-ferrous Metals	21.6			21.6
金属制品业	Manufacture of Metal Products	26.4	40.5	29.7	26.3
通用设备制造业	Manufacture of General Purpose Machinery	26.5	31.4	36.1	26.3
专用设备制造业	Manufacture of Special Purpose Machinery	27.9	45.2	37.5	27.4
汽车制造业	Manufacture of Automobiles	25.6	14.5	39.5	25.6
铁路、船舶、航空航天和其他运输设备制造业	Manufacture of Railway, Ship, Aerospace and Other Transport Equipments	20.7	15.9		21.0
电气机械和器材制造业	Manufacture of Electrical Machinery and Apparatus	38.3	31.0	17.9	38.3
计算机、通信和其他电子设备制造业	Manufacture of Computers, Communication and Other Electronic Equipment	38.6	24.4		38.9
仪器仪表制造业	Manufacture of Measuring Instruments and Machinery	27.9	14.7	57.1	28.3
其他制造业	Other Manufacture	40.2	23.1	61.5	42.0
废弃资源综合利用业	Utilization of Waste Resources	29.0			29.0
金属制品、机械和设备修理业	Repair Service of Metal Products, Machinery and Equipment	18.2	21.8		15.7
电力、热力、燃气及水生产和供应业	**Production and Supply of Electricity, Heat, Gas and Water**	**23.7**	**28.7**	**31.4**	**22.9**
电力、热力的生产和供应业	Production and Supply of Electric Power and Heat Power	19.5	20.7	23.3	19.4
燃气生产和供应业	Production and Supply of Gas	29.2	18.5		29.2
水的生产和供应业	Production and Supply of Water	35.7	38.8	32.2	34.5
建筑业	**Construction**	**12.8**	**15.7**	**14.0**	**12.7**
房屋建筑业	Construction of Buildings	13.2	15.0	17.3	13.1
土木工程建筑业	Civil Engineering	13.3	15.2	37.6	12.9
建筑安装业	Building Installation	13.2	27.4	3.5	13.5
建筑装饰、装修和其他建筑业	Architectural Decoration, Decoration and Other Construction Industries	9.9	19.0	6.0	10.0
批发和零售业	**Wholesale and Retail Trades**	**55.4**	**31.2**	**40.7**	**57.5**
批发业	Wholesale Trade	39.5	23.8	30.8	42.5
零售业	Retail Trade	65.4	59.6	46.8	65.7
交通运输、仓储和邮政业	**Transport, Storage and Post**	**26.2**	**36.0**	**30.8**	**24.0**
铁路运输业	Railway Transport	12.1			12.1
道路运输业	Road Transport	27.9	29.0	23.4	27.9
水上运输业	Water Transport	19.6	16.9	31.7	19.1
航空运输业	Air Transport	36.2	24.8		39.5
管道运输业	Transport Via Pipelines	25.0			25.0
多式联运和运输代理业	Multimodal Transport and Transportation Agency	31.4	31.0	14.6	31.6
装卸搬运和仓储业	Handling and Storage Industry	27.6	24.1	49.6	27.5
邮政业	Post	44.2	49.0		32.9
住宿和餐饮业	**Hotels and Catering Services**	**60.0**	**55.5**	**50.0**	**60.3**
住宿业	Hotels	60.6	53.8	41.7	61.3
餐饮业	Catering Services	59.5	62.7	61.1	59.4
信息传输、软件和信息技术服务业	**Information Transmission, Software and Information Technology**	**40.1**	**37.9**	**37.2**	**40.2**
电信、广播电视和卫星传输服务	Telecommunication, Radio and Television and Satellite Transmission Service	40.0	39.2	41.3	40.1
互联网和相关服务	Internet and Related Service	44.4	29.5		44.9
软件和信息技术服务业	Software and Information Technology	39.6	31.7	28.3	39.7

4—11 续表2 continued

单位：%

行 业	Sector	合 计 Total	国有单位 State-owned Units	城镇集体单位 Urban Collective-owned Units	其他单位 Units of Other Types of Ownership
金融业	**Financial Intermediation**	**57.0**	**44.3**		**58.3**
货币金融服务	Monetary and Financial Service	46.2	43.2		47.1
资本市场服务	Capital Market Service	40.4	47.6		40.0
保险业	Insurance	64.1	54.8		64.2
其他金融业	Other Financial Activities	41.0	33.8		44.0
房地产业	**Real Estate**	**41.4**	**35.2**	**36.8**	**41.6**
租赁和商务服务业	**Leasing and Business Services**	**37.0**	**29.1**	**38.9**	**38.0**
租赁业	Leasing	19.9	11.8		20.3
商务服务业	Business Services	37.4	29.3	38.9	38.5
科学研究和技术服务业	**Scientific Research and Technical Services**	**27.4**	**26.9**	**39.2**	**27.6**
研究和试验发展	Research and Experimental Development	32.6	30.6	50.8	35.6
专业技术服务业	Professional Technical Services	25.6	25.6	36.4	25.4
科技推广和应用服务业	Science and Technology Popularization and Application Services	33.9	28.4	52.8	38.4
水利、环境和公共设施管理业	**Management of Water Conservancy, Environment and Public Facilities**	**38.1**	**35.7**	**22.5**	**39.9**
水利管理业	Management of Water Conservancy	25.4	25.3	22.4	31.3
生态保护和环境治理业	Ecological Protection and Environmental Treatment	28.1	28.6	30.0	27.8
公共设施管理业	Management of Public Facilities	41.1	42.2	22.3	40.9
土地管理业	Land Management	36.5	33.5		39.8
居民服务、修理和其他服务业	**Service to Households, Repair and Other Services**	**40.4**	**33.6**	**39.0**	**42.1**
居民服务业	Service to Households	44.9	32.1	49.5	50.5
机动车、电子产品和日用产品修理业	Repair of Motor Vehicle, Electronics and Household Products	28.8	22.1	24.3	29.1
其他服务业	Other Services	40.8	43.0	34.5	41.3
教 育	**Education**	**54.5**	**52.8**	**61.2**	**68.2**
卫生和社会工作	**Health and Social Service**	**65.6**	**65.0**	**64.7**	**69.1**
卫 生	Health	65.8	65.2	65.2	69.4
社会工作	Social Service	59.3	55.9	54.8	65.7
文化、体育和娱乐业	**Culture, Sports and Entertainment**	**45.9**	**43.5**	**48.6**	**49.6**
新闻和出版业	Journalism and Publishing Activities	43.9	41.4		47.4
广播、电视、电影和录音制作业	Radio, Television, Film and Recording Production	41.7	37.0	46.3	53.7
文化艺术业	Cultural and Art Activities	49.9	50.9	59.7	47.3
体 育	Sports Activities	43.9	36.7	35.9	51.1
娱乐业	Entertainment	49.5	48.3	37.9	50.1
公共管理、社会保障和社会组织	**Public Management, Social Security and Social Organization**	**30.0**	**30.0**	**26.3**	**34.0**
中国共产党机关	Organs of Communist Party of China	26.3	26.3		58.3
国家机构	Government Agencies	29.9	29.9	24.1	26.7
人民政协、民主党派	People's Political Consultative Conference and Democratic Parties	24.3	24.3		
社会保障	Social Security	51.9	51.9		56.3
群众团体、社会团体和其他成员组织	Non-Governmental Organizations, Social Organizations and Other Organizations	45.8	46.0	42.9	44.3

4—12 城镇非私营单位主要年份就业人员工资总额和指数
Total Wages of Employed Persons and Related Index of Urban Non-private Owned Units in Major Years

年 份 Year	工 资 总 额 (万元) Total Wages (10000 yuan)				指 数 (上年=100) Index (Preceding year=100)			
	合 计 Total	国有单位 State-owned Units	城镇集体单 位 Urban Collective-owned Units	其他单位 Units of Other Types of Ownership	合 计 Total	国有单位 State-owned Units	城镇集体单 位 Urban Collective-owned Units	其他单位 Units of Other Types of Ownership
2000	2755252	2015830	317435	421987	103.2	102.1	99.0	112.2
2005	4841315	3071572	276909	1492834	114.9	109.5	107.0	129.7
2010	12251179	6914813	425619	4910747	119.3	117.1	117.8	122.8
2012	19259839	10080897	580353	8598589	121.1	118.7	112.1	124.8
2013	24637193	9517563	607624	14512006	127.9	94.4	104.7	168.8
2014	26315988	10271162	643610	15401216	106.8	107.9	105.9	106.1
2015	28238432	11353008	696857	16188567	107.3	110.5	108.3	105.1
2016	30128307	12550426	721317	16856565	106.7	110.5	103.5	104.1
2017	33237088	13838446	738939	18659703	110.3	110.3	102.4	110.7
2018	43548900	16776530	797838	25974533	131.0	121.2	108.0	139.2
2019	45211215	16848336	527941	27834938	103.8	100.4	66.2	107.2
2020	47403429	18845081	577630	27980719	104.8	111.9	109.4	100.5

4—13 城镇非私营单位主要年份就业人员平均工资及指数
Average Wage of Employed Persons and Related Index of Urban Non-private Owned Units in Major Years

年 份 Year	平均货币工资 (元) Average Wage in Monetary Terms (yuan)				指 数 (上年=100) Index (Preceding year=100)			
	合 计 Total	国有单位 State-owned Units	城镇集体单 位 Urban Collective-owned Units	其他单位 Units of Other Types of Ownership	合 计 Total	国有单位 State-owned Units	城镇集体单 位 Urban Collective-owned Units	其他单位 Units of Other Types of Ownership
2000	6989	7471	4762	7310	107.3	105.3	108.0	114.3
2005	15334	15450	9894	16788	118.6	114.3	126.2	124.8
2010	33341	33793	23869	33867	115.8	115.9	119.1	115.2
2012	44601	44818	34741	45209	113.3	114.1	117.6	111.8
2013	47806	48683	37927	47765	107.2	108.6	109.2	105.7
2014	50894	51974	41741	50657	106.5	106.8	110.1	106.1
2015	55139	60433	47261	52302	108.3	116.3	113.2	103.2
2016	59102	66210	50976	55076	107.2	109.6	107.9	105.3
2017	65150	75733	56758	59346	110.2	114.4	111.3	107.8
2018	74378	93210	63843	66089	114.2	123.1	112.5	111.4
2019	79037	99851	66059	70415	106.3	107.1	103.5	106.5
2020	85854	107953	76836	75613	108.6	108.1	116.3	107.4

注：本表所涉及指标，2010年以前为在岗职工相关指标，2010年及以后为就业人员相关指标。

a) Before 2010,the indicators involved in this table were related as employment workers, and after 2010 as the staff and workers indicators.

4—14 城镇非私营单位分行业就业人员工资总额（2020年）
Total Wages of Employed Persons of Urban Non-private Owned Units by Sector (2020)

单位：万元（10000 yuan）

行　业	Sector	合　计 Total	国有单位 State-owned Units	城镇集体单位 Urban Collective-owned Units	其他单位 Units of Other Types of Ownership
总　计	**Total**	**47403429**	**18845081**	**577630**	**27980719**
按执行会计标准类别分组	**Grouped by Executive Acounting System Type**				
企　业	Enterprises	29937519	2103008	270418	27564094
政　府	Government	17082625	16565323	280021	237281
民间非营利组织	Non-profit Organizations	339080	146049	26954	166077
其　他	Others	44204	30701	237	13267
按国民经济行业分组	**Grouped by Economic Sector**				
农、林、牧、渔业	**Agriculture, Forestry, Animal Husbandry and Fishery**	**157568**	**120869**	**2738**	**33961**
农　业	Farming	51868	45939	707	5222
林　业	Forestry	14990	13161	448	1381
畜牧业	Animal Husbandry	20470	81		20389
渔　业	Fishery	1492	573	19	899
农林牧渔专业及辅助性活动	Agriculture, Forestry, Animal Husbandry and Fishery Major and Supporting Activities	68747	61115	1564	6069
采矿业	**Mining**	**1470904**	**80298**	**5901**	**1384705**
煤炭开采和洗选业	Mining and Washing of Coal	1286782	5560		1281222
石油和天然气开采业	Extraction of Petroleum and Natural Gas	3579			3579
黑色金属矿采选业	Mining and Processing of Ferrous Metal Ores	101475	56912	5721	38841
有色金属矿采选业	Mining and Processing of Non-Ferrous Metal Ores	27875	12063		15812
非金属矿采选业	Mining and Processing of Non-metal Ores	47251	5763	179	41309
开采专业及辅助性活动	Mining Profession and Auxiliary Activities	3943			3943
制造业	**Manufacturing**	**9421993**	**307547**	**37026**	**9077420**
农副食品加工业	Processing of Food from Agricultural Products	232162	2348	248	229567
食品制造业	Manufacture of Foods	142140	55	64	142021
酒、饮料和精制茶制造业	Manufacture of Liquor, Beverages and Refined Tea	169312	1518	3237	164558
烟草制品业	Manufacture of Tobacco	136204	123191	5255	7758
纺织业	Manufacture of Textile	190860		269	190591
纺织服装、服饰业	Manufacture of Textile, Wearing Apparel and Accessories	321841			321841
皮革、毛皮、羽毛及其制品和制鞋业	Manufacture of Leather, Fur, Feather and Related Products and Footwear	85375		4	85372
木材加工和木、竹、藤、棕、草制品业	Processing of Timber, Manufacture of Wood, Bamboo, Rattan, Palm and Straw Products	44568			44568
家具制造业	Manufacture of Furniture	48638			48638
造纸和纸制品业	Manufacture of Paper and Paper Products	60616	24	9616	50975
印刷和记录媒介复制业	Printing and Reproduction of Recording Media	93802	805	1569	91428
文教、工美、体育和娱乐用品制造业	Manufacture of Articles for Culture, Education, Arts and Crafts, Sport and Entertainment Activities	78784	287	323	78174
石油、煤炭及其他燃料加工业	Petroleum, Coal and Other Fuel Processing Industries	77189			77189
化学原料和化学制品制造业	Manufacture of Raw Chemical Materials and Chemical Products	558040	665	505	556870
医药制造业	Manufacture of Medicines	257043	3947	39	253057
化学纤维制造业	Manufacture of Chemical Fibres	32905			32905
橡胶和塑料制品业	Manufacture of Rubber and Plastics Products	484911	1315	1364	482232
非金属矿物制品业	Manufacture of Non-metallic Mineral Products	459194	14943	2310	441941
黑色金属冶炼和压延加工业	Smelting and Pressing of Ferrous Metals	382683		145	382538

4—14 续表1 continued

单位：万元（10000 yuan）

行业	Sector	合计 Total	国有单位 State-owned Units	城镇集体单位 Urban Collective-owned Units	其他单位 Units of Other Types of Ownership
有色金属冶炼和压延加工业	Smelting and Pressing of Non-ferrous Metals	213540		16	213524
金属制品业	Manufacture of Metal Products	374722	2979	3496	368247
通用设备制造业	Manufacture of General Purpose Machinery	581880	18983	1316	561581
专用设备制造业	Manufacture of Special Purpose Machinery	452547	6318	6409	439820
汽车制造业	Manufacture of Automobiles	1066899	1280	587	1065031
铁路、船舶、航空航天和其他运输设备制造业	Manufacture of Railway, Ship, Aerospace and Other Transport Equipments	90881	7541		83340
电气机械和器材制造业	Manufacture of Electrical Machinery and Apparatus	1122727	5537	140	1117050
计算机、通信和其他电子设备制造业	Manufacture of Computers, Communication and Other Electronic Equipment	1435861	62052		1373809
仪器仪表制造业	Manufacture of Measuring Instruments and Machinery	79767	6285	23	73459
其他制造业	Other Manufacture	36332	6492	83	29757
废弃资源综合利用业	Utilization of Waste Resources	39283			39283
金属制品、机械和设备修理业	Repair Service of Metal Products, Machinery and Equipment	71289	40982	10	30296
电力、热力、燃气及水生产和供应业	**Production and Supply of Electricity, Heat, Gas and Water**	**1248385**	**126365**	**1888**	**1120131**
电力、热力的生产和供应业	Production and Supply of Electric Power and Heat Power	1004981	82083	171	922727
燃气生产和供应业	Production and Supply of Gas	85627	494		85133
水的生产和供应业	Production and Supply of Water	157777	43789	1717	112271
建筑业	**Construction**	**6646498**	**178678**	**149733**	**6318087**
房屋建筑业	Construction of Buildings	3750175	50791	66435	3632949
土木工程建筑业	Civil Engineering	1823354	112952	13962	1696441
建筑安装业	Building Installation	446856	7189	23327	416341
建筑装饰、装修和其他建筑业	Architectural Decoration, Decoration and Other Construction Industries	626113	7747	46009	572356
批发和零售业	**Wholesale and Retail Trades**	**1581107**	**192267**	**5996**	**1382844**
批发业	Wholesale Trade	801756	166691	2137	632928
零售业	Retail Trade	779351	25575	3860	749916
交通运输、仓储和邮政业	**Transport, Storage and Post**	**1827714**	**322922**	**13831**	**1490961**
铁路运输业	Railway Transport	630191			630191
道路运输业	Road Transport	743948	102544	8833	632571
水上运输业	Water Transport	58239	11017	1656	45565
航空运输业	Air Transport	49537	12920		36617
管道运输业	Transport Via Pipelines	88			88
多式联运和运输代理业	Multimodal Transport and Transportation Agency	33410	1534	305	31571
装卸搬运和仓储业	Handling and Storage Industry	86946	27614	3036	56296
邮政业	Post	225354	167293		58062
住宿和餐饮业	**Hotels and Catering Services**	**244968**	**12022**	**1520**	**231426**
住宿业	Hotels	131274	9583	882	120809
餐饮业	Catering Services	113694	2439	638	110618
信息传输、软件和信息技术服务业	**Information Transmission, Software and Information Technology**	**956106**	**63194**	**831**	**892081**
电信、广播电视和卫星传输服务	Telecommunication, Radio and Television and Satellite Transmission Service	485474	49659	525	435290
互联网和相关服务	Internet and Related Service	51752	2225		49528
软件和信息技术服务业	Software and Information Technology	418880	11311	306	407263

4—14 续表2 continued

单位：万元（10000 yuan）

行 业	Sector	合 计 Total	国有单位 State-owned Units	城镇集体单位 Urban Collective-owned Units	其他单位 Units of Other Types of Ownership
金融业	**Financial Intermediation**	**2515083**	**350118**		**2164965**
货币金融服务	Monetary and Financial Service	1545751	292069		1253682
资本市场服务	Capital Market Service	69349	2619		66730
保险业	Insurance	836547	20544		816003
其他金融业	Other Financial Activities	63436	34886		28550
房地产业	**Real Estate**	**1176783**	**29761**	**3948**	**1143074**
租赁和商务服务业	**Leasing and Business Services**	**1140157**	**142357**	**17171**	**980629**
租赁业	Leasing	27512	1470		26042
商务服务业	Business Services	1112645	140887	17171	954587
科学研究和技术服务业	**Scientific Research and Technical Services**	**1136168**	**505913**	**8664**	**621591**
研究和试验发展	Research and Experimental Development	134202	84469	218	49515
专业技术服务业	Professional Technical Services	901973	364432	7338	530203
科技推广和应用服务业	Science and Technology Popularization and Application Services	99993	57012	1108	41873
水利、环境和公共设施管理业	**Management of Water Conservancy, Environment and Public Facilities**	**376760**	**230514**	**5802**	**140444**
水利管理业	Management of Water Conservancy	100616	99068	315	1234
生态保护和环境治理业	Ecological Protection and Environmental Treatment	28901	9606	133	19161
公共设施管理业	Management of Public Facilities	235632	116326	5354	113953
土地管理业	Land Management	11611	5514		6097
居民服务、修理和其他服务业	**Service to Households, Repair and Other Services**	**107983**	**29105**	**11065**	**67814**
居民服务业	Service to Households	58222	23784	2408	32030
机动车、电子产品和日用产品修理业	Repair of Motor Vehicle, Electronics and Household Products	21366	496	714	20157
其他服务业	Other Services	28395	4825	7943	15627
教 育	**Education**	**6996528**	**6491180**	**96128**	**409221**
卫生和社会工作	**Health and Social Service**	**4008267**	**3390872**	**202689**	**414705**
卫 生	Health	3954398	3357655	199336	397407
社会工作	Social Service	53868	33217	3353	17298
文化、体育和娱乐业	**Culture, Sports and Entertainment**	**275039**	**179487**	**2162**	**93390**
新闻和出版业	Journalism and Publishing Activities	70909	40833		30076
广播、电视、电影和录音制作业	Radio, Television, Film and Recording Production	73427	55778	452	17196
文化艺术业	Cultural and Art Activities	93433	68801	803	23829
体 育	Sports Activities	12371	8351	282	3739
娱乐业	Entertainment	24898	5724	625	18549
公共管理、社会保障和社会组织	**Public Management, Social Security and Social Organization**	**6115417**	**6091612**	**10536**	**13269**
中国共产党机关	Organs of Communist Party of China	317168	317006		162
国家机构	Government Agencies	5642629	5624111	8884	9634
人民政协、民主党派	People's Political Consultative Conference and Democratic Parties	47951	47951		
社会保障	Social Security	36398	36117		281
群众团体、社会团体和其他成员组织	Non-Governmental Organizations, Social Organizations and Other Organizations	70450	66427	1652	2371

4—15 各市城镇非私营单位分行业就业人员工资总额（2020年）

Total Wages of Employed Persons of Urban Non-private Owned Units by Sector and Region (2020)

单位：万元（10000 yuan）

地区 Region	合计 Total	农林牧渔业 Agriculture, Forestry, Animal Husbandry and Fishery	采矿业 Mining	制造业 Manufacturing	电力、热力、燃气及水的生产和供应业 Production and Supply of Electricity, Heat, Gas and Water	建筑业 Construction	批发和零售业 Wholesale and Retail Trade	交通运输、仓储和邮政业 Transport, Storage, Post & Telecommunications	住宿和餐饮业 Accommodation and Catering Trade	信息传输、计算机服务和软件业 Information, Circulation Computer Services and Software
总　计 Total	**47403429**	**157568**	**1470904**	**9421993**	**1248385**	**6646498**	**1581107**	**1827714**	**244968**	**956106**
合肥市 Hefei	16222746	12788	8021	3196420	629330	3744595	742012	470591	95523	572199
淮北市 Huaibei	1470057	1451	458765	170933	33466	76219	28115	20194	3810	16464
亳州市 Bozhou	1608581	2982	20996	258365	26321	108701	87619	43920	14039	21559
宿州市 Suzhou	2111494	2457	43862	172152	20837	369583	54858	50480	6929	24729
蚌埠市 Bengbu	1879256	1616	497	316612	22291	233342	56370	63916	6046	17769
阜阳市 Fuyang	2873511	16930	93020	322281	30147	244490	91436	66247	10721	26942
淮南市 Huainan	2221865	5272	691598	133810	229398	74034	37637	27415	3849	17678
滁州市 Chuzhou	2500080	9578	8150	790492	22804	230024	52356	49446	4778	24626
六安市 Luan	2082061	3927	30974	372072	28609	83545	40035	37332	12394	28538
马鞍山市 Maanshan	2270641	4157	86544	660992	43791	346223	20845	51873	4069	38939
芜湖市 Wuhu	4044048	10257	2583	1325052	52692	453400	186431	166737	19660	57524
宣城市 Xuancheng	1764619	6110	729	457492	22483	142351	39677	25165	8992	25849
铜陵市 Tongling	1362823	11208	11231	413039	20785	174490	23970	42624	23533	15644
池州市 Chizhou	875389	2761	10186	156005	14898	34825	25570	23158	3187	13666
安庆市 Anqing	2565556	63907	3655	550684	40215	254392	72988	64579	11729	37411
黄山市 Huangshan	947661	2164	92	125593	10317	76284	21188	20999	15711	16567
铁路（国家反馈） Railways (State Feedback)	603039							603039		

4—15 续表 continued

单位：万元（10000 yuan）

地区 Region	金融业 Banking	房地产业 Real Estate	租赁和商务服务业 Leasing and Commercial Services	科学研究和技术服务业 Scientific Research and Technical Services	水利、环境和公共设施管理业 Water Conservancy, Environmental and Public Facilities Management	居民服务、修理和其他服务业 Residents Service, Repair and Other Services	教育 Education	卫生和社会工作 Health and Social Work	文化、体育和娱乐业 Culture, Sports and Entertainment	公共管理、社会保障和社会组织 Public Management, Social Security and Social Organization
总计 Total	**2515083**	**1176783**	**1140157**	**1136168**	**376760**	**107983**	**6996528**	**4008267**	**275039**	**6115417**
合肥市 Hefei	1261765	429083	384838	676289	64024	27960	1451167	1071707	117848	1266586
淮北市 Huaibei	48454	17874	20137	17836	2772	2131	243743	158500	4717	144475
亳州市 Bozhou	61335	58963	45433	6034	9092	3914	379515	190603	10433	258757
宿州市 Suzhou	89520	63436	31570	41866	14364	1350	514820	242510	11629	354540
蚌埠市 Bengbu	78554	69718	49177	44221	28334	5090	363163	192151	12258	318133
阜阳市 Fuyang	118597	75780	30360	35207	34019	4104	784770	424984	11894	451581
淮南市 Huainan	79451	63203	63600	25459	34001	1531	331096	152404	10833	239595
滁州市 Chuzhou	94586	45240	15527	25194	31793	4096	444286	204914	6644	435547
六安市 Luan	168485	47085	32087	26706	27744	5386	442323	281083	6349	407388
马鞍山市 Maanshan	96281	37739	54253	57036	10299	5501	322441	128623	9848	291187
芜湖市 Wuhu	104478	98780	266749	68836	14622	14114	493415	288027	18782	401909
宣城市 Xuancheng	44956	34672	44973	13302	11038	3123	287831	165396	10141	420339
铜陵市 Tongling	49209	34162	23849	27600	13792	1756	198621	116605	8472	152234
池州市 Chizhou	49794	12911	29669	14852	6171	7362	161980	62437	5635	240322
安庆市 Anqing	122754	55246	29881	35369	32410	18022	447224	238021	17049	470020
黄山市 Huangshan	46862	32892	18052	20362	42285	2543	130134	90305	12508	262805
铁路(国家反馈) Railways (State Feedback)										

4—16　城镇非私营单位分行业就业人员年平均工资
Average Wage of Employed Persons of Urban Non-private Owned Units by Sector

单位：元（yuan）

行　业	Sector	2019	2020
总　计	**Total**	**79037**	**85854**
农、林、牧、渔业	Agriculture, Forestry, Animal Husbandry and Fishery	46917	53372
采矿业	Mining	101890	106968
制造业	Manufacturing	70475	75944
电力、热力、燃气及水的生产和供应业	Production and Supply of Electricity, Heat, Gas and Water	113122	123009
建筑业	Construction	63074	68085
批发和零售业	Wholesale and Retail Trades	62075	68125
交通运输、仓储和邮政业	Transport, Storage and Post	80896	87492
住宿和餐饮业	Hotels and Catering Services	45613	44834
信息传输、软件和信息技术服务业	Information Transmission, Software and Information Technology	91580	101715
金融业	Financial Intermediation	89847	90083
房地产业	Real Estate	68129	74611
租赁和商务服务业	Leasing and Business Services	62201	61745
科学研究和技术服务业	Scientific Research and Technical Services	95977	104463
水利、环境和公共设施管理业	Management of Water Conservancy, Environment	50926	52834
居民服务、修理和其他服务业	Services to Households, Repair and Other Services	49472	56552
教　育	Education	97702	107175
卫生和社会工作	Health and Social Service	105423	115979
文化、体育和娱乐业	Culture, Sports and Entertainment	72342	79224
公共管理、社会保障和社会组织	Public Management, Social Security and Social Organization	93753	103215

4—17 各市城镇非私营单位分行业就业人员年平均工资（2020年）

Average Wage of Employed Persons of Urban Non-private Owned Units by Sector By Region (2020)

单位：元（yuan）

地区 Region	合计 Total	农林牧渔业 Agriculture, Forestry, Animal Husbandry and Fishery	采矿业 Mining	制造业 Manufacturing	电力、热力、燃气及水的生产和供应业 Production and Supply of Electricity, Heat, Gas and Water	建筑业 Construction	批发和零售业 Wholesale and Retail Trade	交通运输、仓储和邮政业 Transport, Storage, Post & Telecommunications	住宿和餐饮业 Accommodation and Catering Trade	信息传输、计算机服务和软件业 Information, Circulation Computer Services and Software
总计 Total	**85854**	**53372**	**106968**	**75944**	**123009**	**68085**	**68125**	**87492**	**44834**	**101715**
合肥市 Hefei	96831	71204	73202	97968	145787	75492	80009	90421	49592	106145
淮北市 Huaibei	82425	35904	95185	60197	86156	61463	63959	70231	43830	74940
亳州市 Bozhou	69463	50818	87122	52648	83221	50496	63565	49373	37779	97982
宿州市 Suzhou	71699	45033	78679	47126	87751	58837	51198	59814	37535	85674
蚌埠市 Bengbu	77990	41700	59979	59037	87432	74636	50987	61504	37077	97650
阜阳市 Fuyang	75206	46445	122407	54108	97108	54911	49710	53221	39134	79784
淮南市 Huainan	92468	46049	121325	61092	138377	53346	57163	54340	39507	113368
滁州市 Chuzhou	81539	61031	82552	68361	89051	63848	63300	64718	44096	104890
六安市 Luan	85253	69345	75776	64487	74905	60484	71273	64250	41111	114407
马鞍山市 Maanshan	89311	78092	137220	86003	111881	69590	66168	75371	41093	95649
芜湖市 Wuhu	83084	77589	49378	80641	101445	61376	66832	75853	47272	96611
宣城市 Xuancheng	80230	54315	61280	64422	111614	63684	64583	69292	37983	98539
铜陵市 Tongling	82534	56285	82600	75194	105269	62100	62548	74941	51740	99198
池州市 Chizhou	82195	72767	65896	67850	95975	50035	65204	63254	38295	104171
安庆市 Anqing	76060	48525	62482	65451	88305	53350	58613	67614	37946	91610
黄山市 Huangshan	81469	60722	29581	70943	95303	50129	67576	78992	44692	104339
铁路（国家反馈）Railways (State Feedback)	146166							146166		

4—17 续表 continued

单位：元（yuan）

地区 Region	金融业 Banking	房地产业 Real Estate	租赁和商务服务业 Leasing and Commercial Services	科学研究和技术服务业 Scientific Research and Technical Services	水利、环境和公共设施管理业 Water Conservancy, Environmental and Public Facilities Management	居民服务、修理和其他服务业 Residents Service, Repair and Other Services	教育 Education	卫生和社会工作 Health and Social Work	文化、体育和娱乐业 Culture, Sports and Entertainment	公共管理、社会保障和社会组织 Public Management, Social Security and Social Organization
总计 Total	**90083**	**74611**	**61745**	**104463**	**52834**	**56552**	**107175**	**115979**	**79224**	**103215**
合肥市 Hefei	96286	85726	77716	118995	96468	67673	125157	164199	90331	131164
淮北市 Huaibei	77033	66254	47294	85360	66917	74818	106188	95280	73757	78233
亳州市 Bozhou	91257	63619	41361	66976	72000	47626	88180	95730	65429	81591
宿州市 Suzhou	63285	62887	53875	77295	27823	45559	100287	92927	69490	83040
蚌埠市 Bengbu	77492	65274	56999	101904	66739	58661	98191	92236	73862	106851
阜阳市 Fuyang	75390	74673	48991	85614	29873	48642	96631	101653	62325	84658
淮南市 Huainan	68552	75339	63657	83063	45024	44613	111654	88640	78847	90538
滁州市 Chuzhou	87440	77250	61359	83243	56510	59544	104854	103022	72721	112341
六安市 Luan	101508	77287	59900	75619	63313	24330	103482	111864	76222	100784
马鞍山市 Maanshan	75826	67796	59287	109632	72800	68328	120044	104239	75801	110097
芜湖市 Wuhu	113553	73894	58978	104056	87492	60778	112862	147687	78748	107141
宣城市 Xuancheng	79634	79906	51785	76874	54310	40820	101330	109300	79631	103675
铜陵市 Tongling	107072	54275	55836	104582	62586	64783	117769	128334	81941	109810
池州市 Chizhou	75811	71855	59960	72321	30451	74982	119919	98901	68636	98786
安庆市 Anqing	98806	59653	47076	75540	53681	59612	100577	110350	69034	98499
黄山市 Huangshan	93921	86030	66843	80665	45690	58434	102067	101508	69788	110112
铁路（国家反馈）Railways (State Feedback)										

4—18 城镇非私营单位就业人员年平均工资（2020年）
Average Wage of Employed Persons of Urban Non-private Owned Units at Their Posts (2020)

单位：元（yuan）

行 业	Sector	合 计 Total	在岗职工 On-the-job Worker	国有单位 State-owned Units	城镇集体单位 Urban Collective-owned Units	其他单位 Units of Other Types of Ownership
总 计	**Total**	**85854**	**89381**	**107953**	**76836**	**75613**
按执行会计标准类别分组	**Grouped by Executive Acounting System Type**					
企 业	Enterprises	76507	79468	93608	60797	75644
政 府	Government	110570	113873	110616	106507	112337
民间非营利组织	Non-profit Organizations	57577	58374	69036	61867	49755
其 他	Others	99046	99782	132560	47380	63264
按国民经济行业分组	**Grouped by Economic Sector**					
农、林、牧、渔业	Agriculture, Forestry, Animal Husbandry and Fishery	53372	58170	52317	57393	57152
采矿业	Mining	106968	107995	115586	90089	106592
制造业	Manufacturing	75944	76236	140354	70525	74804
电力、热力、燃气及水的生产和供应业	Production and Supply of Electricity, Heat, Gas and Water	123009	123639	98358	55324	126857
建筑业	Construction	68085	68561	68539	62408	68219
批发和零售业	Wholesale and Retail Trade	68125	68777	106435	47046	64998
交通运输、仓储和邮政业	Transport, Storage and Postal Services	87492	88893	87888	40731	88346
住宿和餐饮业	Accommodation and Catering Trade	44834	45185	44949	36502	44895
信息传输、计算机服务和软件业	Information Circulation, Computer Service and Software	101715	106004	114676	56130	100983
金融业	Banking	90083	137099	131006		85752
房地产业	Real Estate	74611	75884	66019	41727	75070
租赁和商务服务业	Leasing and Commercial Services	61745	62052	70272	56881	60766
科学研究和技术服务业	Scientific Research and Technical Services	104463	106216	107639	69464	102718
水利、环境和公共设施管理业	Water Conservancy, Environmental and Public Facilities Management	52834	58790	80269	96422	33446
居民服务、修理和其他服务业	Residents Service, Repair and Other Services	56552	57143	83009	92365	47124
教 育	Education	107175	109432	112599	92122	62103
卫生和社会工作	Health and Social Work	115979	117428	123865	99866	80446
文化、体育和娱乐业	Culture, Sports and Entertainment	79224	81105	85476	56887	70018
公共管理、社会保障和社会组织	Public Management, Social Security and Social Organization	103215	107883	103273	95513	86436

4—19 各市城镇非私营单位就业人员年平均工资（2020年）

Average Wage of Employed Persons of Urban Non-private Owned Units at Their Posts by Region (2020)

单位：元（yuan）

地　区	Region	合　计 Total	在岗职工 On-the-job Worker
总　计	**Total**	**85854**	**89381**
合 肥 市	Hefei	96831	104818
淮 北 市	Huaibei	82425	85560
亳 州 市	Bozhou	69463	70775
宿 州 市	Suzhou	71699	74188
蚌 埠 市	Bengbu	77990	80102
阜 阳 市	Fuyang	75206	78062
淮 南 市	Huainan	92468	96671
滁 州 市	Chuzhou	81539	83281
六 安 市	Luan	85253	88247
马鞍山市	Maanshan	89311	92490
芜 湖 市	Wuhu	83084	83593
宣 城 市	Xuancheng	80230	82058
铜 陵 市	Tongling	82534	85332
池 州 市	Chizhou	82195	84912
安 庆 市	Anqing	76060	79459
黄 山 市	Huangshan	81469	82877
铁　路(国家反馈)	Railways (State Feedback)	146166	147841

4—20 城镇私营单位就业人员和工资情况（2020年）

Wages of Employed Persons in Private Enterprises of Urban Areas (2020)

行　业	Sector	单位就业人员年末人数（人） Number of Employed Persons per Unit at the End of the Year (person)	工资总额（千元） Total Wage (1000 yuan)	平均工资（元） Average Wage (yuan)
总　计	**Total**	**4208836**	**214902254**	**52582**
按国民经济行业分组	**Grouped by Economic Sector**			
农、林、牧、渔业	Agriculture, Forestry, Animal Husbandry and Fishery	25341	1003397	39219
采矿业	Mining	6065	336503	53990
制造业	Manufacturing	1337607	71318450	54360
电力、热力、燃气及水的生产和供应业	Production and Supply of Electricity, Heat, Gas and Water	8765	469169	53181
建筑业	Construction	1036048	54676602	55465
批发和零售业	Wholesale and Retail Trade	410690	19097001	46630
交通运输、仓储和邮政业	Transport, Storage and Postal Services	140585	7572635	55011
住宿和餐饮业	Accommodation and Catering Trade	131034	4893111	38630
信息传输、计算机服务和软件业	Information Circulation, Computer Service	89666	6358096	72918
金融业	Banking	6547	460898	71289
房地产业	Real Estate	166293	8613717	50890
租赁和商务服务业	Leasing and Commercial Services	429976	20539215	51475
科学研究和技术服务业	Scientific Research and Technical Services	108867	6000005	56168
水利、环境和公共设施管理业	Water Conservancy, Environmental and Public Facilities Management	40271	1237579	31000
居民服务、修理和其他服务业	Residents Service, Repair and Other Services	57809	2220356	38556
教　育	Education	134279	6193317	47028
卫生和社会工作	Health and Social Work	49430	2635262	54604
文化、体育和娱乐业	Culture, Sports and Entertainment	29564	1276940	44752
公共管理、社会保障和社会组织	Public Management, Social Security and Social Organization			

4—21 城镇非私营单位分行业就业人员年平均工资（2020年）
Average Wage of Employed Persons of Urban Non-private Owned Units by Sector (2020)

单位：元（yuan）

行业	Sector	合计 Total	国有单位 State-owned Units	城镇集体单位 Urban Collective-owned Units	其他单位 Units of Other Types of Ownership
总计	**Total**	**85854**	**107953**	**76836**	**75613**
按国民经济行业分组	**Grouped by Economic Sector**				
农、林、牧、渔业	**Agriculture, Forestry, Animal Husbandry and Fishery**	**53372**	**52317**	**57393**	**57152**
农业	Farming	52355	53816	43116	43274
林业	Forestry	52843	54084	74440	40256
畜牧业	Animal Husbandry	66066	31282		66360
渔业	Fishery	37667	39000	15917	37941
农林牧渔专业及辅助性活动	Agriculture, Forestry, Animal Husbandry and Fishery Major and Supporting Activities	51751	51097	64919	56051
采矿业	**Mining**	**106968**	**115586**	**90089**	**106592**
煤炭开采和洗选业	Mining and Washing of Coal	107893	78754		108066
石油和天然气开采业	Extraction of Petroleum and Natural Gas	101668			101668
黑色金属矿采选业	Mining and Processing of Ferrous Metal Ores	99820	126248	92880	77039
有色金属矿采选业	Mining and Processing of Non-Ferrous Metal Ores	80925	87348		76627
非金属矿采选业	Mining and Processing of Non-metal Ores	130420	163707	46000	127813
开采专业及辅助性活动	Mining Profession and Auxiliary Activities	59825			59825
制造业	**Manufacturing**	**75944**	**140354**	**70525**	**74804**
农副食品加工业	Processing of Food from Agricultural Products	55556	46310	34136	55707
食品制造业	Manufacture of Foods	59097	55200	49154	59104
酒、饮料和精制茶制造业	Manufacture of Liquor, Beverages and Refined Tea	58876	37110	43621	59609
烟草制品业	Manufacture of Tobacco	204418	219826	99158	146648
纺织业	Manufacture of Textile	52779		52779	
纺织服装、服饰业	Manufacture of Textile, Wearing Apparel and Accessories	54178			54178
皮革、毛皮、羽毛及其制品和制鞋业	Manufacture of Leather, Fur, Feather and Related Products and Footwear	48541		36000	48542
木材加工和木、竹、藤、棕、草制品业	Processing of Timber, Manufacture of Wood, Bamboo, Rattan, Palm and Straw Products	51798			51798
家具制造业	Manufacture of Furniture	60768			60768
造纸及纸制品业	Manufacture of Paper and Paper Products	66102	30000	106611	61713
印刷和记录媒介复制业	Printing and Reproduction of Recording Media	66585	61923	59032	66776
文教、工美、体育和娱乐用品制造业	Manufacture of Articles for Culture, Education, Arts and Crafts, Sport and Entertainment Activities	47571	79778	38393	47547
石油、煤炭及其他燃料加工业	Petroleum, Coal and Other Fuel Processing Industries	107148			107148
化学原料和化学制品制造业	Manufacture of Raw Chemical Materials and Chemical Products	80697	74719	60071	80730
医药制造业	Manufacture of Medicines	60817	68048	28000	60727
化学纤维制造业	Manufacture of Chemical Fibres	68140			68140
橡胶和塑料制品业	Manufacture of Rubber and Plastics Products	72932	68822	40236	73112
非金属矿物制品业	Manufacture of Non-metallic Mineral Products	70127	72785	64281	70074
黑色金属冶炼和压延加工业	Smelting and Pressing of Ferrous Metals	97156		50069	97191

4—21 续表1 continued

单位：元（yuan）

行业	Sector	合计 Total	国有单位 State-owned Units	城镇集体单位 Urban Collective-owned Units	其他单位 Units of Other Types of Ownership
有色金属冶炼和压延加工业	Smelting and Pressing of Non-ferrous Metals	76824		31600	76832
金属制品业	Manufacture of Metal Products	77840	87888	72983	77817
通用设备制造业	Manufacture of General Purpose Machinery	78575	75987	57724	78732
专用设备制造业	Manufacture of Special Purpose Machinery	80226	63688	73454	80635
汽车制造业	Manufacture of Automobiles	86641	87699	58725	86662
铁路、船舶、航空航天和其他运输设备制造业	Manufacture of Railway, Ship, Aerospace and Other Transport Equipments	89730	81522		90555
电气机械和器材制造业	Manufacture of Electrical Machinery and Apparatus	78411	71349	33357	78463
计算机、通信和其他电子设备制造业	Manufacture of Computers, Communication and Other Electronic Equipment	85514	181384		83520
仪器仪表制造业	Manufacture of Measuring Instruments and Machinery	100474	208811	33143	96262
其他制造业	Other Manufacture	77183	139922	33160	70542
废弃资源综合利用业	Utilization of Waste Resources	68837			68837
金属制品、机械和设备修理业	Repair Service of Metal Products, Machinery and Equipment	121143	168443	20000	87901
电力、热力、燃气及水生产和供应业	**Production and Supply of Electricity, Heat, Gas and Water**	**123009**	**98358**	**55324**	**126857**
电力、热力的生产和供应业	Production and Supply of Electric Power and Heat Power	141249	114775	56719	144249
燃气生产和供应业	Production and Supply of Gas	81959	86614		81933
水的生产和供应业	Production and Supply of Water	79323	77656	55189	80537
建筑业	**Construction**	**68085**	**68539**	**62408**	**68219**
房屋建筑业	Construction of Buildings	63322	54514	48020	63839
土木工程建筑业	Civil Engineering	80671	76890	90513	80864
建筑安装业	Building Installation	71865	89303	70177	71720
建筑装饰、装修和其他建筑业	Architectural Decoration, Decoration and Other Construction Industries	65374	61600	86957	64147
批发和零售业	**Wholesale and Retail Trades**	**68125**	**106435**	**47046**	**64998**
批发业	Wholesale Trade	89692	115890	44064	84932
零售业	Retail Trade	54615	69485	48877	54252
交通运输、仓储和邮政业	**Transport, Storage and Post**	**87492**	**87888**	**40731**	**88346**
铁路运输业	Railway Transport	144113			144113
道路运输业	Road Transport	65342	69271	42024	65248
水上运输业	Water Transport	77474	115911	38454	74259
航空运输业	Air Transport	123442	148509		116503
管道运输业	Transport Via Pipelines	55063			55063
多式联运和运输代理业	Multimodal Transport and Transportation Agency	77398	49477	58731	79832
装卸搬运和仓储业	Handling and Storage Industry	60993	55790	37437	66274
邮政业	Post	106299	112587		91565
住宿和餐饮业	**Hotels and Catering Services**	**44834**	**44949**	**36502**	**44895**
住宿业	Hotels	46847	44416	37329	47140
餐饮业	Catering Services	42715	47175	35417	42677
信息传输、软件和信息技术服务业	**Information Transmission, Software and Information Technology**	**101715**	**114676**	**56130**	**100983**
电信、广播电视和卫星传输服务	Telecommunication, Radio and Television and Satellite Transmission Service	98456	107696	51943	97606
互联网和相关服务	Internet and Related Service	93230	126758		92135
软件和信息技术服务业	Software and Information Technology	107025	156200	65128	106149

4—21 续表2 continued

单位：元（yuan）

行　业	Sector	合　计 Total	国有单位 State-owned Units	城镇集体单　位 Urban Collective-owned Units	其他单位 Units of Other Types of Ownership
金融业	**Financial Intermediation**	**90083**	**131006**		**85752**
货币金融服务	Monetary and Financial Service	153487	128317		160837
资本市场服务	Capital Market Service	193615	158697		195301
保险业	Insurance	48433	64812		48127
其他金融业	Other Financial Activities	290671	554657		183786
房地产业	**Real Estate**	**74611**	**66019**	**41727**	**75070**
租赁和商务服务业	**Leasing and Business Services**	**61745**	**70272**	**56881**	**60766**
租赁业	Leasing	66355	67436		66295
商务服务业	Business Services	61639	70303	56881	60628
科学研究和技术服务业	**Scientific Research and Technical Services**	**104463**	**107639**	**69464**	**102718**
研究和试验发展	Research and Experimental Development	99214	97638	39673	102721
专业技术服务业	Professional Technical Services	109045	112980	71221	107266
科技推广和应用服务业	Science and Technology Popularization and Application Services	79864	93566	68401	66834
水利、环境和公共设施管理业	**Management of Water Conservancy, Environment and Public Facilities**	**52834**	**80269**	**96422**	**33446**
水利管理业	Management of Water Conservancy	101544	102533	71591	60896
生态保护和环境治理业	Ecological Protection and Environmental Treatment	72363	85881	133300	66873
公共设施管理业	Management of Public Facilities	41919	67223	97744	29707
土地管理业	Land Management	96981	87153		107996
居民服务、修理和其他服务业	**Service to Households, Repair and Other Services**	**56552**	**83009**	**92365**	**47124**
居民服务业	Service to Households	63095	84084	51897	53967
机动车、电子产品和日用产品修理业	Repair of Motor Vehicle, Electronics and Household Products	57293	52713	53676	57553
其他服务业	Other Services	46263	82681	132168	31549
教　育	**Education**	**107175**	**112599**	**92122**	**62103**
卫生和社会工作	**Health and Social Service**	**115979**	**123865**	**99866**	**80446**
卫　生	Health	118159	125520	102449	83298
社会工作	Social Service	49264	53110	39963	45033
文化、体育和娱乐业	**Culture, Sports and Entertainment**	**79224**	**85476**	**56887**	**70018**
新闻和出版业	Journalism and Publishing Activities	100758	99008		103234
广播、电视、电影和录音制作业	Radio, Television, Film and Recording Production	72050	75715	61959	62506
文化艺术业	Cultural and Art Activities	79881	85800	49845	67758
体　育	Sports Activities	72854	101831	76135	44455
娱乐业	Entertainment	60827	85602	57358	55944
公共管理、社会保障和社会组织	**Public Management, Social Security and Social Organization**	**103215**	**103273**	**95513**	**86436**
中国共产党机关	Organs of Communist Party of China	114227	114218		134583
国家机构	Government Agencies	102459	102496	91797	92557
人民政协、民主党派	People's Political Consultative Conference and Democratic Parties	130906	130906		
社会保障	Social Security	97605	97717		85121
群众团体、社会团体和其他成员组织	Non-Governmental Organizations, Social Organizations and Other Organizations	109339	110221	122085	84318

4—22 城镇登记失业人数及失业率
Number of Registered Urban Unemployed Persons and Unemployment Rate

单位：万人（10000 persons）

年 份 Year	本年新登记失业人数 Number of New Unemployed Persons in this Year	登记失业人员中新增就业人数 New Added Employees of the Registered Urban Unemployed Persons	年末实有登记失业人数 Number of Unemployed Persons (Year-end)	#女 性 Female	城镇登记失业率 (%) Urban Unemployed Ratio (%)
2000	31.59	12.26	16.52	9.12	3.30
2005	34.63	32.88	13.60	13.60	4.40
2010	28.48	31.69	26.86	13.01	3.66
2012	36.38	37.17	31.30	14.04	3.68
2013	39.53	38.14	32.36	14.31	3.41
2014	39.32	39.93	31.45	14.20	3.21
2015	35.44	35.91	30.91	9.34	3.14
2016	26.22	25.89	30.45	14.44	3.20
2017	28.60	29.49	28.99	12.84	2.88
2018	22.41	22.69	28.08	7.38	2.83
2019	19.30	20.26	26.77	7.28	2.63
2020	30.15	26.07	30.00	8.94	2.83

4—23 各市城镇登记失业人数及失业率（2020年）
Number of Registered Urban Unemployed Persons and Unemployment Rate by Region (2020)

单位：人（person）

地 区 Region	本年新登记失业人数 Number of New Unemployed Persons in this Year	登记失业人员中新增就业人数 New Added Employees of the Registered Urban Unemployed Persons	年末实有登记失业人数 Number of Unemployed Persons (Year-end)	#女 性 Female	城镇登记失业率 (%) Urban Unemployed Ratio (%)
总 计 Total	**301530**	**260732**	**300032**	**89408**	**2.83**
合 肥 市 Hefei	46038	34815	122265	12240	3.06
淮 北 市 Huaibei	31117	29317	17907	8058	2.75
亳 州 市 Bozhou	16201	13157	8111	4192	2.37
宿 州 市 Suzhou	10742	7879	11568	6452	2.93
蚌 埠 市 Bengbu	28435	24916	14572	6510	2.60
阜 阳 市 Fuyang	12767	12370	6106	3014	2.33
淮 南 市 Huainan	24769	22182	21300	1384	3.10
滁 州 市 Chuzhou	14809	15368	7295	4289	2.82
六 安 市 Luan	7579	7906	7143	3707	2.21
马鞍山市 Maanshan	20862	14115	26981	12349	2.80
芜 湖 市 Wuhu	32992	29272	17206	8194	2.54
宣 城 市 Xuancheng	10994	8965	11301	5261	2.65
铜 陵 市 Tongling	5982	5152	9535	4480	2.61
池 州 市 Chizhou	12205	10306	6072	2460	3.07
安 庆 市 Anqing	12339	11859	7908	3989	2.57
黄 山 市 Huangshan	13699	13153	4762	2829	2.75

主要统计指标解释

就业人员

指从事一定社会劳动并取得劳动报酬或经营收入的全部劳动力。包括：1. 全部职工；2. 城镇私营企业从业人员；3. 城镇个体劳动者；4. 农村社会劳动者；5. 其他社会劳动者。这一指标反映了一定时期内全部劳动力资源的实际利用情况，是研究基本国情国力的重要指标。

单位就业人员

指在各级国家机关、政党机关、社会团体及企业、事业单位中工作，取得工资或其他形式的劳动报酬的全部人员。包括在岗职工、再就业的离退休人员、民办教师以及在各单位中工作的外方人员和港澳台方人员、兼职人员、借用的外单位人员和第二职业者。不包括离开本单位仍保留劳动关系的职工。各单位的从业人员反映了各单位实际参加生产或工作的全部劳动力。

城镇私营和个体就业人员

城镇私营就业人员指在工商管理部门注册登记，其经营地址设在县城关镇（含城关镇）以上的私营企业从业人员；包括私营企业投资者和雇工。城镇个体从业人员指在工商管理部门注册登记，并持有城镇户口或在城镇长期居住，经批准从事个体工商经营的从业人员；包括个体经营者和在个体工商户劳动的家庭帮工和雇工。

城镇登记失业人员

指有非农业户口，在一定的劳动年龄内，有劳动能力，无业而要求就业，并在当地就业服务机构进行求职登记的人员。

城镇登记失业率

指城镇登记失业人数同城镇从业人数与城镇登记失业人数之和的比。计算公式为：

城镇登记失业率=城镇登记失业人数/（城镇从业人数+城镇登记失业人数）×100%

在岗职工

指在本单位工作并由单位支付工资的人员，以及有工作岗位，但由于学习、病伤产假等原因暂未工作，仍由单位支付工资的人员。

专业技术人员

指从事专业技术工作的人员以及从事专业技术管理工作且已在 1983 年以前评定了专业技术职称或在 1984 年以后聘任了专业技术职务的人员。

专业技术人员具体指工程技术人员、农业技术人员、科研人员（含自然科学研究、社会科学研究及实验技术人员）、卫生技术人员、教学人员（含高等院校、中等专业学校、技工学校、中学、小学）、民用航空飞行技术人员、船舶技术人员、经济人员、会计人员、统计人员、翻译人员、图书资料、档案、文博人员、新闻、出版人员、律师、公证人员、广播电视播音人员、工艺美术人员、体育人员、艺术人员及政工人员。

专业技术管理人员具体指企业、事业单位的领导；企业、事业单位下设的职能机构、企业的生产车间和辅助车间（或附属辅助生产单位）中从事生产、技术、经济管理和政治工作的人员。

按照公务员管理或参照公务员管理的人员不统计为专业技术人员。

就业人员工资总额

指根据《关于工资总额组成的规定》（1990 年 1 月 1 日国家统计局发布的一号令）进行修订，本单位在报告期内（季度或年度）直接支付给本单位全部就业人员的劳动报酬总额。包括计时工资、计件工资、奖金、津贴和补贴、加班加点工资、特殊情况下支付的工资，是在岗职工工资总额、劳务派遣人员工资总额和其他从业人员工资总额之和。

在岗职工工资总额

指本单位在报告期内直接支付给本单位全部在岗职工的劳动报酬总额。在岗职工工资总额由基本工资、绩效工资、工资性津贴和补贴、其他工资四部分组成。工资总额不包括病假、事假等情况的扣款。

就业人员平均工资

指本单位就业人员在报告期内平均每人所得的工资额。

在岗职工平均工资

指本单位在岗职工在报告期内平均每人所得的工资额。

Explanatory Notes for Major Statistical Indicators

Employed Persons

refers to the persons who are engaged in social labor and receive remuneration payment or earn business income, including: (1)Total staff and workers; (2)Employed persons in private enterprises in urban areas; (3)Self-employed individuals in urban areas; (4)Social laborers in rural areas; (5)Other social laborers. It reflects the utilization of total labor force during a given period of time.

Persons Employed in Various Units

refer to all the persons working in government agencies of various levels, political and party organizations, social organizations, enterprises and institutions, and receiving wages or other forms of payment. They include fully-employed staff and workers, re-employed retirees, teachers in schools run by the local people, foreigners and Chinese compatriots from Hong Kong, Macao, and Taiwan working in various units, part-time employees, employees of other units working temporarily at current posts, and employees holding the second job, but exclude staff and workers who have left their working units while keeping their labour contract (employment relation) unchanged. This indicator reflects the total number of laborers actually engaged in production or other operations in various units.

Persons Employed in Private Enterprises and Self-Employed Individuals in Urban Areas

Persons employed in private enterprises refer to the persons employed in the private enterprises which have been registered at the departments of industrial and commercial administration and are situated at a county town (i.e. a town where the county government is located) for business operation or at urban areas with the level higher than a county town. The self-employed individuals in urban areas refer to persons who hold the certificates of residence in urban areas or have resided in the urban areas for a long time and have been registered at the departments of industrial and commercial administration and approved to be engaged in individual industrial or commercial business, including self-employed persons as well as helpers and hired labourers who work in the individual households engaged in industrial or commercial business.

Registered Urban Unemployed Persons

The registered unemployed persons in urban areas refer to the persons who are registered as permanent residents in the urban areas engaged in non-agricultural activities, aged within the range of working age, capable to labour, unemployed but desirous to be employed and have been registered at the local employment service agencies to apply for a job.

Registered Urban Unemployment Rate

Registered unemployment rate in urban areas refers to the ratio of the number of the registered unemployed persons to the sum of the number of employed persons and the registered unemployed persons. The formula is as follows:

Registered urban unemployment rate =number of registered urban unemployed persons/(urban employed person number + registered urban unemployed person number)×100%

Fully Employed Staff and Workers

refer to persons who work in, and receive wages from their working units, as well as persons who have their work posts, but are temporarily absent from work for reasons of study or on sick, injury or maternal leave and still receive wages from their working units.

Professional and Technical Personnel

refers to professional, technical and managerial staff members in institutions who were rated professional and technical titles before 1983 or appointed professional and technical posts after 1984.

Professional and technical personnel includes the following: Engineering, Agriculture, Scientific Research (including natural science, social science and laboratory technique), Health care, Teaching, civil aviation, shipping, economics, accounting, statistics, translating, archives, publishing, lawyer, broadcasting, craft, physical culture, art and political workers.

Managerial staff refers to the leadership of enterprises and institutions and persons engaged in production, technology, economic management and political work in functioning organizations under enterprises or institutions and workshop of enterprises.

Public servants or the personnel in light of public service

are not included.

Total wages of employed persons

According to the "Regulations of total wages" (No.1 decree issued in January 11990 by the National Bureau of Statistics), it is revised, the unit during the report period (quarterly or annual) paid directly to the total remuneration of the units of all employees. Including hourly wages, piece-rate wages, bonuses, allowances and subsidies, overtime wages, wages under special circumstances, It is on the total wages of staff and workers, labor dispatch staff wages and other employees wages .

Total wages of employed staff and workers

Refers to the total amount of labor remuneration paid by the unit directly to all on-duty employees of the unit during the reporting period. The total salary of staff and workers is composed of basic salary, performance salary, salary allowance and subsidy, and other wages. Gross wages do not include deductions for sick leave, personal leave, etc.

The average wage of employed persons

Refers to the average wages of staff in the report period

Average wages of employed staff and workers

Refers to the average wages of employed staff in the report period

第五篇

Chapter 5

INVESTMENT IN FIXED ASSETS

简要说明

一、按照国家统计局现行统计制度规定，固定资产投资统计的范围包括：(1)城镇投资 500 万元以上项目；(2)房地产开发投资。按登记注册类型分，包括内资、港澳台商及外商投资。

二、固定资产投资统计资料来源为：项目建设单位填报的报表和"一套表"平台房地产开发企业填的报表，由省统计局投资处加工整理提供。

三、固定资产投资统计的调查方法，均为全面统计报表。

Brief Introduction

I. According to the current statistical system stipulated by State Statistical Bureau, the fixed assets investment includes: (1) items in town with investment of five million yean and above; (2) the real estate investment, they include domestic investment, investment from Hong Kong, Macao and Taiwan and investment from foreign countries.

II. Data sources for the statistics of investment in fixed assets are as follows: These tables filled by the project construction units and real estate development enterprises of a set of tables platform are provided and processed by investment department of Anhui Provincial Bureau of Statistics

III. Survey methods of fixed assets investment statistics are all comprehensive statistical reports.

5—1 固定资产投资主要指标增长情况
Growth of Main Indicators of Fixed Asset Investment

单位：%

指　　标	Item	2019	2020
固定资产投资	**Investment in Fixed Assets**	**9.2**	**5.1**
按构成分	According to Composition		
建筑安装工程	Construction and Installation	7.8	6.9
设备工器具购置	Purchase of Instruments	8.3	-6.3
其他费用	Other Expenses	16.6	8.2
按三次产业分	According to the Three Industry Points		
第一产业	Primary Industry	-26.2	34.8
第二产业	Secondary Industry	8.3	-4.3
第三产业	Tertiary Industry	10.9	9.3
按投资资金来源分	According to the Source of Investment Funds	6.0	6.4
国家预算资金	State Budget Funds	-6.9	11.7
国内贷款	Domestic Loans	-4.9	14.5
债　券	Bonds	41.7	-19.2
利用外资	Foreign Investment	28.8	-40.2
自筹资金	Self-raising Funds	9.5	4.6
其他资金来源	Other Sources of Funding	5.9	6.7
按建设规模分	According to the Construction Scale		
建设总规模	Total Construction Scale	9.4	7.7
在建总规模	Total Scale Under Construction	9.7	9.0
在建净规模	Net Scale Under Construction	5.0	6.6
房屋建筑面积	Building Area		
本年施工房屋面积	Area of Houses Under Construction This Year	0.4	3.2
#住　宅	Residential	7.9	5.4
本年竣工房屋面积	Housing Area Completed This Year	8.7	-10.1
#住　宅	Residential	26.5	-8.9

注：由于投资统计方法变化，增速为可比口径。
a) Due to changes in investment statistics methods, the growth rate is comparable.

5—2 各行业按登记注册类型分固定资产投资增长情况（2020年）
Growth of Investment in Fixed Assets by Industry by Type of Registration (2020)

行　　业	Sector	固定资产投资 Investment in Fixed Assets	内资企业 Domestic Funded Enterprise	国有企业 State-owned Enterprise
总　　计	**Total**	**5.1**	**5.6**	**16.5**
#房地产开发	Real estate development	5.6	6.0	54.3
农、林、牧、渔业	**Agriculture, Forestry, Animal Husbandry and Fishery**	**31.3**	**31.2**	**158.3**
农　业	Farming	21.2	21.3	264.1
林　业	Forestry	-45.7	-45.7	-13.9
畜牧业	Animal Husbandry	112.0	111.7	1510.0
渔　业	Fishery	-13.9	-13.9	1004.6
农林牧渔业及辅助性活动	Agriculture, Forestry, Animal Husbandry and Fishery Major and Supporting Activities	5.8	5.8	42.3
采矿业	**Mining**	**-24.0**	**-24.6**	**-21.2**
煤炭开采和洗选业	Mining and Washing of Coal	27.1	27.1	49.4
石油和天然气开采业	Extraction of Petroleum and Natural Gas	-7.4	-7.4	
黑色金属矿采选业	Mining and Processing of Ferrous Metal Ores	-67.6	-70.3	1078.6
有色金属矿采选业	Mining and Processing of Non-Ferrous Metal Ores	-53.3	-53.3	-76.4
非金属矿采选业	Mining and Processing of Non-metal Ores	-38.7	-38.5	-32.2
开采专业及辅助性活动	Mining Profession and Auxiliary Activities			
其他采矿业	Mining of Other Ores	419.1	419.1	
制造业	**Manufacturing**	**-5.6**	**-5.0**	**93.9**
农副食品加工业	Processing of Food from Agricultural Products	-0.8	-1.6	9.9
食品制造业	Manufacture of Foods	0.4	-4.7	-13.6
酒、饮料和精制茶制造业	Manufacture of Liquor, Beverages and Refined Tea	-16.0	-17.1	11.0
烟草制品业	Manufacture of Tobacco	-73.5	-73.5	-76.7
纺织业	Manufacture of Textile	9.0	9.4	-1.6
纺织服装、服饰业	Manufacture of Textile, Wearing Apparel and Accessories	-32.5	-33.8	174.1
皮革、毛皮、羽毛及其制品和制鞋业	Manufacture of Leather, Fur, Feather and Related Products and Footwear	-6.9	-12.6	
木材加工和木、竹、藤、棕、草制品业	Processing of Timber, Manufacture of Wood, Bamboo, Rattan, Palm and Straw Products	-19.6	-19.9	
家具制造业	Manufacture of Furniture	-18.1	-21.2	
造纸和纸制品业	Manufacture of Paper and Paper Products	0.3	1.8	
印刷和记录媒介复制业	Printing and Reproduction of Recording Media	-8.1	-0.6	
文教、工美、体育和娱乐用品制造业	Manufacture of Articles for Culture, Education, Arts and Crafts, Sport and Entertainment Activities	-21.2	-21.6	21.4
石油、煤炭及其他燃料加工业	Petroleum, Coal and Other Fuel Processing Industries	59.5	41.1	
化学原料和化学制品制造业	Manufacture of Raw Chemical Materials and Chemical Products	1.3	-2.0	
医药制造业	Manufacture of Medicines	5.5	8.9	312.7
化学纤维制造业	Manufacture of Chemical Fibres	-10.5	-21.3	
橡胶和塑料制品业	Manufacture of Rubber and Plastics Products	-6.7	-8.1	
非金属矿物制品业	Manufacture of Non-metallic Mineral Products	-15.1	-15.4	-5.9
黑色金属冶炼和压延加工业	Smelting and Pressing of Ferrous Metals	43.9	47.3	
有色金属冶炼和压延加工业	Smelting and Pressing of Non-ferrous Metals	15.2	21.9	-72.6

单位：%

集体企业 Collective-owned Enterprise	股份合作企业 Share Holding Cooperative Enterprises	联营企业 Joint Owned Enterprises	有限责任公司 Limited Liability Corporations	股份有限公司 Share-holding Corporations Ltd.	私营企业 Private Enterprises	其他企业 Other Enterprises	港、澳、台商投资企业 Enterprises Funded by Entrepreneurs from Hong Kong, Macao and Taiwan	外商投资企业 Foreign Funded Enterprises	个体经营 Individual Management
-13.1	**30.0**	**258.1**	**2.4**	**8.4**	**3.5**	**16.9**	**5.0**	**-25.4**	**47.8**
	-61.3		0.1	-23.8	20.1	24.7	-31.8	204.0	
28.9			**26.7**	**190.3**	**0.2**	**15.4**		**-40.3**	**28.4**
-57.8			23.6	-52.2	-30.9	27.5		-32.6	-43.1
			31.5		-78.8				
432.7			46.6	1842.1	136.5	34.6			203.5
			-11.2	210.2	-26.8	-29.3			
			-6.9		-72.9	251.5			
			-21.0	**-59.8**	**-31.7**	**5491.3**		**292.1**	
			41.8	-94.1	-19.2				
			-84.1	72.0	-51.5			790.5	
			-81.6	7.1	-29.9				
			-21.4	-92.0	-34.4	14.7			
					419.1				
-26.5	**66.8**	**-75.9**	**-6.9**	**12.2**	**-7.1**	**-36.8**	**25.6**	**-32.8**	**123.3**
146.6			14.8	-59.2	-4.2	-30.1		19.6	
			-33.5	31.3	7.3		169.1	137.0	
-80.8	-89.1		-29.8	-27.4	-7.5	19.2	702.2	-15.6	
			18.0	21.3	6.4	147.2	44.2	-51.8	
			-46.1	-84.1	-30.7	-91.3	-1.1		
			-37.0	276.9	-9.2	206.0	282.5	-18.5	
			-6.0	16.6	-28.0	-19.6	217.3		
			-4.4	188.6	-24.8	152.0	442.3		
-28.1			43.6	16.9	-10.8		-80.4	106.8	
			-45.9	-0.7	22.6		-69.2	156.7	
			-47.0	-31.9	-9.3	-53.6	433.6	-87.6	-46.9
			23.0	203.8	-15.5		246.5		
	153.6		-8.1	99.6	-5.9	-44.9	221.5	79.7	
			-18.1	-13.5	21.3	171.7	-44.0	-70.0	
			-46.8	72.5	-45.9	-92.1		1580.4	
		-32.4	-0.9	-24.7	-7.0	-53.2	212.7	13.8	-99.6
			-14.0	-11.2	-16.5	16.0	55.5	-75.0	-8.8
			235.1	43.5	-34.8			-65.4	
			7.9	48.5	37.6		-83.0	15.3	

5—2 续表1 continued

行业	Sector	固定资产投资 Investment in Fixed Assets	内资企业 Domestic Funded Enterprise	国有企业 State-owned Enterprise
金属制品业	Manufacture of Metal Products	-10.4	-8.7	84.4
通用设备制造业	Manufacture of General Purpose Machinery	-22.1	-19.1	163.6
专用设备制造业	Manufacture of Special Purpose Machinery	8.2	9.8	2363.5
汽车制造业	Manufacture of Automobiles	-6.0	0.5	2338.7
铁路、船舶、航空航天和其他运输设备制造业	Manufacture of Railway, Ship, Aerospace and Other Transport Equipments	0.3	3.1	372.1
电气机械和器材制造业	Manufacture of Electrical Machinery and Apparatus	-11.4	-12.4	135.8
计算机、通信和其他电子设备制造业	Manufacture of Computers, Communication and Other Electronic Equipment	-3.8	-2.5	276.0
仪器仪表制造业	Manufacture of Measuring Instruments and Machinery	-12.4	-11.3	-76.0
其他制造业	Other Manufacture	-12.5	-13.7	
废弃资源综合利用业	Comprehensive Utilization of Waste Resources	57.7	54.9	15.5
金属制品、机械和设备修理业	Repair Service of Metal Products, Machinery and Equipment	-50.0	-62.3	
电力、热力、燃气及水生产和供应业	**Production and Supply of Electricity, Heat, Gas and Water**	**11.9**	**12.2**	**-2.3**
电力、热力生产和供应业	Production and Supply of Electric Power and Heat Power	8.6	8.6	-18.7
燃气生产和供应业	Production and Supply of Gas	45.5	68.2	-92.1
水的生产和供应业	Production and Supply of Water	12.6	12.5	12.1
建筑业	**Construction**	**77.4**	**77.4**	**-14.8**
房屋建筑业	Construction of Buildings	50.2	50.2	
土木工程建筑业	Civil Engineering	165.9	165.9	-14.8
建筑安装业	Building Installation	90.0	90.0	
建筑装饰、装修和其他建筑业	Architectural Decoration, Decoration and Other Construction Industries			
批发和零售业	**Wholesale and Retail Trades**	**-21.6**	**-23.6**	**-29.8**
批发业	Wholesale Trade	-2.7	-1.8	-48.8
零售业	Retail Trade	-34.8	-38.9	6.8
交通运输、仓储和邮政业	**Transport, Storage and Post**	**10.6**	**10.3**	**-0.1**
铁路运输业	Railway Transport	163.1	163.1	46.5
道路运输业	Road Transport	8.0	8.4	-2.1
水上运输业	Water Transport	-31.7	-26.6	-48.6
航空运输业	Air Transport	12.5	12.5	140.7
管道运输业	Transport Via Pipelines	-46.3	-41.6	
多式联运和运输代理业	Multimodal Transport and Transportation Agency	-32.2	-32.2	-63.6
装卸搬运和仓储业	Handling and warehousing industry	6.2	-6.0	58.0
邮政业	Post	-29.5	-29.5	-43.6
住宿和餐饮业	**Hotels and Catering Services**	**11.5**	**7.5**	**-12.4**
住宿业	Hotels	16.0	11.5	-21.9
餐饮业	Catering Services	-14.6	-15.4	
信息传输、软件和信息技术服务业	**Information Transmission, Software and Information Technology**	**89.6**	**87.4**	**-37.9**
电信、广播电视和卫星传输服务	Telecommunication, Radio and Television and Satellite Transmission Service	222.7	223.9	3.6
互联网和相关服务	Internet and Related Service	9.7	-2.2	-90.8
软件和信息技术服务业	Software and Information Technology	-8.8	-8.8	-4.8

单位：%

集体企业 Collective-owned Enterprise	股份合作企业 Share Holding Cooperative Enterprises	联营企业 Joint Owned Enterprises	有限责任公司 Limited Liability Corporations	股份有限公司 Share-holding Corporations Ltd.	私营企业 Private Enterprises	其他企业 Other Enterprises	港、澳、台商投资企业 Enterprises Funded by Entrepreneurs from Hong Kong, Macao and Taiwan	外商投资企业 Foreign Funded Enterprises	个体经营 Individual Management
			-20.6	-1.5	-6.2	4.9	-96.0	-22.9	
			-43.6	-35.2	-3.3	-11.7	-40.0	-40.1	
627.6			17.5	38.0	-1.0	-64.8	-17.1	-29.2	
			-7.7	-5.6	-0.6	-65.3	-34.0	-46.0	
			-14.7	928.3	9.1				
			-4.9	9.4	-18.6	-65.7	71.4	-23.9	
			1.0	-0.2	-15.4	-53.2	68.3	-49.4	
			-14.4	975.6	-10.5		429.0		
			-37.8	-7.8	-3.9	599.2	-29.2	307.4	
			54.7	807.2	35.9		185.8		
			155.4					757.6	
-45.4		**10534.5**	**31.8**	**58.7**	**4.3**	**-20.5**	**7.1**	**10.0**	
			29.7	139.7	2.7	21.5	0.2	403.9	
		10534.5	154.6	-57.6	40.3	-90.3	25.5	-5.2	
-49.2			20.7	218.3	-22.9	-33.1	224.6		
			97.7		**-2.3**				
			50.2						
			933.5		-26.0				
					27.0				
	21.1		**2.1**	**38.6**	**-51.8**	**-72.3**	**-74.8**	**257.4**	
	21.1		26.2	17.6	-27.6	-51.9			
			-26.9	57.9	-59.1	-75.7	-50.8	257.4	
60.3			**24.2**	**167.7**	**-17.3**	**119.0**	**55.0**	**50.0**	
			29.4						
257.3			33.3	-84.5	-26.5	125.2			
			4.9	-80.7	-1.1				
			-35.0						
			-88.1		-71.3	17.6			
			-37.2	-88.4	146.9				
			-12.1	51.0	-18.1	81.1	315.2		
			-48.6		-9.7				
			-21.0	**-13.2**	**30.2**	**93.9**			**38.0**
			-8.7	-13.8	28.1	93.9			34.3
			-64.3		45.4				
	-7.3		**113.3**	**196.3**	**-11.4**	**691.4**		**105.4**	
			400.9	196.5				-7.3	
	-7.3		152.7	399.5	-93.0	-95.6			
			-22.8	-30.9	51.2	1369.8			

5—2 续表2 continued

行 业	Sector	固定资产投资 Investment in Fixed Assets	内资企业 Domestic Funded Enterprise	国有企业 State-owned Enterprise
金融业	**Financial Intermediation**	**-8.8**	**-10.1**	**42.3**
货币金融服务	Monetary and Financial Service	40.2	40.2	42.3
资本市场服务	Capital Market Service			
保险业	Insurance	-41.3	-41.3	
其他金融业	Other Financial Activities	-37.7	-65.6	
房地产业	**Real Estate**	**7.8**	**8.2**	**47.6**
租赁和商务服务业	**Leasing and Business Services**	**18.3**	**17.2**	**19.2**
租赁业	Leasing	-46.3	-87.9	
商务服务业	Business Services	19.0	18.3	19.2
科学研究和技术服务业	**Scientific Research and Technical Services**	**37.5**	**36.0**	**53.3**
研究和试验发展	Research and Experimental Development	166.3	166.3	230.7
专业技术服务业	Professional Technical Services	-8.6	-12.2	-17.7
科技推广和应用服务业	Science and Technology Popularization and Application Services	11.8	11.8	-25.9
水利、环境和公共设施管理业	**Management of Water Conservancy, Environment and Public Facilities**	**7.2**	**7.1**	**5.9**
水利管理业	Management of Water Conservancy	4.1	4.1	4.2
生态保护和环境治理业	Ecological Protection and Environmental Treatment	76.7	76.1	68.0
公共设施管理业	Management of Public Facilities	3.1	3.1	3.0
土地管理业	Land Management	-13.7	-13.7	-41.8
居民服务、修理和其他服务业	**Service to Households, Repair and Other Services**	**-13.7**	**-13.9**	**-36.6**
居民服务业	Service to Households	-16.5	-16.8	-37.4
机动车、电子产品和日用产品修理业	Repair of Motor Vehicle, Electronics and Household Products	175.0	175.0	
其他服务业	Other Services	-18.7	-18.7	24.3
教 育	**Education**	**27.6**	**28.5**	**38.6**
卫生和社会工作	**Health and Social Service**	**34.2**	**33.9**	**47.3**
卫 生	Health	32.4	32.1	47.6
社会工作	Social Service	43.3	43.3	43.9
文化、体育和娱乐业	**Culture, Sports and Entertainment**	**4.9**	**5.3**	**15.7**
新闻和出版业	Journalism and Publishing Activities	1466.7	1466.7	
广播、电视、电影和录音制作业	Radio, Television, Film and Recording Production	-0.7	-0.7	-36.7
文化艺术业	Cultural and Art Activities	-3.5	-3.5	26.3
体 育	Sports Activities	-35.9	-35.9	-17.2
娱乐业	Entertainment	30.6	31.9	60.6
公共管理、社会保障和社会组织	**Public Management, Social Security and Social Organization**	**-0.1**	**-0.1**	**-2.1**
中国共产党机关	Organs of Communist Party of China	72.4	72.4	72.4
国家机构	Government Agencies	1.8	1.8	0.5
社会保障	Social Security	-60.0	-60.0	-60.0
群众团体、社会团体和其他成员组织	Non-Governmental Organizations, Social Organizations and Membership Organizations	-60.8	-60.8	-77.3
基层群众自治组织及其他组织	Land Management Industry of Grassroots Mass Self-Governing Organizations and Other Organizations	24.2	24.2	32.8

单位：%

集体企业 Collective-owned Enterprise	股份合作企业 Share Holding Cooperative Enterprises	联营企业 Joint Owned Enterprises	有限责任公司 Limited Liability Corporations	股份有限公司 Share-holding Corporations Ltd.	私营企业 Private Enterprises	其他企业 Other Enterprises	港、澳、台商投资企业 Enterprises Funded by Entrepreneurs from Hong Kong, Macao and Taiwan	外商投资企业 Foreign Funded Enterprises	个体经营 Individual Management
			-62.1	**73.6**	**-37.7**		**5.0**		
			-90.4	122.9	-90.4				
			-46.7	-81.5	-26.7				
			-65.6				5.0		
	-61.3		**0.1**	**-22.2**	**19.7**	**32.7**	**-31.8**	**204.0**	
			28.6	**1791.9**	**-23.8**	**128.4**	**65.3**		
				138.8	-88.9				
			29.8	2047.6	-23.0	252.4	65.3		
			47.7	61.1	-12.9				
			124.2		178.6				
			-21.6	46.8	-5.3				
			75.5		-61.6				
-47.5		**205.5**	**9.2**	**-73.9**	**15.3**	**184.5**	**1306.9**		
-1.0			-0.3		543.5	91.8			
		66.3	108.2	-81.2	18.6	137.3	670.3		
-47.6		727.4	3.9	-72.8	8.0	221.4	13202.9		
			296.8		-48.0				
			-6.1		123.0	764.7			
			-15.7		601.3	712.2			
			445.8		54.2				
			-22.1		-28.0				
	-82.7		**21.5**	**-15.5**	**29.1**	**-26.9**		**-53.5**	
44.0	**64.9**		**11.8**	**151.7**	**-12.2**	**102.8**			**3273.3**
26.8	64.9		4.8	-63.7	-26.4	115.7			3273.3
839.4			24.5		44.3	-1.3			
-10.7			**-19.2**	**-42.6**	**22.1**	**369.5**			
				707.6					
			261.7						
			-43.4	-37.9	-21.4	158.0			
			-59.6		-11.6	230.5			
			9.3	52.2	37.3	1260.0			
			6.9		**238.4**	**186.3**			
			-1.3		136.9	4674.5			
						8.7			
			18.8			-42.1			

5—3 各行业按隶属构成控股分固定资产投资增长情况（2020年）
Growth of Investment in Fixed Assets in Various Industries According to Their Membership (2020)

行业	Sector	固定资产投资 Investment in Fixed Assets	按隶属关系分 By Affiliation 中央 Central Investment	地方 Local Investment
总计	**Total**	**5.1**	**22.9**	**37.6**
#房地产开发	Real Estate Development	5.6	17.6	20.2
农、林、牧、渔业	**Agriculture, Forestry, Animal Husbandry and Fishery**	**31.3**	**1642.0**	**42.1**
农业	Farming	21.2	5446.9	33.0
林业	Forestry	-45.7		-35.4
畜牧业	Animal Husbandry	112.0		109.8
渔业	Fishery	-13.9		-12.7
农林牧渔业及辅助性活动	Agriculture, Forestry, Animal Husbandry and Fishery Major and Supporting Activities	5.8	-21.7	41.9
采矿业	**Mining**	**-24.0**	**118.1**	**6.8**
煤炭开采和洗选业	Mining and Washing of Coal	27.1	68.0	366.5
石油和天然气开采业	Extraction of Petroleum and Natural Gas	-7.4		507.0
黑色金属矿采选业	Mining and Processing of Ferrous Metal Ores	-67.6	1929.8	-71.2
有色金属矿采选业	Mining and Processing of Non-Ferrous Metal Ores	-53.3		-35.0
非金属矿采选业	Mining and Processing of Non-metal Ores	-38.7		-32.0
开采专业及辅助性活动	Mining Profession and Auxiliary Activities			
其他采矿业	Mining of Other Ores	419.1		419.1
制造业	**Manufacturing**	**-5.6**	**-3.9**	**-0.1**
农副食品加工业	Processing of Food from Agricultural Products	-0.8		3.7
食品制造业	Manufacture of Foods	0.4	-97.9	3.2
酒、饮料和精制茶制造业	Manufacture of Liquor, Beverages and Refined Tea	-16.0		-5.5
烟草制品业	Manufacture of Tobacco	-73.5		-72.6
纺织业	Manufacture of Textile	9.0		15.1
纺织服装、服饰业	Manufacture of Textile, Wearing Apparel and Accessories	-32.5		-29.0
皮革、毛皮、羽毛及其制品和制鞋业	Manufacture of Leather, Fur, Feather and Related Products and Footwear	-6.9		-0.3
木材加工和木、竹、藤、棕、草制品业	Processing of Timber, Manufacture of Wood, Bamboo, Rattan, Palm and Straw Products	-19.6		-12.5
家具制造业	Manufacture of Furniture	-18.1		-14.8
造纸和纸制品业	Manufacture of Paper and Paper Products	0.3		5.5
印刷和记录媒介复制业	Printing and Reproduction of Recording Media	-8.1		-4.8
文教、工美、体育和娱乐用品制造业	Manufacture of Articles for Culture, Education, Arts and Crafts, Sport and Entertainment Activities	-21.2		-17.1
石油、煤炭及其他燃料加工业	Petroleum, Coal and Other Fuel Processing Industries	59.5	1.4	77.4
化学原料及化学制品制造业	Manufacture of Raw Chemical Materials and Chemical Products	1.3	387.3	12.2
医药制造业	Manufacture of Medicines	5.5		18.6
化学纤维制造业	Manufacture of Chemical Fibres	-10.5		-4.9
橡胶和塑料制品业	Manufacture of Rubber and Plastics Products	-6.7		0.2
非金属矿物制品业	Manufacture of Non-metallic Mineral Products	-15.1	-47.3	-8.6
黑色金属冶炼和压延加工业	Smelting and Pressing of Ferrous Metals	43.9	135.6	150.5
有色金属冶炼和压延加工业	Smelting and Pressing of Non-ferrous Metals	15.2		23.0

单位：%

按构成分 According to Composition				按控股情况分 According to the Holding Situation					
建筑工程 Construction Engineering	安装工程 Installation Engineering	设备工器具购置 Purchase of Equipment, Tools and Appliances	其他费用 Other Expenses	国有控股 State Holding	集体控股 Collective Holding	私人控股 Private Holding	港澳台商控股 Hong Kong, Macao and Taiwan Holding Company	外商控股 Foreign Holding	其他 Other
10.1	**-20.9**	**-6.3**	**8.2**	**13.5**	**23.6**	**0.3**	**12.1**	**-16.5**	**3.1**
12.7	-28.8	-30.7	3.1	0.8	57.9	8.1	-35.9	43.9	-2.8
45.9	**9.1**	**-12.3**	**-42.6**	**149.8**	**-16.2**	**8.5**		**153.6**	**-11.2**
41.8	-25.3	-40.8	-53.5	222.0	-53.0	-17.8			-25.2
-49.1	-77.8	-70.1	-9.9	-12.0		-58.7			
131.8	73.1	62.2	-32.9	2489.7	-15.5	104.5		153.6	24.4
-5.2	-54.3	-68.5	-72.8	922.0	-99.5	-25.0			-65.3
15.5	-62.8	-55.6	-22.9	38.8	19.5	-67.2			-2.0
-28.7	**-16.4**	**-11.4**	**-40.8**	**31.5**		**-64.9**		**-38.0**	**-37.6**
8.3	-12.2	41.0	69.4	41.9		-20.3			-21.3
241.5	-100.0	-100.0		9.3					
-47.5	-28.9	-69.5	-95.3	70.9		-80.3			
-62.1	78.4	-11.0	16.4	-60.7		-33.5			-3.9
-37.5	-11.2	-51.2	-25.7	126.3		-54.3		-38.0	-72.3
499.9	259.3	662.3	130.8						-33.8
-1.4	**-30.3**	**-6.5**	**0.6**	**-13.0**	**5.7**	**-8.3**	**57.4**	**-22.9**	**13.0**
3.9	-44.7	0.6	23.4	-19.0	408.6	-6.2		10.3	127.2
8.3	-65.5	9.2	11.0	114.1	830.8	-6.7	240.2	390.2	-20.7
-16.0	-60.1	-9.0	5.3	0.5	-80.2	-3.8	527.2	-18.3	-79.5
-96.6	-94.8	161.7	-100.0	-76.7					
0.9	3.0	20.8	-6.6	-54.0		10.0	125.8	-82.8	101.6
-20.2	-57.1	-53.3	7.7	-27.1	55.4	-32.3	9.9		-57.1
11.2	-25.1	-34.2	-33.7	-21.7		-14.4	282.5		118.3
-9.5	-12.4	-40.5	-24.1			-28.2	67.2		67.9
-14.3	-46.7	-13.1	-44.7	-94.1		-18.4		348.2	23.1
2.3	-54.9	18.5	-9.1	107.0	-52.7	-2.0		83.4	28.4
5.7	-15.8	-23.0	7.5	81.4	-53.7	1.4	-73.1	156.7	-51.3
-6.2	-63.8	-41.8	-30.2	-15.7		-16.2	-92.2		-86.2
55.6	9.5	76.2	87.4	153.6		-14.0	246.5		284.5
12.8	-13.6	-3.0	-26.2	-18.8	-5.4	-7.6	273.2	567.0	7.1
-17.5	19.8	80.4	10.7	148.1	349.4	4.0	-49.5	56.2	-19.7
-44.3	-70.3	76.8	-58.0	3290.7	-33.6	-28.9			-31.4
-4.0	-33.7	-2.8	-18.3	-35.4	-31.5	-6.7	368.8	4.1	1.5
-9.3	-41.9	-25.3	45.3	-17.6	-6.7	-14.7	0.9	-93.1	-9.1
50.7	-21.6	58.6	-4.1	28.6		75.0			-26.8
28.7	-28.6	7.6	70.0	-10.4		22.4		-7.8	10.5

5—3 续表1 continued

行　业	Sector	固定资产投资 Investment in Fixed Assets	按隶属关系分 By Affiliation 中央 Central Investment	地方 Local Investment
金属制品业	Manufacture of Metal Products	-10.4	-46.3	-7.9
通用设备制造业	Manufacture of General Purpose Machinery	-22.1	370.3	-21.5
专用设备制造业	Manufacture of Special Purpose Machinery	8.2	-88.9	12.3
汽车制造业	Manufacture of Automobiles	-6.0	-69.1	1.6
铁路、船舶、航空航天和其他运输设备制造业	Manufacture of Railway, Ship, Aerospace and Other Transport Equipments	0.3	333.8	-3.3
电气机械和器材制造业	Manufacture of Electrical Machinery and Apparatus	-11.4	128.3	-8.4
计算机、通信和其他电子设备制造业	Manufacture of Computers, Communication and Other Electronic Equipment	-3.8	19.2	0.4
仪器仪表制造业	Manufacture of Measuring Instruments and Machinery	-12.4	-46.5	-9.3
其他制造业	Other Manufacture	-12.5		3.5
废弃资源综合利用业	Comprehensive Utilization of Waste Resources	57.7	133.1	64.9
金属制品、机械和设备修理业	Repair Service of Metal Products, Machinery and Equipment	-50.0	68.0	-66.5
电力、热力、燃气及水生产和供应业	**Production and Supply of Electricity, Heat, Gas and Water**	**11.9**	**-15.5**	**99.6**
电力、热力生产和供应业	Production and Supply of Electric Power and Heat Power	8.6	-14.6	56.1
燃气生产和供应业	Production and Supply of Gas	45.5	-94.5	105.1
水的生产和供应业	Production and Supply of Water	12.6	163.2	209.6
建筑业	**Construction**	**77.4**	**246.5**	**55.3**
房屋建筑业	Construction of Buildings	50.2		50.2
土木工程建筑业	Civil Engineering	165.9	246.5	160.0
建筑安装业	Building Installation	90.0		90.0
建筑装饰、装修和其他建筑业	Architectural Decoration, Decoration and Other Construction Industries			
批发和零售业	**Wholesale and Retail Trades**	**-21.6**	**93.8**	**-15.4**
批发业	Wholesale Trade	-2.7	135.4	6.7
零售业	Retail Trade	-34.8	65.2	-30.5
交通运输、仓储和邮政业	**Transport, Storage and Post**	**10.6**	**10.3**	**226.8**
铁路运输业	Railway Transport	163.1		474.1
道路运输业	Road Transport	8.0	25.9	303.6
水上运输业	Water Transport	-31.7	-49.7	-16.0
航空运输业	Air Transport	12.5		75.4
管道运输业	Transport Via Pipelines	-46.3	-30.6	199.4
多式联运和运输代理业	Multimodal Transport and Transportation Agency	-32.2		-24.6
装卸搬运和仓储业	Handling and warehousing industry	6.2	-46.6	31.1
邮政业	Post	-29.5	-23.8	-25.7
住宿和餐饮业	**Hotels and Catering Services**	**11.5**	**85.2**	**19.4**
住宿业	Hotels	16.0	85.2	23.9
餐饮业	Catering Services	-14.6		-6.7
信息传输、软件和信息技术服务业	**Information Transmission, Software and Information Technology**	**89.6**	**479.7**	**53.9**
电信、广播电视和卫星传输服务	Telecommunication, Radio and Television and Satellite Transmission Service	222.7	452.3	205.2
互联网和相关服务	Internet and Related Service	9.7		87.6
软件和信息技术服务业	Software and Information Technology	-8.8		4.8

单位：%

按构成分 According to Composition				按控股情况分 According to the Holding Situation					
建筑工程 Construction Engineering	安装工程 Installation Engineering	设备工器具购置 Purchase of Equipment, Tools and Appliances	其他费用 Other Expenses	国有控股 State Holding	集体控股 Collective Holding	私人控股 Private Holding	港澳台商控股 Hong Kong, Macao and Taiwan Holding Company	外商控股 Foreign Holding	其他 Other
-6.1	-36.3	-12.7	-0.6	-9.4	62.3	-10.5	-98.0	23.4	4.9
-6.8	-43.5	-36.5	-28.8	-45.7	-52.2	-13.7	-10.3	-46.1	-40.7
23.2	-33.5	-1.5	-0.4	211.6	228.1	-10.6	40.0	-31.3	35.0
14.1	-16.7	-26.7	142.0	1.3		-7.4	-19.5	-43.6	29.5
5.6	24.8	-34.0	353.6	264.5		-9.5			-17.2
-4.1	-16.0	-17.1	-17.3	53.2	36.1	-14.9	100.6	-28.0	-12.1
-21.6	-36.1	12.1	-25.3	-59.8		-3.1	87.1	-62.9	61.3
1.7	45.3	-33.8	-30.6	-74.6		5.6		149.4	-54.4
-12.2	-0.6	-20.1	20.4	18.6	1135.8	-24.6	-29.2	-69.5	-10.3
99.9	2.2	11.2	75.3	362.5	253.4	14.6			83.7
-68.8	-100.0	92.2	104.0	68.0		-81.1			
14.4	**21.4**	**0.1**	**21.4**	**8.4**	**-33.2**	**27.6**	**-3.7**	**17.7**	**28.8**
16.6	5.4	-0.5	30.9	-1.1	92.7	35.9	-10.0	239.6	41.4
52.8	41.2	21.6	79.3	97.0	-78.9	24.0	10.9	2.5	211.2
9.5	58.3	0.6	-4.9	16.5	-62.8	-21.3	222.9		-29.6
219.9		**-22.8**	**62.7**	**283.7**		**5.6**			**50.2**
96.5			-23.3						50.2
624.1		-43.4		283.7		18.3			
		90.0				90.0			
-25.7	**-12.6**	**-56.4**	**41.6**	**11.7**	**-60.4**	**-33.7**	**-82.3**		**-12.5**
-0.9	-17.9	-43.1	42.4	7.9	-31.6	-3.8			-7.8
-44.6	-9.2	-64.6	41.2	16.4	-94.4	-49.0	-41.1		-15.9
2.8	**43.9**	**9.3**	**70.1**	**16.0**	**-25.1**	**-31.4**	**157.3**	**65.5**	**-7.8**
46.7	3121.5	104942.4	473.3	162.6		185.2			
1.7	20.7	13.5	56.0	10.3	-0.7	-47.1			12.1
-25.3	-53.3	-69.7	84.8	3.9		-50.3			-15.8
4.1	36.9	209.5	28.6	172.3					-98.4
-40.8	-57.6	-74.4	116.8	-40.2		-71.3			17.6
-22.3	-1.2	-76.1	13.8	-71.5		-3.2			-76.1
13.0	11.1	-52.1	61.8	61.7	-58.2	-23.3	157.3	426.0	-3.8
-27.6	24.6	-53.4		-43.6		-29.4			5307.8
20.5	**-11.4**	**-46.6**	**25.4**	**-6.0**		**14.6**			**2.7**
22.6	6.8	-50.2	52.5	-8.5		21.6			-1.9
7.4	-83.4	-18.1	-61.8	14.2		-20.3			
67.1	**-63.2**	**174.9**	**105.1**	**150.3**	**-19.8**	**3.0**		**-7.3**	**-27.1**
94.7	-48.0	437.0	184.4	225.5				-7.3	
76.3	-79.4	31.0	-23.3	-15.5	-7.3	38.8			
43.8	-72.6	-45.5	25.8	37.8		-14.7			-35.9

5—3 续表2 continued

行业	Sector	固定资产投资 Investment in Fixed Assets	按隶属关系分 By Affiliation 中央 Central Investment	地方 Local Investment
金融业	**Financial Intermediation**	**-8.8**	**4.5**	**119.2**
货币金融服务	Monetary and Financial Service	40.2	42.4	195.1
资本市场服务	Capital Market Service			
保险业	Insurance	-41.3	-84.1	11.3
其他金融业	Other Financial Activities	-37.7		1266.6
房地产业	**Real Estate**	**7.8**	**12.2**	**28.7**
租赁和商务服务业	**Leasing and Business Services**	**18.3**	**-60.0**	**69.9**
租赁业	Leasing	-46.3		-46.3
商务服务业	Business Services	19.0	-60.0	71.6
科学研究和技术服务业	**Scientific Research and Technical Services**	**37.5**	**469.7**	**96.2**
研究和试验发展	Research and Experimental Development	166.3	386.9	425.6
专业技术服务业	Professional Technical Services	-8.6		30.4
科技推广和应用服务业	Science and Technology Popularization and Application Services	11.8		55.6
水利、环境和公共设施管理业	**Management of Water Conservancy, Environment and Public Facilities**	**7.2**	**0.4**	**200.4**
水利管理业	Management of Water Conservancy	4.1	-46.7	445.6
生态保护和环境治理业	Ecological Protection and Environmental Treatment	76.7	532.3	391.3
公共设施管理业	Management of Public Facilities	3.1	-5.0	158.5
土地管理业	Land Management	-13.7		62.2
居民服务、修理和其他服务业	**Service to Households, Repair and Other Services**	**-13.7**	**1600.0**	**83.0**
居民服务业	Service to Households	-16.5	1600.0	100.2
机动车、电子产品和日用产品修理业	Repair of Motor Vehicle, Electronics and Household Products	175.0		175.0
其他服务业	Other Services	-18.7		-18.7
教育	**Education**	**27.6**	**28.5**	**162.9**
卫生和社会工作	**Health and Social Service**	**34.2**	**116.3**	**178.4**
卫生	Health	32.4	113.9	198.8
社会工作	Social Service	43.3		111.5
文化、体育和娱乐业	**Culture, Sports and Entertainment**	**4.9**	**1461.1**	**62.3**
新闻和出版业	Journalism and Publishing Activities	1466.7		
广播、电视、电影和录音制作业	Radio, Television, Film and Recording Production	-0.7		191.6
文化艺术业	Cultural and Art Activities	-3.5	2196.0	100.0
体育	Sports Activities	-35.9		133.2
娱乐业	Entertainment	30.6		33.5
公共管理、社会保障和社会组织	**Public Management, Social Security and Social Organization**	**-0.1**	**128.8**	**272.1**
中国共产党机关	Organs of Communist Party of China	72.4		200.1
国家机构	Government Agencies	1.8	128.8	354.9
社会保障	Social Security	-60.0		-48.1
群众团体、社会团体和其他成员组织	Non-Governmental Organizations, Social Organizations and Membership Organizations	-60.8		-57.5
基层群众自治组织及其他组织	Land Management Industry of Grassroots Mass Self-Governing Organizations and Other Organizations	24.2		703.8

单位：%

按构成分 According to Composition				按控股情况分 According to the Holding Situation					
建筑工程 Construction Engineering	安装工程 Installation Engineering	设备工器具购置 Purchase of Equipment, Tools and Appliances	其他费用 Other Expenses	国有控股 State Holding	集体控股 Collective Holding	私人控股 Private Holding	港澳台商控股 Hong Kong, Macao and Taiwan Holding Company	外商控股 Foreign Holding	其他 Other
-15.4	**20.1**	**99.6**	**-40.4**	**17.0**	**105.9**	**-40.9**			**-39.0**
8.6	68.5	117.2	178.7	78.3	105.9	-85.6			-39.0
-35.4	-30.5	13.2	-77.5	-81.5		-35.0			
-24.1			-87.2	-36.8		-55.7			
14.8	**-29.2**	**-29.6**	**5.0**	**14.8**	**53.5**	**8.0**	**-35.9**	**43.9**	**-3.8**
16.4	**-18.1**	**-41.8**	**109.0**	**48.3**		**2.5**	**82.4**		**-40.6**
-44.5	-98.3	-3.5	50.5			-79.0			
16.5	-9.5	-45.0	109.5	49.1		3.8	55.3		-40.0
13.8	**57.6**	**45.2**	1306.3	72.7		3.6			-40.0
82.2	372.0	174.2	5341.4	182.1		171.2			-95.5
-24.9	-83.7	36.4	1031.7	-31.5		70.6			-29.5
19.4	62.0	-36.9	-1.3	179.4		-51.4			-39.3
11.6	**-29.6**	**-55.8**	**4.9**	**6.4**	**7.1**	**-2.6**	**1306.9**		**52.4**
8.5	-27.6	-61.6	-11.4	1.7	2159.9	69.8			94.4
97.7	-25.1	-32.7	27.7	78.6	115.4	-15.0	670.3		1075.8
6.8	-30.2	-58.2	9.6	2.8	-39.8	-3.2	13202.9		30.8
-23.7		-72.1	761.5	-11.6		-48.0			
-12.7	**-23.5**	**2.7**	-44.4	-29.9	185.7	76.9		770.5	-58.2
-18.3	-23.2	116.9	-56.0	-31.5	185.7	171.8			-59.0
599.4		37.9				122.9		770.5	
55.6	-100.0	-77.8	-67.0	112.1		-36.9			
24.3	**14.7**	**-16.2**	**121.1**	**32.9**	**-56.5**	**20.5**		**-67.0**	**28.6**
42.2	**-0.3**	**14.5**	**4.7**	**47.2**	**45.6**	**1.0**			**38.6**
38.8	-3.7	18.0	17.7	44.3	25.5	-8.8			84.7
59.6	20.6	-30.5	-23.1	66.3	913.9	38.9			-52.0
5.0	**41.9**	**-28.6**	**-10.7**	**-4.1**	**-39.3**	**10.3**			**42.4**
			-100.0	1466.7					
6.1	-21.6	136.1	-79.5	32.3		-95.3			753.5
-0.3	1.7	-13.6	-32.2	4.2		-36.4			-6.9
-44.7	62.4	-74.4	9.1	-38.8		-2.1			-73.3
34.5	63.2	-27.7	38.1	44.2	-63.8	23.5			110.2
-0.1	**5.7**	**-4.4**	**-0.2**	**-2.0**		**-51.9**			**569.2**
71.5	117.0			72.4					
1.3	6.7	-3.7	8.8	-0.003		136.9			1282.7
-66.5				-60.0					
-53.7	-75.3	-100.0	-100.0	-77.3					867.3
47.8		172.8	-99.6	23.3					-42.1

5—4 各行业固定资产投资资金来源增长情况（2020年）
Growth of Sources of Funds for Fixed Assets Investment in Various Industries (2020)

行业	Sector	本年资金来源合计 Total Sources of Funds for the Year
总计	**Total**	**6.4**
#房地产开发	Real Estate Development	6.3
农、林、牧、渔业	**Agriculture, Forestry, Animal Husbandry and Fishery**	**46.5**
农业	Farming	38.5
林业	Forestry	-41.2
畜牧业	Animal Husbandry	117.0
渔业	Fishery	-0.5
农林牧渔业及辅助性活动	Agriculture, Forestry, Animal Husbandry and Fishery Major and Supporting Activities	23.2
采矿业	**Mining**	**-20.3**
煤炭开采和洗选业	Mining and Washing of Coal	25.4
石油和天然气开采业	Extraction of Petroleum and Natural Gas	
黑色金属矿采选业	Mining and Processing of Ferrous Metal Ores	-61.6
有色金属矿采选业	Mining and Processing of Non-Ferrous Metal Ores	-64.3
非金属矿采选业	Mining and Processing of Non-metal Ores	-44.0
开采专业及辅助性活动	Mining Profession and Auxiliary Activities	
其他采矿业	Mining of Other Ores	313.9
制造业	**Manufacturing**	**-2.1**
农副食品加工业	Processing of Food from Agricultural Products	-1.2
食品制造业	Manufacture of Foods	5.4
酒、饮料和精制茶制造业	Manufacture of Liquor, Beverages and Refined Tea	-6.3
烟草制品业	Manufacture of Tobacco	-80.7
纺织业	Manufacture of Textile	7.6
纺织服装、服饰业	Manufacture of Textile, Wearing Apparel and Accessories	-19.4
皮革、毛皮、羽毛及其制品和制鞋业	Manufacture of Leather, Fur, Feather and Related Products and Footwear	11.0
木材加工和木、竹、藤、棕、草制品业	Processing of Timber, Manufacture of Wood, Bamboo, Rattan, Palm and Straw Products	-11.5
家具制造业	Manufacture of Furniture	-13.6
造纸和纸制品业	Manufacture of Paper and Paper Products	2.1
印刷和记录媒介复制业	Printing and Reproduction of Recording Media	-1.1
文教、工美、体育和娱乐用品制造业	Manufacture of Articles for Culture, Education, Arts and Crafts, Sport and Entertainment Activities	-18.9
石油、煤炭及其他燃料加工业	Petroleum, Coal and Other Fuel Processing Industries	87.5
化学原料和化学制品制造业	Manufacture of Raw Chemical Materials and Chemical Products	4.0
医药制造业	Manufacture of Medicines	7.5
化学纤维制造业	Manufacture of Chemical Fibres	-10.9
橡胶和塑料制品业	Manufacture of Rubber and Plastics Products	-1.9
非金属矿物制品业	Manufacture of Non-metallic Mineral Products	-9.6
黑色金属冶炼和压延加工业	Smelting and Pressing of Ferrous Metals	43.5
有色金属冶炼和压延加工业	Smelting and Pressing of Non-ferrous Metals	26.2

单位：%

国家预算资金 State Budget Funds	国内贷款 Domestic Loans	债券 Bonds	利用外资 Foreign Investment	自筹资金 Self-raising Funds	其他资金来源 Other Sources of Funding
11.7	**14.5**	**-19.2**	**-40.2**	**4.6**	**6.7**
	8.1		1.5	-1.1	9.5
204.7	**197.1**		**178.1**	**20.2**	**231.9**
529.7	4.3		255.4	-7.0	198.2
56.7	-100.0			-52.3	-5.8
-100.0	121.7		-94.4	101.8	456.2
				-0.5	-13.8
24.6	890.0			-28.3	-47.3
309.0	**-44.0**		**-100.0**	**-23.3**	**371.3**
-100.0	278.3			8.7	79781.3
				-67.8	30.3
	-100.0		-100.0	-37.1	-100.0
	-67.1			-42.0	
				313.9	
52.6	**42.0**	**-72.4**	**-36.6**	**1.7**	**-62.5**
119.5	-39.2		-70.7	0.1	-3.2
	157.4		3042.7	14.1	-96.8
	57.5		-100.0	-4.8	-52.2
				-80.7	
	18.9		-64.7	6.2	40.6
	-45.8			-18.6	-28.6
	-57.6			20.4	-80.5
	175.3			-19.0	81.9
-100.0	-50.0			-8.4	-66.9
	380.5			-2.9	-46.6
	8.3		-88.9	30.7	-72.0
-85.6	-20.3			-16.3	12.6
	158.5			83.1	710.7
-33.0	-42.5	-100.0	-27.4	13.7	29.6
-100.0	15.9			7.7	-6.7
	-100.0			-6.3	-38.5
-100.0	-0.1		198.1	-2.1	-5.8
	32.3		4.9	-5.7	-61.2
	69.7			42.3	
-100.0	-45.9			26.2	291.7

5—4 续表1 continued

行　业	Sector	本年资金来源合计 Total Sources of Funds for the Year
金属制品业	Manufacture of Metal Products	-3.9
通用设备制造业	Manufacture of General Purpose Machinery	-20.3
专用设备制造业	Manufacture of Special Purpose Machinery	23.7
汽车制造业	Manufacture of Automobiles	0.5
铁路、船舶、航空航天和其他运输设备制造业	Manufacture of Railway, Ship, Aerospace and Other Transport Equipments	5.2
电气机械和器材制造业	Manufacture of Electrical Machinery and Apparatus	-6.7
计算机、通信和其他电子设备制造业	Manufacture of Computers, Communication and Other Electronic Equipment	-9.2
仪器仪表制造业	Manufacture of Measuring Instruments and Machinery	-2.1
其他制造业	Other Manufacture	-17.4
废弃资源综合利用业	Comprehensive Utilization of Waste Resources	69.0
金属制品、机械和设备修理业	Repair Service of Metal Products, Machinery and Equipment	-80.2
电力、热力、燃气及水生产和供应业	**Production and Supply of Electricity, Heat, Gas and Water**	**15.9**
电力、热力生产和供应业	Production and Supply of Electric Power and Heat Power	16.3
燃气生产和供应业	Production and Supply of Gas	40.2
水的生产和供应业	Production and Supply of Water	12.1
建筑业	**Construction**	**159.3**
房屋建筑业	Construction of Buildings	24.4
土木工程建筑业	Civil Engineering	1443.3
建筑安装业	Building Installation	
建筑装饰、装修和其他建筑业	Architectural Decoration, Decoration and Other Construction Industries	
批发和零售业	**Wholesale and Retail Trades**	**-5.8**
批发业	Wholesale Trade	18.3
零售业	Retail Trade	-28.5
交通运输、仓储和邮政业	**Transport, Storage and Post**	**3.7**
铁路运输业	Railway Transport	226.1
道路运输业	Road Transport	-5.5
水上运输业	Water Transport	-25.1
航空运输业	Air Transport	-17.0
管道运输业	Transport Via Pipelines	-45.1
多式联运和运输代理业	Multimodal Transport and Transportation Agency	-31.9
装卸搬运和仓储业	Handling and warehousing industry	7.5
邮政业	Post	-36.2
住宿和餐饮业	**Hotels and Catering Services**	**29.9**
住宿业	Hotels	38.5
餐饮业	Catering Services	-14.2
信息传输、软件和信息技术服务业	**Information Transmission, Software and Information Technology**	**172.3**
电信、广播电视和卫星传输服务	Telecommunication, Radio and Television and Satellite Transmission Service	702.7
互联网和相关服务	Internet and Related Service	-9.4
软件和信息技术服务业	Software and Information Technology	-17.2

单位：%

国家预算资金 State Budget Funds	国内贷款 Domestic Loans	债券 Bonds	利用外资 Foreign Investment	自筹资金 Self-raising Funds	其他资金来源 Other Sources of Funding
-100.0	1.0		-100.0	-3.5	-17.9
1410.0	-56.7		-71.3	-7.8	-67.1
	-40.4		-100.0	27.8	3.9
1277.3	-82.4	-100.0		3.2	-70.7
	7.3			6.2	-85.4
168.7	67.2		161.7	-0.9	-66.7
-29.7	158.6	-94.2	-71.1	-9.9	-84.7
				17.8	-71.2
	59.8			-5.4	-63.2
26.8	657.9		181.8	57.9	90.7
	51.8			-97.9	
30.6	**4.8**	**-91.0**	**108.2**	**17.1**	**21.5**
8.0	-0.5	-100.0	108.2	22.7	62.5
5853.2	-80.5			46.6	121.0
40.4	71.6	-57.4		3.5	-5.1
				1675.2	**0.0**
					0.0
				1443.3	
59.7	**-68.7**			**-0.2**	**-65.5**
	-67.8			36.0	-65.7
59.7	-75.8			-29.6	-62.4
-20.6	**34.5**	**-83.5**	**18.1**	**1.8**	**24.0**
119.1	484.0			165.9	100.8
-25.7	7.5	-100.0	-100.0	-8.7	38.1
443.2	-77.2		-100.0	-3.3	-94.6
295.1	63.3			209.6	-100.0
	-100.0			-38.3	
				-29.6	-65.3
83.7	137.4			7.6	-26.4
-100.0				**-32.8**	**-100.0**
	-7.8			**32.1**	**19.9**
	-7.8			42.0	24.0
				-13.1	-100.0
-74.7				**174.2**	**2073.2**
608.5				591.6	
-100.0				95.4	
854.2				-32.3	333.5

5—4 续表2 continued

行 业	Sector	本年资金来源合计 Total Sources of Funds for the Year
金融业	**Financial Intermediation**	**2.2**
货币金融服务	Monetary and Financial Service	1.6
资本市场服务	Capital Market Service	
保险业	Insurance	-14.0
其他金融业	Other Financial Activities	138.6
房地产业	**Real Estate**	**7.7**
租赁和商务服务业	**Leasing and Business Services**	**22.5**
租赁业	Leasing	-14.8
商务服务业	Business Services	22.8
科学研究和技术服务业	**Scientific Research and Technical Services**	**24.4**
研究和试验发展	Research and Experimental Development	164.4
专业技术服务业	Professional Technical Services	-9.6
科技推广和应用服务业	Science and Technology Popularization and Application Services	6.2
水利、环境和公共设施管理业	**Management of Water Conservancy, Environment and Public Facilities**	**6.1**
水利管理业	Management of Water Conservancy	-6.9
生态保护和环境治理业	Ecological Protection and Environmental Treatment	74.6
公共设施管理业	Management of Public Facilities	5.0
土地管理业	Land Management	54.8
居民服务、修理和其他服务业	**Service to Households, Repair and Other Services**	**-38.1**
居民服务业	Service to Households	-39.6
机动车、电子产品和日用产品修理业	Repair of Motor Vehicle, Electronics and Household Products	
其他服务业	Other Services	-12.0
教 育	**Education**	**24.2**
卫生和社会工作	**Health and Social Service**	**37.8**
卫 生	Health	36.0
社会工作	Social Service	48.7
文化、体育和娱乐业	**Culture, Sports and Entertainment**	**7.6**
新闻和出版业	Journalism and Publishing Activities	1248.0
广播、电视、电影和录音制作业	Radio, Television, Film and Recording Production	22.1
文化艺术业	Cultural and Art Activities	-14.1
体 育	Sports Activities	-29.1
娱乐业	Entertainment	35.4
公共管理、社会保障和社会组织	**Public Management, Social Security and Social Organization**	**34.5**
中国共产党机关	Organs of Communist Party of China	25.0
国家机构	Government Agencies	41.1
社会保障	Social Security	-72.4
群众团体、社会团体和其他成员组织	Non-Governmental Organizations, Social Organizations and Membership Organizations	-86.1
基层群众自治组织及其他组织	Land Management Industry of Grassroots Mass Self-Governing Organizations and Other Organizations	

单位：%

国家预算资金 State Budget Funds	国内贷款 Domestic Loans	债券 Bonds	利用外资 Foreign Investment	自筹资金 Self-raising Funds	其他资金来源 Other Sources of Funding
	58.8			**0.6**	**-100.0**
	-100.0			17.3	
				-14.0	
				-9.7	-100.0
44.6	**6.7**	**-69.9**	**-4.8**	**1.6**	**10.3**
82.0	**-26.6**		**-100.0**	**16.5**	**116.5**
				-14.8	
82.0	-26.6		-100.0	16.7	116.5
-26.3	**380.4**			**17.4**	**156.4**
-14.4	27.1			249.0	3698.3
9.6				-17.3	149.0
-58.5	1718.4			13.2	-57.5
7.1	**28.5**	**-36.6**	**-40.8**	**10.8**	**-18.4**
-6.4	-4.3	-66.3	-100.0	26.3	-44.0
91.4	325.5		536.3	44.2	40.1
14.0	7.7	-60.4	-83.5	6.4	-11.6
-4.2				-43.3	
-24.0			**-100.0**	**-36.8**	**-66.8**
-24.0				-41.2	-66.8
			-100.0		
11.9	**-45.1**			**28.8**	**95.7**
17.2	**106.4**		**-100.0**	**19.4**	**98.6**
14.4	123.6		-100.0	13.4	107.4
	50.0		-100.0	47.6	2.7
-47.2	**46.4**		**-77.3**	**19.1**	**-18.1**
				1248.0	
-100.0	-100.0			51.2	
0.1	345.1		-100.0	-2.7	-50.7
-99.9	82.6		-100.0	-16.2	-76.8
-68.9	-32.5			34.9	225.9
38.2	**305.6**		**-100.0**	**34.6**	**7.5**
-45.6				76.4	
60.0	305.6		-100.0	35.2	7.3
-72.4					
				-90.1	

5—5 各行业按建设性质项目分固定资产投资增长情况（2020年）
Growth of Investment in Fixed Assets by Construction Projects in Various Industries (2020)

单位：%

行　业	Sector	新　建 New Construction	扩　建 Expansion Construction	改建和技术改造 Reconstruction and Technical Transformation
总　计	**Total**	**5.8**	**-2.5**	**3.0**
农、林、牧、渔业	**Agriculture, Forestry, Animal Husbandry and Fishery**	**35.5**	**-25.2**	**15.4**
农　业	Farming	25.4	-39.8	40.6
林　业	Forestry	-53.1	387.1	
畜牧业	Animal Husbandry	119.2	55.6	12.5
渔　业	Fishery	-9.1	-81.1	
农林牧渔业及辅助性活动	Agriculture, Forestry, Animal Husbandry and Fishery Major and Supporting Activities	16.2		-2.3
采矿业	**Mining**	**-72.0**	**171.9**	**12.2**
煤炭开采和洗选业	Mining and Washing of Coal	14.1	229.1	18.3
石油和天然气开采业	Extraction of Petroleum and Natural Gas			
黑色金属矿采选业	Mining and Processing of Ferrous Metal Ores	-77.8	57.4	-38.3
有色金属矿采选业	Mining and Processing of Non-Ferrous Metal Ores	-77.1	-98.1	-3.5
非金属矿采选业	Mining and Processing of Non-metal Ores	-77.2	303.5	4.4
开采专业及辅助性活动	Mining Profession and Auxiliary Activities			
其他采矿业	Mining of Other Ores			46.0
制造业	**Manufacturing**	**-13.9**	**12.7**	**-1.8**
农副食品加工业	Processing of Food from Agricultural Products	-12.7	77.7	9.2
食品制造业	Manufacture of Foods	-21.5	-35.5	36.4
酒、饮料和精制茶制造业	Manufacture of Liquor, Beverages and Refined Tea	-25.0	18.9	-12.8
烟草制品业	Manufacture of Tobacco		-86.2	-69.4
纺织业	Manufacture of Textile	-10.8	7.5	45.0
纺织服装、服饰业	Manufacture of Textile, Wearing Apparel and Accessories	-38.2	26.5	-37.8
皮革、毛皮、羽毛及其制品和制鞋业	Manufacture of Leather, Fur, Feather and Related Products and Footwear	-22.4	7.9	48.3
木材加工和木、竹、藤、棕、草制品业	Processing of Timber, Manufacture of Wood, Bamboo, Rattan, Palm and Straw Products	-49.1	144.7	-12.8
家具制造业	Manufacture of Furniture	-27.3	5.2	-7.4
造纸和纸制品业	Manufacture of Paper and Paper Products	8.7	37.6	-15.4
印刷和记录媒介复制业	Printing and Reproduction of Recording Media	-12.8	7.0	-7.6
文教、工美、体育和娱乐用品制造业	Manufacture of Articles for Culture, Education, Arts and Crafts, Sport and Entertainment Activities	-32.6	-0.6	6.9
石油、煤炭及其他燃料加工业	Petroleum, Coal and Other Fuel Processing Industries	-46.4	359.2	137.9
化学原料和化学制品制造业	Manufacture of Raw Chemical Materials and Chemical Products	-13.1	44.5	-2.7
医药制造业	Manufacture of Medicines	-7.5	-9.7	21.3
化学纤维制造业	Manufacture of Chemical Fibres	-77.2	374.4	100.7
橡胶和塑料制品业	Manufacture of Rubber and Plastics Products	-19.6	57.5	-2.3
非金属矿物制品业	Manufacture of Non-metallic Mineral Products	-23.5	-2.4	-8.1
黑色金属冶炼和压延加工业	Smelting and Pressing of Ferrous Metals	89.3	164.8	25.4
有色金属冶炼和压延加工业	Smelting and Pressing of Non-ferrous Metals	32.5	-9.3	11.7

5—5 续表1 continued

单位：%

行业	Sector	新建 New Construction	扩建 Expansion Construction	改建和技术改造 Reconstruction and Technical Transformation
金属制品业	Manufacture of Metal Products	-13.0	21.1	-15.1
通用设备制造业	Manufacture of General Purpose Machinery	-26.8	-15.8	-18.1
专用设备制造业	Manufacture of Special Purpose Machinery	12.1	4.8	6.7
汽车制造业	Manufacture of Automobiles	1.0	-14.4	-5.1
铁路、船舶、航空航天和其他运输设备制造业	Manufacture of Railway, Ship, Aerospace and Other Transport Equipments	-23.5	-25.7	94.5
电气机械和器材制造业	Manufacture of Electrical Machinery and Apparatus	-15.9	-6.4	-8.8
计算机、通信和其他电子设备制造业	Manufacture of Computers, Communication and Other Electronic Equipment	-8.0	35.5	-20.3
仪器仪表制造业	Manufacture of Measuring Instruments and Machinery	7.2	-26.5	-21.0
其他制造业	Other Manufacture	-53.8	101.6	3.4
废弃资源综合利用业	Comprehensive Utilization of Waste Resources	15.7	117.3	91.4
金属制品、机械和设备修理业	Repair Service of Metal Products, Machinery and Equipment	129.6		-80.6
电力、热力、燃气及水生产和供应业	**Production and Supply of Electricity, Heat, Gas and Water**	**3.3**	**-2.9**	**56.9**
电力、热力生产和供应业	Production and Supply of Electric Power and Heat Power	0.2	-5.83	39.4
燃气生产和供应业	Production and Supply of Gas	14.5	220.6	221.9
水的生产和供应业	Production and Supply of Water	5.8	-13.4	89.6
建筑业	**Construction**	**140.5**		
房屋建筑业	Construction of Buildings	50.2		
土木工程建筑业	Civil Engineering	1029.6		
建筑安装业	Building Installation	-40.0		
建筑装饰、装修和其他建筑业	Architectural Decoration, Decoration and Other Construction Industries			
批发和零售业	**Wholesale and Retail Trades**	**-26.1**	**-56.7**	**21.0**
批发业	Wholesale Trade	-1.3	-89.4	-42.3
零售业	Retail Trade	-41.8	33.9	72.5
交通运输、仓储和邮政业	**Transport, Storage and Post**	**20.8**	**-42.2**	**-5.1**
铁路运输业	Railway Transport	193.1		-93.4
道路运输业	Road Transport	18.4	-47.2	-3.6
水上运输业	Water Transport	-28.6	6.5	-11.0
航空运输业	Air Transport	-70.5	949.5	420.7
管道运输业	Transport Via Pipelines	-29.3		-75.2
多式联运和运输代理业	Multimodal Transport and Transportation Agency	-39.2		-19.7
装卸搬运和仓储业	Handling and warehousing industry	10.0	-59.3	41.3
邮政业	Post	-37.2	-33.9	10982.4
住宿和餐饮业	**Hotels and Catering Services**	**6.0**	**29.9**	**107.2**
住宿业	Hotels	9.5	62.0	93.7
餐饮业	Catering Services	-14.9	-52.9	513.7
信息传输、软件和信息技术服务业	**Information Transmission, Software and Information Technology**	**120.7**	**-29.0**	**-8.4**
电信、广播电视和卫星传输服务	Telecommunication, Radio and Television and Satellite Transmission Service	490.7	-70.7	-98.2
互联网和相关服务	Internet and Related Service	-23.4		
软件和信息技术服务业	Software and Information Technology	-16.2	279.0	131.6

5—5 续表2 continued

单位：%

行　业	Sector	新　建 New Construction	扩　建 Expansion Construction	改建和技术改造 Reconstruction and Technical Transformation
金融业	**Financial Intermediation**	**-12.2**		
货币金融服务	Monetary and Financial Service	39.3		
资本市场服务	Capital Market Service			
保险业	Insurance	-43.2		
其他金融业	Other Financial Activities	-37.7		
房地产业	**Real Estate**	**29.3**	**-89.9**	**-12.4**
租赁和商务服务业	**Leasing and Business Services**	**24.5**	**-34.2**	**-37.2**
租赁业	Leasing	-44.8	-60.5	
商务服务业	Business Services	25.2	-33.5	-37.2
科学研究和技术服务业	**Scientific Research and Technical Services**	**30.1**	**28.1**	**456.6**
研究和试验发展	Research and Experimental Development	147.4	155.0	1306.5
专业技术服务业	Professional Technical Services	-19.4	-42.1	
科技推广和应用服务业	Science and Technology Popularization and Application Services	13.1		
水利、环境和公共设施管理业	**Management of Water Conservancy, Environment and Public Facilities**	**8.8**	**-33.8**	**20.4**
水利管理业	Management of Water Conservancy	9.2	-43.1	-16.8
生态保护和环境治理业	Ecological Protection and Environmental Treatment	77.4	137.0	68.1
公共设施管理业	Management of Public Facilities	4.9	-34.6	15.4
土地管理业	Land Management	-27.5	-95.1	
居民服务、修理和其他服务业	**Service to Households, Repair and Other Services**	**-8.2**	**-58.9**	**-32.5**
居民服务业	Service to Households	-11.6	-39.8	-37.2
机动车、电子产品和日用产品修理业	Repair of Motor Vehicle, Electronics and Household Products	259.9		
其他服务业	Other Services	-17.5		
教　育	**Education**	**27.6**	**12.9**	**31.7**
卫生和社会工作	**Health and Social Service**	**34.7**	**-0.8**	**166.1**
卫　生	Health	30.4	18.6	156.4
社会工作	Social Service	57.0	-64.8	205.2
文化、体育和娱乐业	**Culture, Sports and Entertainment**	**2.8**	**-30.7**	**243.9**
新闻和出版业	Journalism and Publishing Activities	929.8		
广播、电视、电影和录音制作业	Radio, Television, Film and Recording Production	-5.4		
文化艺术业	Cultural and Art Activities	-4.8	95.4	-84.5
体　育	Sports Activities	-31.9		20.7
娱乐业	Entertainment	24.9	-36.3	525.8
公共管理、社会保障和社会组织	**Public Management, Social Security and Social Organization**	**-1.7**	**-28.2**	**-53.1**
中国共产党机关	Organs of Communist Party of China	63.8		1640.4
国家机构	Government Agencies	-1.2	-38.4	-44.6
社会保障	Social Security	-66.5		
群众团体、社会团体和其他成员组织	Non-Governmental Organizations, Social Organizations and Membership Organizations	-41.1	593.1	
基层群众自治组织及其他组织	Land Management Industry of Grassroots Mass Self-Governing Organizations and Other Organizations	25.2		

5—6 各市固定资产投资增长情况（2020年）
Growth of Investment in Fixed Assets by Region (2020)

单位：%

地 区	Region	固定资产投 资 Investment in Fixed Assets	项目投资 Project Investment	工业投资 Industrial Investment	房地产投资 Real Estate Investment	基础设施投 资 Infrastructure Investment	其他投资 Other Investments
总 计	**Total**	**5.1**	**4.9**	**-4.3**	**5.6**	**10.6**	**21.6**
合 肥 市	Hefei	4.7	8.4	-5.1	-0.6	18.9	18.5
淮 北 市	Huaibei	9.3	1.3	-3.1	23.5	-27.3	56.5
亳 州 市	Bozhou	-3.3	-14.4	-27.6	8.3	0.6	-0.9
宿 州 市	Suzhou	5.9	-8.8	-19.9	29.7	-0.6	6.5
蚌 埠 市	Bengbu	-3.4	-3.3	-14.8	-3.7	-3.8	39.2
阜 阳 市	Fuyang	7.5	4.9	-10.2	10.2	1.8	28.8
淮 南 市	Huainan	3.9	9.4	-0.3	-5.1	5.9	30.1
滁 州 市	Chuzhou	10.1	11.3	-2.0	8.0	29.9	44.0
六 安 市	Luan	8.7	9.5	-0.8	7.6	2.3	35.1
马鞍山市	Maanshan	8.4	11.0	3.1	2.0	41.0	13.8
芜 湖 市	Wuhu	6.2	8.4	1.4	0.9	21.8	22.1
宣 城 市	Xuancheng	6.7	3.7	-3.7	14.2	18.7	18.4
铜 陵 市	Tongling	0.6	0.2	2.2	1.4	-12.0	26.0
池 州 市	Chizhou	5.5	6.8	-0.7	1.6	17.6	13.2
安 庆 市	Anqing	7.0	5.3	3.4	12.7	5.3	11.5
黄 山 市	Huangshan	4.9	0.5	5.8	13.5	2.5	-6.3
宿 松 县	Susong	14.9	11.5	10.8	29.4	-8.9	49.4
广 德 县	Guangde	9.0	2.0	-0.9	29.4	-35.4	64.9

5—7 各市按登记注册类型分固定资产投资增长情况（2020年）
Growth of Fixed Asset Investment by Registration Type by Region (2020)

单位：%

地　区	Region	内资企业 Domestic Funded Enterprise	国有企业 State-owned Enterprise	集体企业 Collective-owned Enterprise	股份合作企业 Share Holding Cooperative Enterprises	联营企业 Joint Owned Enterprises	有限责任公司 Limited Liability Corporations
总　计	**Total**	**5.6**	**16.5**	**-13.1**	**30.0**	**258.1**	**2.4**
合肥市	Hefei	6.2	16.4	-69.2	-59.3		3.1
淮北市	Huaibei	9.6	-24.3	538.1			36.9
亳州市	Bozhou	-2.9	12.1		-75.6		0.9
宿州市	Suzhou	5.4	-0.1			27.8	1.3
蚌埠市	Bengbu	-2.8	3.0	444.4			-12.2
阜阳市	Fuyang	7.5	38.8	9.9	-34.0		-0.9
淮南市	Huainan	4.0	14.7	6.8	118.0		7.7
滁州市	Chuzhou	11.1	47.0	378.6			-4.8
六安市	Luan	7.6	33.7	10.4	36.7	50.0	6.3
马鞍山市	Maanshan	8.7	6.4	-45.8		655.6	6.6
芜湖市	Wuhu	7.0	21.1	-61.3		171.6	3.7
宣城市	Xuancheng	7.0	2.5	49.6	65.6	-32.4	12.5
铜陵市	Tongling	-0.7	3.5	513.0	-0.6		-7.5
池州市	Chizhou	5.1	26.4		-89.1		5.0
安庆市	Anqing	7.9	16.8	6.4			2.5
黄山市	Huangshan	5.5	-9.3	-12.6			16.9

地　区	Region	股份有限公司 Share-holding Corporations Ltd.	私营企业 Private Enterprises	其他企业 Other Enterprises	港、澳、台商投资企业 Enterprises Funded by Entrepreneurs from Hong Kong, Macao and Taiwan	外商投资企业 Foreign Funded Enterprises	个体经营 Individual Management
总　计	**Total**	**8.4**	**3.5**	**16.9**	**5.0**	**-25.4**	**47.8**
合肥市	Hefei	21.1	1.5	13.3	10.0	-52.4	23.5
淮北市	Huaibei	153.7	-10.4		-75.0	55.7	
亳州市	Bozhou	-4.9	-25.2	47.3	-95.9		
宿州市	Suzhou	1.8	14.6	-23.5	31.8	475275.0	
蚌埠市	Bengbu	-8.8	10.6	95.2	-55.7	56.8	
阜阳市	Fuyang	-40.7	0.8	111.0	110.3	-37.0	
淮南市	Huainan	23.0	-7.4	0.9	71.7	-54.3	-43.7
滁州市	Chuzhou	-4.0	13.9	936.0	104.3	-24.6	
六安市	Luan	-30.4	-6.9	-8.6	265.4	3.1	1682.0
马鞍山市	Maanshan	45.9	7.7	-21.6	-37.7	77.2	
芜湖市	Wuhu	-3.1	9.3	-12.4	4.4	-26.3	
宣城市	Xuancheng	20.8	3.0	-1.9	5.7	-21.8	
铜陵市	Tongling	16.1	4.8	-41.8	153.8	-77.4	-97.9
池州市	Chizhou	-8.7	-5.9	151.6	-23.5	327.9	8945.8
安庆市	Anqing	-26.3	9.5	65.4	-27.3	-29.0	995.9
黄山市	Huangshan	0.05	-1.4	127.5	-53.9	202.6	8.6

5—8 各市按隶属构成控股分固定资产投资增长情况（2020年）

Growth of Fixed Asset Investment by Controlling Shares According to Membership Composition by Region (2020)

单位：%

地 区	Region	按隶属关系分 By Affiliation		按构成分 According to Composition			
		中央 Central Investment	地方 Local Investment	建筑工程 Construction Engineering	安装工程 Installation Engineering	设备工器具购置 Purchase of Equipment,Tools and Appliances	其他费用 Other Expenses
总　计	**Total**	**22.9**	**37.6**	**10.1**	**-20.9**	**-6.3**	**8.2**
合 肥 市	Hefei	28.7	51.0	6.5	-14.1	17.1	-0.8
淮 北 市	Huaibei	38.8	57.6	15.8	16.2	-15.4	13.6
亳 州 市	Bozhou	29.2	20.5	-4.9	-37.4	6.8	11.2
宿 州 市	Suzhou	939.5	35.1	9.9	-17.8	-3.0	12.0
蚌 埠 市	Bengbu	-49.3	33.9	3.8	-37.2	-27.4	-6.1
阜 阳 市	Fuyang	448.1	41.6	10.1	-16.0	-11.5	12.6
淮 南 市	Huainan	-3.1	38.7	11.2	-1.7	-14.4	-9.6
滁 州 市	Chuzhou	73.9	41.4	18.4	-42.6	-7.3	37.4
六 安 市	Luan	9.1	41.4	9.4	-17.4	9.9	17.0
马鞍山市	Maanshan	216.3	25.7	26.3	-19.5	-19.3	-6.6
芜 湖 市	Wuhu	53.2	22.3	25.3	-17.9	-34.0	12.3
宣 城 市	Xuancheng	-74.2	31.5	8.6	-31.0	-1.0	36.5
铜 陵 市	Tongling	67.1	41.4	1.1	-13.4	-0.4	7.8
池 州 市	Chizhou	52.9	26.8	2.9	-31.8	-6.5	77.1
安 庆 市	Anqing	5.0	37.4	4.0	-8.4	12.8	27.6
黄 山 市	Huangshan	-33.7	38.9	6.7	-4.6	-19.6	21.0

地 区	Region	按控股情况分 According to the Holding Situation					
		国有控股 State Holding	集体控股 Collective Holding	私人控股 Private Holding	港澳台商控股 Hong Kong, Macao and Taiwan Holding Company	外商控股 Foreign Holding	其他 Other
总　计	**Total**	**13.5**	**23.6**	**0.3**	**12.1**	**-16.5**	**3.1**
合 肥 市	Hefei	6.6	-20.3	2.5	1.2	-52.0	25.0
淮 北 市	Huaibei	0.3	144.2	6.6	-84.5	-43.1	252.4
亳 州 市	Bozhou	-0.2	-73.2	-8.9	-94.5		12.0
宿 州 市	Suzhou	15.7	1.5	3.4	166.2	896.5	-20.0
蚌 埠 市	Bengbu	-0.5	-58.6	-2.5	-58.0	125.1	-10.3
阜 阳 市	Fuyang	26.1	-17.4	0.4	207.9	-25.5	-13.9
淮 南 市	Huainan	3.9	534.1	-2.0	48.4	-23.0	-21.3
滁 州 市	Chuzhou	33.7	207.6	4.0	95.8	15.9	-17.7
六 安 市	Luan	35.1	40.9	-2.8	189.8	-34.0	-15.5
马鞍山市	Maanshan	34.9	422.3	-3.3	-40.2	79.7	33.2
芜 湖 市	Wuhu	20.3	-28.5	1.6	75.7	-38.7	5.0
宣 城 市	Xuancheng	15.0	-28.7	0.8	55.2	-39.6	62.0
铜 陵 市	Tongling	7.5	39.5	-3.7	342.6	68.4	-24.7
池 州 市	Chizhou	40.2	-86.5	-11.1	34.3	2.5	-13.0
安 庆 市	Anqing	15.2	-32.5	4.0	-8.9	-15.4	1.6
黄 山 市	Huangshan	9.5	92.3	0.8	-44.0	60.1	5.5

5—9 各市按行业新增固定资产投资增长情况（2020年）
Growth of Investment in Newly Added Fixed Assets by Industry by Region (2020)

单位：%

地区 Region	本年新增固定资产 New Fixed Assets Added This Year	农林牧渔业 Agriculture, Forestry, Animal Husbandry and Fishery	采矿业 Mining	制造业 Manufacturing	电力、热力、燃气及水的生产和供应业 Production and Supply of Electricity, Heat, Gas and Water	建筑业 Construction	批发和零售业 Wholesale and Retail Trade	交通运输、仓储和邮政业 Transport, Storage, Post & Telecommunications	住宿和餐饮业 Accommodation and Catering Trade	信息传输、计算机服务和软件业 Information, Circulation Computer Services and Software
总计 Total	**-1.1**	**51.9**	**23.5**	**-13.2**	**-26.5**		**-14.3**	**5.4**	**43.3**	**-8.3**
合肥市 Hefei	16.2	31.8	-56.1	-7.7	65.9		-66.8	42.0	567.7	85.0
淮北市 Huaibei	-5.1	340.5	3353.0	-46.9	-49.2		68.9	-47.9		
亳州市 Bozhou	-26.9	149.3	-51.6	-77.1	-28.7		2.8	49.7		-75.2
宿州市 Suzhou	3.7	19.6	-100.0	-35.0	-4.7		-95.2	-58.2		-100.0
蚌埠市 Bengbu	-3.2	193.4		29.7	-36.6		1162.3	19.2		
阜阳市 Fuyang	24.2	261.7		-4.5	16.7		124.9	0.5		
淮南市 Huainan	13.9	58.5		-20.9	-62.1		-12.1	-47.3	-100.0	-100.0
滁州市 Chuzhou	-14.2	-10.8		-14.4	72.5		-60.1	-25.5	-79.7	
六安市 Luan	-14.4	-43.2	-91.3	11.2	-72.1			186.2	-100.0	
马鞍山市 Maanshan	-25.3	31.9	-63.2	-45.1	-44.7		-17.9	-46.1	-100.0	-91.1
芜湖市 Wuhu	7.3	46.1	-79.8	6.8	-77.0		58.8	178.0	60.5	-11.3
宣城市 Xuancheng	-19.6	-87.1	-23.0	-23.2	-65.4		-74.7	-33.4	-33.3	
铜陵市 Tongling	-20.1	-100.0	-15.0	-24.3	-43.3		-32.7	-74.6	-100.0	0.0
池州市 Chizhou	-21.4	-6.8	-98.3	16.1	65.3		-100.0	-78.4	-41.2	
安庆市 Anqing	10.8	-30.7	-40.3	0.5	135.2		-13.2	-33.0	-77.1	-69.3
黄山市 Huangshan	-31.5	534.1	-100.0	-11.8	0.7			29.4	87.2	-53.4

地区 Region	金融业 Banking	房地产业 Real Estate	租赁和商务服务业 Leasing and Commercial Services	科学研究和技术服务业 Scientific Research and Technical Services	水利、环境和公共设施管理业 Water Conservancy, Environmental and Public Facilities Management	居民服务、修理和其他服务业 Residents Service, Repair and Other Services	教育 Education	卫生和社会工作 Health and Social Work	文化、体育和娱乐业 Culture, Sports and Entertainment	公共管理、社会保障和社会组织 Public Management, Social Security and Social Organization
总计 Total	**38.0**	**1.6**	**53.8**	**9.5**	**4.1**	**297.1**	**54.7**	**0.6**	**-13.0**	**-14.6**
合肥市 Hefei		11.5	488.6	335.1	20.2	125.4	109.4	534.0	-84.0	-54.6
淮北市 Huaibei		-51.0	-36.9		-24.0		-27.0	-59.1	-31.1	
亳州市 Bozhou		18.2			11.1		91.2	-19.4	-87.4	-84.5
宿州市 Suzhou		37.3	22.0	70.2	143.1	8285.0	24.9	143.6	175.2	
蚌埠市 Bengbu		-28.7	311.5	-49.9	-18.5		-7.2	-56.5	25.8	-74.3
阜阳市 Fuyang		10.5	153265.5		96.3		997.7	-31.7	27.9	
淮南市 Huainan		36.6	-58.8	740.7	149.3		-66.0	-16.9	165.6	
滁州市 Chuzhou		-18.9	340.6	-89.6	-22.5	18.3	49.7	-58.5	-3.2	
六安市 Luan		-28.6	-85.6		-0.6		66.0	100.3	-50.4	
马鞍山市 Maanshan		-4.4	198.9		2.9		-58.8		-67.4	147.9
芜湖市 Wuhu		14.1	702.9	-36.2	-13.3		0.5	-47.9	766.4	
宣城市 Xuancheng		-19.3	227.3		24.9	-100.0	-22.1	-68.8	120.6	-100.0
铜陵市 Tongling		67.0	-71.3		-57.0		-100.0	878.0	-7.4	-100.0
池州市 Chizhou		33.1	-15.2		-26.7	-32.5		1220.9		
安庆市 Anqing		54.7	-7.2		19.1	-63.0	-64.2	89.4	-1.6	-100.0
黄山市 Huangshan		-60.0	209.5	-100.0	-56.3		52.9	159.8	-41.4	

5—10 各市按行业分固定资产投资增长情况（2020年）

Growth of Fixed Asset Investment by Industry by Region (2020)

单位：%

地区 Region	固定资产投资 Investment in Fixed Assets	农林牧渔业 Agriculture, Forestry, Animal Husbandry and Fishery	采矿业 Mining	制造业 Manufacturing	电力、热力、燃气及水的生产和供应业 Production and Supply of Electricity, Heat, Gas and Water	建筑业 Construction	批发和零售业 Wholesale and Retail Trade	交通运输、仓储和邮政业 Transport, Storage, Post & Telecommunications	住宿和餐饮业 Accommodation and Catering Trade	信息传输、计算机服务和软件业 Information, Circulation Computer Services and Software
总　计 Total	**5.1**	**31.3**	**-24.0**	**-5.6**	**11.9**	**77.4**	**-21.6**	**10.6**	**11.5**	**89.6**
合肥市 Hefei	4.7	36.0	21.3	-9.0	42.8	37.1	-62.8	21.2	15.0	221.6
淮北市 Huaibei	9.3	88.0	18.0	-1.3	-19.2		83.7	-48.5		
亳州市 Bozhou	-3.3	41.8	-10.6	-35.5	-3.9		416.4	4.2	128.5	403.4
宿州市 Suzhou	5.9	25.5	217.5	-28.7	60.5		-76.4	-17.1	-56.5	54.1
蚌埠市 Bengbu	-3.4	209.8		-17.0	6.8		-7.3	-2.7	133.8	
阜阳市 Fuyang	7.5	56.4		-19.6	71.4		-57.9	-4.9	-0.2	
淮南市 Huainan	3.9	-10.0	67.9	-9.4	8.2		-33.5	18.5	10.9	-49.8
滁州市 Chuzhou	10.1	99.0	-54.4	-3.8	25.4		-10.6	77.7	7.0	-30.7
六安市 Luan	8.7	40.9	-79.3	18.5	-8.3		-5.4	-4.2	-35.7	-5.3
马鞍山市 Maanshan	8.4	-6.4	-23.9	4.3	-5.3		-50.2	28.0	-9.7	42.7
芜湖市 Wuhu	6.2	24.1	-75.2	3.4	2.8		5.7	24.4	41.7	25.8
宣城市 Xuancheng	6.7	-22.7	-38.3	4.9	-41.1		-29.4	-3.7	62.0	401.9
铜陵市 Tongling	0.6	-39.8	12.8	2.5	-3.5		-29.3	5.8	215.2	68.9
池州市 Chizhou	5.5	28.4	-52.7	-0.9	56.6	23.0	-50.3	26.7	-28.7	-33.7
安庆市 Anqing	7.0	14.8	2.3	-0.7	57.9	616.8	33.7	14.4	4.3	293.6
黄山市 Huangshan	4.9	-10.4	189.1	4.6	5.1		-29.3	23.0	8.3	-44.9

地区 Region	金融业 Banking	房地产业 Real Estate	租赁和商务服务业 Leasing and Commercial Services	科学研究和技术服务业 Scientific Research and Technical Services	水利、环境和公共设施管理业 Water Conservancy, Environmental and Public Facilities Management	居民服务、修理和其他服务业 Residents Service, Repair and Other Services	教育 Education	卫生和社会工作 Health and Social Work	文化、体育和娱乐业 Culture, Sports and Entertainment	公共管理、社会保障和社会组织 Public Management, Social Security and Social Organization
总　计 Total	**-8.8**	**7.8**	**18.3**	**37.5**	**7.2**	**-13.7**	**27.6**	**34.2**	**4.9**	**-0.1**
合肥市 Hefei	-3.3	2.7	-28.8	113.9	4.7	22.6	27.2	23.0	10.1	86.3
淮北市 Huaibei		17.3	223.7	-22.5	-0.7	-45.8	441.0	44.1	93.1	-74.3
亳州市 Bozhou		6.4	8.1	-28.4	-3.4		4.3	82.4	-64.5	-7.8
宿州市 Suzhou		28.9	17.0	-22.5	16.9	817.2	-19.5	45.9	-6.7	-13.7
蚌埠市 Bengbu		-3.3	23.2	-48.6	-4.9		36.2	53.2	-24.4	-38.8
阜阳市 Fuyang	45.4	12.0	61.3	-61.4	18.5	137.5	61.8	27.6	24.7	-37.8
淮南市 Huainan	-89.1	5.2	49.9	568.6	5.3	-34.7	-2.8	2.8	57.3	-80.6
滁州市 Chuzhou		11.1	129.3	-58.9	13.8	-22.2	76.2	101.0	20.1	-13.0
六安市 Luan		18.9	-47.7	183.0	4.3	-53.0	33.5	26.3	-4.9	68.4
马鞍山市 Maanshan		1.9	6.4	266.0	44.6	-53.3	63.2	120.5	71.1	-10.7
芜湖市 Wuhu		0.9	5.2	5.2	19.0	43.4	87.1	-33.8	76.2	-20.0
宣城市 Xuancheng		13.8	193.3	19.6	28.6	-80.9	-24.5	244.7	-1.1	17.2
铜陵市 Tongling	-9.5	1.7	15.4	225.9	-21.3	272.3	20.1	63.3	92.3	519.5
池州市 Chizhou	10.5	5.2	13.3	-87.3	6.8	10.4	23.4	65.4	-33.4	-21.6
安庆市 Anqing	-9.4	13.7	1.8	-93.4	1.0	202.2	5.8	11.7	-23.5	-26.5
黄山市 Huangshan	2.6	12.3	35.4	16.1	-3.5	22.3	-54.6	34.0	-47.1	-50.4

5—11 各市固定资产投资资金来源增长情况（2020年）
Growth of Capital Sources for Fixed Asset Investment by Region (2020)

单位：%

地　区	Region	本年资金来源合计 Total Sources of Funds for the Year	国家预算资金 State Budget Funds	国内贷款 Domestic Loans	债　券 Bonds	利用外资 Foreign Investment	自筹资金 Self-raising Funds	其他资金来源 Other Sources of Funding
总　计	**Total**	**6.4**	**11.7**	**14.5**	**-19.2**	**-40.2**	**4.6**	**6.7**
合肥市	Hefei	7.4	-4.1	28.7		-49.6	-12.5	24.8
淮北市	Huaibei	12.9	-52.5	31.6		229.1	10.7	35.3
亳州市	Bozhou	-0.2	-5.7	9.7		29.8	-11.3	9.0
宿州市	Suzhou	7.5	-28.2	3.6	930.0	253.7	10.7	5.9
蚌埠市	Bengbu	-2.7	37.2	3.6		73.9	18.9	-33.4
阜阳市	Fuyang	6.0	33.5	61.6	-77.9	-94.6	2.4	1.4
淮南市	Huainan	1.7	184.9	-35.0	-99.4	-33.5	12.1	-11.2
滁州市	Chuzhou	10.4	66.0	44.5		116.8	7.6	2.5
六安市	Luan	3.4	73.8	-21.5	-100.0	-7.0	-6.5	7.7
马鞍山市	Maanshan	13.6	4.4	-46.3		-26.0	16.8	16.5
芜湖市	Wuhu	14.5	56.7	10.6	68.0	-69.9	13.4	15.8
宣城市	Xuancheng	-5.3	-16.7	-57.1	-65.0	-100.0	5.4	-2.7
铜陵市	Tongling	13.4	202.0	-0.6	-70.2	-100.0	23.3	-5.7
池州市	Chizhou	11.5	20.0	2.8	8566.7	-71.4	17.3	3.7
安庆市	Anqing	6.8	20.8	36.7	-73.3	39.0	4.0	3.6
黄山市	Huangshan	3.1	-26.9	31.0	347.2	-99.9	11.6	-5.2

5—12 各市按建设性质项目分固定资产投资增长情况（2020年）
Growth of Investment in Fixed Assets by Construction Projects by Region (2020)

单位：%

地 区	Region	新 建 New Construction	扩 建 Expansion Construction	改建和技术改造 Reconstruction and Technical Transformation
总 计	**Total**	**5.8**	**-2.5**	**3.0**
合 肥 市	Hefei	14.1	-10.6	-2.5
淮 北 市	Huaibei	-1.6	-6.7	13.0
亳 州 市	Bozhou	-23.1	79.1	13.1
宿 州 市	Suzhou	-5.3	31.8	-34.5
蚌 埠 市	Bengbu	0.3	-11.7	-17.4
阜 阳 市	Fuyang	11.3	7.4	-16.3
淮 南 市	Huainan	11.3	-30.6	-3.8
滁 州 市	Chuzhou	14.5	-28.4	12.8
六 安 市	Luan	3.5	-6.1	92.6
马鞍山市	Maanshan	10.4	-3.4	14.2
芜 湖 市	Wuhu	10.7	1.5	9.1
宣 城 市	Xuancheng	0.1	17.8	8.5
铜 陵 市	Tongling	9.2	-13.4	-4.7
池 州 市	Chizhou	-1.9	35.1	16.8
安 庆 市	Anqing	-1.7	3.5	19.7
黄 山 市	Huangshan	-4.2	22.4	14.5

5—13 各市民间投资和技改投资增长情况（2020年）
Growth of Private Investment and Technological Innovation Investment by Region (2020)

单位：%

地 区	Region	民间投资 Private Investment	技改投资 Investment in Technological Transformation
总　计	**Total**	**0.8**	**-0.9**
合肥市	Hefei	5.9	5.5
淮北市	Huaibei	7.8	2.8
亳州市	Bozhou	-3.0	0.1
宿州市	Suzhou	0.3	-8.3
蚌埠市	Bengbu	-4.6	-25.1
阜阳市	Fuyang	-1.7	-17.7
淮南市	Huainan	3.3	-9.3
滁州市	Chuzhou	1.3	5.7
六安市	Luan	-5.4	11.9
马鞍山市	Maanshan	1.2	9.3
芜湖市	Wuhu	2.2	3.2
宣城市	Xuancheng	4.2	-2.1
铜陵市	Tongling	-6.3	-6.8
池州市	Chizhou	-11.9	6.7
安庆市	Anqing	3.2	10.5
黄山市	Huangshan	2.5	16.6

5—14 房地产开发主要指标
Main Indicators of Real Estate Development

指　标	Item	2005	2010	2015	2019	2020
企业个数（个）	Number of Enterprises (unit)	1917	3385	3620	4112	4143
登记注册类型	Registration type					
内　资	Domestic Funded	1811	3249	3534	4066	4082
#国　有	State-owned Enterprises	145	136	60	26	53
集　体	Collective Enterprises	51	25	6	1	1
港、澳、台投资	Funded by Entrepreneurs from Hong Kong, Macao and Taiwan	56	78	57	34	44
外商投资	Foreign Funded	50	58	29	12	17
企业控股情况	Controlling Stake of Enterprises					
国有控股	Controlling Stake of State-owner		312	283	367	393
集体控股	Controlling Stake of Group		116	59	38	38
私人控股	Controlling Stake of Priate		2620	2816	3241	3265
港、澳、台商控股	Controlling Stake of Hong Kong, Macao and Taiwan Businessman		80	51	41	31
外商控股	Controlling Stake of Foreign Businessman		61	30	17	13
其　他	Other		196	381	408	403
本年完成投资额（万元）	Investment Completed this Year (10000 yuan)	4594413	22518045	44248584	66704785	70422934
#住　宅	Residential Buildings	3233619	15952464	28491942	52480640	56367778
本年土地购置面积（万平方米）	Land Space Purchased this Year (10000 sq.m)	1896.39	2611.07	1805.94	3094.54	2981.93
资金来源小计（万元）	Source of Funds (10000 yuan)	5430807	28636982	49907807	84199967	89519935
#国内贷款	Domestically Loans	757235	3237258	5642296	8261624	8930567
自筹资金	Fundraising	2288821	12110747	18601276	24460397	24200758
房屋建筑面积（万平方米）	Floor Space of Buildings (10000 sq.m)					
施工面积	Floor Space Under Construction	5306.92	17541.90	34244.67	43591.15	44974.60
竣工面积	Floor Space Completed	1816.86	3020.57	5537.74	5673.90	5100.86
本年新开工面积	Floor Space Started this Year	2623.41	7317.60	7759.35	11117.46	11785.64
#住　宅	Residential Buildings	2181.61	5770.46	5254.68	8704.45	9243.72
商品房屋销售面积(万平方米)	Floor Space of Selling House (10000 sq.m)	1907.21	4113.88	6174.09	9229.38	9534.13
#住　宅	Residential Buildings	1686.03	3604.87	5356.81	8323.89	8695.35
商品房屋销售价格(元/平方米)	Selling Price of House (yuan/sq.m)	2220	4212	5457	7393	7705
#住　宅	Residential Buildings	2065	3907	5067	7360	7775
实收资本合计（万元）	Total Capital Hold (10000 yuan)	2976285	8603456	22029739	38488232	37079573
资产合计（万元）	State Capital (10000 yuan)	12152955	54332428	168467240	319608816	347312551
负债合计（万元）	Total Liabilities (10000 yuan)	8530794	40828272	132704740	258916816	279155283
资产负债率（%）	Ratio of Liabilities to Assets (%)	70.20	75.15	78.77	81.01	80.38
主营业务收入（万元）	Total Revenue (10000 yuan)	2720528	13150647	26455215	51248506	54741894
#土地转让收入	Land Transferred	12785	81646	408642	239121	69345

5—15　房地产开发投资（2020年）

Investment in Real Estate Development (2020)

指　标	Item	总　计 Total
计划总投资	Total Planned Investment	436283521
自开始建设累计完成投资	Accumulative Investment Actually Made Since Starting of Construction up to the End	294679368
本年完成投资	Investment Made this Year	70422934
#国有控股	State Controlling Share Hold Enterprises	9455014
按构成分：建筑工程	Grouped by Composition: Construction Project	42206430
安装工程	Installation Project	3508706
设备工器具购置	Purchase of Equipment and Instrument	735969
其他费用	Other Expenses	23971829
#旧建筑物购置费	Total Expenses of Purchasing Old Buildings	61888
土地购置费	Total Value of Land Purchased	22162518
按工程用途分：	Grouped by the Use of Project	
住　宅	Residential Buildings	56367778
#90平方米以下	Below 90m^2	6129377
144平方米以上	Above of 144m^2	5336270
办公楼	Office Buildings	1452056
商业营业用房	Houses for Business Use	7016767
其　他	Other	5586333
本年新增固定资产	Newly Increased Fixed Assets This Year	21783612
待开发土地面积　（平方米）	Land Space Prepared for Development (sq.m)	31072135
本年购置土地面积　（平方米）	Land Space Purchased this Year (sq.m)	29819321
本年土地成交价款	Land Costs This Year	13676402
#拆迁补偿费	Compensation for Demolition	90289

单位：万元（10000 yuan）

内　资 Domestic Funded	国　有 State-owned Enterprises	集　体 Collective Enterprises	港、澳、台投　资 Funded by Entrepreneurs from Hong Kong, Macao and Taiwan	外商投资 Foreign Funded	中　央 Central Government	地　方 Local Government	其　他 Other
426110588	5511430		7607756	2565177	11093432	50777075	374413014
287299869	3109059		5374409	2005090	7756306	31238297	255684765
69328067	1069998		865774	229093	1481458	8168625	60772851
9455014	1069998				1200865	4113888	4140261
41589002	721751		486108	131320	816727	4795035	36594668
3436551	18825		54265	17890	89918	319884	3098904
718863	1238		13888	3218	1296	65715	668958
23583651	328184		311513	76665	573517	2987991	20410321
61888						1130	60758
21804598	300785		290978	66942	476838	2688235	18997445
55549402	791319		632032	186344	1261945	6808028	48297805
5913393	177280		202359	13625	122091	980550	5026736
5205844	27660		98349	32077	149011	736597	4450662
1431450	35053		19180	1426	18062	163765	1270229
6813761	106749		177373	25633	51384	560953	6404430
5533454	136877		37189	15690	150067	635879	4800387
21426129	211680		263732	93751	445819	2218375	19119418
30484500	549516		411604	176031	419025	2682911	27970199
29771494	1304347			47827	630494	3746012	25442815
13670662	498063			5740	442889	2534785	10698728
90289						935	89354

5—16 房地产开发企业财务状况（2020年）
Enterprise's Financial Situation in Real Estate Development (2020)

项目	Item	流动资产合计 Circulating Funds	#存货 Stock	固定资产原价 Original Value of Fixed Assets	累计折旧 Accumulated Depreciation	资产合计 Total Assets
总计	**Total**	**291886547**	**158898931**	**6423424**	**1475967**	**347312551**
国有及国有控股企业	State Controlling Share Hold Enterprises	71539287	34641084	2613116	396226	101110896
按注册类型分	**Grouped by Status of Registration**					
内资	Domestic Funded	286226580	156467569	6136021	1391598	340333066
#国有	State-owned Enterprises	6073052	2940197	198042	32235	8757240
集体	Collective Enterprises	47		665	438	4968
港、澳、台投资	Funded by Entrepreneurs from Hong Kong, Macao and Taiwan	4625593	1937277	205424	69635	5579175
外商投资	Foreign Funded	1034374	494085	81979	14734	1400311
按隶属关系分	**Grouped by Administrative Relationship**					
中央	Central Government	7347373	3415301	109614	13915	9456182
地方	Local Government	56493836	29138383	2032414	316320	77292673
其他	Other	228045338	126345248	4281396	1145732	260563696
按资质等级分	**Grouped by qualification grade**					
一级	First Grade	15708857	6386485	273073	73369	21829395
二级	Second Grade	27319925	14358111	738744	217375	31766070
三级	Third Grade	46775957	22607110	2487591	644308	57837388
四级	Forth Grade	4044695	2394572	110443	31736	4544933
暂定	Tentative	170339654	97595192	2370007	428096	195540149
其他	Other	27697460	15557461	443567	81084	35794616

5—17 各市房地产开发企业财务状况（2020年）
Enterprise's Financial Situation in Real Estate Development by Region (2020)

地区	Region	流动资产合计 Circulating Funds	#存货 Stock	固定资产原价 Original Value of Fixed Assets	累计折旧 Accumulated Depreciation	资产合计 Total Assets
总计	**Total**	**291886547**	**158898931**	**6423424**	**1475967**	**347312551**
合肥市	Hefei	87271694	47269000	2550253	590609	108714710
淮北市	Huaibei	7398978	3774949	215283	37789	8774049
亳州市	Bozhou	17899570	8410447	159719	27310	19544581
宿州市	Suzhou	15066074	8723490	348363	30179	18894119
蚌埠市	Bengbu	17036855	9690634	295913	55058	20099883
阜阳市	Fuyang	28811352	16745376	486218	99066	32726066
淮南市	Huainan	8581034	4744201	65129	32605	10449350
滁州市	Chuzhou	17082905	8786340	248078	57047	19410412
六安市	Luan	15841968	9032056	108615	37445	17468390
马鞍山市	Maanshan	8554467	4221444	198650	41886	9527226
芜湖市	Wuhu	28642510	15170763	566819	154931	32089795
宣城市	Xuancheng	13636420	7770592	395728	52752	19481721
铜陵市	Tongling	6635947	3705154	194454	57368	7486707
池州市	Chizhou	4077502	2241993	79030	31591	4521722
安庆市	Anqing	10799270	5847133	301353	108307	13189006
黄山市	Huangshan	4550001	2765362	209821	62025	4934815

单位：万元（10000 yuan）

负债合计 Total Liabilities	资产负债率(%) Ratio of Liabilities to Assets (%)	所有者权益合计 Owners Equity	实收资本 Capital Hold	主营业务收入 Main Business Income	土地转让收入 Revenue of Land Transfer	主营业务成本 Main Business Cost	营业利润 Operating profit	应付职工薪酬 The payable staff pay
279155283	**80.4**	**68157268**	**37079573**	**54741894**	**69345**	**44120002**	**4436453**	**1226636**
69857831	69.1	31253066	10330013	8846703	37953	6815576	1200683	171266
274559090	80.7	65773976	35473270	53591881	69345	43368425	4267371	1192928
6309688	72.1	2447552	1310720	550635	177	450306	66962	16956
4205	84.6	763	2000	653		555	-9	45
3700314	66.3	1878861	1360361	926396		603006	96942	22399
895879	64.0	504431	245942	223618		148571	72140	11309
7179719	75.9	2276463	1395464	1726187		1076304	352594	35677
55707508	72.1	21585166	7182347	5781116	36196	4279499	656614	153774
216268056	83.0	44295640	28501762	47234591	33149	38764199	3427245	1037185
16167569	74.1	5661827	4135862	1636847		1193012	455896	58706
24775275	78.0	6990795	3149826	4417904	19979	3257661	593891	97247
42904445	74.2	14932943	6396865	7045467	16579	5417921	902244	163726
3569371	78.5	975563	719249	789884	1400	619044	70975	35013
163429951	83.6	32110199	19670150	35014529	30580	29165118	2021779	769191
28308674	79.1	7485942	3007620	5837264	807	4467247	391668	102752

单位：万元（10000 yuan）

负债合计 Total Liabilities	资产负债率(%) Ratio of Liabilities to Assets (%)	所有者权益合计 Owners Equity	实收资本 Capital Hold	主营业务收入 Main Business Income	土地转让收入 Revenue of Land Transfer	主营业务成本 Main Business Cost	营业利润 Operating profit	应付职工薪酬 The payable staff pay
279155283	**80.4**	**68157268**	**37079573**	**54741894**	**69345**	**44120002**	**4436453**	**1226636**
83697636	77.0	25017074	13579993	15837613	11985	12479576	1654413	335959
6902126	78.7	1871923	712852	993464	25979	802881	70291	24600
15494040	79.3	4050542	1573580	3250589	387	2747479	238425	65690
15471285	81.9	3422834	1434248	2204609	7996	1799123	-51519	71244
16804542	83.6	3295341	1515269	2884470	2671	2427784	149438	75048
28194082	86.2	4531984	3481037	6096222		4994560	482352	117944
8421929	80.6	2027420	1787419	1470373	171	1112265	277289	39884
16567523	85.4	2842889	1972919	4768483	11378	4054528	183040	96060
14866124	85.1	2602265	1528420	4109769	1903	3337536	262258	79631
7798213	81.9	1729013	806592	2211650	1212	1706815	181055	43213
26816474	83.6	5273321	3030120	3887466		2907956	603626	73158
13200900	67.8	6280822	1592344	2176448	2952	1841935	93426	50168
6581615	87.9	905093	861419	1095896		868838	84087	37089
3777008	83.5	744714	518537	803170	1	677504	35443	20162
10382540	78.7	2806465	1954207	2047752		1658779	122852	57665
4179246	84.7	755568	730619	903922	2711	702442	49979	39120

5—18 房地产开发企业（单位）财务状况
Enterprise's Financial Situation in Real Estate Development

单位：万元（10000 yuan）

项　　目	Item	2005	2010	2015	2019	2020
年初存货	**Opening Stock This Year**	**3403211**	**19892008**	**69197069**	**116429379**	**135091054**
年末资产负债	**Assets and Liabilities at the Year-end**					
流动资产合计	Total of Current Assets	10211981	46759621	141925366	272479344	291886547
#应收账款	Receivable Accounts			4574491	11490416	10940390
存　货	Stock	5013742	24613144	79781966	146199231	158898931
固定资产合计	Fixed Assets			4260390		
固定资产原价	Prime Cost of Fixed Assets	642349	1537883	4300126	6095521	6423424
累计折旧	Progressive Depreciation	115739	316551	857190	1318853	1475967
#本年折旧	Depreciation This Year	28292	67026	183218	278477	249724
在建工程	Projects In building			2318210	4857006	7696442
资产总计	Total of Assets	12152955	54332428	168467240	319608816	347312551
流动负债合计	Current Liabilities			111884489	202424537	219248516
#应付账款	Payables			11531651		
非流动负债合计	Non-Current Liabilities			20820251		
负债合计	Total of Liabilities	8530794	40828272	132704740	258916816	279155283
所有者权益合计	Total of Ownership Interest	3622161	13504156	35762501	60692000	68157268
#实收资本	Pail-up Capital	2976285	8603456	22029739	38488232	37079573
损益及分配	**Profit and Loss and Distribution**					
营业收入	Business Income			26973951	51615213	55850414
#主营业务收入	Main Business Earning	2720528	13150647	26455215	51248506	54741894
土地转让收入	Earning of Land Transfer	12785	81646	408642	239121	69345
商品房屋销售收入	Sales Revenue of Commercial Houses	2643962	12719888	24832862	49594978	53069473
房屋出租收入	Rental Income of Buildings	17969	85698	169620	183530	168766
其他收入	Other Income	45812	263415	1044091	1160720	1300392
营业成本	Business Cost			20543191	39432615	45719615
#主营业务成本	Main Business Cost	2150369	9672150	20244368	38839936	44120002
营业税金及附加	Business Tax and Affixation			2188629	2016326	1602027
其他业务利润	Other Business Profit	14302	36519	14218	65953	69553
销售费用	Sales Expense	79057	325905	934452	1928287	2235499
管理费用	Management Expense	193611	539208	1184320	1542730	1586425
财务费用	Financial Expense	57022	166459	610686	917702	823498
营业利润	Operating Profit	89612	1547277	1657790	5986599	4436453
投资收益	Investment Yield	2949	29217	135155	144047	573312
利润总额	Total of Profit	91318	1349105	1994345	5904072	4388932
应交所得税	Payable Income Tax	45306	270053	567289	1413326	1277451
人工成本	**Labor cost**					
应付职工薪酬（贷方累计发生额）	Payable Employee Compensation Credit Cumulative Amount			727047	1271488	1226636

5—19 房地产开发企业（单位）投资、资金和土地情况
Investment, Funds and Land Condition of Real Estate Developer

单位：万元（10000 yuan）

指 标	Item	2010	2015	2019	2020
计划总投资	Total Planned Investment	89896777	251053015	405328482	436283521
自开始建设累计完成投资	Accumulative Investment Actually Made Since Starting of Construction up to the End	59445213	171677082	277306369	294679368
本年完成投资	Investment Made this Year	22518045	44248584	66704785	70422934
#国有控股	State-holding Stock	3582149	6134806	8762961	9455014
按构成分：建筑工程	Grouped by Composition: Construction Project	14092819	30569270	37460022	42206430
安装工程	Installation Project	1524652	5219369	4925053	3508706
设备工器具购置	Purchase of Equipment and Instrument	250578	584514	1061346	735969
其他费用	Other Expenses	6649996	7875431	23258364	23971829
#旧建筑物购置费	Total Expenses of Purchasing Old Buildings	92803	116710	73649	61888
土地购置费	Total Value of Land Purchased	5161690	6419885	21271138	22162518
按工程用途分：	Grouped by the Use of Project				
住 宅	Residential Buildings	15952464	28491942	52480640	56367778
#90平方米以下	Below 90m^2	4402937	10547222	6510072	6129377
144平方米以上*	Above of 144m^2	1213521	2353790	6490775	5336270
别墅、高档公寓	Villas and Good Apartments	765862	668618	945642	
办公楼	Office Buildings	656341	2042490	1572212	1452056
商业营业用房	Houses for Business Use	2924003	10258620	7677406	7016767
其 他	Other	2985237	3455532	4974527	5586333
本年新增固定资产	Newly Increased Fixed Assets This Year	8564748	21065233	22328585	21783612
本年资金来源合计	Total by Source of Funds This Year	33029854	64989108	116545267	123510864
上年末结余资金	Surplus Funds at the End of Last Year	4392872	15081301	32345300	33990929
本年资金来源小计	Total Funds this Year	28636982	49907807	84199967	89519935
国内贷款	Domestic Loans	3237258	5642296	8261624	8930567
利用外资	Foreign Investment	61827	10186	45228	45900
自筹资金	Self-raising Fund	12110747	18601276	24460397	24200758
其他资金来源	Others	13227150	25654049	51432718	56342710
本年各项应付款合计	Total of All Payable Account This Year	3511325	14915267	22934944	25378952
#工程款	Project Account	1658561	7727866	13482085	15137073
待开发土地面积（万平方米）	Land Space Prepared for Development (10000 sq.m)	1709.09	2472.35	2448.80	3107.21
本年购置土地面积（万平方米）	Land Space Purchased this Year (10000 sq.m)	2611.07	1805.94	3094.54	2981.93
本年土地成交价款	Land Costs This Year	3599668	4793219	13502994	13676402

注：*2010年为140平方米以上的口径。

a) In 2010,Statistics is for over 140 square meters.

5—20 房地产开发企业（单位）施工、销售和待售情况（2020年）
Construction, sale and for sale in Real Estate Development Units (2020)

指标	Item	合计 Total	按用途分 Grouped by the Use of Project 住宅 Residential Buildings	#90平米以下 Below 90 sq.m	#144平米以上 Above of 144 sq.m	办公楼 Office Buildings	商业营业用房 Houses for Business Use	其他 Others
房屋施工面积 （万平方米）	Floor Space of Buildings Under Construction (10000 sq.m)	44974.6	33686.7	4203.5	2877.1	1211.9	4899.1	5176.9
#新开工面积	Newly Started	11785.6	9243.7	764.1	454.5	181.6	964.7	1395.7
房屋竣工面积 （万平方米）	Floor Space of Buildings Completed (10000 sq.m)	5100.9	3874.4	441.3	481.6	146.4	484.6	595.5
#不可销售面积	Not for Sale	193.7	60.0	9.8	9.8	13.7	30.1	89.9
住宅竣工套数 （套）	Sets of Commercial Residential Buildings Completed (set)		336749	51939	25364			
房屋竣工价值 （万元）	Value of Buildings Completed (10000 yuan)	16826032	13099923	1168248	1841361	702154	1489718	1534237
出租房屋面积 （万平方米）	Floor Space of Buildings for Renting （10000 sq.m）	26.1	0.5			6.2	11.1	8.3
商品房销售面积（万平方米）	Floor Space of Selling House (10000 sq.m)	9534.1	8695.4	626.2	630.0	123.4	479.7	235.6
#现房销售面积	Floor Space of Accomplished Buildings Sold	927.7	664.0	205.6	73.8	41.4	134.1	88.1
期房销售面积	Floor Space of Futures Marketable Housings Sold	8606.5	8031.3	420.6	556.2	82.1	345.6	147.5
商品房销售额 （万元）	Total Sales of Commercial Houses (10000 yuan)	73461458	67608609	3870079	6513141	962853	4141389	748607
#现房销售额	Sales Value of Accomplished Buildings	5319172	3708144	1006325	701743	323534	1025786	261708
期房销售额	Sales Value of Futures House	68142286	63900465	2863754	5811398	639319	3115603	486899
商品住宅销售套数 （套）	Sets of Commercial Residential Buildings Sold (set)		760693	77648	36482			
#现房销售套数	Sets of Accomplished Buildings Sold		63544	25230	3883			
期房销售套数	Sets of Futures House		697149	52418	32599			
待售面积 （万平方米）	Floor Space of Vacant Houses (10000 sq.m)	1541.7	666.1	122.7	77.2	114.3	533.5	227.8
待售1-3年	Vacant 1-3 Years	902.9	415.8	81.4	38.9	64.0	297.0	126.1
待售3年以上	Vacant More than 3 Years	151.5	39.8	7.0	17.1	11.8	74.8	25.2

5—21 各市房地产开发企业（单位）个数（2020年）
Number of Enterprises for Real Estate Development by Region (2020)

单位：个（unit）

地区	Region	企业个数 Number of Enterprises	内资企业 Domestic Funded Enterprises	#国有 State-owned	#集体 Collective-owned	#私营 Private Units	港澳台投资企业 Funded by Entrepreneurs from Hong Kong, Macao and Taiwan	外商投资企业 Foreign Funded Enterprises	国有控股 State-owned holdings
总计	**Total**	**4143**	**4082**	**53**	**1**	**1729**	**44**	**17**	**393**
合肥市	Hefei	641	617	10		171	17	7	114
淮北市	Huaibei	115	112	3		44	1	2	21
亳州市	Bozhou	182	182			52			17
宿州市	Suzhou	256	254	6		135	1	1	24
蚌埠市	Bengbu	232	230	6		93	2		33
阜阳市	Fuyang	342	341	4		163	1		21
淮南市	Huainan	143	142	2		66	1		10
滁州市	Chuzhou	393	391	5		225	2		18
六安市	Luan	257	255	1		121	2		14
马鞍山市	Maanshan	180	171	3		77	5	4	21
芜湖市	Wuhu	259	256	2		84	3		21
宣城市	Xuancheng	224	222	4		93	2		19
铜陵市	Tongling	184	183	1		87	1		17
池州市	Chizhou	149	149	1		58			12
安庆市	Anqing	380	378	4	1	165	2		20
黄山市	Huangshan	206	199	1		95	4	3	11

5—22 各市按控股情况分的房地产企业（单位）个数（2020年）
Number of Real Estate Enterprises (units) by Controlled Holdings by Region (2020)

单位：个（unit）

地区	Region	企业个数 Number of Enterprises	国有控股 State-owned Controlled Holdings	集体控股 Collective-owned Controlled Holdings	私人控股 Private Units Collective-owned Controlled Holdings	港澳台商控股 Funded by Entrepreneurs from Hong Kong, Macao and Taiwan Controlled Holdings	外商控股 Foreign Funded Enterprises Controlled Holdings	其他 Other
总计	**Total**	**4143**	**393**	**38**	**3265**	**31**	**13**	**403**
合肥市	Hefei	641	114	9	418	14	4	82
淮北市	Huaibei	115	21	1	85	1	1	6
亳州市	Bozhou	182	17		126			39
宿州市	Suzhou	256	24	3	216		2	11
蚌埠市	Bengbu	232	33	4	179	1		15
阜阳市	Fuyang	342	21	1	289			31
淮南市	Huainan	143	10	5	120	1		7
滁州市	Chuzhou	393	18		346	1		28
六安市	Luan	257	14	2	204	2		35
马鞍山市	Maanshan	180	21		142	4	3	10
芜湖市	Wuhu	259	21		194	1		43
宣城市	Xuancheng	224	19		191	1		13
铜陵市	Tongling	184	17	4	147			16
池州市	Chizhou	149	12		122			15
安庆市	Anqing	380	20	7	316	1		36
黄山市	Huangshan	206	11	2	170	4	3	16

5—23 各市房地产开发建设投资总规模及完成投资（2020年）
General Scale of and Actually Completed Investment in Real Estate Development by Region (2020)

单位：万元（10000 yuan）

地 区	Region	计划总投资 Total Investment Actually Needed	自开始建设至本年底累计完成投资 Accumulative Investment Actually Made Since Starting of Construction up to the End of this Year	本年完成投资 Investment Made this Year	全部建成尚需投资 Further Investment Required for the Completion of Construction
总　计	**Total**	**436283521**	**294679368**	**70422934**	**141604153**
合肥市	Hefei	121864498	82649475	15469920	39215023
淮北市	Huaibei	8884090	5325312	2141794	3558778
亳州市	Bozhou	23869741	15617209	4496572	8252532
宿州市	Suzhou	24646740	15457456	4533756	9189284
蚌埠市	Bengbu	29805920	24142719	6293318	5663201
阜阳市	Fuyang	44823081	26687073	8511928	18136008
淮南市	Huainan	15280386	8973401	2884576	6306985
滁州市	Chuzhou	30646729	18871289	5073288	11775440
六安市	Luan	24369502	14993913	4152345	9375589
马鞍山市	Maanshan	15664185	12868772	2464963	2795413
芜湖市	Wuhu	32424284	25167694	4884133	7256590
宣城市	Xuancheng	16045896	10673916	2585726	5371980
铜陵市	Tongling	14690062	11169783	1715209	3520279
池州市	Chizhou	7817615	5767618	811758	2049997
安庆市	Anqing	15123283	9675531	2574748	5447752
黄山市	Huangshan	10327509	6638207	1828900	3689302

5—24 各市按用途分的房地产开发企业（单位）完成投资额（2020年）
Actually Completed Investment of Enterprises for Real Estate Development by Region and by Use (2020)

单位：万元（10000 yuan）

地 区	Region	本年完成投资额 Investment Made this Year	住宅 Residential Buildings	#90平米以下 Below 90 sq.m	144平米以上 Above of 144 sq.m	办公楼 Office Buildings	商业营业用房 Houses for Business Use	其他 Other
总　计	**Total**	**70422934**	**56367778**	**6129377**	**5336270**	**1452056**	**7016767**	**5586333**
合肥市	Hefei	15469920	12373709	1812220	1635048	693827	998344	1404040
淮北市	Huaibei	2141794	1801011	196146	107797	7856	223217	109710
亳州市	Bozhou	4496572	3729456	553969	177327	46096	379513	341507
宿州市	Suzhou	4533756	3527488	337660	241847	38709	458814	508745
蚌埠市	Bengbu	6293318	5029464	376518	420227	89920	737886	436048
阜阳市	Fuyang	8511928	6815052	472204	469668	173412	971927	551537
淮南市	Huainan	2884576	2175035	138277	168540	18147	348107	343287
滁州市	Chuzhou	5073288	4188324	510563	366884	26117	593187	265660
六安市	Luan	4152345	3255105	242652	228155	53155	487159	356926
马鞍山市	Maanshan	2464963	2178915	373369	208003	30415	167078	88555
芜湖市	Wuhu	4884133	4101652	491428	630626	20173	448494	313814
宣城市	Xuancheng	2585726	2172441	171195	281742	28366	223033	161886
铜陵市	Tongling	1715209	1364661	95569	87530	38305	116417	195826
池州市	Chizhou	811758	662650	44372	72901	18078	71127	59903
安庆市	Anqing	2574748	1777234	73699	127222	59137	434155	304222
黄山市	Huangshan	1828900	1215581	239536	112753	110343	358309	144667

5—25 各市房地产开发企业（单位）资金来源（2020年）
Sources of Funds of Enterprises for Real Estate Development by Region (2020)

单位：万元（10000 yuan）

地 区	Region	本年资金来源合计 Total Sources of Funds	上年末结余资金 Funds by the End of Last Year	本年资金来源小计 Total Funds This Year	国内贷款 Domestic Loans	#银行贷款 Bank Loan	自筹资金 Self-raising Funds
总 计	**Total**	**123510864**	**33990929**	**89519935**	**8930567**	**6701983**	**24200758**
合肥市	Hefei	38666278	11482145	27184133	4736467	3912598	4688429
淮北市	Huaibei	3153113	815213	2337900	155436	134946	840083
亳州市	Bozhou	7689793	2061280	5628513	431737	310221	1490568
宿州市	Suzhou	6865321	1560714	5304607	424713	306960	1926238
蚌埠市	Bengbu	8350230	2273967	6076263	403208	278865	2486054
阜阳市	Fuyang	13228609	3212651	10015958	812900	368160	2431465
淮南市	Huainan	3920722	1103335	2817387	161096	112779	1210949
滁州市	Chuzhou	8049397	2366988	5682409	375472	243812	2178977
六安市	Luan	7938555	2693999	5244556	185222	123850	985459
马鞍山市	Maanshan	3531279	1039751	2491528	91323	58130	851542
芜湖市	Wuhu	7315478	1755359	5560119	406247	282078	1666935
宣城市	Xuancheng	3859868	847681	3012187	138945	87410	814494
铜陵市	Tongling	2308340	654033	1654307	71817	64992	720471
池州市	Chizhou	1468744	328276	1140468	104495	81220	289073
安庆市	Anqing	4712867	1334192	3378675	293670	237770	716750
黄山市	Huangshan	2452270	461345	1990925	137819	98192	903271

5—26 各市房地产开发建设房屋建筑面积和造价（2020年）
Floor Space of Buildings and their Cost in Real Estate Development by Region (2020)

地 区 Region	施工房屋面积（平方米）Floor Space of Buildings Under Construction (sq.m)	新开工 Newly Started	竣工房屋面积（平方米）Floor Space of Buildings Completed (sq.m)	房屋建筑面积竣工率（%）Ratio of Floor Space of Buildings Completed (%)	竣工房屋价值（万元）Value of Buildings Completed (10000 yuan)	竣工房屋造价（元/平方米）Cost of Buildings Completed (yuan/sq.m)
总 计 Total	**449745988**	**117856360**	**51008621**	**11.3**	**16826032**	**3299**
合肥市 Hefei	79989464	17321794	16136966	20.2	6223442	3857
淮北市 Huaibei	12267788	4571923	801825	6.5	293592	3662
亳州市 Bozhou	32672086	9569979	710213	2.2	222257	3129
宿州市 Suzhou	33671933	11460699	3512660	10.4	970143	2762
蚌埠市 Bengbu	31462446	8644110	2873829	9.1	994117	3459
阜阳市 Fuyang	58549585	13556873	3508134	6.0	967548	2758
淮南市 Huainan	15230890	4373639	1334233	8.8	381460	2859
滁州市 Chuzhou	36113565	10005007	4043241	11.2	1095605	2710
六安市 Luan	36917839	10248970	2079285	5.6	491785	2365
马鞍山市 Maanshan	14623457	3558974	2879067	19.7	1101123	3825
芜湖市 Wuhu	27368461	5736490	5129598	18.7	1671406	3258
宣城市 Xuancheng	19038816	6372514	1842792	9.7	504520	2738
铜陵市 Tongling	11813864	2135535	2001413	16.9	587990	2938
池州市 Chizhou	9299646	2110885	1210148	13.0	353242	2919
安庆市 Anqing	22305198	5444419	2100857	9.4	678908	3232
黄山市 Huangshan	8420950	2744549	844360	10.0	288894	3421

5—27 各市按用途分的房地产开发企业（单位）新开工房屋面积（2020年）

Floor Space Started in Real Estate Development by Region and by Use (2020)

单位：平方米（sq.m）

地 区	Region	本年新开工房屋面积 Floor Space Started This Year	住 宅 Residential Buildings	#90平米以下 Below 90 sq.m	144平米以上 Above of 144 sq.m	办公楼 Office Buildings	商 业 营业用房 Houses for Business Use	其 他 Other
总 计	**Total**	**117856360**	**92437234**	**7641360**	**4545439**	**1815581**	**9646637**	**13956908**
合肥市	Hefei	17321794	12869629	2164258	1169701	776891	979642	2695632
淮北市	Huaibei	4571923	3856570	174696	245406	40356	303455	371542
亳州市	Bozhou	9569979	8066293	1110529	213967	14642	664794	824250
宿州市	Suzhou	11460699	9518592	721396	260471	111660	659668	1170779
蚌埠市	Bengbu	8644110	6967909	447939	129169	162534	738602	775065
阜阳市	Fuyang	13556873	11081999	704735	414359	151203	839028	1484643
淮南市	Huainan	4373639	3126456	168869	99665	42282	625424	579477
滁州市	Chuzhou	10005007	7610562	419602	423394	60760	917879	1415806
六安市	Luan	10248970	8192635	299664	405733	167358	799775	1089202
马鞍山市	Maanshan	3558974	2757059	332949	179184	29463	426519	345933
芜湖市	Wuhu	5736490	4306164	390415	159237	29406	259857	1141063
宣城市	Xuancheng	6372514	5138877	274076	394750	39230	492609	701798
铜陵市	Tongling	2135535	1513043	57969	107168	32686	125249	464557
池州市	Chizhou	2110885	1822232	120761	27404	37773	143358	107522
安庆市	Anqing	5444419	3882749	60252	198496	3385	1075231	483054
黄山市	Huangshan	2744549	1726465	193250	117335	115952	595547	306585

5—28 各市商品房屋销售情况（2020年）
Selling of Commercial Houses by Region (2020)

地 区	Region	房屋销售面积（平方米）Floor Space of Commercial-ized Buildings Sold (sq.m)	#住 宅 Residential Buildings	现 房 Completed Buildings	期 房 Buildings Completed in Future	商品房销售额（万元）Total Sales of Commercial-ized Buildings (10000 yuan)	#住 宅 Residential Buildings	现 房 Completed Buildings	期 房 Buildings Completed in Future
总 计	**Total**	**95341291**	**86953547**	**9276738**	**86064553**	**73461458**	**67608609**	**5319172**	**68142286**
合肥市	Hefei	14861077	12974015	1735205	13125872	21282934	19804331	1444615	19838319
淮北市	Huaibei	2512701	2449039	141293	2371408	1646903	1574370	59066	1587837
亳州市	Bozhou	7040071	6809709	299192	6740879	4195942	3968239	119789	4076153
宿州市	Suzhou	8073152	7706298	641685	7431467	4559729	4280559	301245	4258484
蚌埠市	Bengbu	8805587	8099649	1013049	7792538	5414662	4912756	485443	4929219
阜阳市	Fuyang	11122427	10262989	168894	10953533	7414865	6726344	103705	7311160
淮南市	Huainan	2996619	2869427	177397	2819222	1906051	1816253	91646	1814405
滁州市	Chuzhou	10897779	9504998	761706	10136073	6768975	6134073	340005	6428970
六安市	Luan	6577509	6044391	637629	5939880	4213178	3869535	342928	3870250
马鞍山市	Maanshan	2841762	2677426	360106	2481656	2195658	2081216	184024	2011634
芜湖市	Wuhu	5527058	5125458	994601	4532457	4839471	4506621	762995	4076476
宣城市	Xuancheng	4136135	3755766	727657	3408478	2590750	2360692	310881	2279869
铜陵市	Tongling	2488495	2220351	867691	1620804	1378408	1198606	333576	1044832
池州市	Chizhou	1525365	1332844	207449	1317916	969076	871694	111637	857439
安庆市	Anqing	4101488	3585447	313477	3788011	2753925	2393238	186600	2567325
黄山市	Huangshan	1834066	1535740	229707	1604359	1330931	1110082	141017	1189914

5—29 各市按用途分的商品房屋实际销售面积（2020年）
Floor Space of Commercial Houses Actually Sold by Use and by Region (2020)

单位：平方米（sq.m）

地 区	Region	房屋销售面积 Floor Space of Selling House	商品住宅 Residential Buildings	#90平米以下 Below 90 sq.m	144平米以上 Above of 144 sq.m	办公楼 Office Buildings	商业营业用房 Houses for Business Use	其 他 Other
总 计	**Total**	**95341291**	**86953547**	**6262095**	**6300118**	**1234397**	**4797094**	**2356253**
合肥市	Hefei	14861077	12974015	1384873	1551830	724266	397029	765767
淮北市	Huaibei	2512701	2449039	171422	134678	7159	56503	
亳州市	Bozhou	7040071	6809709	313383	375639	11568	170410	48384
宿州市	Suzhou	8073152	7706298	450003	249757	5405	341698	19751
蚌埠市	Bengbu	8805587	8099649	638175	308496	84547	577037	44354
阜阳市	Fuyang	11122427	10262989	538204	412312	56113	590631	212694
淮南市	Huainan	2996619	2869427	82541	326049	1914	118826	6452
滁州市	Chuzhou	10897779	9504998	907033	643197	46256	565209	781316
六安市	Luan	6577509	6044391	241833	375256	38706	462230	32182
马鞍山市	Maanshan	2841762	2677426	193002	289423	29591	122391	12354
芜湖市	Wuhu	5527058	5125458	458152	497209	41878	264636	95086
宣城市	Xuancheng	4136135	3755766	327758	493772	12683	258098	109588
铜陵市	Tongling	2488495	2220351	260852	134287	77621	139067	51456
池州市	Chizhou	1525365	1332844	71484	171392	30425	115789	46307
安庆市	Anqing	4101488	3585447	66517	161979	57580	378530	79931
黄山市	Huangshan	1834066	1535740	156863	174842	8685	239010	50631

5—30 各市按用途分的商品房屋平均销售价格（2020年）
Average Selling Price of Commercial Houses by Region and by Use (2020)

单位：元/平方米（yuan/sq.m）

地区	Region	房屋平均销售价格 Average Selling Price of Houses	商品住宅 Residential Buildings	#90平米以下 Below 90 sq.m	144平米以上 Above of 144 sq.m	办公楼 Office Buildings	商业营业用房 Houses for Business Use	其他 Other
总计	**Total**	**7705**	**7775**	**6180**	**10338**	**7800**	**8633**	**3177**
合肥市	Hefei	14321	15265	9059	19324	9156	12837	3993
淮北市	Huaibei	6554	6429	4443	5831	4005	12330	
亳州市	Bozhou	5960	5827	6333	7646	6776	12486	1464
宿州市	Suzhou	5648	5555	4216	5749	5976	7958	2031
蚌埠市	Bengbu	6149	6065	4690	8384	5715	7596	3449
阜阳市	Fuyang	6667	6554	4974	6096	8772	9355	4079
淮南市	Huainan	6361	6330	5951	5601	6108	7084	6892
滁州市	Chuzhou	6211	6454	6323	6272	6231	8028	1949
六安市	Luan	6405	6402	5322	7023	5006	6726	4156
马鞍山市	Maanshan	7726	7773	5050	7920	5038	7540	5868
芜湖市	Wuhu	8756	8793	6355	12256	5691	11050	1746
宣城市	Xuancheng	6264	6286	5422	7240	5903	6534	4922
铜陵市	Tongling	5539	5398	2516	6452	6135	8445	2863
池州市	Chizhou	6353	6540	5972	7930	2504	6227	3815
安庆市	Anqing	6714	6675	4194	5724	5148	8242	2385
黄山市	Huangshan	7257	7228	8299	7667	8929	7650	5975

5—31 各市按用途分的商品房待售情况（2020年）
Commercial House for Sale by Used by Region (2020)

单位：平方米（sq.m）

地区	Region	房屋待售面积 Square House for Sale	商品住宅 Residential Buildings	#90平米以下 Below 90 sq.m	144平米以上 Above of 144 sq.m	办公楼 Office Buildings	商业营业用房 Houses for Business Use	其他 Other
总计	**Total**	**15417239**	**6660911**	**1227290**	**771686**	**1143273**	**5334924**	**2278131**
合肥市	Hefei	2737282	507224	61557	149441	608592	539711	1081755
淮北市	Huaibei	361640	253399	67609	5823	5507	101514	1220
亳州市	Bozhou	689530	536454	237	8805	18067	133209	1800
宿州市	Suzhou	860129	513637	288437	21118		323935	22557
蚌埠市	Bengbu	320092	103697	13613	18226	68755	106637	41003
阜阳市	Fuyang	500870	89669	626	148	56471	351546	3184
淮南市	Huainan	454451	292502	45385	4444	11250	144367	6332
滁州市	Chuzhou	1018231	349588	53927	18754	42616	439108	186919
六安市	Luan	1094959	711652	44051	45502	2004	326536	54767
马鞍山市	Maanshan	462006	172557	29041	17074	10298	256838	22313
芜湖市	Wuhu	1006826	353446	40840	59225	137134	474059	42187
宣城市	Xuancheng	939106	519614	97587	98961	25412	309771	84309
铜陵市	Tongling	1599434	606193	262317	46915	54212	569313	369716
池州市	Chizhou	939912	393368	67945	44337	38032	455808	52704
安庆市	Anqing	1393634	701989	78998	63628	54877	436376	200392
黄山市	Huangshan	1039137	555922	75120	169285	10046	366196	106973

主要统计指标解释

固定资产投资

固定资产投资额是以货币表现的建造和购置固定资产活动的工作量，它是反映固定资产投资规模、速度、比例关系和使用方向的综合性指标。固定资产投资按经济类型可分为国有、集体、个体、联营、股份制、外商、港澳台商、其他等。按照管理渠道，全社会固定资产投资统计的范围包括：⑴城镇和农村 500 万元以上固定资产投资项目；⑵房地产开发投资；⑶农村非农户投资。

房地产开发投资

指房地产开发公司、商品房建设公司及其他房地产开发法人单位和附属于其他法人单位实际从事房地产开发或经营的活动单位统一开发的包括统代建、拆迁还建的住宅、厂房、仓库、饭店、宾馆、度假村、写字楼、办公楼等房屋建筑物和配套的服务设施，土地开发工程（如道路、给水、排水、供电、供热、通讯、平整场地等基础设施工程）的投资；不包括单纯的土地交易活动。

建设总规模

是指在报告期内所有施工项目的计划总投资。

在建总规模

是指在报告期末所有在建项目的计划总投资。

在建净规模

是指报告期末所有在建项目建成投产尚需的投资总量。

在建净规模＝在建总规模－未投产项目（期末在建）累计完成投资。

固定资产投资的资金来源

根据固定资产投资的资金来源不同，分为国家预算内资金、国内贷款、利用外资、自筹资金和其他资金来源。

⑴国家预算资金：包括一般预算、政府性基金预算、国有资本经营预算和社保基金预算。各类预算中用于固定资产投资的资金全部用为国家预算资金填报，其中一般预算中用于固定资产投资的部分包括基建投资、车购税、灾后恢复重建基金和其他投资。各级政府债券也归入国家预算资金。

⑵国内贷款：指报告期内企、事业单位向银行及非银行金融机构借入的用于固定资产投资的各种国内借款。包括银行利用自有资金及吸收的存款发放的贷款、上级主管部门拨入的国内贷款、国家专项贷款（包括煤代油贷款、劳改煤矿专项贷款等）、地方财政专项资金安排的贷款、国内储备贷款、周转贷款等。

⑶利用外资：指报告期内收到的用于固定资产投资的国外资金，包括统借统还、自借自还的国外贷款，中外合资项目中的外资，以及对外发行债券和股票等。国家统借统还的外资指由我国政府出面同外国政府、团体或金融组织签订贷款协议、并负责偿还本息的国外贷款。

⑷自筹资金：指建设单位报告期内收到的，用于进行固定资产投资的上级主管部门、地方和企、事业单位自筹资金。

⑸其他资金来源：指报告期内收到的除以上各种拨款。

固定资产投资按建设性质分

建设项目的性质一般分为新建、扩建、改建、迁建、恢复。基本建设按建设项目划分建设性质，更新改造、国有单位其他固定资产投资及城镇集体投资等按整个企业、事业单位的建设情况确定建设性质，房地产开发单位、农村投资等投资不划分建设性质。

⑴新建：一般是指从无到有、“平地起家”新开始建设的单位。有的单位原有的基础很小，经过建设后其新增加的固定资产价值超过原有固定资产价值（原值）三倍以上的也算新建。

⑵扩建：一般是指为扩大原有产品的生产能力，在厂内或其他地点增建主要生产车间（或主要工程）、独立的生产线或分厂的企业；事业单位和行政单位在原单位增建业务用房（如学校增建教学用房、医院增建门诊部或病床用房、行政机关增建办公楼等）也作为扩建。

⑶改建：一般是指现有企业、事业单位为了技术进步，提高产品质量，增加花色品种，促进产品升级换代，降低消耗和成本，加强资源综合利用和三废治理、劳保安全等，采用新技术、新工艺、新设备、新材料等对现有设施、工艺条件进行技术改造或更新（包括相应配套的辅助性生产、生活福利设施）。有的企业为充分发挥现有生产能力，进行填平补齐而增建不增加本单位主要产品生产能力的车间等，也属于改建。

固定资产投资按构成分

固定资产投资活动按其工作内容和实现方式分为建筑安装工程，设备、工具、器具购置，其他费用三个部分。

⑴建筑安装工程（建筑安装工作量）：指各种房屋、建筑物的建造工程和各种设备、装置的安装工程。包括各种房屋建造工程，各种用途设备基础和各种工业窑炉的砌筑工程；为施工而进行的各种准备工作和临时工程以及完工后的清理工作等；铁路、道路的铺设，矿井的开凿及石油管道的架设等；水利工程；防空地下建筑等特殊工程；以及各种机械设备的安装工程；为测定安装工程质量，对设备进行的试运工作。在安装工程中，不包括被安装设备本身的价值。

⑵设备、工具、器具购置：指购置或自制达到固定资产标准的设备、工具、器具的价值，固定资产的标准按财务部门规定。新建单位、扩建单位的新建车间按照设计和计划要求购置或自制的全部设备、工具、器具，不论是否达到固定资产标准均计入“设备、工具、器具购置”中。

⑶其他费用：指在固定资产建造和购置过程中发生的，除建筑安装工程和设备、工具、器具购置以外的各种应摊入固定资产的费用。

施工项目

指报告期内曾进行建筑或安装工程施工活动的建设项目，包括报告期内新开工项目、报告期以前开工跨入报告期继续施工的项目以及报告期施过工并在报告期内全部建成投产或停缓建的项目。

全部建成投产项目

工业项目是指设计文件规定形成生产能力的主体工程及其相应配套的辅助设施全部建成，经负荷试运转，证明具备生产设计规定合格产品的条件，并经过验收鉴定合格或达到竣工验收标准，与生产性工程配套的生活福利设施可以满足近期正常生产的需要，正式移交生产的建设项目。非工业项目是指设计文件规定的主体工程和相应的配套工程全部建成，能够发挥设计规定的全部效益，经验收鉴定合格或达到竣工验收标准，正式移交使用的建设项目。

商品住宅

指房地产开发企业（单位）建设并出售、出租给使用者，仅供居住用的房屋。

土地开发投资额

指房地产开发企业完成的前期工程投资，即路通、水通、电通、场地平整等（也称七通一平）所完成的投资。一般指生地开发成熟地的投资。在旧城区（老区拆迁）的开发中，如果有统一的规划，如政府有关部门批准的小区建设的前期工程中，有场地平整，原有建筑物、构筑物拆除，供水供电工程等工作量也可计算。未进行开发工程、只进行单纯的土地交易活动不作为土地开发投资统计。土地开发投资额在房屋用途分组中能分摊的部分就分摊，不能分摊的全部计入其他。

土地购置费

指房地产开发企业为取得土地使用权而支付的费用。土地购置费按当期发生数计入投资，如土地购置费为分期付款的，可分期计入投资；不计入新增固定资产。土地购置费支出包括：①通过草拟方式取得的土地使用权所支付的土地补偿费、附着物和青苗补偿费、安置补偿费及土地征收管理费等；②通过出让方式取得土地使用权所支付的出让金。

投资额按房屋工程用途分组

指投资额中用于各类房屋建设的投资。

住宅

指专供居住的房屋，包括别墅、公寓、职工家属宿舍和集体宿舍（包括职工单身宿舍和学生宿舍）等。但不包括住宅楼中作为人防用、不住人的地下室等。

本年完成开发土地面积

指报告期内对土地进行开发并已完成七通一平等前期开发工程，具备进行房屋建筑物施工或出让条件的土地面积。

本年购置土地面积

指在本年内通过各种方式获得土地使用权的土地面积。

本年土地成交价款

指进行土地使用权交易活动的最终金额。在土地一级市场，是指土地最后的划拨款和出让价；在土地二级市场是指土地转让、出租、抵押等最后确定的合同价格。土地成交价款与土地购置面积同口径，目的是正确计算平均土地购置价格。

房屋施工面积

指报告期内施工的全部房屋建筑面积。包括本期新开工的面积和上年开工跨入本期继续施工的房屋面积，以及上期已停建在本期恢复施工的房屋面积。本期竣工和本期施工后又停建缓建的房屋面积仍包括在施工面积中，多层建筑应填各层建筑面积之和。

房屋竣工面积

指报告期内房屋建筑按照设计要求已全部完工，达到住人和使用条件，经验收鉴定合格或达到竣工验收标准（实行房地产开发小区综合验收的城市，应经小区综合验收合格），可正式移交使用的各栋房屋建筑面积的总和。

实际销售面积

指报告期内已竣工的房屋面积中已正式交付给购房者或已签订（正式）销售合同的商品房屋面积。不包括已签订预售合同正在建设的商品房屋面积，但包括报告期或报告期以前签订了预售合同，在报告期又竣工的商品房屋面积。

Explanatory Notes for Major Statistical Indicators

Investment in fixed assets

amount of investment in fixed assets refers to the amount of money spent on the construction and purchase of fixed assets. It is a comprehensive indicator reflecting the scale, speed, proportional relationship and direction of use of fixed assets investment. According to the type of economy, investment in fixed assets can be divided into state-owned, collective, individual, joint venture, joint-stock system, foreign investors, Hong Kong, Macao and Taiwan businessmen, and others. According to the management channel, the scope of the statistics of the whole society's fixed assets investment includes: (1) Urban and rural fixed assets investment projects of more than 5 million yuan; (2) Investment in real estate development; (3) Rural non-household investment.

Investment in real estate development

refers to the real estate development companies, commercial housing construction and other real estate development company legal person units and is attached to other legal person units engaged in real estate development or business activity units unified development including the system construction, demolition also build houses, factories, warehouses, restaurants, hotels, resorts, office buildings, office buildings and other buildings and supporting facilities, Investment in land development projects (such as roads, water supply, drainage, power supply, heating, communications, site leveling and other infrastructure projects); Pure land transaction activities are not included.

Total construction scale

refers to the total planned investment of all construction projects during the reporting period.

Total size under construction

total planned investment in all projects under construction at the end of the reporting period.

Net size under construction

refers to the total amount of investment required by the end of the reporting period for all projects under construction to be completed and put into operation.

Net scale under construction = total scale under construction - projects not put into production (under construction at the end of the period) accumulated investment completed.

Sources of capital for investment in fixed assets

according to different sources of funds for fixed assets investment, it can be divided into funds within the state budget, domestic loans, foreign investment, self-raised funds and other sources of funds.

a) State budgetary funds include general budgets, budgets for government-managed funds, budgets for state capital operations and budgets for social security funds. All the funds used for fixed asset investment in various budgets are reported as state budget funds. The part used for fixed asset investment in general budgets includes infrastructure investment, car purchase tax, post-disaster recovery and reconstruction funds and other investments. Government bonds at all levels are also included in the national budget.

b) Domestic loans refer to all kinds of domestic loans borrowed by enterprises and institutions from banks and non-bank financial institutions for investment in fixed assets during the reporting period. These include loans issued by banks with their own funds and deposits, domestic loans allocated by higher competent departments, national special loans (including coal for oil loans, special loans for reforming coal mines through labor, etc.), loans arranged by special funds of local finance, domestic reserve loans, revolving loans, etc.

c) Utilization of foreign capital: refers to the foreign funds received during the reporting period for investment in fixed assets, including foreign loans borrowed and repaid by the government, foreign capital in sino-foreign joint venture projects, as well as the issuance of bonds and stocks. Foreign capital collectively borrowed and repaid by the state refers to foreign loans that the Chinese government signs loan agreements with foreign governments, organizations or financial organizations and is responsible for the repayment of principal and interest.

d) Self-raised funds refer to the self-raised funds received by the construction unit during the reporting period and used by the superior competent authorities, local authorities, enterprises and institutions for the investment in fixed assets.

f) Other sources of funding: refers to grants other than those received during the reporting period.

Investment in fixed assets is divided by the nature of construction

nature of construction projects is generally divided into new construction, expansion, reconstruction, relocation and restoration. The nature of capital construction is divided according to the construction project, the nature of renovation, other fixed assets investment of state-owned units and urban collective investment is determined according to the construction situation of the whole enterprise and public institution, and the nature of investment such as real estate development units and rural investment is not divided.

a) Build new: it is to point to to have from nothing commonly, "ground ground start up" the unit that starts building new. For some units whose original foundation is very small, the value of their newly added fixed assets after construction is more than three times the value of the original fixed assets (original value) is also counted as new construction.

b) Expansion: generally refers to the expansion of the original product production capacity, in the factory or other locations to build a major production workshop (or major engineering), independent production line or branch factory enterprises; Public institutions and administrative units in the original unit to build more business rooms (such as schools to build more teaching rooms, hospitals to build more outpatient department or bed rooms, administrative authorities to build office buildings, etc.) also as expansion.

c) Modification: It generally refers to existing enterprises and institutions to improve product quality, increase product varieties, promote product upgrading, reduce consumption and cost, strengthen comprehensive utilization of resources, treatment of three wastes, labor safety, etc., for the purpose of technological progress. Adopt new technology, new process, new equipment and new materials to carry out technical transformation or update of existing facilities and process conditions (including corresponding supporting auxiliary production and living welfare facilities). Some enterprises give full play to existing production capacity, undertake fill fill and add the workshop that does not increase this unit main product production capacity to wait, also belong to rebuild.

Investment in fixed assets is divided by composition

according to their work content and implementation mode, the investment activities of fixed assets can be divided into three parts: construction and installation works, purchase of equipment, tools and appliances, and other expenses.

a) Construction and installation work (construction and installation workload) : refers to the construction work of various houses and buildings and the installation work of various equipment and installations. Including a variety of housing construction projects, various uses of equipment foundation and a variety of industrial kiln masonry projects; Preparation and temporary works for the construction and clean-up work after completion; The laying of railways and roads, the digging of mines and the erection of oil pipelines; Water conservancy project; Air defense underground construction and other special projects; And the installation of various mechanical equipment; Test run of equipment to determine the quality of an installation project. In the installation project, the value of the installed equipment itself is not included.

b) Purchase of equipment, tools and appliances: refers to the value of purchased or self-made equipment, tools and appliances that meet the standards of fixed assets. The standards of fixed assets shall be stipulated by the financial department. All the equipment, tools and appliances purchased or self-made in accordance with the design and plan requirements of the new unit and the new workshop of the expanded unit, regardless of whether they meet the standards of fixed assets, shall be included in the "Purchase of Equipment, tools and appliances".

c) Other expenses refer to the expenses incurred during the construction and purchase of fixed assets, other than the construction and installation works and the purchase of equipment, tools and appliances, which should be amoralized into fixed assets.

Construction project

refers to the construction projects in which construction or installation works have been carried out during the report period, including the new projects in the report period, the projects that started before the report period and continue to be constructed during the report period, and the projects that have been completed and put into operation or are suspended during the report period.

All completed and put into production

Industrial projects refers to the regulation form the production capacity of major projects and its corresponding auxiliary facilities completed, after the load test run, have in the production of qualified products designed condition, and identified qualified acceptance or meet completion inspection and acceptance standards, and production engineering supporting life welfare facilities can meet the needs of normal production of the recent, Formal handover of the construction project to production. Non-industrial project refers to the construction project that the main part of the project and the corresponding supporting projects specified in the design documents have been completed, can give full play to the benefits specified in the design, passed the appraisal or reached the completion acceptance standard, and is officially transferred to use.

Commodity residential house

refers to the housing built by real estate development enterprises (units) and sold or rented to users for residential use only.

Land development investment

refers to the real estate development enterprises completed the investment in the early stage of the project, namely road, water, dentsu, site leveling, etc. (also known as seven and one ping) completed investment. Generally refers to the development of raw land mature investment. In the old city (old area demolition) development, if there is a unified planning, such as the government departments approved by the district construction in the early stage of the project, there are site leveling, the original buildings, structures demolition, water supply and power supply engineering and other workload can also be calculated. Land transactions without development projects shall not be counted as land development investment. The land develops investment amount to be able to apportion part in building use group apportion, cannot apportion all calculate other.

Land purchase costs

refers to the fees paid by a real estate development enterprise for acquiring the right to the use of land. The land purchase cost shall be included in the investment according to the amount incurred in the current period. If the land purchase cost is paid by installments, it may be included in the investment by installments. It does not include new fixed assets. Land purchase expenses include: ① Land compensation fees, attachments and young seedlings compensation fees, resettlement compensation fees and land expropriation management fees paid by the land use right obtained through drafting; (2) Transfer fees paid by means of transferring land use rights.

Investment amount is grouped by housing project purpose

refers to the investment used in various types of housing construction.

Residential

refers to the housing exclusively for living, including villas, apartments, staff and workers' family dormitory and collective dormitory (including staff and workers' single dormitory and student dormitory). But does not include residential buildings as civil air defense, do not live in the basement, etc.

Land area to be developed this year

refers to the area of land that has been developed during the reporting period and has completed the preliminary development projects such as seven connections and one leveling, and is qualified for building construction or transfer.

Land area purchased this year

refers to the area of land acquired through various means during the year.

Land transaction price this year

refers to the final amount of land use right transactions. In the first-level land market, it refers to the final allocation and transfer price of land; In the secondary market of land, it refers to the final contract price of land transfer, lease and mortgage. Land transaction price and land purchase area with the same caliber, the purpose is to correctly calculate the average land purchase price.

Construction area

refers to the total building floor area under construction during the report period. It includes the area of newly started construction in the current period, the area of housing started in the previous year and continued construction in the current period, and the area of housing stopped in the previous period and resumed construction in the current period. The area of the building completed in the current period and the area of the building stopped or delayed after the construction in the current period shall still be included in the area under construction, and the total area of each floor shall be filled in for a multi-storey building.

Completed building area

refers to the total floor area of each building that can be formally transferred for use during the reporting period, which has been completed in accordance with the design requirements, meets the conditions for residents and use, and has passed the acceptance test or reached the completion acceptance standard (for cities that implement comprehensive acceptance test of real estate development communities, it shall pass the comprehensive acceptance test of the communities).

Actual sales area

refers to the area of the completed housing that has been formally delivered to the buyer or signed a (formal) sales contract during the reporting period. It does not include the area of the commodity housing under construction which has signed the pre-sale contract, but includes the area of the commodity housing which has signed the pre-sale contract during or before the report period and completed during the report period.

第六篇

Chapter 6

PRODUCTION AND CONSUMPTION OF ENERGY

简要说明

一、本篇主要内容有：能源生产、消费及品种构成，能源生产和消费弹性系数，近年来综合能源平衡表和电力平衡表，分行业分主要能源品种的消费量等。

二、2011 年及以前年份分行业主要能源品种消费量、分行业工业用水量为指全部国有及年销售收入 500 万元以上工业企业。2011 年起为全部国有及年销售收入 2000 万元以上工业企业，与历史年份不可比。

三、本篇资料取自省统计局能源处，按照国家统计局报表制度逐级汇总整理。

四、关于数据口径与计算的说明

1. 行业分类采用现行统一的国民经济行业分类国家标准。

2. 能源生产与消费弹性系数分别以能源生产、消费增长速度与国内生产总值增长速度相比求得。

Brief Introduction

I. Data in this chapter cover mainly the energy production, consumption and their composition, the elasticity ratio of energy production and consumption, the overall balance of energy and the balance of electricity, the consumption of energy by sector and by main variety.

II. The consumption of energy by sector and by main variety and industrial water consumption by sector include all state-owned industrial enterprises and the industrial enterprises with yearly sales revenue over five million yuan.

III. Data in this chapter are prepared and provided by the Division of Energy, Anhui Statistical Bureau, in accordance with the national reporting system.

IV. Coverage and calculation of data:

1. The state classification of national economic sectors is used in the classification of sectors.

2. The elasticity ratio of energy production is calculated as the quotient of the growth rate of energy production divided by the growth rate of GDP; and the elasticity ratio of energy consumption is calculated as the quotient of the growth rate of energy consumption divided by the growth of GDP.

6—1 能源生产和消费总量及电力生产和消费量
Total Production and Consumption of Energy and Electricity

年 份 Year	能源生产总量（万吨标准煤）Total Energy Production（10000 tons of SCE）	电力生产量（亿千瓦时）Electricity (100 million kwh)	能源消费总量（万吨标准煤）Total Energy Consumption（10000 tons of SCE）	电力消费量（亿千瓦时）Electricity (100 million kwh)
2000	3436.14	364.63	4878.82	338.92
2005	6215.42	648.38	6505.98	581.65
2010	9673.79	1463.31	9414.00	1077.92
2013	10056.33	1977.73	11696.39	1528.07
2014	9413.25	2033.92	12011.02	1585.18
2015	9972.64	2061.89	12301.23	1639.79
2016	9305.72	2252.69	12662.89	1794.98
2017	9145.34	2470.25	13018.71	1921.48
2018	9120.27	2741.22	13294.71	2135.07
2019	8943.62	2886.67	13869.73	2300.68
2020	8602.02	2808.97	14697.90	2427.50

注：1.电力生产量为全社会发电量。能源生产和消费量按等价热值计算。2006年后能源生产总量不含跨地区原煤产量。

2.根据第四次全国经济普查结果，2015—2018年的有关数据有所调整（下同）。

a) Electricity Production is the whole social power rate.Energy Production and Consumption are calculated on the basis of equal caloric value. After 2006, Total Energy Production does not contain the trans-regional raw coal output.

b) According to the results of the fourth national economic census, the relevant data for 2015-2018 have been adjusted (the same below).

6—2 综合能源平衡表
Overall Energy Balance

单位：万吨标准煤（10000 tons of SCE）

指 标	Item	2005	2010	2015	2019	2020
可供消费的能源总量	**Total Energy Available for Consumption**	**6523.52**	**9375.50**	**12298.66**	**13832.91**	**14674.33**
一次能源生产量	Primary Energy Output	6215.42	9673.79	9972.64	8943.62	8602.02
能源消费总量	**Total Energy Consumption**	**6505.98**	**9414.00**	**12301.23**	**13869.73**	**14697.90**
在总量中：	Consumption by Sector:					
农、林、牧、渔业	Agriculture, Forestry, Animal Husbandry and Fishery	149.10	198.41	221.11	259.48	276.89
工 业	Industry	5016.86	6977.07	8440.65	8754.46	9535.76
建筑业	Construction	54.32	137.04	209.47	268.18	284.00
交通运输、仓储和邮政业	Transport, Storage and Postal Services	280.27	643.81	1052.17	1186.66	1157.08
批发、零售业和住宿、餐饮业	Wholesale and Retail Trades, Hotels and Catering Services	101.75	170.98	317.69	451.84	462.95
其他行业	Other Sectors	132.90	289.56	515.98	841.17	871.23
生活消费	Household Consumption	770.78	997.11	1544.15	2107.94	2109.99
在总量中：	Consumption by Usage:					
终端消费	Final Consumption	6126.54	9269.33	12307.18	13944.88	14859.25
#工 业	Industry	4637.41	6832.40	8446.61	8829.61	9697.12
加工转换损失量	Losses in Processing and Transformation	379.44	370.18	357.64	363.52	537.23
输配损失量	Losses in Transportation and Delivery	155.34	244.63	298.90	383.84	375.88
平衡差额	**Balance**	**17.54**	**-38.50**	**-2.57**	**-36.82**	**-23.57**

6—3 能源生产弹性系数
Elasticity Ratio of Energy Production

年 份 Year	能源生产比上年增长（%） Growth Rate of Energy Production over preceding Year (%)	电力生产比上年增长（%） Growth Rate of Electricity Production over Preceding Year (%)	能源生产弹性系数 Elasticity Ratio of Energy Production	电力生产弹性系数 Elasticity Ratio of Electricity Production
2005	6.32	6.02	0.57	0.55
2010	4.15	10.14	0.36	0.69
2015	5.94	1.38	0.68	0.16
2019	-1.94	5.31		0.71
2020	-3.82	-2.69		

注：能源生产增长速度按等价热值计算；电力生产增长速度按实物量计算。
a) The rate of rise of energy production is calculated on the basis of equal caloric value; The rate of rise of electricity production is calculated on the basis of real amount.

6—4 能源消费弹性系数
Elasticity Ratio of Energy Consumption

年 份 Year	能源消费比上年增长（%） Growth Rate of Energy Consumption over Preceding Year (%)	电力消费比上年增长（%） Growth Rate of Electricity Consumption over Preceding Year (%)	能源消费弹性系数 Elasticity Ratio of Energy Consumption	电力消费弹性系数 Elasticity Ratio of Electricity Consumption
2005	8.33	12.74	0.76	1.16
2010	9.11	13.19	0.62	0.90
2015	2.67	3.44	0.31	0.40
2019	4.33	7.76	0.58	1.03
2020	5.97	5.51	1.55	1.43

注：能源消费增长速度按等价热值计算；电力消费增长速度按实物量计算。
a) The rate of rise of energy consumption is calculated on the basis of equal caloric value; The rate of rise of electricity consumption is calculated on the basis of real amount.

6—5 能源加工转换效率
Efficiency of Energy Conversion

单位：%

年 份 Year	总效率 Total Efficiency	火力发电 Thermal Power Generation	炼焦 Coking	炼油 Petroleum Refining
2005	65.58	34.66	88.99	94.17
2010	65.87	39.95	95.76	99.45
2015	68.14	41.46	95.20	99.50
2019	63.82	41.89	92.22	99.76
2020	64.79	41.47	93.63	98.90

6—6 主要年份电力平衡表
Electricity Balance Sheet in Main Year

单位：亿千瓦时（100 million kwh）

指　标	Item	2005	2010	2015	2019	2020
可供量	**Total Energy Available for Consumption**	**581.65**	**1077.92**	**1639.79**	**2300.68**	**2427.49**
生产量	Output	648.38	1463.31	2061.89	2886.67	2808.97
水力发电及其它发电	Hydraulic Power Generation and Others	13.48	43.47	72.97	222.70	253.13
火　电	Thermal Power	634.90	1419.84	1988.92	2663.97	2555.84
消费量	**Total Energy Consumption**	**581.65**	**1077.92**	**1639.79**	**2300.68**	**2427.50**
在消费量中	Consumption by Sector					
农、林、牧、渔业	Agriculture, Forestry, Animal Husbandry and Fishery	11.75	11.91	16.85	33.15	37.48
工　业	Industry	430.98	777.18	1132.78	1460.29	1550.80
#输配电损失量	Losses in Transmission	43.81	76.81	100.82	130.83	126.82
建筑业	Construction	4.88	14.75	25.21	37.59	39.53
交通运输、仓储和邮政业	Transport, Storage and Postal Services	4.98	14.58	26.74	47.57	50.90
批发、零售业和住宿、餐饮业	Wholesale and Retail Trades, Hotels and Catering Services	12.57	34.97	67.01	116.05	117.57
其他行业	Other Sectors	26.79	50.55	120.02	210.25	223.48
生活消费	Household Consumption	89.70	173.98	251.18	395.79	407.75

6—7 主要年份平均每天各种能源消费量
Average Daily Energy Consumption by Variety in Main Year

指　标		Item		2005	2010	2015	2019	2020
合　计	**（万吨标准煤）**	**Total**	**(10000 tons of SCE)**	**17.82**	**25.79**	**33.70**	**38.00**	**40.27**
原　煤	（万吨）	Coal	(10000 tons)	23.24	41.03	49.96	50.22	50.68
焦　炭	（万吨）	Coke	(10000 tons)	1.48	2.49	3.19	3.18	3.62
原　油	（万吨）	Crude Oil	(10000 tons)	1.14	1.31	1.89	1.81	1.95
燃料油	（万吨）	Fuel Oil	(10000 tons)	0.07	0.03	0.04	0.06	0.06
汽　油	（万吨）	Gasoline	(10000 tons)	0.24	0.54	1.25	1.80	1.89
柴　油	（万吨）	Diesel Oil	(10000 tons)	0.58	1.29	1.68	1.89	1.78
电　力	（亿千瓦小时）	Electricity	(100 million kwh)	1.59	2.95	4.49	6.30	6.65

6—8 主要年份生活能源消费量
Average Annual Energy Consumption for Households in Main Year

指　标		Item		2005	2010	2015	2019	2020
合　计	**(万吨标准煤)**	**Total**	**(10000 tons of SCE)**	**770.78**	**997.11**	**1544.15**	**2107.94**	**2109.99**
煤　炭	(万吨)	Coal	(10000 tons)	580.00	312.00	256.08	35.00	23.68
液化石油气	(万吨)	Liquefied Petroleum Gas	(10000 tons)	28.11	42.13	94.19	69.11	66.17
天然气	(亿立方米)	Natural Gas	(100 million cu.m)	0.40	2.80	13.80	22.60	25.55
热　力	(万百万千焦)	Heat	(10 billion kilo-joule)	653.00	1599.88	1157.41	1506.32	2063.45
电　力	(亿千瓦小时)	Electricity	(100 million kwh)	89.70	173.98	251.18	395.79	407.75

6—9 主要年份人均生活能源消费量
Annual per Capita Energy Consumption of Households in Main Year

指　标		Item		2005	2010	2015	2019	2020
平均每人生活消费能源	**(千克标准煤)**	**Annual per Capita Consumption for Households**	**(kg of SCE)**	**124.84**	**164.98**	**252.59**	**332.23**	**345.62**
煤　炭	(千克)	Coal	(kg)	93.94	**51.62**	41.89	5.52	3.88
液化石油气	(千克)	Liquefied Petroleum Gas	(kg)	4.55	6.97	15.41	10.89	10.84
天然气	(立方米)	Natural Gas	(cu.m)	0.65	4.63	22.57	35.62	41.85
热　力	(万千焦)	Heat	(kilo-joule)	10.58	26.47	18.93	23.74	33.80
电　力	(千瓦小时)	Electricity	(kwh)	145.29	287.86	410.87	623.80	667.90

注：按年平均常住人口数计算。

a) According to the annual average resident population is calculated.

6—10 主要年份能源消耗指标
Energy Consumption Indices in Main Year

年 份 Year	单位地区生产总值能耗（等价值）Unit GDP Energy Consumption (Equal Values)	单位工业增加值能耗（规模以上，当量值）Energy Consumption per Unit of Industrial Added Value (Above Scale, Equivalent Value)	单位地区生产总值电耗 Unit GDP Electricity Consumption
	上升或下降（±%）Up or Down	上升或下降（±%）Up or Down	上升或下降（±%）Up or Down
2010	-4.78	-12.94	-1.17
2015	-5.58	-9.04	-4.87
2019	-2.91	-2.51	0.28
2020	2.03	-0.94	1.60

注：1、2005和2010年，地区生产总值按照2005年可比价格计算；2015年，地区生产总值按照2010年可比价格计算；2016年以后，地区生产总值按照2015年可比价格计算。

2、计算单位地区生产总值能耗上升或下降时，两年单位地区生产总值能耗数据保留4位小数。

3、计算单位工业增加值能耗上升或下降时，使用当年规上工业企业单位工业增加值能耗除以上年同批企业的同期单位工业增加值能耗。

a) From 2005 and 2010, regional GDP was calculated at comparable prices in 2005; From 2015, the GDP is calculated according to the comparable price in 2010. After 2016, regional GDP will be calculated at 2015 comparable prices.

b) Calculating energy consumption per unit GDP rise or fall, two years for energy consumption per unit GDP data retention 4 decimal places.

c) When calculating the increase or decrease of energy consumption per unit of industrial added value, the energy consumption per unit of industrial added value of industrial enterprises in the current year shall be divided by the energy consumption per unit of industrial added value for the same period of the same batch of enterprises in the previous year.

6—11 各市能源消耗指标（2020年）
Energy Consumption Indices by Region (2020)

地 区 Region	单位地区生产总值能耗（等价值）Unit GDP Energy Consumption (Equal Values)	单位工业增加值能耗（规模以上，当量值）Energy Consumption per Unit of Industrial Added Value (Above Scale, Equivalent Value)	单位地区生产总值电耗 Unit GDP Electricity Consumption
	上升或下降（±%）Up or Down	上升或下降（±%）Up or Down	上升或下降（±%）Up or Down
合肥市 Hefei	-1.97	-6.37	-2.35
淮北市 Huaibei	0.96	-2.22	1.71
亳州市 Bozhou	0.55	-0.85	4.92
宿州市 Suzhou	-2.94	-8.83	-0.50
蚌埠市 Bengbu	1.14	-3.76	1.24
阜阳市 Fuyang	4.21	8.26	0.55
淮南市 Huainan	22.15	5.51	-3.72
滁州市 Chuzhou	6.80	7.26	7.36
六安市 Luan	13.23	34.91	10.31
马鞍山市 Maanshan	-1.05	-6.00	-2.55
芜湖市 Wuhu	3.21	3.63	-1.69
宣城市 Xuancheng	1.89	-2.45	5.74
铜陵市 Tongling	-1.75	-5.92	-3.46
池州市 Chizhou	7.96	3.32	5.42
安庆市 Anqing	-1.45	-7.36	-0.32
黄山市 Huangshan	-2.43	6.21	0.95

6—12 全社会用电情况
Electricity Used in Whole Society

单位：亿千瓦时（100 million kwh）

类　别	Types	2015	2019	2020
全社会用电量总计	**Total of Electricity Used in Whole Society**	**1639.79**	**2300.68**	**2427.50**
全行业用电量合计	Total of Electricity Used in Whole Trade	1388.61	1904.90	2019.76
第一产业	Primary Industry	16.85	25.12	28.59
第二产业	Secondary Industry	1157.99	1496.92	1589.40
第三产业	Tertiary Industry	213.77	382.85	401.77
城乡居民生活用电量合计	Electricity Used for Life	251.18	395.79	407.75
城镇居民	Urban	108.27	176.49	177.05
乡村居民	Rural	142.91	219.29	230.69
分行业用电	Grouped by Trade		1904.90	2019.76
农、林、牧、渔业	Agriculture, Forestry, Animal Husbandry and Fishery	16.85	33.15	37.48
工　业	Industry	1132.79	1459.62	1550.22
#采矿业	Mining and Quarrying	103.59	89.46	83.95
制造业	Manufacturing	792.54	1040.08	1120.20
电力、热力、燃气及水生产和供应业	Production and Supply of Electricity, Heat, Gas and Water	236.66	330.09	346.06
建筑业	Construction	25.20	37.59	39.53
交通运输、仓储和邮政业	Transport, Storage and Postal Services	26.74	47.57	50.90
信息传输、软件和信息技术服务业	Information Circulation, Computer Services and Software	13.68	24.18	27.57
批发和零售业	Wholesale and Retail Trades		90.18	93.36
住宿和餐饮业	Hotels and Catering Services		25.87	24.22
金融业	Financial Intermediation		6.21	6.47
房地产业	Real Estate	67.01	43.62	45.40
租赁和商务服务业	Leasing and Business Services	45.57	13.63	13.26
公共服务及管理组织	Public Service and Management Organization	60.77	123.28	131.35

注：2018年起，省电力公司电力报表的行业分类按照2017年新版《国民经济行业分类》（GB/T 4754—2017）标准实行。

a) Since 2018, the industry classification of the electricity report forms of provincial power companies was implemented in accordance with the 2017 new edition of the National Economic Industry Classification (GB/T 4754-2017).

6—13 电力建设情况
Electric Power Construction Situation

类 别	Types	2015	2019	2020
发电量 （亿千瓦时）	**Electric Power Generated (100 million kwh)**	**2061.89**	**2886.67**	**2808.97**
线损率 （%）	**Electricity Loss Rate on Lines (%)**	**7.42**	**6.70**	**6.20**
年末发电设备容量 （万千瓦）	**Power Generating Equipment Capacity (year-end) (10000 kw)**	**5160.55**	**7394.46**	**7816.03**
架空线长度 （公里）	**Length of Overhead Lines (km)**	**63194**	**80761**	**83036**
交流特高压	AC UHV	901	1231	1232
直流特高压	DC UHV	771	6128	1762
交流和直流500KV	500KV AC and DC	6170	10486	8467
220KV	220KV	14385	16539	18891
110KV	110KV	17083	21584	22244
35KV	35KV	23884	26023	30440
电缆长度 （公里）	**Length of Cable (km)**	**1329.77**	**1415.97**	**1808.81**
220KV	220KV	33.66	24.27	35.43
110KV	110KV	873.32	509.19	800.08
35KV	35KV	422.79	882.52	973.29
公用变电容量 （万千伏安）	**Public Transformer Capacity (10000 kva)**	**15530**	**21335**	**24223**
交流特高压	AC UHV	900	1000	1200
直流特高压	DC UHV		600	1409
500KV	500KV	2885	4080	6161
220KV	220KV	5704	7467	8124
110KV	110KV	4392	5984	6435
35KV	35KV	1649	2204	2302
用电最高负荷 （万千瓦）	**Transport, Storage and Postal Services (10000 kw)**	**2875.65**	**4039.42**	**4304.35**

注：1. 2015年起，线损率按照省电力公司的合并口径（含所辖县公司）填报。
2. 本表发电量取自全省能源平衡表。

a) Since 2015, the line loss rate has been reported in accordance with the combined caliber of the provincial power company (including the company in the county).

b) The power generation in this table is taken from the energy balance table of the whole province.

6—14 经销企业能源购进、销售与库存情况（2020年）
Energy Distribution Enterprise Purchase, Sales and Inventory (2020)

单位：万吨（10000 tons）

指 标	Item	年初商品库存量 Inventory At the Beginning of the Year	累计购进量 Total Purchase	#购自省外 Purchased from Outside the Province	累计销售量 Total Sales	#销往省外 Sold to the province	期末商品库存量 Inventories at the end of Period
原 煤	Coal	204.58	11202.34	7690.63	11237.32	4959.14	168.30
焦 炭	Coke		612.42	566.50	612.42	497.42	
汽 油	Gasoline	25.75	590.04	457.79	592.77	1.38	22.94
柴 油	Diesel Oil	15.91	442.34	344.42	441.33	4.06	16.88
燃 料 油	Fuel Oil	0.78	23.84	10.35	23.87	5.04	0.76
液化石油气	Liquefied Petroleum Gas	1.50	61.09	4.37	61.31	0.95	1.27

6—15 主要年份全社会工业分行业用电量

Electricity Consumption of the Whole Society, Industry and Sub-industry in Major Years

单位：亿千瓦时（100 million kwh）

行业	Sector	2005	2010	2015	2019	2020
消费总量	**Total Consumption**	**430.98**	**777.18**	**1132.78**	**1459.62**	**1550.22**
煤炭开采和洗选业	Mining and Washing of Coal	37.09	55.81	57.82	42.19	44.46
黑色金属矿采选业	Mining and Processing of Ferrous Metal Ores	5.74	13.63	20.63	22.92	21.32
有色金属矿采选业	Mining and Processing of Non-Ferrous Metal Ores	1.09	4.23	10.15	10.45	8.51
非金属矿采选业	Mining and Processing of Non-metal Ores	2.05	5.78	10.95	8.79	6.13
其他采矿业	Mining of Other Ores			3.70	4.82	3.28
农副食品加工业	Processing of Food from Agricultural Products	4.34	14.78	18.77	24.52	26.15
食品制造业	Manufacture of Foods	4.52	3.56	6.87	12.25	12.92
酒、饮料和精制茶制造业	Manufacture of Liquor, Beverages and Refined Tea	2.72	3.75	5.69	4.82	4.85
烟草制品业	Manufacture of Tobacco	1.55	1.01	1.25	1.70	1.57
纺织业	Manufacture of Textile	15.28	17.07	22.82	35.37	37.98
纺织服装、服饰业	Manufacture of Textile, Wearing Apparel and Accessories	1.39	2.97	4.23	7.21	8.28
皮革、毛皮、羽毛及其制品和制鞋业	Manufacture of Leather, Fur, Feather and Related Products and Footwear	0.49	1.15	1.19	2.95	3.13
木材加工和木、竹、藤、棕、草制品业	Processing of Timber, Manufacture of Wood, Bamboo, Rattan, Palm and Straw Products	3.90	9.61	12.20	14.95	15.26
家具制造业	Manufacture of Furniture	0.11	0.67	2.46	3.80	4.50
造纸和纸制品业	Manufacture of Paper and Paper Products	0.10	9.43	19.18	21.24	20.04
印刷和记录媒介复制业	Printing and Reproduction of Recording Media	1.29	2.75	2.30	3.06	3.48
文教、工美、体育和娱乐用品制造业	Manufacture of Articles for Culture, Education, Arts and Crafts, Sport and Entertainment Activities	0.49	1.40	0.79	2.42	2.60
石油、煤炭及其他燃料加工业	Petroleum, Coal and Other Fuel Processing Industries	2.11	3.38	8.36	21.78	21.12
化学原料和化学制品制造业	Manufacture of Raw Chemical Materials and Chemical Products	65.13	77.33	134.52	140.08	148.42
医药制造业	Manufacture of Medicines	3.96	5.33	6.93	11.31	14.52
化学纤维制造业	Manufacture of Chemical Fibres	7.41	7.01	11.45	8.05	8.08
橡胶和塑料制品业	Manufacture of Rubber and Plastics Products	8.22	15.39	27.50	44.66	51.48
非金属矿物制品业	Manufacture of Non-metallic Mineral Products	59.89	114.84	168.82	205.44	207.80
黑色金属冶炼和压延加工业	Smelting and Pressing of Ferrous Metals	66.74	126.24	148.02	162.36	183.99
有色金属冶炼和压延加工业	Smelting and Pressing of Non-ferrous Metals	9.67	16.61	35.23	39.84	42.19
金属制品业	Manufacture of Metal Products	7.37	22.05	38.96	70.76	72.27
通用设备制造业	Manufacture of General Purpose Machinery	5.04	12.42	13.69	19.30	22.42
专用设备制造业	Manufacture of Special Purpose Machinery	1.77	2.82	7.29	16.00	17.19
汽车制造业	Manufacture of Automobiles	6.32	12.49	19.77	16.80	20.54
铁路、船舶、航空航天和其他运输设备制造业	Manufacture of Railway, Ship, Aerospace and Other Transport Equipments			3.03	12.35	9.84
电气机械和器材制造业	Manufacture of Electrical Machinery and Apparatus	5.65	15.35	32.27	49.97	54.31
计算机、通信和其他电子设备制造业	Manufacture of Computers, Communication and Other Electronic Equipment	1.77	3.47	26.19	64.83	80.31
仪器仪表制造业	Manufacture of Measuring Instruments and Machinery			0.86	1.00	1.16
其他制造业	Other Manufacture	3.12	5.61	10.50	17.91	20.00
废弃资源综合利用业	Comprehensive Utilization of Waste Resources	0.51	0.90	1.56	3.06	3.43
金属制品、机械和设备修理业	Repair Service of Metal Products, Machinery and Equipment			0.17	0.29	0.35
电力、热力生产和供应业	Production and Supply of Electric Power and Heat Power	88.61	179.61	222.95	309.48	323.09
燃气生产和供应业	Production and Supply of Gas	0.64	1.20	2.26	1.29	1.23
水的生产和供应业	Production and Supply of Water	4.90	7.53	11.45	19.32	21.75

6—16 规模以上工业企业分行业取水情况（2020年）

Water Intake by Industries of Industrial Enterprises Above Designated Size (2020)

单位：万立方米（10000 M^3）

行 业	Sector	工业取水总量 Industrial Water Got Total Amount of Industrial Water Got	地表淡水 Earth's Surface Fresh Water	地下淡水 Undergr-ound Water	自来水 Tap Water	其他水 Other Water	重复用水数量 Repeat of Water Consump-tion
消费总量	**Total Consumption**	**409077.58**	**312361.77**	**37432.96**	**44876.11**	**4182.60**	**2772382.46**
煤炭开采和洗选业	Coal Mining and Dressing	7050.71	430.91	3985.08	720.79	0.11	19794.78
黑色金属矿采选业	Mining and Dressing of Ferrous Metals	2864.54	1151.47	681.56	370.02	58.00	14923.19
有色金属矿采选业	Mining and Dressing of Nonferrous Metals	588.46	173.70	54.29	64.86		1422.33
非金属矿采选业	Mining and Dressing of Nonmetal Minerals	585.14	475.07	23.82	45.83	0.23	686.50
开采辅助活动	Mining Auxiliary Activities	6.81		6.00	0.81		2.00
农副食品加工业	Agricultural and Non-staple Food Processing Industry	2067.00	156.55	672.94	1225.00	11.17	268.60
食品制造业	Food Production	2166.61	78.22	452.60	1604.19	30.72	84.29
酒、饮料和精制茶制造业	Wine, Drinks and Refined Tea Manufacturing	2661.28	526.34	833.08	1297.57	4.26	443.05
烟草加工业	Tobacco Processing	141.18		1.11	140.07		24.88
纺织业	Textiles	2859.84	1108.06	38.44	1577.48	32.07	1614.65
纺织服装、服饰业	Textile and Garment, Apparel Industry	819.47	25.86	35.28	758.20	0.08	7.18
皮革毛皮羽毛及其制品和制鞋业	Leather, Furs, Down and Related Products	720.10	225.39	77.29	408.86	8.57	464.83
木材加工及竹藤棕草制品业	Timber Processing, Bamboo, Cane, Palm Fiber and Straw Products	366.07	25.62	112.92	226.46	0.01	187.01
家具制造业	Furniture Manufacturing	112.29	1.62	7.95	102.72		3.28
造纸和纸制品业	Papermaking and Paper Products	3937.45	3236.03	264.50	432.05	4.30	1545.79
印刷和记录媒介复制业	Printing and Record Medium Reproduction	328.26	23.65	11.19	293.41	0.01	32.01
文教、工美、体育和娱乐用品制造业	Cultural and Educational Supplies Manufacturing, Industrial, Sporting and Entertainment	196.29	12.71	36.23	147.13	0.22	17.54
石油、煤炭及其他燃料加工业	Petroleum, Coal and Other Fuel Processing Industries	3822.03	716.80	6.07	1763.81	1186.75	193859.19
化学原料和制品制造业	Raw Chemical Materials and Chemical Products	21880.78	13994.29	693.82	4133.96	1618.42	492378.73
医药制造业	Medical and Pharmaceutical Products	2278.91	396.40	528.52	1281.11	23.45	6811.13
化学纤维制造业	Chemical Fiber	1019.90	515.70	199.09	299.21	5.90	34706.42
橡胶和塑料制品业	Rubber and Plastic Products	1573.70	113.25	107.40	1350.76	0.76	2472.02
非金属矿物制品业	Nonmetal Mineral Products	12382.06	7023.10	1917.55	3366.23	13.37	22783.80
黑色金属冶炼和压延加工业	Smelting and Pressing of Ferrous Metals	22504.54	21500.49	0.96	495.27	9.24	387518.09
有色金属冶炼和压延加工业	Smelting and Pressing of Nonferrous Metals	4791.99	189.00	78.20	3403.49	14.56	83197.62
金属制品业	Metal Products	1565.10	148.11	43.64	1370.57	2.52	192.93
通用设备制造业	Equipment in Current Use	1776.06	34.13	32.43	1631.87	0.67	187.31
专用设备制造业	Equipment in Special Use	993.03	21.19	31.67	940.11	0.05	31.33
汽车制造业	Automobile Manufacturing Industry	1922.68	61.74	40.25	1800.29	20.00	3666.96
铁路、船舶、航空航天和其他运输设备制造业	Railway, Shipbuilding, Aerospace, and Other Transportation Equipment Manufacturing Industry	517.43	59.78	3.19	454.46		29.33
电气机械和器材制造业	Electric Equipment and Machinery	3406.31	23.45	160.33	3217.97	2.83	736.86
计算机、通信和其他电子设备制造业	Computer, Communication and Other Electronic Equipment Manufacturing Industry	5867.96	4.35	33.99	5782.46	46.67	20149.91
仪器仪表制造业	Instrument Manufacturing	93.40		0.65	92.63	0.11	0.89
其他制造业	Other Manufacturing	197.23	128.26	7.59	61.37		4.14
废弃资源综合利用业	Comprehensive Utilization of Waste Resourc	235.28	2.82	95.45	112.11	1.54	54.82
金属制品、机械和设备修理业	Metal Products, Machinery and Equipment Repair	64.32		0.73	63.59		0.50
电力、热力生产和供应业	Electricity, Heat Production and Supply Industry	45877.42	38503.52	1234.10	1211.90	1077.23	1481777.16
燃气生产和供应业	Production and Supply of Gas	56.55	0.41	1.57	54.02	0.54	177.97
水的生产和供应业	Production and Supply of Tap Water	248779.40	221273.76	24921.47	2573.45	8.23	123.41

6—17 规模以上工业企业分行业主要能源品种消费量（2020年）

Industrial Enterprises Above Designated Size Consume Major Energy Resources in Different Industries (2020)

行　业	Sector	原　煤 (吨) Raw Coal (ton)	洗精煤 (吨) Washed and Refined Coal (ton)
消费总量	**Total Consumption**	**179201518**	**16814361**
煤炭开采和洗选业	Coal Mining and Dressing	42826014	
黑色金属矿采选业	Mining and Dressing of Ferrous Metals	62005	
有色金属矿采选业	Mining and Dressing of Nonferrous Metals		
非金属矿采选业	Mining and Dressing of Nonmetal Minerals	231804	
开采专业及辅助性活动	Mining Profession and Auxiliary Activities		
农副食品加工业	Agricultural and Non-staple Food Processing Industry	152378	
食品制造业	Food Production	2457	
酒、饮料和精制茶制造业	Wine, Drinks and Refined Tea Manufacturing	202231	
烟草制品业	Tobacco Processing		
纺织业	Textiles	477	
纺织服装、服饰业	Textile and Garment, Apparel Industry	88	
皮革、毛皮、羽毛及其制品和制鞋业	Leather, Fur, Feather and Its Products and Footwear	741	
木材加工和木、竹、藤、棕、草制品业	Timber Processing, Bamboo, Cane, Palm Fiber and Straw Products	3403	
家具制造业	Furniture Manufacturing		
造纸和纸制品业	Papermaking and Paper Products	1221155	
印刷和记录媒介复制业	Printing and Record Medium Reproduction	513	
文教、工美、体育和娱乐用品制造业	Cultural and Educational Supplies Manufacturing, Industrial, Sporting and Entertainment	11195	
石油、煤炭及其他燃料加工业	Petroleum, Coal and Other Fuel Processing Industries	637449	8330031
化学原料和化学制品制造业	Raw Chemical Materials and Chemical Products	14462780	
医药制造业	Medical and Pharmaceutical Products	14716	
化学纤维制造业	Chemical Fiber	457902	
橡胶和塑料制品业	Rubber and Plastic Products	162261	
非金属矿物制品业	Nonmetal Mineral Products	19993758	
黑色金属冶炼和压延加工业	Smelting and Pressing of Ferrous Metals	4516253	8484330
有色金属冶炼和压延加工业	Smelting and Pressing of Nonferrous Metals	378990	
金属制品业	Metal Products	50204	
通用设备制造业	Equipment in Current Use		
专用设备制造业	Equipment in Special Use	1099	
汽车制造业	Automobile Manufacturing Industry	96	
铁路、船舶、航空航天和其他运输设备制造业	Railway, Shipbuilding, Aerospace, and Other Transportation Equipment Manufacturing Industry	1	
电气机械和器材制造业	Electric Equipment and Machinery	46715	
计算机、通信和其他电子设备制造业	Computers, Communications and Other Electronic Equipment Manufacturing Industry		
仪器仪表制造业	Instrument Manufacturing		
其他制造业	Other Manufacturing		
废弃资源综合利用业	Comprehensive Utilization of Waste Resources	86220	
金属制品、机械和设备修理业	Metal Products, Machinery and Equipment Repair		
电力、热力生产和供应业	Production and Supply of Electric Power and Heating Power	93678611	
燃气生产和供应业	Production and Supply of Gas		
水的生产和供应业	Production and Supply of Tap Water		

其他洗煤（吨） Other Washed Coal (ton)	煤制品（吨） Coal Product (ton)	焦炭（吨） Coke (ton)	原油（吨） Crude Oil (ton)	汽油（吨） Gasoline (ton)	柴油（吨） Diesel Oil (ton)	天然气(气态)（万立方米） Natural Gas (Gaseous) (10000 cu.m)	热力（百万千焦） Heat (10 billion kilo-joule)	电力（万千瓦时） Electric Power (10000 kh)	生物燃料（吨标准煤） Biofuels (tons of SCE)
2941753	**250329**	**12681550**	**7110251**	**24341**	**284225**	**241685**	**103947611**	**13687013**	**3123026**
71168				1798	12036	17980	501610	373153	
				88	9285	69		185820	
				92	1587			35051	
				80	33479		3064527	74893	6322
				74	170			193	
	16			840	1604	8499	926889	218811	67301
		68		208	423	6375	732942	82622	14302
				410	1576	4080	3925320	70163	20851
				3	97	1233	194687	12252	
	33367			66	268	5919	1269909	321692	22162
				433	448	629	78368	52867	11583
				124	291	949	58196	28913	12267
				101	1241	440	22287	98408	25512
				120	134	7	14	21253	
				176	1805	2824	13854895	218017	112708
				537	958	1468	247987	60765	5834
				123	363	660	10957	27462	5451
		61391	7110248	2	173		15256546	212771	40
376987	4329			1022	7868	24719	46805528	1572338	67632
1745				275	474	3653	4237226	126562	15629
				16	106	2412	2092285	78917	5132
				768	2070	11525	2260630	389480	60694
28070	1737	40302		1766	157843	70280	640055	1817504	47809
500710	101438	12300563		467	11343	10902	4648770	1965520	
		25864		167	5086	23205	1626743	491301	697
		181673	3	1226	5210	8512	38193	341342	18604
		65069		1775	3482	5907	39831	263484	793
		1635		1600	3782	1962	69673	128084	1764
	14	4385		1676	6493	8988	246973	302755	1397
				323	640	667		32307	408
				1806	1561	7087	319036	502683	4367
				1370	626	5372	351653	725210	5442
				516	26	112		9037	
		602		52	171	37		28458	139
				17	1087	1427	51660	71585	1718
				129	99	241		5181	
1963073	109428			3369	10027	2654	373177	2624132	2586469
				269	140	532		8621	
				458	153	359	1044	107405	

6—18 规模以上工业企业能源购进、消费及库存（2020年）

Buys, Consumes and Stock of the Energy of Above Designated Size Industrial Enterprises (2020)

能源名称		Energy Item		购进量 Purchasing Amount	消费量 Consumption Amount 工业生产消费 Consumption of Industrial Production	#用于原材料 Used in the Raw Materials	年末库存量 Volume of Stock of the end of the Year
原　煤	（吨）	Raw Coal	(ton)	155308166	179201518	10212269	4538813
#无烟煤		Anthracite		6149680	6599982	2279429	256422
炼焦烟煤		Byerlyte		44110	871527		6116
一般烟煤		Generally Bituminous Coal		149061507	171677139	7932840	4276274
褐　煤		Lignite		52869	52869		
洗精煤	（吨）	Washed and Refined Coal	(ton)	16884412	16814361		781401
其他洗煤	（吨）	Other Washed Coal	(ton)	2899383	2941753	368697	183035
煤制品	（吨）	Coal Product	(ton)	242241	250329		8377
焦　炭	（吨）	Coke	(ton)	6784760	12681550	24414	266403
其他焦化产品	（吨）	Other Coking Products	(ton)	132091	133779	62253	8271
焦炉煤气	（万立方米）	Coke Oven Coal Gas	(10000 cu.m)	38670	383964	1729	
高炉煤气	（万立方米）	Blast Furnace Gas	(10000 cu.m)	22869	4353909		
转炉煤气	（万立方米）	Converter Coal Gas	(10000 cu.m)	4222	315246		
发生炉煤气	（万立方米）	Producer Gas	(10000 cu.m)	96	96		
天然气(气态)	（万立方米）	Natural Gas(Gaseous)	(10000 cu.m)	223822	241685	1047	34
液化天然气	（吨）	Liquefied Natural Gas	(ton)	38949	39018	284	219
煤层气	（万立方米）	Coalbed methane (CBM)	(10000 cu.m)	26673	61703	235	
原　油	（吨）	Crude Oil	(ton)	7084985	7110251		70039
汽　油	（吨）	Gasoline	(ton)	26304	24341	241	317
煤　油	（吨）	Kerosene	(ton)	1648	2138	17	80
柴　油	（吨）	Diesel Oil	(ton)	291010	284225	2167	16368
燃料油	（吨）	Fuel Oil	(ton)	34913	35044	166	481
液化石油气	（吨）	Liquefied Petroleum Gas	(ton)	3613	4622	645	41
炼厂干气	（吨）	Refinery Gas	(ton)	838	326828		
润滑油	（吨）	Lubricating Oil	(ton)	3002	2931	48	431
石　蜡	（吨）	Paraffin	(ton)	1940	1828	1192	67
溶剂油	（吨）	Solvent Oil	(ton)	3159	3244	1571	41
石油焦	（吨）	Refinery Coke	(ton)	138850	139820	65284	10064
石油沥青	（吨）	Petroleum asphalt	(ton)	9750	10320	7872	
其他石油制品	（吨）	Other Petroleum Products	(ton)	773076	1566552	438334	21798
热　力	（百万千焦）	Heat	(10 billion kilo-joule)	59462085	103947611		
电　力	（万千瓦时）	Electric Power	(10000 kh)	29753169	13687013		
煤矸石(用于燃料)	（吨）	Coal Gangue (for fuel)	(ton)	2381843	2496692		17170
城市垃圾(用于燃料)	（吨）	Municipal Waste (for fuel)	(ton)	7891996	7573272		390777
生物燃料	（吨标准煤）	Biofuels	(tons of standard coal)	3108588	3123026		259395
余热余压	（百万千焦）	Afterheat Excess Pressure	(10 billion kilo-joule)	1231872	93498875		
工业废料(用于燃料)	（吨）	Industrial waste (for fuel)	(ton)	5199	155082		417
其他燃料	（吨标准煤）	Other fuels	(tons of standard coal)	51	51		

6—19 地区能源消费
Regional Energy Consumption

单位：万吨标准煤（10000 tons of SCE）

指 标	Item	2015	2019	2020
能源消费总量（等价值）	Unit GDP Energy Consumption (Equal Values)	12301.23	13869.73	14697.90
第一产业能源消费	Primary Industry Energy Consumption	221.11	259.48	276.89
第二产业能源消费	Secondary Industry Energy Consumption	8650.12	9022.64	9819.76
工业能源消费	Industry Energy Consumption	8440.65	8754.46	9535.76
建筑业能源消费	Construction Industrial Energy Consumption	209.47	268.18	284.00
第三产业能源消费	Tertiary Industry Energy Consumption	1885.84	2479.67	2491.26
#交通运输业能源消费	Transportation Industry Energy Consumption	1052.17	1186.66	1157.08
居民生活用能	Residences Life Energy Consumption	1544.15	2107.94	2109.99
城市居民	Urban	803.06	1241.43	1231.34
农村居民	Rural	741.09	866.51	878.65

6—20 各市全社会用电情况（2020年）
Electricity Used in Whole Society by Region (2020)

单位：亿千瓦时（100 million kwh）

地 区	Region	全社会用电量总计 Total of Electricity Used in Whole Society	全行业用电量合计 Total of Electricity Used in Whole Trade	第一产业 Primary Industry	第二产业 Secondary Industry	第三产业 Tertiary Industry	城乡居民生活用电量合计 Electricity Used for Life	城镇居民 Urban	乡村居民 Rural
总 计	**Total**	**2427.50**	**2019.76**	**28.59**	**1589.40**	**401.77**	**407.75**	**177.05**	**230.69**
合肥市	Hefei	382.55	312.13	2.45	198.51	111.17	70.42	51.72	18.70
淮北市	Huaibei	71.47	58.84	1.17	47.34	10.33	12.63	5.38	7.25
亳州市	Bozhou	81.79	50.96	2.37	27.75	20.84	30.82	9.75	21.08
宿州市	Suzhou	99.23	68.31	2.25	44.14	21.92	30.92	11.36	19.55
蚌埠市	Bengbu	93.02	72.33	2.34	48.21	21.78	20.70	9.30	11.40
阜阳市	Fuyang	168.76	117.07	3.54	76.96	36.57	51.70	11.87	39.83
淮南市	Huainan	94.99	74.75	1.07	57.19	16.49	20.23	9.62	10.61
滁州市	Chuzhou	214.63	187.72	2.83	158.64	26.25	26.91	10.66	16.24
六安市	Luan	119.09	91.02	1.63	66.57	22.82	28.07	8.45	19.62
马鞍山市	Maanshan	213.90	198.48	1.56	177.94	18.98	15.42	7.68	7.74
芜湖市	Wuhu	206.78	181.49	2.02	148.38	31.09	25.29	10.78	14.51
宣城市	Xuancheng	148.12	128.23	2.18	109.24	16.80	19.89	8.74	11.15
铜陵市	Tongling	97.89	89.19	0.33	78.59	10.27	8.70	4.46	4.24
池州市	Chizhou	83.32	74.16	0.63	65.91	7.63	9.15	3.56	5.59
安庆市	Anqing	120.47	93.60	1.49	73.31	18.80	26.88	8.68	18.19
黄山市	Huangshan	42.52	32.50	0.73	21.73	10.04	10.02	5.02	5.00

注：总计包括安徽电网主网架厂网损，各市不包括。

a) In total including anhui grid ZhuWangJia factory network loss, cities is not included.

6—21 各市主要年份工业用电量

Industrial Electricity Used in Main Year by Region

单位：亿千瓦时（100 million kwh）

地 区	Region	2005	2010	2015	2019	2020
总 计	**Total**	**430.98**	**777.18**	**1132.79**	**1459.62**	**1550.22**
合 肥 市	Hefei	34.07	64.10	130.93	186.32	189.98
淮 北 市	Huaibei	20.51	31.63	40.79	43.83	46.30
亳 州 市	Bozhou	9.05	13.42	21.47	23.61	24.79
宿 州 市	Suzhou	13.55	20.32	32.85	41.07	40.82
蚌 埠 市	Bengbu	23.44	34.32	37.43	46.21	46.65
阜 阳 市	Fuyang	18.80	36.89	58.21	70.19	72.32
淮 南 市	Huainan	31.61	47.49	55.68	56.28	55.79
滁 州 市	Chuzhou	16.36	30.39	90.73	133.79	155.73
六 安 市	Luan	14.73	24.42	31.99	49.85	63.89
马鞍山市	Maanshan	60.64	104.54	155.34	174.65	176.99
芜 湖 市	Wuhu	27.03	62.03	117.32	144.91	146.71
宣 城 市	Xuancheng	23.93	48.13	62.51	95.77	107.34
铜 陵 市	Tongling	28.37	47.08	68.51	78.82	78.24
池 州 市	Chizhou	10.07	18.82	39.13	58.00	64.76
安 庆 市	Anqing	27.86	44.41	53.42	69.48	71.11
黄 山 市	Huangshan	4.12	7.89	12.36	19.31	19.80

注：1. 2010年以后的工业用电量是区划调整后数据。

2. 总计包括安徽电网主网架厂网损，各市不包括。

a) Since 2010, the industrial electricity consumption is division after adjusting the data.

b) In total including anhui grid ZhuWangJia factory network loss, cities is not included.

6—22 各市规模以上工业企业取水情况（2020年）

Water Intake by Industrial Enterprises Above Designated Size by Region (2020)

单位：万立方米（10000 M^3）

地 区	Region	工业取水总量 Industrial Water Got Total Amount of Industrial Water Got	#地表淡水数量 The Earth's Ssurface Fresh Water	地下淡水数量 Undergr-ound Water	自来水数量 Tap Water	重复用水数量 Repeat of Water Consump-tion
总 计	**Total**	**409077.58**	**312361.77**	**37432.96**	**44876.11**	**2772382.46**
合 肥 市	Hefei	99321.46	85203.70	153.76	12304.65	370176.11
淮 北 市	Huaibei	16888.16	2920.02	7158.85	1164.71	317676.79
亳 州 市	Bozhou	10804.16	2607.57	7788.16	275.16	80744.11
宿 州 市	Suzhou	11300.17	2913.11	7579.79	201.05	71263.56
蚌 埠 市	Bengbu	18566.59	15898.34	366.49	2158.39	134360.13
阜 阳 市	Fuyang	17667.51	8418.65	7315.79	1056.09	161176.70
淮 南 市	Huainan	37478.82	31913.30	4472.70	614.88	555072.10
滁 州 市	Chuzhou	28415.13	23842.89	679.34	3815.87	58875.59
六 安 市	Luan	14147.30	11298.91	493.92	1546.68	92806.77
马鞍山市	Maanshan	40010.92	36053.65	361.71	2809.31	337354.40
芜 湖 市	Wuhu	39368.63	33215.73	576.36	5224.56	88610.92
宣 城 市	Xuancheng	15732.18	11886.45	255.02	3517.42	19154.12
铜 陵 市	Tongling	20548.04	15329.21	76.75	3489.64	309683.89
池 州 市	Chizhou	7906.72	6151.05	11.34	1691.75	26286.55
安 庆 市	Anqing	25473.33	20237.76	112.57	4060.40	142653.13
黄 山 市	Huangshan	5448.47	4471.42	30.42	945.54	6487.57

主要统计指标解释

能源生产总量

指一定时期内全省一次能源生产量的总和，是观察全省能源生产水平、规模、构成和发展速度的总量指标。一次能源生产量包括原煤，原油，天然气，水电、核电及其他动力能（如风能、地热能等）发电量，不包括低热值燃料生产量、太阳热能等的利用和由一次能源加工转换而成的二次能源产量。

能源消费总量

指全省国民经济各行业和居民家庭在一定时期消费的各种能源的总和。能源消费总量分为终端能源消费量、能源加工转换损失量和损失量三部分。

(1)终端能源消费量：指一定时期内全省各行业和居民生活消费的各种能源在扣除了用于加工转换二次能源消费量和损失量以后的数量。

(2)能源加工转换损失量：指一定时期内全省投入加工转换的各种能源数量之和与产出各种能源产品之和的差额，是观察能源在加工转换过程中损失量变化的指标。

(3)能源损失量：指一定时期内能源在输送、分配、储存过程中发生的损失和由客观原因造成的各种损失量，不包括各种气体能源放空、放散量。

能源生产弹性系数

是能源生产量的增长速度与国民经济增长速度之间的比值。计算公式为：

能源生产弹性系数＝能源生产总量年平均增长速度/国民经济年平均增长速度

本年鉴采用国内生产总值指标计算国民经济年平均增长速度。

电力生产弹性系数

是电力生产量的增长速度与国民经济增长速度之间的比值。计算公式为：

电力生产弹性系数＝电力生产量年平均增长速度/国民经济年平均增长速度

能源消费弹性系数

是能源消费增长速度与国民经济增长速度之间的比值。计算公式为：

能源消费弹性系数＝能源消费量年平均增长速度/国民经济年平均增长速度

电力消费弹性系数

是电力消费增长速度与国民经济增长速度之间的比值。计算公式为：

电力消费弹性系数＝电力消费量年平均增长速度/国民经济年平均增长速度

能源加工转换效率

指一定时期内能源经过加工、转换后，产出的各种能源产品的数量与同期内投入加工转换的各种能源数量的比率。它是观察能源加工转换装置和生产工艺先进与落后、管理水平高低等的重要指标。计算公式为：

能源加工转换效率＝能源加工、转换产出量/能源加工、转换投入量×100%

Explanatory Notes for Major Statistical Indicators

Total Energy Production

refers to a certain period of time the province's primary energy production is the sum of the province's energy production level, size, composition and development speed of the total indicators. The primary energy production includes the generation of raw coal, crude oil, natural gas, hydropower, nuclear power and other dynamic energy (such as wind energy, geothermal energy, etc.), excluding low calorific value fuel production, solar heat utilization and conversion from primary energy processing Of secondary energy production.

Total Domestic Energy Consumption

refers to the province's national economy and the families of various industries in a certain period of time the sum of the various energy consumption. The total energy consumption is divided into three parts: terminal energy consumption, energy processing conversion loss and loss.

a) terminal energy consumption: refers to a certain period of the province's various industries and residents living in a variety of energy consumption after deducting the conversion of secondary energy consumption and the amount of loss after the amount.

b) Loss During the Process of Energy Conversion: It refers to the total input of various kinds of energy for conversion, minus the total output of various kinds of energy in the province in a given period of time. It is an indicator to show the loss that occurs during the process of energy conversion.

c) Loss: It refers to the total of the loss of energy during the course of energy transport, distribution and storage and the loss caused by any objective reason in a given period of time. The loss of various kinds of gas due to gas discharges and stocktaking is excluded.

Elasticity Ratio of Energy Production

is the ratio of the growth rate of energy production and the growth rate of national economy. The formula is:

Elasticity Ratio of Energy Production=Average Annual Growth Rate of Energy Production / Average Annual Growth Rate of National Economy

This yearbook uses the Gross Domestic Product (GDP) indicator to calculate the average annual growth rate of the national economy.

Elasticity Ratio of Electricity Production

is the ratio of the growth rate of electricity production to the growth rate of the national economy. Its formula is:

Elasticity Ratio of Electricity Production=Average Annual Growth Rate of Electricity Production / Average Annual Growth Rate of National Economy

Elasticity Ratio of Energy Consumption

is the ratio of energy consumption growth rate and national economic growth rate. The formula is:

Elasticity Ratio of Energy Consumption=Average Annual Growth Rate of Energy Consumption / Average Annual Growth Rate of National Economy

Elasticity Ratio of Electricity Consumption

is the ratio of the growth rate of electricity consumption to the growth rate of the national economy. The formula is:

Elasticity Ratio of Electricity Consumption=Average Annual Growth Rate of Electricity / Average Annual Growth Rate of National Economy

Efficiency of Energy Processing and Conversion

refers to the ratio of the total output of energy products of various kinds after processing and conversion and the total input of energy of various kinds for processing and conversion in the same reference period. It is an important indicator to show the current conditions of energy processing and conversion equipment, production technique and management. The formula is:

Efficiency of Energy Processing & Conversion=Output of Energy After Processing & Conversion/Input of Energy for Processing & Conversion×100%

第七篇

Chapter 7

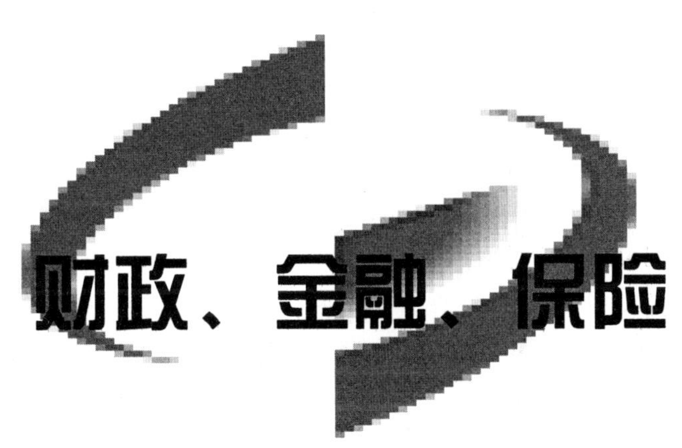

FINANCE, BANKING AND INSURANCE

简要说明

一、本篇反映全省财政收支、金融保险业发展状况。

二、财政收支资料来源于省财政厅财政决算。

三、金融保险业资料有以下三个部分：

1、反映金融机构,包括中国人民银行、中资全国性大型银行、中资全国性中小型银行、中资区域性中小型银行、农村合作机构等信贷收支情况，资料由中国人民银行合肥中心支行提供；

2、反映保险业务情况，资料由中国银行保险监督管理委员会安徽监管局提供；

3、反映股票发行及筹资情况，资料由中国证券监督管理委员会安徽监管局提供。

Brief Introduction

I. Data in this chapter show the provincial government revenue and expenditure and the development of banking and insurance.

II. Data on the government revenue and expenditure come from the Department of Finance in the province. Data are based on the final financial accounts.

III. Data of banking and insurance include the following three parts:

1. Reflect the credit receipts and payments of financial institutions, including the People's Bank of China, large Chinese-funded national banks, small and medium-sized Chinese-funded national banks, small and medium-sized Chinese-funded regional banks, rural cooperative institutions, etc. Data are provided by Hefei Central Sub-branch of the People's Bank of China.

2. Reflect the insurance business, the information provided by the Anhui Supervision Bureau of the Bank of China Insurance Regulatory Commission.

3. Reflect the issuance and financing of shares, data provided by China Securities Regulatory Commission Anhui Supervision Bureau.

7—1 一般公共预算收支及增长速度
General Public Budget Revenue and Expenditure and Growth Rate

年份 Year	一般公共预算收入（万元）General Public Budget Revenue (10000 yuan)	一般公共预算支出（万元）Expenditures in General Public Budgets (10000 yuan)	增长速度（%）Increase Rate (%)	
			一般公共预算收入 General Public Budget Revenue	一般公共预算支出 Expenditures in General Public Budgets
2005	3340170	7130633	21.6	18.5
2010	11493952	25876135	33.0	20.8
2011	14635608	33029911	27.3	27.6
2012	17927192	39610080	22.5	19.9
2013	20750750	43496871	15.8	9.8
2014	22184418	46640973	6.9	7.2
2015	24543029	52390076	10.6	12.3
2016	26727920	55229501	8.9	5.4
2017	28124495	62038110	5.2	12.3
2018	30486705	65721484	8.4	5.9
2019	31827069	73922226	4.4	12.5
2020	32160079	74735925	1.0	1.1

7—2 一般公共预算收入相当于生产总值的比例
General Public Budget Revenue As a Percentage of Gross Product

年份 Year	一般公共预算收入（万元）General Public Budget Revenue (10000 yuan)	生产总值（亿元）Gross Domestic Product (100 million yuan)	一般公共预算收入相当于生产总值的比例 General Public Budget Revenue As a Percentage of Gross Product
2005	3340170	5675.9	5.9
2010	11493952	13249.8	8.7
2011	14635608	16284.9	9.0
2012	17927192	18341.7	9.8
2013	20750750	20584.0	10.1
2014	22184418	22519.7	9.9
2015	24543029	23831.2	10.3
2016	26727920	26307.7	10.2
2017	28124495	29676.2	9.5
2018	30486705	34010.9	9.0
2019	31827069	36845.5	8.6
2020	32160079	38680.6	8.3

注：2018年及以前年份GDP相关数据为根据第四次全国经济普查结果修订后数据，2019年数据为最终核实数，2020年数据为初步核算数。

a) The GDP data of 2018 and previous years are revised based on the results of the Fourth National Economic Census. The data of 2019 is the final verified data and the data of 2020 is the preliminary calculation data.

7—3 税收收入和非税收入及比重
Total Revenue and Proportion of Tax and Non-tax

年　份 Year	绝 对 数 （万元） Total Revenue (10000 yuan)			比 重 （%） Proportion (%)	
	全　省 Total	税收收入 Tax Revenue	非税收入 Non-tax Revenue	税收收入 Tax Revenue	非税收入 Non-tax Revenue
2005	3340170	2445450	894720	73.2	26.8
2010	11493952	8665517	2828435	75.4	24.6
2015	24543029	17998922	6544107	73.3	26.7
2016	26727920	18575281	8152639	69.5	30.5
2017	28124495	19706808	8417687	70.1	29.9
2018	30486705	21807419	8679286	71.5	28.5
2019	31827069	22097280	9729789	69.4	30.6
2020	32160079	21995249	10164830	68.4	31.6

7—4 各项税收收入
Government Tax Revenue

单位：万元（10000 yuan）

年　份 Year	税收收入 Tax	增值税 Value-added Tax	营业税 Operation Tax	契　税 Contract Tax	企业所得税 Enterprises' Income Tax	个人所得税 Individual Income Tax
2005	2445450	577244	781042	178145	300808	124964
2010	8665517	1294839	2919300	959149	1065948	319746
2015	17998922	2731085	5868006	1725171	2355732	531350
2016	18575281	5303404	3099903	1854037	2332401	592815
2017	19706808	8033600		2442950	2747309	794104
2018	21807419	9059762		2376451	3346921	923496
2019	22097280	9423451		2319035	3709031	651118
2020	21995249	9432070		2262364	3625127	767409

7—5 一般公共预算收支情况
General Public Budget Revenue and Expenditure

单位：万元（10000 yuan）

指　　标	Item	2019	2020
收入合计	**Total Revenue**	**31827069**	**32160079**
增值税	Value-added Tax	9423451	9432070
企业所得税	Enterprises' Income Tax	3709031	3625127
个人所得税	Individual Income Tax	651118	767409
资源税	Resources Tax	282120	307221
城市维护建设税	Tax on Town maintenance and Construction	1431664	1481101
房产税	Tax on Real Estates	689926	725717
印花税	Stamp Tax	339878	362855
城镇土地使用税	Tax on the Use of Urban Land	1027216	1023003
土地增值税	Land Value Added Tax	1468444	1476357
车船税	Vehiclesand Ship Tax	225466	252362
耕地占用税	Tax on the Occupancy of Cultivated Land	468094	227692
契　税	Contract Tax	2319035	2262364
烟叶税	Leaf Tobacco Tax	10024	8009
环境保护税	Environmental Protection Tax	37229	32247
其他税收收入	Other Tax Revenue	14584	11715
专项收入	Expert Project Income	2859436	2950449
行政事业性收费	Income from Adiministrative Departments Fees	1247129	1234015
罚没收入	Penalty and Confiscatory Income	829160	992941
国有资本经营收入	Stated-owned Assets Profit	511606	439445
国有资源（资产）有偿使用	Income from the Paid Use of Stated-owned Resources (Assets)	3535828	3824596
其他收入	Other Income	746630	723384
支出合计	**Total Expenditure**	**73922226**	**74735925**
一般公共服务	General Public Service	5668469	5151165
国　防	National Defence	62602	59552
公共安全	Public Security	2967640	2997843
教　育	Education	12222085	12618566
科学技术	Science	3779505	3699780
文化旅游体育与传媒	Culture, Tourism, Sports and Media	879794	970640
社会保障和就业	Social Security and Employment	10840599	11730704
卫生健康	Health and Hygiene	6873588	7616183
节能环保	Energy Saving and Environmental Protection	3121150	1908277
城乡社区	Urban and Rural Communities	11567457	8601776
农林水	Agriculture and Forestry Water	7362734	9242878
交通运输	Transport	2751701	3336903
资源勘探工业信息等	Resource Exploration Industry Information, Etc	997945	1152989
商业服务业等	Business Services, etc	264787	437578
金　融	Financial	49008	76471
援助其他地区	Aid Spending Elsewhere	55037	58334
自然资源海洋气象等	Natural Resources, Marine Meteorology, etc.	479062	603570
住房保障	Housing Safeguard	2132093	2185937
粮油物资储备	Supplies of Grain and Oil Reserves	263543	305155
灾害防治及应急管理	Disaster Prevention and Emergency Management	278738	578097
债务付息	Debt Servicing	1223737	1320719
债务发行费用	Debt Issuance Costs	4893	7006
其他支出	Other Expenditure	76059	75802

7—6 各市一般公共预算收入（2020年）

General Public Budget Revenue by Region (2020)

单位：万元（10000 yuan）

地区	Region	收入合计 Total Revenue	增值税 Value-added Tax	企业所得税 Enterprises' Income Tax	个人所得税 Individual Income Tax	资源税 Resources Tax
合肥市	Hefei	7629009	2539992	690046	190396	17496
淮北市	Huaibei	800695	281796	62201	9609	23222
亳州市	Bozhou	1263730	374558	85335	13440	5657
宿州市	Suzhou	1331868	419469	68012	12649	16048
蚌埠市	Bengbu	1584801	492655	68313	14249	2501
阜阳市	Fuyang	1992554	589795	135791	18534	17757
淮南市	Huainan	1040162	318391	48163	14233	34046
滁州市	Chuzhou	2260205	597619	145651	23244	22673
六安市	Luan	1328805	450459	105318	19893	18352
马鞍山市	Maanshan	1695398	770497	94376	27045	19222
芜湖市	Wuhu	3313709	1208663	287736	62039	26134
宣城市	Xuancheng	1684217	505975	94572	24698	23206
铜陵市	Tongling	817551	304817	65047	6899	25685
池州市	Chizhou	669073	202382	47206	7942	43833
安庆市	Anqing	1415949	548020	78938	17316	9518
黄山市	Huangshan	839323	180645	32593	10941	1871

地区	Region	城市维护建设税 Tax on Town Maintenance and Construction	房产税 Tax on Real Estates	印花税 Stamp Tax	城镇土地使用税 Tax on the Use of Urban Land	土地增值税 Land Value Added Tax
合肥市	Hefei	396456	273985	127386	122817	573732
淮北市	Huaibei	39816	18369	9636	27893	32719
亳州市	Bozhou	54137	21600	13596	50060	71098
宿州市	Suzhou	53477	16254	12511	41861	81460
蚌埠市	Bengbu	113976	28785	14345	50877	63644
阜阳市	Fuyang	96483	25566	19284	56734	143194
淮南市	Huainan	40266	22190	10929	31211	31667
滁州市	Chuzhou	90537	45781	20513	114354	85979
六安市	Luan	55949	30631	14379	52522	77693
马鞍山市	Maanshan	88216	48867	21833	52585	41766
芜湖市	Wuhu	205829	81684	36630	141063	69945
宣城市	Xuancheng	63928	31829	14174	98513	62211
铜陵市	Tongling	41092	16166	18473	49634	18325
池州市	Chizhou	24983	13114	6633	38230	16835
安庆市	Anqing	83756	29077	15081	63182	64437
黄山市	Huangshan	19732	19683	6184	29257	40073

7—6 续表 continued

地 区	Region	车船税 Tax on Vehicles and Vessels	耕地占用税 Tax on the Occupancy of Cultivated Land	契 税 Contract Tax	烟叶税 Leaf Tobacco Tax	环境保护税 Environmental Protection Tax	其他税收收入 Other Tax Revenue
合肥市	Hefei	65952	33068	672571		831	2590
淮北市	Huaibei	7869	1861	55674		591	184
亳州市	Bozhou	16154	21900	135662		251	-45
宿州市	Suzhou	15926	9530	123884		441	99
蚌埠市	Bengbu	13112	10112	112496		368	123
阜阳市	Fuyang	20943	10308	176729		377	4258
淮南市	Huainan	9649	6387	68599		763	-24
滁州市	Chuzhou	12954	56149	177788		762	1554
六安市	Luan	13391	1662	145358		496	677
马鞍山市	Maanshan	10389	2117	88305		3876	345
芜湖市	Wuhu	18283	19319	153725	1628	2770	177
宣城市	Xuancheng	13047	9784	95392	5679	1344	262
铜陵市	Tongling	5401	253	47274		1322	240
池州市	Chizhou	5124	3520	39218	471	978	9
安庆市	Anqing	15824	5142	111592		791	488
黄山市	Huangshan	8344	3621	58097	231	161	753

地 区	Region	专项收入 Expert Project Income	行政事业性收费 Income from Adiministrative Departments Fees	罚没收入 Penalty and Confiscatory Income	国有资本经营 State-owned Assets Profit	国有资源(资产)有偿使用 Income from the Paid Use of Stated-owned Resources (Assets)	其他收入 Other Income
合肥市	Hefei	1059604	176550	127051		379404	179082
淮北市	Huaibei	35382	39688	49146	1649	73189	30201
亳州市	Bozhou	68001	43750	46854	81	214790	26851
宿州市	Suzhou	59643	91258	58523	5016	188345	57462
蚌埠市	Bengbu	111909	40904	45661	97504	272357	30910
阜阳市	Fuyang	153460	92465	126984	10395	240807	52690
淮南市	Huainan	78456	61502	42096	13790	174976	32872
滁州市	Chuzhou	178285	136355	107404	8905	396128	37570
六安市	Luan	74468	53359	48113		142145	23940
马鞍山市	Maanshan	87675	69753	49066	10056	182895	26514
芜湖市	Wuhu	232458	66649	45333	251307	353852	48485
宣城市	Xuancheng	148781	57400	68068	364	347163	17827
铜陵市	Tongling	66230	42513	23912		62575	21693
池州市	Chizhou	40796	48734	24100	2553	97683	4729
安庆市	Anqing	124061	74498	55297	32	76712	42187
黄山市	Huangshan	34093	27510	21721	28015	278426	37372

7—7 各市一般公共预算支出（2020年）
Expenditures in General Public Budgets by Region (2020)

单位：万元（10000 yuan）

地 区	Region	支出合计 Total Expenditure	一般公共服务 General Public Service	国防 National Defence	公共安全 Public Security	教育 Education	科学技术 Science
合肥市	Hefei	11643459	757517	7017	408794	1975427	1633287
淮北市	Huaibei	1837610	171118	1037	86756	352703	25377
亳州市	Bozhou	3909623	371816	2599	144881	802909	55157
宿州市	Suzhou	4859988	357070	2898	188117	889290	60456
蚌埠市	Bengbu	3259399	211376	2889	141108	591496	176122
阜阳市	Fuyang	6713497	508690	2428	237639	1231899	72307
淮南市	Huainan	2881068	221302	2652	119246	483048	39849
滁州市	Chuzhou	4629403	314649	5654	201612	782019	152043
六安市	Luan	5053908	411163	2779	178787	912215	82972
马鞍山市	Maanshan	2648224	182657	809	112600	384481	120287
芜湖市	Wuhu	4856366	298903	4816	186001	814159	544930
宣城市	Xuancheng	3248085	234798	2201	121774	428245	145029
铜陵市	Tongling	1824860	123366	1044	81628	253246	103108
池州市	Chizhou	1781087	122950	1761	50902	251653	26987
安庆市	Anqing	4829584	360510	2510	177581	872896	116519
黄山市	Huangshan	2062322	171398	2717	99438	225563	65260

地 区	Region	文化旅游体育与传媒 Culture, Tourism, Sports and Media	社会保障和就业 Social Security and Employment	卫生健康 Health and Hygiene	节能环保 Energy Saving and Environmental Protection	城乡社区 Urban and Rural Communities	农林水 Agriculture and Forestry Water
合肥市	Hefei	101708	1072429	866015	400783	2342479	836181
淮北市	Huaibei	18200	225084	206034	40521	279543	181750
亳州市	Bozhou	28759	630249	568999	78002	236170	547380
宿州市	Suzhou	41064	678517	581500	93516	559982	802517
蚌埠市	Bengbu	36598	456778	352244	38563	507982	384602
阜阳市	Fuyang	54142	1107714	914630	94532	548231	1119482
淮南市	Huainan	25190	482200	391793	90151	179868	517338
滁州市	Chuzhou	49344	608827	515302	87087	635210	713762
六安市	Luan	65601	694685	626607	124725	311128	1005207
马鞍山市	Maanshan	37530	334468	266903	160213	503012	243757
芜湖市	Wuhu	63721	601792	445730	182948	744387	379355
宣城市	Xuancheng	52073	398391	394154	93096	534332	412025
铜陵市	Tongling	25964	245364	192826	51744	231277	204980
池州市	Chizhou	20425	186538	212951	111905	250309	247909
安庆市	Anqing	74690	659489	567979	146518	388596	775061
黄山市	Huangshan	41635	274963	195471	116394	342385	255001

7—7 续表 continued

单位：万元（10000 yuan）

地 区	Region	交通运输 Transport	资源勘探工业信息等 Resources Exploration Industry Information, Etc	商业服务业等 Commercial and Service Industry and So On	金融 Financial	自然资源海洋气象等 Natural Resources, Marine Meteorology, etc.
合肥市	Hefei	211361	184292	150657	12811	79974
淮北市	Huaibei	54010	44062	2726	3295	11301
亳州市	Bozhou	138761	24713	23810	3825	19534
宿州市	Suzhou	206409	56209	5516	934	46543
蚌埠市	Bengbu	87099	20124	11642	7235	37675
阜阳市	Fuyang	243724	96019	25498	11777	45615
淮南市	Huainan	109225	15014	23615	4585	23305
滁州市	Chuzhou	193676	54325	17636	4862	49759
六安市	Luan	299161	20866	14310	1991	35775
马鞍山市	Maanshan	76794	14682	16151	2507	19097
芜湖市	Wuhu	128532	55967	31900	3197	44888
宣城市	Xuancheng	143375	28155	11789	2344	37775
铜陵市	Tongling	76607	20718	34933	2277	26107
池州市	Chizhou	108799	12778	11881	1159	16039
安庆市	Anqing	270608	46294	39129	9129	43417
黄山市	Huangshan	96479	24828	10168	1882	14434

地 区	Region	住房保障 Housing Safeguard	粮油物资储备 Supplies of Grain and Oil and Reserve Affairs	灾害防治及应急管理 Disaster Prevention and Emergency Management	债务付息 Debt Servicing	债务发行费用 Debt Issuance Costs	其他支出 Other Expenditure
合肥市	Hefei	271662	26936	155772	141746	458	6153
淮北市	Huaibei	80100	1816	6707	33430	95	11945
亳州市	Bozhou	143941	7384	12676	67548	333	177
宿州市	Suzhou	182128	15768	19279	65846	481	5948
蚌埠市	Bengbu	115924	6721	17302	55647	272	
阜阳市	Fuyang	266914	10148	30176	78560	429	12943
淮南市	Huainan	80685	3162	21763	46643	256	178
滁州市	Chuzhou	121229	12377	28073	80539	368	1035
六安市	Luan	125096	9983	50896	79489	364	108
马鞍山市	Maanshan	86521	2162	21632	56716	357	4344
芜湖市	Wuhu	145966	6506	29957	134413	718	7280
宣城市	Xuancheng	108066	3547	27464	68182	362	908
铜陵市	Tongling	80533	3309	17686	36039	229	11875
池州市	Chizhou	68041	2822	17669	56739	226	644
安庆市	Anqing	131655	20256	43913	77723	420	4691
黄山市	Huangshan	54012	2621	18583	42961	162	5919

7—8 各县（市）一般公共预算收入（2020年）
General Public Budget Revenue by County (City) (2020)

单位：万元（10000 yuan）

县（市） County (City)	收入合计 Total Revenue	增值税 Value-added Tax	企业所得税 Enterises' Income Tax	个人所得税 Individual Income Tax	资源税 Resources Tax	城市维护建设税 Tax on Town Maintenance and Construction
合肥市本级 Hefei City at Its Own Level	4311705	1446545	385484	124312	10	259843
巢湖市 Chaohu	232186	75161	23241	4738	10978	9260
长丰县 Changfeng	430458	143987	27986	3995	7	13902
肥东县 Feidong	487374	201116	23355	3439		18161
肥西县 Feixi	545263	178171	35946	6614		19475
庐江县 Lujiang	205949	95818	17009	2052	6501	9111
淮北市本级 Huaibei City at Its Own Level	431582	147992	27677	3844	5921	24735
濉溪县 Suixi	206799	76009	22878	4598	10095	7982
亳州市本级 Bozhou City at Its Own Level	418841	123451	37153	4113	-154	25580
涡阳县 Guoyang	182161	47521	10717	1127	2347	4968
蒙城县 Mengcheng	243026	58302	11696	1930	3501	6609
利辛县 Lixin	159067	52989	12828	1154	14	5283
宿州市本级 Suzhou City at Its Own Level	412035	167785	25512	4722	-963	24365
砀山县 Dangshan	132248	33969	5279	940		2775
萧县 Xiaoxian	223814	58445	10438	1557	4702	5257
灵璧县 Lingbi	129058	26640	6299	860	436	2554
泗县 Sixian	131623	38833	3766	854		3942
蚌埠市本级 Bengbu City at Its Own Level	610676	163191	30627	4245	2472	74799
怀远县 Huaiyuan	234140	86803	3413	889		9071
五河县 Wuhe	131112	38112	1879	991	29	3850
固镇县 Guzhen	156322	46981	2855	1045		4339
阜阳市本级 Fuyang City at Its Own Level	485895	147725	36837	6240		34927
界首市 Jieshou	170079	65266	6552	1020		10905
临泉县 Linquan	194708	48374	14183	1547	155	4967
太和县 Taihe	214254	73810	9079	2390		7926
阜南县 Funan	139569	45708	10565	1368	5	4716
颍上县 Yingshang	279064	101497	29861	1782	15384	9404
淮南市本级 Huainan City at Its Own Level	432910	83238	19000	3685	9165	9349
凤台县 Fengtai	216722	98491	5724	2068	23461	9218
寿县 Shouxian	173657	37303	7411	2248	14	3744
滁州市本级 Chuzhou City at Its Own Level	525441	139823	47614	6055	222	39464
天长市 Tianchang	412018	108527	13872	3028	1760	13524
明光市 Mingguang	185010	33801	6899	1098	1325	4413
来安县 Laian	206554	57038	15143	2651	654	5393
全椒县 Quanjiao	209796	61253	21159	3259	3175	6691
定远县 Dingyuan	213191	37110	7839	1281	4116	3639
凤阳县 Fengyang	232097	77079	18192	1814	10034	7137

7—8 续表1 continued

单位：万元（10000 yuan）

县（市） County (City)	收入合计 Total Revenue	增值税 Value-added Tax	企业所得税 Enterises' Income Tax	个人所得税 Individual Income Tax	资源税 Resources Tax	城市维护建设税 Tax on Town Maintenance and Construction
六安市本级 Luan City at Its Own Level	326719	82046	36975	4266		17725
霍邱县 Huoqiu	191936	58093	9597	1244	9177	6091
舒城县 Shucheng	200684	58308	13435	3098	1431	5565
金寨县 Jinzhai	160276	65417	6834	2110	2666	6542
霍山县 Huoshan	110490	39645	10506	3921	1441	5478
马鞍山市本级 Maanshan City at Its Own Level	646693	304127	34320	9414	5354	34500
当涂县 Dangtu	303720	130627	15003	3894	2330	12415
含山县 Hanshan	130507	55598	9015	1206	4394	5651
和县 Hexian	239619	101288	17118	6007	6892	10458
芜湖市本级 Wuhu City at Its Own Level	1240116	409241	120766	12493		112160
无为市 Wuwei	265068	101184	13558	3178	5779	11019
南陵县 Nanling	214845	83618	6654	2817	1423	8157
宣城市本级 Xuancheng City at Its Own Level	284452	64734	17180	3039	1866	13118
宁国市 Ningguo	309806	96542	27431	7922	3375	13249
广德市 Guangde	286546	118859	24441	3922	6731	12676
郎溪县 Langxi	208527	63199	6882	2585	525	5925
泾县 Jingxian	153208	44671	4272	1242	1323	3800
绩溪县 Jixi	82205	22649	3528	820	265	2360
旌德县 Jingde	64244	13899	1181	462	1875	1250
铜陵市本级 Tongling City at Its Own Level	363076	87559	36676	3032	11410	14268
枞阳县 Zongyang	101529	35089	11126	408	5765	3718
池州市本级 Chizhou City at Its Own Level	221498	49621	22158	1681	143	10478
东至县 Dongzhi	113111	27714	7557	1754	7500	2631
石台县 Shitai	22525	6779	959	192	2097	378
青阳县 Qingyang	97939	37340	6389	1648	8712	4090
安庆市本级 Anqing City at Its Own Level	470355	151582	20681	4470	910	36812
桐城市 Tongcheng	182097	91141	8766	1760	124	12570
潜山市 Qianshan	98410	34627	4588	1243	431	3353
怀宁县 Huaining	139255	45732	17522	1389	6031	4342
太湖县 Taihu	70118	24568	2642	2996	223	2464
宿松县 Susong	89682	33306	3345	1082	498	3052
望江县 Wangjiang	74987	22371	2585	946	2	2300
岳西县 Yuexi	63011	22785	2505	715	704	2231
黄山市本级 Huangshan City at Its Own Level	224889	36830	10829	2543	16	5279
歙县 Shexian	129103	36342	5207	1569	335	3306
休宁县 Xiuning	94482	20685	2843	1298	496	2071
黟县 Yixian	39826	8683	1172	484	574	741
祁门县 Qimen	55566	17482	1977	664	120	1543

7—8 续表2 continued

单位：万元（10000 yuan）

县（市） County (City)	房产税 Tax on Real Estates	城镇土地使用税 Tax on the Use of Urban Land	土地增值税 Land Value Added Tax	耕地占用税 Tax on The Occupancy of Cultivated Land	契税 Contract Tax	其他各项税收 Other Income of Tax
合肥市本级 Hefei City at Its Own Level	87765	75550	95123	1629	506095	76291
巢湖市 Chaohu	6259	5869	6567	4767	17801	13401
长丰县 Changfeng	9797	10649	19465	690	34436	6084
肥东县 Feidong	11760	10079	30263	612	48234	30741
肥西县 Feixi	19830	14888	51687	24287	50912	13165
庐江县 Lujiang	4126	5782	7840	1083	15093	4355
淮北市本级 Huaibei City at Its Own Level	7840	8131	554	1367	38278	9781
濉溪县 Suixi	3747	8581	7556	494	17396	4156
亳州市本级 Bozhou City at Its Own Level	9328	18530	32278	650	35699	10519
涡阳县 Guoyang	2508	5283	5993	1983	30197	5416
蒙城县 Mengcheng	2716	8475	14663	10563	33969	6454
利辛县 Lixin	1831	7746	7728	7841	17696	4890
宿州市本级 Suzhou City at Its Own Level	6940	25438	14578	131	33101	10500
砀山县 Dangshan	1253	2146	15208	8168	14252	3239
萧县 Xiaoxian	1547	2317	13645		16073	3811
灵璧县 Lingbi	1194	2171	8573	65	18011	3782
泗县 Sixian	998	1821	10990	421	19086	4207
蚌埠市本级 Bengbu City at Its Own Level	10591	18685	16083	2224	80956	4739
怀远县 Huaiyuan	3063	7183	8303	7215	12094	4498
五河县 Wuhe	1171	2542	2607	267	8255	3808
固镇县 Guzhen	1870	7816	3471	406	11191	2862
阜阳市本级 Fuyang City at Its Own Level	2599	6658	11803	62	9562	5772
界首市 Jieshou	2418	4676	8353	240	12791	3413
临泉县 Linquan	1358	3553	18094	344	21500	3478
太和县 Taihe	3439	7186	13011	4396	14459	4789
阜南县 Funan	1379	4222	12174	1032	17830	2919
颍上县 Yingshang	2145	2881	12675	2220	19404	5456
淮南市本级 Huainan City at Its Own Level	7267	13997	11628	2176	45104	6359
凤台县 Fengtai	4979	5329	5282	173	7514	5824
寿县 Shouxian	981	2879	9398	4038	15981	2356
滁州市本级 Chuzhou City at Its Own Level	15837	29985	22161	1371	78993	12223
天长市 Tianchang	5315	18616	21328	9502	24951	7080
明光市 Mingguang	2287	8357	6376	13352	9840	1778
来安县 Laian	5445	11439	8157	752	15108	2786
全椒县 Quanjiao	5033	13460	8407	412	14481	2610
定远县 Dingyuan	2882	9600	3167	4372	10244	3515
凤阳县 Fengyang	3589	10069	4736	9450	11883	3353

7—8 续表3 continued

单位：万元（10000 yuan）

县（市） County (City)	房产税 Tax on Real Estates	城镇土地使用税 Tax on the Use of Urban Land	土地增值税 Land Value Added Tax	耕地占用税 Tax on The Occupancy of Cultivated Land	契税 Contract Tax	其他各项税收 Other Income of Tax
六安市本级 Luan City at Its Own Level	9242	15161	22736	487	49497	5675
霍邱县 Huoqiu	2600	4677	3947		8425	3478
舒城县 Shucheng	8762	4670	11121		28774	3914
金寨县 Jinzhai	2095	5070	8451	917	15662	3851
霍山县 Huoshan	3315	4653	3405	258	8218	2554
马鞍山市本级 Maanshan City at Its Own Level	23413	19635	11137	363	48782	19243
当涂县 Dangtu	7989	7213	4955	911	13973	5032
含山县 Hanshan	2419	4561	2825	298	6126	1811
和县 Hexian	4390	12354	5366	10	13950	5003
芜湖市本级 Wuhu City at Its Own Level	31839	48754	8266	101	22136	25822
无为市 Wuwei	2634	7923	5718	1085	12617	4119
南陵县 Nanling	2835	6408	6153	9581	10633	3934
宣城市本级 Xuancheng City at Its Own Level	7857	29714	14949	696	18607	7377
宁国市 Ningguo	6142	27078	10513	412	17318	5539
广德市 Guangde	7489	12778	11708	3455	13430	5929
郎溪县 Langxi	3183	7972	5259	1887	9295	3949
泾县 Jingxian	1323	2642	4857	201	7114	2826
绩溪县 Jixi	1400	3454	3846	537	3822	1089
旌德县 Jingde	610	1158	4982	994	4466	885
铜陵市本级 Tongling City at Its Own Level	8010	31318	7348		28067	15346
枞阳县 Zongyang	1041	2338	2993	154	6026	2023
池州市本级 Chizhou City at Its Own Level	7416	13033	7689	690	19715	3509
东至县 Dongzhi	1520	8334	1603	266	6394	2614
石台县 Shitai	245	185	878	298	1099	330
青阳县 Qingyang	1493	7062	3510		7450	2472
安庆市本级 Anqing City at Its Own Level	9449	17757	10087	1539	44683	8357
桐城市 Tongcheng	3838	8835	3851	780	14255	4322
潜山市 Qianshan	1135	1407	8245	418	9578	2583
怀宁县 Huaining	2713	5127	6940	1382	19289	3072
太湖县 Taihu	988	2238	7067	435	5728	2150
宿松县 Susong	573	701	3747	-12	6350	1704
望江县 Wangjiang	2633	12854	4646	457	6235	1839
岳西县 Yuexi	1318	4154	3824	143	5474	3979
黄山市本级 Huangshan City at Its Own Level	4467	4771	9016	952	29596	3535
歙县 Shexian	3275	4835	5910	787	7802	2072
休宁县 Xiuning	1945	3170	3396	375	4820	2568
黟县 Yixian	1214	1108	1587	268	2604	330
祁门县 Qimen	654	1208	360	549	2097	742

7—8 续表4 continued

单位：万元（10000 yuan）

县（市）	County (City)	专项收入 Expert Projcct Income	行政事业性收费 Income from Adiministrative Departments Fees	罚没收入 Penalty and Confisca-tory Income	国有资本经营 Stated-owned Assets Profit	国有资源(资产)有偿使用 Income from the Paid Use of Stated-owned Resources (Assets)	其他收入 Other Income
合肥市本级	Hefei City at Its Own Level	814012	75173	59562		193723	110588
巢湖市	Chaohu	17902	9931	21841		3830	640
长丰县	Changfeng	86473	23266	7757		34561	7403
肥东县	Feidong	64895	12324	9018		23112	265
肥西县	Feixi	53503	14723	12374		29901	19787
庐江县	Lujiang	14620	8249	7616		6694	
淮北市本级	Huaibei City at Its Own Level	22459	20271	37064	1649	55132	18887
濉溪县	Suixi	9967	15501	8450		5489	3900
亳州市本级	Bozhou City at Its Own Level	30446	20012	20953		41388	8895
涡阳县	Guoyang	6007	6668	9048		38658	3720
蒙城县	Mengcheng	7656	5118	8856		60093	2425
利辛县	Lixin	12588	4174	4356	81	14411	3457
宿州市本级	Suzhou City at Its Own Level	23275	33789	13538	5000	16359	7965
砀山县	Dangshan	6392	8235	11438	16	16117	2821
萧县	Xiaoxian	7932	9453	8975		71408	8254
灵璧县	Lingbi	3611	5168	7525		33061	9108
泗县	Sixian	5132	13282	10811		12710	4770
蚌埠市本级	Bengbu City at Its Own Level	63103	13743	5725	20506	79190	19797
怀远县	Huaiyuan	22387	6483	8325	77	52696	1640
五河县	Wuhe	5097	3671	6089		49764	2980
固镇县	Guzhen	6031	10575	6220	56	45544	5060
阜阳市本级	Fuyang City at Its Own Level	73740	30164	33279	10395	71013	5119
界首市	Jieshou	25033	2479	5900		6287	14746
临泉县	Linquan	5802	13790	15794		31542	10227
太和县	Taihe	10821	22484	28601		9593	2270
阜南县	Funan	5212	8132	8437		12901	2969
颍上县	Yingshang	10241	8887	26352		20524	10351
淮南市本级	Huainan City at Its Own Level	41618	36918	20639	11719	89564	21484
凤台县	Fengtai	11609	14360	4177	1922	13207	3384
寿县	Shouxian	21745	4180	5058	9	54888	1424
滁州市本级	Chuzhou City at Its Own Level	37857	17404	21998	8405	30448	15581
天长市	Tianchang	44770	17232	25186		91910	5417
明光市	Mingguang	4506	9181	6375		71211	4211
来安县	Laian	25366	13898	7838		32939	1947
全椒县	Quanjiao	28944	6562	5047		27439	1864
定远县	Dingyuan	11888	44036	12614	500	52111	4277
凤阳县	Fengyang	14036	14310	21337		21984	3094

7—8 续表5 continued

单位：万元（10000 yuan）

县（市） County (City)	专项收入 Expert Projcct Income	行政事业性收费 Income from Adiministrative Departments Fees	罚没收入 Penalty and Confisca-tory Income	国有资本经营 Stated-owned Assets Profit	国有资源(资产)有偿使用 Income from the Paid Use of Stated-owned Resources (Assets)	其他收入 Other Income
六安市本级 Luan City at Its Own Level	16917	13522	18495		24962	9013
霍邱县 Huoqiu	9359	8977	11148		54576	547
舒城县 Shucheng	8347	16597	7048		20649	8965
金寨县 Jinzhai	10981	825	2302		22993	3560
霍山县 Huoshan	8047	3836	3998		10034	1181
马鞍山市本级 Maanshan City at Its Own Level	40845	18521	15602	10056	30759	20622
当涂县 Dangtu	15078	22169	10653		51378	100
含山县 Hanshan	6526	4117	7658		14182	4120
和县 Hexian	12168	17874	5090		20844	807
芜湖市本级 Wuhu City at Its Own Level	142042	30589	25569	36888	178311	35139
无为市 Wuwei	12746	8667	8309		59063	7469
南陵县 Nanling	11937	5521	3575	47675	2172	1752
宣城市本级 Xuancheng City at Its Own Level	32272	11449	32883	314	20809	7588
宁国市 Ningguo	33752	6075	6040		47399	1019
广德市 Guangde	22483	12785	9824		16858	3178
郎溪县 Langxi	17147	3111	5918		69256	2434
泾县 Jingxian	13373	12665	6034	50	45585	1230
绩溪县 Jixi	10102	867	2229		24490	747
旌德县 Jingde	3877	6338	2918		18750	599
铜陵市本级 Tongling City at Its Own Level	48815	25771	11906		16709	16841
枞阳县 Zongyang	5756	2798	3713		14778	3803
池州市本级 Chizhou City at Its Own Level	11589	32910	11501	2553	23337	3475
东至县 Dongzhi	9182	1977	4819		29184	62
石台县 Shitai	700	892	1235		5484	774
青阳县 Qingyang	5803	4468	2387		5113	2
安庆市本级 Anqing City at Its Own Level	73285	25993	15210		19521	30019
桐城市 Tongcheng	11662	8182	7265		1297	3449
潜山市 Qianshan	4518	6675	3358		15284	967
怀宁县 Huaining	6395	13011	1881		3672	757
太湖县 Taihu	3120	5090	5690		2765	1954
宿松县 Susong	6466	5128	9033	32	12281	2396
望江县 Wangjiang	3171	3824	4903		5380	841
岳西县 Yuexi	3571	3321	4500		3295	492
黄山市本级 Huangshan City at Its Own Level	7565	8871	7170	100	78155	15194
歙县 Shexian	5419	4493	3984	27915	11545	4307
休宁县 Xiuning	4062	3232	3167		38832	1522
黟县 Yixian	1588	1126	914		13597	3836
祁门县 Qimen	5062	1426	1846		13371	6465

7—9 各县（市）一般公共预算支出（2020年）
Expenditures in General Public Budgets by County (City) (2020)

单位：万元（10000 yuan）

县（市）	County (City)	支出合计 Total Revenue	一般公共服务 General Public Service	国防 National Defence	公共安全 Public Security	教育 Education	科学技术 Science	文化旅游体育与传媒 Culture, Tourism, Sports and Media
合肥市本级	Hefei City at Its Own Level	5612558	244809	3570	240198	703435	1287847	58056
巢湖市	Chaohu	670168	49192	892	26368	132899	19782	2815
长丰县	Changfeng	859546	75282	272	32640	147781	62400	6474
肥东县	Feidong	957440	84334	950	31766	144052	106035	8374
肥西县	Feixi	918210	70357	267	29942	145297	43628	10057
庐江县	Lujiang	821307	59519	533	19208	152292	9309	4178
淮北市本级	Huaibei City at Its Own Level	652568	54047	1037	48565	78757	18814	9237
濉溪县	Suixi	672736	56887		24328	164694	1759	6752
亳州市本级	Bozhou City at Its Own Level	1050827	95811	1829	57708	152282	8140	11794
涡阳县	Guoyang	703153	55477	152	26937	147552	7123	2977
蒙城县	Mengcheng	714005	69638	316	19643	157060	7410	6527
利辛县	Lixin	675242	77179	159	27031	172524	962	3609
宿州市本级	Suzhou City at Its Own Level	1294521	90467	1977	75111	60219	49340	11584
砀山县	Dangshan	503293	40750	184	20136	125632	530	4523
萧县	Xiaoxian	833863	52071	237	27873	159135	4866	6907
灵璧县	Lingbi	594043	46239		22313	160616	551	9917
泗县	Sixian	640912	56435	163	22849	143533	504	4165
蚌埠市本级	Bengbu City at Its Own Level	1130201	93448	1217	85588	101523	56144	22433
怀远县	Huaiyuan	759203	43582	561	18242	177727	72644	3409
五河县	Wuhe	432603	21321	406	13002	87072	29915	4400
固镇县	Guzhen	406727	19912	313	12390	101482	2961	2979
阜阳市本级	Fuyang City at Its Own Level	1525006	96754	676	81248	101436	20620	10477
界首市	Jieshou	548495	45737		18903	99923	22680	3623
临泉县	Linquan	927224	80121		29759	202326	1816	13932
太和县	Taihe	749340	50374	589	32877	165432	2089	5708
阜南县	Funan	809959	52086	272	22237	176103	2590	7630
颍上县	Yingshang	868675	62544	148	27260	196539	7124	6584
淮南市本级	Huainan City at Its Own Level	1085907	56516	1496	64218	110270	31594	12373
凤台县	Fengtai	473649	32743	260	17999	89610	6057	3512
寿县	Shouxian	835916	81578	478	21509	158006	346	6499
滁州市本级	Chuzhou City at Its Own Level	960898	83598	2339	65242	85119	61917	16133
天长市	Tianchang	698647	39070	406	29152	132975	24724	4749
明光市	Mingguang	459235	22874	728	18169	75741	9135	2999
来安县	Laian	401832	29571	470	11339	63748	5436	4248
全椒县	Quanjiao	434545	27422	399	15533	67014	9178	4569
定远县	Dingyuan	656958	41332	280	24779	93380	7421	4593
凤阳县	Fengyang	545013	35797	1032	23562	125120	22429	8340

7—9 续表1 continued

单位：万元（10000 yuan）

县（市）	County (City)	支出合计 Total Revenue	一般公共服务 General Public Service	国防 National Defence	公共安全 Public Security	教育 Education	科学技术 Science	文化旅游体育与传媒 Culture, Tourism, Sports and Media
六安市本级	Luan City at Its Own Level	1027127	57692	85	58506	73074	47205	15357
霍邱县	Huoqiu	935190	68850	230	30570	227921	1393	6775
舒城县	Shucheng	636306	49275	116	28990	134807	18042	9064
金寨县	Jinzhai	646906	61991		18967	88931	1230	12572
霍山县	Huoshan	329954	21469	213	14273	66086	4625	3316
马鞍山市本级	Maanshan City at Its Own Level	840396	78526	650	54355	77167	34633	22306
当涂县	Dangtu	523190	30896		19345	79985	10960	5412
含山县	Hanshan	337838	19255	159	10690	61326	8249	4810
和县	Hexian	502520	27492		17341	72187	44896	3462
芜湖市本级	Wuhu City at Its Own Level	1861215	110264	2098	92257	196799	337100	22602
无为市	Wuwei	662181	37097	201	18057	165697	9095	18705
南陵县	Nanling	398974	25189	659	18716	81592	21414	3626
宣城市本级	Xuancheng City at Its Own Level	634837	57056	768	42299	20163	23201	9466
宁国市	Ningguo	465370	30808	518	21998	69126	41882	11087
广德市	Guangde	509656	32438	359	16191	79903	13510	5329
郎溪县	Langxi	353219	27064		6677	67136	25861	3619
泾县	Jingxian	378918	26213	304	13746	57918	8762	7895
绩溪县	Jixi	190312	16444		5027	28294	8354	3769
旌德县	Jingde	164893	11309		7675	17433	10763	2170
铜陵市本级	Tongling City at Its Own Level	693795	54829	357	40866	63982	48927	14343
枞阳县	Zongyang	467286	30162	346	16650	75586	4838	5451
池州市本级	Chizhou City at Its Own Level	512719	21493	1382	16208	37153	16899	8664
东至县	Dongzhi	388062	23328		13235	80555	3113	2276
石台县	Shitai	159070	15683		7283	21978	845	4658
青阳县	Qingyang	220964	19687		7325	32109	2168	2131
安庆市本级	Anqing City at Its Own Level	1031948	66497	1664	54809	112750	19357	25196
桐城市	Tongcheng	544000	37155		19272	125991	53790	4846
潜山市	Qianshan	497342	42836	534	16856	94788	9252	7888
怀宁县	Huaining	401325	27705	29	12258	84207	6289	4714
太湖县	Taihu	528211	36353		17964	90041	779	10106
宿松县	Susong	577215	47690	283	19095	148325	555	7168
望江县	Wangjiang	461073	36753		15179	90813	16871	4967
岳西县	Yuexi	431089	37931		14914	69894	8861	7754
黄山市本级	Huangshan City at Its Own Level	461404	33827	834	30877	36201	17510	13558
歙县	Shexian	400566	29313		16303	58818	19896	6438
休宁县	Xiuning	268444	22851		11742	30748	7656	5094
黟县	Yixian	150102	13724	220	7522	12252	1535	6739
祁门县	Qimen	206966	19541	98	10048	24110	3337	3031

7—9 续表2 continued

单位：万元（10000 yuan）

县（市）	County (City)	社会保障和就业 Social Security and Employment	卫生健康 Health and Hygiene	节能环保 Energy Saving and Environmental Protection	城乡社区 Expenses in Urban, Rural Areas and Communities	农林水 Agriculture and Forestry Water	交通运输 Transport	资源勘探工业信息等 Resources Exploration Industry Information, Etc
合肥市本级	Hefei City at Its Own Level	319739	291285	217597	1525379	75292	154855	136143
巢湖市	Chaohu	132896	78833	18604	24882	112145	8414	2284
长丰县	Changfeng	104934	100048	16450	78908	160840	8240	19858
肥东县	Feidong	138633	113097	46304	40589	154304	12320	5539
肥西县	Feixi	98011	92369	38130	134487	146031	14509	5087
庐江县	Lujiang	138888	94434	21132	41447	148579	12363	6105
淮北市本级	Huaibei City at Its Own Level	51611	116630	12792	116081	23247	36295	22837
濉溪县	Suixi	95280	55164	16954	49060	130597	12455	17291
亳州市本级	Bozhou City at Its Own Level	28629	332869	20230	95400	80637	76337	15083
涡阳县	Guoyang	171918	57457	14655	38776	104159	20115	4899
蒙城县	Mengcheng	144020	56347	17533	48082	128359	8003	698
利辛县	Lixin	145826	56476	7589	8340	116019	21416	207
宿州市本级	Suzhou City at Its Own Level	36048	332964	32809	331959	105300	52844	20166
砀山县	Dangshan	100199	34185	6090	25351	96897	11810	4037
萧县	Xiaoxian	163355	52295	29631	47101	165042	35832	26183
灵璧县	Lingbi	106584	46818	7201	11966	103086	26603	3972
泗县	Sixian	92877	46343	7003	52540	121357	51167	1649
蚌埠市本级	Bengbu City at Its Own Level	148768	211228	8774	173753	62400	45725	11385
怀远县	Huaiyuan	94313	50878	11601	66122	153021	20260	1440
五河县	Wuhe	72526	25660	5257	32646	89554	12836	404
固镇县	Guzhen	65143	26528	8053	79512	55661	7646	510
阜阳市本级	Fuyang City at Its Own Level	87297	554328	8647	173563	118626	120819	46234
界首市	Jieshou	109970	25834	12038	33325	77225	8410	6545
临泉县	Linquan	204031	59892	19935	87732	149719	18054	8265
太和县	Taihe	147551	60543	9944	62870	132814	23892	8950
阜南县	Funan	145639	63463	12878	17890	222076	21461	11851
颍上县	Yingshang	170740	46934	13807	49984	199879	32861	8646
淮南市本级	Huainan City at Its Own Level	156506	149882	51801	108979	178850	51050	6136
凤台县	Fengtai	88199	66372	14839	19357	88633	7930	313
寿县	Shouxian	139723	126098	10747	8902	196192	44765	7248
滁州市本级	Chuzhou City at Its Own Level	53251	217944	13704	110085	62607	72889	39968
天长市	Tianchang	91198	71230	13238	128944	89100	16800	2151
明光市	Mingguang	82325	34238	8820	77714	80988	15858	2786
来安县	Laian	65480	41458	8854	48590	76267	17464	1695
全椒县	Quanjiao	66423	34796	14439	55900	88641	19208	3020
定远县	Dingyuan	106179	45285	9028	105200	155587	28686	1289
凤阳县	Fengyang	79550	37963	12844	44085	118401	9355	919

7—9 续表3 continued

单位：万元（10000 yuan）

县（市） County (City)		社会保障和就业 Social Security and Employment	卫生健康 Health and Hygiene	节能环保 Energy Saving and Environmental Protection	城乡社区 Expenses in Urban, Rural Areas and Communities	农林水 Agriculture and Forestry Water	交通运输 Transport	资源勘探工业信息等 Resources Exploration Industry Information, Etc
六安市本级	Luan City at Its Own Level	39303	315123	36308	78983	118284	103114	7035
霍邱县	Huoqiu	142833	67673	12691	24402	263799	39535	4766
舒城县	Shucheng	116969	50613	22739	25102	114953	30203	473
金寨县	Jinzhai	107156	47767	5433	72594	151380	21427	581
霍山县	Huoshan	38868	29576	17039	55959	46064	12011	
马鞍山市本级	Maanshan City at Its Own Level	81214	74400	103908	183360	25087	30049	8001
当涂县	Dangtu	60911	62941	11584	126407	58566	18980	988
含山县	Hanshan	47560	44753	7111	63460	40238	7487	1520
和县	Hexian	65978	53180	12810	61254	95935	15636	1605
芜湖市本级	Wuhu City at Its Own Level	187665	241242	113263	212311	76772	79972	22391
无为市	Wuwei	106476	64908	15312	68565	99633	19432	1621
南陵县	Nanling	74143	34435	5517	43593	45990	11850	352
宣城市本级	Xuancheng City at Its Own Level	20238	144632	13607	145566	43765	34489	15330
宁国市	Ningguo	57040	48351	10611	78452	36848	17771	1239
广德市	Guangde	72442	71274	32990	65847	46764	21127	5417
郎溪县	Langxi	41844	40985	8631	45074	39700	10341	3178
泾县	Jingxian	64936	28498	9355	37199	63134	36782	692
绩溪县	Jixi	24221	12802	6203	43956	23527	5898	1277
旌德县	Jingde	27345	13683	3724	26715	24473	8030	164
铜陵市本级	Tongling City at Its Own Level	64195	101649	28596	110531	23289	49812	14487
枞阳县	Zongyang	80310	43592	9071	24659	113103	17631	875
池州市本级	Chizhou City at Its Own Level	23309	58319	44834	139634	17663	57593	6171
东至县	Dongzhi	51897	51008	15640	16130	73507	23175	1135
石台县	Shitai	23806	11489	4250	4689	41947	11852	208
青阳县	Qingyang	26050	27330	5662	39638	36881	6411	111
安庆市本级	Anqing City at Its Own Level	82640	280816	57359	134946	41977	52095	10387
桐城市	Tongcheng	72947	35421	6284	37266	80916	21446	8421
潜山市	Qianshan	91685	41752	15995	11301	94455	35200	3541
怀宁县	Huaining	83271	42114	7413	14616	67226	14927	3068
太湖县	Taihu	68812	31624	10849	44055	140062	35928	8287
宿松县	Susong	83195	37293	5336	28597	119418	37886	2535
望江县	Wangjiang	63389	27747	17742	36544	89774	34298	3932
岳西县	Yuexi	63592	40821	11543	15904	95556	38258	1773
黄山市本级	Huangshan City at Its Own Level	43372	19732	60904	86340	21996	53413	9288
歙县	Shexian	75971	53935	9040	37665	57782	9925	20
休宁县	Xiuning	37062	33777	6922	27234	55645	6497	4123
黟县	Yixian	17118	14385	8518	21727	22845	8557	505
祁门县	Qimen	31519	21989	5817	25237	34733	8882	2388

7—9 续表4 continued

单位：万元（10000 yuan）

县（市） County (City)	商业服务业等 Commercial and Service Industry and So On	金融 Financial	自然资源海洋气象等 Natural Resources, Marine Meteorology, etc.	住房保障 Housing Safeguard	粮油物资储备 Supplies of Graina nd Oil Reserves	债务付息支出 Debt Payments	其他支出 Other Expenditure
合肥市本级 Hefei City at Its Own Level	109821	5090	38553	73532	5954	85461	4912
巢湖市 Chaohu	1164	373	6429	18498	5265	12519	
长丰县 Changfeng	1884	668	11773	19651	766	6099	15
肥东县 Feidong	1945	824	8370	40481	2411	7036	
肥西县 Feixi	1547	375	8467	47928	1218	9966	
庐江县 Lujiang	1092	1880	6367	32934	6655	11227	
淮北市本级 Huaibei City at Its Own Level	1030	3022	5174	31326	716	17787	716
濉溪县 Suixi	1395	125	4543	14840	315	8581	10548
亳州市本级 Bozhou City at Its Own Level	13921	2347	7002	28069	929	17206	
涡阳县 Guoyang	512	709	4240	29630	1282	12741	177
蒙城县 Mengcheng	1249		2687	29988	2197	12398	
利辛县 Lixin	212		3977	17763	59	12988	
宿州市本级 Suzhou City at Its Own Level	2014	710	7912	50109	2724	24583	500
砀山县 Dangshan	339		11714	10478	110	6946	
萧县 Xiaoxian	1096		7728	34481	4471	11103	
灵璧县 Lingbi	275	107	3147	26827	2722	12370	
泗县 Sixian	1241		3247	25113	2985	5721	
蚌埠市本级 Bengbu City at Its Own Level	6777	2236	10731	44266	2449	32424	
怀远县 Huaiyuan	881	1237	16866	14175	806	9690	
五河县 Wuhe	1011	1002	2542	24437	1073	5805	
固镇县 Guzhen	270	569	7487	7498	997	5087	
阜阳市本级 Fuyang City at Its Own Level	21098	6264	11552	28670	1387	17352	8603
界首市 Jieshou	1089	60	8533	68756	781	2762	
临泉县 Linquan	445		4862	28686	1759	8660	4180
太和县 Taihe	368	576	9583	21961	1471	9376	74
阜南县 Funan	215	188	4462	33023	1194	9596	86
颍上县 Yingshang	675	2446	4438	21088	1956	11753	
淮南市本级 Huainan City at Its Own Level	17914	3452	11540	42134	2047	23739	
凤台县 Fengtai	4488	1053	3461	10582	760	9405	57
寿县 Shouxian	595	80	6288	12597	355	10267	18
滁州市本级 Chuzhou City at Its Own Level	9069	914	7063	24710	1872	22780	
天长市 Tianchang	2622	1741	20033	13423	4141	9923	
明光市 Mingguang	317	280	2386	13712	794	5738	764
来安县 Laian	1484	225	4243	11419	1562	6683	
全椒县 Quanjiao	1199	251	4095	9829	2696	6129	
定远县 Dingyuan	924	75	5727	12887	560	11228	
凤阳县 Fengyang	1002	314	5467	5560	737	9542	29

7—9 续表5 continued

单位：万元（10000 yuan）

县（市） County (City)	商　业服务业等 Commercial and Service Industry and So On	金　融 Financial	自然资源海洋气象等 Natural Resources, Marine Meteorology, etc.	住房保障 Housing Safeguard	粮油物资储　备 Supplies of Graina nd Oil Reserves	债务付息支　出 Debt Payments	其他支出 Other Expenditure
六安市本级 Luan City at Its Own Level	4544	1066	7896	36821	1982	21761	8
霍 邱 县 Huoqiu	1893	10	6420	16167	2548	9891	
舒 城 县 Shucheng	440	60	6043	11549	1091	8783	
金 寨 县 Jinzhai	1661		4209	18895	310	16491	
霍 山 县 Huoshan	1601	116	2606	2770	587	8240	
马鞍山市本级 Maanshan City at Its Own Level	9923	1741	9054	14624	417	22610	202
当 涂 县 Dangtu	2078	347	4091	15189	963	10880	
含 山 县 Hanshan	719		2532	7322	209	6349	
和　县 Hexian	1709	151	2264	12179	573	8383	100
芜湖市本级 Wuhu City at Its Own Level	8824	1757	25446	45278	2163	70731	2036
无 为 市 Wuwei	597	170	3459	14326	1484	13659	530
南 陵 县 Nanling	835	170	3137	13428	1595	10204	
宣城市本级 Xuancheng City at Its Own Level	3049	1397	5436	34227	641	17579	
宁 国 市 Ningguo	3125		6262	14618	450	10478	
广 德 市 Guangde	871	739	8645	15824	1471	11138	908
郎 溪 县 Langxi	708		5267	13638	149	8797	
泾　县 Jingxian	2670	143	7153	9117	146	2886	
绩 溪 县 Jixi	816	65	2111	1547	278	4419	
旌 德 县 Jingde	306		1359	4734	134	3380	
铜陵市本级 Tongling City at Its Own Level	4939	1294	7664	28419	2362	21058	7105
枞 阳 县 Zongyang	1442	389	6523	21025	794	6168	3280
池州市本级 Chizhou City at Its Own Level	10174	1117	4394	15718	808	28389	294
东 至 县 Dongzhi	869		2672	12415	1294	7780	
石 台 县 Shitai	221	42	742	5154	220	2622	
青 阳 县 Qingyang	442		1562	7225	211	5686	
安庆市本级 Anqing City at Its Own Level	6318	1046	17918	29729	4595	21784	1918
桐 城 市 Tongcheng	2140	140	2776	18718	840	9986	
潜 山 市 Qianshan	3408	755	3568	12775	703	6977	
怀 宁 县 Huaining	1660	1489	3256	14690	1555	8358	80
太 湖 县 Taihu	1331	4642	3411	11210	1507	7126	
宿 松 县 Susong	3239	344	5002	5869	8746	7647	100
望 江 县 Wangjiang	2012	110	2953	5550	1681	6075	
岳 西 县 Yuexi	1501	318	3275	9437	601	6302	
黄山市本级 Huangshan City at Its Own Level	2268	476	4427	10008	473	13663	1104
歙　县 Shexian	1127	326	2267	7419	266	9204	48
休 宁 县 Xiuning	1105	107	2659	6186	351	4833	327
黟　县 Yixian	1442	43	863	4584	301	2287	4134
祁 门 县 Qimen	444	67	1639	6768	856	4082	

7—10 金融机构（含外资）人民币信贷资金平衡表（资金来源）
Financial Institutions (including foreign) RMB Credit Balance Sheet (funding)

（年末余额）(year-end) 单位：万元（10000 yuan）

项 目	Item	2015	2019	2020
资金来源合计	**All Sources**	**351786064**	**577338043**	**648269406**
各项存款	Deposits	344828993	543778697	598978062
境内存款	Domestic Savings	344678346	543577132	598723549
住户存款	Household Savings	170152656	261137878	301172198
活期存款	Demand Deposits	55652114	84722687	97456824
定期及其他存款	And Other Deposits on a Regular Basis	114500542	176415192	203715374
非金融企业存款	Non-financial Corporate Deposits	102684212	150714097	160431473
活期存款	Demand Deposits	48364504	76704835	76771473
定期及其他存款	And Other Deposits on a Regular Basis	54319708	74009262	83660000
机关团体存款	Organizations Deposit	56426881	94889784	94006464
财政性存款	Fiscal Deposits	7122187	12952555	13431511
非银行业金融机构存款	Non-banking Financial Institutions Deposits	8292410	23882818	29681903
境外存款	Overseas Account	150647	201564	254513
金融债券	Financial Bonds	2874497	5891220	6346902
卖出回购资产	Sell Buy Assets	563450	602254	71023
借款及非银行业金融机构拆入	Borrowed Inter-bank Borrowing and Non-banking Financial Institutior	20260	556816	313691
应付及暂收款	Account Payable and Temporary Credit	9574609	13429004	16312148
各项准备	Every Capital Reserve	6335952	12095379	13880201
所有者权益	Creditors' Equity	16244860	29305551	33030379
#实收资本	Paid-in Capital	6885055	10561439	12133828
其 他	Others	-28656556	-28320876	-20663000

注：1. 2019年人行对各项存款项目进行了调整，取消广义政府存款项目，将机关团体存款和财政性存款两个子项目单列，表7—11、7—12同。
2. 本表金融机构包括中国人民银行、政策性银行、国有商业银行、股份制商业银行、徽商银行、村镇银行、农村合作机构、邮储银行、 财务公司、信托投资公司等。（下表同）

a) In 2019, the People's Bank of China adjusted various deposit items, cancelled the broad government deposit items, and separately listed two sub-items of institutional group deposit and financial deposit, with tables 7-11 and 7-12 being the same.

b) Financial institutions included in the people's bank of China, policy Banks, state-owned commercial Banks, joint-stock commercial Banks, the anhui merchants bank, village Banks, rural cooperative organizations, post office, Banks, financial companies, trust investment companies, etc. (the same as in the table below)

7—11 金融机构（含外资）人民币信贷资金平衡表（资金运用）
Financial Institutions (including foreign) RMB Credit Balance Sheet (fund use)

（年末余额）(year-end)　　单位：万元（10000 yuan）

项　目	Item	2015	2019	2020
资金运用合计	**Total of Capital Lutilization**	**351786064**	**577338043**	**648269406**
各项贷款	Loans	254890475	442893130	515205192
境内贷款	Within the Boundaries Loan	254771765	442613716	514949796
住户贷款	Households Loans	81136853	182885509	214756881
短期贷款	Short-term Loan	18379121	36867005	41801179
消费贷款	Consumer Loans	3739195	14220571	13836447
经营贷款	Business Loans	14639926	22646434	27964732
中长期贷款	Medium and Long-term Loan	62757732	146018505	172955702
消费贷款	Consumer Loans	52751057	128827916	154614142
经营贷款	Business Loans	10006674	17190588	18341560
企（事）业单位贷款	Enterprise (business) Loan	173634911	259688207	300179915
短期贷款	Short-term Loan	65099726	80378607	89772297
中长期贷款	Medium and Long-term Loan	88823455	146598116	175241949
票据融资	Bill Financing	15825107	25523627	27908664
融资租赁	Financing Lease	3278325	6670306	6727256
各项垫款	The Advances	608297	517552	529748
非银行业金融机构贷款	Loans From Non-banking Financial Institutions		40000	13000
境外贷款	Beyond Border Loan	118710	279413	255396
债券投资	Bond Investment	23182779	48600492	53661104
股权及其他投资	Equity and Other Investment	17920725	31650073	36303520
买入返售资产	Buy Back to Sell Assets	484640	1970556	686603
存放非银行业金融机构款项	Storage of Non-banking Financial Institutions	293988	137124	156217
联行往来（净）	Jones Lang Lasalle Exchanges (net)	49380465	43093435	33237163
境内存放二级准备金	Stored in the Secondary Reserve	30120836	7526178	2353856
外汇买卖	Foreign Exchange Trading	-118551		
应收及预付款	Receivables and Prepayments	2197351	4727356	4669707
投资性房地产	Investment of Real Estate	12921	9775	9014
固定资产	Fixed Assets	3541272	4256103	4340886

7—12 金融机构（含外资）本外币合并信贷收支
Local and Foreign Financial Institutions (including foreign) Merging the Credit Balance of Payments

（年末余额）(year-end) 单位：万元（10000 yuan）

项目	Item	2015	2019	2020
各项存款	**Deposits**	**348262317**	**547867959**	**604683424**
境内存款	Domestic Savings	348084987	547591191	604234312
住户存款	Household Savings	170723123	261986738	302071141
活期存款	Demand Deposits	55967808	85151425	97970869
定期及其他存款	And Other Deposits on a Regular Basis	114755315	176835313	204100272
非金融企业存款	Non-financial Corporate Deposits	105276372	153766631	164977282
活期存款	Demand Deposits	49867841	78533355	79526635
定期及其他存款	And Other Deposits on a Regular Basis	55408531	75233276	85450647
广义政府存款	General Government Deposits	63623102		
机关团体存款	Organizations Deposit		94971926	94041621
财政性存款	Fiscal Deposits		12952555	13431511
非银行业金融机构存款	Non-banking Financial Institutions Deposits	8462391	23913340	29712758
境外存款	Overseas Account	177330	276768	449112
各项贷款	**Loans**	**261443579**	**449406961**	**521249672**
境内贷款	Within the Boundaries Loan	259663313	446975556	519022978
住户贷款	Households Loans	81139906	182891480	214759560
短期贷款	Short-term Loan	18381976	36872816	41803742
中长期贷款	Medium and Long-term Loan	62757930	146018664	172955817
企（事）业单位贷款	Enterprise (business) Loan	178523407	264044075	304250419
短期贷款	Short-term Loan	66772847	81602210	91324794
中长期贷款	Medium and Long-term Loan	92012742	149730348	177759926
票据融资	Bill Financing	15825107	25523627	27908664
融资租赁	Financing Lease	3278325	6670306	6727256
各项垫款	The Advances	634386	517585	529778
非银行业金融机构贷款	Loans From Non-banking Financial Institutions		40000	13000
境外贷款	Beyond Border Loan	1780266	2431405	2226693

7—13 各市金融机构（含外资）本外币合并信贷收支（2020年）

Local and Foreign Financial Institutions (including foreign) Merging the Credit Balance of Payments by Region (2020)

（年末余额）(year-end) 单位：万元（10000 yuan）

地 区 Region	各项存款 Deposits	住户存款 Household Savings	非金融企业存款 Non-financial Corporate Deposits	机关团体存款 Organizations Deposit	财政性存款 Fiscal Deposits	非银行业金融机构存款 Non-banking Financial Institutions Deposits	各项贷款 Loans
总　计 Total	**604683424**	**302071141**	**164977282**	**94041621**	**13431511**	**29712758**	**521249672**
合肥市 Hefei	186753063	56368608	69235358	40769848	5322451	14796880	181665695
淮北市 Huaibei	16759056	9961598	3763968	2756591	267481	1047	12785947
亳州市 Bozhou	25030307	16849593	4325018	3298508	552649	3371	23809286
宿州市 Suzhou	27341222	18232584	5229724	3322422	553693	536	23321971
蚌埠市 Bengbu	24733511	13756036	6447991	3678779	727226	117636	23618390
阜阳市 Fuyang	46136419	30826825	7308080	7198112	637724	163081	37469058
淮南市 Huainan	23663761	15181065	4251595	3597102	283959	346784	17156007
滁州市 Chuzhou	31465272	18043658	7748994	4241596	1270638	153356	30205574
六安市 Luan	31900002	19437700	6671728	4832560	862055	93284	26049580
马鞍山市 Maanshan	27788467	15076276	10067365	1945129	294320	390456	22613399
芜湖市 Wuhu	47129600	22642800	18926987	4563056	630295	269500	41014762
宣城市 Xuancheng	21899333	13014195	4420678	3706190	711264	41678	17621436
铜陵市 Tongling	16492520	9932982	3828690	1552232	95049	1080884	13966798
池州市 Chizhou	12338576	8390247	2310417	1268986	339487	3655	8608972
安庆市 Anqing	37635127	24720949	7135104	5104968	434983	234136	26167759
黄山市 Huangshan	15340700	9448807	3228826	2205540	448210	3991	10903520
安徽省本部 Based in anhui province	12276488	187220	76760		26	12012482	4271515

7—14 人民币信贷收支情况（2020年）
Credit Receipts and Payments (2020)

（年末余额）(year-end)　　　　单位：万元（10000 yuan）

项　目	Item	中资全国性大型银行 Chinese Large National Banks	中资全国性中小型银行 Chinese National Small and Medium-sized Banks	中资区域性中小型银行 Chinese Regional Small and Medium-sized Banks	村镇银行 Village Banks	农　村合作机构 Rural Cooperative Organizations
各项存款	**Deposits**	**297739745**	**153033231**	**129361818**	**6668221**	**122693606**
境内存款	Domestic Savings	297602702	152918063	129361790	6668213	122693586
个人存款	Personal savings	170501099	36016759	93675564	3531849	90143716
#活期储蓄存款	Current Savings Account	64182449	12581074	20657973	709785	19948188
#定期储蓄存款	Time Deposit	51105421	13991529	67967718	2734664	65233054
#结构性存款	Structured Deposits	3005014	1721901	27145		27145
单位存款	Unit of Account	116556801	96855510	35635748	3136365	32499392
#活期存款	Demand Deposits	55205422	36040531	20111169	2019500	18091677
#定期存款	Time Deposits	12865249	13313582	6943747	571049	6372698
#保证金存款	Margin Deposits	3321220	6350293	2658604	141180	2517424
#结构性存款	Structured Deposits	3327173	4737112	82600		82600
国库定期存款	The Treasury Deposit	221281	84800			
非存款类金融机构存款	The Deposit Financial Institutions Deposits	10323521	19960994	50478		50478
境外存款	Overseas Account	137043	115168	28	8	20
各项贷款	**Loans**	**242304489**	**161215393**	**97204469**	**5345184**	**91859285**
境内贷款	Within the Boundaries Loan	242279617	160985002	97204469	5345184	91859285
短期贷款	Short-term Loan	40253057	39952860	51250635	3382994	47867641
个人贷款	A Personal Loan	9655663	6584140	25264084	2171358	23092726
#个人消费贷款	Individual Consumption Loan	4453568	3475826	5624555	300859	5323696
单位贷款	Unit of The Loan	30597393	32258421	24570732	1211636	23359095
#经营贷款	Business Loans	25055654	29209942	24385386	1211076	23174309
#固定资产贷款	Fixed Asset Loan	246757	48000	155149	560	154589
#并购贷款	Mergers and Acquisitions Loan	50000				
#贸易融资	Trade Financing	5244982	3000479	30197		30197
非存款类金融机构贷款	The Deposit Financial Institutions Loans		1110300	1415820		1415820
中长期贷款	Medium and Long-term Loan	194629627	113313417	33479720	1790701	31689019
个人贷款	Individual Loan	106547469	39929323	21196292	1560365	19635927
#个人消费贷款	Individual Consumption Loan	102679653	33288970	14865222	797192	14068031
单位贷款	Unit of the Loan	87945158	73384093	12283427	230336	12053092
#经营贷款	Management Loan	14738794	18948172	7722738	207506	7515231
#固定资产贷款	Fixed Asset Loan	71728581	52675844	4560292	22829	4537462
#并购贷款	M&A Loan	1280689	620986			
#贸易融资	Trade Financing	197094	1139092	398		398
非存款类金融机构贷款	The Deposit Financial Institutions Loans	137000				
票据融资	Overseas financing Loan	7373006	7551154	12135865	169280	11966585
各项垫款	Discount	23927	167571	338249	2209	336040
境外贷款	Beyond Border Loan	24871	230391			

注：1．本表中资全国性大型银行包括国家开发银行、中国工商银行、中国农业银行、中国银行、中国建设银行、交通银行、中国邮政储蓄银行。

2．本表中资全国性中小型银行包括中国进出口银行、中国农业发展银行、中信银行、光大银行、招商银行、兴业银行、民生银行、华夏银行、徽商银行、九江银行、杭州银行、东莞银行、上海浦东发展银行、广发银行、渤海银行。

a) the Chinese national large Banks including China development bank, industrial and commercial bank of China, agricultural bank of China, bank of China, China construction bank, bank of communications, postal savings bank of China.

b) the Chinese national small and medium-sized Banks including the export-import bank of China, agricultural development bank of China, China citic bank, everbright bank, China merchants bank, industrial bank, minsheng bank, huaxia bank, bank of anhui merchants bank, bank of jiujiang, hangzhou, dongguan bank, Shanghai pudong development bank, guangdong development bank, bank of the bohai sea.

7—15 上市公司数量
Number of Listed Companies

单位：家（unit）

年 份 Year	全省合计 Provincial Total	上交所 Shanghai Stock Exchange	深交所 Shenzhen Stock Exchange	仅发A股公司 A Share Only	发A、H股公司 A & H Share	发A、B股公司 A & B Share	仅发H股公司 H Share Only
2005	45	27	18	39	3	3	
2010	65	29	36	59	3	3	
2011	77	29	48	71	3	3	
2012	78	29	49	72	3	3	
2013	78	29	49	72	3	3	
2014	80	31	49	74	3	3	
2015	88	35	53	82	3	3	
2016	93	37	56	87	3	3	
2017	101	43	58	95	3	3	
2018	103	47	56	97	3	3	
2019	105	48	57	99	3	3	
2020	126	57	69	120	3	3	

7—16 股票发行及筹资情况
Issuing Summary for Stocks

年 份 Year	股票发行 (万股) Amount Issued (10000 shares)		筹资额						
	A 股 A Shares	H 股 H Shares	合计 (万元) Raised Capital (10000 yuan)	A 股 A Shares	H 股 H Shares	配股筹资 Shares Rights Issued	可转债筹资 Changeable Bonds	认股权行权 Stocks and Rights Issue	公司债 Corporate Bonds
2005	4000		15200	15200					
2010	128849		1713126	1513126			200000		
2011	122790		3583653	1993653			30000		1560000
2012	248280		1410770	415770					995000
2013	448722		2446186	1764186			32000		650000
2014	323193		1900684	1850684					50000
2015	209644		2718299	2183299					535000
2016	1140036		10357100	9970100					387000
2017	434290		4634079	3923779			119700		590600
2018	386365		5351411	3871411			230000		1250000
2019	650561		4412422	2836382			836040		740000
2020	135709		3516354	1753356		543092	919907		300000

注：1、2016年以前股票发行包括首次公开发行、增发股票、认股权行权。

2、2016年起股票发行包括首次公开发行、并购重组非公开发行、增发股票、认股权行权。

a) Prior to 2016, stock issuance includes initial public offering, additional shares and warrants.

b) Starting from 2016, stock issuance includes initial public offering, non-public offering of mergers and acquisitions, additional shares, and exercise of stock options.

7—17 各市股票发行及筹资情况（截至2020年）
Issuing Summary for Stocks by Region (As of 2020)

地 区	Region	上市公司（家）Number of Listed Companies (unit)	发行股票（只）Number of Listed Shares (unit)	股份总数（万股）Number of Shares (10000 share)	#无限售股份 Unlimited Shares	当年募集资金（万元）Raised Capital (10000 yuan)	#发行股票 Amount of Listed Shares
总 计	**Total**	**126**	**132**	**13048286**	**11068806**	**3516354**	**1753356**
合肥市	Hefei	58	60	4416776	3854980	2514450	1013152
淮北市	Huaibei	4	4	549201	396845		
亳州市	Bozhou	1	2	50360	50360		
宿州市	Suzhou						
蚌埠市	Bengbu	5	5	688303	585376		
阜阳市	Fuyang	1	1	65780	60647		
淮南市	Huainan	2	2	277101	273123		
滁州市	Chuzhou	7	7	298813	188537	131756	131756
六安市	Luan	2	2	281287	231044	100000	100000
马鞍山市	Maanshan	7	8	1578908	1430275	86918	86918
芜湖市	Wuhu	16	17	2698328	1940530	323117	140117
宣城市	Xuancheng	8	8	444133	390747		
铜陵市	Tongling	7	7	1403923	1393779	190633	111933
池州市	Chizhou	2	2	19068	13068	40560	40560
安庆市	Anqing	4	4	151965	136415	128920	128920
黄山市	Huangshan	2	3	124340	123080		

注：首次公开发行、并购重组非公开发行、增发股票、认股权行权募集资金包括在发行股票中。

a) Initial public offering, merger and reorganization of non-public issues, rights to raise equity and stock rights to raise funds are included in the issuance of shares.

7—18 保险公司业务经济技术指标（2020年）

Main Professional Technical Indicators of Insurance Companies (2020)

单位：万元（10000 yuan）

项　　目	Item	保费收入 Income From Premium	赔　付 Claim and Payment
合　计	**Total**	**14035324**	**4773911**
按公司类型分	**Devided By The Character of Company**		
财产保险公司	Property Insurance Companies	5602309	3394138
人身保险公司	Life Insurance Companies	8433015	1379773
按业务性质分	**Devided BY The Nature of The Business**		
财产保险业务	**Property Insurance Businesses**	**4709509**	**2796448**
企业财产险	Enterprise Property Insurance	92515	71944
家庭财产险	Family Property Insurance	18653	9368
机动车辆险	Motor Vehicle Insurance	3505470	2036934
工程保险	Engineering Insurance	28117	15716
责任保险	Liability Insurance	268591	135844
信用保险	Credit Insurance	31404	16066
保证保险	Guarantee Insurance	361768	118738
船舶保险	Ship Insurance	19918	11368
货物运输险	Freight Transport Insurance	23217	10290
特殊风险保险	Peculiar Risk Insurance	2124	220
农业保险	Agriculture Insurance	332563	362538
其他保险	Other Insurance	25169	7422
人身保险业务	**Insurance Service of Life**	**9325815**	**1977463**
寿　险	Life Insurance	6567444	805407
健康险	Health Insurance	2411460	1099007
意外伤害险	Personal Accident Insurance	346911	73049

主要统计指标解释

一般公共预算收入

指国家财政参与社会产品分配所取得的收入，是实现国家职能的财力保证。主要包括：

（1）税收收入：包括增值税、企业所得税、个人所得税、资源税、城市维护建设税、房产税、印花税、城镇土地使用税、土地增值税、车船税、耕地占用税、契税和烟叶税等。

（2）非税收入：包括专项收入、行政事业性收费收入、罚没收入、国有资本经营收入和国有资源（资产）有偿使用收入等。

一般公共预算支出

国家财政将筹集起来的资金进行分配使用，以满足社会各项事业发展和经济建设的需要，主要包括：

（1）一般公共服务：反映政府提供一般公共服务的支出。具体包括人大事务、政协事务、政府办公厅（室）及相关机构事务、发展与改革事务、统计信息事务、财政事务、税收事务、审计事务、海关事务、人力资源事务、纪检监察事务、商贸事务、知识产权事务、民族事务、港澳台事务、档案事务、民主党派及工商联事务、群众团体事务、党委办公厅（室）及相关机构事务、组织事务、宣传事务、统战事务、对外联络事务、其他共产党事务支出、网信事务、市场监督管理事务、其他一般公共服务支出。

（2）公共安全：反映政府维护社会公共安全方面的支出。具体包括武装警察部队、公安、国家安全、检察、法院、司法、监狱、国家保密、其他公共安全支出等。

（3）教育：反映政府教育支出情况。具体包括教育管理事务、普通教育、职业教育、成人教育、广播电视教育、留学教育、特殊教育、进修及培训、教育费附加安排的支出、其他教育支出。

（4）科学技术：反映国家用于科学技术方面的支出。具体包括科学技术管理事务、基础研究、应用研究、技术研究与开发、科技条件与服务、社会科学、科学技术普及、科技交流与合作、科技重大项目、其他科学技术支出。

（5）文化旅游体育与传媒：反映政府在文化、旅游、文物、体育、广播影视、新闻出版等方面支出。

（6）社会保障和就业：反映政府在社会保障与就业方面的支出。具体包括人力资源和社会保障管理事务、民政管理事务、补充全国社会保障基金、行政事业单位离退休、企业改革补助、就业补助、抚恤、退役安置、社会福利、残疾人事业、红十字事业、最低生活保障、临时救助、特困人员救助供养、补充道路交通事故社会救助基金、其他生活救助、财政对基本养老保险基金的补助、财政对其他社会保险基金的补助、退役军人管理事务、其他社会保障和就业支出。

（7）卫生健康：反映政府用于卫生健康方面的支出。具体包括卫生健康管理事务、公立医院、基层医疗卫生机构、公共卫生、中医药、计划生育事务、行政事业单位医疗、财政对基本医疗保险基金的补助、医疗救助、优抚对象医疗、医疗保障管理事务、老龄卫生健康事务、其他卫生健康支出。

（8）节能环保：反映政府用于节能环保方面的支出。具体包括环境保护管理事务、环境监测与监察、污染防治、自然生态保护、天然林保护、退耕还林、风沙荒漠治理、退牧还草、已垦草原退耕还草、能源节约利用、污染减排、可再生能源、循环经济、能源管理事务、其他节能环保支出。

（9）城乡社区：反映政府用于城乡社区事务方面的支出。包括城乡社区管理事务、城乡社区规划与管理、城乡社区公共设施、城乡社区环境卫生、建设市场管理与监督、其他城乡社区支出。

（10）农林水：反映政府用于农林水事务方面的支出。具体包括农业、林业和草原、水利、南水北调、扶贫、农业综合开发、农村综合改革、普惠金融发展支出、目标价格补贴、其他农林水支出。

（11）交通运输：反映政府用于交通运输方面的支出。具体包括公路水路运输、铁路运输、民用航空运输、成品油价格改革对交通运输的补贴、邮政业支出、车辆购置税支出、其他交通运输支出。

信贷资金

指金融机构以信用方式积聚和分配的货币资金。金融机构信贷资金的来源有各项存款、金融债券、对国际金融机构负债、流通中现金、其他项目等；信贷资金的运用有各项贷款、有价证券及投资、黄金占款、外汇买卖、财政借款及在国际金融机构中的资产等。

存款

指企业、机关、团体或居民把货币资金存入银行或其他信贷机构保管，可随时或按约定时间支取款项，并取得一定利息的一种信用活动形式。根据存款对象或性质的不同可划分为住户存款、非金融企业存款、政府存款、非银行业金融机构存款等科目。它是银行信贷资金的主要来源。

贷款

指银行或其他信贷机构根据资金必须归还的原则，按一定利率，为企业、个人等提供资金的一种信用活动形式。我国银行贷款分为短期贷款、中长期贷款、融资租赁、票据融资、各项垫款、境外贷款等。

保费

指投保人为取得保险人在约定范围内所承担赔偿责任而支付给保险人的费用。

赔款

指保险人根据保险合同的规定，向被保险人支付的赔偿保险责任损失的金额。

给付

包括死伤医疗给付和满期给付。死伤医疗给付是指保险人根据人寿保险及长期健康保险合同的规定，因被保险人在保险期内发生保险责任范围内的保险事故支付给被保险人（或受益人）的金额。满期给付是指被保险人生存期满，保险人按人寿保险合同规定支付给被保险人的满期保险金额。

注：为反映机构改革和经济社会发展的最新变化，根据《2019 年政府收支分类科目》和《2018 中国统计年鉴》对部分财政、金融统计指标解释进行了修订。

Explanatory Notes for Major Statistical Indicators

General Public Budget Revenue

refers to the income obtained by the state finance participating in the distribution of social products, which is the financial guarantee for the realization of state functions. Mainly include:

1) Tax revenue: including value-added tax, enterprise income tax, individual income tax, resource tax, urban maintenance and construction tax, property tax, stamp tax, urban land use tax, land value-added tax, vehicle and vessel tax, farmland occupation tax, contract tax and tobacco tax, etc.

2) Non tax revenue: Include special revenue and administrative collect fees revenue, punish revenue, state-owned capital operation revenue and state-owned resource (asset) used revenue etc.

Expenditures in General Public Budgets

refers to the distribution and use of the funds the government finance has raised, so as to meet the needs of social various causes and economic construction and. It includes the following main items:

(1) General public service: reflects the government's expenditure on providing general public services. Specifically, it includes NPC affairs, CPPCC affairs, government general offices (offices) and related institutional affairs, development and reform affairs, statistical information affairs, financial affairs, taxation affairs, auditing affairs, customs affairs, human resources affairs, discipline inspection and supervision affairs, trade affairs, intellectual property rights affairs, ethnic affairs, Hong Kong, Macao and Taiwan affairs, archives affairs, democratic parties and federations of industry and commerce affairs, mass organizations affairs, party committees' general offices (offices) and related institutional affairs, organizational affairs, publicity affairs, United front affairs, external liaison affairs, other communist party affairs expenditures, Internet information affairs, market supervision and management affairs, and other general public service expenditures.

(2) Public safety: reflects the government's expenditure on maintaining social public safety. Specifically, it includes armed police forces, public security, national security, procuratorial work, courts, judiciary, prisons, national security, and other public security expenditures.

(3) Education: reflects the government's expenditure on education. Specifically, it includes education management affairs, general education, vocational education, adult education, radio and television education, overseas education, special education, continuing education and training, expenses for additional arrangements for education expenses, and other education expenses.

(4) Science and technology: reflects the state's expenditure on science and technology. Specifically, it includes scientific and technological management affairs, basic research, applied research, technological research and development, scientific and technological conditions and services, social science, popularization of science and technology, scientific and technological exchanges and cooperation, major scientific and technological projects, and other scientific and technological expenditures.

(5) Culture, Tourism, Sports and Media: Reflect government spending on culture, tourism, cultural relics, sports, radio, film and television, press and publication, etc.

(6) Social Security and Employment: Reflects the Government's Expenditure on Social Security and Employment. Specifically, it includes human resources and social security management affairs, civil administration affairs, supplementary national social security funds, retirement of administrative institutions, enterprise reform subsidies, employment subsidies, pension, retirement resettlement, social welfare, undertakings for the disabled, Red Cross undertakings, minimum living security, temporary assistance, assistance and support for the destitute, supplementary social assistance fund for road traffic accidents, other living assistance, financial subsidies for the basic old-age

insurance fund, financial subsidies for other social insurance funds, management affairs for retired military personnel, other social security and employment expenditures.

(7) Health: Reflects government spending on health. Specifically, it includes health management affairs, public hospitals, primary medical and health institutions, public health, traditional Chinese medicine, family planning affairs, medical treatment of administrative institutions, financial subsidies to the basic medical insurance fund, medical assistance, special medical care, medical security management affairs, health care for the elderly, and other health expenditures.

(8) Energy conservation and environmental protection: reflects the government's expenditure on energy conservation and environmental protection. Specifically, it includes environmental protection management affairs, environmental monitoring and supervision, pollution prevention and control, natural ecological protection, natural forest protection, returning farmland to forests, sand desert control, returning grazing to grassland, returning farmland to grassland from reclaimed grassland, energy conservation and utilization, pollution reduction, renewable energy, circular economy, energy management affairs, and other energy conservation and environmental protection expenditures.

(9) Urban and Rural Communities: reflect the Government's Expenditure on Urban and Rural Community Affairs. Including urban and rural community management affairs, urban and rural community planning and management, urban and rural community public facilities, urban and rural community environmental sanitation, construction market management and supervision, and other urban and rural community expenditures.

(10) Agriculture, forestry and water: reflect the government's expenditure on agriculture, forestry and water affairs. Specifically, it includes agriculture, forestry and grassland, water conservancy, south-to-north water diversion, poverty alleviation, comprehensive agricultural development, comprehensive rural reform, inclusive financial development expenditures, target price subsidies, and other agricultural, forestry and water expenditures.

(11) Transportation: Reflects government spending on transportation. Specifically, it includes road and waterway transportation, railway transportation, civil aviation transportation, subsidies for transportation due to refined oil price reform, postal expenses, vehicle purchase tax expenses, and other transportation expenses.

Credit Funds

refers to the monetary funds accumulated and distributed by financial institutions through credit. Sources of credit funds of financial institutions include various deposits, financial bonds, liabilities to international financial institutions, cash in circulation, other items, etc.; The use of credit funds includes loans, securities and investments, gold deposits, foreign exchange trading, financial loans and assets in international financial institutions.

Deposit

it refers to a form of credit activity in which enterprises, government agencies, organizations or residents deposit monetary funds in banks or other credit institutions for safekeeping, can withdraw money at any time or at an agreed time, and obtain certain interest. According to the object or nature of deposit, it can be divided into household deposit, non-financial enterprise deposit, government deposit, non-banking financial institution deposit and other subjects. It is the main source of bank credit funds.

Loan

it refers to a form of credit activity in which banks or other credit institutions provide funds for enterprises and individuals at a certain interest rate according to the principle that funds must be returned. Bank loans in China are divided into short-term loans, medium-term and long-term loans, financial leasing, bill financing, various advances, overseas loans, etc.

Premium

is the fee paid by the insurant to the insurer to obtain the obligation of compensation from the insurance within the agreed terms.

Settled Claim

is the compensation paid by the insurer to the insurant in accordance with the insurance contract.

Payment

includes payment for death, injury or medical treatment and mature payment. Payment for death, injury or medical treatment refers to the money paid to the insurant (or the beneficiary) in accordance with the life or health insurance contract when the insurant encounters accidents within the insured period covered in the contract. Mature payment refers to the mature payment to the insurant in accordance with the life insurance contract at the end of the insured period.

Note: In order to reflect the latest changes in institutional reform and economic and social development, the interpretation of some financial and financial statistical indicators has been revised according to the 2019 Classification of Government Revenue and Expenditure and the 2018 China Statistical Yearbook.

第八篇

Chapter 8

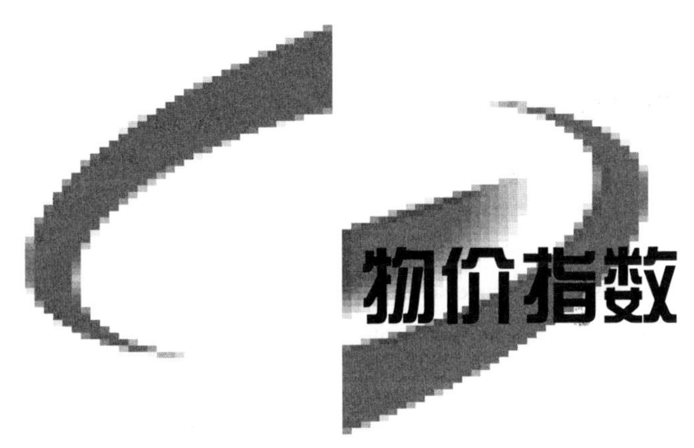

PRICE INDICES

简要说明

一、本篇价格指数资料，反映生产、流通与消费等环节的价格变动趋势和变动幅度。主要包括居民消费价格指数、商品零售价格指数、农业生产资料价格指数、农产品生产者价格指数、工业生产者出厂价格指数、工业生产者购进价格指数。

二、价格指数统计由国家统计局安徽调查总队组织实施，各市、县调查队依据国家统计局统一制定的价格统计调查制度向基层采集原始数据汇总后上报。

三、消费、零售价格指数都是采用分层抽样调查方法编制的，以样本推断总体，被抽选的调查市县 19 个。

四、农产品生产者价格调查采用抽样调查和重点调查相结合的调查方法，调查采用月报和季报相结合的方式，目前我省抽选的调查县为 31 个。

五、工业生产者价格调查采用重点调查和典型调查相结合的方法，调查实行月报，调查对象包括全省 16 个市的 3100 余家工业企业。

Brief Introduction

I. Price index data in this paper reflect the trend and range of price changes in production, circulation and consumption. It mainly includes the consumer price index, the retail price index of commodities, the price index of agricultural means of production, the producer price index of agricultural products, the producer price index of industrial producers and the purchase price index of industrial producers.

II. The statistics of price indices is organized by the NBS Survey Office in Anhui. The survey offices of the selected cities and counties collect statistical data from the grassroots units in accordance with the scheme of prices survey stipulated by the State Statistical Bureau, tabulate them and report them to higher agencies.

III. The consumption and retail price indices were compiled using stratified sampling survey methods. 19 cities and counties were selected for the survey.

IV. Survey on producer prices of agricultural products shall be conducted by combining sampling surveys with key surveys. The survey was conducted using a combination of monthly and quarterly reports, investigation county that my province selects at present is 31.

V. Data for the calculation of the price indices of industrial products are collected by Combination of key survey and typical survey method. The surveys are performed monthly including more than 3100 industrial enterprises in Anhui 16 cities.

8—1 各种价格总指数
Price Indices

上年=100（preceding year=100）

年份 Year	居民消费价格指数 General Consumer Price Index	城市居民消费价格指数 Urban Areas	农村居民消费价格指数 Rural Areas	商品零售价格指数 General Retail Price Index	工业生产者出厂价格指数 Ex-factory Industrial Producer Price Index	工业生产者购进价格指数 Industrial Producer Purchasing Price Index	农业生产资料价格指数 Price Indices of Agricultural Means of Production
2005	101.4	101.0	101.9	100.6	103.3	107.1	108.3
2010	103.1	103.0	103.4	103.2	109.0	111.8	102.0
2012	102.3	102.2	102.4	102.1	98.3	98.2	105.3
2013	102.4	102.4	102.5	101.2	98.2	96.9	100.9
2014	101.6	101.7	101.5	100.4	97.4	97.2	99.6
2015	101.3	101.3	101.3	99.7	93.9	93.5	101.6
2016	101.8	101.8	101.6	100.8	98.5	98.4	99.4
2017	101.2	101.3	101.1	101.7	108.0	109.2	101.3
2018	102.0	102.0	102.0	101.9	103.0	105.3	101.5
2019	102.7	102.7	102.8	101.9	100.3	99.9	102.3
2020	102.7	102.5	102.9	101.6	99.1	98.5	104.8

8—2 各种价格定基指数
Fixed-base Price Indices

（1990=100）

年份 Year	居民消费价格指数 General Consumer Price Index	城市居民消费价格指数 Urban Areas	农村居民消费价格指数 Rural Areas	商品零售价格指数 General Retail Price Index	工业生产者出厂价格指数 Ex-factory Industrial Producer Price Index	工业生产者购进价格指数 Industrial Producer Purchasing Price Index	农业生产资料价格指数 Price Indices of Agricultural Means of Production
2005	225.7	232.5	219.8	180.8	202.4	284.2	208.0
2010	260.9	268.1	255.1	206.9	237.1	371.6	268.9
2012	281.8	288.8	276.7	222.5	252.4	404.3	323.7
2013	288.6	295.7	283.6	225.2	247.9	391.8	326.6
2014	293.2	300.7	287.9	226.1	241.5	380.8	325.3
2015	297.0	304.6	291.6	225.4	226.8	356.0	330.5
2016	302.3	310.1	296.3	227.2	223.4	350.3	328.5
2017	305.9	314.1	299.6	231.1	241.3	382.5	332.8
2018	312.0	320.4	305.6	235.5	248.6	402.7	337.8
2019	320.4	329.1	314.2	240.0	249.3	402.3	345.6
2020	329.1	337.3	323.3	243.8	247.1	396.1	362.2

注：工业生产者出厂价格、工业生产者购进价格指数以1992年为100。
a) Index of producer price and purchase price for industrial producers was 100 in 1992.

8—3 居民消费价格分类指数（2020年）
Consumer Price Indices by Category (2020)

上年=100（preceding year=100）

类　　别	Item	全　省 Provincial Indices	城　市 Urban Indices	农　村 Rural Indices
居民消费价格总指数	**General Consumer Price Index**	**102.7**	**102.5**	**102.9**
食品烟酒	**Food Tobacco and Liquor**	**108.4**	**108.2**	**109.0**
食　品	Food	110.9	110.4	111.8
粮　食	Grain	101.2	100.8	101.7
薯　类	Potatoes	104.5	105.6	102.8
豆　类	Beans	108.1	108.5	107.5
食用油	Edible Oil	108.5	104.9	113.6
菜	Vegetables	109.5	109.8	108.9
鲜　菜	Fresh Vegetables	110.2	110.5	109.6
畜肉类	Meat Class	139.4	137.9	142.1
禽肉类	Poultry Meat	100.4	100.3	100.5
水产品	Aquatic Products	105.5	105.3	105.6
蛋　类	Eggs	87.7	87.0	88.7
奶　类	Milk	100.2	100.4	99.7
干鲜瓜果类	Melons and Fruits	88.7	88.7	88.6
糖果糕点类	Candy Cakes Category	101.2	101.3	101.1
调味品	Condiment	102.8	102.4	103.2
其他食品类	Other Food and Food Processing Services	101.9	102.5	100.8
茶及饮料	Tea and Beverages	101.3	101.5	100.9
烟　酒	Tobacco and Liquor	101.3	102.0	100.4
烟　草	Tobacco	101.1	101.5	100.6
酒　类	Liquor	101.6	102.7	99.9
在外餐饮	Food for External Use	104.7	104.7	104.5
衣　着	**Clothing**	**100.3**	**100.4**	**100.1**
服　装	Garments	100.6	100.7	100.5
服装材料	Clothing Materials	98.9	98.5	99.6
其他衣着及配件	Other Clothing Accessories	99.4	99.3	99.9

8—3 续表 continued

上年=100（preceding year=100）

类　　别	Item	全　省 Provincial Indices	城　市 Urban Indices	农　村 Rural Indices
衣着加工服务费	Clothing Manufacturing Services	103.1	102.5	104.5
鞋　类	Footwear	99.2	99.6	98.5
居　住	**Housing**	**99.8**	**99.9**	**99.6**
租赁房房租	Rental Housing Rentals	99.8	99.9	99.4
住房保养维修及管理	Housing Maintenance and Management	100.5	100.9	99.9
水电燃料	Water, Electricity and Fuel	99.3	99.5	99.2
自有住房	One's Own House	99.8	99.8	99.8
生活用品及服务	**Daily Necessities and Services**	**99.8**	**100.1**	**99.0**
家具及室内装饰品	Furniture and Interior Decorations	99.7	100.3	98.5
家用器具	Household Appliances	98.5	98.9	97.8
家用纺织品	Home Textiles	99.3	99.5	99.0
家庭日用杂品	Household Daily Groceries	100.1	100.2	99.8
个人护理用品	Personal Care Products	101.0	101.0	100.9
家庭服务	Family Service	101.7	102.2	100.4
交通和通信	**Means of Transportation and Communication**	**96.8**	**96.7**	**97.0**
交　通	Transportation	95.5	95.5	95.4
通　信	Communication	99.0	98.7	99.5
教育文化和娱乐	**Education Culture and Entertainment**	**101.5**	**101.2**	**102.0**
教　育	Education	102.4	102.0	103.0
文化娱乐	Cultural and Entertainment	99.8	100.1	98.8
文娱耐用消费品	Entertainment Durable Consumer Goods	97.7	98.1	97.0
旅　游	Traveling	101.1	101.2	100.7
医疗保健	**Medical Insurance**	**101.2**	**100.8**	**101.9**
药品及医疗器具	Medicine and Medical Equipment	101.2	100.9	101.8
医疗服务	Medical Service	101.2	100.8	101.9
其他用品和服务	**Other Supplies and Services**	**103.1**	**103.2**	**102.7**
其他用品类	Other Supplies	107.6	108.2	106.2
其他服务类	Other Services	99.0	99.0	99.1

8—4 商品零售价格分类指数（2020年）
Retail Price Indices by Category of Commodities (2020)

上年=100（preceding year=100）

类　　别	Item	全　省 Provincial Indices	城　市 Urban Indices	农　村 Rural Indices
商品零售价格指数	**General Retail Price Index**	**101.6**	**101.6**	**101.7**
食　品	**Food**	**109.4**	**109.1**	**110.8**
粮　食	Grain	101.4	101.2	101.9
薯　类	Potatoes	105.1	105.3	104.3
豆　类	Beans	109.2	109.9	107.1
食用油	Edible Oil	107.7	105.2	114.3
菜	Vegetables	109.6	109.9	108.5
畜肉类	Meat Class	138.8	137.8	142.3
禽肉类	Poultry Meat	100.5	100.7	99.9
水产品	Aquatic Products	105.3	105.2	105.7
蛋　类	Eggs	87.4	87.0	88.5
奶　类	Milk	100.4	100.5	99.7
干鲜瓜果类	Melons and Fruits	88.6	88.6	88.7
糖果糕点类	Candy Cakes Category	101.1	101.1	101.4
调味品	Condiment	102.5	102.2	103.4
其他食品类	Other Food	102.2	102.6	101.1
在外餐饮	Food for External Use	104.9	105.0	104.7
饮料、烟酒	**Beverages, Tobacco and Liquor**	**101.5**	**101.7**	**100.5**
茶及饮料	Tea and Beverages	101.6	101.7	101.2
烟　草	Tobacco	101.1	101.3	100.6
酒　类	Liquor	101.9	102.4	99.8
服装、鞋帽	**Garments, Shoes and Hats**	**100.3**	**100.4**	**100.1**
服　装	Garments	100.6	100.5	100.6
鞋帽袜	Footwear and Hats	99.5	99.7	98.7
其他衣着配件	Other Clothing Accessories	99.5	99.6	98.9
纺织品	**Textiles**	**98.9**	**98.9**	**98.9**
服装材料	Clothing Material	98.7	98.4	99.8
床上用品	Bed Articles	98.9	99.0	98.7
家用电器及音像器材	**Household Electrical Appliance and Audio-video Supplies**	**98.5**	**98.6**	**97.7**
家庭设备	Household Facilities	98.4	98.5	97.9

8—4 续表 continued

上年=100（preceding year=100）

类　　别	Item	全　省 Provincial Indices	城　市 Urban Indices	农　村 Rural Indices
文娱用耐用消费品	Durable Consumer Goods for Recreational Use	98.2	98.5	97.0
专业音像器材	Professional Video Equipment	102.2	102.2	102.2
文化办公用品	**Cultural and Office Articles**	**99.0**	**99.0**	**99.1**
日用品	**Articles for Daily Use**	**99.6**	**99.6**	**99.5**
日用百货	Daily Use Sundry Goods	99.1	99.3	98.0
厨具餐具茶具	Kitchen Utensils Tableware	100.3	100.3	100.3
清洗用品	Washing Articles	99.3	98.9	101.4
其他日用品	Other Articles for Daily Use	100.1	100.0	100.3
体育娱乐用品	**Sports and Recreational Articles**	**100.3**	**100.2**	**100.8**
体育户外用品	Sports Outdoor Supplies	100.7	100.8	100.2
娱乐用品	Recreational Articles	100.2	100.1	100.9
交通、通信用品	**Transportation and Telecommunication Articles**	**97.3**	**97.3**	**97.4**
交通运输机械	Transportation Mechanism	97.3	97.2	97.5
通信器材	Telecommunication Facility	97.3	97.3	97.2
家　具	**Furniture**	**100.0**	**100.4**	**97.9**
化妆品	**Cosmetics**	**101.3**	**101.4**	**100.9**
金银饰品	**Jewelry**	**115.4**	**115.7**	**113.5**
中西药品及医疗保健用品	**Traditional Chinese and Western Medicines and Health Care Articles**	**101.3**	**101.1**	**101.8**
医疗卫生器具	Medical and Health Equipment	105.7	106.7	100.0
中　药	Chinese Medicine	101.2	100.7	103.0
西　药	Western Medicine	101.2	101.0	102.1
保健器具及用品	Health Care Appliances and Articles	99.6	99.6	99.9
书报杂志及电子出版物	**Newspapers, Magazines and Electronic Publications**	**99.3**	**99.4**	**98.9**
教材及参考书	Teaching Materials and Reference Books	101.2	101.2	100.9
书报杂志	Newspapers and Magzines	95.7	95.9	95.1
计算机办公软件	Computer Office Software	100.2	100.2	100.2
燃　料	**Fuels**	**94.3**	**94.7**	**92.7**
煤炭及制品	Coal and Related Products	98.7	98.2	100.0
石油及制品	Petroleum and Related Products	93.2	93.9	89.9
建筑材料及五金电料	**Building Materials, Hardware and Electrical Materials**	**100.2**	**100.4**	**99.4**
建筑装璜材料	Building Decoration Materials	100.0	100.1	99.3
五金水暖	Hardware and Electrical Materials	101.0	101.2	99.9

8—5 调查市、县居民消费价格分类指数（2020年）

Consumer Price Indices by Category and by Surveyed City and County (2020)

上年=100（preceding year=100）

市 县 Surveyed City and County		总指数 General Index	食品烟酒 Food Tobacco and Liquor	食品 Food	#粮食 Grain	食用油 Edible Oil	菜 Vegetables	鲜菜 Fresh Vegetables	畜肉类 Meat Class	禽肉类 Poultry Meat	水产品 Aquatic Products	蛋类 Eggs
合肥市	Hefei	102.3	108.0	110.1	103.0	105.0	110.5	111.2	137.3	100.5	105.1	86.0
淮北市	Huaibei	103.0	108.7	110.7	100.4	102.1	108.6	109.6	141.1	98.0	106.2	92.2
亳州市	Bozhou	102.5	107.4	109.9	99.3	102.2	110.9	111.8	138.0	99.0	106.7	88.9
宿州市	Suzhou	102.3	107.3	109.9	100.8	103.5	110.7	111.8	135.4	102.9	103.7	84.7
蚌埠市	Bengbu	102.6	108.1	110.8	104.4	101.2	109.9	110.3	136.9	104.0	100.2	88.0
阜阳市	Fuyang	102.5	107.7	110.3	100.6	106.5	108.6	109.1	138.5	96.7	108.0	85.4
淮南市	Huainan	102.3	107.5	109.4	99.8	105.3	107.7	108.5	139.6	96.5	101.1	84.4
滁州市	Chuzhou	102.4	108.0	109.3	100.3	107.0	112.9	114.2	127.8	104.9	112.1	91.4
马鞍山市	Maanshan	102.8	109.7	111.7	100.1	105.1	109.0	109.8	139.7	103.8	106.3	88.6
芜湖市	Wuhu	102.7	109.2	110.8	99.4	106.0	111.8	112.9	139.0	103.7	105.4	89.9
宣城市	Xuancheng	102.4	108.1	109.7	100.8	109.2	107.7	108.1	134.6	98.5	108.2	84.7
铜陵市	Tongling	103.0	109.5	112.3	99.9	110.7	107.6	108.1	138.6	102.2	106.5	86.5
安庆市	Anqing	102.7	108.4	111.3	100.1	111.9	108.9	109.3	138.2	98.3	109.8	87.4
六安市	Luan	102.4	108.2	111.6	99.5	102.6	110.2	111.2	140.0	99.0	105.6	87.6
庐江县	Lujiang	102.9	108.5	111.7	102.2	113.3	113.5	114.3	137.1	102.4	107.4	87.5
桐城市	Tongcheng	102.4	108.9	112.3	103.7	119.7	109.6	110.5	139.5	94.4	103.5	86.3
歙县	Shexian	103.8	109.8	111.2	100.9	117.6	103.0	103.7	145.3	97.2	103.5	85.7
阜南县	Funan	103.0	108.9	111.7	100.5	106.5	105.5	106.0	150.6	101.5	103.3	92.4
金寨县	Jinzhai	102.7	109.2	112.1	101.2	110.1	110.2	110.9	141.1	105.6	110.7	90.2

市 县 Surveyed City and County		干鲜瓜果类 Melons and Fruits	茶及饮料 Tea and Beverages	烟酒 Tobacco and Liquor	在外餐饮 Food for External Use	衣着 Clothing	居住 Housing	生活用品及服务 Daily Necessities and Services	交通和通信 Means of Transportation and Communication	教育文化和娱乐 Education Culture and Entertainment	医疗保健 Medical Insurance	其他用品和服务 Other Supplies and Services
合肥市	Hefei	87.9	102.2	100.4	105.4	99.7	99.9	99.8	97.1	101.6	100.8	103.4
淮北市	Huaibei	89.8	103.4	104.0	104.8	100.2	99.7	100.9	97.7	101.8	101.2	104.1
亳州市	Bozhou	82.9	101.5	102.2	102.8	99.9	99.2	100.1	98.8	100.6	102.7	102.7
宿州市	Suzhou	89.8	101.2	102.1	102.5	100.5	99.8	101.2	97.3	100.9	99.3	105.4
蚌埠市	Bengbu	87.4	101.1	100.8	103.6	102.4	99.3	100.6	96.6	101.9	99.4	102.2
阜阳市	Fuyang	90.7	100.1	102.3	103.2	100.5	100.0	99.6	96.9	101.2	100.5	104.7
淮南市	Huainan	85.7	99.7	103.1	104.3	100.7	100.0	99.5	97.2	101.0	100.3	101.5
滁州市	Chuzhou	87.2	112.2	102.0	105.7	100.2	100.4	99.3	96.0	100.8	101.1	103.0
马鞍山市	Maanshan	93.2	104.1	102.6	107.4	99.7	100.3	100.1	96.8	100.4	101.1	103.6
芜湖市	Wuhu	87.5	101.1	102.3	108.0	100.8	100.0	100.5	94.3	102.1	102.3	101.4
宣城市	Xuancheng	92.0	102.1	102.7	106.2	100.2	100.1	101.0	96.0	101.2	99.9	103.5
铜陵市	Tongling	98.9	101.4	103.6	104.3	100.5	100.6	99.9	96.4	100.2	101.7	104.0
安庆市	Anqing	87.9	100.2	101.0	103.4	102.5	99.8	100.6	95.8	101.0	101.2	103.5
六安市	Luan	91.4	97.9	102.1	101.8	100.5	99.6	100.2	95.5	100.9	100.4	102.7
庐江县	Lujiang	88.4	101.6	99.9	102.4	99.1	99.2	99.4	96.1	102.8	105.2	104.2
桐城市	Tongcheng	91.2	100.1	97.8	103.9	101.5	99.9	99.6	96.9	100.5	96.3	102.0
歙县	Shexian	89.2	102.8	102.9	110.9	100.2	100.7	98.4	97.0	103.8	104.5	102.6
阜南县	Funan	87.5	101.8	100.9	102.9	100.5	99.6	99.4	97.6	102.0	100.5	102.8
金寨县	Jinzhai	86.4	97.3	101.0	104.3	99.9	98.8	98.2	97.9	100.5	101.1	101.3

8—6 调查市、县商品零售价格分类指数（2020年）
Retail Price Indices by Category of Commodities and Surveyed City and County (2020)

上年=100（preceding year=100）

市 县 Surveyed City and County		总指数 General Index	#食 品 Food	饮料、烟 酒 Beverages, Tobacco and Liquor	服装、鞋帽 Clothing, Shoes and Hats	纺织品 Textiles	家用电器及音像器材 Household Electrical Appliance and Audio-video Supplies	文化办公用 品 Cultural and Office Articles	日用品 Articles for Daily Use
合肥市	Hefei	101.3	108.9	100.8	99.6	96.7	97.7	98.7	99.1
淮北市	Huaibei	102.3	109.4	103.9	100.2	100.2	99.7	99.4	101.3
亳州市	Bozhou	101.8	108.2	102.0	100.0	98.4	100.1	101.2	99.2
宿州市	Suzhou	101.5	108.1	101.9	100.5	101.4	99.8	99.5	100.5
蚌埠市	Bengbu	101.5	109.1	100.8	102.5	102.2	99.2	99.7	100.0
阜阳市	Fuyang	101.8	108.7	101.8	100.5	99.8	100.2	98.6	99.9
淮南市	Huainan	101.4	108.2	102.4	100.7	100.7	96.1	98.8	108.8
滁州市	Chuzhou	101.8	108.4	104.7	100.1	98.8	98.0	100.5	99.8
马鞍山市	Maanshan	102.0	110.6	103.0	99.6	99.9	98.4	98.6	99.3
芜湖市	Wuhu	101.6	110.0	102.0	100.7	100.7	99.2	98.8	97.7
宣城市	Xuancheng	102.0	108.9	102.5	100.1	97.4	102.9	98.0	99.9
铜陵市	Tongling	102.2	110.3	103.1	100.6	99.1	97.2	98.5	99.9
安庆市	Anqing	102.4	109.4	100.8	102.5	99.8	101.2	98.9	100.3
六安市	Luan	101.6	109.3	101.1	100.5	96.7	100.0	99.1	100.3
庐江县	Lujiang	101.5	110.0	100.1	98.9	96.1	97.1	99.3	99.9
桐城市	Tongcheng	101.6	110.9	98.2	101.4	100.6	99.1	99.0	100.2
歙县	Shexian	101.9	111.2	102.9	100.2	99.4	97.7	100.1	98.1
阜南县	Funan	102.1	111.7	101.1	100.5	100.4	99.0	98.5	100.1
金寨县	Jinzhai	101.5	110.4	100.5	99.7	99.4	95.6	99.1	99.2

8—6 续表 continued

上年=100（preceding year=100）

市　县 Surveyed City and County		体育娱乐用品 Sports and Recreational Articles	交通、通信用品 Transportation and telecommunication Articles	家具 Furniture	化妆品 Cosmetics	金银饰品 Gold and silver jewellery	中西药品及医疗保健用品 Traditional Chinese and Western Medicines and Health Care Articles	书报杂志及电子出版物 Newspapers, Magzines and Electronic Publications	燃料 Fuels	建筑材料及五金电料 Building Materials, Hardware and Electrical Materials
合肥市	Hefei	100.4	96.9	100.4	102.3	116.3	101.5	99.2	95.7	100.5
淮北市	Huaibei	100.8	98.3	101.4	101.5	118.5	100.1	100.1	96.3	100.6
亳州市	Bozhou	100.4	96.8	100.5	99.4	115.1	101.7	99.0	99.3	98.1
宿州市	Suzhou	100.3	97.3	100.6	101.9	114.7	99.1	99.2	93.2	100.0
蚌埠市	Bengbu	101.1	96.7	101.0	100.6	115.0	98.4	99.1	91.2	99.5
阜阳市	Fuyang	100.9	97.2	99.7	99.1	118.6	101.6	99.2	93.3	99.9
淮南市	Huainan	101.5	98.7	99.6	100.9	111.3	100.8	99.6	93.4	99.5
滁州市	Chuzhou	99.2	97.1	99.5	101.1	116.0	104.1	99.5	91.2	100.5
马鞍山市	Maanshan	99.5	97.7	98.1	102.6	116.8	100.4	98.5	96.7	101.5
芜湖市	Wuhu	97.1	96.8	100.9	100.8	113.3	101.4	99.3	94.5	101.6
宣城市	Xuancheng	101.1	98.0	101.6	103.5	118.2	99.7	99.6	93.0	100.1
铜陵市	Tongling	101.3	97.9	99.6	100.9	116.2	103.5	99.5	96.1	100.5
安庆市	Anqing	100.1	98.3	100.8	101.2	114.9	102.3	100.3	93.8	100.2
六安市	Luan	101.8	97.7	100.9	100.8	113.9	100.1	100.2	93.2	100.4
庐江县	Lujiang	100.9	96.9	100.9	102.8	116.5	103.1	99.1	91.6	99.3
桐城市	Tongcheng	102.1	98.0	96.7	101.7	113.2	99.9	99.1	93.8	97.6
歙县	Shexian	100.7	97.4	97.9	97.7	116.2	101.6	98.1	91.7	100.0
阜南县	Funan	100.3	98.0	99.4	100.4	112.7	101.8	99.3	92.8	100.4
金寨县	Jinzhai	99.9	96.4	95.1	101.5	109.7	101.9	98.8	93.6	99.9

8—7 农业生产资料价格分类指数
Price Indices of Agricultural Means of Production by Category

上年=100（preceding year=100）

类　别	Item	2005	2010	2015	2019	2020
总　指　数	**General Index**	**108.3**	**102.0**	**101.6**	**102.3**	**104.8**
农用手工工具	Hand Tools for Agriculture uses	111.1	99.4	102.3	102.4	100.6
饲　料	Forage	107.6	104.5	97.4	100.8	104.8
仔畜幼畜及产品畜	Young Animals and Livestock	114.7	106.1	117.2	142.7	173.7
半机械化农具	Semi-mechanized Farm Tools	105.0	99.0	99.2	99.8	99.9
机械化农具	Mechanized Farm Machinery	106.2	96.9	99.9	98.9	99.6
化学肥料	Chemical Fertilizer	109.0	99.6	100.6	100.5	97.0
农药及农药械	Pesticide & Its Appliances	103.9	99.0	100.5	101.3	100.3
农机用油	Agricultural Oil	107.9	111.4	91.0	94.1	85.9
其他农业生产资料	Other Agricultural Means of Production		104.4	101.1	100.6	100.6
农业生产服务	Agricultural Production Service		104.0	104.5	101.3	101.0

注：农用手工工具2005年以前为小农具。仔畜幼畜及产品畜2016年以前为产品畜。农机用油2016年以前为农用机油。（下同）

a) Before 2005 hand tools for agriculture were small farm tools. Young animals and livestock products 2016 years ago for the livestock products. Agricultural oil used before 2016 for agricultural oil. (the same below)

8—8 调查市、县农业生产资料价格指数（2020年）
Price Indices of Agricultural Means of Production by Category and Surveyed City and County (2020)

上年=100（preceding year=100）

市　县 Surveyed City and County	总指数 General Index	农业手工工具 Hand Tools for Agriculture uses	饲料 Forage	仔畜幼畜及产品畜 Young Animals and Livestock	半机械化农具 Semime-chanized Farm Tools	机械化农具 Mechanized Farm Machinery	化学肥料 Chemical Fertilizer	农药及农药械 Pesticide & Its Appliances	农机用油 Agricultural Oil	其他农业生产资料 Other Agricultural Means of Production	农业生产服务 Agricultural Production Service
庐江县 Lujiang	107.1	100.0	104.1	195.2	100.0	100.4	98.8	100.0	86.2	100.2	100.0
桐城市 Tongcheng	101.4	101.4	99.9	137.8	100.0	100.0	97.1	100.0	86.5	100.6	102.0
歙　县 Shexian	109.9	100.4	107.5	226.1	99.3	99.7	99.8	101.4	84.9	98.9	100.0
阜南县 Funan	102.4	100.0	104.4	166.5	100.0	98.4	94.7	100.0	86.0	100.6	100.1
金寨县 Jinzhai	103.9	100.0	110.2	142.3	100.0	98.8	95.6	100.0	85.4	102.1	104.6

8—9 农产品生产者价格指数
Producer Price Indices of Agricultural Products

上年=100（preceding year=100）

类　　别	Item	2010	2015	2019	2020
总指数	**General Index**	**110.82**	**99.76**	**109.34**	**115.62**
农业产品	**Agricultural Products**	**114.77**	**97.84**	**99.54**	**104.16**
谷　物	Cereal	109.97	98.25	98.92	104.23
小　麦	Wheat	107.65	97.93	102.78	101.80
稻　谷	Rice	110.43	99.27	95.12	103.41
玉　米	Corn	117.58	92.52	103.00	112.57
薯　类	Tubers	119.94	101.20	99.44	103.71
豆　类	Beans	115.38	95.64	104.06	120.42
油　料	Oil-bearing Crops	116.19	96.45	102.13	111.39
棉　花	Cotton	161.74	87.09	96.95	96.40
蔬　菜	Vegetables	115.16	99.96	100.46	100.97
茶	Tea	122.92	95.96	100.28	100.45
林业产品	**Forestry Products**	**106.36**	**95.26**	**102.71**	**102.90**
木　材	Timber	103.90	97.42	102.29	104.08
原　木	Logs	103.88	97.42	102.29	104.08
竹　材	Bamboo Material	103.07	93.01	99.35	98.75
牧　业(饲养动物及其产品)	**Animal Husbandry (Breeding Animals and Their Products**	**104.26**	**105.05**	**136.20**	**129.32**
活牲畜	Livestock Breeding (Live Animals)	108.25	108.47	150.84	145.30
牛	Cattle and Buffalo	105.45	98.32	109.54	110.32
羊	Sheep and Goats	111.29	80.90	122.32	102.50
猪	Pig	99.31	112.38	158.53	153.26
家　禽	Poultry	106.95	101.43	110.63	94.89
鸡	Chicken	105.93	101.61	110.35	94.81
鸭	Duck	110.51	100.00	113.61	93.07
禽　蛋	Poultry Eggs	106.65	94.19	103.39	83.13
鸡　蛋	Chicken Eggs	106.69	94.21	104.29	83.23
奶　类	Dairy Products	112.62			
渔　业	**Fishery**	**106.89**	**99.62**	**100.22**	**103.35**
淡水养殖产品	Aquatic products in Inland Water	106.89	99.62	100.22	103.35
养殖淡水鱼	Freshwater Fishes	105.57	100.47	103.18	103.69
养殖淡水虾	Freshwater Shrimps		103.53	99.62	98.02
养殖淡水蟹	Freshwater Crabs		90.15	74.17	92.28
其他淡水养殖产品	Other Freshwater Aquatic Products	111.10	94.79	102.14	102.91

8—10 工业生产者出厂价格分类指数
Producer Price Indices for Industrial Products by Category

上年=100（preceding year=100）

年　份 Year	总指数 Total Industry Products	生产资料 Means of production	采掘工业 Mining & Quarrying Industry	原材料工业 Raw Materials Industry	加工工业 Manufacturing Industry	生活资料 Consumer Goods	食品 Food	衣着 Clothing	一般日用品 Articles for Daily Use	耐用消费品 Durable Consumer Goods
2005	103.25	104.91	113.04	111.06	100.47	98.93	99.60	100.32	101.84	96.67
2010	108.98	110.86	111.45	116.89	108.12	103.03	104.96	101.97	102.67	100.45
2012	98.30	97.00	96.90	99.20	96.00	101.70	102.60	103.10	100.30	101.10
2013	98.20	96.90	92.90	96.60	97.50	101.50	102.60	102.70	101.60	99.90
2014	97.40	96.20	90.10	95.70	97.10	100.70	101.00	102.50	100.90	99.80
2015	93.94	91.65	81.10	91.02	93.12	100.17	99.91	101.37	100.02	100.33
2016	98.50	98.10	98.80	96.30	98.60	99.40	100.00	99.90	99.20	98.60
2017	107.98	110.80	126.41	114.71	108.17	101.06	101.37	101.45	100.51	100.95
2018	103.03	103.90	99.56	106.68	103.50	100.66	99.81	103.15	101.00	100.83
2019	100.34	100.12	108.83	99.19	99.60	100.90	101.58	102.33	100.56	99.83
2020	99.12	98.56	99.64	96.97	98.93	100.50	103.44	99.93	99.60	97.41

8—11 工业生产者出厂价格轻重工业分类指数
Sub-index of Light and Heavy industry of Ex-factory Industrial Producer Price Index

上年=100（preceding year=100）

年　份 Year	轻工业 Light Industry	以农产品为原料 Using Farm Products as Raw Materials	以非农产品为原料 Using Non-farm Products Raw Materials	重工业 Heavy Industry	#采掘工业 Mining and Quarrying	原料工业 Raw Materials Industry	加工工业 Manufacturing Industry
2005	99.05	99.54	98.62	106.31	112.59	111.32	101.36
2010	104.77	106.38	103.19	111.36	110.97	116.63	108.11
2012	101.40	101.30	101.50	97.10	96.90	99.30	96.10
2013	101.50	102.20	100.10	96.90	92.90	96.90	97.40
2014	100.40	100.80	99.80	96.30	90.10	95.90	97.20
2015	99.64	99.47	99.96	91.82	81.10	91.17	93.33
2016	99.10	99.40	98.60	98.20	98.80	96.30	98.80
2017	101.81	102.18	101.28	110.74	126.41	114.37	108.02
2018	100.93	100.99	100.84	103.88	99.56	106.46	103.50
2019	99.99	100.66	99.02	100.50	108.83	99.57	100.01
2020	99.89	101.45	97.65	98.77	99.64	96.97	99.28

8—12 工业生产者购进价格分类指数

Industrial Products Purchased from the Price Indices by Category

上年=100（preceding year=100）

年份 Year	全部原材料 Total Raw and Other Materials	#燃料、动力类 Fuel and Power	黑色金属材料 Ferrous Metals	有色金属材料和电线类 Nonferrous Metals	化工原料 Industrial Chemicals	木材及纸浆 Timber and Paper Pulp	建筑材料及非金属矿类 Building Materials and Nonmetal Mine Since	其他工业原材料及半成品 Other Raw Materials and Semi-finished Products	农副产品 Agricultural and Subsidiary Products	纺织原料 Textile Raw Material
2005	107.13	114.95	108.07	116.42	106.87	103.47	106.55	104.35	98.16	95.41
2010	111.76	110.91	113.45	124.92	111.29	103.92	106.94	105.90	110.05	108.52
2012	98.20	100.10	94.00	95.40	97.10	104.40	98.30	98.10	103.10	96.20
2013	96.90	91.60	96.90	93.80	97.90	99.60	95.70	98.70	103.40	100.30
2014	97.20	93.30	95.90	95.60	98.30	100.40	99.80	98.40	100.80	99.10
2015	93.46	89.45	88.16	90.58	94.04	99.73	98.66	97.40	96.65	96.88
2016	98.40	95.70	97.10	101.60	96.80	99.50	96.10	99.70	98.50	100.80
2017	109.20	114.53	114.08	122.19	109.14	104.84	105.62	104.52	101.37	104.65
2018	105.27	110.10	106.79	107.81	104.43	103.08	106.91	104.09	107.13	104.09
2019	99.91	97.28	102.56	93.21	97.17	99.28	103.86	102.08	102.03	98.63
2020	98.47	91.22	100.65	96.74	93.10	99.68	105.55	100.16	105.29	95.78

主要统计指标解释

居民消费价格指数

是度量消费商品及服务项目价格水平随着时间而变动的相对数，反映居民家庭购买的消费品及服务价格水平的变动情况。它是宏观经济分析和决策、价格总水平监测和调控以及国民经济经济核算的重要指标。其按年度计算的变动率通常被用来作为反映通货膨胀（或紧缩）程度的指标。

商品零售价格指数

商品的零售价格是商品在流通过程中最后一个环节的价格，是工业、商业、餐饮业和其他零售企业向城乡居民、机关团体出售生活消费品和办公用品的价格。商品零售价格指数，反映了市场商品零售价格的变动趋势和变动程度，为国家宏观调控和国民经济核算提供参考依据。同时，还可以在此基础上编制其他派生价格指数。

农产品生产者价格指数

是反映一定时期内，农产品生产者出售农产品价格水平变动趋势及幅度的相对数。该指数可以客观反映全省农产品生产者价格水平和结构变动情况，满足农业与国民经济核算需要。其中某代表品生产者价格指数是通过对全部有出售该产品行为的调查单位的个体指数进行几何平均求得的，类价格指数是通过对其所属的类（或代表品）的价格指数进行加权平均求得的。季度累计价格指数的计算方法与分季指数的计算方法相同。

农业生产资料价格指数

指反映一定时期内农业生产资料价格变动趋势和程度的相对数。其编制目的是了解农业生产中投入物质资料价格的变动状况，服务于国民经济核算。

工业生产者出厂价格指数

是反映各工业行业产品出厂价格总水平的变动趋势和程度的相对数。为国民经济核算、测算工业发展速度、宏观经济分析和调控、理顺价格体系提供依据。

工业生产者购进价格指数

是反映工业企业作为生产投入，而从物资交易市场和能源、原材料生产企业购买原材料、燃料和动力产品时，所支付的价格水平变动趋势和程度的统计指标，是扣除工业企业物质消耗成本中的价格变动影响的重要依据。

目前，我国编制的原材料、燃料和动力购进价格指数所调查的产品包括燃料动力、黑色金属、有色金属、化工、建材等九大类的900多种产品。

Explanatory Notes for Major Statistical Indicators

Resident's Consumer Price Index

As relative index which measures the change in price level of a group of representative consumer goods and services with the passage of time, reflecting the changes in prices of consumer goods and services purchased by residents. It is an important index of macroscopic economic analysis and decisions, general price level monitoring, adjustment and control, and national business accounting. Its changing rate by the year is usually regarded as reflecting the degree of inflation (or tightens).

Retail Price Index

Retail price of goods is the price of the last link in the circulating course. It is the price of consumer goods and official supplies sold to urban and rural residents or organs by industrial, commercial, catering trade and other retail enterprises. Retail price index reflects the trend and degree of changes in retail price of market commodities. It offers the consulting basis of national macroscopic adjustment and control and national business accounting. Besides, other deriving price indices could be worked out basing on it.

Producer Price Indices of Agricultural Production

reflect the trend and degree of changes in producers' prices received by farmers when they sell farm products during a given period. These indices depict the change in the level and structure of producer prices for farm products of the province and meet the needs of agricultural statistics and national accounts statistics. The producer price index for a given product is calculated as the geometrical mean of individual indices for all surveyed units which sell such product, and the indices for a product category is obtained as the weighted mean of price indices for all products in the category. Method for calculating accumulative quarterly indices is the same as for calculating the individual quarterly indices.

Price Indices for Means of Agricultural Production

reflect the relative number of trend and degree of changes in the prices of the means of agricultural production during a given period. Compilation of these indices helps to understand the price changes of material input in agricultural production and serves national economic accounts.

Ex-factory Price Index of Industrial Products

reflects the trend and degree of changes in general ex-factory prices of all industrial products. It offers basis of national business accounting, calculating industrial development speed, national macroscopic analysis, adjustment and control and rationalizing the price system.

Indices of Purchasing Prices of Raw Materials, Fuels and Power

reflect changes in the level and degree of prices paid by industrial enterprises when they purchase production input such as raw materials, fuels and power from the market or from other energy or raw materials producing enterprises. These indices provide important basis for measuring the material consumption of industrial enterprises after removing influence of price changes.

At present, over 900 products in 9 categories, including fuels and power, ferrous metals, non-ferrous metals, chemicals, building materials, are covered in China for the survey to produce indices of purchasing prices of raw materials, fuels and power.

第九篇

Chapter 9

城乡人民生活

LIVELIHOOD OF
URBAN AND RURAL PEOPLE

简要说明

一、本篇资料内容主要反映城乡居民收支和生活状况，包括居民家庭基本情况、居民收支、消费水平、居住状况及主要消费品拥有量等。

二、本篇资料来源于城乡一体化住户调查。自 2013 年以来，城乡一体化住户调查整合城乡住户调查资源，统一调查指标、统一抽样方法、统一调查过程、统一数据处理和统一数据发布，由安徽调查总队根据国家统计局《住户收支与生活状况调查方案》组织实施，其调查目的是为全面了解全省和分市、县（区）城乡常住居民收入、生活现状及变化情况，全面准确地反映居民收入分配格局，满足各级政府制定政策计划和进行宏观管理的需要，以及社会各界的信息需求，为国民经济核算提供基础数据。

三、全体居民按收入五等份分组是指将所有调查户按人均可支配收入水平从低到高顺序排列，平均分为五个等份，处于最低 20%的收入群体为低收入组，依此类推依次为中间偏下收入组、中间收入组、中间偏上收入组、高收入组。

Brief Introduction

I. This chapter material content mainly reflects the urban and rural residents' income and living conditions, including residents family basic situation, income, consumption level, living condition and the main consumer ownership, etc.

II. This chapter material content is derived from the integrationization of urban and rural household survey. Since 2013, the integrationization of urban and rural household survey has been unifing urban and rural household survey resources unified index, sampling method and survey process, data processing and data releasing. According to the resident income and life condition investigation plan of the national bureau of statistics, the survey office in Anhui organized the implementation. Survey aim is for comprehensive understanding of the province and city and county (district) of urban and rural residents income, living status and changing situation, comprehensive accurately reflecting the residents income distribution pattern, providing for all levels of government policy planning and the need of macro management, and information demanding to the social, and basic data for the national economic accounting.

III. The quinquennial grouping of all households by income means that all surveyed households are arranged in order of per capita disposable income from the lowest to the highest, and divided into five equal groups on average. The income group at the bottom 20% is the low-income group, and so on, it is the lower middle income group, the middle income group, the upper middle income group, and the high income group.

9—1 人民物质文化生活情况
People's Material and Cultural Life

项 目		Item	2019	2020
就 业		**Employment**		
城镇每一从业人口负担人数	（人）	Number of Persons Burdened by Each Employed Population in Cities and Towns (person)	1.86	1.95
农村每一从业人口负担人数	（人）	Number of Persons Burdened by Each Employed Population in Rural Areas (person)	1.82	1.92
城镇登记失业率	（%）	Urban Unemployment Rate (%)	2.63	2.83
收 入		**Income of Rural and urban Residents**		
城镇居民可支配收入	（元）	Annual per Capita Disposable Income of Urban	37540	39442
农村居民可支配收入	（元）	Annual per Capita Net Income of Rural Residents (yuan)	15416	16620
城镇居民恩格尔系数	（%）	Engle Coefficient of Urban Households (%)	31.2	32.6
农村居民恩格尔系数	（%）	Engle Coefficient of Rural Households (%)	32.7	34.3
城镇非私营单位就业人员平均工资	（元）	Average Wage for the Employment of Urban Non Private Units (yuan)	79037	85857
现住房面积	**（平方米）**	**Per Capita Floor Space of Residential Buildings (sq.m)**		
城镇常住居民人均住房建筑面积		Urban Areas (Net)	41.8	42.1
农村常住居民人均住房建筑面积		Rural Areas (Net)	53.5	54.6
交 通		**Traffic**		
城镇每百户拥有家用汽车	（辆）	Number of Home Car Cycles per 100 Households in Urban Areas (unit)	34.9	36.6
城镇每百户拥有摩托车	（辆）	Number of Motor Cycles per 100 Households in Urban Areas (unit)	13.8	13.1
城市公用事业		**Public Utilities in Urban Areas**		
用水普及率	（%）	Percentage of Population With Access to Tap Water (%)	99.36	99.60
燃气普及率	（%）	Ratio of Access to Tap Water (%)	98.70	99.24
人均公园绿地面积	（平方米）	Per Capita Park Greenery Area (sq.m)	14.80	14.88
文 化		**Culture**		
城镇每百户有彩色电视机	（台）	Number of Color TV Sets per 100 Household in Urban Areas (unit)	137.2	138.6
农村每百户有彩色电视机	（台）	Number of Color TV Sets per 100 Household in Rural Areas (unit)	133.6	134.8
广播人口覆盖率	（%）	Broadcast Covering Ratio of Population (%)	99.87	99.93
电视人口覆盖率	（%）	TV Covering Ratio of Population (%)	99.87	99.90
教 育		**Education**		
学龄儿童入学率	（%）	Enrollment Ratio of School-age Children (%)	99.96	99.99
每万人口中高等教育人数	（人）	Higher Education per 10,000 Population (person)	245	270
卫 生		**Public Health**		
每万人医院病床数	（张）	Number of Hospital Beds per 10000 Persons (unit)	83.05	72.21
每万人有执业（助理）医师数	（人）	Number of Licensed (Assistant) Physicians per 10000 Persons (person)	19.49	23.06

9—2 全体居民家庭基本情况
Basic Information About The Households of all The Residents

指 标	Item	2019	2020
基本情况	**Basic Situation**		
调查户数	Number of Households Surveyed	5700	5700
户均常住人口 (人/户)	Permanent Residents per Household (person/home)	3.0	3.0
户均常住从业人口 (人/户)	Permanent Employees per Household (person/home)	1.7	1.6
平均每户家庭从业人口比重 (%)	Average Proportion of Working Population per Household (%)	54.4	51.5
平均每一从业人口负担人数（包括从业者本人） (人)	Number of Dependents per Employee Including Oneself (person)	1.8	1.9
恩格尔系数 (%)	Engel's Coefficient of Households (%)	31.8	33.3
户主文化程度 (%)	**Education Level of Householder (%)**		
未上过学	Not Been to School	3.4	3.5
小 学	Primary School	20.9	21.0
初 中	Junior Secondary School	47.0	46.7
高 中	Senior Secondary School	13.8	14.0
大学专科	Junior College	8.1	8.3
大学本科	undergraduate college	6.0	6.0
研究生	Postgraduate	0.6	0.6
常住从业人员就业类型 (%)	**Job Situation (%)**		
雇 主	Employer	1.0	0.7
公职人员	Public Officer	2.1	1.6
事业单位人员	Institution Worker	5.6	5.3
国有企业雇员	State-owned Enterprise Employee	3.9	3.5
其他雇员	Other Employee	47.4	49.6
农业自营	Agricultural Self-employed	25.5	23.6
非农自营	Non-agricultural Self-employed	14.5	15.7
常住从业人员从事主要行业 (%)	**Industries Engaged (%)**		
第一产业	Primary Industry	27.7	26.5
第二产业	Secondary Industry	23.9	24.5
第三产业	Tertiary Industry	48.4	49.0
居民收入与支出情况	**Household Income and Expenditure**		
居民人均可支配收入 (元/人)	Per Capita Disposable Income of Residents (yuan/person)	26415.1	28103.2
居民人均现金可支配收入 (元/人)	Per Capita Disposable Cash Income (yuan/person)	24844.9	25952.4
现金可支配收入占可支配收入比重 (%)	Cash Disposable Income to Disposable Income (%)	94.1	92.3
居民人均消费支出 (元/人)	Per Capita consumer Expenditure (yuan/person)	19137.4	18877.3
居民人均现金消费支出 (元/人)	Per Capita Household Cash Consumption Expenditure (yuan/person)	15499.4	15233.3
现金消费支出占消费支出比重 (%)	Cash Consumption Expenditure Ratio of Consumption Expenditure (%)	81.0	80.7

9—3 全体居民可支配收入及构成
Household Disposable Income and Composition

指　　标	Item	2019	2020
可支配收入　（元/人）	**Disposable Income　(yuan/person)**	**26415.1**	**28103.2**
工资性收入	Wages Income	13956.5	14793.3
经营净收入	Net Income From Business	5967.5	6205.7
第一产业经营净收入	Net Income From Primary Industry Operation	2217.7	2173.7
第二产业经营净收入	Net Income From Secondary Industry Operations	746.0	777.3
第三产业经营净收入	Net Income Ffrom Tertiary Industry Operations	3003.8	3254.7
财产净收入	Property Income	1729.4	1929.4
转移净收入	Transfer Income	4761.7	5174.8
转移性收入	Transfer Income	5907.2	6307.1
转移性支出	Transfer Expenditure	1145.5	1132.3
可支配收入构成　（%）	**Disposable Income　(%)**	**100.0**	**100.0**
工资性收入	Wages Income	52.8	52.6
经营净收入	Net Income From Business	22.6	22.1
第一产业经营净收入	Net Income From Primary Industry Operation	8.4	7.7
第二产业经营净收入	Net Income From Secondary Industry Operations	2.8	2.8
第三产业经营净收入	Net Income Ffrom Tertiary Industry Operations	11.4	11.6
财产净收入	Property Income	6.5	6.9
转移净收入	Transfer Income	18.0	18.4
转移性收入	Transfer Income	22.4	22.4
转移性支出	Transfer Expenditure	4.3	4.0

9—4 全体居民按收入五等份分组的人均可支配收入
Per Capita Disposable Income of All Residents Divided Into Five Equal Groups

单位：元/人（yuan/person）

指　　标	Item	2019	2020
20%低收入组家庭人均可支配收入	20% of The Per Capita Disposable Income of Low-income Households	5467.3	5778.3
20%中间偏下收入组家庭人均可支配收入	Per Capita Disposable Income of Households in the Lower 20% of The Middle Income Group	14419.4	15146.2
20%中间收入组家庭人均可支配收入	Per Capita disposable Income of Households in The 20% Middle Income Group	22584.1	23616.1
20%中间偏上收入组家庭人均可支配收入	Per Capita disposable Income of Households in the Upper 20% of The Middle Income Group	34327.4	35790.5
20%高收入组家庭人均可支配收入	Per Capita Disposable Income of 20% of Households in The Top Income Group	66996.8	72629.4

9—5 全体居民消费支出构成
Composition of Household Consumption Expenditure

单位：%

指　　标	Item	2019	2020
消费支出构成	**ConsumptionExpenditure**	**100.0**	**100.0**
食品烟酒	Food, Tobaccoand Liquor	31.8	33.3
食　品	Food	19.7	22.4
烟　酒	Tobaccoand Liquor	4.8	4.6
饮　料	Drinks	0.8	0.8
饮食服务	DietService	6.4	5.5
衣　着	Clothing	6.8	6.4
衣　类	Clothing	5.5	5.1
鞋　类	Footwear	1.3	1.3
居　住	Residence	22.4	23.2
租赁房房租	Rental House Rent	0.8	0.7
住房维修及管理	Management and Maintenance of Housing	2.5	2.6
水、电、燃料及其他	Water, Electricity, Fuelsand Others	3.5	3.4
自有住房折算租金	ConvertedRentforPrivateHousing	15.5	16.5
生活用品及服务	Household Facilities, Articlesand Service	6.0	5.9
家具及室内装饰品	Furnitureand Interior Decorations	0.8	0.8
家用器具	Household Facilities	1.7	1.5
家用纺织品	Home Textiles	0.5	0.4
家庭日用杂品	Daily-Use Household Articles	1.5	1.6
个人护理用品	Personal Products	1.4	1.4
家庭服务	Household Service	0.2	0.2
交通通信	Traffic and Communications	11.9	11.5
交　通	Transportation	8.8	8.2
通　信	Communications	3.1	3.3
教育文化娱乐	Education, Cultural & Recreation Service	11.1	9.8
教　育	Education	8.0	7.4
文化和娱乐	CulturalandRecreation	3.2	2.4
医疗保健	Medicine and Medical Service	7.8	8.2
医疗器具及药品	Medical Instrument and Articles	1.4	1.8
医疗服务	Medical Service	6.4	6.4
其他用品和服务	Miscellaneous Commodities and Services	2.1	1.7
其他用品	Miscellaneous Commodities	1.2	0.9
其他服务	Miscellaneous Services	1.0	0.8

9—6 全体居民年末主要耐用消费品拥有量
Ownership of Major Durable Consumer Goods by the End of The Year

单位：平均每百户（On average, every hundred households）

指　　标	Item	2019	2020
家用汽车	Household Automobile	29.9	31.5
摩托车	Motorcycle	22.0	20.5
助力车	Man-drawn Vehicle	107.4	110.8
洗衣机	Washing Machine	94.8	95.9
电冰箱（柜）	Refrigerator	103.1	104.0
微波炉	Microwave Oven	45.2	46.9
彩色电视机	Color TV	135.4	136.7
空调	Air Conditioner	152.3	156.2
热水器	Water Heater	97.4	101.1
排油烟机	Kitchen Ventilator	57.6	60.1
固定电话	Telephone	12.8	10.5
移动电话	Mobile Telephone	261.4	262.5
计算机	Computer	45.6	46.6
照相机	Camera	9.1	9.1

9—7 各市全体居民人均可支配收入
Per Capita Disposable Income of All Residents by Region

单位：元/人（yuan/person）

地　区	Region	2019	2020
安 徽 省	**Anhui**	**26415.1**	**28103.2**
合 肥 市	Hefei	38806.2	41619.2
淮 北 市	Huaibei	26575.9	28126.6
亳 州 市	Bozhou	20755.7	22274.3
宿 州 市	Suzhou	20592.4	22105.3
蚌 埠 市	Bengbu	27330.0	29247.2
阜 阳 市	Fuyang	20700.3	22238.6
淮 南 市	Huainan	27092.7	28780.2
滁 州 市	Chuzhou	23998.6	25711.4
六 安 市	Luan	20899.3	22457.4
马鞍山市	Maanshan	39783.0	42392.4
芜 湖 市	Wuhu	34529.5	36828.6
宣 城 市	Xuancheng	28834.4	30745.9
铜 陵 市	Tongling	27793.6	29567.9
池 州 市	Chizhou	24786.5	26404.3
安 庆 市	Anqing	23077.3	24647.0
黄 山 市	Huangshan	26147.8	27916.4

9—8 城镇居民家庭基本情况
Basic Conditions of Urban Households

项　　目		Item		2019	2020
平均每户常住人口	**（人）**	**Average Resident Population per Household**	**(person)**	**3.0**	**3.0**
平均每一就业者负担人数（包括就业者本人）	**（人）**	**Number of Persons Supported by Each Employee Including the Employee Himself or Herself**	**(persons)**	**1.86**	**1.94**
平均每人全部年总收入	**（元）**	**Average Total Annual Income Per Person**	**(yuan)**	**42103.1**	**44083.7**
#可支配收入		Disposable Income		37540.0	39442.1
工资性收入		Wages Income		22547.6	23635.6
经营净收入		Net Income From Business		5982.5	6189.1
财产净收入		Property Income		3192.4	3504.5
转移净收入		Transfer Income		5817.5	6112.9
平均每人消费性支出	**（元）**	**Per Capita Annual Living Expenditures for Consumption**	**(yuan)**	**23781.5**	**22682.7**
#食　品		Food		7421.0	7400.8
衣　着		Clothing		1763.5	1548.9
居　住		Residence		5262.3	5348.9
生活用品及服务		Supplies and Services		1465.8	1358.6
交通和通信		Transportation and Communications		2870.5	2674.1
教育文化娱乐服务		Education, Cultural & Recreation Service		2802.4	2283.1
医疗保健		Medicine and Medical Service		1658.2	1637.6
其他用品和服务		Other goods and Services		537.8	430.6
平均每人消费性支出构成（人均消费性支出=100）	**(%)**	**Composition of per Capita Annual Living Expenditures for Consumption**	**(%)**	**100.0**	**100.0**
#食　品		Food		31.2	32.6
衣　着		Clothing		7.4	6.8
居　住		Residence		22.1	23.6
生活用品及服务		Supplies and Services		6.2	6.0
交通和通信		Transportation and Communications		12.1	11.8
教育文化娱乐服务		Education, Cultural & Recreation Service		11.8	10.1
医疗保健		Medicine and Medical Service		7.0	7.2
其他用品和服务		Other goods and Services		2.3	1.9

9—9 城镇居民现金可支配收入及构成
Urban Residents Cash Disposable Income and Composition

指标	Item	2019	2020
现金可支配收入（元/人）	**Cash Disposable Income (yuan/person)**	**35231.1**	**36811.0**
现金工资性收入	Wages Income	22415.7	23516.8
现金经营净收入	Net Income From Business	6530.2	6497.9
第一产业经营净收入	Net Income From Primary Industry Operation	653.5	498.7
第二产业经营净收入	Net Income From Secondary Industry Operations	1124.5	1166.7
第三产业经营净收入	Net Income Ffrom Tertiary Industry Operations	4752.2	4832.6
现金财产净收入	Property Income	865.1	1020.7
现金转移净收入	Transfer Income	5420.1	5775.6
现金转移性收入	Transfer Income	7211.1	7559.9
现金转移性支出	Transfer Expenditure	1791.1	1784.3
现金可支配收入构成（%）	**Composition of Cash Disposable Income (%)**	**100.0**	**100.0**
现金工资性收入	Wages Income	63.6	63.9
现金经营净收入	Net Income From Business	18.5	17.7
第一产业经营净收入	Net Income From Primary Industry Operation	1.9	1.4
第二产业经营净收入	Net Income From Secondary Industry Operations	3.2	3.2
第三产业经营净收入	Net Income Ffrom Tertiary Industry Operations	13.5	13.1
现金财产净收入	Property Income	2.5	2.8
现金转移净收入	Transfer Income	15.4	15.7
现金转移性收入	Transfer Income	20.5	20.5
现金转移性支出	Transfer Expenditure	5.1	4.8

9—10 城镇居民按收入五等份分组的人均可支配收入
Per Capita Disposable Income of Urban Residents Divided Into Five Equal Groups

单位：元/人（yuan/person）

指标	Item	2019	2020
20%低收入组家庭人均可支配收入	20% of The Per Capita Disposable Income of Low-income Households	13056.5	13752.8
20%中间偏下收入组家庭人均可支配收入	Per Capita Disposable Income of Households in the Lower 20% of The Middle Income Group	25509.6	26471.5
20%中间收入组家庭人均可支配收入	Per Capita disposable Income of Households in The 20% Middle Income Group	34766.1	35864.5
20%中间偏上收入组家庭人均可支配收入	Per Capita disposable Income of Households in the Upper 20% of The Middle Income Group	46569.5	48376.7
20%高收入组家庭人均可支配收入	Per Capita Disposable Income of 20% of Households in The Top Income Group	83039.2	89458.0

9—11 城镇居民按收入五等份分组的人均消费支出

Per Capita Consumption Expenditure of Urban Residents Divided Into Five Equal Groups According to Their Income

单位：元/人（yuan/person）

指　　标	Item	2019	2020
20%低收入组家庭	Families in the Low-income 20% Group	14521.9	13446.4
20%中间偏下收入组家庭	Bottom 20% of Households in the Middle Income Group	18302.3	17846.9
20%中间收入组家庭	20% of Households in the Middle Income Group	22240.6	21295.4
20%中间偏上收入组家庭	20 Percent of Households in the Upper Middle Income Group	27314.8	27303.1
20%高收入组家庭	Top 20% of Households	42743.4	39434.4

9—12 各市城镇居民人均可支配收入

Per Capita Disposable Income of Urban Residents by Region

单位：元/人（yuan/person）

地　区	Region	2019	2020
安 徽 省	**Anhui**	**37540.0**	**39442.1**
合 肥 市	Hefei	45404.2	48282.8
淮 北 市	Huaibei	34726.5	36428.1
亳 州 市	Bozhou	32409.0	34159.1
宿 州 市	Suzhou	32643.1	34373.2
蚌 埠 市	Bengbu	37027.7	39116.0
阜 阳 市	Fuyang	32844.4	34562.2
淮 南 市	Huainan	35825.6	37699.3
滁 州 市	Chuzhou	34090.9	36051.1
六 安 市	Luan	31787.8	33647.4
马鞍山市	Maanshan	49010.1	51803.6
芜 湖 市	Wuhu	42064.4	44588.2
宣 城 市	Xuancheng	39975.1	42133.7
铜 陵 市	Tongling	39256.3	41179.9
池 州 市	Chizhou	33747.0	35670.5
安 庆 市	Anqing	34040.9	35947.2
黄 山 市	Huangshan	36658.1	38725.6

9—13 农村居民家庭基本情况
Basic Conditions of Rural Households

指　　标	Item	2019	2020
平均每户常住人口（人）	**Average Resident Population per Household (person)**	**3.10**	**3.10**
平均每个从业者负担人口（含本人）（人）	**On average, each practitioner bears the population (including himself) (person)**	**1.82**	**1.92**
平均每人年收入（元）	**Per Capita Annual Income (yuan)**		
总收入	Total Revenue	20033	20913
#可支配收入	Disposable Income	15416	16620
工资性收入	Wages Income	5462	5839
经营性收入	Operating Income	5953	6227
财产性收入	Property Income	283	334
转移性收入	Transfer Income	3718	4225
平均每人年支出（元）	**Per Capita Annual Expenditures (yuan)**		
总支出	Total Expenditure	22885	22879
消费支出	Cash Comsumption Expenditure	14546	15024
生产经营费用支出	Production and Operating Expenditure	3644	3369
财产性支出	Cash Property Expenditure	54	64
转移性支出	Cash Transfer Expenditure	507	472
部分商业保险支出	Part of Commercial Insurance Expenditure	43	42
购置资产及非经常性转移支出	Acquisition of Assets and Non-recurring Transfer Expenditure	3307	3254
借贷性支出	Lending Expenditure	783	655
总支出构成(总支出=100)（%）	**Total Expenditure (%)**	**100.0**	**100.0**
现金消费支出	Cash Comsumption Expenditure	63.6	65.7
生产经营现金费用支出	Cash Production and Operating Expenditure	15.9	14.7
现金财产性支出	Cash Property Expenditure	0.2	0.3
现金转移性支出	Cash Transfer Expenditure	2.2	2.1
部分商业保险支出	Part of Commercial Insurance Expenditure	0.2	0.2
购置资产及非经常性转移支出	Acquisition of Assets and Non-recurring Transfer Expenditure	14.5	14.2
借贷性支出	Lending Expenditure	3.4	2.9

9—14 农村居民可支配收入及构成
Disposable Income and Composition of Rural Residents

指　　标	Item	2019	2020
可支配收入　　(元/人)	**Disposable Income　　(yuan/person)**	**15416**	**16620**
工资性收入	Wages Income	5462	5839
经营净收入	Net Income From Business	5953	6223
第一产业经营净收入	Net Income From Primary Industry Operation	3897	3838
第二产业经营净收入	Net Income From Secondary Industry Operations	464	481
第三产业经营净收入	Net Income Ffrom Tertiary Industry Operations	1591	1904
财产净收入	Property Income	283	334
转移净收入	Transfer Income	3718	4225
转移性收入	Transfer Income	4225	4697
转移性支出	Transfer Expenditure	507	472
可支配收入构成　　(%)	**Disposable Income　　(%)**	**100.0**	**100.0**
工资性收入	Wages Income	35.4	35.1
经营净收入	Net Income From Business	38.6	37.4
第一产业经营净收入	Net Income From Primary Industry Operation	25.3	23.1
第二产业经营净收入	Net Income From Secondary Industry Operations	3.0	2.9
第三产业经营净收入	Net Income Ffrom Tertiary Industry Operations	10.3	11.5
财产净收入	Property Income	1.8	2.0
转移净收入	Transfer Income	24.1	25.4

9—15 农村居民现金可支配收入及构成
Rural Residents Cash Disposable Income and Composition

指　　标	Item	2019	2020
现金可支配收入　（元/人）	**Cash Disposable Income　(yuan/person)**	**14576**	**14956**
现金工资性收入	Wages Income	5400	5776
现金经营净收入	Net Income From Business	5408	4783
第一产业经营净收入	Net Income From Primary Industry Operation	3100	2138
第二产业经营净收入	Net Income From Secondary Industry Operations	499	551
第三产业经营净收入	Net Income Ffrom Tertiary Industry Operations	1809	2094
现金财产净收入	Property Income	283	334
现金转移净收入	Transfer Income	3485	4063
现金转移性收入	Transfer Income	3992	4536
现金转移性支出	Transfer Expenditure	507	472
现金可支配收入构成　（%）	**Composition of Cash Disposable Income　(%)**	**100.0**	**100.0**
现金工资性收入	Wages Income	37.0	38.6
现金经营净收入	Net Income From Business	37.1	32.0
第一产业经营净收入	Net Income From Primary Industry Operation	21.3	14.3
第二产业经营净收入	Net Income From Secondary Industry Operations	3.4	3.7
第三产业经营净收入	Net Income Ffrom Tertiary Industry Operations	12.4	14.0
现金财产净收入	Property Income	1.9	2.2
现金转移净收入	Transfer Income	23.9	27.2

9—16　农村居民消费支出
Consumption Expenditure of Rural Residents

单位：元/人（yuan/person）

指　　标	Item	2019	2020
消费支出	**Consumption Expenditure**	**14546**	**15024**
食品烟酒	Food, Tobaccoand Liquor	4756	5146
食　品	Food	3072	3525
烟　酒	Tobaccoand Liquor	843	839
饮　料	Drinks	142	143
饮食服务	Diet Service	699	639
衣　着	Clothing	843	868
衣　类	Clothing	657	675
鞋　类	Footwear	186	193
居　住	Residence	3311	3391
租赁房房租	Rentof Rentable Housing	117	89
住房维修及管理	Management and Maintenance of Housing	424	476
水、电、燃料及其他	Water, Electricity, Fuelsand Others	603	539
自有住房折算租金	Converted Rent for Private Housing	2168	2285
生活用品及服务	Household Facilities, Articlesand Service	846	855
家具及室内装饰品	Furniture and Interior Decorations	120	120
家用器具	Household Facilities	240	226
家用纺织品	Home Textiles	55	55
家庭日用杂品	Daily-Use Household Articles	237	251
个人护理用品	Personal Products	169	183
家庭服务	Household Service	26	21
交通通信	Traffic and Communications	1709	1664
交　通	Transportation	1228	1144
通　信	Communications	482	520
教育文化娱乐	Education, Cultural & Recreation Service	1471	1422
教　育	Education	1174	1129
文化和娱乐	Cultural and Recreation	297	293
医疗保健	MedicineandMedicalService	1323	1457
医疗器具及药品	Medical Instrument and Articles	279	262
医疗服务	Medical Service	1045	1196
其他用品和服务	Miscellaneous Commodities and Services	286	222
其他用品	Miscellaneous Commodities	173	124
其他服务	Miscellaneous Services	113	98

9—17 农村居民消费支出构成
Composition of Rural Residents' Consumption Expenditure

单位：%

指　　标	Item	2019	2020
消费支出	**Consumption Expenditure**	**100.0**	**100.0**
食品烟酒	Food, Tobaccoand Liquor	32.7	34.3
食　品	Food	21.1	23.5
烟　酒	Tobaccoand Liquor	5.8	5.6
饮　料	Drinks	1.0	0.9
饮食服务	Diet Service	4.8	4.3
衣　着	Clothing	5.8	5.8
衣　类	Clothing	4.5	4.5
鞋　类	Footwear	1.3	1.3
居　住	Residence	22.8	22.6
租赁房房租	Rentof Rentable Housing	0.8	0.6
住房维修及管理	Management and Maintenance of Housing	2.9	3.2
水、电、燃料及其他	Water, Electricity, Fuelsand Others	4.1	3.6
自有住房折算租金	Converted Rent for Private Housing	14.9	15.2
生活用品及服务	Household Facilities, Articlesand Service	5.8	5.7
家具及室内装饰品	Furniture and Interior Decorations	0.8	0.8
家用器具	Household Facilities	1.6	1.5
家用纺织品	Home Textiles	0.4	0.4
家庭日用杂品	Daily-Use Household Articles	1.6	1.7
个人护理用品	Personal Products	1.2	1.2
家庭服务	Household Service	0.2	0.1
交通通信	Traffic and Communications	11.8	11.1
交　通	Transportation	8.4	7.6
通　信	Communications	3.3	3.5
教育文化娱乐	Education, Cultural & Recreation Service	10.1	9.5
教　育	Education	8.1	7.5
文化和娱乐	Cultural and Recreation	2.0	1.9
医疗保健	MedicineandMedicalService	9.1	9.7
医疗器具及药品	Medical Instrument and Articles	1.9	1.7
医疗服务	Medical Service	7.2	8.0
其他用品和服务	Miscellaneous Commodities and Services	2.0	1.5
其他用品	Miscellaneous Commodities	1.2	0.8
其他服务	Miscellaneous Services	0.8	0.6

9—18 农村居民主要食品消费量
Main Food Consumption of Rural Residents

单位：公斤/人（kg/person）

指　　标	Item	2019	2020
粮　食	Grain	169.2	170.4
谷　物	Cereals	153.2	154.3
薯　类	Tubers	2.8	3.0
豆　类	Beans	13.2	13.0
油　脂	Oil and Fats	9.4	9.5
#食用植物油	Edible Vegetable Oil	8.4	8.6
蔬菜及菜制品消费量	Vegetables and Processed Products	99.3	102.0
#鲜　菜	Fresh Vegetables	96.2	99.0
肉　类	Meat and Processed Products	24.9	21.4
#猪　肉	Pork	19.8	16.8
牛　肉	Beef	1.6	1.6
羊　肉	Mutton	0.7	0.7
禽　类	Poultry and Processed Products	14.5	15.5
水产品	Aquatic Products	13.8	13.1
蛋　类	Eggs and Processed Products	12.1	14.2
奶　类	Milk and Dariy Products	9.7	9.1
干鲜瓜果类	Dried and Fresh Melons and Fruits	56.9	50.2
#鲜瓜果	Fresh Melons and Fruits	52.4	46.1
坚果类	Nuts and Grain Products	3.4	3.2
食　糖	Sugar	1.1	1.0

9—19 农村居民年末主要耐用消费品拥有量
Ownership of Major Durable Consumer Goods by Rural Residents at The End of The Year

单位：平均每百户（On average, every hundred households）

指　　标	Item	2019	2020
家用汽车	Household Automobile	24.7	26.1
摩托车	Motorcycle	30.5	28.1
助力车	Man-drawn Vehicle	117.2	120.2
洗衣机	Washing Machine	89.7	90.7
电冰箱（柜）	Refrigerator	103.5	104.4
微波炉	Microwave Oven	26.2	27.2
彩色电视机	Color TV	133.6	134.8
空调	Air Conditioner	118.3	122.8
热水器	Water Heater	90.6	95.2
排油烟机	Kitchen Ventilator	34.3	37.0
固定电话	Telephone	11.6	9.1
移动电话	Mobile Telephone	271.7	272.7
计算机	Computer	25.3	26.5
照相机	Camera	2.4	2.4

9—20 各市农村居民人均可支配收入
Per Capita Disposable Income of Rural Residents by Region

单位：元（yuan）

地　区	Region	2019	2020
安徽省	**Anhui**	15416	16620
合肥市	Hefei	22462	24282
淮北市	Huaibei	14052	15218
亳州市	Bozhou	14102	15293
宿州市	Suzhou	13213	14369
蚌埠市	Bengbu	16666	18016
阜阳市	Fuyang	13079	14256
淮南市	Huainan	14250	15419
滁州市	Chuzhou	14487	15732
六安市	Luan	13244	14449
马鞍山市	Maanshan	23473	25421
芜湖市	Wuhu	22745	24473
宣城市	Xuancheng	17542	18928
铜陵市	Tongling	15791	17102
池州市	Chizhou	16099	17323
安庆市	Anqing	14347	15567
黄山市	Huangshan	16970	18311

9—21 分市、县（市、区）居民人均可支配收入
Per Capita Disposable Income of Residents in Cities and Counties (cities and districts)

单位：元（yuan）

地 区	Region	全体居民 Whole Population		城镇居民 Urban Residents		农村居民 Rural Residents	
		2020	同比（±%） Compared With The Same	2020	同比（±%） Compared With The Same	2020	同比（±%） Compared With The Same
安徽省	**Anhui**	**28103**	**6.4**	**39442**	**5.1**	**16620**	**7.8**
合肥市	**Hefei**	**41619**	**7.2**	**48283**	**6.3**	**24282**	**8.1**
瑶海区	Yaohai District	50003	6.0	50003	6.0		
庐阳区	Luyang District	55098	6.6	55098	6.6		
蜀山区	Shushan District	56129	6.5	56129	6.5		
包河区	Baohe District	57007	6.3	57007	6.3		
合肥高新区	Hefei New and High-tech Zone	44763	6.6	44763	6.6		
合肥经开区	Hefei Economic Zone	45052	6.5	45052	6.5		
合肥新站区	Hefei New Station District	42246	6.4	42246	6.4		
长丰县	Changfeng	30086	7.9	39041	6.6	23261	8.1
肥东县	Feidong	32275	7.9	40854	6.5	25516	8.2
肥西县	Feixi	33671	7.8	43209	6.3	26062	8.3
庐江县	Lujiang	29086	7.5	36651	6.1	22672	7.9
巢湖市	Chaohu	32831	7.5	39023	6.4	23896	8.1
淮北市	**Huaibei**	**28127**	**5.8**	**36428**	**4.9**	**15218**	**8.3**
杜集区	Duji District	32745	5.5	35246	5.2	16075	8.2
相山区	Xiangshan District	39702	4.8	41295	4.7	15356	8.4
烈山区	Lieshan District	27951	5.7	34102	4.9	15152	8.6
濉溪县	Suixi	21563	6.7	32966	5.1	15170	8.3
亳州市	**Bozhou**	**22274**	**7.3**	**34159**	**5.4**	**15293**	**8.5**
谯城区	Qiaocheng District	25695	7.1	37136	5.3	16957	8.4
涡阳县	Guoyang	19784	7.5	30378	5.6	14347	8.5
蒙城县	Mengcheng	22121	7.4	34348	5.5	15675	8.4
利辛县	Lixin	20924	7.3	33414	5.2	14207	8.6
宿州市	**Suzhou**	**22105**	**7.3**	**34373**	**5.3**	**14369**	**8.8**
埇桥区	Yongqiao District	26673	6.9	37796	5.3	14671	8.8
砀山县	Dangshan	22720	7.1	33156	5.3	14681	8.7
萧县	Xiaoxian	19726	7.7	32539	5.5	14298	8.6
灵璧县	Lingbi	19738	7.6	30996	5.2	14410	8.9
泗县	Sixian	18705	7.7	31168	5.4	13777	8.7
蚌埠市	**Bengbu**	**29247**	**7.0**	**39116**	**5.6**	**18016**	**8.1**
龙子湖区	Longzihu District	46844	5.6	48718	5.4	17126	8.5
蚌山区	Bengshan District	41995	5.7	43446	5.5	17795	8.0
禹会区	Yuhui District	34016	6.4	38753	5.8	16666	7.6
淮上区	Huaishang District	27896	7.4	39863	6.1	16901	7.7
蚌埠高新区	Bengbu New and High-tech Zone	33530	5.9	37719	5.2	16710	8.3
蚌埠经开区	Bengbu Economic Zone	43084	5.6	45531	5.3	17164	8.4
怀远县	Huaiyuan	24301	7.6	34531	6.0	18265	8.1
五河县	Wuhe	24852	7.3	34325	5.6	18127	8.2
固镇县	Guzhen	24741	7.3	35147	5.6	18211	8.1
阜阳市	**Fuyang**	**22239**	**7.4**	**34562**	**5.2**	**14256**	**9.0**
颍州区	Yingzhou District	31510	6.4	39154	5.3	16480	8.7
颍东区	Yingdong District	21972	7.4	32651	5.6	13426	9.0

9—21 续表1 continued

单位：元（yuan）

地 区	Region	全体居民 Whole Population 2020	同比（±%） Compared With The Same	城镇居民 Urban Residents 2020	同比（±%） Compared With The Same	农村居民 Rural Residents 2020	同比（±%） Compared With The Same
颍泉区	Yingquan District	25194	6.9	35240	5.2	14435	8.9
界首市	Jieshou	24660	7.2	36134	5.2	15550	9.1
临泉县	Linquan	18604	8.0	31719	5.3	13723	9.2
太和县	Taihe	22522	7.3	34448	5.0	14582	9.1
阜南县	Funan	19114	7.7	31674	5.2	13565	9.0
颍上县	Yingshang	21421	7.7	34227	5.5	14396	9.0
淮南市	**Huainan**	**28780**	**6.2**	**37699**	**5.2**	**15419**	**8.2**
大通区	Datong District	34587	1.9	39915	0.7	17672	8.7
田家庵区	Tianjaan District	44396	6.8	44960	6.8	18727	8.6
谢家集区	Xiejiaji District	36918	7.0	38987	6.9	17879	8.5
八公山区	Bagongshan District	35203	0.3	35448	0.2	18044	8.1
潘集区	Panji District	27590	7.8	38405	7.1	17054	8.3
毛集实验区	Maoji Experimental District	22454	7.9	30682	7.0	16592	8.4
凤台县	Fengtai	24016	4.6	36459	0.9	17336	8.2
寿县	Shouxian	19718	7.6	28761	6.7	13177	8.0
滁州市	**Chuzhou**	**25711**	**7.1**	**36051**	**5.8**	**15732**	**8.6**
琅琊区	Langya District	44541	4.2	46092	4.0	16775	8.5
南谯区	Nanqiao District	28325	7.2	40722	5.8	16249	8.6
滁州经开区	Chuzhou Economic Zone	37154	5.6	37154	5.6		
天长市	Tianchang	31468	7.3	38080	6.4	21896	8.5
明光市	Mingguang	23106	7.4	32729	6.0	14592	8.6
来安县	Laian	25213	7.7	37421	6.3	15639	8.9
全椒县	Quanjiao	25150	7.1	33795	5.7	16040	8.8
定远县	Dingyuan	21211	7.6	32240	6.2	14673	8.4
凤阳县	Fengyang	19825	7.7	29607	6.0	13874	8.7
六安市	**Luan**	**22457**	**7.5**	**33647**	**5.9**	**14449**	**9.1**
金安区	Jinan District	26850	7.3	37426	6.2	15456	8.8
裕安区	Yuan District	25386	7.3	38206	5.9	15521	9.0
叶集区	Yeji District	20451	7.6	30924	6.0	14170	9.0
霍邱县	Huoqiu	18077	7.9	29567	5.7	13543	9.2
舒城县	Shucheng	22402	7.2	31400	5.7	14488	9.2
金寨县	Jinzhai	19042	7.8	29004	5.7	13524	9.5
霍山县	Huoshan	26812	6.7	33210	5.7	16030	8.8
马鞍山市	**Maanshan**	**42392**	**6.6**	**51804**	**5.7**	**25421**	**8.3**
花山区	Huashan District	61589	5.2	61804	5.1	34319	8.0
雨山区	Yushan District	64028	5.9	64793	5.9	33659	5.2
博望区	Bowang District	38270	6.1	48096	6.2	27946	5.2
郑蒲港新区	Zhengpugang New District					27936	8.0
当涂县	Dangtu	36816	7.3	43495	6.0	28974	9.1
含山县	Henshan	28686	7.5	36841	6.0	22477	8.8
和县	Hexian	30669	7.3	38080	6.0	22636	8.8
芜湖市	**Wuhu**	**36829**	**6.7**	**44588**	**6.0**	**24473**	**7.6**
镜湖区	Jinghu District	49774	6.0	50155	6.0	29986	7.4
弋江区	Yijiang District	46791	5.7	46791	5.7		
鸠江区	Jiujiang District	38989	6.8	44895	6.3	26228	7.6

9—21 续表2 continued

单位：元（yuan）

地 区	Region	全体居民 Whole Population 2020	同比（±%） Compared With The Same	城镇居民 Urban Residents 2020	同比（±%） Compared With The Same	农村居民 Rural Residents 2020	同比（±%） Compared With The Same
湾沚区	Wanzhi District	33335	7.1	41867	6.4	26508	7.4
繁昌区	Fanchang District	33706	6.9	41669	6.2	26356	7.4
三山经开区	Sanshan Economic Zone	31685	6.7	40611	5.7	26334	7.2
芜湖经开区	Wuhu Economic Zone	44462	5.9	44462	6.0		
无为市	Wuwei	29989	7.0	40593	5.9	21752	7.8
南陵县	Nanling	32438	7.1	40213	6.1	26586	7.8
宣城市	**Xuancheng**	**30746**	**6.6**	**42134**	**5.4**	**18928**	**7.9**
宣州区	Xuanzhou District	31456	6.5	42640	5.2	19217	8.0
宁国市	Ningguo	38288	6.3	46535	5.6	21230	7.5
广德市	Guangde	33752	6.7	45681	5.7	21388	7.4
郎溪县	Langxi	27414	6.8	41038	5.2	18330	8.0
泾县	Jingxian	24527	7.0	34285	5.4	17001	8.4
绩溪县	Jixi	26099	6.8	37455	5.3	15661	8.3
旌德县	Jingde	21803	6.7	30164	5.1	15214	8.2
铜陵市	**Tongling**	**29568**	**6.4**	**41180**	**4.9**	**17102**	**8.3**
铜官区	Tongguan District	49585	5.5	49616	5.5	31766	7.5
铜陵市郊区	Tongling Suburban District	27187	7.2	38625	4.8	15937	8.4
义安区	Yian District	32353	6.3	39489	4.8	26478	7.7
枞阳县	Zongyang	19433	7.9	30043	5.4	14628	8.4
池州市	**Chizhou**	**26404**	**6.5**	**35671**	**5.7**	**17323**	**7.6**
贵池区	Guichi District	28655	6.6	37061	5.9	18055	7.8
九华山风景区	Jiuhuashan Mountain Scenic Area	18207	7.4			18207	7.4
东至县	Dongzhi	25272	6.7	33922	5.6	17394	8.2
石台县	Shitai	19049	6.4	31044	5.0	12512	7.9
青阳县	Qingyang	26455	6.6	36460	5.6	18267	7.8
安庆市	**Anqing**	**24647**	**6.8**	**35947**	**5.6**	**15567**	**8.5**
迎江区	Yingjiang District	39705	6.5	45317	6.1	19418	8.1
大观区	Daguan District	39392	6.1	44403	5.8	18926	8.0
宜秀区	Yixiu District	25003	7.1	31947	6.0	19680	8.2
安庆开发区	Anqing Development Zone	43481	5.9	43481	5.9		
桐城市	Tongcheng	25932	6.9	35247	5.6	18333	8.5
潜山市	Qianshan	22117	6.9	34934	5.2	14422	8.9
怀宁县	Huaining	25850	6.8	36387	5.6	17675	8.4
太湖县	Taihu	19644	7.0	30682	5.5	13811	8.5
宿松县	Susong	19471	6.9	29847	5.4	13940	8.4
望江县	Wangjiang	20638	6.9	31758	5.3	14131	8.7
岳西县	Yuexi	19076	7.1	29912	5.7	13930	8.3
黄山市	**Huangshan**	**27916**	**6.8**	**38726**	**5.6**	**18311**	**7.9**
屯溪区	Tunxi District	40676	5.9	42497	5.8	19428	7.7
黄山区	Huangshan District	30550	6.5	41078	5.5	18935	7.9
徽州区	Huizhou District	30682	6.9	41999	5.9	19145	8.1
歙县	Shexian	24197	7.0	35447	5.6	18129	7.8
休宁县	Xiuning	23869	6.9	35439	5.3	18089	7.9
黟县	Yixian	24603	7.1	34359	5.7	18488	8.2
祁门县	Qimen	24281	7.0	35277	5.4	18084	8.0

主要统计指标解释

可支配收入

指调查户在调查期内获得的、可用于最终消费支出和储蓄的总和，即调查户可以用来自由支配的收入。可支配收入既包括现金，也包括实物收入。按照收入的来源，可支配收入包含四项，分别为：工资性收入、经营净收入、财产净收入、转移净收入。计算公式为：

可支配收入=工资性收入+经营净收入+财产净收入+转移净收入

其中：经营净收入=经营收入-经营费用-生产性固定资产折旧－生产税净额（生产税-生产补贴）

财产净收入=财产性收入-财产性支出

转移净收入=转移性收入-转移性支出

工资性收入

指就业人员通过各种途径得到的全部劳动报酬和各种福利，包括受雇于单位或个人、从事各种自由职业、兼职和零星劳动得到的全部劳动报酬和福利。

经营净收入

指住户或住户成员从事生产经营活动所获得的净收入，是全部经营收入中扣除经营费用、生产性固定资产折旧和生产税净额（生产税减去生产补贴）之后得到的净收入。

财产净收入

指住户或住户成员将其所拥有的金融资产和自然资源交由其他机构单位、住户或个人支配而获得的回报并扣除相关的费用之后得到的净收入。财产净收入包括利息净收入、红利收入、储蓄性保险净收益和转让承包土地经营权租金净收入等。

转移性收入

指国家、单位、社会团体对住户的各种经常性转移支付和住户之间的经常性收入转移。包括政府、非行政事业单位、社会团体对居民转移的养老金或退休金、社会救济和补助、政策性生活补贴、救灾款、经常性捐赠和赔偿以及报销医疗费等；住户之间的赡养收入、经常性捐赠和赔偿以及本住户非常住成员寄回带回的收入等。

消费支出

指住户用于满足家庭日常生活消费需要的全部支出，包括用于消费品的支出和用于服务性消费的支出。根据用途不同，消费支出可划分为食品烟酒、衣着、居住、生活用品及服务、交通通信、教育文化娱乐、医疗保健、其他用品及服务八大类。根据来源不同，消费支出可划分为现金消费支出、实物消费支出（含自产自用、来自单位、来自政府和其他社会组织）。

Explanatory Notes for Major Statistical Indicators

Disposable income

Refers to the sum of the final consumption expenditure and savings obtained by the survey households during the survey period, that is, the income that the survey households can use freely. Disposable income includes both cash and income in kind. According to the source of income, disposable income includes four items: wage income, net operating income, net property income and net transfer income. The calculation formula is:

Disposable income = wage income + net operating income + net property income + net transfer income

Among them: business net income = operating income - operating costs - productive fixed assets depreciation by net production tax (production tax - production subsidies)

Property income = property income - property spending

Transfer net income = metastatic income - transfer spending

Wage income

Refers to the employment through various means to get all the labor remuneration and benefits, including employed by units or individuals, is engaged in a variety of freelancing, part-time and sporadic labor to get all the labor remuneration and welfare.

Business net income

Refers to the resident or resident members engaged in the production and business operation activities of net income, is all operating income deducted operating expenses, productive fixed assets depreciation and net production tax (production tax less production subsidies) after the net income.

Property income

Refers to the resident or resident members should be owned by the financial assets, natural resources by other agencies and institutions and the resident or disposal and returns and net income after deducting costs associated. Property net income includes interest income, dividend income, net income and the transfer of contracted land management rights rental deposit sex insurance net income, etc.

Metastatic income

Refers to the various regular transfer payments made by the state, units and social organizations to households and the regular income transfer between households. Including pensions or retirement benefits transferred by the government, non-administrative institutions and social organizations to residents, social relief and subsidies, policy living subsidies, disaster relief funds, recurrent donations and compensation, and reimbursement of medical expenses; Maintenance income between households, recurrent donations and compensation, and income sent back by non-resident members of the household.

Consumer spending

Refers to the residents used to meet the needs of all family daily life consumption spending, including for consumer spending and for service consumer spending. According to different purposes, consumer spending can be divided into alcohol, tobacco, food, clothing, housing, household items and services, transportation, communication, education and cultural entertainment, health care and other products and services for the eight classes. According to different sources can be divided into consumer spending cash consumption expenditure, real consumer spending (including produce their own, from units, from government and other social organizations).

第十篇

Chapter 10

城市概况

GENERAL SURVEY OF CITIES

简要说明

一、本篇资料综合部分反映全省及16个地级城市市辖区社会、经济发展和城市建设的规模、效益及综合水平等基本情况。市政公用基础设施情况部分增加了9个县级市的资料。主要内容：

1. 人口及土地面积；

2. 综合经济指标；

3. 固定资产投资；

4. 教育、文化、卫生情况；

5. 财政、金融情况；

6. 人民生活情况；

7. 社会福利、劳动保险；

8. 市政公用基础设施情况。

二、本篇资料由安徽省统计局根据国家统计局《城市社会经济基本情况统计报表制度》搜集、汇总整理提供。市政公用基础设施情况资料由省住建厅提供。

Brief Introduction

I. The comprehensive part of this data reflects the scale, benefit and comprehensive level of social and economic development and urban construction in the whole province and 16 prefecture-level cities. The information of 9 county-level cities has been added to the situation of municipal public infrastructure. Main contents:

1. Population, area of land.

2. Comprehensive economic indicators.

3. Investment in fixed assets.

4. The conditions of education, culture and health care.

5. The conditions of finance and banking.

6. People's livelihood.

7. Social welfare and labor insurance.

8. Municipal public infrastructure

II. This material is collected, summarized and provided by Anhui Provincial Bureau of Statistics according to Statistical Report System of Urban Social and Economic Basic Situation of National Bureau of Statistics. Information on municipal public infrastructure is provided by the Provincial Department of Housing and Construction.

10—1 地级城市基本情况（2020年）
Basic Statement of Cities at Prefectural Level (2020)

指　　标		Item		全　省 Province	#市区合计 City
人口及土地面积		**Population and Land Area**			
常住人口	（万人）	Population of Permanent Residents	(10000 persons)	6102.72	2358.12
#城镇人口		Urban Population		3559.51	1790.73
行政区域土地面积	（平方公里）	Land Area	(sq.m)	140140	30475
#建成区面积		Developed Area		3698	2136
综合经济		**General Economy**			
地区生产总值(当年价格)	（亿元）	Gross Regional Product (at current price)	(100 million yuan)	38681	20601
第一产业增加值		Added Value of Primary Industry		3185	703
第二产业增加值		Added Value of Secondary Industry		15672	8405
第三产业增加值		Added Value of Tertiary Industry		19824	11493
财政、金融		**Government Finance, Banking and Insurance**			
地方财政一般公共预算收入	（亿元）	General Public Budget Revenue of Local Finance	(100 million yuan)	3216.01	1861.65
地方财政一般公共预算支出	（亿元）	General Public Budget Expenditure of Local Finance	(100 million yuan)	7473.59	3363.00
一般公共服务		General Public Service		515.12	239.66
科学技术		Science		369.98	254.02
教　育		Education		1261.86	494.34
文化旅游体育与传媒		Cultural Tourism, Sports and Media		97.06	38.42
社会保障和就业		Social Security and Employment		1173.07	337.31
节能环保		Energy Saving and Environmental Protection		190.83	115.43
卫生健康		Hygiene and Health		761.62	440.93
住房保障		Housing Security		218.59	107.44
城乡社区		Urban and Rural Communities		860.18	582.54
交通运输		Transport		333.69	130.66
人民币住户存款余额	（亿元）	Deposits of Households	(100 million yuan)	30117.22	14439.84
工　业		**Industry**			
规模以上工业企业数	（个）	Number of Industrial Enterprises Above Designated Size	(unit)	18447	7780
内资企业		Domestic Funded Enterprises		17633	7243
港澳台商投资企业		Funded by Entrepreneurs from Hong Kong, Macao and Taiwan		346	215
外商投资企业		Foreign Funded Enterprises		468	322

10—1 续表1 continued

指 标		Item		全 省 Province	#市区合计 City
流动资产合计	（亿元）	Total Circulating Funds	(100 million yuan)	22826.55	14793.47
营业收入	（亿元）	Operating Income	(100 million yuan)	38549.29	24085.23
税金及附加	（亿元）	Taxes and Surcharges	(100 million yuan)	619.01	510.41
本年应交增值税	（亿元）	Value Added Tax Payable	(100 million yuan)	833.96	536.86
利润总额	（亿元）	Total Profits	(100 million yuan)	2439.55	1415.66
邮 政		**Post**			
年末邮政局（所）	（处）	Number of Post Offices (year-end)	(unit)	1978	601
内外贸易、外经		**Trade Foreign Trade and Tourism**			
社会消费品零售总额	（亿元）	Total Rretail Sales of Consumer Goods	(100 million yuan)	18334	10235
限额以上批发零售业商品销售总额	（亿元）	Total Sales of Wholesale and Retail Goods Above Designated Size	(100 million yuan)	15693.39	13284.46
外商直接投资		Forign Drirect Investment			
合同项目数	（个）	Number of Contract Items	(unit)	393	297
固定资产投资		**Investment in Fixed Assets**			
房地产开发投资	（亿元）	Total Investment in Real Estate Devlopment	(100 million yuan)	7042.29	4137.95
#住 宅		Residential Buildings		5636.78	3240.08
商品房屋销售面积	（万平方米）	Floor Space of Selling House	(10000 sq.m)	9534.13	5089.70
#住 宅		Residential Buildings		8695.35	4601.50
商品房屋销售额	（亿元）	Total Sales of Commercial House	(100 million yuan)	7346.15	4485.57
#住 宅		Residential Buildings		6760.86	4148.23
商品房屋待售面积	（万平方米）	Square Commercial House for Sal	(10000 sq.m)	1541.72	960.34
教育、文化、卫生		**Education, Culture and Public Health**			
学校数	（所）	Number of Schools	(unit)		
中等职业教育学校		Secondary Vocational Technical School		298	157
普通中学		Regular Secondary Schools		3507	1142
小 学		Primary Schools		7464	2154

10—1 续表2 continued

指　　标		Item		全　省 Province	#市区合计 City
专任教师数	（人）	Number of Full-time Teachers	(person)		
中等职业教育学校		Secondary Vocational Technical School		28830	12785
普通中学		Regular Secondary Schools		247592	92702
小　学		Primary Schools		260425	94480
在校学生数	（万人）	Number of Student Enrollment	(10000 persons)		
中等职业教育学校		Secondary Vocational Technical School		79.11	33.67
普通中学		Regular Secondary Schools		337.31	120.25
小　学		Primary Schools		468.24	172.84
公共图书馆总藏量	（万册、件）	Total Storage Capacity of Public Library	(10000 units)	3546	1799
医院数	（个）	Number of Hospitals	(unit)	1388	721
医院床位数	（张）	Number of Hospital Beds	(unit)	318379	175480
执业（助理）医师数	（人）	Number of Practicing (assistant) Physicians	(person)	164325	83081
注册护士数	（人）	Registered Nurses	(person)	188253	103976
人民生活		**People's Livelihood**			
城镇居民人均可支配收入	（元）	Annual Per Capita Disposable Income of Urban Households	(yuan)	39442	
城镇居民人均生活消费支出	（元）	Annual Per Capita Life Consumption Expenditure of Urban	(yuan)	22683	
每百户居民家庭拥有：		Per 100 Households Possessing			
家用汽车	（辆）	Automobile	(unit)	37	
计算机	（台）	Computer	(unit)	66	
人均住房建筑面积	（平方米）	Per-capita Area of Housing	(sq.m)	42.09	
社会福利、劳动保险		**Social Welfare, Labor and Insurance**			
城乡居民基本养老保险参保人数	（万人）	Number of Participants in Basic Old-age Insurance for Urban and Rural Residents	(10000 persons)	3490.09	784.88
社区服务机构和设施数	（个）	Number of Community Service Institutions and Facilities	(unit)	17889	5726
城镇居民最低生活保障人数	（万人）	Number of People Enjoyed the Lowest Residential Living Protection Line	(10000 persons)	34.43	19.12

10—2 地级城市市区基本情况（2020年）
Basic Statement of Cities at Prefectural Level by Region (2020)

指　　标	Item	合肥市 Hefei	淮北市 Huaibei	亳州市 Bozhou	宿州市 Suzhou
人口及土地面积	**Population and Land Area**				
常住人口（万人）	Population of Permanent Residents (10000 persons)	511.82	103.79	153.72	176.63
#城镇人口	Urban Population	505.60	83.09	75.06	92.07
行政区域土地面积（平方公里）	Land Area (sq.m)	1339	760	2263	2907
#建成区面积	Developed Area	503	90	74	91
综合经济	**General Economy**				
地区生产总值(当年价格)（亿元）	Gross Regional Product (at current price) (100 million yuan)	6833	627	702	845
第一产业增加值	Added Value of Primary Industry	13	26	80	75
第二产业增加值	Added Value of Secondary Industry	2375	224	290	331
第三产业增加值	Added Value of Tertiary Industry	4445	377	332	439
财政、金融	**Government Finance, Banking and Insurance**				
地方财政一般公共预算收入（亿元）	General Public Budget Revenue of Local Finance (100 million yuan)	567.81	59.39	67.95	71.51
地方财政一般公共预算支出（亿元）	General Public Budget Expenditure of Local Finance (100 million yuan)	735.29	116.49	181.72	228.79
一般公共服务	General Public Service	40.46	11.42	16.95	16.16
科学技术	Science	137.29	2.36	3.97	5.40
教　育	Education	125.23	18.80	32.58	30.04
文化旅游体育与传媒	Cultural Tourism, Sports and Media	6.93	1.14	1.56	1.56
社会保障和就业	Social Security and Employment	45.88	12.98	16.85	21.55
节能环保	Energy Saving and Environmental Protection	25.96	2.36	3.82	4.36
卫生健康	Hygiene and Health	38.57	15.09	39.87	40.19
住房保障	Housing Security	10.27	6.53	6.66	8.52
城乡社区	Urban and Rural Communities	201.40	23.05	14.10	42.30
交通运输	Transport	15.55	4.16	8.92	8.10
人民币住户存款余额（亿元）	Deposits of Households (100 million yuan)	3638.46	600.20	593.29	732.71
工　业	**Industry**				
规模以上工业企业数（个）	Number of Industrial Enterprises Above Designated Size (unit)	976	343	278	520
内资企业	Domestic Funded Enterprises	838	330	274	505
港澳台商投资企业	Funded by Entrepreneurs from Hong Kong, Macao and Taiwan	44	5	3	7
外商投资企业	Foreign Funded Enterprises	94	8	1	8

蚌埠市 Bengbu	阜阳市 Fuyang	淮南市 Huainan	滁州市 Chuzhou	六安市 Luan	马鞍山市 Maanshan	芜湖市 Wuhu	宣城市 Xuancheng	铜陵市 Tongling	池州市 Chizhou	安庆市 Anqing	黄山市 Huangshan
133.61	212.86	156.16	78.27	196.88	96.55	180.74	77.43	84.27	61.53	80.45	53.43
107.77	119.18	125.56	64.89	106.99	87.33	159.82	44.28	62.60	41.73	72.85	41.90
969	1957	1492	1410	4139	733	2730	2585	1518	2505	810	2358
153	153	123	104	81	102	249	65	81	41	155	71
1087	883	808	886	772	1252	2962	436	835	473	789	411
33	81	48	23	93	13	69	48	26	36	19	20
484	298	318	509	258	634	1418	168	414	228	319	137
570	504	442	354	421	605	1475	220	395	209	451	254
106.32	99.49	64.98	80.15	66.54	102.16	283.38	57.97	71.60	40.52	69.84	52.03
166.09	280.98	157.15	143.32	250.56	128.47	379.52	118.57	135.76	97.75	138.93	103.62
12.66	21.78	10.70	11.86	20.96	10.50	23.66	9.05	9.32	6.18	9.41	8.60
7.06	3.60	3.34	7.37	5.77	5.62	51.44	3.59	9.83	2.09	2.01	3.28
22.52	39.16	23.54	22.40	39.45	17.10	56.69	10.84	17.77	11.37	16.88	9.96
2.58	1.67	1.52	1.98	3.39	2.38	4.14	1.82	2.05	0.94	2.72	2.03
22.48	32.98	25.43	11.77	28.89	16.00	42.12	11.06	16.51	8.24	13.26	11.33
1.37	2.59	6.46	1.99	6.68	12.87	16.21	2.16	4.27	8.60	7.14	8.61
24.92	65.80	19.93	25.03	43.10	10.60	34.64	17.86	14.92	12.15	31.12	7.14
6.98	9.34	5.75	5.44	7.57	5.18	11.82	4.86	5.95	4.32	5.34	2.91
32.97	29.64	15.16	17.48	13.31	25.19	63.22	23.71	20.66	17.27	20.03	23.05
4.64	13.90	5.65	8.63	19.60	3.47	9.73	4.34	5.90	6.55	5.27	6.26
717.04	1079.35	965.73	434.67	872.21	790.49	1546.02	394.34	620.58	384.42	680.41	389.93
429	423	402	449	464	496	1367	416	383	293	287	254
411	412	391	389	450	443	1254	396	363	285	259	243
4	8	10	20	7	25	46	7	10	5	10	4
14	3	1	40	7	28	67	13	10	3	18	7

10—2 续表1 continued

指　　标		Item		合肥市 Hefei	淮北市 Huaibei	亳州市 Bozhou	宿州市 Suzhou
流动资产合计	（亿元）	Total Circulating Funds	(100 million yuan)	5573.29	319.49	469.19	216.14
营业收入	（亿元）	Operating Income	(100 million yuan)	6739.08	632.13	575.44	841.32
税金及附加	（亿元）	Taxes and Surcharges	(100 million yuan)	95.66	8.78	18.30	6.32
本年应交增值税	（亿元）	Value Added Tax Payable	(100 million yuan)	138.31	23.19	17.89	21.94
利润总额	（亿元）	Total Profits	(100 million yuan)	289.77	74.13	50.64	66.67
邮　政		**Post**					
年末邮政局（所）	（处）	Number of Post Offices (year-end)	(unit)	65	27	35	40
内外贸易、外经		**Trade Foreign Trade and Tourism**					
社会消费品零售总额	（亿元）	Total Retail Sales of Consumer Goods	(100 million yuan)	3320.94	319.97	343.51	434.84
限额以上批发零售业商品销售总额	（亿元）	Total Sales of Wholesale and Retail Goods Above Designated Size	(100 million yuan)	5697.10	499.48	397.20	477.05
外商直接投资		Forign Drirect Investment					
合同项目数	（个）	Number of Contract Items	(unit)	151	5	3	6
固定资产投资		**Investment in Fixed Assets**					
房地产开发投资	（亿元）	Total Investment in Real Estate Devlopment	(100 million yuan)	1046.55	159.28	224.29	213.98
#住　宅		Residential Buildings		836.49	130.84	180.57	154.79
商品房屋销售面积	（万平方米）	Floor Space of Selling House	(10000 sq.m)	1012.95	177.00	336.54	334.31
#住　宅		Residential Buildings		879.50	170.80	320.39	323.62
商品房屋销售额	（亿元）	Total Sales of Commercial House	(100 million yuan)	1602.51	119.16	197.56	211.03
#住　宅		Residential Buildings		1501.35	112.03	182.15	203.23
商品房屋待售面积	（万平方米）	Square Commercial House for Sal	(10000 sq.m)	218.99	36.10	47.37	49.73
教育、文化、卫生		**Education, Culture and Public Health**					
学校数	（所）	Number of Schools	(unit)				
中等职业教育学校		Secondary Vocational Technical School		31	5	7	7
普通中学		Regular Secondary Schools		132	71	69	74
小　学		Primary Schools		164	113	265	241
专任教师数	（人）	Number of Full-time Teachers	(person)				
中等职业教育学校		Secondary Vocational Technical School		2007	538	825	670
普通中学		Regular Secondary Schools		15317	4584	7065	6328
小　学		Primary Schools		17368	4455	8234	8095

蚌埠市 Bengbu	阜阳市 Fuyang	淮南市 Huainan	滁州市 Chuzhou	六安市 Luan	马鞍山市 Maanshan	芜湖市 Wuhu	宣城市 Xuancheng	铜陵市 Tongling	池州市 Chizhou	安庆市 Anqing	黄山市 Huangshan
677.97	304.69	430.15	753.72	322.06	1139.88	2817.84	234.58	858.78	216.18	312.23	147.25
954.73	592.20	1129.66	1259.95	504.29	2173.05	4176.70	456.06	2415.50	651.60	743.28	240.22
69.96	29.70	11.80	33.28	4.53	14.38	98.80	7.16	9.14	5.15	96.14	1.31
23.87	10.62	36.29	15.93	9.73	45.73	101.14	11.28	25.75	25.32	24.94	4.92
63.90	26.69	70.32	76.12	34.59	115.06	328.84	29.57	94.42	40.30	36.02	18.61
28	46	64	32	56	16	29	34	36	28	31	34
718.59	701.20	529.20	287.85	469.86	427.66	1311.86	207.29	270.80	228.85	416.67	245.81
473.46	614.68	404.05	417.53	299.40	494.32	2166.91	201.39	488.47	135.83	388.04	129.56
10	5	4	14	7	25	30	6	8	6	10	7
366.22	427.75	178.45	198.65	264.02	134.23	395.69	92.76	142.72	44.10	131.00	118.27
272.06	340.53	124.21	167.91	203.25	116.33	334.05	70.80	110.54	35.43	81.44	80.84
422.20	519.82	172.23	464.19	394.30	142.33	415.80	165.30	219.25	83.32	132.40	97.76
376.10	492.38	163.89	392.92	358.70	132.46	387.88	140.40	194.26	70.40	116.23	81.57
304.76	379.15	110.37	320.84	247.95	135.21	397.81	93.27	122.93	53.79	106.00	83.20
274.88	352.82	104.59	284.25	228.84	128.10	372.93	81.48	105.94	48.16	97.59	69.90
29.70	29.66	13.02	34.63	74.90	26.40	84.47	40.00	142.11	40.62	48.05	44.59
11	19	11	2	14	5	13	4	3	4	16	5
56	119	90	31	134	36	117	47	48	42	42	34
124	340	165	34	174	61	153	48	94	67	76	35
829	1955	781	340	1164	800	1084	622	328	302	405	135
5039	9330	6203	2517	9535	3548	9000	3136	3626	2409	3285	1780
6434	9816	6168	2456	8474	2902	7483	3183	3150	2049	2432	1781

10—2 续表2 continued

指　　标	Item	合肥市 Hefei	淮北市 Huaibei	亳州市 Bozhou	宿州市 Suzhou
在校学生数 （万人）	Number of Student Enrollment (10000 persons)				
中等职业教育学校	Secondary Vocational Technical School	6.59	1.48	2.52	1.95
普通中学	Regular Secondary Schools	20.48	5.46	9.23	9.59
小　学	Primary Schools	32.66	7.81	14.90	17.34
公共图书馆总藏量 （万册、件）	Total Storage Capacity of Public Library (10000 units)	648	89	85	89
医院数 （个）	Number of Hospitals (unit)	135	71	38	40
医院床位数 （张）	Number of Hospital Beds (unit)	43725	8225	6549	9881
执业（助理）医师数 （人）	Number of Practicing (assistant) Physicians (person)	20870	3630	3968	5287
注册护士数 （人）	Registered Nurses (person)	27978	4742	4552	4979
人民生活	**People's Livelihood**				
城镇居民人均可支配收入 （元）	Annual Per Capita Disposable Income of Urban Households (yuan)	48283	36428	34159	34373
城镇居民人均生活消费支出(元)	Annual Per Capita Life Consumption Expenditure of Urban (yuan)	28002	21283	22007	16407
每百户居民家庭拥有：	Per 100 Households Possessing				
家用汽车 （辆）	Automobile (unit)	55	28	20	47
计算机 （台）	Computer (unit)	78	65	50	49
人均住房建筑面积 （平方米）	Per-capita Area of Housing (sq.m)	35.00	36.07	57.00	46.40
社会福利、劳动保险	**Social Welfare, Labor and Insurance**				
城乡居民基本养老保险参保人数 （万人）	Number of Participants in Basic Old-age Insurance for Urban and Rural Residents (10000 persons)	40.95	23.82	89.97	90.87
社区服务机构和设施数 （个）	Number of Community Service Institutions and Facilities (unit)	520	215	313	406
城镇居民最低生活保障人数 （万人）	Number of People Enjoyed the Lowest Residential Living Protection Line (10000 persons)	1.41	1.29	0.38	0.85

蚌埠市 Bengbu	阜阳市 Fuyang	淮南市 Huainan	滁州市 Chuzhou	六安市 Luan	马鞍山市 Maanshan	芜湖市 Wuhu	宣城市 Xuancheng	铜陵市 Tongling	池州市 Chizhou	安庆市 Anqing	黄山市 Huangshan
1.94	5.56	2.19	1.12	3.90	1.59	1.59	0.97	0.56	0.64	0.46	0.61
6.31	14.58	7.38	3.41	13.80	4.49	8.80	3.60	3.77	3.42	3.79	2.14
10.69	21.10	10.99	4.91	15.20	5.05	12.87	4.22	4.27	3.68	4.09	3.06
30	26	55	72	72	126	109	33	164	33	100	67
45	63	58	19	30	36	76	18	24	18	31	19
11817	16284	10780	4719	9389	6881	17707	4633	6615	3640	9831	4804
5892	7372	4682	2445	5514	3432	8099	1985	2923	1697	3513	1772
7619	9333	6891	3296	5486	4134	9327	2508	3587	1918	5034	2592
39116	34562	37699	36051	33647	51804	44588	42134	41180	35671	35947	38726
20756	21689	22710	23410	20230	32789	25397	23010	25826	20368	19584	20932
25	35	26	42	37	63	50	37	32	40	32	41
51	60	56	76	39	71	56	67	64	66	67	89
41.90	38.20	37.87	34.70	46.00	40.29	38.31	40.40	37.00	46.40	42.20	51.21
28.96	107.38	44.29	20.11	113.60	17.32	60.54	45.24	30.72	33.13	19.78	18.19
540	332	596	365	428	365	219	227	389	224	297	290
1.73	1.96	1.56	0.34	0.87	1.82	2.73	0.41	2.24	0.43	0.72	0.37

10—3 城市市政公用基础设施基本情况
Basic Statistics on Urban Public Utilities

指标	Item	2010	2015	2019	2020
城市面积	**Cities Areas**				
建成区面积（平方公里）	Developed Areas (sq.km)	1491.32	1926.36	2241.50	2409.89
城市人口密度（人/平方公里）	Population Density of Urban Districts (persons/sq.km)	2469	2458	2663	2655
供水、供气及供热	**Water Supply, Gas Supply and Heating**				
供水管道长度（公里）	Length of the Pipeline for Supplying Water (km)	14730	23842	32601	36257
供水总量（万立方米）	Annual Supply of Tap Water (10000 cu.m)	160816	174263	226762	238126
#居民家庭用水量	Water Consumption for Residential Use	50889	68319	91240	99121
人均日生活用水（升）	Per Capita Water Consumption for Residential Use (liter)	160.83	168.90	194.49	197.37
用水普及率（%）	Percentage of Population With Access to Tap Water (%)	96.06	98.79	99.36	99.60
天然气供气量（万立方米）	Supply of Natural Gas (10000 cu.m)	112190	234585	385150	414417
#家庭用量	Consumption of Coal Gas for Residential Use	25154	71773	117624	128570
液化石油气供气量（吨）	Liquefied Petroleum Gas (ton)	615770	736312	162157	157719
#家庭用量	Consumption of Liquefied Gas for Residential Use	166335	104259	85728	87248
供气管道长度（公里）	Length of Gas Pipelines (km)	10126	19949	29831	32517
燃气普及率（%）	Percentage of Population With Access to Gas (%)	90.52	97.55	98.70	99.24
集中供热面积（万平方米）	Heated Area (10000 sq.m)	2463.70	2683.76	2525.82	2575.82
公共交通	**Public Traffic**				
公共汽（电）车总数（辆）	Number of Public Transportation Vehicles (buses and trolley buses etc.) (unit)	11875	18622	27403	28331
出租汽车（辆）	Taxi (unit)	50068	55217	55212	54136
市政工程	**Municipal Engineering**				
道路长度（公里）	Length of Paved Roads (km)	10157	13375	16388	17750
道路面积（万平方米）	Area of Paved Roads (10000 sq.m)	19927	31010	40208	43286
每人拥有（平方米）	Area of Paved Roads per Population (sq.m)	16.01	20.82	23.76	24.29
排水管道长度（公里）	Length of Sewer Pipelines (km)	13136	24399	33302	35393
建成区排水管道密度（公里/平方公里）	Density of Sewer Pipelines (km/sq.km)	8.81	12.67	13.35	13.49
污水排放量（万立方米）	Volume of Waste Water Discharged (10000 cu.m)	124449	150642	189716	208669
污水处理厂处理量（万立方米）	Volume of Waste Water Treated (10000 cu.m)	89086	138293	177204.4	199819
城市绿化	**Forestation in Cities**				
绿化覆盖面积（公顷）	Afforested Area (hectare)	85281	112303	129283	135493
#建成区	Developed District	55927	79285	95760	101232
园林绿地面积（公顷）	Greenery Area of Gardens (hectare)	71463	93786	114267	119533
#建成区	Developed District	50214	71582	87633	92762
公园绿地面积（公顷）	Park Greenery Area (hectare)	13630	19913	25041	26520
人均公园绿地面积（平方米）	Per Capita Park Greenery Area (sq.m)	10.95	13.37	14.80	14.88
公园个数（个）	Number of Parks (unit)	247	374	529	588
公园面积（公顷）	Area of Parks (hectare)	8685	12043	17251	18795
市容环境卫生	**Environmental Sanitation**				
生活垃圾清运量（万吨）	Volume of Disposal of Excrement (10000 tons)	435.25	491.94	646.09	660.70
生活垃圾无害化处理量（万吨）	Environment-friendly Handling Capacity of the Domestic Rubbish (10000 tons)	281.00	489.74	646.09	660.70
生活垃圾无害化处理率（%）	Living Refuse Treatment Rate (%)	64.56	99.55	100.00	100.00
公共厕所（座）	Public Lavatory (unit)	3168	3223	4403	4769
#三类以上	Above Three Kinds	2469	2813	4021	4387

注：由于住建部制度修订，从2017年度起只统计用于城市生产和生活作燃料使用的气体能源。原先安庆市石化报送的约60万吨液化气系企业生产用原材料不再统计。

a) Due to the revision of the system of the Ministry of Housing and Urban-Rural Development, only the gas energy used for urban production and domestic fuel will be counted from 2017. Originally, about 600,000 tons of raw materials for production of liquefied gas enterprises submitted by Anqing Petrochemical Company are no longer counted.

10—4 各市城市建设情况（2020年）
Statistics on City Construction by Region (2020)

单位：平方公里（sq.km）

地 区	Region	城市现状建设用地面积 Urban Current Construction Land Area	#居住用地 For Residence	#公用设施用地 For Public Facilities	#道路与交通设施用地 Land for Roads and Traffic Facilities	#绿地与广场用地 Green Space and Square Land	征用土地面积 Land Put in Requisition for State Construction Projects	城市人口密度（人／平方公里） Population Density of Urban Area (persons/sq.km)
总 计	**Total**	**2321.27**	**685.57**	**64.74**	**404.94**	**331.16**	**131.53**	**2655**
合肥市	Hefei	466.54	132.05	6.77	76.73	74.70	16.20	4216
淮北市	Huaibei	96.17	34.45	1.75	11.60	9.75	4.24	3476
亳州市	Bozhou	74.00	19.80	0.70	16.20	12.46	2.73	4430
宿州市	Suzhou	88.51	27.87	2.34	19.22	12.34	3.42	3602
蚌埠市	Bengbu	152.80	50.21	11.26	26.30	10.47	11.69	2684
阜阳市	Fuyang	146.45	47.75	3.33	29.58	16.77	9.73	3236
淮南市	Huainan	122.76	46.40	1.16	21.25	17.02	9.79	2580
滁州市	Chuzhou	103.81	23.10	0.80	23.19	14.34	12.26	2077
六安市	Luan	80.50	26.12	3.08	12.25	13.19	3.51	3660
马鞍山市	Maanshan	96.15	23.70	1.44	14.08	7.30	1.92	4291
芜湖市	Wuhu	236.09	52.34	17.48	49.49	60.21	15.09	1794
宣城市	Xuancheng	64.50	16.13	1.28	13.55	6.06	2.63	2747
铜陵市	Tongling	73.68	20.60	1.01	9.77	5.88	9.67	2668
池州市	Chizhou	42.35	15.55	0.98	7.84	3.42	1.99	1229
安庆市	Anqing	151.40	44.39	3.28	26.78	21.56	2.40	2474
黄山市	Huangshan	58.23	21.23	1.29	9.89	6.82	2.11	783
桐城市	Tongcheng	25.25	10.21	0.23	3.49	0.45	1.50	1887
天长市	Tianchang	30.72	10.36	0.41	5.41	2.24	1.74	5930
明光市	Mingguang	28.00	7.44	1.00	4.70	3.40	0.12	4585
界首市	Jieshou	26.77	6.03	0.18	4.77	8.29	2.16	2641
宁国市	Ningguo	31.19	9.02	0.78	4.32	1.30	0.78	584
巢湖市	Chaohu	48.00	18.20	3.00	2.20	9.20	9.20	7683
潜山市	Qianshan	19.01	7.55	0.42	2.82	2.20	1.54	1093
无为市	Wuwei	25.06	7.00	0.45	3.21	7.39	3.86	1926
广德市	Guangde	33.33	8.07	0.32	6.30	4.40	1.25	4099

10—5 各市城市市政设施情况（2020年）

Basic Statistics on Municipal Infrastructure in Cities by Region (2020)

地 区	Region	年末实有道路长度（公里）Length of Paved Roads (year-end) (km)	年末实有道路面积（万平方米）Area of Paved Roads (year-end) (10000 sq.m)	城市桥梁数（座）Number of City Bridges (unit)	城市道路照明灯（盏）Number of Street Lights (unit)	城市排水管道（公里）Length of City Sewage Pipes (km)	污水管道 Sewage Pipeline
总 计	**Total**	**17750**	**43286**	**2027**	**1117700**	**35393**	**15432**
合 肥 市	Hefei	3157	8913	694	242745	8533	3610
淮 北 市	Huaibei	658	1549	49	32793	1108	466
亳 州 市	Bozhou	585	1614	16	48828	1310	540
宿 州 市	Suzhou	861	1910	118	58471	1195	574
蚌 埠 市	Bengbu	1225	2615	36	60500	1428	621
阜 阳 市	Fuyang	977	2530	154	50446	1429	588
淮 南 市	Huainan	1025	2125	50	46672	1030	497
滁 州 市	Chuzhou	836	2373	120	72109	2242	1056
六 安 市	Luan	590	1677	27	30967	910	453
马鞍山市	Maanshan	566	1693	68	47870	1801	664
芜 湖 市	Wuhu	1999	4724	133	112041	3543	1200
宣 城 市	Xuancheng	583	1284	85	28752	1252	457
铜 陵 市	Tongling	675	1415	36	33071	1755	835
池 州 市	Chizhou	458	822	34	17785	789	328
安 庆 市	Anqing	608	1588	106	52635	1504	998
黄 山 市	Huangshan	636	1133	52	42596	796	370
桐 城 市	Tongcheng	239	479	13	12062	465	177
天 长 市	Tianchang	435	753	33	13137	569	232
明 光 市	Mingguang	321	736	19	21343	856	364
界 首 市	Jieshou	179	477	36	14253	388	164
宁 国 市	Ningguo	257	605	51	20926	494	213
巢 湖 市	Chaohu	407	1036	31	25096	936	560
潜 山 市	Qianshan	99	270	16	7016	260	82
无 为 市	Wuwei	120	313	5	10399	230	69
广 德 市	Guangde	253	652	45	15187	569	311

10—6 各市城市设施水平（2020年）
Level of Public Facilities in Cities by Region (2020)

地区	Region	城市用水普及率(%) Coverage Rate of Urban Population with Access to Tap Warer (%)	城市燃气普及率(%) Coverage Rate of Urban Population with Access to Gas (%)	人均城市道路面积(平方米) Per Capita Area of Paved Roads (sq.m)	人均公园绿地面积(平方米) Per Capita Area of Parks and Green Land (sq.m)
总计	**Total**	**99.60**	**99.24**	**24.29**	**14.88**
合肥市	Hefei	99.93	99.96	18.76	12.67
淮北市	Huaibei	100.00	100.00	21.21	18.48
亳州市	Bozhou	100.00	99.61	41.93	18.06
宿州市	Suzhou	100.00	100.00	32.24	14.84
蚌埠市	Bengbu	100.00	100.00	26.65	14.63
阜阳市	Fuyang	96.29	95.82	23.07	17.73
淮南市	Huainan	100.00	100.00	17.56	13.79
滁州市	Chuzhou	100.00	100.00	40.43	19.31
六安市	Luan	99.79	98.67	27.59	16.34
马鞍山市	Maanshan	100.00	100.00	22.44	15.35
芜湖市	Wuhu	100.00	100.00	24.41	12.99
宣城市	Xuancheng	99.86	99.03	35.47	17.24
铜陵市	Tongling	100.00	100.00	25.80	18.14
池州市	Chizhou	99.77	99.87	26.44	18.97
安庆市	Anqing	97.96	99.26	20.60	15.15
黄山市	Huangshan	99.81	99.39	31.34	17.13
桐城市	Tongcheng	98.67	96.35	27.72	14.02
天长市	Tianchang	100.00	100.00	38.49	16.08
明光市	Mingguang	100.00	94.77	40.13	17.98
界首市	Jieshou	100.00	91.40	23.17	16.73
宁国市	Ningguo	99.20	99.20	32.28	17.04
巢湖市	Chaohu	100.00	97.64	28.08	13.56
潜山市	Qianshan	96.52	81.68	22.88	14.70
无为市	Wuwei	100.00	100.00	13.10	11.15
广德市	Guangde	100.00	99.94	38.80	14.56

10—7 各市城市公共交通情况（2020年）
Basic Statistics on Public Transportation in Cities by Region (2020)

地 区	Region	年末公共汽、电车交通运营数（辆）Number of Bus and Tram Traffic Operations at the end of the year (unit)	公共汽、电车运营线路总长度（公里）Total Length of Bus and Tram Lines (km)	公共汽、电车客运总量（万人次）Total Passenger Volume of Buses and Trams (10000 person-times)	出租汽车（辆）Number of Taxi (unit)
总　计	**Total**	**28331**	**65514.3**	**129560**	**54136**
合肥市	Hefei	8370	13740	39156	11553
淮北市	Huaibei	767	2386	3492	1637
亳州市	Bozhou	1805	2188	4433	2506
宿州市	Suzhou	1368	3561	5136	2588
蚌埠市	Bengbu	1888	3208	9518	3273
阜阳市	Fuyang	1818	2885	9164	3794
淮南市	Huainan	1203	1657	8151	3433
滁州市	Chuzhou	1772	6344	10219	3152
六安市	Luan	2197	7813	8043	3966
马鞍山市	Maanshan	853	1410	4442	3283
芜湖市	Wuhu	1860	4074	8681	5214
宣城市	Xuancheng	1353	5540	4220	1919
铜陵市	Tongling	966	3157	5904	2017
池州市	Chizhou	484	3723	2298	1054
安庆市	Anqing	1407	2766	5988	3910
黄山市	Huangshan	220	1062	716	837

10—8 各市城市绿地和园林（2020年）

Basic Statistics on Parks and Green Areas in Cities by Region (2020)

地区 Region		绿化覆盖面积（公顷）Green Areas (hectare)	建成区 Completed Area	绿地面积（公顷）Green Land Area (hectare)	公园绿地面积（公顷）Park Green Areas (hectare)	人均公园绿地面积（平方米）Park Green Areas (sq.m)	公园（个）Number of Parks (unit)	建成区绿地率（%）Per Capita ParkGreen Areas (%)	建成区绿化覆盖率（%）Green Covered Area as % of Completed Area (%)
总计	**Total**	**135493**	**101232**	**119533**	**26520**	**14.88**	**588**	**38.49**	**42.01**
合肥市	Hefei	23851	21102	20271	6020	12.67	74	38.75	41.99
淮北市	Huaibei	4729	4063	4781	1349	18.48	17	44.03	45.25
亳州市	Bozhou	4589	2951	4085	695	18.06	28	34.53	39.89
宿州市	Suzhou	4385	3600	3340	879	14.84	39	35.56	39.67
蚌埠市	Bengbu	7438	6588	6038	1435	14.63	17	38.94	43.06
阜阳市	Fuyang	7414	6035	6814	1944	17.73	32	35.92	39.54
淮南市	Huainan	6621	4887	5193	1669	13.79	14	37.23	39.81
滁州市	Chuzhou	5900	4392	5293	1133	19.31	28	39.59	42.30
六安市	Luan	4340	3526	3466	993	16.34	25	39.33	43.80
马鞍山市	Maanshan	6726	4698	6355	1158	15.35	15	43.73	46.28
芜湖市	Wuhu	11186	10233	9870	2514	12.99	42	36.50	41.01
宣城市	Xuancheng	4538	2732	4259	624	17.24	19	37.86	42.02
铜陵市	Tongling	7420	3706	6981	995	18.14	19	43.80	45.57
池州市	Chizhou	2249	1912	1857	589	18.97	10	40.45	46.13
安庆市	Anqing	6353	6122	6199	1168	15.15	14	37.51	39.49
黄山市	Huangshan	14624	3410	13498	620	17.13	30	39.67	48.03
桐城市	Tongcheng	1085	1050	965	242	14.02	9	34.15	37.25
天长市	Tianchang	1230	1196	1125	315	16.08	12	35.60	38.90
明光市	Mingguang	1295	1250	1153	330	17.98	20	37.12	41.68
界首市	Jieshou	1681	1065	1080	344	16.73	10	36.00	39.80
宁国市	Ningguo	1404	1334	1214	319	17.04	25	36.35	41.16
巢湖市	Chaohu	2230	2160	2156	500	13.56	49	43.88	45.00
潜山市	Qianshan	925	786	837	173	14.70	7	35.26	37.87
无为市	Wuwei	1442	1110	1068	266	11.15	7	40.96	44.02
广德市	Guangde	1840	1326	1636	245	14.56	26	36.37	39.77

10—9 各市城市燃气情况（2020年）

Basic Statistics on Supply of Gas in Cities by Region (2020)

地 区 Region	管道长度(公里) Length of Gas Pipelines (km)		全年供气总量 Volume of Gas Supply		用气人口(万人) Population with Access to Gas (10000 persons)	
	液化石油气 Liquefied Petroleum Gas	天然气 Natural Gas	液化石油气(吨) Liquefied Petroleum Gas (ton)	天然气(万立方米) Natural Gas (10000 cu.m)	液化石油气 Liquefied Petroleum Gas	天然气 Natural Gas
总 计 Total	**243.2**	**32274.4**	**157718.7**	**414417.0**	**156.2**	**1612.6**
合 肥 市 Hefei		6665.4	39000.0	114772.0	11.5	463.3
淮 北 市 Huaibei		1837.1	4850.0	13932.0	9.5	63.5
亳 州 市 Bozhou		2121.0	6595.0	7679.0	7.6	30.8
宿 州 市 Suzhou		1007.9	5414.0	8681.5	6.4	52.9
蚌 埠 市 Bengbu	13.0	2437.9	1723.0	31954.7	5.9	92.2
阜 阳 市 Fuyang		985.4	16060.0	13843.3	15.0	90.1
淮 南 市 Huainan		1532.1	7050.0	17175.8	11.3	109.7
滁 州 市 Chuzhou		1547.6	1900.0	32943.6	1.4	57.3
六 安 市 Luan		790.5	279.2	14286.0	0.2	59.8
马鞍山市 Maanshan		1325.0		30209.0		75.5
芜 湖 市 Wuhu	2.1	4132.3	25341.6	44618.8	17.1	176.5
宣 城 市 Xuancheng		685.4	2950.0	10296.8	8.0	27.9
铜 陵 市 Tongling		1149.3	2900.0	22784.7	0.5	54.4
池 州 市 Chizhou		877.7	2426.0	4884.9	2.7	28.3
安 庆 市 Anqing		977.2	10950.0	10740.6		76.5
黄 山 市 Huangshan	153.5	657.8	7415.0	3065.2	21.8	14.1
桐 城 市 Tongcheng	33.0	417.7	6345.5	1900.0	6.1	10.6
天 长 市 Tianchang		472.3	960.0	2525.9	1.9	17.7
明 光 市 Mingguang		339.7	3000.0	1756.6	3.3	14.1
界 首 市 Jieshou		529.9	2100.0	1554.0	5.9	12.9
宁 国 市 Ningguo	40.0	234.8	3491.4	4089.6	5.2	13.4
巢 湖 市 Chaohu		1002.6	585.0	10586.9	0.6	35.4
潜 山 市 Qianshan		136.5	1600.0	1094.7	3.1	6.6
无 为 市 Wuwei		251.9	2914.0	2350.0	5.5	18.4
广 德 市 Guangde	1.3	159.3	1869.0	6691.5	5.8	11.0

10—10 城市供水用水情况
Water Supply and Water Use of Cities

年份 Year	综合生产能力(万立方米/日) Integrated Production Capacity (10000 cu.m/day)	地下水 Ground Water	供水总量(万立方米) Water Supply (10000 cu.m)	用水总量(万立方米) Water Use (10000 cu.m) #生产运营用水 Water Used for Business	公共服务用水 Water Used for Public Services	居民家庭用水 Water Used for Residents	其他用水 Other Water	人均日生活用水量(升) Per Capita Water Use (liter)
2005	1032.7	156.5	206386	123285	23231	49728	10142	195.69
2006	1026.0	145.7	220174	102877	28373	57515	6778	237.84
2007	999.2	109.3	207574	116823	20918	48145	3780	180.40
2008	1728.7	109.4	195543	101119	19353	50323	3596	174.71
2009	2080.6	92.9	162243	67362	18656	49072	4248	160.96
2010	1992.8	99.2	160816	62871	19191	50889	5155	160.83
2011	820.2	103.2	158039	51387	18921	56014	5899	169.00
2012	1029.4	114.6	156888	47010	19443	59439	4406	165.45
2013	1074.0	98.8	161140	49071	20859	61328	5257	166.15
2014	1074.8	99.6	167781	49957	21627	64145	5217	166.72
2015	1094.8	98.5	174263	50110	22194	68319	4266	168.90
2016	1111.6	114.0	186543	51844	22167	76631	4677	180.19
2017	906.3	111.6	189892	52447	25090	79978	3642	188.11
2018	896.6	94.0	200824	54497	25438	86209	3561	190.68
2019	997.7	97.2	226762	66598	28072	91240	6830	194.49
2020	1079.0	95.0	238126	70811	28698	99121	7071	197.37

10—11 各市城市供水用水情况（2020年）
Water Supply and Water Use of Cities by Region (2020)

地　区 Region	综合生产能力 (万立方米/日) Integrated Production Capacity (10000 cu.m/day)	地下水 Ground Water	供水总量 (万立方米) Water Supply (10000 cu.m)	用水总量(万立方米) Water Use (10000 cu.m) #生产运营用水 Water Used for Business	公共服务用水 Water Used for Public Services	居民家庭用水 Water Used for Residents	其他用水 Other Water	人均日生活用水量 (升) Per Capita Water Use (liter)
总　计 Total	**1079.0**	**95.0**	**238126**	**70811**	**28698**	**99121**	**7071**	**197.37**
合肥市 Hefei	241.5		62919	11897	11333	30912		243.82
淮北市 Huaibei	37.9	37.9	6464	1901	543	3013	84	133.45
亳州市 Bozhou	33.9	13.9	5989	1638	464	2383	397	202.59
宿州市 Suzhou	21.9	16.6	6115	1607	401	3328		172.40
蚌埠市 Bengbu	78.0	0.4	19459	7899	3239	6491	34	271.73
阜阳市 Fuyang	38.3	9.9	9991	3458	598	5000	13	145.30
淮南市 Huainan	45.7	5.9	11580	1742	2647	5338	73	180.79
滁州市 Chuzhou	41.5		8694	3034	697	2805	412	163.45
六安市 Luan	28.5		8619	616	1521	3964	329	247.69
马鞍山市 Maanshan	114.0		14201	7228	1120	3990	630	185.55
芜湖市 Wuhu	105.6		24653	5735	2363	10131	1945	177.22
宣城市 Xuancheng	20.8	0.1	4849	1350	307	2311	108	198.66
铜陵市 Tongling	86.6	0.3	11323	4507	359	4013	1233	218.34
池州市 Chizhou	16.0		3492	1156	65	1802	95	165.64
安庆市 Anqing	51.6	0.1	13843	7454	822	3532	800	158.00
黄山市 Huangshan	19.5		4590	1311	321	2060	63	182.96
桐城市 Tongcheng	10.5		1850	408	226	983		194.29
天长市 Tianchang	7.7	2.7	2746	1075	249	777	373	143.80
明光市 Mingguang	7.5	0.6	1896	293	167	949	312	166.76
界首市 Jieshou	6.6	6.6	1357	346	113	820	27	124.08
宁国市 Ningguo	13.0		1826	723	17	796		119.91
巢湖市 Chaohu	22.0		5205	3029	285	1422	42	126.84
潜山市 Qianshan	7.5		1237	410	37	676		171.53
无为市 Wuwei	12.0		2697	954	315	889	82	138.13
广德市 Guangde	11.0		2529	1040	491	736	20	199.85

10—12 各市城市污水排放和处理情况（2020年）
City Sewage Emission and Processing by Region (2020)

单位：万立方米（10000 cu.m）

地 区	Region	城市污水排放量 City Sewage discharge	城市污水处理总量 Total of Sewage Processing	污水处理厂处理量 Processing Amount of Sewage Processing Plant	其他污水处理量 Processing Amount of Others	城市污水处理率(%) Rate of City Sewage Treatment (%)	城市污水处理厂集中处理率(%) Central Processing Rate of Sewage Treatment Plant (%)
总　计	**Total**	**208669**	**203300**	**199819**	**3482**	**97.43**	**95.76**
合肥市	Hefei	56627	55356	53807	1549	97.75	95.02
淮北市	Huaibei	5623	5490	5490		97.63	97.63
亳州市	Bozhou	7601	7449	7449		97.99	97.99
宿州市	Suzhou	5648	5444	5444		96.38	96.38
蚌埠市	Bengbu	13948	13671	13253	418	98.01	95.02
阜阳市	Fuyang	8991	8796	8796		97.83	97.83
淮南市	Huainan	9264	9104	8801	303	98.27	95.00
滁州市	Chuzhou	11146	10829	10815	14	97.15	97.03
六安市	Luan	6827	6722	6506	216	98.46	95.30
马鞍山市	Maanshan	11295	11085	10735	350	98.14	95.04
芜湖市	Wuhu	20931	20241	19917	324	96.70	95.15
宣城市	Xuancheng	3880	3739	3701	38	96.38	95.40
铜陵市	Tongling	9296	8896	8896		95.69	95.69
池州市	Chizhou	3854	3735	3735		96.92	96.92
安庆市	Anqing	10092	9899	9697	202	98.09	96.09
黄山市	Huangshan	4272	4104	4104		96.08	96.08
桐城市	Tongcheng	1480	1451	1419	32	98.06	95.90
天长市	Tianchang	2847	2785	2785		97.82	97.82
明光市	Mingguang	2562	2498	2486	12	97.50	97.03
界首市	Jieshou	1287	1250	1225	25	97.15	95.19
宁国市	Ningguo	1308	1243	1243		95.01	95.01
巢湖市	Chaohu	4441	4308	4308		97.00	97.00
潜山市	Qianshan	1245	1195	1195		96.00	96.00
无为市	Wuwei	2374	2255	2255		95.00	95.00
广德市	Guangde	1829	1756	1756		96.04	96.04

10—13 各市城市市容环境卫生情况（2020年）
Basic Statistics on Urban Sanitation in Cities by Region (2020)

地 区	Region	道路清扫保洁面积（万平方米） Road Cleaning Area (10000 sq.m)	生活垃圾清运量（万吨） Volume of Garbage Disposal (10000 tons)	生活垃圾无害化处理量（万吨） Volume of Garbage hazard-free Disposal (10000 tons)	生活垃圾无害化处理率（%） Living Refuse Treatment Rate (%)	市容环卫专用车辆设备总数（台） Number of Special Vehicles for Environmental Sanitation (unit)	公共厕所（座） Number of Public Lavatories (unit)
总 计	**Total**	**42841**	**660.70**	**660.70**	**100.00**	**10354**	**4769**
合 肥 市	Hefei	8149	173.21	173.21	100.00	1472	251
淮 北 市	Huaibei	1132	29.47	29.47	100.00	1242	114
亳 州 市	Bozhou	2345	29.63	29.63	100.00	338	326
宿 州 市	Suzhou	1899	19.67	19.67	100.00	126	222
蚌 埠 市	Bengbu	2610	38.29	38.29	100.00	785	403
阜 阳 市	Fuyang	3052	37.34	37.34	100.00	704	268
淮 南 市	Huainan	2916	36.47	36.47	100.00	405	459
滁 州 市	Chuzhou	1865	21.53	21.53	100.00	527	161
六 安 市	Luan	1483	25.25	25.25	100.00	267	316
马鞍山市	Maanshan	1740	31.79	31.79	100.00	212	141
芜 湖 市	Wuhu	3886	69.71	69.71	100.00	434	532
宣 城 市	Xuancheng	1041	13.07	13.07	100.00	140	240
铜 陵 市	Tongling	1981	22.19	22.19	100.00	420	230
池 州 市	Chizhou	720	10.45	10.45	100.00	97	137
安 庆 市	Anqing	1727	25.98	25.98	100.00	851	284
黄 山 市	Huangshan	880	13.16	13.16	100.00	396	76
桐 城 市	Tongcheng	351	7.26	7.26	100.00	142	26
天 长 市	Tianchang	730	7.98	7.98	100.00	47	135
明 光 市	Mingguang	953	6.97	6.97	100.00	95	56
界 首 市	Jieshou	440	6.95	6.95	100.00	65	82
宁 国 市	Ningguo	930	6.23	6.23	100.00	275	96
巢 湖 市	Chaohu	822	10.76	10.76	100.00	667	77
潜 山 市	Qianshan	452	4.32	4.32	100.00	90	41
无 为 市	Wuwei	463	7.00	7.00	100.00	49	46
广 德 市	Guangde	275	6.04	6.04	100.00	508	50

主要统计指标解释

供水管道长度

指从送水泵至用户水表之间所有管道的长度。不包括新安装尚未使用、水厂内以及用户建筑物内的管道。

供水总量

指报告期供水企业（单位）供出的全部水量。包括有效供水量和漏损水量。

公共服务用水

指为城区社会公共生活服务的用水。包括行政事业单位、部队营区和公共设施服务、社会服务业、批发零售贸易业、旅馆饮食业以及社会服务业等单位的用水。

居民家庭用水

居民家庭用水指城市范围内所有居民家庭的日常生活用水。包括城市居民、农民家庭、公共供水站用水。

用水普及率

指报告期末城区内用水人口与总人口的比率。计算公式：

用水普及率=城区用水人口／（城区人口+城区暂住人口）×100%

供气总量

指报告期燃气企业（单位）向用户供应的燃气数量。包括销售量和损失量。

燃气普及率

指报告期城区内使用燃气的人口与总人口的比率。计算公式：

燃气普及率=城区用气人口／（城区人口+城区暂住人口）×100%

排水管道长度

指所有排水总管、干管、支管、检查井及连接井进出口等长度之和。

公园绿地

城市中向公众开放的、以游憩为主要功能，有一定的游憩设施和服务设施，同时兼有健全生态、美化景观、防灾减灾等综合作用的绿化用地。

公园面积

指报告期末综合公园、专类公园和带状公园的全部占地总面积。

Explanatory Notes for Major Statistical Indicators

Length of Water Supply Pipelines

refers to the total length of all the pipelines between the water pumps and the user water meters, excluding pipelines newly installed but not used yet, and in water plant, user building's pipeline as well as.

Volume of Water Supply

refers to the total volume of water supplied by water-works (units) during the reference period, including both the effective water supply and loss during the water supply.

Consumption of Water for Public Service

refers to the water consumption of urban society public service, including the consumption of government agencies and public institutions, military barracks, public facilities, wholesale and retail outlets, restaurants, hotels, and other units providing public services.

Consumption of Water for Residential Use

refers to the consumption of water for daily life of all households in the boundary of cities, including households of urban residents and farmers, and public water supply stations.

Percentage of Urban Population with Access to Tap Water

refers to the ratio of the urban population with access to tap water to the total urban population. The formula is:

Percentage of population with access to tap water=(Urban population with access to tap water) / (Urban population)×100%

Volume of Gas Supply

refers to the total volume of gas provided to users by gas-producing enterprises (units) in a year, including the volume sold and the volume lost.

Percentage of Urban Population with Access to Gas

population of urban areas using gas during the reference period and the ratio of the total population. Formula:

Percentage of population with access to gas = (Urban population with access to gas / Urban population) x 100%

Length of Urban Sewage Pipes

refers to the total length of general drainage, trunks. branch and inspection wells, connection wells, inlets and outlets, etc.

Park Green Area

refers to green areas open to the public for amusement and rest with the facilities of amusement, rest and services. Its function includes perfecting ecology, beautifying landscape, and preventing and reducing disaster.

Park Area

Total areas of including comprehensive park, community park, topic park, belt-shaped park.

第十一篇

Chapter 11

NATURAL RESOURCES AND ENVIRONMENT PROTECTION

简要说明

一、自然状况包括地域、气象状况。自然资源包括土地、气候、林木、水资源。

1. 林木资料来自省林业局；

2. 水资源资料由省水利厅和省水文局提供；

3. 气象资料由省气象中心整理提供。

二、环境保护统计资料由省生态环境厅提供，统计资料依据国家生态环境部制定的环境统计报表制度，由各市的环境统计年报汇总整理而成，主要包括“三废”排放与处理，反映各工业行业有关“三废”排放与处理的情况。

Brief Introduction

I. Natural conditions cover region and meteorological conditions. Natural resources cover land, climate, forest and water resources.

1. Forest data from the provincial Forestry Bureau;

2. Data on water conservancy are provided by the Water Conservancy Department and the Marine Products Bureau of Anhui Province.

3. The meteorological data are provided by the Provincial Meteorological Center.

II. Statistical data of environmental protection are provided by the Provincial Department of Ecology and Environment. According to the environmental statistical statement system formulated by the Ministry of Ecology and Environment of The People's Republic of China, the statistical data are summarized and sorted out from the environmental statistical annual reports of various cities, mainly including the discharge and treatment of "three wastes" and reflecting the discharge and treatment of "three wastes" in various industries.

11—1 自然状况
Natural Conditions

项　目		Item		2020
区　域		**Climate**		
土地总面积	（平方公里）	Total Land Area	(sq.km)	140140
山　区		Mountain		41162
平　原		Plain		34608
丘　陵		Hills		40448
圩　区		Low-lying Paddy Fields		12097
湖泊洼地		Lakes and Low-lying Lands		11122
山峰高程	**（米）**	**Height of Mountain Peak**	**(m)**	
大别山		DaBie Shan		1729.0
黄　山		Huang Shan		1864.8
九华山		JiuHua Shan		1344.4
天柱山		TianZhu Shan		1489.8
河流长度(安徽境内)	**（公里）**	**Length（Within the territory of Anhui Province）**	**(km)**	
淮　河		Huaihe River		430
长　江		Changjiang River		416
新安江		Xin An Jiang River		240
湖泊面积		**Area of Lakes**		
巢　湖	（平方公里）	ChaoHu Lake	(sq.km)	800
气　候		**Climate**		
年平均气温	（摄氏度）	Annual Average Temperature	(℃)	
淮北地区		HuaiBei Area		16.2
江淮地区		JiangHuai Area		16.6
沿江地区		Along Chang Jiang River		17.4
江南地区		Lying South of Chang Jiang		16.9
降水量	（毫米）	Precipitation	(mm)	1665.6
淮河流域		Huaihe River Basin		1289.7
淮河上游区		The Upper Reaches of Huaihe River		1137.8
淮河中游区		The Middle Reaches of Huaihe River		1294.2
淮河下游区		The Lower Reaches of Huaihe River		1229.9
沂沭泗河		Yishusi River		913.3
长江流域		Changjiang River Basin		1960.7
湖口以下干流		Main Rivers Below Hukou		1932.7
鄱阳湖水系		River System of Poyang Lake		2605.0
太湖水系		River System of Taihu Lake		1733.3
东南诸河		South-eastern Rivers		2510.4
钱塘江		Qiantang Jiang River		2510.4

11—2 自然资源
Natural Resources

项　　目		Item		2019	2020
林木资源		**Forest Resources**			
人工造林面积	（千公顷）	Artificial Afforestation Area	(1000 hectares)	51.26	59.64
森林覆盖率	（%）	Forest-cover Rate	(%)	28.65	
水资源		**Water Resources**			
水资源总量	（亿立方米）	Total Resources	(100 million cu.m)	539.87	1280.41
淮河流域		Huaihe River Basin		130.32	393.87
淮河上游区		The Upper Reaches of Huaihe River		0.66	1.79
淮河中游区		The Middle Reaches of Huaihe River		125.27	377.61
淮河下游区		The Lower Reaches of Huaihe River		3.87	13.74
沂沭泗河		Yishusi River		0.53	0.73
长江流域		Changjiang River Basin		334.61	783.14
湖口以下干流		Main Rivers Below Hukou		307.68	734.97
鄱阳湖水系		River System of Poyang Lake		25.46	46.06
太湖水系		River System of Taihu Lake		1.47	2.11
东南诸河		South-eastern Rivers		74.94	103.40
钱塘江		Qiantang River		74.94	103.40
天然年径流量	（亿立方米）	Natural Annual Flow	(100 million cu.m)	482.10	1193.72
淮河流域		Huaihe River Basin		90.14	333.82
淮河上游区		The Upper Reaches of Huaihe River		0.30	1.26
淮河中游区		The Middle Reaches of Huaihe River		87.21	320.78
淮河下游区		The Lower Reaches of Huaihe River		2.43	11.45
沂沭泗河		Yishusi River		0.20	0.33
长江流域		Changjiang River Basin		317.02	756.50
湖口以下干流		Main Rivers Below Hukou		290.09	708.33
鄱阳湖水系		River System of Poyang Lake		25.46	46.06
太湖水系		River System of Taihu Lake		1.47	2.11
东南诸河		South-eastern Rivers		74.94	103.40
钱塘江		Qiantang River		74.94	103.40
地下水天然补给资源量	（亿立方米）	Natural Supply of Ground Water	(100 million cu.m)	144.85	228.60
淮河流域		Huaihe River Basin		61.14	101.06
长江流域		Changjiang River Basin		71.44	111.64
新安江流域		Xinanjiang River Basin		12.27	15.90
淡水面积	（千公顷）	Freshwater Area	(1000 hectares)		
#养殖面积		Cultivated Area		483.01	478.55
主要矿产保有总资源量		**Total Resources of Major Minerals**			
煤　炭	（亿吨）	Coal	(100 million tons)	118.93	341.30
铁　矿	（矿石，亿吨）	Iron	(Ore, 100 million tons)	21.54	53.80
铜　矿	（铜，万吨）	Copper	(Metal, 10000 tons)	210.98	689.14
钼　矿	（钼，万吨）	Molybdenum	(Metal, 10000 tons)	128.48	279.07
硫铁矿	（矿石，亿吨）	Pyrite Ore	(Ore, 100 million tons)	2.69	7.93
水泥用灰岩	（矿石，亿吨）	Limestone for cement	(Ore, 100 million tons)	40.87	131.78
玻璃用石英岩	（矿石，亿吨）	Limestone for glass	(Ore, 100 million tons)	4.10	9.73
石　膏	（矿石，亿吨）	Gypsum	(Ore, 100 million tons)	37.99	122.10
方解石	（矿石，亿吨）	Calcite	(Ore, 100 million tons)	1.63	4.08

注：依据《固体矿产资源储量分类》（GB/T 17766—2020）的新分类要求，总资源量不再区分基础储量和资源量，按照探明资源量、控制资源量和推断资源量划分。因此，2020年统计的数据为矿种的保有总资源量。2019年数据为基础储量。

a) According to the new classification requirements of Solid Mineral Resources Reserves Classification (GB/T 17766-2020), the total resources are divided into proved resources, controlled resources and inferred resources instead of basic reserves. Therefore, the statistical data in 2020 is the total reserves of mineral species. The 2019 data are the base reserves.

11—3 主要城市平均气温（2020年）
Monthly Average Temperature in Major Cities (2020)

单位：摄氏度（℃）

城 市 City	1月 Jan.	2月 Feb.	3月 Mar.	4月 Apr.	5月 May.	6月 June	7月 July	8月 Aug.	9月 Sept.	10月 Oct.	11月 Nov.	12月 Dec.	年平均 Annual Average
合 肥 市 Hefei	3.4	7.4	11.7	15.4	22.9	25.4	25.0	28.9	23.1	16.3	11.5	3.5	16.2
淮 北 市 Huaibei	2.8	6.4	11.1	15.3	22.7	26.3	25.6	28.7	23.9	15.9	10.5	2.1	15.9
亳 州 市 Bozhou	3.1	7.3	11.8	16.1	23.5	26.5	25.8	29.0	24.3	16.3	11.1	2.8	16.5
宿 州 市 Suzhou	3.0	5.8	10.2	14.2	22.2	25.9	25.2	28.2	23.0	15.8	10.3	1.6	15.5
蚌 埠 市 Bengbu	3.7	7.2	11.5	15.4	23.1	26.1	25.2	28.9	23.6	16.4	11.2	2.9	16.3
阜 阳 市 Fuyang	3.4	7.6	11.9	15.8	23.7	26.2	25.3	29.1	23.8	16.4	11.4	2.9	16.5
淮 南 市 Huainan	3.5	7.5	11.7	15.4	22.8	25.7	24.8	28.6	23.6	16.6	11.7	3.6	16.3
滁 州 市 Chuzhou	4.0	7.3	11.8	15.1	22.7	25.5	25.1	29.0	23.0	16.3	11.4	3.0	16.2
六 安 市 Luan	3.6	8.3	12.4	16.5	23.4	25.4	24.8	29.1	23.5	16.8	12.4	4.6	16.7
马鞍山市 Maanshan	4.7	8.5	12.3	16.1	22.8	25.2	24.8	29.6	23.8	17.6	13.3	5.0	17.0
芜 湖 市 Wuhu	5.8	8.9	13.3	17.1	24.2	26.8	26.4	31.3	24.6	17.8	13.4	4.9	17.9
宣 城 市 Xuancheng	5.3	8.3	12.5	16.2	23.2	25.8	25.6	30.3	23.4	17.9	13.3	5.2	17.3
铜 陵 市 Tongling	5.1	8.5	12.9	16.7	24.1	26.5	26.0	30.7	23.9	18.1	13.3	5.5	17.6
池 州 市 Chizhou	4.9	8.1	12.7	16.3	23.3	26.4	25.9	29.6	22.8	17.6	12.9	5.3	17.2
安 庆 市 Anqing	4.7	8.9	12.8	16.7	23.4	26.2	25.9	29.6	23.1	17.6	13.1	5.2	17.3
黄 山 市 Huangshan	6.7	9.3	13.1	16.4	23.2	26.1	27.2	29.8	22.5	18.5	14.0	6.7	17.8

11—4 主要城市降水量（2020年）
Monthly Precipitation in Major Cities (2020)

单位：毫米（millimeters）

城 市 City	1月 Jan.	2月 Feb.	3月 Mar.	4月 Apr.	5月 May.	6月 June	7月 July	8月 Aug.	9月 Sept.	10月 Oct.	11月 Nov.	12月 Dec.	全 年 Annual Total
合 肥 市 Hefei	102.5	44.5	112.0	19.8	45.2	369.6	529.9	90.7	64.7	62.8	61.9	19.4	1523.0
淮 北 市 Huaibei	75.1	30.9	28.1	16.6	30.7	304.7	375.5	68.5	9.9	8.1	37.9	6.7	992.7
亳 州 市 Bozhou	67.7	22.6	17.2	21.9	41.2	187.5	368.4	60.6	18.4	20.1	76.9	6.0	908.5
宿 州 市 Suzhou	92.3	36.7	20.9	14.2	19.3	298.3	285.1	61.1	24.5	17.8	39.8	9.7	919.7
蚌 埠 市 Bengbu	105.5	46.9	61.9	13.8	27.2	216.8	295.3	185.4	45.0	28.7	58.3	16.5	1101.3
阜 阳 市 Fuyang	111.4	34.8	42.2	18.1	20.5	271.9	290.1	96.6	42.4	32.1	78.7	9.0	1047.8
淮 南 市 Huainan	120.0	52.1	70.2	10.0	21.2	381.8	361.4	97.9	26.9	52.0	54.8	18.8	1267.1
滁 州 市 Chuzhou	100.6	41.9	86.4	26.4	77.6	290.7	335.0	204.6	37.5	48.2	53.3	21.0	1323.2
六 安 市 Luan	135.8	49.2	123.9	31.9	62.1	499.8	753.3	105.2	77.0	96.7	75.7	26.3	2036.9
马鞍山市 Maanshan	90.3	44.8	118.3	54.1	48.9	570.3	294.0	41.3	99.3	79.6	78.9	23.5	1543.3
芜 湖 市 Wuhu	109.4	52.6	98.8	71.7	63.6	394.6	422.3	22.8	112.7	122.5	77.1	16.9	1565.0
宣 城 市 Xuancheng	150.3	88.4	160.7	68.4	70.1	423.8	561.3	43.7	146.7	72.0	66.4	23.6	1875.4
铜 陵 市 Tongling	134.0	62.4	128.4	63.7	81.8	337.5	681.3	53.8	195.4	108.4	61.2	22.1	1930.0
池 州 市 Chizhou	178.3	83.6	171.9	88.5	117.5	359.7	541.5	127.6	215.0	91.3	71.1	19.2	2065.2
安 庆 市 Anqing	144.8	70.4	184.6	68.0	147.7	375.1	676.6	101.3	196.4	89.0	69.0	13.8	2136.7
黄 山 市 Huangshan	219.8	95.2	203.6	101.0	243.6	667.3	557.6	25.4	247.4	40.3	35.2	20.5	2456.9

11—5 各市全年降水量（2020年）
Total Precipitation by Region (2020)

地 区	Region	年降水量 Precipitation 毫 米 0.001(m)	亿立方米 (100 million cu.m)	多年平均降水量（亿立方米） Average Precipitation in Many Years (100 million cu.m)	与上年比较 Compared With Last Year (±%)	与多年平均比较 Compared With The Average Precipitation of Many Years (±%)
总 计	**Total**	**1665.6**	**2323.1**	**1636.3**	**78.0**	**42.0**
合 肥 市	Hefei	1639.9	184.4	115.1	135.4	60.2
淮 北 市	Huaibei	952.7	26.0	23.0	55.7	12.9
亳 州 市	Bozhou	1005.9	84.2	69.1	77.5	21.9
宿 州 市	Suzhou	978.9	96.5	82.6	65.0	16.8
蚌 埠 市	Bengbu	948.9	57.1	52.7	54.3	8.3
阜 阳 市	Fuyang	1133.3	111.7	87.1	105.3	28.2
淮 南 市	Huainan	1275.2	71.4	50.7	127.5	40.8
滁 州 市	Chuzhou	1236.2	164.8	127.4	102.1	29.4
六 安 市	Luan	2058.9	318.3	190.4	132.9	67.1
马鞍山市	Maanshan	1490.6	58.0	41.4	91.9	40.3
芜 湖 市	Wuhu	1833.8	109.4	72.8	87.6	50.3
宣 城 市	Xuancheng	1935.8	238.9	178.6	26.5	33.8
铜 陵 市	Tongling	1930.2	56.4	39.3	76.0	43.3
池 州 市	Chizhou	2260.4	190.5	135.6	63.7	40.5
安 庆 市	Anqing	2251.4	307.5	191.8	95.9	60.3
黄 山 市	Huangshan	2525.8	248.3	178.8	37.5	38.9

11—6 流域分区全年降水量（2020年）
Total Precipitation by Area of Rivers (2020

流域分区 River Area	年降水量 Precipitation 毫 米 0.001(m)	亿立方米 (100 million cu.m)	多年平均降水量（亿立方米） Average Precipitation in Many Years (100 million cu.m)	与上年比较 Compared With Last Year (±%)	与多年平均比较 Compared With The Average Precipitation of Many Years (±%)
总 计 Total	**1665.6**	**2323.1**	**1636.3**	**78.0**	**42.0**
淮河流域 Huaihe River Basin	1289.7	859.3	628.4	101.3	36.7
淮河上游区 The Upper Reaches of Huaihe River	1137.8	4.2	3.5	109.5	19.6
淮河中游区 The Middle Reaches of Huaihe River	1294.2	828.5	602.7	101.8	37.5
淮河下游区 The Lower Reaches of Huaihe River	1229.9	23.9	20.0	91.6	19.3
沂沭泗河 Yishusi River	913.3	2.7	2.2	39.1	22.9
长江流域 Changjiang River Basin	1960.7	1302.1	892.8	72.4	45.9
湖口以下干流 Main Rivers Below Hukou	1932.7	1224.4	840.8	73.7	45.6
鄱阳湖水系 River System of Poyang Lake	2605.0	73.8	48.9	55.4	51.0
太湖水系 River System of Taihu Lake	1733.3	3.9	3.1	24.2	25.4
东南诸河 South-eastern Rivers	2510.4	161.7	115.2	31.6	40.4
钱塘江 Qiantang River	2510.4	161.7	115.2	31.6	40.4

11—7 各市水资源总量（2020年）

Water Resources by Region (2020)

单位：亿立方米（100 million cu.m）

地 区	Region	天然年径流量 Natural Annual Flow by Region	山丘区地下水资源量 Ground Water Volume of Mountain and Hill Areas	山丘区河川基流量 River Flow of Mountain and Hill Areas	平原区降水入渗补给量 Permeated Precipitation Supply of Plain Areas	平原区降水入渗补给形成的河道排泄量 River Way Drainage Volume Caused by Permeated Precipitation Supply of Plain Areas	地下水资源与地表水资源不重复量 Amount of Non-repeat-calculated Water Between Ground Water and Surface Water	水资源总量 Total Amount of Water Resources by Region
总 计	**Total**	**1193.72**	**121.89**	**120.73**	**100.05**	**14.51**	**86.69**	**1280.41**
合 肥 市	Hefei	87.41	7.39	7.39	1.74		1.74	89.15
淮 北 市	Huaibei	4.67	0.21	0.03	4.42	0.79	3.81	8.48
亳 州 市	Bozhou	18.38			14.58	2.73	11.85	30.23
宿 州 市	Suzhou	20.85	1.22	0.24	16.09	3.98	13.08	33.93
蚌 埠 市	Bengbu	14.66	0.48	0.48	8.20	1.86	6.34	21.00
阜 阳 市	Fuyang	31.35			18.99	3.84	15.15	46.50
淮 南 市	Huainan	26.82	1.58	1.58	4.76	1.31	3.45	30.27
滁 州 市	Chuzhou	67.84	6.82	6.82	3.78		3.78	71.62
六 安 市	Luan	189.40	16.10	16.10	4.33		4.33	193.73
马鞍山市	Maanshan	27.88	1.77	1.77	3.32		3.32	31.20
芜 湖 市	Wuhu	60.13	3.57	3.57	6.23		6.23	66.36
宣 城 市	Xuancheng	145.57	22.90	22.90	1.58		1.58	147.15
铜 陵 市	Tongling	31.60	2.22	2.22	2.60		2.60	34.20
池 州 市	Chizhou	115.75	13.10	13.10	2.72		2.72	118.47
安 庆 市	Anqing	189.53	20.70	20.70	6.71		6.71	196.24
黄 山 市	Huangshan	161.88	23.83	23.83				161.88

11—8 流域分区水资源总量（2020年）
Water Resources by Area of Rivers (2020)

单位：亿立方米（100 million cu.m）

流域分区 River Area	天然年径流量 Natural Annual Flow by Region	山丘区地下水资源量 Ground Water Volume of Mountain and Hill Areas	山丘区河川基流量 River Flow of Mountain and Hill Areas	平原区降水入渗补给量 Permeated Precipitation Supply of Plain Areas	平原区降水入渗补给形成的河道排泄量 River Way Drainage Volume Caused by Permeated Precipitation Supply of Plain Areas	地下水资源与地表水资源不重复量 Amount of Non-repeat-calculated Water Between Ground Water and Surface Water	水资源总量 Total Amount of Water Resources by Region
总　计 Total	**1193.72**	**121.89**	**120.73**	**100.05**	**14.51**	**86.69**	**1280.41**
淮河流域 Huaihe River Basin	333.82	22.12	20.96	73.41	14.51	60.05	393.87
淮河上游区 The Upper Reaches of Huaihe River	1.26			0.70	0.17	0.53	1.79
淮河中游区 The Middle Reaches of Huaihe River	320.78	21.97	20.81	69.97	14.29	56.83	377.61
淮河下游区 The Lower Reaches of Huaihe River	11.45	0.16	0.16	2.29		2.29	13.74
沂沭泗河 Yishusi River	0.33			0.45	0.05	0.40	0.73
长江流域 Changjiang River Basin	756.50	83.87	83.87	26.64		26.64	783.14
湖口以下干流 Main Rivers Below Hukou	708.33	77.23	77.23	26.64		26.64	734.97
鄱阳湖水系 River System of Poyang Lake	46.06	6.38	6.38				46.06
太湖水系 River System of Taihu Lake	2.11	0.26	0.26				2.11
东南诸河 South-eastern Rivers	103.40	15.90	15.90				103.40
钱塘江 Qiantang River	103.40	15.90	15.90				103.40

11—9 主要年份供水和用水情况
Water Supply and Water Use in Rural Area

年 份 Year	供水总量 (亿立方米) Water Supply (100 million cu.m)	地表水 Surface Water	地下水 Ground-water	其 他 Others	用水总量 (亿立方米) Water Use (100 million cu.m)	农 业 Agricul-ture	工 业 Industry	城镇公共 Urban Public	居民生活 Residents Live	生 态 环境补水 Ecological Protection	人均用水量 (立方米/人) Per Capita Water Use (cu.m/ person)
2005	208.03	189.60	17.85	0.58	208.03	116.21	67.72	2.84	19.89	1.37	328.50
2010	292.50	258.54	33.08	0.89	292.50	167.54	94.32	4.91	23.40	2.30	491.60
2012	288.56	253.66	34.01	0.89	288.56	156.67	97.02	7.13	23.96	3.78	481.90
2013	296.02	260.86	33.41	1.75	296.02	165.09	98.43	7.24	24.21	4.05	490.93
2014	272.09	239.93	30.31	1.85	272.09	142.83	92.71	7.40	24.50	4.65	447.30
2015	288.66	253.88	32.49	2.29	288.66	157.50	93.51	7.87	24.88	4.90	472.20
2016	290.65	256.10	32.02	2.53	290.65	158.60	93.09	8.29	25.08	5.59	471.10
2017	290.30	256.53	30.80	2.97	290.30	158.15	92.22	8.52	25.24	6.17	464.12
2018	285.81	251.47	29.82	4.51	285.81	153.99	91.05	8.74	25.36	6.67	452.00
2019	277.72	244.07	29.09	4.56	277.72	137.55	85.16	8.68	25.99	7.73	436.26
2020	268.30	233.83	28.68	5.79	268.30	144.51	80.37	8.23	26.89	8.30	430.40

11—10 各市供水和用水情况（2020年）
Water Supply and Water Use by Region (2020)

地 区 Region	供水总量 (亿立方米) Water Supply (100 million cu.m)	地表水 Surface Water	地下水 Ground-water	其 他 Others	用水总量 (亿立方米) Water Use (100 million cu.m)	农 业 Agricul-ture	工 业 Industry	城镇公共 Urban Public	居民生活 Residents Live	生 态 环境补水 Ecological Protection	人均用水量 (立方米/人) Per Capita Water Use (cu.m/ person)
合 肥 市 Hefei	30.95	29.19	0.07	1.69	30.95	17.69	4.59	2.33	4.51	1.83	352.5
淮 北 市 Huaibei	3.90	0.92	2.50	0.48	3.90	1.49	1.21	0.11	0.95	0.14	184.0
亳 州 市 Bozhou	10.22	2.98	6.93	0.31	10.22	5.91	1.88	0.28	1.76	0.39	199.3
宿 州 市 Suzhou	9.75	1.71	7.80	0.24	9.75	4.91	1.97	0.34	2.19	0.34	176.9
蚌 埠 市 Bengbu	13.89	11.14	2.66	0.09	13.89	9.51	1.90	0.52	1.43	0.53	414.2
阜 阳 市 Fuyang	17.79	10.00	7.42	0.37	17.79	11.02	3.11	0.42	2.62	0.62	216.2
淮 南 市 Huainan	19.98	18.66	0.73	0.59	19.98	10.47	6.94	0.60	1.46	0.51	612.4
滁 州 市 Chuzhou	21.57	20.75	0.40	0.42	21.57	15.65	2.66	0.39	1.86	1.01	530.5
六 安 市 Luan	22.26	21.75	0.08	0.43	22.26	17.23	1.94	0.47	1.93	0.69	480.5
马鞍山市 Maanshan	26.56	25.91		0.65	26.56	8.22	16.39	0.39	1.27	0.29	1175.0
芜 湖 市 Wuhu	29.80	29.71	0.03	0.06	29.80	9.78	17.36	0.69	1.48	0.49	803.1
宣 城 市 Xuancheng	13.61	13.53	0.03	0.05	13.61	9.49	1.84	0.44	1.31	0.53	527.1
铜 陵 市 Tongling	11.58	11.46		0.12	11.58	3.17	7.30	0.23	0.75	0.13	784.2
池 州 市 Chizhou	9.62	9.55		0.07	9.62	4.35	3.89	0.27	0.70	0.41	680.2
安 庆 市 Anqing	22.37	22.15	0.01	0.21	22.37	12.87	6.94	0.31	2.00	0.25	503.4
黄 山 市 Huangshan	4.45	4.42	0.02	0.01	4.45	2.75	0.45	0.44	0.67	0.14	323.5

11—11 环境综合整治
Environmental Improvement

指　　标	Item	2019	2020
环境质量	**Environment Quality**		
空气中颗粒物（粒径小于等于10μm）年均值（微克/立方米）	Annual Mean Value of Airborne Particulate Matter (particle size less than or equal to 10μm) (MCG/cu.m)	72	61
空气中颗粒物（粒径小于等于2.5μm）年均值（微克/立方米）	Annual Mean Value of Particulate Matter (particle size ≤ 2.5μm) in Air (MCG/cu.m)	46	39
空气中二氧化硫年均值（微克/立方米）	Annual Mean Value of Sulfur Dioxide in the Air (MCGcu.m)	10	8
空气中二氧化氮年均值（微克/立方米）	Annual Mean Value of Nitrogen Dioxide in the Air (MCGcu.m)	31	29
饮用水源水质达标率 (%)	Up-to-standard Rate of Drinking Water Quality (%)	97.8	97.0
区域环境噪声平均值(分贝(A))	The Average Indicator of Urban Noise (decibel)	54.2	54.3
交通干线噪声平均值(分贝(A))	The Average Indicator of Traffic Main Line Noise (decibel)	66.9	66.6
生态环境	**Eco-environment Protection**		
造林总面积 （万公顷）	Total Afforestation Area (10000 hectares)	13.87	15.15
自然保护区数(市级以上) （个）	Number of Nature Reserves (above city-level) (unit)	43	43
#国家级	National Level	8	8
自然保护区面积 （万公顷）	Area of Nature Reserves (10000 hectares)	52.54	52.54
自然保护区面积占辖区面积比重 (%)	Area of Nature Reserves in Regions (%)	3.76	3.76
污染控制	**Pollution Control**		
一般工业固体废物综合利用率 (%)	General Industrial Solid Waste Comprehensive Utilizational Rate (%)	78.65	83.04
危险废物处置率 (%)	Rate of Treatment of Hazardous Waste (%)	81.05	93.95
环境建设	**Environment Improvement**		
城市污水处理厂集中处理率 (%)	Rate of Concentrating Treatment of Sewage in the City (%)	93.40	95.80
城市燃气普及率 (%)	Rate of Gas Utilization in the City (%)	98.70	99.20
建成区绿化覆盖率 (%)	Green Coverage Rate in Constructed Areas (%)	42.70	42.00

注：1．空气质量依据《环境空气质量标准》（GB3095—2012)及修改单（生态环境部公告2018年第29号）评价。
　　2．省辖市空气质量达二级标准的城市数自2015年起采用新标准（《环境空气质量标准》（GB3095—2012））评价，与历史年份数据不可比。

a) Air quality was evaluated according to the Environmental Air Quality Standard (GB3095-2012) and the amendment (Announcement No. 29, 2018, of the Ministry of Ecology and Environment).

b) The air quality of the secondary standard of the provincial-level cities number since 2015, to adopt new standards (" ambient air quality standard "(GB3095-2012)), than with year of history data.

11—11 续表 continued

指　　标	Item	2019	2020
自然灾害	**Natural Disaster**		
发生地质灾害起数 （次）	Geological Disaster (unit)	178	345
#滑　坡	Landslide	98	167
崩　塌	Collapse	68	171
人员伤亡 （人）	Casualties (person)		
#死亡人数	Deaths		
森林病虫害防治面积 （万公顷）	Forest Area Affected and Cured from Diseasease and Pests (10000 hectares)	34.0	36.4
环境污染	**Pollution**		
突发环境事件次数 （次）	Suddenly Environment Event Number (time)	5	10
#水污染	Water Pollution	2	7
大气污染	Air Pollution	3	1
固体废物污染	Solid Waste Pollution		
人员伤亡 （人）	Personnel Casualty (person)		
污染直接经济损失 （万元）	Direct Economic Loss Due to Pollution (10000 yuan)	109.40	695.74
突发环境事件赔款总额 （万元）	Compensation Total Amount of Suddenly Environment Event (10000 yuan)	20.00	152.05
污染损害罚款总额 （万元）	Fine Total Amount of Pollution Harm (10000 yuan)	20.0	46.0
二氧化硫排放量 （万吨）	Sulphur Dioxide Discharge (10000 tons)	15.10	10.86
#生活源二氧化硫排放量	Sulfur Dioxide Emissions From Domestic Sources	0.26	0.38
氮氧化物排放量 （万吨）	Nitrogen Oxide Emissions (10000 tons)	57.34	46.43
颗粒物排放量 （万吨）	Particulate Emissions (10000 tons)	55.97	12.99
COD排放量 （万吨）	COD Discharge (10000 tons)	34.19	118.60
氨氮排放总量 （万吨）	Ammonia Nitrogen Discharge (10000tons)	1.96	4.43
城镇生活污水排放量（万吨）	Urban Comsumption Waste Water Discharge (10000 tons)	205797	223833
#生活污水中化学需氧量排放量 （万吨）	COD Discharge from Urban Consumption Waste Water (10000 tons)	49.37	49.36
#生活污水中氨氮排放量 （万吨）	Ammonia Nitrogen Discharge from Urban Consumption Waste Water (10000 ton)	9.90	2.91
环境污染治理	**Investment in the Treatment of Environmental Pollution**		
省辖市空气质量达二级标准 （个）	Cities Directly under the Provincial Government Where the Air Quality Attains the Second Grade National Standards (unit)	1	5

注：2019年城镇生活污水排放量（万吨）和生活污水中化学需氧量排放量（万吨）均为生态环境统计业务系统内数值，生态环境部未对这两项数据基于二污普进行动态更新。

a) In 2019, urban domestic sewage discharge (ten thousand tons) and domestic sewage chemical oxygen demand discharge (ten thousand tons) are both values in the ecological and environmental statistics business system. The Ministry of Ecology and Environment has not dynamically updated these two data based on the second pollution level.

11—12 环保系统机构、人员数
Environmental Protection Agencies and Persons Engaged

年份 Year	机构总数 (个) Number of Agencies (unit)	人员总数 (人) Total Number of Staff & Workers (person)	#科技人员 Scientific and Technical Personnel	#监测人员 Monitoring Personnel	#监察人员 Supervisory Personnel
2005	388	5128	2195	1593	1626
2010	390	5722	2648	1767	2145
2012	450	5816	4318	2070	3439
2013	419	5753		1624	2242
2014	425	5145		1594	1805
2015	408	5881		1596	1828
2016	458	5789		1666	2254
2017	483	5397		1636	1989
2018	297	6092		1568	2010
2019	419	5993		1517	1933
2020	400	5760	3999	1508	2491

注：自2014年起，数据为编制数，不含聘用人员。

a) Since 2014, the data for the preparation of the number, excluding the employment of personnel.

11—13 生活污染物排放
Discharge of Pollutants from Daily Life

年份 Year	城镇生活污水排放量 (万吨) Volume of Urban Waste Water Discharged From Daily Life (10000 tons)	生活污水中化学需氧量排放量 (吨) Absorption of Oxygen by Waste Water From Daily Life (ton)	生活及其他二氧化硫排放量 (吨) Emission of Sulfur Dioxide From Daily Life and Others (ton)	生活及其他颗粒物排放量 (吨) Domestic and Other Particulate Emissions (ton)
2005	93104	307257	56495	45116
2010	113729	296274	48164	47958
2012	186980	440215	49405	87153
2013	195091	436388	50928	44490
2014	202522	432220	52303	44368
2015	208928	427176	60002	44464
2016	190813	444042	49174	34267
2017	190594	459607	45796	35441
2018	196648	492465	38898	28082
2019	205797	493696	2743	8167
2020	223833	493554	3893	41607

注：1. 生活及其他颗粒物排放量自2011年数据为生活源颗粒物排放量，不包括其他排放量。

2. 2019年城镇生活污水排放量（万吨）和生活污水中化学需氧量排放量（吨）均为生态环境统计业务系统内数值，生态环境部未对这两项数据基于二污普进行动态更新。

a) Domestic and other particulate emissions from 2011 data on particulate emissions from living sources, excluding other emissions.

b) In 2019, urban domestic sewage discharge (ten thousand tons) and domestic sewage chemical oxygen demand discharge (ten tons) are both values in the ecological and environmental statistics business system. The Ministry of Ecology and Environment has not dynamically updated these two data based on the second pollution level.

11—14 工业企业“三废”排放及治理
Discharge and Treatment of Waste Water, Waste Gas and Solid Wastes by Industry Enterprises

指标	Item	2019	2020
废水	**Waste Water**		
工业废水排放总量 (万吨)	Total Volume of Waste Water Discharged (10000 tons)	48265	40448
#工业废水COD排放量	COD Discharge from Industrial Waste	2.80	1.64
废气	**Waste Gas**		
工业二氧化硫排放量 (万吨)	Volume of Sulphur Dioxide Emission (10000 tons)	14.83	10.47
工业颗粒物排放量 (万吨)	Industrial Particulate Emissions (10000 tons)	54.82	8.83
固体废物	**Solid Wastes**		
一般工业固体废物产生量 (万吨)	The Amount of General Industrial Solid Waste Generation (10000 tons)	16570.80	14012.06
一般工业固体废物综合利用量 (万吨)	The Amount of General Industrial Solid Waste Comprehensive Utilization (10000 tons)	13229.92	12025.62
一般工业固体废物综合利用率 (%)	General Industrial Solid Waste Comprehensive Utilization Rate (%)	78.65	83.04
一般工业固体废物贮存量 (万吨)	The Amount of General Industrial Solid Waste Storage (10000 tons)	598.57	890.80
一般工业固体废物处置量 (万吨)	The Amount of General Industrial Solid Waste Disposal (10000 tons)	1571.88	1812.64

注：2019年“一般工业固体废物贮存量（万吨）”均为生态环境统计业务系统内数值，生态环境部未对该项数据基于二污普进行动态更新。

a) The "general industrial solid waste storage volume (ten thousand tons)" in 2019 are all values in the ecological environment statistics business system, and the Ministry of Ecology and Environment has not dynamically updated the data based on the second pollution level.

11—15 各市工业废水排放及处理（2020年）

Discharge and Treatment of Industrial Waste Water by Region (2020)

地 区	Region	汇总工业企业个数（个）Number of Industrial Enterprises (unit)	工业废水排放总量（万吨）Total Volume of Waste Water Discharge (10000 tons)	#排入污水处理厂 Disperses into the Sewage Treatment Plants
总 计	**Total**	**7474**	**40448**	**21648.49**
合 肥 市	Hefei	682	5845	5223.91
淮 北 市	Huaibei	536	1209	527.81
亳 州 市	Bozhou	320	1003	345.62
宿 州 市	Suzhou	396	2276	1107.48
蚌 埠 市	Bengbu	369	1584	1573.38
阜 阳 市	Fuyang	640	1882	1175.52
淮 南 市	Huainan	154	2905	255.00
滁 州 市	Chuzhou	629	2573	2143.32
六 安 市	Luan	367	1026	924.95
马鞍山市	Maanshan	458	8348	1265.83
芜 湖 市	Wuhu	652	3107	2852.97
宣 城 市	Xuancheng	915	1644	1462.67
铜 陵 市	Tongling	255	3771	811.81
池 州 市	Chizhou	474	587	325.52
安 庆 市	Anqing	375	1962	1077.63
黄 山 市	Huangshan	252	725	575.07

地 区	Region	工业废水中污染物排放量（吨）Total Volume Pollutant of Waste Water Discharge (ton)			废水治理设施数（套）Number of Facilities for Treatment of Waste Water (set)	废水治理设施处理能力（万吨／日）Handling Ability of Facilities for Treatmnent of Waste Water (10000cu.m/h)
		#化学需氧量 COD	#石 油 类 Petroleum	#氨 氮 Ammonia & Nitrogen		
总 计	**Total**	**16350.60**	**90.95**	**949.33**	**3793**	**1301.14**
合 肥 市	Hefei	1289.05	3.54	34.53	453	40.19
淮 北 市	Huaibei	350.25	4.15	18.88	188	27.98
亳 州 市	Bozhou	212.09	0.60	7.82	118	10.90
宿 州 市	Suzhou	823.93	0.81	32.54	159	27.56
蚌 埠 市	Bengbu	935.93	0.80	31.64	148	15.82
阜 阳 市	Fuyang	1205.95	10.60	239.60	275	26.38
淮 南 市	Huainan	967.87	0.87	84.79	96	88.69
滁 州 市	Chuzhou	1150.97	3.02	36.96	310	30.24
六 安 市	Luan	319.59	1.47	17.48	233	24.09
马鞍山市	Maanshan	2060.05	26.96	110.20	265	429.59
芜 湖 市	Wuhu	1788.66	19.43	93.93	383	177.93
宣 城 市	Xuancheng	2357.85	8.93	97.51	382	14.64
铜 陵 市	Tongling	952.26	4.30	73.76	137	36.17
池 州 市	Chizhou	463.36	1.38	23.91	362	45.72
安 庆 市	Anqing	708.33	3.42	27.78	173	20.51
黄 山 市	Huangshan	764.46	0.67	18.01	111	284.72

11—16 各市工业废气排放及处理（2020年）
Emission and Treatment of Industrial Waste Gas by Region (2020)

地 区	Region	汇总工业企业个数（个）Number of Industrial Enterprises (unit)	工业废气治理设施数（套）Number of Facilities for treat-ment of Waste Gas (set)	工业二氧化硫排放量（吨）Volume of Sulphur Dioxide Emission by Industry (ton)	工业氮氧化物排放量（吨）Industrial Nitrogen Oxide Emissions (ton)	工业颗粒物排放量（吨）Industrial Particulate Emissions (ton)
总 计	**Total**	**7474**	**16077**	**104672.36**	**171823.49**	**88321.09**
合肥市	Hefei	682	2013	4742.06	11627.57	4518.88
淮北市	Huaibei	536	1045	5583.42	7560.04	4908.83
亳州市	Bozhou	320	497	2360.45	2409.65	1227.03
宿州市	Suzhou	396	830	3253.52	6713.06	5962.65
蚌埠市	Bengbu	369	568	2840.91	5092.17	1041.70
阜阳市	Fuyang	640	1224	12881.95	7854.14	4813.00
淮南市	Huainan	154	325	11733.68	10781.15	2708.36
滁州市	Chuzhou	629	1219	7922.63	12573.96	5031.36
六安市	Luan	367	736	3213.37	5634.99	3621.23
马鞍山市	Maanshan	458	1444	12385.47	31726.69	10835.14
芜湖市	Wuhu	652	1305	8411.91	27070.59	13966.26
宣城市	Xuancheng	915	1895	13096.49	8156.06	6595.62
铜陵市	Tongling	255	594	3039.28	12398.09	7798.89
池州市	Chizhou	474	1454	9503.51	14246.41	10936.88
安庆市	Anqing	375	621	3065.21	7527.03	2940.64
黄山市	Huangshan	252	307	638.50	451.89	1414.62

11—17 各市工业固体废物产生及处理利用（2020年）

Discharge, Treatment and Utilization of Industrial Solid Wastes by Region (2020)

地 区	Region	汇总工业企业个数（个）Number of Industrial Enterprises (unit)	一般工业固体废物产生量（万吨）The Amount of General Industrial Solid Waste Generation (10000 tons)	危险废物产生量（万吨）The Amount of Hazardous Waste Generation (10000 ton)	一般工业固体废物综合利用量（万吨）The Amount of General Industrial Solid Waste Comprehensive Utilization (10000 ton)
总 计	**Total**	**7474**	**14012.06**	**168.02**	**12025.62**
合 肥 市	Hefei	682	1120.51	12.24	922.86
淮 北 市	Huaibei	536	1183.17	5.27	698.54
亳 州 市	Bozhou	320	409.24	0.85	355.49
宿 州 市	Suzhou	396	592.44	4.00	587.43
蚌 埠 市	Bengbu	369	220.10	3.24	215.42
阜 阳 市	Fuyang	640	481.83	9.31	437.88
淮 南 市	Huainan	154	2701.64	4.56	2301.37
滁 州 市	Chuzhou	629	308.49	5.44	247.82
六 安 市	Luan	367	1256.97	3.27	1185.32
马鞍山市	Maanshan	458	2028.65	44.96	1906.71
芜 湖 市	Wuhu	652	563.82	10.39	439.02
宣 城 市	Xuancheng	915	429.83	5.74	426.45
铜 陵 市	Tongling	255	1501.40	41.85	1334.79
池 州 市	Chizhou	474	889.87	12.83	666.58
安 庆 市	Anqing	375	313.50	3.46	291.88
黄 山 市	Huangshan	252	10.60	0.62	8.06

地 区	Region	危险废物综合利用处置量（万吨）Quantity of Comprehensive Utilization and Disposal of Hazardous Waste (10000 ton)	一般工业固体废物贮存量（万吨）The Amount of General Industrial Solid Waste Storage (10000 tons)	一般工业固体废物处置量（万吨）The Amount of General Industrial Solid Waste Disposal (10000 tons)
总 计	**Total**	**170.77**	**890.80**	**1812.64**
合 肥 市	Hefei	13.00	244.81	8.62
淮 北 市	Huaibei	5.26	8.43	499.13
亳 州 市	Bozhou	0.76	28.77	25.15
宿 州 市	Suzhou	4.02	30.44	18.31
蚌 埠 市	Bengbu	3.28	0.54	4.55
阜 阳 市	Fuyang	10.90	0.69	44.21
淮 南 市	Huainan	4.59	26.44	373.97
滁 州 市	Chuzhou	7.50	0.18	68.10
六 安 市	Luan	3.14	15.88	55.78
马鞍山市	Maanshan	45.75	36.66	226.42
芜 湖 市	Wuhu	11.28	7.04	123.59
宣 城 市	Xuancheng	5.49	1.50	43.69
铜 陵 市	Tongling	38.07	292.30	206.10
池 州 市	Chizhou	13.11	196.28	41.62
安 庆 市	Anqing	4.01	0.81	70.08
黄 山 市	Huangshan	0.61	0.03	3.33

11—18 各市城市空气质量指标（2020年）
Ambient Air Quality in Main Cities by Region (2020)

单位：微克／立方米（MCG/cu.m）

地 区	Region	颗粒物（粒径小于等于10μm）（PM_{10}） Particulate Matter (particle size ≤ 10μm) (PM_{10})	颗粒物（粒径小于等于2.5μm）（$PM_{2.5}$） Particulate Matter (particle size ≤ 2.5μm) ($PM_{2.5}$)	二氧化硫 (SO_2) Sulfur Dioxide	二氧化氮 (NO_2) Nitrogen Dioxide	空气质量达到及好于二级的天数比例 (%) As Good and Better air Quality in 2 Days (%)
全省平均	**Average**	**61**	**39**	**8**	**29**	**82.9**
合肥市	Hefei	56	36	7	39	85.0
淮北市	Huaibei	77	48	8	27	71.3
亳州市	Bozhou	79	47	7	23	70.2
宿州市	Suzhou	74	46	7	27	71.6
蚌埠市	Bengbu	72	43	13	31	81.4
阜阳市	Fuyang	76	49	7	26	71.9
淮南市	Huainan	76	48	10	28	72.7
滁州市	Chuzhou	60	39	8	31	81.1
六安市	Luan	60	37	6	26	84.7
马鞍山市	Maanshan	58	36	10	34	88.3
芜湖市	Wuhu	50	35	9	37	88.3
宣城市	Xuancheng	43	33	7	29	92.6
铜陵市	Tongling	64	35	13	37	91.8
池州市	Chizhou	51	34	8	26	88.5
安庆市	Anqing	48	36	8	27	88.0
黄山市	Huangshan	34	20	6	16	99.7

11—19 各市城市道路交通噪声监测情况（2020年）
Monitoring of Urban Road Traffic Noise in Key Cities by Region (2020)

地 区	Region	监测总长度（公里） Total Length of Roads (km)	路段平均宽度（米） Average Width of Roads (m)	平均车流量(辆/小时) Average Traffic Volume (car/hour)		噪声均值（分贝） Average Noise Value (LeqdBA)
				大型车 Large Car	小型车 Small Car	
总　计	**Total**	**1764.01**	**40.05**	**57**	**455**	**66.6**
合肥市	Hefei	591.70	34.88	287	817	69.1
淮北市	Huaibei	96.78	43.39	32	653	69.3
亳州市	Bozhou	53.16	51.81	18	536	62.9
宿州市	Suzhou	50.11	25.26	32	391	67.7
蚌埠市	Bengbu	122.21	33.88	37	536	67.9
阜阳市	Fuyang	29.43	45.92	89	618	67.3
淮南市	Huainan	56.03	18.65	30	421	67.9
滁州市	Chuzhou	63.55	30.38	29	303	64.1
六安市	Luan	68.25	45.07	29	405	65.6
马鞍山市	Maanshan	98.53	43.52	40	274	65.8
芜湖市	Wuhu	260.54	43.10	76	352	66.2
宣城市	Xuancheng	98.86	83.97	29	495	63.0
铜陵市	Tongling	37.38	34.04	43	602	67.2
池州市	Chizhou	28.85	35.93	97	284	68.5
安庆市	Anqing	46.15	40.90	24	380	67.6
黄山市	Huangshan	62.50	30.15	19	211	65.5

11—20 水资源情况
Water Resources

年份 Year	水资源总量（亿立方米） Total Water Resources (100 million cu.m)	地表水资源量 Surface Water	地下水资源量 Ground Water	地表水与地下水资源重复量 Duplicated Measurement Between Surface Water and Groundwater	人均水资源量（立方米／人） Per Capita Water Resources (cu.m/person)
2005	719.25	672.20	195.41	148.36	1135.70
2010	939.05	876.27	197.81	135.03	1578.20
2012	700.98	640.64	159.22	98.88	1172.60
2013	585.59	525.41	144.54	84.36	974.54
2014	778.48	712.86	178.91	113.29	1279.78
2015	914.12	850.19	193.71	129.78	1495.31
2016	1245.17	1179.23	219.26	153.32	2018.30
2017	784.90	717.82	200.95	133.87	1254.88
2018	835.78	766.67	203.67	134.56	1321.68
2019	539.87	482.10	144.85	87.08	848.07
2020	1280.41	1193.72	228.60	141.91	2053.82

注：水资源总量=地表水资源量＋地下水资源量－地表水与地下水资源重复量。

a) Total Water Resources=Surface Water+Ground Water-Duplicated Measurement Between Surface Water and Groundwater.

11—21 各市水资源情况（2020年）
Water Resources by Region (2020)

地区	Region	水资源总量（亿立方米） Total Water Resources (100 million cu.m)	地表水资源量 Surface Water	地下水资源量 Ground Water	地表水与地下水资源重复量 Duplicated Measurement Between Surface Water and Groundwater	人均水资源量（立方米／人） Per Capita Water Resources (cu.m/person)
总　计	**Total**	**1280.41**	**1193.72**	**228.60**	**141.91**	**2053.82**
合肥市	Hefei	89.15	87.41	9.23	7.49	1015.50
淮北市	Huaibei	8.48	4.67	4.96	1.15	399.89
亳州市	Bozhou	30.23	18.38	15.78	3.93	589.22
宿州市	Suzhou	33.93	20.85	18.47	5.39	615.62
蚌埠市	Bengbu	21.00	14.66	9.45	3.11	626.22
阜阳市	Fuyang	46.50	31.35	20.36	5.21	565.04
淮南市	Huainan	30.27	26.82	6.70	3.25	927.99
滁州市	Chuzhou	71.62	67.84	10.79	7.01	1761.00
六安市	Luan	193.73	189.40	20.66	16.33	4181.25
马鞍山市	Maanshan	31.20	27.88	5.29	1.97	1380.23
芜湖市	Wuhu	66.36	60.13	10.14	3.91	1788.10
宣城市	Xuancheng	147.15	145.57	24.53	22.95	5702.38
铜陵市	Tongling	34.20	31.60	4.90	2.30	2316.45
池州市	Chizhou	118.47	115.75	15.89	13.17	8378.95
安庆市	Anqing	196.24	189.53	27.63	20.92	4415.74
黄山市	Huangshan	161.88	161.88	23.82	23.82	11766.25

11—22 农村环境状况
The Environment of Rural Areas

年 份 Year	农村自来水普及率(%) Popularity Rate of Tape Water in Rural Areas (%)	农村户用沼气 Marsh Gas in Rural House		太阳能热水器面积(万平方米) Solar Water Heater Area (10000 sq.m)
		用户数(万户) Number of Users (10000 Housrholds)	总产气量(万立方米) Total Volum Gas Production (10000 cu.m)	
2005	37.6	31.94	9076	172.88
2010	47.8	75.26	22334	422.12
2012	53.6	82.99	25068	503.11
2013	58.6	85.76	24693	520.07
2014	64.3	88.21	24516	539.60
2015	72.0	89.13	23992	568.58
2016	78.0	89.51	23125	586.29
2017	86.9	89.51	19447	595.39
2018	87.6	89.51	16787	604.52
2019	88.5	81.27	12857	586.23
2020	89.0	76.58	9788	601.56

11—23 各市农村环境状况（2020年）
The Environment of Rural Areas by Region (2020)

地 区	Region	农村自来水普及率(%) Popularity Rate of Tape Water in Rural Areas (%)	农村户用沼气 Marsh Gas in Rural House		太阳能热水器面积(万平方米) Solar Water Heater Area (10000 sq.m)
			用户数(万户) Number of Users (10000 Housrholds)	总产气量(万立方米) Total Volum Gas Production (10000 cu.m)	
总 计	**Total**	**89.00**	**76.58**	**9788.42**	**601.56**
合肥市	Hefei	89.00	8.18	838.88	83.08
淮北市	Huaibei	80.30	1.01	84.00	27.22
亳州市	Bozhou	93.40	2.28	220.50	42.82
宿州市	Suzhou	83.90	3.27	458.50	35.82
蚌埠市	Bengbu	75.00	1.08	101.50	37.26
阜阳市	Fuyang	98.30	8.65	1599.85	35.45
淮南市	Huainan	74.30	4.59	840.00	39.88
滁州市	Chuzhou	78.60	4.47	838.60	43.91
六安市	Luan	79.00	7.83	1230.60	50.06
马鞍山市	Maanshan	99.20	2.07	22.09	31.64
芜湖市	Wuhu	97.00	1.21	70.00	35.56
宣城市	Xuancheng	91.60	5.55	315.00	31.72
铜陵市	Tongling	93.50	2.07	108.50	14.87
池州市	Chizhou	91.90	7.35	1082.90	15.27
安庆市	Anqing	86.10	13.75	1463.00	43.47
黄山市	Huangshan	93.90	3.22	514.50	33.54

11—24 突发环境事件情况
Environmental Accidents

年 份 Year	突发环境事件次数（次） Number of Environmental Accidents (time)	水污染 Water Pollution	大气污染 Air Pollution	固体废物污染 Solid Wastes Pollution	噪声与振动危害 Noise and Vibration Pollution	其 他 Other	直接经济损失（万元） Direct Economic Losses (10000 yuan)	突发环境事件赔款总额（万元） Total Compensation for Environmental Emergencies (10000 yuan)	污染损害罚款总额（万元） Total Fines for Pollution Damage (10000 yuan)
2005	28	16	10		2		275.40	55.20	275.40
2010	30	10	8	5			231.60	23.00	133.00
2012	20	7	3	5			896.50	1.00	878.00
2013	6	5	1				274.06	9.79	
2014	9	5	1	1			492.99	0.79	
2015	8	5	2			1	75.30	13.00	2.14
2016	3	1	1			1	16.00		
2017	4	1	2			1	6.20	10.00	
2018	4	4					3.70	5.00	
2019	5	2	3				109.40	20.00	20.00
2020	10	7	1			2	695.74	152.05	46.00

11—25 各市突发环境事件情况（2020年）
Environmental Accidents by Region (2020)

地 区	Region	突发环境事件次数（次） Number of Environmental Accidents (time)	水污染 Water Pollution	大气污染 Air Pollution	噪声与振动危害 Noise and Vibration Pollution	其 他 Other	直接经济损失（万元） Direct Economic Losses (10000 yuan)	突发环境事件赔款总额（万元） Total Compensation for Environmental Emergencies (10000 yuan)	污染损害罚款总额（万元） Total Fines for Pollution Damage (10000 yuan)
总 计	**Total**	**10**	**7**	**1**		**2**	**695.74**	**152.05**	**46.00**
合肥市	Hefei	3	3				578.00		
淮北市	Huaibei								
亳州市	Bozhou	2				2		35.01	
宿州市	Suzhou	1	1				64.09	112.09	
蚌埠市	Bengbu	1	1						
阜阳市	Fuyang								
淮南市	Huainan	1	1						
滁州市	Chuzhou								
六安市	Luan								
马鞍山市	Maanshan								
芜湖市	Wuhu	1		1			48.00		
宣城市	Xuancheng	1	1				5.65	4.95	46.00
铜陵市	Tongling								
池州市	Chizhou								
安庆市	Anqing								
黄山市	Huangshan								

11—26 地质灾害及防治情况
Geological Disasters and Prevention and Cure

年 份 Year	发生地质灾害起数（次） Geological Disasters (time)	#滑 坡 Land-slide	#崩 塌 Collapse	人员伤亡（人） Casualties (person)	#死亡人数 Deaths	直接经济损 失（万元） Direct Economic Losses (10000 yuan)	地质灾害防治项目（个） Number of Projects of Prevention of Geological Disasters (unit)	地质灾害防治投资（万元） Investment of Projects of Preven-tion of Geological Disasters (10000 yuan)
2005	8320	1528	6445	44	40	96800.0	46	3614.3
2010	338	143	164	12	6	2536.3	189	11352.0
2012	350	170	157	5	3	4601.3	652	25200.8
2013	261	147	108	2	1	2247.8	624	29280.2
2014	126	49	70			590.4	537	21936.9
2015	616	312	272	2	1	13679.3	492	14205.5
2016	724	386	308			4616.4	982	25294.9
2017	58	23	33			175.2	920	30506.4
2018	113	40	69			484.4	460	23047.0
2019	178	98	68			1992.7	467	13413.6
2020	345	167	171			2132.9	1113	28656.4

11—27 各市地质灾害及防治情况（2020年）
Geological Disasters and Prevention and Cure by Region (2020)

地 区	Region	发生地质灾害起数（次） Geological Disasters (time)	#滑 坡 Land-slide	#崩 塌 Collapse	人员伤亡（人） Casualties (person)	#死亡人数 Deaths	直接经济损 失（万元） Direct Economic Losses (10000 yuan)	地质灾害防治项目（个） Number of Projects of Prevention of Geological Disasters (unit)	地质灾害防治投资（万元） Investment of Projects of Preven-tion of Geological Disasters (10000 yuan)
总 计	**Total**	**345**	**167**	**171**			**2132.9**	**1113**	**28656.4**
合肥市	Hefei	1	1				50.0	21	452.5
淮北市	Huaibei								
亳州市	Bozhou							2	59.6
宿州市	Suzhou	1					0.5	2	62.1
蚌埠市	Bengbu							3	15.0
阜阳市	Fuyang							1	436.0
淮南市	Huainan							7	196.3
滁州市	Chuzhou							28	252.3
六安市	Luan	36	21	14			525.3	148	4081.3
马鞍山市	Maanshan							41	903.7
芜湖市	Wuhu							17	338.2
宣城市	Xuancheng	14	12	2			128.4	87	6912.9
铜陵市	Tongling							13	1511.2
池州市	Chizhou	19	13	6			123.6	51	519.9
安庆市	Anqing	157	59	97			1002.4	504	7906.1
黄山市	Huangshan	117	61	52			302.7	188	5009.5

11—28 自然保护基本情况
Basic Situation of Natural Protection

年 份 Year	自然保护区(市级以上) Nature Reserve (above city-level)			
	个 数 (个) Number of Nature Reserves (unit)	#国家级 Nation Level	面 积 (万公顷) Area of Nature Reserves (10000 hectares)	#国家级 Nation Level
2005	31		34.68	
2006	35		44.81	
2027	37		44.00	
2008	37		46.13	
2009	38		43.84	
2010	38	6	43.61	13.14
2011	38	7	43.20	13.92
2012	38	7	43.20	13.92
2013	39	7	41.28	13.92
2014	39	7	40.97	13.92
2015	40	7	41.35	13.92
2016	40	8	41.74	14.71
2017	40	8	41.74	14.71
2018	40	8	41.52	14.71
2019	43	8	52.54	14.71
2020	43	8	52.54	14.71

11—29 造林面积
Area of Afforestation

单位：公顷（hectares）

年份 Year	造林总面积 Total Area of Afforestation	#人工造林 Manual Planting	按林种用途分 by Function of Forest: 用材林 Timber Forests	经济林 By-product Forests	防护林 Protection Forests	薪炭林 Fuel Forests	特种用途林 Forests for Special Purpose
2005	57457	57457	26388	4489	25727	739	114
2010	65612	57012	17724	12380	33804	849	855
2012	112197	100907	36082	34663	39251	267	1934
2013	208099	202766	72712	51817	73732	248	9590
2014	157745	150871	51701	44584	54826	426	6208
2015	128415	114350	47729	25173	39216	85	2144
2016	128042	91380	22717	30178	36595	131	1759
2017	144926	56667	11445	23615	20475	26	1106
2018	138493	55718	12682	29196	12985	145	710
2019	138746	51264	12923	23336	19300	450	160
2020	151465	59639	16009	23533	19514	362	1016

11—30 各市造林面积（2020年）
Area of Afforestation by Region (2020)

单位：公顷（hectares）

地区	Region	造林总面积 Total Area of Afforestation	#人工造林 Manual Planting	按林种用途分 by Function of Forest: 用材林 Timber Forests	经济林 By-product Forests	防护林 Protection Forests	特种用途林 Forests for Special Purpose
总　计	**Total**	**151465**	**59639**	**16009**	**23533**	**19514**	**1016**
合肥市	Hefei	8794	6690	2482	2994	1214	
淮北市	Huaibei	2144	1610	23	270	1269	48
亳州市	Bozhou	3093	3093	724	648	1721	
宿州市	Suzhou	5311	3311	55	832	2423	1
蚌埠市	Bengbu	2198	2058	393	679	949	37
阜阳市	Fuyang	5795	5121	727	3123	1259	12
淮南市	Huainan	3986	3852	93	570	3161	28
滁州市	Chuzhou	20038	12483	5096	4854	1971	200
六安市	Luan	9115	3650	462	2244	623	321
马鞍山市	Maanshan	2208	1395	709	207	479	
芜湖市	Wuhu	5673	3967	2429	892	551	95
宣城市	Xuancheng	9598	1534	595	705	231	32
铜陵市	Tongling	2039	813	389	401	23	
池州市	Chizhou	16424	1921	694	903	805	1
安庆市	Anqing	29408	7203	884	3876	2486	241
黄山市	Huangshan	25641	938	254	335	349	

主要统计指标解释

耕地

指种植农作物的土地，包括熟地，新开发、复垦、整理地，休闲地（含轮歇地、轮作地）；以种植农作物（含蔬菜）为主，间有零星果树、桑树或其他树木的土地；平均每年能保证收获一季的已垦滩地和海涂。耕地中包括南方宽度＜1.0米，北方宽度＜2.0米固定的沟、渠、路和地坎（埂）；临时种植药材、草皮、花卉、苗木等的耕地，以及其他临时改变用途的耕地。

园地

指种植以采集果、叶、根、茎、汁等为主的集约经营的多年生木本和草本作物，覆盖度大于 50%和每亩株数大于合理株数 70%的土地。包括用于育苗的土地。

林地

指生长乔木、竹类、灌木的土地，及沿海生长红树林的土地。包括迹地，不包括居民点内部的绿化林木用地，铁路、公路征地范围内的林木，以及河流、沟渠的护堤林。

草地

指生长草本植物为主的土地。

径流量

指在一定时段内通过河流某一过水断面的水量，用以反映一个国家或地区水资源的丰歉程度。计算公式为：

径流量=降水量-蒸发量

流域

每条河流都有自己的干流和支流，干支流共同组成这条河流的水系。每条河流都有自己的集水区域，这个集水区域就称为该河流的流域。

外流河

指直接或间接流入海洋的河流。供给外流河河水的区域称为外流区域。

内陆河

指在陆地内部干燥地区，河水沿途消失于沙漠或注入内陆湖泊的河流。供给内陆河河水的区域称为内陆区域。

矿产资源

矿产资源指由地质作用形成的，具有利用价值的，呈固态、液态、气态的自然资源，是社会生产发展的重要物质基础。目前我国已发现矿种有170多种，按其特点和用途，可分为能源矿产(如煤炭、石油、天然气、地热)、金属矿产(如铁矿、锰矿、铜矿、铅矿、铝土矿)、非金属矿产(如金刚石、石灰岩、粘土)和水气矿产(如地下水、矿泉水、二氧化碳气)四大类。其中：金属矿产按其物质成分和性质又可分为：黑色金属矿产、有色金属矿产、贵金属矿产、稀有金属矿产、稀土金属矿产、分散元素金属矿产六类。

平均气温

气温指空气的温度，我国一般以摄氏度为单位表示。气象观测的温度表是放在离地面约1.5米处通风良好的百叶箱里测量的，因此，通常说的气温指的是离地面1.5米处百叶箱中的温度。计算方法：月平均气温是将全月各日的平均气温相加，除以该月的天数而得。年平均气温是将12个月的月平均气温累加后除以12而得。

年平均相对湿度

指空气中实际水气压与当时气温下的饱和水气压之比。其统计方法与气温相同。

降水量

指从天空降落到地面的液态或固态(经融化后)水，未经蒸发、渗透、流失而在地面上积聚的深度。计算方法：月降水量是将全月各日的降水量累加而得。年降水量是将12个月的月降水量累加而得。

全年日照时数

指太阳实际照射地面的时数，通常以小时为单位表示。其统计方法与降水量相同。

水资源总量

指当地降水形成的地表和地下产水总量，即地表径流量与降水入渗补给量之和。

地表水资源量

指河流、湖泊以及冰川等地表水体中可以逐年更新的动态水量，即天然河川径流量。

地下水资源量

指地下饱和含水层逐年更新的动态水量，即降水和地表水入渗对地下水的补给量。

地表水与地下水重复计算量

指地表水和地下水相互转化的部分，即天然河川径流量中的地下水排泄量和地下水补给量中来源于地表水的入渗补给量。

供水总量

指各种水源为用水户提供的包括输水损失在内的毛水量。

地表水源供水量

指地表水体工程的取水量，按蓄、引、提、调四种形式统计。从水库、塘坝中引水或提水，均属蓄水工程供水量；从河道或湖泊中自流引水的，无论有闸或无闸，均属引水工程供水量；利用扬水站从河道或湖泊中直接取水的，属提水工程供水量；跨流域调水指水资源一级区或独立流域之间的跨流域调配水量，不包括在蓄、引、提水量中。

地下水源供水量

指水井工程的开采量，按浅层淡水、深层承压水和微咸水分别统计。城市地下水源供水量包括自来水厂的开采量和工矿企业自备井的开采量。

其他水源供水量

包括污水处理再利用、集雨工程、海水淡化等水源工程的供水量。

用水总量

指各类用水户取用的包括输水损失在内的毛水量。

农业用水

包括农田灌溉用水、林果地灌溉用水、草地灌溉用水、鱼塘补水和畜禽用水。

工业用水

指工矿企业在生产过程中用于制造、加工、冷却、空调、净化、洗涤等方面的用水，按新水取用量计，不包括企业内部的重复利用水量。

生活用水

包括城镇生活用水和农村生活用水。城镇生活用水由居民用水和公共用水（含第三产业及建筑业等用水）组成；农村生活用水指居民生活用水。

生态环境补水

仅包括人为措施供给的城镇环境用水和部分河湖、湿地补水，而不包括降水、径流自然满足的水量。

一般工业固体废物产生量

指未被列入《国家危险废物名录》或者根据国家规定的危险废物鉴别标准（GB5085）、固体废物浸出毒性浸出方法（GB5086）及固体废物浸出毒性测定方法（GB／T 15555）鉴别方法判定不具有危险特性的工业固体废物。计算公式是：

一般工业固体废物产生量=(一般工业固体废物综合利用量－其中：综合利用往年贮存量)+一般工业固体废物贮存量+（一般工业固体废物处置量－其中：处置往年贮存量）+一般工业固体废物倾倒丢弃量

一般工业固体废物综合利用量

指报告期内企业通过回收、加工、循环、交换等方式，从固体废物中提取或者使其转化为可以利用的资源、能源和其他原材料的固体废物量（包括当年利用的往年工业固体废物累计贮存量）。如用作农业肥料、生产建筑材料、筑路等。综合利用量由原产生固体废物的单位统计。

一般工业固体废物处置量

指报告期内企业将工业固体废物焚烧和用其他改变工业固体废物的物理、化学、生物特性的方法，达到减少或者消除其危险成分的活动，或者将工业固体废物最终置于符合环境保护规定要求的填埋场的活动中，所消纳固体废物的量。

一般工业固体废物贮存量　指报告期内企业以综合利用或处置为目的，将固体废物暂时贮存或堆存在专设的贮存设施或专设的集中堆存场所内的量。专设的固体废物贮存场所或贮存设施必须有防扩散、防流失、防渗漏、防止污染大气、水体的措施。

一般工业固体废物倾倒丢弃量

指报告期内企业将所产生的固体废物倾倒或者丢弃到固体废物污染防治设施、场所以外的量。

危险废物产生量

指当年全年调查对象实际产生的危险废物的量。危险废物指列入国家危险废物名录或者根据国家规定的危险废物鉴别标准和鉴别方法认定的，具有爆炸性、易燃性、易氧化性、毒性、腐蚀性、易传染性疾病等危险特性之一的废物。按《国家危险废物名录》(环境保护部、国家发展和改革委员会 2008 部令第 1 号）填报。

危险废物综合利用量

指当年全年调查对象从危险废物中提取物质作为原材料或者燃料的活动中消纳危险废物的量。包括本单位利用或委托、提供给外单位利用的量。

危险废物处置量

指报告期内企业将危险废物焚烧和用其他改变工业固体废物的物理、化学、生物特性的方法，达到减少或者消除其危险成分的活动，或者将危险废物最终置于符合环境保护规定要求的填埋场的活动中，所消纳危险废物的量。处置量包括处置本单位或委托给外单位处置的量。

危险废物贮存量

指将危险废物以一定包装方式暂时存放在专设的贮存设施内的量。专设的贮存设施指对危险废物的包装、选址、设计、安全防护、监测和关闭等符合《危险废物贮存污染控制标准》(GB18597-2001)等相关环保法律法规要求，具有防扩散、防流失、防渗漏、防止污染大气和水体措施的设施。

生活垃圾清运量

指报告期收集和运送到各生活垃圾处理厂(场)和生活垃圾最终消纳点的生活垃圾数量。生活垃圾指城市日常生活或为城市日常生活提供服务的活动中产生的固体废物以及法律行政规定的视为城市生活垃圾的固体废物。包括：居民生活垃圾、商业垃圾、集市贸易市场垃圾、街道清扫垃圾、公共场所垃圾和机关、学校、厂矿等单位的生活垃圾。

生活垃圾无害化处理率

指报告期生活垃圾无害化处理量与生活垃圾产生量的比率。在统计上，由于生活垃圾产生量不易取得，可用清运量代替。计算公式为：

生活垃圾无害化处理率＝生活垃圾无害化处理量/生活垃圾产生量×100%

森林面积

包括郁闭度0.2以上的乔木林地面积和竹林面积，国家特别规定的灌木林地面积，农田林网以及村旁、路旁、水旁、宅旁林木的覆盖面积。

人工林面积

指由人工播种、植苗或扦插造林形成的生长稳定，(一般造林3-5年后或飞机播种5-7年后)每公顷保存株数大于或等于造林设计植树株数80%或郁闭度0.20以上(含0.20)的林分面积。

森林覆盖率

以行政区域为单位的森林面积占区域土地总面积的百分比。计算公式为：

森林覆盖率＝森林面积/土地总面积×100%

活立木总蓄积量

指一定范围土地上全部树木蓄积的总量，包括森林蓄积、疏林蓄积、散生木蓄积和四旁树蓄积。

森林蓄积量

指一定森林面积上存在着的林木树干部分的总材积。

造林面积

指在宜林荒山荒地、宜林沙荒地、无立木林地、疏林地和退耕地等其他宜林地上通过人工措施形成或恢复森林、林木、灌木林的过程。

人工造林

指在宜林荒山荒地、宜林沙荒地、无立木林地、疏林地和退耕地等其他宜林地上通过播种、植苗和分植来提高森林植被覆被率的技术措施。

用材林

指以生产木材为主要目的的森林和林木，包括以生产竹材为主要目的的竹林。

经济林

指以生产果品，食用油料、饮料、调料，工业原料和药材为主要目的的林木。经济林是人们为了取得林木的果实、叶片、皮层、胶液等产品作为工业原料或者供食用所营造的林木，如油茶、油桐、核桃、樟树、花椒、茶、桑、果等。

防护林　指以防护为主要目的的森林、林木和灌木丛。包括水源涵养林，水土保持林，防风固沙林，农田、牧场防护林，护岸林，护路林等。

薪炭林

指以生产燃料为主要目的的林木。

特种用途林

指以国防、环境保护、科学实验等为主要目的的森林和林木。包括国防林、实验林、母树林、环境保护林、风景林，名胜古迹和革命纪念地的林木，自然保护区的森林。

滑坡

指斜坡上不稳定的岩土体在重力作用下沿一定软弱面(或滑动带)整体向下滑动的物理地质现象。

崩塌

指陡坡上大块的岩土体在重力作用下突然脱离母体崩落的物理地质现象。

Explanatory Notes for Major Statistical Indicators

Cultivated Land

refers to land mainly for the regular cultivation of farm crops (including vegetables), with some fruit trees, mulberry trees and others, covers cultivated land, newly-developed land, reclaimed land, consolidated land, fallow, beach land that can guarantee one harvest per year on average. It also covers fixed ditch, canal, road and sill (ridge) with width less than 1 meter in the South and 2 meters in the North, lands planted temporarily with herbs, grass, flowers and nursery stocks, and other cultivated land with temporary change of use.

Garden Land

refers to land for intensive cultivation of perennial woody plants and herbs to collect fruits, leaves, roots, stems and juice, with a covering rate over 50% and plant number per mu over 70% of rational plant number. Land for nursery is included.

Forestland

refers to land for planting arbor, bamboo, bush shrub and land in coastal zones for planting mangrove. It includes slash, but not the green belts in residential area, forests requested for railway and highway, and the dike protection forest around rivers and ditches.

Pastureland

refers to land mainly for the growth of herbs.

Volume of Runoff

refers to the total volume of water running through a certain cross section of a river during a certain period of time, reflecting the water resource condition in a country or a region. The formula for calculating volume of runoff is as follows:

Runoff =Precipitation-Evaporation

Drainage Area

Each river has its own main stream and branches to form the water system of the river. Each river has its own catchment's area, which is also called as the drainage area of the river.

Out-flowing Rivers

refer to rivers directly or indirectly flowing into the sea. The area providing water to the out-flowing rivers is called as out-flowing area.

Inland Rivers

refer to rivers in inland dry areas that die away in desert on the way or infuse into inland lakes. The area providing water to the inland rivers is called as inland area.

Mineral Resources

refer to useful minerals, with solid state, liquid state, gaseity, due to the geological process. Minerals are important natural resources, and important material base for social development. At present, there are more than 170 types of minerals discovered in China. They can be categorized into four groups: energy producing minerals (including coal, petroleum, natural gas and terrestrial heat), metallic minerals (including iron, manganese, copper, lead and bauxite), non metallic minerals (including diamond, limestone and clay), and water/gas related minerals (including ground water, mineral water and carbon dioxide). Metallic minerals can be further classified as ferrous, non-ferrous, noble metal, rare metal, rare earth metal and dispersed metals.

Average Temperature

refers to the air temperature. China uses centigrade as the unit. The thermometry used for weather observation is put in a breezy shutter, which is 1.5 meters high from the ground. Therefore, the commonly used temperature refers to the temperature in the breezy shutter 1.5 meters away from the ground. The calculation method is as follows:

Monthly average temperature is the summation of average daily temperature of one month divided by the actual days of that particular month.

Annual average temperature is the summation of monthly average of a year divided by 12 months.

Average Annual Relative Humidity

refers to the ratio of actual water vapour pressure to the saturation water vapour pressure under the current temperature. The calculation method is the same as that of temperature.

Volume of Precipitation

refers to the deepness of liquid state or solid state (thawed) water falling from the sky to the ground that has not been evaporated, infiltrated or run off. The calculation method is as follows:

Monthly precipitation is the summation of daily precipitation of a month.

Annual precipitation is the summation of 12 months precipitation of a year.

Annual Sunshine Hours

refer to the actual hours of sun irradiating the earth, usually expressed in hours. The calculation method is the same as that of the precipitation.

Total Water Resources

refers to total volume of surface water and groundwater and is measured as run-off for surface water and replenishment of groundwater with rainfall in local area.

Surface Water Resources

refers to total volume of year by year renewable dynamic resources which exist in rivers, lakes, glaciers and other surface water and are the natural run-off of rivers.

Groundwater Resources

refers to total volume of year by year renewable dynamic resources which exist in saturation acquifers of groundwater and are measured as replenishment of groundwater with rainfall and surface water.

Duplicated Measurement between Surface Water and Groundwater

refers to mutual exchange between surface water and groundwater, i.e. run-off of rivers includes some depletion into groundwater while groundwater includes some replenishment from surface water.

Water Supply

refers to gross water of various sources supplied to consumers, including losses during distribution.

Surface Water Supply

refers to withdrawals by surface water supply system, broken down with storage, flow, pumping and transfer. Supply from storage projects includes withdrawals from reservoirs; supply from flow includes withdrawals from rivers and lakes with natural flows no matter if there are locks or not; supply from pumping projects includes withdrawals from rivers or lakes with pumping stations; and supply from transfer refers to water supplies transferred from first-level regions of water resources or independent river drainage areas to others, and should not be covered under supplies of storage, flow and pumping.

Groundwater Supply

refers to withdrawals from supplying wells, broken down with shallow layer freshwater, deep layer freshwater and slightly brackish water. Groundwater supply for urban areas includes water mining by both waterworks and own wells of enterprises.

Other Water Supply Sources

include supplies by waste-water treatment, rain collection, seawater desalinization and other water projects.

Water Use

refers to gross water used by various water users, including losses during distribution.

Water Use by Agriculture

includes uses of water by irrigation of farming fields, forestry and orchards, irrigation of grassland, replenishment of fishing farms and water used by animal husbandry.

Water Use by Industry

refers to new withdrawals of water, excluding reuse of water within enterprises.

Water Use by Living Consumption

includes use of water for living consumption in both urban and rural areas. Urban water use by living consumption is composed of household use and public use (including tertiary industry and construction). Rural water use by living consumption includes water used by households.

Water Use by Ecological and Environmental Protection

includes replenishment of rivers and lakes and use for urban environment.

Common Industrial Solid Wastes Produced

refers to the industrial solid wastes that are not listed in the 《National Catalogue of Hazardous Wastes》, or not regarded as hazardous according to the national hazardous waste identification standards (GB5085), solid waste-Extraction procedure for leaching toxicity (GB5086) and solid waste-Extraction procedure for leaching toxicity (GB/T 15555). The calculation formula is as followed:

Common Industrial Solid Wastes Produced = (common industrial solid wastes utilized – the proportion of utilized stock of previous years) + common industrial solid waste stock + (common industrial solid wastes disposed – the proportion of disposed stock of previous years) + common industrial solid wastes discharged.

Common Industrial Solid Wastes Comprehensively Utilized

refers to volume of solid wastes from which useful materials can be extracted or which can be converted into usable resources, energy or other materials by means of reclamation, processing, recycling and exchange (including utilizing in the year the stocks of industrial solid wastes of the previous year) during the report period, e.g. being used as agricultural fertilizers, building materials or as material for paving road. Examples of such utilizations include fertilizers, building materials and road materials. The information shall be collected by the producing units of the wastes.

Common Industrial Solid Wastes Disposed

refers to the quantity of industrial solid wastes which are burnt or specially disposed using other methods to alter the physical, chemical and biological properties and thus to reduce or eliminate the hazard, or placed ultimately in the sites meeting the requirements for environmental protection during the report period.

Stock of Common Industrial Solid Wastes

refers to the volume of solid wastes placed in special facilities or special sites by enterprises for purposes of utilization or disposal during the report period. The sites or facilities should take measures against dispersion, loss, seepage, and air and water contamination.

Common Industrial Solid Wastes Discharged

refers to the volume of industrial solid wastes dumped or discharged by producing enterprises to disposal facilities or to other sites.

Hazardous Wastes Produced

refers to the volume of actual hazardous wastes produced by surveyed samples throughout the year of the survey. Hazardous waste refers to those included in the national hazardous wastes catalogue or specified as any one of the following properties in light of the national hazardous wastes identification standards and methods: explosive, ignitable, oxidizable, toxic, corrosive or liable to cause infectious diseases or lead to other dangers. The report of this indicator should follow the 《National Catalogue of Hazardous Wastes》 (the NO.1 Ministry Order in 2008 by the Ministry of Environment Protection and National Development and Reform Commission).

Hazardous Wastes Utilized

refers to the volume of hazardous wastes that are used to extract materials for raw materials or fuel throughout the year of the survey, including those utilized by the producing enterprise and those provided to other enterprises for utilization.

Hazardous Wastes Disposed

refers to the quantity of hazardous wastes which are burnt or specially disposed using other methods to alter the physical, chemical and biological properties and thus to reduce or eliminate the hazard, or placed ultimately in the sites meeting the requirements for environmental protection during the report period.

Stock of Hazardous Wastes

refers to the volume of hazardous wastes specially packaged and placed in special facilities or special sites by enterprises. The special stock facilities should meet the requirements set in relevant environment protection laws and regulations such as "Pollution Control Standards for Hazardous Waste Stock" (GB18597-2001) in regard to package of hazardous waste, location, design, safety, monitoring and shutdown, and take measures against dispersion, loss, seepage, and air and water contamination.

Consumption Wastes Transported

refers to volume of consumption wastes collected and transported to disposal factories or sites during the reference period. Consumption wastes are solid wastes produced from urban households or from service activities for urban households, and solid wastes regarded by laws and regulations as urban consumption wastes, including those from households, commercial activities, markets, cleaning of streets, public sites, offices, schools, factories, mining units and other sources.

Ratio of Consumption Wastes Treated

refers to consumption wastes treated over that produced. In practical statistics, as it is difficult to estimate, the volume of consumption wastes produced is replaced with that transported. It is calculated as:

Ratio of consumption wastes treated = consumption wastes treated / consumption wastes produced × 100%

Forest Area

refers to the area of trees and bamboo grow with a canopy density above 0.2 degree, the area of shrubby tree according to regulations of the government, the area of forest land inside farm land and the area of trees planted by the side of villages, farm houses and along roads and rivers.

Area of Man-made Forests

refer to the area of stable growing forests, planted manually or by airplanes, with a survival rate of 80% or higher of the designed number of trees per hectare, or with a canopy density of 0.20 degree or above after 3-5 years of manual planting or 5-7 years of airplane planting.

Forest Coverage Rate

Taking the administrative jurisdiction as the unit, the percentage of area of afforested land to the area of total land. The formula for calculating forest coverage rate is as follows:

Forestry coverage rate = Area of Afforested Land / Area of Total Land × 100%

Total Standing Stock Volume

refers to the total stock volume of trees growing in land, including trees in forest, trees in sparse forest, scattered trees and trees planted by the side of villages, farm houses and along roads and rivers.

Stock Volume of Forest

refers to total stock volume of wood growing in forest area, which shows the total size and level of forest resources of a country or a region.

Area of Afforestation

refers to the total area of land suitable for afforestation, including barren hills, idle land, sand dunes, non-timber forest land, woodland and "grain for green" land, on which acres of forests, trees and shrubs are planted through manual planting.

Manual Planting

refers to technical measures of sowing, planting seedlings and divided transplanting on land suitable for afforestation, including barren hills, idle land, sand dunes, non-timber forest land, woodland and "grain for green" land to increase vegetation coverage rate of forests.

Timber Forests

refer to forests which are mainly for the production of timber, including bamboo groves planted to harvest bamboos.

By-product Forests

refer to forests that mainly produce fruits, nuts, edible oil, beverages, indigents, raw materials and medicine materials. By-product forests are planted to harvest the fruits, leaves, bark or liquid of trees, and consume them as food or raw materials for the manufacturing industry, such as tea-oil trees, tung oil trees, walnut trees, camphor trees, tea bushes, mulberry trees, fruit trees, etc.

Protection Forests

refer to forests, trees and bushes planted mainly for protection or preservation purpose, including water resource conservation forests, water and soil conservation forests, windbreak and dune-fixing forests, farmland and pasture protection forests, riverside protection forests, roadside protection forests, etc.

Fuel Forests

refer to forests planted mainly for fuels.

Forests for Special Purpose

refer to forests planted mainly for national defence, environment protection or scientific experiments, including national defence forests, experimental forests, mother-tree forests, environment protection forests, scenery forests, trees in historical or scenic spots, forests in natural reserves.

Landslides

refer to the geological phenomenon of unstable rocks and earth on slopes sliding down along certain soft surface as a result of gravitational force.

Collapse

refers to the geological phenomenon of large mass of rocks or earth suddenly collapsing from the mountain or cliff as a result of gravitational force.

第十二篇

Chapter 12

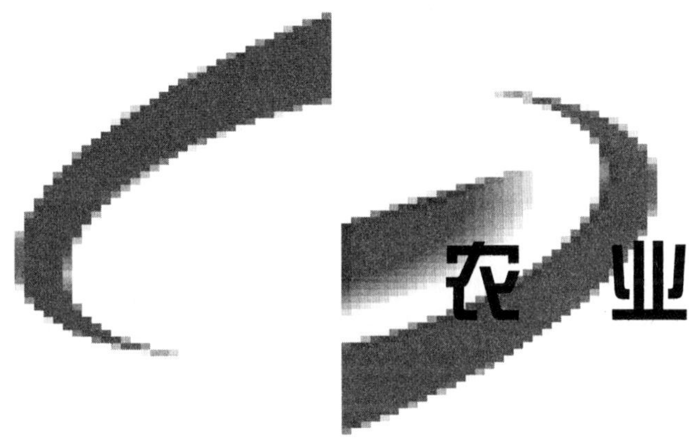

AGRICULTURE

简要说明

一、本篇资料反映我省农业生产和农村经济的基本情况，内容主要包括乡镇（村）数、乡村户数、人口与从业人员、农田水利灌溉、农业机械拥有量、农林牧渔业产值、主要产品产量等。

二、本篇资料来源：按照农村统计调查报表制度汇总、整理。

农村统计调查报表制度的统计范围包括各市、县（区）辖区的各种经济类型的全部农林牧渔业以及各非农行业附属的农林牧渔业生产单位，但不包括农业科学试验机构进行的农业生产。

农村统计调查报表制度按照国家统计局统一要求，由各市、县（区）调查队、统计局收集、汇总报送，采取抽样调查、典型调查、重点调查和其他调查所取得。部分指标及林业生产情况、渔业生产情况等指标均取自同级业务部门统计资料。

乡镇（村）数、农田水利灌溉情况、农业机械拥有量、农垦系统农场基本情况等资料由省民政厅、省水利厅、省农业农村厅、省农垦总公司提供。

Brief Introduction

I. This material reflects the basic situation of agricultural production and rural economy in our province, including the number of villages and towns, rural households, population and employees, farmland irrigation, agricultural machinery ownership, output value of agriculture, forestry, animal husbandry and fishery, and output of main products.

II. Source of this data: Collect and sort out reports according to the rural statistical survey system.

The statistical scope of the rural statistical investigation report system includes all the agriculture, forestry, animal husbandry and fishery industries of various economic types in the municipalities and counties (districts) and the agricultural production units affiliated to various non-agricultural industries, but does not include agricultural production conducted by agricultural scientific experimental institutions.

According to the unified requirements of the National Bureau of Statistics, the report form system for rural statistical investigation shall be collected, collected and submitted by the investigation teams and the statistics bureau of each city, county (district), and shall be based on sample surveys, typical surveys, key surveys and other surveys. Some indicators, forestry production, fishery production and other indicators are taken from the statistical data of business departments at the same level.

The number of townships (villages), farmland irrigation, agricultural machinery ownership, and basic information of farm system are provided by the Provincial Department of Civil Affairs, the Provincial Department of Water Resources, the Provincial Department of Agriculture and Rural Affairs, and the Provincial Land Reclamation Corporation.

12—1 农村基本情况和农业生产条件
Rural Basic Data and Agricultural Production Conditions

指　标		Item		2005	2010	2015	2019	2020
乡镇数	（个）	Number of Township and Town Governments	(unit)	1466	1232	1249	1239	1239
#镇个数		Number of Town Governments		915	869	946	968	968
村民委员会	（个）	Number of Villagers' Committees	(unit)	24076	15744	14688	14529	14427
乡村户数	（万户）	Number of Rural Households	(10000 household)	1346.13	1424.31	1478.23	1478.37	1493.68
乡村人口数	（万人）	Rural Population	(10000 persons)	5241.40	5363.95	5400.85	5377.55	5376.85
#男		Male				2816.55	2814.55	2810.99
乡村劳动力资源数	（万人）	Rural labor force resources number	(10000 persons)	3165.14	3341.03	3375.57	3367.79	3377.16
#男		Male				1798.40	1799.70	1803.88
乡村从业人员数	（万人）	Number of Engaged Persons in Rural Area	(10000 persons)	2939.21	3075.86	3050.02	2968.53	2958.76
#男		Male		1574.17	1658.61	1650.48	1609.23	1606.93
#农　业		Agriculture		1766.94	1521.85	1390.25	1363.98	1323.19
农业机械总动力	（万千瓦）	Total Agricultural Machinery Power	(10000 kw)	3983.83	5409.78	6580.99	6650.47	6799.50
农用大中型拖拉机	（台）	Number of Large and Medium Agricultural Tractors	(unit)	104798	124660	220080	244447	262506
小型拖拉机	（万台）	Number of Mini-tractors	(10000 units)	207.98	236.12	214.67	204.48	200.49
联合收获机	（台）	Combine Harvester	(unit)	48739	102167	174156	220974	227695
机耕面积	（千公顷）	Area Ploughed by Tractors	(1000 hectares)	3775.15	4056.35	4287.86	7570.04	7668.43
机播面积	（千公顷）	Seeded Area by Tractors	(1000 hectares)	2329.34	3606.59	5003.90	5970.52	6124.64
机收面积	（千公顷）	Harvest Area by Tractors	(1000 hectares)	3326.47	5264.28	6440.64	7350.39	7420.12
农村用电量	（亿千瓦时）	Electricity Consumed in Rural Area	(100 million kwh)	64.22	107.41	156.75	189.15	205.31
农用化肥施用量	（万吨）	Consumption of Chemical Fertilizer	(10000 tons)	285.67	319.77	338.69	298.02	289.90
#氮　肥		Nitrogenous Fertilizer		111.08	112.14	107.58	87.97	83.47
磷　肥		Phosphate Fertilizer		38.92	35.94	34.07	26.18	24.90
农用塑料薄膜使用量	（万吨）	Used Plastic Film	(10000 tons)	7.83	8.07	9.79	10.37	10.33
#地膜使用量		Plastic Used		3.38	3.73	4.35	4.52	4.25
地膜覆盖面积	（千公顷）	Plastic Used Area	(1000 hectares)	477.76	425.57	436.96	484.90	467.18
农用柴油使用量	（万吨）	Diesel Oil Use for Agriculture	(10000 tons)	55.58	68.13	75.69	74.68	75.23
农药使用量	（万吨）	Used Agricultural Chemical Insecticides	(10000 tons)	9.48	11.66	11.10	8.83	8.33
有效灌溉面积	（千公顷）	Irrigated Area	(1000 hectares)	3330.84	3519.78	4400.34	4580.85	4608.83
规模以上机电井数	（万眼）	JiDianJing Above Designated Size	(10000 units)	19.54	19.74	23.47	28.00	28.51

注：乡镇（包括城关镇）及村民委员会个数来源于省民政厅（下同）。
a) Number of township (including county towns) and villagers committee comes from the provincial Civil Affairs department (the same below).

12—2 主要年份农林牧渔业生产情况
Output of Farming, Forestry, Animal Husbandry and Fishery

指 标	Item	2005	2010	2015	2019	2020
农产品产量 （万吨）	Yield of Farm Crops (10000 tons)					
粮 食	Grain	2605.31	3207.71	4077.23	4054.00	4019.22
谷 物	Cereal	2399.66	3055.91	3962.29	3934.96	3901.88
#稻 谷	Rice	1317.25	1440.20	1616.80	1630.01	1560.51
小 麦	Wheat	808.11	1242.37	1661.05	1656.89	1671.73
玉 米	Corn	234.97	355.01	679.04	642.79	663.25
豆 类	Beans	101.98	107.58	95.67	100.84	98.13
薯 类	Tubers	103.67	44.22	19.27	18.20	96.10
油 料	Oil-bearing Crops	270.67	176.13	171.45	161.38	162.47
#花 生	Peanuts	79.29	68.06	70.02	70.56	72.33
油菜籽	Rapeseeds	182.33	101.05	96.57	87.28	85.30
芝 麻	Sesame	89.57	0.87	1.03	1.72	1.99
棉 花	Cotton	31.10	25.76	14.75	5.55	4.10
生黄红麻	Jute and Ambary Hemp	1.94	0.25	0.18	0.22	0.26
烟 叶	Tobacco	2.60	1.77	2.63	2.13	2.04
#烤 烟	Flue-cured Tobacco	2.47	1.71	2.52	1.78	2.02
蚕 茧	Silkworm Cocoons	3.13	3.32	3.03	2.60	0.98
茶 叶	Tea	5.96	8.01	11.03	12.20	12.86
#绿 茶	Green Tea	5.49	7.42	10.27	10.63	11.35
园林水果	Garden Fruits	151.72	235.88	301.81	350.37	367.82
农产品单位面积产量（公斤/公顷）	Yield of Farm Crops per Hectare (kg/hectare)					
谷 物	Cereal	4829	5194	6036	6007	5926
棉 花	Cotton	816	918	881	921	801
花 生	Peanuts	3324	4781	4987	4962	4960
油菜籽	Rapeseeds	1912	1966	2360	2399	2434
芝 麻	Sesames	822	1317	1501	1565	1632
生黄红麻	Jute and Ambary Hemp	2981	2658	2813	3214	3752
烤 烟	Flue-cured Tobacco	2407	2712	2548	2457	2355
茶园面积 （千公顷）	Area of Tea Plantations at Year-end (1000 hectares)	117.61	127.24	156.98	187.06	194.71
果园面积 （千公顷）	Area of Orchards at Year-end (1000 hectares)	104.18	109.06	130.82	160.27	166.29
大牲畜年末头数 （万头）	Number of Large Animals (year-end) (10000 heads)	366.16	105.86	73.50	88.17	95.25
#牛	Cattle and Buffaloes	364.35	105.23	73.15	87.82	94.80
肉猪出栏头数 （万头）	Number of Slaughtered Fattened Hogs (10000 heads)	2812.08	2737.24	2872.20	2292.61	2150.47
猪年末头数 （万头）	Number of Hogs (year-end) (10000 heads)	1737.41	1419.24	1484.09	1091.79	1419.33
羊年末头数 （万只）	Number of Sheep and Goats (year-end) (10000 heads)	953.03	473.08	417.99	548.14	597.87
肉类产量 （万吨）	Output of Meat (10000 tons)	382.88	372.35	415.02	402.81	396.03
#禽 肉	Poultry Output	100.17	110.80	145.02	174.59	181.05
奶 类 （吨）	Milk (ton)	110491	191359	286170	337551	376414
#牛 奶	Cow Milk	110186	191359	286170	337551	376369
禽 蛋 （万吨）	Poultry Eggs (10000 tons)	122.06	126.70	155.01	168.70	184.22
淡水产品产量 （万吨）	Total Output of Freshwater Aquatic Products (10000 tons)	177.57	193.31	209.30	231.46	232.41

注：2007—2017年数据根据第三次全国农业普查结果进行了修订和修正（下同）。
a) The 2007-2017 data were revised and revised according to the results of the third national agricultural census (the same below).

12—3 主要年份农作物播种面积
Sown Area of Crops in Major Years

单位：千公顷（1000 hectare）

指　标	Item	2005	2010	2015	2019	2020
粮　食	Grain Crops	5988.10	6947.75	7280.73	7287.00	7289.52
谷　物	Cereal	4968.79	5883.75	6563.95	6551.07	6584.00
#稻　谷	Rice	2288.61	2338.63	2476.37	2509.04	2512.08
小　麦	Wheat	1989.53	2619.18	2857.97	2835.60	2825.20
玉　米	Corn	595.08	864.08	1206.27	1196.45	1234.76
豆　类	Beans	794.91	905.10	637.75	672.95	641.98
薯　类	Tubers	224.40	158.90	79.02	62.98	63.55
油　料	Oil-bearing Crops	1303.05	691.87	574.91	528.15	521.44
棉　花	Cotton	381.27	280.75	167.46	60.30	51.20
生　麻	Raw Hemp	12.84	1.55	1.09	2.13	2.21
糖　料	Sugar Crops	5.73	3.59	3.05	2.79	2.70
烟　叶	Tobacco	10.83	7.54	10.25	8.67	8.64
蔬　菜	Vegetables	664.87	526.36	599.62	682.72	717.95

注：粮食（包括分类、品种）数据来源于国家统计局安徽调查总队（下同）。

a) The data of grain (including classification and variety) were obtained from Anhui Survey Team of National Bureau of Statistics (the same below).

12—4 农林牧渔业总产值及指数
Gross Output Value of Farming, Forestry, Animal Husbandry and Fishery and Related Indices

本表按当年价格计算。 (Data in value terms in this table are calculated at current prices.)

年 份 Year	绝对数 (万元) Gross Output Value (10000 yuan)					
	农林牧渔业总产值 Total of Farming, Forestry, Animal Husbandry and Fishery	农 业 Farming	林 业 Forestry	牧 业 Animal Husbandry	渔 业 Fishery	农林牧渔专业及辅助性活动 Professional and Auxiliary Activities
2005	16661915	8184809	784147	5535614	1656235	501110
2010	28150185	14772975	1352804	8298046	2677885	1048475
2011	32965897	16403033	1820685	10394771	3144883	1202524
2012	35522691	17864629	2094974	10741973	3491915	1329201
2013	38187303	19161918	2330736	11237306	3988152	1469191
2014	40242037	20270934	2830736	11340074	4175583	1624710
2015	41831434	20800862	2901057	12077885	4315202	1736428
2016	44323171	21370277	2910818	13197424	4661107	2183546
2017	45979418	22414199	3190831	13216891	4762099	2395398
2018	46727141	22536647	3329380	13158401	5056501	2646212
2019	51621338	23653942	3512838	16289006	5213091	2952462
2020	56809129	25254212	3874666	19001869	5425680	3252702

年 份 Year	指 数 (%) Related Indices (%)					
	农林牧渔业总产值 Total of Farming, Forestry, Animal Husbandry and Fishery	农 业 Farming	林 业 Forestry	牧 业 Animal Husbandry	渔 业 Fishery	农林牧渔专业及辅助性活动 Professional and Auxiliary Activities
2005	101.41	97.85	105.18	103.91	106.68	115.49
2010	104.46	103.24	107.64	104.93	105.47	110.54
2011	103.95	103.93	109.04	102.63	103.91	108.20
2012	105.57	105.80	105.40	105.60	103.50	108.05
2013	103.41	103.24	106.93	102.01	104.63	107.94
2014	104.59	105.04	107.90	102.93	103.97	107.99
2015	104.20	104.92	105.69	102.66	103.35	105.71
2016	103.41	102.45	104.88	102.04	103.05	122.78
2017	104.08	104.44	109.61	101.86	103.24	108.40
2018	102.58	102.11	103.12	101.95	103.23	108.35
2019	102.26	103.42	104.30	98.17	103.30	108.20
2020	102.74	102.34	107.72	101.67	102.25	106.74

12—5 主要年份林业生产情况
Basic Data of Forest Production in Major Years

指　　标	Item	2005	2010	2015	2019	2020
营林情况　(公顷)	Management of Forest　(hectares)					
人工造林面积	Artificial Afforestation Area	57457	57012	114350	51264	59639
新封山育林面积	Area of Setting Apart Mountains for Forestation	50964	20943	14066	40381	42144
森林抚育面积	Area of Forest Tending		307795	560665	510902	559572
油茶籽　(吨)	Tea-oil Seeds　(ton)	9743	25864	78327	94096	110180
板　栗　(吨)	Chestnuts　(ton)	68786	137239	105870	109454	99645
竹材采伐量　(万根)	Determination of Bamboo Cut　(10000 units)	6315	9784	15724	16695	20131
木材采伐量　(万立方米)	Determination of Timber Cut　(10000 cu.m)	328	458	567	509	536

12—6 主要年份茶叶、水果生产情况
Tea, Fruits Production in Major Years

单位：吨、公顷（ton，Hectares）

指　　标	Item	2005	2010	2015	2019	2020
茶叶产量	Tea	59619	80149	110345	121980	128603
#绿　茶	Green Tea	54890	74192	102725	106308	113547
园林水果产量	Garden Fruits	1517201	2358815	3018139	3503738	3678159
#苹　果	Apples	278143	215407	198083	374477	376245
梨	Pears	638058	1006506	1154815	1254085	1275089
柑橘类	Citrus	12427	11319	14915	30776	32823
其他水果	Other Garden Fruits	588573	1125583	1650326	1844400	1994002
#桃	Peachs	212186	574309	758068	963579	1051485
葡　萄	Grapes	173264	211142	455286	533541	534157
茶园面积	Tea Garden Area	117606	127242	156982	187058	194707
果园面积	Orchard Area	104180	109061	130823	160269	166286
#苹　果	Apples	13914	12074	11348	11808	11714
梨	Pears	38605	39388	39742	40538	41234
葡　萄	Grapes	6023	7629	17152	26728	26685

12—7 主要年份牲畜饲养情况
Number of Livestock in Major Years

单位：万头（万只）（10000 heads）

年份 Year	大牲畜年末头数 Large Animals (year-end)	牛 Cattle and Buffaloes	肉猪出栏头数 Slaughtered Fattened Hogs	猪年末头数 Hogs (year-end)	羊年末只数 Sheep and Goats (year-end)	活家禽存栏只数 Poultry
2005	366.2	364.4	2812.1	1737.4	953.0	22672.8
2010	105.9	105.2	2737.2	1419.2	473.1	26216.2
2012	88.8	88.4	2857.1	1517.7	424.7	29831.6
2013	83.1	82.5	2888.2	1567.4	410.7	30315.1
2014	74.6	74.2	2990.4	1534.6	412.5	30712.8
2015	73.5	73.2	2872.2	1484.1	418.0	31020.8
2016	68.5	68.2	2760.4	1410.1	376.9	28904.6
2017	80.9	80.6	2828.9	1417.2	505.1	23018.5
2018	80.0	79.6	2837.4	1356.3	500.6	23524.9
2019	88.2	87.8	2292.6	1091.8	548.1	27406.5
2020	95.2	94.8	2150.5	1419.3	597.9	31024.1

注：全省猪、牛、羊、禽数据来源于国家统计局安徽调查总队（下同）。
a) Data of pigs, cattle, sheep and poultry in the whole province come from Anhui Investigation Team of National Bureau of Statistics (the same below).

12—8 主要年份畜产品产量
Output of Livestock Products in Major Years

单位：吨（ton）

年份 Year	肉类总产量 Output of Meat	禽肉产量 Poultry Output	生牛奶 Raw Milk	禽蛋 Poultry Eggs	天然蜂蜜 Honey	蚕茧 Sikworm Cocoons
2005	3828828	1001658	110186	1220556	11258	31300
2010	3723533	1108014	191359	1267030	16447	33177
2012	3923625	1253242	225039	1347119	18900	32610
2013	3980081	1293874	236741	1389427	20109	32247
2014	4073311	1299103	260392	1388606	19427	31080
2015	4150171	1450219	286170	1550134	16734	30328
2016	4079731	1539611	305344	1631743	17396	29497
2017	4151847	1464306	298412	1546998	17789	28940
2018	4217401	1506771	307961	1582579	21031	28904
2019	4028148	1745945	337551	1687029	17924	25978
2020	3949991	1810544	376369	1842236	16957	9755

12—9　农林牧渔业总产值（2020年）

Gross Output Value of Farming, Forestry, Animal Husbandry and Fishery (2020)

单位：万元（10000 yuan）

指　标	Item	按可比价格计算 Caculated According to Constant Price	按当年价格计算 At Current Prices
农林牧渔业总产值	**Total Gross Output Value**	**53035291**	**56809129**
农业产值	**Gross Output Value of Farming**	**24208154**	**25254212**
谷物及其他作物	Cereal and Other Crops	12783737	13010056
谷　物	Cereal		10501545
薯　类	Tubers		80024
油　料	Oil-bearing Crops		1151031
豆　类	Beans		541069
棉　花	Cotton		97027
生　麻	Raw Hemp		9783
糖　类	Sugar Crops		25643
烟　叶	Tobacco		57956
其他农作物	Other Crops		545979
蔬菜、食用菌及花卉盆景园艺产品	Vegetables, Edible Fungus and Flowers and Plants Bonsai Horticultural Goods	7644733	8114428
水果、食用坚果、茶、饮料和香料	Fruits, Nut, Tea, Beverage and Spice	3099839	3478137
中草药材	Chinese Medicinal Herbs	679845	651591
林业产值	**Gross Output Value of Forestry**	**3783857**	**3874666**
林木的培育和种植	Cultivation and Planting of Woods	766653	792585
竹木采运	Lumbering and Transport of Bamboo and Timber	1220890	1238072
林产品	Forest Products	1796315	1844009
牧业产值	**Gross Output Value of Animal Husbandry**	**16561560**	**19001869**
牲畜饲养	Animals Breeding	2565461	2472268
#牛的饲养	Cattle and Buffaloes Breeding		699313
羊的饲养	Sheep and Goats Breeding		1465290
猪的饲养	Hogs Breeding	7278735	10184507
家禽的饲养	Poultry Breeding	5955425	5570775
狩猎和捕捉动物	Animals Hunting and Catching	24244	24850
其他畜牧业	Other Animal Husbandry	737695	749469
渔业产值	**Gross Output Value of Fishery**	**5330179**	**5425680**
淡水产品	Freshwater Aquatic Products	5330179	5425680
#养　殖	Cultured		5113799
#鱼　类	Fishes		2631558
虾蟹类	Shrimps and Crabs		2593321
农林牧渔专业及辅助性活动产值	**Output Value of Professional and Auxiliary Activities**	**3151541**	**3252702**

12—10 农作物主要产品生产情况（2020年）
Production of Main Crops (2020)

指　　标	Item	播种面积（千公顷）Sown Area (1000 hectares)	产　量（万吨）Yield (10000 tons)
粮食作物合计	Grain Crops	7289.52	4019.22
#夏收粮食	Summer-Harvest Crops	2825.98	1671.89
谷　物	Cereal	6584.00	3901.88
稻　谷	Rice	2512.08	1560.51
早　稻	Early Rice	170.30	91.20
中稻和一季晚稻	Middle-season Rice and Single-crop Late Rice	2162.60	1372.49
双季晚稻	Late Rice	179.18	96.81
小　麦	Wheat	2825.20	1671.73
冬小麦	Winter Wheat	2825.20	1671.73
玉　米	Corn	1234.76	663.25
其他谷物	Other Cereal	11.96	6.39
豆类合计	Beans	641.98	98.13
#大　豆	Soybean	605.06	92.94
薯　类	Tubers	63.55	96.10
#马铃薯	Potato	4.59	6.55
油料合计	Oil-bearing Crops	521.44	162.47
#花　生	Peanuts	145.82	72.33
油菜籽	Rapeseeds	350.43	85.30
芝　麻	Sesame	12.20	1.99
棉　花	Cotton	51.20	4.10
生麻合计	Fiber Crops	2.21	1.02
糖料合计	Sugar Crops	2.70	11.11
烟叶合计	Tobacco	8.64	2.04
中草药材	Crude Drugs	102.25	
蔬菜（含菜用瓜）	Vegetables (including gourd)	717.95	2330.95
瓜果类（果用瓜）	Melon and Fruit (Fruited Melon)	95.37	373.70
#西　瓜	Watermelon	73.46	306.87
草　莓	Strawberry	12.77	34.61
其他作物	Other Crops	26.70	

12—11　各市农村基本情况（2020年）
Basic Statement of Rural Area by Region (2020)

地　区	Region	乡镇数（个）Number of Township and Town Governments (unit)	#镇　数 Town Governments	村民委员会（个）Number of Villagers' Committees (unit)	乡村户数（户）Number of Households (household)
总　计	**Total**	**1239**	**968**	**14427**	**14936798**
合 肥 市	Hefei	81	65	1264	1162189
淮 北 市	Huaibei	18	18	277	451580
亳 州 市	Bozhou	79	72	1176	1372550
宿 州 市	Suzhou	94	71	1142	1345959
蚌 埠 市	Bengbu	55	43	886	757139
阜 阳 市	Fuyang	149	125	1493	2380915
淮 南 市	Huainan	71	59	826	756562
滁 州 市	Chuzhou	94	85	965	917681
六 安 市	Luan	130	87	1740	1529835
马鞍山市	Maanshan	35	33	391	437322
芜 湖 市	Wuhu	44	44	630	768939
宣 城 市	Xuancheng	78	60	718	726650
铜 陵 市	Tongling	34	27	368	335200
池 州 市	Chizhou	45	37	577	391375
安 庆 市	Anqing	131	84	1292	1221172
黄 山 市	Huangshan	101	58	682	381730

地　区	Region	乡村人口数（人）Rural Population (person)	乡村从业人员数（人）Number of Rural Laborers (person)	#男 Male	#农　业 Agriculture
总　计	**Total**	**53768528**	**29587595**	**16069258**	**13231858**
合 肥 市	Hefei	4125387	2319164	1262031	833693
淮 北 市	Huaibei	1521468	746260	417696	458566
亳 州 市	Bozhou	5316864	2821279	1516667	1263430
宿 州 市	Suzhou	5112832	2973366	1590977	1357576
蚌 埠 市	Bengbu	2922588	1657587	906458	856013
阜 阳 市	Fuyang	9198684	5067393	2714064	2071247
淮 南 市	Huainan	2590829	1443833	801220	748894
滁 州 市	Chuzhou	3395416	1915162	1037857	965815
六 安 市	Luan	5228077	2762630	1528291	1270242
马鞍山市	Maanshan	1497542	776589	430520	296020
芜 湖 市	Wuhu	2429186	1390261	757503	468382
宣 城 市	Xuancheng	2272814	1277533	695174	582091
铜 陵 市	Tongling	1149490	665780	368904	283138
池 州 市	Chizhou	1353527	726440	390665	378464
安 庆 市	Anqing	4448356	2327235	1272672	1039996
黄 山 市	Huangshan	1205468	717083	378559	358291

12—12 各市农、林、牧、渔业总产值及指数（2020年）

Gross Output Value of Farming, Forestry, Animal Husbandry and Fishery and Related Indices by Region (2020)

本表绝对数按当年价格计算，指数按可比价格计算。
Absolute figures in this table are calculated at current prices while indices are calculated at comparable prices.

地区	Region	绝对数（万元） Gross Output Value of Farming, Forestry, Animal Husbandry and Fishery (10000 yuan)					
		农林牧渔业总产值 Total of Farming, Forestry, Animal Husbandry and Fishery	农业 Farming	林业 Forestry	牧业 Animal Husbandry	渔业 Fishery	农林牧渔专业及辅助性活动 Professional and Auxiliary Activities
总计	**Total**	**56809129**	**25254212**	**3874666**	**19001869**	**5425680**	**3252702**
合肥市	Hefei	5242558	2747992	242478	1286714	831537	133837
淮北市	Huaibei	1338407	727926	44449	478440	52470	35122
亳州市	Bozhou	4724260	3039044	152226	1258937	109614	164439
宿州市	Suzhou	6070058	2953196	174184	1924388	101304	916986
蚌埠市	Bengbu	4270283	2061258	114636	1566023	398833	129533
阜阳市	Fuyang	7854740	3386281	546707	2886149	243796	791807
淮南市	Huainan	2473293	1285553	56903	658663	417919	54255
滁州市	Chuzhou	4843535	2181442	132010	1418566	736379	375138
六安市	Luan	4537506	1993965	471491	1551185	424901	95964
马鞍山市	Maanshan	1731254	795246	28795	304318	481702	121192
芜湖市	Wuhu	2966291	1486673	202122	510333	679829	87334
宣城市	Xuancheng	2848151	1215214	313972	835724	368447	114794
铜陵市	Tongling	910090	411729	77836	163120	226285	31120
池州市	Chizhou	1547983	593062	220418	376030	278712	79761
安庆市	Anqing	4288674	1796024	400744	1309241	705927	76737
黄山市	Huangshan	1157441	601920	225373	274812	28080	27256

12—12 续表 continued

地区	Region	指数（上年=100） Gross Output Value of Farming, Forestry, Animal Husbandry and Fishery (preceding year=100)					
		农林牧渔业总产值 Total of Farming, Forestry, Animal Husbandry and Fishery	农业 Farming	林业 Forestry	牧业 Animal Husbandry	渔业 Fishery	农林牧渔专业及辅助性活动 Professional and Auxiliary Activities
总计	**Total**	**102.64**	**102.28**	**108.14**	**100.79**	**102.25**	**106.76**
合肥市	Hefei	101.46	103.81	105.62	94.62	102.79	109.64
淮北市	Huaibei	101.05	101.53	108.41	99.04	103.60	109.72
亳州市	Bozhou	103.51	100.40	99.28	112.93	106.14	106.62
宿州市	Suzhou	103.88	103.88	103.01	102.51	101.04	107.68
蚌埠市	Bengbu	102.44	102.23	95.39	101.85	105.77	108.77
阜阳市	Fuyang	103.69	104.14	106.33	102.27	102.08	105.41
淮南市	Huainan	101.17	99.68	102.70	100.67	105.88	104.42
滁州市	Chuzhou	102.22	103.53	104.15	99.44	101.20	106.00
六安市	Luan	102.44	102.33	103.21	102.18	101.68	108.03
马鞍山市	Maanshan	102.20	101.51	102.03	100.49	103.07	107.30
芜湖市	Wuhu	102.39	102.14	104.77	101.33	102.98	104.69
宣城市	Xuancheng	102.75	101.98	103.81	102.50	103.78	109.27
铜陵市	Tongling	101.40	104.35	101.05	90.16	103.88	104.08
池州市	Chizhou	101.72	101.89	103.32	98.29	103.25	107.38
安庆市	Anqing	102.34	102.26	102.35	102.91	102.18	103.88
黄山市	Huangshan	103.02	101.93	105.14	104.13	100.15	101.99

注：全省农林牧渔业总产值指数按农产品生产者价格指数缩减计算。

a) The index of gross output value of agriculture, forestry, animal husbandry and fishery of the whole province reduces calculating according to producer's price index of agricultural products.

12—13 各市主要农业机械年末拥有量（2020年）

Agricultural Machinery at the Year-end by Region (2020)

地 区	Region	农业机械总动力（万千瓦）Total Power of Agricultural Machinery (10000 kw)	大中型拖拉机（台）Large and Medium Agricultural Tractors (unit)	小型拖拉机（台）Mini-tractors (unit)
总　计	**Total**	**6799.50**	**262506**	**2004882**
合肥市	Hefei	503.78	16290	191793
淮北市	Huaibei	278.13	16666	98039
亳州市	Bozhou	813.14	39151	134046
宿州市	Suzhou	802.80	38384	149011
蚌埠市	Bengbu	584.11	16038	293027
阜阳市	Fuyang	730.36	50242	112927
淮南市	Huainan	456.89	12946	203603
滁州市	Chuzhou	732.83	31184	373775
六安市	Luan	616.40	15311	157763
马鞍山市	Maanshan	156.40	4611	33950
芜湖市	Wuhu	223.99	6070	47185
宣城市	Xuancheng	244.58	3942	53603
铜陵市	Tongling	84.97	1943	22857
池州市	Chizhou	141.80	1743	29163
安庆市	Anqing	345.44	7834	90178
黄山市	Huangshan	83.88	151	13962

12—14　各市有效灌溉面积、农用化肥施用、用电情况（2020年）

Irrigated Area and Consumption of Chemical Fertilizer and Electricity in Rural Area by Region (2020)

地　区	Region	有效灌溉面积（千公顷）Irrigated Area (1000 hectares)	化肥施用量（吨）Consumption of Chemical Fertilizer (ton)	#氮　肥 Nitrogenous Fertilizer	磷　肥 Phosphate Fertilizer	钾　肥 Potash Fertilizer
总　计	**Total**	**4608.83**	**2898969**	**834692**	**248979**	**253977**
合肥市	Hefei	459.91	228203	70360	31399	28132
淮北市	Huaibei	147.16	91915	15778	1541	1252
亳州市	Bozhou	503.37	279429	49334	23008	26782
宿州市	Suzhou	450.21	296969	82916	22136	28921
蚌埠市	Bengbu	266.49	276713	93628	23646	21615
阜阳市	Fuyang	484.39	327733	78935	14742	21330
淮南市	Huainan	283.34	261046	86009	18993	14810
滁州市	Chuzhou	491.07	313249	99144	38573	22052
六安市	Luan	437.62	162547	46248	14962	19153
马鞍山市	Maanshan	149.57	72843	23878	2917	2164
芜湖市	Wuhu	202.16	162956	43042	16164	17215
宣城市	Xuancheng	204.77	107486	34149	8989	7924
铜陵市	Tongling	71.79	52564	17340	9338	8460
池州市	Chizhou	111.44	53032	18473	1545	7210
安庆市	Anqing	283.19	180342	60896	19848	25172
黄山市	Huangshan	62.36	31942	14562	1178	1785

12—14 续表 continued

地 区	Region	农村用电量 (万千瓦时) Electricity Consumed in Rural Area (10000 kwh)	农用塑料薄膜使用量 (吨) Used Plastic Film (ton)	#地膜使用量 Used of Plastic Film	地膜覆盖面积 (公顷) The Area of Plastic Film Covered (hectares)	农用柴油使用量 (吨) Consumption of Diesel Oil for Farm Use (ton)	农药使用量 (吨) Consumption of Agricultural Pesticide (ton)
总 计	**Total**	**2053069**	**103299**	**42503**	**467181**	**752270**	**83294**
合肥市	Hefei	195675	15297	3602	29067	73632	3824
淮北市	Huaibei	47473	819	293	4062	27190	2311
亳州市	Bozhou	126001	7550	3472	38182	87841	6684
宿州市	Suzhou	156859	16247	8279	53827	117410	17814
蚌埠市	Bengbu	127853	8848	4459	48888	56701	4520
阜阳市	Fuyang	267815	21377	4780	51148	55308	6043
淮南市	Huainan	161535	2818	1109	17575	77513	9404
滁州市	Chuzhou	125141	10169	6840	128315	53209	4809
六安市	Luan	153473	4308	1915	21597	48808	4740
马鞍山市	Maanshan	66822	3347	1037	14541	12897	2995
芜湖市	Wuhu	179336	1862	729	21770	41218	1994
宣城市	Xuancheng	146182	2792	1624	14051	13084	2909
铜陵市	Tongling	69107	730	429	3986	7276	1463
池州市	Chizhou	44721	474	290	4142	23205	4027
安庆市	Anqing	149633	4779	2335	11490	49999	7366
黄山市	Huangshan	35442	1883	1310	4540	6980	2391

12—15　各市主要粮食作物播种面积（2020年）

Area Sown With Main Grain Crops in Each by Region (2020)

单位：公顷（hectare）

地　区	Region	粮食作物播种面积 Sown Area of Grain Crops	谷　物 Cereal	#稻　谷 Rice	小　麦 Wheat	玉　米 Corn	豆　类 Soybeans	薯　类 Tubers
总　计	**Total**	**7289523**	**6583998**	**2512082**	**2825200**	**1234756**	**641979**	**63547**
合肥市	Hefei	523359	505437	363015	122367	18998	13150	4773
淮北市	Huaibei	275172	218001		135420	82514	56875	296
亳州市	Bozhou	872820	730204	4321	436705	279990	137017	5599
宿州市	Suzhou	938215	781300	1244	471940	307452	142426	14489
蚌埠市	Bengbu	515291	488515	105285	252148	130966	25389	1388
阜阳市	Fuyang	970799	830799	65649	498917	266087	133145	6855
淮南市	Huainan	526279	502881	277513	213630	11739	21981	1417
滁州市	Chuzhou	826838	786588	415624	326745	44163	35598	4652
六安市	Luan	609061	590412	404376	158782	26996	16256	2394
马鞍山市	Maanshan	175950	168457	116573	48897	2987	4312	3181
芜湖市	Wuhu	222354	213003	160694	42670	9640	7319	2031
宣城市	Xuancheng	218051	205832	154974	43896	6925	8114	4104
铜陵市	Tongling	100449	95222	78578	12633	4011	4498	729
池州市	Chizhou	118610	110623	88282	13462	8879	6358	1630
安庆市	Anqing	345232	314817	242069	46989	25389	23566	6850
黄山市	Huangshan	51043	41909	33889		8020	5974	3160

12—16 各市主要经济作物播种面积（2020年）
Areas Sown to Main Cash Crops in Each by Region (2020)

单位：公顷（hectare）

地 区	Region	油 料 Oil-bearing Crops	#花 生 Peanuts	油菜籽 Rapeseeds	芝 麻 Sesame	棉 花 Cotton	生 麻 Fiber Crops	糖 料 Sugar Crops
总 计	**Total**	**521439**	**145816**	**350431**	**12197**	**51200**	**2206**	**2704**
合肥市	Hefei	53390	13379	38865	1086	7572	55	244
淮北市	Huaibei	1955	621	881	453	53		1
亳州市	Bozhou	8092	5778	1362	857	941		127
宿州市	Suzhou	28666	24865	3683	100	590		78
蚌埠市	Bengbu	51588	49198	1817	515	72		35
阜阳市	Fuyang	24337	6933	14245	2873	1409	78	343
淮南市	Huainan	11798	1969	9670	158	377		16
滁州市	Chuzhou	35556	24657	10616	260	1661		843
六安市	Luan	53111	8965	40160	648	4063	1955	159
马鞍山市	Maanshan	24623	745	23658	221	1639	29	57
芜湖市	Wuhu	32362	1149	30846	313	6009	83	223
宣城市	Xuancheng	25742	1381	23354	135	299		76
铜陵市	Tongling	23248	642	22409	184	2039		25
池州市	Chizhou	27554	541	26670	343	3681		38
安庆市	Anqing	99424	4652	83685	3745	20679	6	69
黄山市	Huangshan	19993	341	18510	306	115		370

地 区	Region	烟 叶 Tobacco	#烤 烟 Flucured Tobacco	中草药材 Crude Drugs	蔬 菜 Vegeta-bles	瓜果类 Melon	#西 瓜 Water-melon	草 莓 Strawb-erry
总 计	**Total**	**8645**	**8585**	**102253**	**717950**	**95370**	**73457**	**12771**
合肥市	Hefei			1710	90681	9767	4265	4777
淮北市	Huaibei			365	10266	3862	3399	70
亳州市	Bozhou	46	46	58057	75455	12549	11723	176
宿州市	Suzhou			674	53036	15525	14492	752
蚌埠市	Bengbu			839	54537	9196	7751	596
阜阳市	Fuyang	31		9179	104919	19142	14661	1858
淮南市	Huainan			356	25849	7036	4050	2070
滁州市	Chuzhou			7939	29157	2946	2393	477
六安市	Luan			6400	56158	2517	1974	322
马鞍山市	Maanshan				26646	2205	1631	150
芜湖市	Wuhu	1723	1723	730	62409	3388	2596	463
宣城市	Xuancheng	5963	5934	4723	24489	1709	1160	256
铜陵市	Tongling			639	12089	1477	1088	252
池州市	Chizhou	477	477	1246	10157	895	494	63
安庆市	Anqing			4600	65443	2158	1020	400
黄山市	Huangshan	405	405	4796	16660	998	760	89

12—17　各市主要农产品单位面积产量（2020年）
Yield of Major Farm Crops per Hectare by Region (2020)

单位：公斤/公顷（kg/hectare）

地　区	Region	谷　物 Cereals	棉　花 Cotton	花　生 Peanuts	油菜籽 Rapeseeds	芝　麻 Sesame	烤　烟 Fluecured Tobacco	蔬　菜 Vegetables	瓜果类 Melon
总　计	**Total**	**5926**	**801**	**4960**	**2434**	**1632**	**2355**	**32467**	**39185**
合肥市	Hefei	5652	675	3566	2765	1620		25499	26095
淮北市	Huaibei	6471	761	4263	2157	1225		39601	38727
亳州市	Bozhou	6644	795	6644	2735	1456	3587	39268	44361
宿州市	Suzhou	5429	718	4970	2227	1550		41973	47260
蚌埠市	Bengbu	5660	739	6720	1901	1456		46794	49708
阜阳市	Fuyang	5993	728	2781	2598	1853		41260	45451
淮南市	Huainan	6039	775	4686	2510	1770		33000	27381
滁州市	Chuzhou	5821	828	3605	2673	1415		34458	34264
六安市	Luan	5797	761	3826	2063	1366		22753	28357
马鞍山市	Maanshan	6124	794	2924	2671	1550		30271	28180
芜湖市	Wuhu	6254	868	2966	2856	1502	2959	26069	36865
宣城市	Xuancheng	6009	842	3441	2446	2047	2172	22397	24985
铜陵市	Tongling	5814	776	3371	2456	1815		25701	25758
池州市	Chizhou	5541	852	2673	2509	1726	2585	27884	17166
安庆市	Anqing	5856	836	2990	2337	1665		23147	21942
黄山市	Huangshan	6319	660	2214	1612	1095	2072	17673	19629

12—18 各市主要粮食作物产量（2020年）
Output of Major Food Crops in Each by Region (2020)

单位：吨（ton）

地 区	Region	粮 食 Grain	谷 物 Cereal	#稻 谷 Rice	小 麦 Wheat	玉 米 Corn	豆 类 Beans	薯 类 Tubers
总 计	**Total**	**40192169**	**39018756**	**15605061**	**16717300**	**6632494**	**981264**	**192166**
合 肥 市	Hefei	2889469	2856619	2191580	561158	98104	18473	14377
淮 北 市	Huaibei	1493605	1410784		998895	411521	81903	918
亳 州 市	Bozhou	5051884	4851668	19806	3159873	1623459	183761	16455
宿 州 市	Suzhou	4496158	4241526	7618	2668142	1562252	210419	44212
蚌 埠 市	Bengbu	2805504	2765140	618175	1489406	656858	36399	3966
阜 阳 市	Fuyang	5216412	4979386	352291	3196857	1429428	216066	20960
淮 南 市	Huainan	3074460	3036824	1791408	1185763	59653	33386	4250
滁 州 市	Chuzhou	4656914	4578719	2568108	1776232	234052	64291	13904
六 安 市	Luan	3456750	3422325	2546313	721688	152833	26990	7435
马鞍山市	Maanshan	1047960	1031709	772233	245757	13719	7082	9169
芜 湖 市	Wuhu	1351357	1332130	1064869	207390	59871	12499	6729
宣 城 市	Xuancheng	1266761	1236933	982905	212921	40887	17551	12277
铜 陵 市	Tongling	562786	553620	470571	55025	28024	6962	2204
池 州 市	Chizhou	632533	612907	515323	52664	44920	14793	4833
安 庆 市	Anqing	1903019	1843619	1487876	185529	168066	38646	20754
黄 山 市	Huangshan	286598	264832	215985		48847	12044	9722

12—19 各市主要经济作物产量（2020年）
Output of Main Cash Crops in Each by Region (2020)

单位：吨（ton）

地 区	Region	油 料 Oil-bearing Crops	#花 生 Peanuts	油菜籽 Rapeseeds	芝 麻 Sesame	棉 花 Cotton	生 麻 Fiber Crops	糖 料 Sugar Crops
总 计	**Total**	**1624701**	**723250**	**853021**	**19909**	**41006**	**10203**	**111055**
合肥市	Hefei	157119	47703	107464	1759	5110	67	9473
淮北市	Huaibei	5104	2649	1900	555	41		60
亳州市	Bozhou	43543	38391	3725	1248	748		4519
宿州市	Suzhou	131976	123585	8203	155	424		2836
蚌埠市	Bengbu	334994	330627	3454	750	54		1143
阜阳市	Fuyang	62249	19283	37002	5324	1025	366	20635
淮南市	Huainan	33779	9227	24272	280	292		394
滁州市	Chuzhou	117664	88878	28374	368	1374		30979
六安市	Luan	121791	34297	82830	885	3091	9342	4304
马鞍山市	Maanshan	65716	2177	63197	342	1302	36	2224
芜湖市	Wuhu	92130	3408	88111	470	5215	364	8722
宣城市	Xuancheng	63387	4750	57132	276	251		1972
铜陵市	Tongling	57570	2164	55030	334	1582		1025
池州市	Chizhou	68961	1446	66923	592	3137		736
安庆市	Anqing	236396	13910	195560	6236	17284	28	1192
黄山市	Huangshan	32322	755	29844	335	76		20841

地 区	Region	烟 叶 Tobacco	#烤 烟 Fluecured Tobacco	蔬 菜 Vegetables	瓜果类 Melon	#西 瓜 Watermelon	草 莓 Strawberry
总 计	**Total**	**20418**	**20220**	**23309466**	**3737039**	**3068688**	**346131**
合肥市	Hefei			2312269	254871	131631	108214
淮北市	Huaibei	1		406546	149565	136738	1809
亳州市	Bozhou	165	165	2962974	556689	528039	6103
宿州市	Suzhou			2226054	733716	702788	21302
蚌埠市	Bengbu			2552024	457117	388331	28835
阜阳市	Fuyang	110		4328936	870031	649554	74362
淮南市	Huainan			853023	192658	103651	60672
滁州市	Chuzhou			1004700	100943	89167	9825
六安市	Luan			1277736	71374	59265	6649
马鞍山市	Maanshan			806589	62131	50171	2545
芜湖市	Wuhu	5098	5098	1626966	124899	112547	7248
宣城市	Xuancheng	12972	12885	548486	42694	32158	4684
铜陵市	Tongling			310698	38044	31032	3972
池州市	Chizhou	1233	1233	283218	15364	13598	278
安庆市	Anqing			1514812	47352	24221	8016
黄山市	Huangshan	839	839	294436	19590	15797	1617

12—20 各市茶叶、水果生产情况（2020年）
Tea, Fruits Production by Region (2020)

单位：吨（ton）

地 区	Region	茶 叶 Tea	#绿 茶 Green Tea	园林水果 Garden Fruits	#苹 果 Apples	梨 Pears	葡 萄 Grapes
总 计	**Total**	**128603**	**113547**	**3678159**	**376245**	**1275089**	**534157**
合肥市	Hefei	2257	2247	237243	23	21350	81306
淮北市	Huaibei			189676	28993	7641	42593
亳州市	Bozhou			131088	1792	38318	22784
宿州市	Suzhou			2098610	335396	1036991	149767
蚌埠市	Bengbu			119093	1385	49469	25356
阜阳市	Fuyang			186195	7452	60607	45918
淮南市	Huainan	50		84956		20719	23843
滁州市	Chuzhou	558	558	152109	65	9475	43235
六安市	Luan	28472	25151	224592	201	8967	38600
马鞍山市	Maanshan	430	430	43745	267	4786	17184
芜湖市	Wuhu	2501	2450	56033	101	1813	22462
宣城市	Xuancheng	34487	31620	30850		6292	3393
铜陵市	Tongling	599	459	7992		395	2293
池州市	Chizhou	12551	8498	8091	12	397	1338
安庆市	Anqing	14992	14750	61520	558	5268	7328
黄山市	Huangshan	31706	27384	46365		2601	6757

12—21 各市牲畜饲养情况（2020年）
Number of Livestock by Region (2020)

单位：万头（万只）（10000 heads）

地 区	Region	大牲畜年末头数 Large Animals (year-end)	牛 Cattle and Buffaloes	肉猪出栏头数 Slaughtered Fattened Hogs	猪年末头数 Hogs (year-end)	羊年末只数 Sheep and Goats (year-end)	活家禽只数 Poultry (year-end)
总 计	**Total**	**95.2**	**94.8**	**2150.5**	**1419.3**	**597.9**	**31024.1**
合肥市	Hefei	5.5	5.5	126.5	64.7	10.0	3377.9
淮北市	Huaibei	3.0	3.0	65.3	51.6	13.6	409.0
亳州市	Bozhou	6.6	6.5	256.0	172.0	84.0	1426.4
宿州市	Suzhou	14.6	14.4	302.7	223.2	198.5	3406.8
蚌埠市	Bengbu	15.2	15.1	140.5	97.5	53.4	2359.6
阜阳市	Fuyang	23.4	23.3	356.0	226.8	141.9	3279.8
淮南市	Huainan	4.0	4.0	89.8	51.4	19.3	1319.8
滁州市	Chuzhou	5.6	5.6	203.5	126.1	29.6	2552.1
六安市	Luan	3.7	3.7	186.1	130.5	18.2	2083.9
马鞍山市	Maanshan	1.0	1.0	33.3	15.1	4.8	712.1
芜湖市	Wuhu	1.0	1.0	43.3	33.1	3.2	1623.4
宣城市	Xuancheng	2.2	2.2	65.3	44.0	5.9	3329.6
铜陵市	Tongling	0.4	0.4	19.5	14.1	1.2	795.4
池州市	Chizhou	0.5	0.5	45.8	27.5	1.9	1043.7
安庆市	Anqing	7.3	7.3	157.4	100.3	10.4	2836.2
黄山市	Huangshan	1.5	1.5	59.5	41.6	2.1	468.5

12—22　各市畜产品产量（2020年）
Output of Livestock Products by Region (2020)

地　区	Region	肉类总产量（万吨）Output of Meat (10000 tons)	猪肉 Pork	牛肉 Beef	羊肉 Mutton	禽肉 Poultry
总　计	**Total**	**396.03**	**183.36**	**9.92**	**20.66**	**181.05**
合肥市	Hefei	32.82	10.20	0.36	0.22	22.00
淮北市	Huaibei	8.13	5.26	0.42	0.44	2.01
亳州市	Bozhou	33.61	21.32	0.84	3.05	8.20
宿州市	Suzhou	50.74	28.20	1.31	5.70	15.50
蚌埠市	Bengbu	36.69	11.94	1.95	2.85	19.90
阜阳市	Fuyang	55.44	31.31	2.62	4.84	16.62
淮南市	Huainan	16.85	8.22	0.55	1.09	6.99
滁州市	Chuzhou	34.37	16.33	0.57	0.95	16.50
六安市	Luan	31.52	15.43	0.37	0.88	14.48
马鞍山市	Maanshan	7.80	2.85	0.05	0.12	4.78
芜湖市	Wuhu	15.56	3.40	0.10	0.08	11.97
宣城市	Xuancheng	27.54	5.36	0.22	0.15	21.80
铜陵市	Tongling	3.75	1.80	0.02	0.02	1.92
池州市	Chizhou	7.96	4.15	0.07	0.04	3.70
安庆市	Anqing	27.26	12.51	0.60	0.21	13.94
黄山市	Huangshan	6.09	5.12	0.10	0.03	0.83

地　区	Region	生牛奶（万吨）Cow Milk (10000 tons)	禽蛋（万吨）Poultry Eggs (10000 tons)	天然蜂蜜（吨）Honey (ton)	蚕茧（吨）Sikworm Cocoons (ton)
总　计	**Total**	**37.64**	**184.22**	**16956.98**	**9755.43**
合肥市	Hefei	6.66	23.52	229.44	1146.41
淮北市	Huaibei	3.00	4.26	105.15	
亳州市	Bozhou	0.84	9.15	51.50	6.50
宿州市	Suzhou	1.16	31.29	32.24	30.00
蚌埠市	Bengbu	17.40	8.99	5.80	
阜阳市	Fuyang	1.37	19.07	424.33	511.11
淮南市	Huainan	1.28	10.90	36.00	
滁州市	Chuzhou	0.54	13.71	184.50	
六安市	Luan	0.39	10.53	133.92	2123.41
马鞍山市	Maanshan	3.86	3.37	4300.00	
芜湖市	Wuhu		9.38	78.37	
宣城市	Xuancheng		5.57	3383.73	2134.20
铜陵市	Tongling		3.13	12.02	
池州市	Chizhou		5.19	382.34	185.99
安庆市	Anqing		22.51	208.42	2327.40
黄山市	Huangshan	1.07	3.67	7389.23	1290.42

12—23 各市水产品产量（2020年）
Output of Aquatic Products by Region (2020)

单位：吨（ton）

地区	Region	水产品总产量 Total Aquatic Products	养殖产量 Cultured Products	捕捞产量 Fishing Products	鱼类 Fish	虾蟹类 Crustacean	贝类 Shell-fish	其它类 Others
总计	**Total**	**2324054**	**2180103**	**143951**	**1616539**	**591189**	**63479**	**52847**
合肥市	Hefei	225578	216725	8853	133542	87898	1506	2632
淮北市	Huaibei	25573	25059	514	25459	102		12
亳州市	Bozhou	53004	47900	5104	48024	4475	440	65
宿州市	Suzhou	45183	42609	2574	40082	4256	109	736
蚌埠市	Bengbu	124462	104529	19933	89157	20636	2853	11816
阜阳市	Fuyang	107557	97148	10409	78919	25232	1955	1451
淮南市	Huainan	177036	144244	32792	139229	30032	4983	2792
滁州市	Chuzhou	365359	350254	15105	240027	115830	7395	2107
六安市	Luan	233318	216334	16984	132341	93458	2656	4863
马鞍山市	Maanshan	115242	114775	467	58723	46091	9903	525
芜湖市	Wuhu	170543	163202	7341	119591	34424	3708	12820
宣城市	Xuancheng	117617	105693	11924	70662	39533	3917	3505
铜陵市	Tongling	104400	103375	1025	77365	17148	7635	2252
池州市	Chizhou	138545	137672	873	115295	13743	7061	2446
安庆市	Anqing	306887	299028	7859	236001	57852	8589	4445
黄山市	Huangshan	13750	11556	2194	12122	479	769	380

12—24 国营农场基本情况
Basic Statistics on State Farms

指　　标		Item		2005	2010	2015	2019	2020
农场数	（个）	Number of Farms	(unit)	25	21	20	20	20
职工人数	（人）	Number of Staff and Workers	(person)	44849	44759	38045	32633	28835
耕地面积	（千公顷）	Cultivated Area	(1000 hectares)	32.98	34.75	29.56	29.62	29.21
农业机械总动力	（千瓦）	Total Power of Agricultural Machinery	(1000 watts)	316001	454679	454076	473498	487978
农业机械拥有量	（台、辆）	Ownership of Agricultural Machinery	(unit)					
大中型农用拖拉机		Large and Medium Agricultural Tractors		1765	2568	2886	2882	2934
小型及手扶拖拉机		Mini and Walking Agricultural Tractors		5569	6111	5244	4991	4762
农用排灌动力机械		Machinery for Agricultural Drainage and Irrigation		3802	5115	4173	6191	6046
联合收获机		Combine Harvesters		730	1078	1372	1314	1492
农用载重汽车		Trucks for Agricultural Use		71	181	175	829	829
农用化肥施用量	（吨）	Consumption of Chemical Fertilizers	(ton)	47187	66814	70658	56787	54787
农业总产值	（万元）	Gross Agricultural Output Value	(10000 yuan)	102784	176197	204563	241583	260937
农作物总播种面积	（千公顷）	Sown Area of Farm Crops	(1000 hectares)	55.57	68.53	59.31	50.77	50.17
粮食作物		Grain		44.24	61.04	55.13	47.83	47.32
棉　花		Cotton		6.20	3.77	0.32	0.04	0.04
油　料		Oil-bearing Crops		3.98	1.58	0.85	0.56	0.54
年末实有茶园面积		Area of Tea Plantations (year-end)		3.38	3.15	2.36	2.24	2.05
年末实有果园面积		Area of Orchards (year-end)		1.14	1.09	1.35	1.32	1.46
主要农产品产量		Yield of Major Farm Crops						
粮食作物	（吨）	Grain	(ton)	233538	340720	341888	350358	326282
棉　花	（吨）	Cotton	(ton)	8730	5431	888	94	94
油　料	（吨）	Oil-bearing Crops	(ton)	7258	3283	1977	1779	1671
茶　叶	（吨）	Tea	(ton)	10460	10894	12804	14890	13789
水　果	（吨）	Fruits	(ton)	16776	26589	13597	35335	41555
畜牧业、渔业生产		Production of Animal Husbandry and Fishery						
大牲畜年末头数	（头）	Number of Large Animals (year-end)	(head)	9581	7799	2462	2897	2532
猪年末头数	（头）	Number of Hogs	(head)	19660	38821	45099	13233	27630
羊年末只数	（只）	Number of Sheep and Goats	(head)	6319	5561	8692	11585	9571
畜产品产量	（吨）	Output of Livestock Products	(ton)					
肉类总产量		Pork, Beef and Mutton		5556	11037	15475	11648	13833
#猪　肉		Pork		2778	4553	6450	3365	3757
生牛奶		Milk		18982	19018	1510	1960	1730
禽　蛋		Poultry Eggs		2605	3346	1808	3081	4365
水产品总产量	（吨）	Total Output of Aquatic Products	(ton)	3431	4777	5741	12015	14205

注：本表为农垦系统数据。

a) Data in this table cover those of the land reclamation department.

12—25 各县（市）农村基本情况（2020年）
Basic Statement of Rural Area by County or City (2020)

县（市）	County (City)	乡镇数（个）Number of Township and Town Governments (unit)	#镇数 Town Governm-ents	村民委员会（个）Number of Villagers' Commit-tees (unit)	乡村从业人员数（人）Number of Rural Laborers (person)	#男 Male
合肥市辖区	Hefei Reigon of City	8	7	109	160846	90197
巢湖市	Chaohu	12	11	128	327865	179784
长丰县	Changfeng	14	10	257	362842	200949
肥东县	Feidong	18	12	319	460137	246952
肥西县	Feixi	12	8	242	455308	252598
庐江县	Lujiang	17	17	209	552166	291551
淮北市辖区	Huaibei Reigon of City	7	7	64	254642	140789
濉溪县	Suixi	11	11	213	491618	276907
亳州市辖区	Bozhou Reigon of City	22	20	259	720241	394727
涡阳县	Guoyang	20	20	297	766568	397037
蒙城县	Mengcheng	14	12	275	629523	340781
利辛县	Lixin	23	20	345	704947	384122
宿州市辖区	Suzhou Reigon of City	24	15	312	745816	397758
砀山县	Dangshan	13	13	139	501896	252918
萧县	Xiaoxian	23	18	234	670012	387100
灵璧县	Lingbi	19	13	290	585553	304528
泗县	Sixian	15	12	167	470089	248673
蚌埠市辖区	Bengbu Reigon of City	12	8	183	308935	169065
怀远县	Huaiyuan	18	15	334	661371	355344
五河县	Wuhe	14	12	193	352012	196601
固镇县	Guzhen	11	8	176	335269	185448
阜阳市辖区	Fuyang Reigon of City	22	20	248	985767	528518
界首市	Jieshou	15	12	122	404061	214519
临泉县	Linquan	23	21	308	1130927	600028
太和县	Taihe	31	30	287	923233	483697
阜南县	Funan	28	20	304	750289	405778
颍上县	Yingshang	30	22	224	873116	481524
淮南市辖区	Huainan Reigon of City	30	25	349	525903	290157
凤台县	Fengtai	16	12	213	314045	176843
寿县	Shouxian	25	22	264	603885	334220
滁州市辖区	Chuzhou Reigon of City	8	8	79	127734	70271
天长市	Tianchang	14	14	117	329960	165121
明光市	Mingguang	13	12	135	281593	155192
来安县	Laian	12	11	130	224090	120763
全椒县	Quanjiao	10	10	94	188219	102955
定远县	Dingyuan	22	16	196	405333	227563
凤阳县	Fengyang	15	14	214	358233	195992

12—25 续表 continued

县（市）	County (City)	乡镇数（个） Number of Township and Town Governments (unit)	#镇数 Town Governm-ents	村民委员会（个） Number of Villagers' Commit-tees (unit)	乡村从业人员数（人） Number of Rural Laborers (person)	#男 Male
六安市辖区	Luan Reigon of City	40	26	609	1050855	586598
霍邱县	Huoqiu	30	21	398	779279	426604
舒城县	Shucheng	21	15	394	466285	257981
金寨县	Jinzhai	23	12	214	307085	171599
霍山县	Huoshan	16	13	125	159126	85509
马鞍山市辖区	Maanshan Reigon of City	7	6	113	139213	82003
当涂县	Dangtu	11	10	115	212675	116771
含山县	Hanshan	8	8	95	177670	98875
和县	Hexian	9	9	68	247031	132871
芜湖市辖区	Wuhu Reigon of City	16	16	260	618768	351206
无为市	Wuwei	20	20	221	485388	255511
南陵县	Nanling	8	8	149	286105	150786
宣城市辖区	Xuancheng Reigon of City	15	12	163	388659	212050
宁国市	Ningguo	13	8	102	168289	93527
广德市	Guangde	9	6	103	289768	158135
郎溪县	Langxi	9	7	82	128841	70262
泾县	Jingxian	11	9	132	157144	86307
绩溪县	Jixi	11	8	75	80579	42287
旌德县	Jingde	10	10	61	64253	32606
铜陵市辖区	Tongling Reigon of City	15	12	178	268911	145012
枞阳县	Zongyang	19	15	190	396869	223892
池州市辖区	Chizhou Reigon of City	9	9	149	273738	147495
东至县	Dongzhi	15	12	234	269104	143094
石台县	Shitai	8	6	78	51202	26518
青阳县	Qingyang	13	10	116	132396	73558
安庆市辖区	Anqing Reigon of City	12	5	67	137094	72789
桐城市	Tongcheng	12	12	196	375120	206354
潜山市	Qianshan	16	11	164	275782	155186
怀宁县	Huaining	20	15	204	368623	199752
太湖县	Taihu	15	10	174	240104	138939
宿松县	Susong	22	9	187	383852	207967
望江县	Wangjiang	10	8	118	354147	186113
岳西县	Yuexi	24	14	182	192513	105572
黄山市辖区	Huangshan Reigon of City	26	18	170	163050	86374
歙县	Shexian	28	15	182	264233	139026
休宁县	Xiuning	21	10	153	141471	75777
黟县	Yixian	8	5	66	49066	25739
祁门县	Qimen	18	10	111	99263	51643

12—26 各县（市）农林牧渔业总产值（2020年）

Gross Output Value of Agriculture, Forestry, Animal Husbandry and Fishery by County or City （2020）

本表按当年价格计算　(Data in value terms in this table are calculated at current prices.)　单位：万元（10000 yuan）

县（市）	County (City)	农林牧渔业总产值 Total of Farming, Forestry, Animal Husbandry and Fishery	农业 Farming	林业 Forestry	牧业 Animal Husban	渔业 Fishery	农林牧渔专业及辅助性活动 Professional and Auxiliary Activities
合肥市辖区	Hefei Reigon of City	199013	129486	23799	38616	1311	5801
巢湖市	Chaohu	684133	367250	23880	133217	142404	17382
长丰县	Changfeng	1158321	598927	42517	326734	163601	26542
肥东县	Feidong	1216303	611813	58841	321604	194918	29127
肥西县	Feixi	987255	459118	47541	336565	117481	26550
庐江县	Lujiang	997533	581398	45900	129978	211822	28435
淮北市辖区	Huaibei Reigon of City	423195	226557	20173	145029	24274	7162
濉溪县	Suixi	915212	501369	24276	333411	28196	27960
亳州市辖区	Bozhou Reigon of City	1450992	1072552	19982	304067	22373	32018
涡阳县	Guoyang	1130393	642501	19116	411348	21036	36392
蒙城县	Mengcheng	1164691	740909	64105	258004	39167	62506
利辛县	Lixin	978184	583082	49023	285518	27038	33523
宿州市辖区	Suzhou Reigon of City	1429204	750932	34149	432224	27292	184608
砀山县	Dangshan	867784	467456	28596	175400	8565	187767
萧县	Xiaoxian	1371092	606955	61657	499053	18562	184866
灵璧县	Lingbi	1228729	575420	30206	421271	16262	185570
泗县	Sixian	1173248	552433	19576	396440	30624	174175
蚌埠市辖区	Bengbu Reigon of City	561828	317909	9620	164766	48392	21141
怀远县	Huaiyuan	1249283	632716	50653	374092	151145	40677
五河县	Wuhe	1069015	396262	22661	450895	167862	31335
固镇县	Guzhen	1390157	714371	31702	576270	31434	36380
阜阳市辖区	Fuyang Reigon of City	1598887	783763	61461	548180	36364	169119
界首市	Jieshou	626098	301486	47273	215735	8969	52635
临泉县	Linquan	1786658	762385	89356	738760	26136	170021
太和县	Taihe	1263104	530484	88471	455081	29716	159352
阜南县	Funan	1271422	585145	112435	401450	56812	115580
颍上县	Yingshang	1308571	423018	147711	526943	85799	125100
淮南市辖区	Huainan Reigon of City	798374	458413	9371	175998	134746	19846
凤台县	Fengtai	584384	328343	11073	162474	65376	17118
寿县	Shouxian	1090535	503091	36459	315897	217797	17291
滁州市辖区	Chuzhou Reigon of City	374626	178758	16267	119340	40845	19416
天长市	Tianchang	669333	300033	16324	126029	185369	41578
明光市	Mingguang	722387	279986	26869	174765	201687	39080
来安县	Laian	455045	212673	7835	170295	40108	24134
全椒县	Quanjiao	548900	204848	13957	165064	82821	82210
定远县	Dingyuan	1286188	634581	28726	407213	91108	124560
凤阳县	Fengyang	787056	370563	22032	255860	94441	44160

12—26　续表　continued

单位：万元（10000 yuan）

县（市）	County (City)	农林牧渔业总产值 Total of Farming, Forestry, Animal Husbandry and Fishery	农业 Farming	林业 Forestry	牧业 Animal Husban	渔业 Fishery	农林牧渔专业及辅助性活动 Professional and Auxiliary Activities
六安市辖区	Luan Reigon of City	1708583	794343	153122	610812	120509	29797
霍邱县	Huoqiu	1273292	463772	98087	546280	153062	12091
舒城县	Shucheng	673203	255425	124545	182194	84623	26416
金寨县	Jinzhai	495012	279968	54559	115841	22910	21734
霍山县	Huoshan	387416	200457	41178	96058	43797	5926
马鞍山市辖区	Maanshan Reigon of City	222176	91172	4320	53128	64984	8571
当涂县	Dangtu	556479	171014	5187	80321	274347	25610
含山县	Hanshan	440601	204596	12135	76534	81080	66256
和县	Hexian	511998	328464	7153	94335	61291	20755
芜湖市辖区	Wuhu Reigon of City	1259580	706302	71864	211107	238421	31886
无为市	Wuwei	1105681	506924	66551	215117	271991	45098
南陵县	Nanling	601030	209447	53707	158109	169417	10350
宣城市辖区	Xuancheng Reigon of City	842987	353690	32188	200088	220016	37005
宁国市	Ningguo	441219	219329	45655	143144	17456	15635
广德市	Guangde	472458	191070	74695	157938	28602	20153
郎溪县	Langxi	329173	134507	21719	79160	81088	12699
泾县	Jingxian	340511	132270	79221	109015	6599	13406
绩溪县	Jixi	274459	142902	12756	103483	4862	10456
旌德县	Jingde	147344	41446	47738	42896	9824	5440
铜陵市辖区	Tongling Reigon of City	426966	247989	27254	73241	60122	18360
枞阳县	Zongyang	483124	163740	50582	89879	166163	12760
池州市辖区	Chizhou Reigon of City	622699	238226	57837	164399	141508	20729
东至县	Dongzhi	605166	237318	71682	140919	107405	47842
石台县	Shitai	90344	46639	29321	12654	364	1366
青阳县	Qingyang	229774	70879	61578	58058	29435	9824
安庆市辖区	Anqing Reigon of City	340132	128574	17879	87740	97836	8103
桐城市	Tongcheng	633968	250191	57243	224906	94066	7562
潜山市	Qianshan	506531	247216	109719	131327	11913	6356
怀宁县	Huaining	455080	211608	27457	144023	57156	14836
太湖县	Taihu	559435	146592	69775	273155	64033	5880
宿松县	Susong	859244	393005	36001	187801	233125	9312
望江县	Wangjiang	613929	237792	16113	196649	141833	21541
岳西县	Yuexi	320355	181046	66557	63640	5965	3147
黄山市辖区	Huangshan Reigon of City	367254	163208	92391	87673	17704	6278
歙县	Shexian	324943	197079	20572	99193	3031	5068
休宁县	Xiuning	266863	130676	65316	55823	5480	9568
黟县	Yixian	78966	38103	18730	17890	921	3322
祁门县	Qimen	119415	72854	28364	14233	944	3020

12—27 各县（市）主要粮食作物产量（2020年）
Area Sown With Main Grain Crops in Each by County or City (2020)

单位：吨（ton）

县（市）	County (City)	粮食作物产量 Grain Crop Yield	谷物 Cereal	#稻谷 Rice	小麦 Wheat	玉米 Corn	豆类 Soybeans	薯类 Tubers
合肥市辖区	Hefei Reigon of City	85434	85120	67554	15859	1708	313	
巢湖市	Chaohu	386550	384245	286272	74338	23635	1343	962
长丰县	Changfeng	645024	635685	459468	153799	16642	4468	4871
肥东县	Feidong	626520	616758	485956	100696	30107	6394	3368
肥西县	Feixi	427782	423801	339964	80406	3431	3258	722
庐江县	Lujiang	718159	711009	552367	136062	22581	2696	4454
淮北市辖区	Huaibei Reigon of City	253292	234654		167407	67246	18297	341
濉溪县	Suixi	1240313	1176130		831487	344274	63606	577
亳州市辖区	Bozhou Reigon of City	901251	860042		595878	260194	39049	2160
涡阳县	Guoyang	1268358	1165195		889810	260144	97016	6147
蒙城县	Mengcheng	1528017	1499503	13811	873311	593680	22570	5944
利辛县	Lixin	1354258	1326928	5995	800875	509442	25126	2204
宿州市辖区	Suzhou Reigon of City	1421006	1350132		883229	466903	70400	473
砀山县	Dangshan	306162	292284		203778	87169	11979	1899
萧县	Xiaoxian	760769	742114		420887	321227	17260	1394
灵璧县	Lingbi	1079291	1034210		608538	425284	44552	529
泗县	Sixian	928931	822786	7618	551710	261668	66228	39917
蚌埠市辖区	Bengbu Reigon of City	319389	308826	90178	157622	61026	10223	339
怀远县	Huaiyuan	1231328	1223656	322443	663478	237735	7649	
五河县	Wuhe	632983	616499	195467	322535	98497	15417	1067
固镇县	Guzhen	621805	616158	10087	345772	259600	3109	2537
阜阳市辖区	Fuyang Reigon of City	950850	891959		555139	336819	56941	1951
界首市	Jieshou	399163	390495	1724	235582	153189	6857	1811
临泉县	Linquan	1041414	1024438		662737	361355	13173	3802
太和县	Taihe	977462	870694		684989	185487	101922	4846
阜南县	Funan	866232	853883	138273	489296	226069	8316	4033
颍上县	Yingshang	981291	947916	212294	569115	166508	28857	4517
淮南市辖区	Huainan Reigon of City	786976	775530	457964	307131	10435	10067	1378
凤台县	Fengtai	607804	600978	303763	285833	11382	6312	513
寿县	Shouxian	1679680	1660315	1029681	592798	37836	17007	2358
滁州市辖区	Chuzhou Reigon of City	248439	246036	159075	73931	13029	450	1954
天长市	Tianchang	840762	839800	472867	359697	7237	674	287
明光市	Mingguang	677073	648061	279342	312132	56587	25488	3524
来安县	Laian	462082	456900	319392	126864	10644	1011	4172
全椒县	Quanjiao	423894	421791	296568	106071	19152	1398	706
定远县	Dingyuan	1172372	1155132	648077	432479	74249	15110	2130
凤阳县	Fengyang	832291	810999	392786	365059	53155	20160	1131

12—27 续表 continued

单位：吨（ton）

县（市）	County (City)	粮食作物产量 Grain Crop Yield	谷物 Cereal	#稻谷 Rice	小麦 Wheat	玉米 Corn	豆类 Soybeans	薯类 Tubers
六安市辖区	Luan Reigon of City	1156540	1142253	935283	140101	66868	10859	3427
霍邱县	Huoqiu	1692012	1681552	1102744	536636	42172	8700	1761
舒城县	Shucheng	362277	357365	297906	33256	26203	3915	997
金寨县	Jinzhai	136690	133355	110256	11586	10023	2147	1188
霍山县	Huoshan	109230	107799	100123	110	7566	1369	62
马鞍山市辖区	Maanshan Reigon of City	106099	105155	81667	23388	100	945	
当涂县	Dangtu	305694	299440	202891	87045	9504	3844	2410
含山县	Hanshan	255043	250406	205539	43573	1293	1494	3144
和县	Hexian	381123	376709	282136	91751	2822	799	3615
芜湖市辖区	Wuhu Reigon of City	188473	183104	133095	38457	11552	5025	343
无为市	Wuwei	529235	522376	412677	81922	27777	3149	3710
南陵县	Nanling	352305	349365	319775	14823	14767	3149	3710
宣城市辖区	Xuancheng Reigon of City	485100	479352	373413	92728	13212	2402	3346
宁国市	Ningguo	66899	66241	50653	5308	10230	493	165
广德市	Guangde	233968	223694	186444	33670	3580	8474	1800
郎溪县	Langxi	268362	261957	185423	73357	3177	2440	3965
泾县	Jingxian	121212	119459	109121	7088	3124	994	759
绩溪县	Jixi	37144	32788	25710	732	6346	2563	1793
旌德县	Jingde	54076	53442	52141	38	1218	186	449
铜陵市辖区	Tongling Reigon of City	142102	138642	113851	12084	12706	3179	281
枞阳县	Zongyang	420684	414978	356720	42940	15318	3783	1923
池州市辖区	Chizhou Reigon of City	246524	243320	201190	22907	19223	2815	390
东至县	Dongzhi	268296	260187	212525	27429	20233	5215	2894
石台县	Shitai	15216	13614	9091	584	3938	1306	297
青阳县	Qingyang	102496	95786	92517	1743	1526	5457	1253
安庆市辖区	Anqing Reigon of City	73214	72469	56853	11918	3699	444	301
桐城市	Tongcheng	305926	303335	251086	29716	22533	1572	1019
潜山市	Qianshan	206223	203990	190736	8252	5002	1106	1127
怀宁县	Huaining	322377	316355	265250	10449	40656	3369	2653
太湖县	Taihu	214302	207026	155905	31952	18938	2849	4427
宿松县	Susong	400192	375433	295529	51896	26323	18140	6619
望江县	Wangjiang	299436	285497	209921	38830	36746	9790	4149
岳西县	Yuexi	81348	79514	62595	2516	14169	1375	459
黄山市辖区	Huangshan Reigon of City	80013	73526	64256		9270	3423	3064
歙县	Shexian	73129	66208	38634		27574	3095	3826
休宁县	Xiuning	72669	68106	60953		7153	3304	1259
黟县	Yixian	29181	28036	26281		1755	892	253
祁门县	Qimen	31605	28957	25862		3095	1329	1319

12—28 各县（市）主要经济作物产量（2020年）
Yield of Farm Crops and Area of Cultivated Land by County or City (2020)

单位：吨（ton）

县（市）	County (City)	油料 Oil-bearing Crops	油菜籽 Rapeseeds	棉花 Cotton	生麻 Raw Hemp	糖料 Sugar Crops
合肥市辖区	Hefei Reigon of City	1696	1354	30		
巢湖市	Chaohu	30505	21261	1361	67	1933
长丰县	Changfeng	20201	14477	742		517
肥东县	Feidong	67946	47508	1773		1146
肥西县	Feixi	18785	10132	696		1215
庐江县	Lujiang	17986	12732	508		4662
淮北市辖区	Huaibei Reigon of City	2364	1562	28		60
濉溪县	Suixi	2740	338	13		
亳州市辖区	Bozhou Reigon of City	3743	614	470		
涡阳县	Guoyang	2075	164	64		679
蒙城县	Mengcheng	31879	1197	86		3820
利辛县	Lixin	5846	1750	127		20
宿州市辖区	Suzhou Reigon of City	19218	591	74		2305
砀山县	Dangshan	8310	705	42		
萧县	Xiaoxian	9976	3075	123		531
灵璧县	Lingbi	13505	222	152		
泗县	Sixian	80967	3610	33		
蚌埠市辖区	Bengbu Reigon of City	5068	1419	7		102
怀远县	Huaiyuan	31690	998	31		777
五河县	Wuhe	39955	829	6		264
固镇县	Guzhen	258281	208	10		
阜阳市辖区	Fuyang Reigon of City	12766	6711	380		4150
界首市	Jieshou	2670	1079	100	9	270
临泉县	Linquan	12695	5745	107	55	6117
太和县	Taihe	7128	4227	125	70	6398
阜南县	Funan	20497	14218	99	232	3700
颍上县	Yingshang	6493	5022	214		
淮南市辖区	Huainan Reigon of City	15882	12008	96		179
凤台县	Fengtai	5853	1989	5		215
寿县	Shouxian	12044	10275	191		
滁州市辖区	Chuzhou Reigon of City	2770	1607	49		202
天长市	Tianchang	1688	1252			
明光市	Mingguang	44872	2550	69		26196
来安县	Laian	10104	4297	76		
全椒县	Quanjiao	7225	5010	630		
定远县	Dingyuan	19908	4132	488		3222
凤阳县	Fengyang	31097	9526	63		1359

12—28 续表 continued

单位：吨（ton）

县（市）	County (City)	油料 Oil-bearing Crops	油菜籽 Rapeseeds	棉花 Cotton	生麻 Raw Hemp	糖料 Sugar Crops
六安市辖区	Luan Reigon of City	64813	42605	1756	9265	264
霍邱县	Huoqiu	20326	12618	489	50	3747
舒城县	Shucheng	24172	21435	814	15	293
金寨县	Jinzhai	8485	2676			
霍山县	Huoshan	3995	3496	32	12	
马鞍山市辖区	Maanshan Reigon of City	6645	6546	9		151
当涂县	Dangtu	22357	22313	524		8
含山县	Hanshan	20293	18745	655	36	1810
和县	Hexian	16421	15593	114		255
芜湖市辖区	Wuhu Reigon of City	52428	51058	2102	3	3088
无为市	Wuwei	33129	31095	3080	361	2209
南陵县	Nanling	6573	5958	33		3425
宣城市辖区	Xuancheng Reigon of City	13084	11197	165		750
宁国市	Ningguo	11341	10887	10		62
广德市	Guangde	12735	12180	24		380
郎溪县	Langxi	7620	7276	45		119
泾县	Jingxian	7194	6634	3		261
绩溪县	Jixi	9645	7777	2		63
旌德县	Jingde	1768	1181	3		337
铜陵市辖区	Tongling Reigon of City	34335	32988	720		802
枞阳县	Zongyang	23235	22042	862		223
池州市辖区	Chizhou Reigon of City	27134	26680	1592		152
东至县	Dongzhi	32385	31045	1529		537
石台县	Shitai	4184	4104	10		
青阳县	Qingyang	5258	5094	6		47
安庆市辖区	Anqing Reigon of City	12560	11385	1356		
桐城市	Tongcheng	22804	19718	854		
潜山市	Qianshan	16758	12852	967	15	11
怀宁县	Huaining	32927	31109	1900		497
太湖县	Taihu	16325	14950	2037		161
宿松县	Susong	54373	36825	4246	5	128
望江县	Wangjiang	76245	65178	5882		
岳西县	Yuexi	4403	3543	42	8	395
黄山市辖区	Huangshan Reigon of City	5799	4891	14		2424
歙县	Shexian	13487	12768	8		17050
休宁县	Xiuning	7447	7316	5		1109
黟县	Yixian	3467	3386	10		180
祁门县	Qimen	2122	1483	39		78

12—29 各县（市）茶叶、水果生产情况（2020年）

Tea, Fruits Production by County or City (2020)

单位：吨（ton）

县（市）	County (City)	茶叶 Tea	#绿茶 Green Tea	园林水果 Garden Fruits	#葡萄 Grapes
合肥市辖区	Hefei Reigon of City			39827	19109
巢湖市	Chaohu	583	573	13541	3654
长丰县	Changfeng			46805	5614
肥东县	Feidong	11	11	62183	3758
肥西县	Feixi	12	12	34102	11915
庐江县	Lujiang	1651	1651	40785	37256
淮北市辖区	Huaibei Reigon of City			165582	34955
濉溪县	Suixi			24094	7638
亳州市辖区	Bozhou Reigon of City			40549	5242
涡阳县	Guoyang			21318	3396
蒙城县	Mengcheng			39089	8708
利辛县	Lixin			30132	5438
宿州市辖区	Suzhou Reigon of City			108711	23178
砀山县	Dangshan			1553258	32890
萧县	Xiaoxian			350012	78901
灵璧县	Lingbi			65103	9126
泗县	Sixian			21526	5672
蚌埠市辖区	Bengbu Reigon of City			38274	8350
怀远县	Huaiyuan			29368	5566
五河县	Wuhe			26951	5818
固镇县	Guzhen			24500	5622
阜阳市辖区	Fuyang Reigon of City			45664	10069
界首市	Jieshou			15502	2696
临泉县	Linquan			63532	25469
太和县	Taihe			7062	1407
阜南县	Funan			41885	1310
颍上县	Yingshang			12550	4967
淮南市辖区	Huainan Reigon of City	50		40050	16763
凤台县	Fengtai			17505	2002
寿县	Shouxian			27401	5078
滁州市辖区	Chuzhou Reigon of City	433	433	12004	1646
天长市	Tianchang	15	15	5658	3301
明光市	Mingguang	28	28	21566	1625
来安县	Laian	11	11	22895	12993
全椒县	Quanjiao	55	55	26345	5742
定远县	Dingyuan	2	2	34064	10208
凤阳县	Fengyang	14	14	29577	7720

12—29　续表　continued

单位：吨（ton）

县（市）	County (City)	茶　叶 Tea	#绿　茶 Green Tea	园林水果 Garden Fruits	#葡　萄 Grapes
六安市辖区	Luan Reigon of City	8168	8153	145741	7764
霍 邱 县	Huoqiu			65080	28355
舒 城 县	Shucheng	3104	2998	8936	1860
金 寨 县	Jinzhai	8700	8700	3026	583
霍 山 县	Huoshan	8500	5300	1809	38
马鞍山市辖区	Maanshan Reigon of City	153	153	7003	4798
当 涂 县	Dangtu	2	2	17477	7859
含 山 县	Hanshan	236	236	15031	3034
和 县	Hexian	39	39	4234	1493
芜湖市辖区	Wuhu Reigon of City	1759	1724	25446	13085
无 为 市	Wuwei	287	271	28787	9312
南 陵 县	Nanling	455	455	1800	65
宣城市辖区	Xuancheng Reigon of City	13819	12216	12600	1417
宁 国 市	Ningguo	3150	3150	4988	740
广 德 市	Guangde	5391	4185	3730	790
郎 溪 县	Langxi	7065	7065	3531	
泾 县	Jingxian	2623	2565	2855	181
绩 溪 县	Jixi	1778	1778	2210	69
旌 德 县	Jingde	661	661	936	196
铜陵市辖区	Tongling Reigon of City	255	246	6650	1910
枞 阳 县	Zongyang	344	213	1342	383
池州市辖区	Chizhou Reigon of City	2303	1810	3316	831
东 至 县	Dongzhi	3969	2459	1671	225
石 台 县	Shitai	5890	3840	1768	6
青 阳 县	Qingyang	389	389	1336	276
安庆市辖区	Anqing Reigon of City	16	16	7068	346
桐 城 市	Tongcheng	505	502	1326	389
潜 山 市	Qianshan	3342	3295	3143	757
怀 宁 县	Huaining	406	406	8159	41
太 湖 县	Taihu	4000	4000	24950	1455
宿 松 县	Susong	530	418	8661	3737
望 江 县	Wangjiang	93	93	5173	413
岳 西 县	Yuexi	6100	6020	3040	190
黄山市辖区	Huangshan Reigon of City	3732	3687	5713	624
歙 县	Shexian	9562	9562	36328	5868
休 宁 县	Xiuning	9323	8198	1313	109
黟 县	Yixian	2639	2222	1730	112
祁 门 县	Qimen	6450	3715	1281	44

12—30 各县（市）畜牧业、渔业生产情况（2020年）
Production of Animal Husbandry, Fishery by County or City (2020)

县（市）	County (City)	出栏猪（万头）Sjaughtered Fattened Hogs (10000 heads)	出栏牛（万头）Sjaughtered Cattle and Buffaloes (10000 heads)	出栏羊（万只）Sjaughtered Sheep and Goats (10000 heads)	出栏活家禽（万只）Sjaughtered Poultry (10000 heads)	禽蛋产量（万吨）Output of Poultry Eggs (10000 tons)	水产品产量（吨）Output of Aquatic Products (ton)
合肥市辖区	Hefei Reigon of City	2.72	0.02	0.33	514.96	1.30	849
巢湖市	Chaohu	5.26	0.27	3.66	1305.54	3.43	41554
长丰县	Changfeng	39.33	0.52	6.85	3037.15	4.70	42828
肥东县	Feidong	39.09	1.09	2.26	2249.97	5.40	48127
肥西县	Feixi	30.68	0.27	2.17	3934.68	5.97	38300
庐江县	Lujiang	9.42	0.24	1.05	1307.89	2.72	53920
淮北市辖区	Huaibei Reigon of City	13.29	1.52	9.22	298.68	1.10	13461
濉溪县	Suixi	52.01	0.85	22.94	822.18	3.15	12112
亳州市辖区	Bozhou Reigon of City	69.13	2.10	42.77	939.62	2.57	12747
涡阳县	Guoyang	60.01	0.51	65.55	1285.05	2.20	13830
蒙城县	Mengcheng	68.58	1.56	48.80	1428.92	2.29	14128
利辛县	Lixin	58.28	1.38	74.65	1287.45	2.10	12299
宿州市辖区	Suzhou Reigon of City	90.57	1.68	63.52	2221.89	7.85	14404
砀山县	Dangshan	29.93	0.19	90.80	1152.49	3.04	4618
萧县	Xiaoxian	58.49	1.64	136.41	1320.60	8.71	8331
灵璧县	Lingbi	56.28	2.31	41.66	1061.58	5.18	7027
泗县	Sixian	67.15	2.24	64.85	2555.21	6.51	10803
蚌埠市辖区	Bengbu Reigon of City	20.64	0.79	5.15	1545.05	1.12	16691
怀远县	Huaiyuan	37.97	2.65	64.06	2352.37	1.47	46350
五河县	Wuhe	35.03	6.19	37.37	1363.00	1.93	50305
固镇县	Guzhen	46.86	2.97	63.78	6494.77	4.46	11116
阜阳市辖区	Fuyang Reigon of City	59.67	2.56	77.84	3598.33	4.80	18969
界首市	Jieshou	20.24	0.99	38.44	678.38	1.76	5773
临泉县	Linquan	74.07	4.45	80.20	1720.51	3.35	9198
太和县	Taihe	74.63	1.65	62.62	1281.26	2.88	11618
阜南县	Funan	59.80	3.21	49.10	1250.30	2.94	14076
颍上县	Yingshang	67.60	3.60	48.64	1372.15	3.35	47923
淮南市辖区	Huainan Reigon of City	12.68	1.08	11.08	1064.36	3.59	48420
凤台县	Fengtai	13.48	1.17	16.93	589.77	3.53	29206
寿县	Shouxian	63.64	1.24	37.51	2057.48	3.79	99410
滁州市辖区	Chuzhou Reigon of City	12.79	0.14	9.22	701.42	0.52	24426
天长市	Tianchang	7.62	0.20	12.44	550.85	3.29	75150
明光市	Mingguang	25.91	1.10	6.09	1760.00	2.25	75155
来安县	Laian	12.00	0.23	6.64	3200.00	0.95	29205
全椒县	Quanjiao	25.80	0.17	7.38	1574.95	1.26	65858
定远县	Dingyuan	91.78	0.74	10.05	980.00	2.71	40210
凤阳县	Fengyang	27.61	1.21	15.86	1250.00	2.72	55355

12—30 续表 continued

县（市）	County (City)	出栏猪（万头）Sjaughtered Fattened Hogs (10000 heads)	出栏牛（万头）Sjaughtered Cattle and Buffaloes (10000 heads)	出栏羊（万只）Sjaughtered Sheep and Goats (10000 heads)	出栏活家禽（万只）Sjaughtered Poultry (10000 heads)	禽蛋产量（万吨）Output of Poultry Eggs (10000 tons)	水产品产量（吨）Output of Aquatic Products (ton)
六安市辖区	Luan Reigon of City	71.39	0.45	18.73	3289.84	2.12	58987
霍邱县	Huoqiu	77.02	0.71	32.01	2072.73	5.66	111691
舒城县	Shucheng	14.28	0.21	0.60	1698.93	2.22	37145
金寨县	Jinzhai	13.61	0.83	7.50	339.84	0.40	13271
霍山县	Huoshan	9.81	0.07	1.70	336.94	0.14	12224
马鞍山市辖区	Maanshan Reigon of City	2.16	0.20	1.41	472.87	0.41	13408
当涂县	Dangtu	7.02	0.02	3.28	641.65	1.26	59808
含山县	Hanshan	11.27	0.06	2.05	476.55	1.03	19580
和县	Hexian	12.83	0.04	1.31	1339.96	0.68	22446
芜湖市辖区	Wuhu Reigon of City	17.57	0.17	2.40	2596.04	3.80	70585
无为市	Wuwei	11.46	0.24	2.49	794.02	2.30	65042
南陵县	Nanling	14.27	0.25	1.13	3140.67	3.28	34916
宣城市辖区	Xuancheng Reigon of City	10.16	0.06	2.10	5510.58	1.13	67680
宁国市	Ningguo	11.41	0.03	2.68	2911.08	0.55	8043
广德市	Guangde	21.63	0.02	2.20	3500.67	1.73	7964
郎溪县	Langxi	6.28	0.05	1.62	758.80	1.26	27052
泾县	Jingxian	6.64	0.46	0.52	1313.17	0.51	3100
绩溪县	Jixi	5.58	0.63	0.54	48.28	0.15	1825
旌德县	Jingde	3.61	0.22	0.21	74.32	0.24	1953
铜陵市辖区	Tongling Reigon of City	6.66	0.05	0.21	828.10	1.54	39700
枞阳县	Zongyang	12.88	0.10	0.63	473.88	1.59	64700
池州市辖区	Chizhou Reigon of City	21.76	0.20	0.76	863.33	1.67	63804
东至县	Dongzhi	15.47	0.09	1.15	742.24	1.44	56018
石台县	Shitai	1.30	0.02	0.03	33.33	0.13	247
青阳县	Qingyang	7.27	0.13	0.19	746.35	1.95	18476
安庆市辖区	Anqing Reigon of City	3.99	0.04	0.30	280.25	0.75	45731
桐城市	Tongcheng	21.19	0.08	0.63	553.46	7.56	36891
潜山市	Qianshan	20.45	0.35	2.45	823.26	1.87	5270
怀宁县	Huaining	21.26	0.12	0.60	1601.24	3.53	28002
太湖县	Taihu	33.19	1.55	3.60	3150.77	1.22	33513
宿松县	Susong	28.02	1.47	2.24	1774.02	2.51	86938
望江县	Wangjiang	23.06	0.23	1.10	1859.03	3.81	69237
岳西县	Yuexi	6.24	0.14	1.54	116.92	1.26	1305
黄山市辖区	Huangshan Reigon of City	10.71	0.26	0.79	196.64	0.36	7709
歙县	Shexian	24.91	0.24	0.85	117.66	2.06	1281
休宁县	Xiuning	17.33	0.11	0.16	137.08	1.03	3349
黟县	Yixian	3.90	0.03	0.05	38.73	0.11	703
祁门县	Qimen	2.64	0.01	0.11	33.72	0.11	708

主要统计指标解释

农林牧渔业总产值

农林牧渔业总产值是以货币表现的农林牧渔业全部产品总量和对农林牧渔业生产活动进行的各种支持性服务活动的价值。它反映一定时期内农林牧渔业生产总规模和总成果，是观察农林牧渔业生产水平和发展速度，研究农林牧渔业内部比例关系、农林牧渔业与工业、农林牧渔业与国家建设、人民生活比例关系的重要指标，同时也是计算农林牧渔业劳动生产率和农林牧渔业增加值的基础资料。1957 年以前的农业总产值中包括了厩肥和农民自给性手工业（如农民自制衣服、鞋、袜，自己从事粮食初步加工等）。1958 年及以后的农业总产值，林业中增加了村及村以下竹木采伐产值；牧业中取消了厩肥产值；副业中取消了农民自给性手工业产值，增加了村及村以下办的工业产值；渔业中增加了海洋捕捞水产品产值。1980 年及以后的农业总产值，在副业中增加了农民家庭兼营工业商品部分的产值。从 1984 年起村及村以下工业产值划归工业。从 1993 年起取消副业，将野生动物的捕猎划入牧业，野生植物采集和农民家庭兼营商品性工业划归农业。2003 年起，取消农业中的农民家庭兼营商品性工业，增加了农林牧渔服务业。

粮食产量

指全社会的产量。包括国有经济经营的、集体统一经营的和农民家庭经营的粮食产量，还包括工矿企业办的农场和其他生产单位的产量。粮食除包括稻谷、小麦、玉米、高粱、谷子及其他杂粮外，还包括薯类和豆类。其产量计算方法，豆类按去豆荚后的干豆计算；薯类（包括甘薯和马铃薯，不包括芋头和木薯）1963 年以前按每 4 公斤鲜薯折 1 公斤粮食计算，从 1964 年开始改为按 5 公斤鲜薯折 1 公斤粮食计算。城市郊区作为蔬菜的薯类（如马铃薯等）按鲜品计算，并且不作粮食统计。其他粮食一律按脱粒后的原粮计算。

油料产量

指全部油料作物的生产量。包括花生、油菜籽、芝麻、葵花籽、胡麻籽（亚麻籽）和其他油料。不包括大豆、木本油料和野生油料。花生以带壳干花生计算。

水产品产量

指人工养殖的水产品和天然生长的水产品的捕捞量。包括海水的鱼类、虾蟹类、贝类和藻类以及内陆水域的鱼类、虾蟹类和贝类，不包括淡水生植物。

猪、牛、羊肉产量

指当年出栏并已屠宰、除去头蹄下水后带骨肉（即胴体重）的重量。

期初（末）畜禽存栏头（只）数

指报告期初（末）养殖户（单位）饲养的大牲畜、猪、羊、家禽等畜禽的存栏数。

当年出栏头（只）数

指养殖户（单位）饲养的，供屠宰并已出栏的全部牲畜头数。

农作物播种面积

指实际播种或移植有农作物的面积。凡是实际种植有农作物的面积，不论种植在耕地上还是种植在非耕地上，均包括在农作物播种面积中。在播种季节基本结束后，因遭灾而重新改种和补种的农作物面积，也包括在内。

有效灌溉面积

指具有一定的水源，地块比较平整，灌溉工程或设备已经配套，在一般年景下当年能够进行正常灌溉的耕地面积。

农用化肥施用量

指本年内实际用于农业生产的化肥数量，包括氮肥、磷肥、钾肥和复合肥。化肥施用量要求按折纯量计算数量。折纯量是指把氮肥、磷肥、钾肥分别按含氮、含五氧化二磷、含氧化钾的百分之一百成份进行折算后的数量。复合肥按其所含主要成分折算。

农业机械总动力

指主要用于农、林、牧、渔业的各种动力机械的动力总和。包括耕作机械、排灌机械、收获机械、农用运输机械、植物保护机械、牧业机械、林业机械、渔业机械和其他农业机械〔内燃机按引擎马力折成瓦（特）计算、电动机按功率折成瓦（特）计算〕。不包括专门用于乡、镇、村、组办工业、基本建设、非农业运输、科学试验和教学等非农业生产方面用的动力机械与作业机械。

农林牧渔业劳动力

指全社会直接参加农林牧渔业生产活动的劳动力。

Explanatory Notes for Major Statistical Indicators

Gross Output Value of Farming, Forestry, Animal Husbandry and Fishery

gross output value of farming, forestry, animal husbandry and fishery is the total amount of all products of farming, forestry, animal husbandry and fishery and the value of various supporting services for farming, forestry, animal husbandry and fishery production. It reflects a certain period ecological-economic to produce total dimensions and total achievement, is to observe animal husbandry fishery production level and development speed, the ecological-economic internal proportion relations, animal husbandry, fisheries, animal husbandry, fishery and industry and national construction, an important index of proportional relationship between the people's life, but also calculate the ecological-economic labor productivity and the basis of the added value of ecological-economic data. Before 1957, the gross agricultural output value included barnyard manure and farmers' self-sustaining handicraft industries (such as self-made clothes, shoes and socks, and primary grain processing by themselves). The total output value of agriculture in 1958 and later, the output value of bamboo logging at and below the village level was added to forestry; The value of barnyard manure was abolished in animal husbandry; In the sideline, the output value of farmers' self-supporting handicraft industry was cancelled, and the output value of village and sub-village offices was increased. The output value of Marine fishery products increased in fishery. In 1980 and after the total agricultural output value, the sideline increased the output value of the part of industrial commodities that farmers' households concurrently owned. Since 1984, the industrial output value at and below the village level has been classified as industry. Since 1993, the sideline business has been abolished, and the hunting of wild animals has been classified into animal husbandry, while the gathering of wild plants and commercial industries run by farmers' families have been classified into agriculture. In 2003, farmers' households were not allowed to run commercial industries in agriculture, and services for agriculture, forestry, animal husbandry and fishery were increased.

Grain Yield

refers to the output of the whole society. It includes the grain output of state-owned enterprises, collectives and farmers' families, as well as the output of farms and other production units run by industrial and mining enterprises. Grain in addition to including rice, wheat, corn, sorghum, millet and other miscellaneous grains, also includes potatoes and beans. Its yield calculation method, beans according to the dry beans after pod calculation; Tubers (including sweet potatoes and potatoes, but not taro and cassava) were converted to 1 kilogram of grain per 4 kilograms of fresh potatoes before 1963, and changed to 1 kilogram of grain per 5 kilograms of fresh potatoes since 1964. Tubers as vegetables (such as potatoes, etc.) in the suburbs of the city are counted as fresh products and not counted as grain. Other grain shall be calculated according to the raw grain after threshing.

Yield of Oil-bearing Crops

refers to the total yield of oil bearing crops of various kinds, including peanuts, (dry, in shell) rapeseeds, sesame, sunflower seeds, flax seeds, and other oil bearing crops. Soybeans, oil-bearing woody plants, and wild oil-bearing crops are not included.

Output of Aquatic Products

refers to catches of both artificially cultured and naturally grown aquatic products, including fish, shrimps, crabs and shellfish in sea and inland water as well as seaweed. Freshwater plants are not included.

Output of Pork, Beef, and Mutton

refers to the meat of slaughtered hogs, cattle, sheep and goats with head, feet, and offal taken away.

Number of Livestock or Poultry in Stock at Beginning (or End)

refers to the number of large livestock, pigs, sheep, poultry and other livestock and poultry raised by farmers (units) at the beginning (end) of the report period.

Number of heads sold in the year

refers to the total number of animals raised by farmers (units) for slaughter and ready for sale.

Sown Area of Crops

refers to area of land sown or transplanted with crops regardless of being in cultivated area or non cultivated area. Area of land re-sown due to natural disasters is also included.

Irrigated Area

refers to areas that are effectively irrigated, i.e. level land which has water source and complete sets of irrigation facilities to lift and move adequate water for irrigation purpose under normal conditions.

Consumption of Chemical Fertilizers in Agriculture

refers to the quantity of chemical fertilizers applied in agriculture in the year, including nitrogenous fertilizer, phosphate fertilizer, potash fertilizer, and compound fertilizer. The consumption of chemical fertilizers is required in calculation to convert the gross weight into weight containing 100% effective component (e.g. 100% nitrogen content in nitrogenous fertilizer, 100% phosphorous pent oxide contents in phosphate fertilizer, 100% potassium oxide contents in potash fertilizer). Compound fertilizer is converted with its major component.

Total Power of Farm Machinery

refers to total mechanical power of machinery used in farming, forestry, animal husbandry, and fishery, including plough , irrigation and drainage, harvesting, transport, plant protection, stock breeding, forestry and fishery. The power of internal combustion engines is required to convert horsepower into watts and the power of electric motors is required to be converted into watts. Machinery employed for non agricultural purposes, such as the machines used in township run and village-run industry, construction, non agricultural transport, scientific experiments and teaching, is excluded.

Labour Force Engaged in Farming, Forestry, Animal Husbandry and Fishery

refers to the total laborers who are directly engaged in production of farming, forestry, animal husbandry and fishery.

第十三篇

Chapter 13

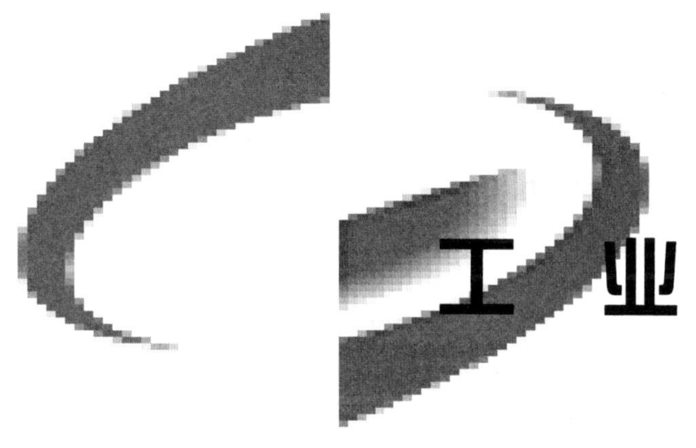

INDUSTRY

简要说明

一、本篇主要包括以下几部分汇总资料：

1. 全部工业企业按登记注册类型、行业分组的企业单位数和工业总产值(其中1995年后工业总产值均按新规定计算)。

2. 全部年主营业务收入在 2000 万元及以上的工业企业按地区和行业分组的主要经济指标和经济效益指标，主要包括工业总产值、工业增加值、资产、流动资产、固定资产、流动负债、所有者权益、营业收入、税金及附加、利润总额、应交增值税、总资产贡献率、资产负债率、成本费用利润率、流动资产周转次数等指标。

3. 大中型工业企业的主要经济指标和经济效益指标。

4. 主要工业产品产量和生产能力等。

二、1998年开始工业统计范围为全部国有企业及年主营业务收入在500万元及以上的非国有工业法人单位，2011年开始工业统计范围为年主营业务收入在2000万元及以上的工业法人单位。与历史年份不具可比性。

三、行业分类按《国民经济行业分类》(GB/T 4754-2017)标准划分。

四、资料来源：由省统计局工业处根据国家统计局工业统计报表制度收集、汇总、整理提供。

Brief Introduction

Ⅰ. Data in this chapter cover the following parts:

1. The number of industrial enterprises, the gross industrial output value of all industrial enterprises classified by registration status and industrial division. (The gross industrial output value is calculated according to the new stipulation after 1995.)

2. Main economic indicators and efficiency indicators of all state-owned industrial enterprises, and of non-state enterprises each with an main business revenue of over five million yuan, classified by region and by industrial division, including gross industrial output value, industrial value-added, capital, circulating assets, fixed assets, liquid liabilities, creditor's equity, Taxes and surcharges, sales profit, total profits, ratio of value-added to gross industrial output value, ratio of profits and taxes to funds and output value, turnover of working capital.

3. Main economic indicators and efficiency indicators of large and medium size industrial enterprises.

4. Output and production capacity of key industrial products.

Ⅱ. Since 1998, the coverage of industrial statistics is all state-owned industrial enterprises and non-state enterprises each with main business revenue over five million yuan.

Data on gross industrial output value have been adjusted since 1995.

Ⅲ. Data by branch of industry are based on <National Industrial Classification of all Economic Activities>((GB/T 4754-2017).

Ⅳ. Source of data: All data are prepared and provided by the Division of Industrial Statistics, Anhui Statistical Bureau, in accordance with the industrial statistical reporting system of SSB. Data are collected, tabulated and processed by the statistical bureau in the prefectures and cities.

13—1　工业分行业职工人数
Number of Staff and Workers in Industry by Industrial Branch

单位：人（person）

项　目	Item	2019	2020
总　计	**Total**	**2695560**	**2741585**
采矿业	**Mining**	**179411**	**176256**
煤炭开采和洗选业	Mining and Washing of Coal	140751	138788
石油和天然气开采业	Extraction of Petroleum and Natural Gas		310
黑色金属矿采选业	Mining and Processing of Ferrous Metal Ores	15321	15285
有色金属矿采选业	Mining and Processing of Non-Ferrous Metal Ores	6669	6221
非金属矿采选业	Mining and Processing of Non-metal Ores	15828	14949
开采专业及辅助性活动	Mining Profession and Auxiliary Activities	764	602
其他采矿业	Mining of Other Ores		101
制造业	**Manufacturing**	**2403941**	**2452041**
农副食品加工业	Processing of Food from Agriculture Products	110474	110008
食品制造业	Manufacture of Foods	54968	57468
酒、饮料和精制茶制造业	Manufacture of Wine, Beverages and Refined Tea	55830	54263
烟草制品业	Manufacture of Tobacco	7595	6661
纺织业	Manufacture of Textile	84580	83272
纺织服装、服饰业	Manufacture of Textile Wearing Apparel and Clothing	157261	136801
皮革毛皮羽毛及其制品和制鞋业	Manufacture of Leather, Furs, Feather and Related Products	45492	38722
木材加工及木竹藤棕草制品业	Processing of Timber, Manufacture of Wood, Bamboo, Rattan, Palm and Straw Products	42665	39063
家具制造业	Manufacture of Furniture	30521	29166
造纸及纸制品业	Manufacture of Paper and Paper Products	24840	23786
印刷和记录媒介复制业	Printing, Reproduction of Recording Media	33904	36879
文教工美体育和娱乐用品制造业	Manufacture of Culture, Education, Art, Sports and Entertainment Supplies	58941	59239
石油加工、炼焦和核燃料加工业	Processing of Petroleum, Coking and Processing of Nuclear Fuel	8731	8977
化学原料和化学制品制造业	Manufacture of Raw Chemical Materials and Chemical Products	117496	118538
医药制造业	Manufacture of Medicines	68399	75733
化学纤维制造业	Manufacture of Chemical Fibers	7529	7572
橡胶和塑料制品业	Manufacture of Rubber and Plastics	125527	132663
非金属矿物制品业	Manufacture of Non-metallic Mineral Products	188071	193019
黑色金属冶炼和压延加工业	Smelting and Pressing of Ferrous Metals	55463	51974
有色金属冶炼和压延加工业	Smelting and Pressing of Non-ferrous Metals	54544	46333
金属制品业	Manufacture of Metal Products	113170	124428
通用设备制造业	Manufacture of General Purpose Machinery	151307	144883
专用设备制造业	Manufacture of Special Purpose Machinery	103732	107207
汽车制造业	Manufacture of Automobile	184926	191385
铁路船舶航空航天和其他运输设备制造业	Manufacture of Railroads, Ships, Aerospace and Other Transportation Equipments	18596	20008
电气机械和器材制造业	Manufacture of Electrical Machinery and Equipment	249165	259043
计算机通信和其他电子设备制造业	Manufacture of Computers, Communication and Other Electronic Equipmer	201753	246890
仪器仪表制造业	Manufacture of Measuring Instruments and Machinery	16005	17116
其他制造业	Manufacture of Others	13240	10103
废弃资源综合利用业	Industry of Comprehensive Utilization of Waste Resources	13170	14043
金属制品、机械和设备修理业	Industry of Metal Products, Machinery and Equipment Repair	6046	6798
电力、热力、燃气及水生产和供应业	**Electricity, Heat, Gas and Water Production and Supply Industry**	**112208**	**113288**
电力、热力生产和供应业	Production and Supply of Electric Power and Heat Power	81168	80090
燃气生产和供应业	Production and Supply of Gas	11149	11850
水的生产和供应业	Production and Supply of Water	19891	21348

注：不含规模以下私营单位。

a)　Excluding scale under the private sector.

13—2 规模以上工业企业主要经济指标（2020年）

Main Indicators Above Designated Size Industrial Enterprises (2020)

项　目	Item	企业单位数（个）Number of Enterprises (unit)	资产合计 Total Assets
总　计	**Total**	**18447**	**43846.63**
总计中：	**Of the Total:**		
内资企业	Domestic Funded Enterprise	17633	38363.36
国有企业	State-owned Enterprise	106	1196.95
集体企业	Collective-owned Enterprise	26	28.58
股份合作企业	Share Holding Cooperative Enterprises	14	8.08
联营企业	Joint Owned Enterprises	5	7.93
有限责任公司	Limited Liability Corporations	4021	15007.45
股份有限公司	Share-holding Corporations Ltd.	542	11088.26
私营企业	Private Enterprises	12914	11024.64
其他企业	Other Enterprises	5	1.47
港澳台商投资企业	Enterprises Funded by Entrepreneurs from Hong Kong, Macao and Taiwan	346	3095.47
外商投资企业	Foreign Funded Enterprises	468	2387.80
总计中：	**Of the Total:**		
国有及国有控股企业	State Controlling Share Hold Enterprises	848	16363.71
总计中：	**Of the Total:**		
轻工业	Light Industry	7575	9539.30
重工业	Heavy Industry	10872	34307.33
总计中：	**Of the Total:**		
大型企业	Large-sized Enterprises	254	18652.44
中型企业	Medium-sized Enterprises	1151	10139.16
小型企业	Small Enterprises	17042	15055.03

单位：亿元（100 million yuan）

流动资产合　计 Circulating Funds	#存　货 Stock	#产成品 Finished Product	固定资产原　价 Original Value of Fixed Assets	固定资产累计折旧 Accumulated Depreciation of Fixed Assets	负债合计 Total Liabilities	流动负债 Liquid Liabilities
22826.55	**4087.31**	**1616.23**	**20827.76**	**8684.02**	**24376.51**	**19241.13**
19190.72	3630.13	1467.87	18508.16	7649.50	20903.81	16221.11
645.13	221.38	25.01	597.14	251.58	573.78	433.35
17.03	3.66	1.17	13.08	6.77	9.00	8.33
5.05	1.95	1.43	3.55	1.80	3.98	3.80
4.80	0.32	0.03	3.44	0.79	4.24	4.22
6670.14	1204.45	488.57	7930.57	3027.52	8858.66	6427.07
5089.70	612.72	215.11	5785.69	2865.66	5239.70	4021.55
6757.59	1585.28	736.46	4174.52	1495.33	6213.24	5321.60
1.29	0.38	0.08	0.17	0.05	1.23	1.20
2155.23	188.86	39.39	1084.31	457.09	2250.98	2016.68
1480.60	268.32	108.97	1235.29	577.43	1221.72	1003.33
6177.86	951.18	264.92	10429.50	4812.12	8705.98	6083.30
5844.07	1506.04	631.81	3542.85	1395.18	4885.24	4290.72
16982.48	2581.27	984.42	17284.91	7288.83	19491.26	14950.40
8778.48	1416.23	415.64	10369.89	4788.77	11328.83	8820.61
5493.63	892.16	362.46	4116.36	1716.36	4527.72	3718.87
8554.44	1778.92	838.13	6341.51	2178.89	8519.96	6701.65

13—2 续表1 continued

项　目	Item	所有者权益 Creditors' Equity	#实收资本 Capital Hold
总　计	**Total**	**19470.11**	**8955.72**
总计中：	**Of the Total:**		
内资企业	Domestic Funded Enterprise	17459.54	7845.00
国有企业	State-owned Enterprise	623.17	200.21
集体企业	Collective-owned Enterprise	19.58	3.07
股份合作企业	Share Holding Cooperative Enterprises	4.10	2.52
联营企业	Joint Owned Enterprises	3.70	2.77
有限责任公司	Limited Liability Corporations	6148.79	3677.77
股份有限公司	Share-holding Corporations Ltd.	5848.56	1632.32
私营企业	Private Enterprises	4811.39	2326.09
其他企业	Other Enterprises	0.24	0.25
港澳台商投资企业	Enterprises Funded by Entrepreneurs from Hong Kong, Macao and Taiwan	844.48	505.92
外商投资企业	Foreign Funded Enterprises	1166.09	604.79
总计中：	**Of the Total:**		
国有及国有控股企业	State Controlling Share Hold Enterprises	7657.72	3226.16
总计中：	**Of the Total:**		
轻工业	Light Industry	4654.05	1881.59
重工业	Heavy Industry	14816.06	7074.12
总计中：	**Of the Total:**		
大型企业	Large-sized Enterprises	7323.60	3198.60
中型企业	Medium-sized Enterprises	5611.44	1980.88
小型企业	Small Enterprises	6535.07	3776.24

单位：亿元（100 million yuan）

营业收入 Business Revenue	营业成本 Business Cost	税金及附加 Taxes and Surcharges	利润总额 Total Profits	本年应付职工薪酬 Wages Payable in This Year	本年应交增值税 Value Added Tax Payable
38549.29	**32583.07**	**619.01**	**2439.55**	**2406.80**	**833.96**
33269.56	27982.99	596.91	2168.36	2124.78	724.93
824.75	425.42	243.99	73.66	89.11	50.11
24.91	19.80	0.24	1.57	3.92	0.69
8.44	7.05	0.03	0.29	0.78	0.24
6.62	6.14	0.02	0.20	0.24	0.06
11752.67	9926.70	186.08	807.09	764.32	255.81
6235.81	5207.00	79.93	514.70	499.11	140.75
14413.85	12388.61	86.61	770.80	767.18	277.24
2.50	2.27	0.01	0.05	0.12	0.03
2782.73	2539.05	9.02	104.13	122.37	61.47
2497.00	2061.03	13.08	167.06	159.65	47.55
10422.98	8598.59	442.01	735.44	814.47	281.82
11247.31	9179.42	336.65	713.99	716.37	246.47
27301.98	23403.66	282.36	1725.55	1690.43	587.50
14180.65	11908.54	460.06	822.01	1066.99	322.38
7063.52	5852.51	48.71	653.34	533.35	170.55
17305.12	14822.03	110.24	964.20	806.46	341.03

13—2 续表2 continued

行业	Sector	企业单位数 (个) Number of Enterprises (unit)	资产合计 Total Assets
按行业分	**Grouped by Sector**		
煤炭开采和洗选业	Mining and Washing of Coal	22	2272.71
黑色金属矿采选业	Mining and Processing of Ferrous Metal Ores	50	364.16
有色金属矿采选业	Mining and Processing of Non-Ferrous Metal Ores	32	101.28
非金属矿采选业	Mining and Processing of Nonmetal Ores	201	612.66
开采辅助活动	Mining Auxiliary Activities	2	4.54
农副食品加工业	Processing of Food from Agriculture Products	1432	1088.87
食品制造业	Manufacture of Foods	409	388.52
酒、饮料和精制茶制造业	Manufacture of Wine, Beverages and Refined Tea	280	728.20
烟草制品业	Manufacture of Tobacco	5	330.98
纺织业	Manufacture of Textile	662	601.20
纺织服装、服饰业	Manufacture of Textile Wearing Apparel and Clothing	727	295.15
皮革毛皮羽毛及其制品和制鞋业	Manufacture of Leather, Furs, Feather and Related Products	309	253.16
木材加工及木竹藤棕草制品业	Processing of Timber, Manufacture of Wood, Bamboo, Rattan, Palm and Straw Products	506	236.84
家具制造业	Manufacture of Furniture	263	180.43
造纸及纸制品业	Manufacture of Paper and Paper Products	222	537.26
印刷和记录媒介复制业	Printing, Reproduction of Recording Media	334	298.77
文教工美体育和娱乐用品制造业	Manufacture of Culture, Education, Art, Sports and Entertainment Supplies	507	229.98
石油加工、炼焦和核燃料加工业	Processing of Petroleum, Coking and Processing of Nuclear Fuel	51	291.00
化学原料和化学制品制造业	Manufacture of Raw Chemical Materials and Chemical Products	1000	2691.06
医药制造业	Manufacture of Medicines	519	1072.80
化学纤维制造业	Manufacture of Chemical Fibers	44	114.79
橡胶和塑料制品业	Manufacture of Rubber and Plastics	1075	1220.14
非金属矿物制品业	Manufacture of Non-metallic Mineral Products	2174	4608.77
黑色金属冶炼和压延加工业	Smelting and Pressing of Ferrous Metals	136	1559.08
有色金属冶炼和压延加工业	Smelting and Pressing of Non-ferrous Metals	247	1430.94
金属制品业	Manufacture of Metal Products	1123	1229.71
通用设备制造业	Manufacture of General Purpose Machinery	1165	1805.90
专用设备制造业	Manufacture of Special Purpose Machinery	898	1194.79
汽车制造业	Manufacture of Automobile	899	3162.83
铁路船舶航空航天和其他运输设备制造业	Manufacture of Railroads, Ships, Aerospace and Other Transportation Equipments	153	248.00
电气机械和器材制造业	Manufacture of Electrical Machinery and Equipment	1219	3979.49
计算机通信和其他电子设备制造业	Manufacture of Computers, Communication and Other Electronic Equipments	775	5400.29
仪器仪表制造业	Manufacture of Measuring Instruments and Machinery	161	207.82
其他制造业	Manufacture of Others	107	90.32
废弃资源综合利用业	Industry of Comprehensive Utilization of Waste Resources	208	199.04
金属制品、机械和设备修理业	Industry of Metal Products, Machinery and Equipment Repair	11	148.76
电力、热力生产和供应业	Production and Supply of Electric Power and Heat Power	292	3872.63
燃气生产和供应业	Production and Supply of Gas	117	337.83
水的生产和供应业	Production and Supply of Water	109	451.16

单位：亿元（100 million yuan）

流动资产合计 Circulating Funds	#存货 Stock	#产成品 Finished Product	固定资产原价 Original Value of Fixed Assets	固定资产累计折旧 Accumulated Depreciation of Fixed Assets	负债合计 Total Liabilities	流动负债 Liquid Liabilities
389.51	21.50	11.50	1265.83	587.30	1505.24	1020.73
92.71	8.98	4.81	252.73	96.74	190.19	142.71
44.07	4.68	3.16	46.20	17.61	73.40	58.29
215.17	11.97	5.99	108.74	39.16	314.34	176.84
3.26	0.50	0.41	1.37	0.42	2.79	2.06
645.65	225.04	85.78	426.91	139.12	549.90	470.68
198.33	51.46	21.61	200.99	82.59	198.99	174.38
452.71	167.48	33.98	260.56	96.68	307.26	271.89
237.22	146.67	9.36	142.97	82.41	83.90	83.84
304.59	87.48	46.31	262.59	102.96	291.53	239.95
175.45	41.78	21.23	134.41	52.79	155.61	134.66
164.12	41.53	20.27	75.22	25.00	144.85	130.70
138.19	40.62	19.66	106.16	40.40	116.05	97.59
103.17	25.98	9.65	63.54	17.08	89.58	81.47
226.42	37.70	17.00	193.73	74.74	320.35	242.54
176.93	41.53	19.72	133.14	55.20	131.90	112.84
135.31	47.19	24.92	87.39	33.01	107.99	98.97
101.23	30.14	9.97	313.48	150.22	150.05	128.37
1216.83	221.13	102.54	1493.97	551.14	1409.33	994.18
666.71	181.26	98.18	343.03	127.85	550.09	467.70
60.29	11.02	4.88	52.08	20.34	46.23	34.07
673.33	143.58	71.15	593.26	265.03	544.01	433.41
2718.61	226.04	99.90	1494.88	602.69	1763.33	1447.54
720.73	214.20	69.81	1316.00	695.85	911.33	779.59
789.27	240.76	56.79	452.67	184.91	1023.74	694.80
781.22	167.53	72.75	380.26	137.58	638.16	512.37
1102.67	249.51	90.74	660.59	274.19	943.04	724.62
787.39	169.72	66.99	372.25	149.02	620.52	563.77
1830.85	227.93	113.58	1092.14	525.01	2048.03	1755.23
154.93	34.25	12.14	86.65	33.00	151.81	124.56
2807.93	433.10	223.99	1017.12	418.87	2443.05	2192.61
3421.78	393.59	127.36	1878.37	697.78	3456.41	2946.44
151.06	22.36	9.20	52.14	23.65	90.14	81.42
52.96	16.53	6.59	31.97	11.19	42.49	39.22
123.34	21.05	13.50	63.08	19.79	110.75	95.11
123.21	22.55	0.47	30.12	15.81	57.00	39.14
558.36	31.77	4.80	4894.60	2079.05	2358.50	1347.57
122.11	6.79	3.92	199.06	55.53	194.18	158.24
158.21	20.40	1.59	244.84	102.27	239.19	140.38

13—2 续表3 continued

行业	Sector	所有者权益 Creditors' Equity	#实收资本 Capital Hold
按行业分	**Grouped by Sector**		
煤炭开采和洗选业	Mining and Washing of Coal	767.47	332.80
黑色金属矿采选业	Mining and Processing of Ferrous Metal Ores	173.97	99.43
有色金属矿采选业	Mining and Processing of Non-Ferrous Metal Ores	27.88	23.73
非金属矿采选业	Mining and Processing of Nonmetal Ores	298.31	131.63
开采辅助活动	Mining Auxiliary Activities	1.75	0.83
农副食品加工业	Processing of Food from Agriculture Products	538.96	199.44
食品制造业	Manufacture of Foods	189.53	104.56
酒、饮料和精制茶制造业	Manufacture of Wine, Beverages and Refined Tea	420.95	117.10
烟草制品业	Manufacture of Tobacco	247.09	41.67
纺织业	Manufacture of Textile	309.67	117.72
纺织服装、服饰业	Manufacture of Textile Wearing Apparel and Clothing	139.54	109.89
皮革毛皮羽毛及其制品和制鞋业	Manufacture of Leather, Furs, Feather and Related Products	108.31	51.05
木材加工及木竹藤棕草制品业	Processing of Timber, Manufacture of Wood, Bamboo, Rattan, Palm and Straw Products	120.79	50.43
家具制造业	Manufacture of Furniture	90.85	33.93
造纸及纸制品业	Manufacture of Paper and Paper Products	216.91	62.78
印刷和记录媒介复制业	Printing, Reproduction of Recording Media	166.87	61.74
文教工美体育和娱乐用品制造业	Manufacture of Culture, Education, Art, Sports and Entertainment Supplies	121.98	119.33
石油加工、炼焦和核燃料加工业	Processing of Petroleum, Coking and Processing of Nuclear Fuel	140.95	111.71
化学原料和化学制品制造业	Manufacture of Raw Chemical Materials and Chemical Products	1281.73	582.02
医药制造业	Manufacture of Medicines	522.70	239.33
化学纤维制造业	Manufacture of Chemical Fibers	68.55	30.69
橡胶和塑料制品业	Manufacture of Rubber and Plastics	676.14	291.92
非金属矿物制品业	Manufacture of Non-metallic Mineral Products	2845.44	674.24
黑色金属冶炼和压延加工业	Smelting and Pressing of Ferrous Metals	647.75	215.91
有色金属冶炼和压延加工业	Smelting and Pressing of Non-ferrous Metals	407.20	177.26
金属制品业	Manufacture of Metal Products	591.55	359.46
通用设备制造业	Manufacture of General Purpose Machinery	862.86	375.30
专用设备制造业	Manufacture of Special Purpose Machinery	574.27	274.07
汽车制造业	Manufacture of Automobile	1114.80	465.48
铁路船舶航空航天和其他运输设备制造业	Manufacture of Railroads, Ships, Aerospace and Other Transportation Equipments	96.19	63.23
电气机械和器材制造业	Manufacture of Electrical Machinery and Equipment	1536.44	671.16
计算机通信和其他电子设备制造业	Manufacture of Computers, Communication and Other Electronic Equipments	1943.88	1291.01
仪器仪表制造业	Manufacture of Measuring Instruments and Machinery	117.68	44.45
其他制造业	Manufacture of Others	47.83	19.62
废弃资源综合利用业	Industry of Comprehensive Utilization of Waste Resources	88.29	49.56
金属制品、机械和设备修理业	Industry of Metal Products, Machinery and Equipment Repair	91.76	10.24
电力、热力生产和供应业	Production and Supply of Electric Power and Heat Power	1514.13	1205.92
燃气生产和供应业	Production and Supply of Gas	143.65	49.51
水的生产和供应业	Production and Supply of Water	211.97	91.96

单位：亿元（100 million yuan）

营业收入 Business Revenue	营业成本 Business Cost	税金及附加 Taxes and Surcharges	利润总额 Total Profits	本年应付职工薪酬 Wages Payable in This Year	本年应交增值税 Value Added Tax Payable
796.41	607.77	14.70	90.04	192.28	42.16
189.88	124.97	3.88	33.56	18.08	9.15
32.02	25.43	0.61	0.46	4.04	0.86
223.09	131.69	9.68	51.43	19.74	9.11
3.33	2.98	0.01	0.19	0.45	0.10
2127.69	1928.27	5.26	92.75	67.56	15.19
545.25	453.66	2.64	37.07	31.69	9.35
537.27	322.27	38.60	87.98	54.63	24.27
428.40	117.57	240.31	20.81	40.53	40.91
677.85	586.05	3.86	46.43	45.90	11.64
611.98	544.95	3.40	22.09	70.62	13.49
301.67	267.42	1.75	16.67	19.55	6.41
415.70	368.58	2.53	19.50	19.00	8.74
237.84	194.04	1.30	15.39	17.54	5.24
353.84	302.63	1.99	20.69	17.00	10.22
373.81	313.11	2.05	27.46	22.95	6.37
340.44	289.13	2.25	23.23	26.78	7.56
588.04	454.35	93.56	13.99	12.01	17.24
2183.89	1792.37	15.94	152.12	109.94	32.57
904.86	683.77	5.68	72.96	51.16	21.75
102.80	92.97	0.76	3.79	3.32	1.85
1375.77	1123.54	8.05	122.89	96.15	28.85
3015.94	2348.24	25.47	455.90	135.10	92.42
2128.26	1949.53	11.60	78.19	89.10	41.31
2469.51	2344.07	7.10	36.06	46.76	30.16
1486.12	1298.74	7.68	83.15	83.17	29.30
1663.27	1390.23	9.89	112.33	127.88	33.12
1018.13	818.02	7.13	74.79	83.30	23.03
2794.04	2452.12	33.95	89.74	179.69	45.50
163.62	130.94	1.14	11.09	17.33	2.57
3798.26	3232.37	24.16	215.05	226.54	67.49
3488.01	3087.10	11.60	110.55	266.20	51.83
148.83	112.37	1.05	15.95	15.28	3.26
93.28	78.63	0.47	6.03	7.19	2.49
451.83	429.04	3.25	14.35	9.05	21.07
55.56	42.82	0.24	4.68	11.49	0.36
2063.26	1849.32	13.34	120.09	141.04	61.38
254.19	217.15	0.79	24.46	11.02	2.45
105.11	74.65	1.33	15.70	15.60	3.34

13—3 规模以上工业企业主要经济效益指标（2020年）
Main Indicators on Economic Benefit Above Designated Size Industrial Enterprises by Industrial Branch (2020)

项 目	Item
总 计	**Total**
总计中：	**Of the Total:**
内资企业	Domestic Funded Enterprise
国有企业	State-owned Enterprise
集体企业	Collective-owned Enterprise
股份合作企业	Share Holding Cooperative Enterprises
联营企业	Joint Owned Enterprises
有限责任公司	Limited Liability Corporations
股份有限公司	Share-holding Corporations Ltd.
私营企业	Private Enterprises
其他企业	Other Enterprises
港澳台商投资企业	Enterprises Funded by Entrepreneurs from Hong Kong, Macao and Taiwan
外商投资企业	Foreign Funded Enterprises
总计中：	**Of the Total:**
国有及国有控股企业	State Controlling Share Hold Enterprises
总计中：	**Of the Total:**
轻工业	Light Industry
重工业	Heavy Industry
总计中：	**Of the Total:**
大型企业	Large-sized Enterprises
中型企业	Medium-sized Enterprises
小型企业	Small Enterprises

总资产贡献率 (%) Ratio of Total Assets to Industrial Output Value (%)	资产负债率 (%) Assets-liability Ratio (%)	流动资产周转次数 (次/年) Number of Times of Annual of Turnover Circulating Funds (times/year)	工业成本费用利润率 (%) Ratio of Profits to Industrial Cost (%)
9.63	**55.59**	**1.69**	**6.79**
9.90	54.49	1.73	7.01
31.37	47.94	1.28	14.27
8.82	31.48	1.46	6.59
7.84	49.25	1.67	3.56
3.71	53.40	1.38	3.16
9.20	59.03	1.76	7.40
7.51	47.25	1.23	8.87
10.95	56.36	2.13	5.65
7.22	83.57	1.95	2.00
6.02	72.72	1.29	3.91
9.92	51.16	1.69	7.18
9.99	53.20	1.69	7.81
14.07	51.21	1.92	6.95
8.40	56.81	1.61	6.73
9.38	60.74	1.62	6.28
9.38	44.66	1.29	10.07
10.11	56.59	2.02	5.90

13—3 续表 continued

行　　业	Sector
按行业分	**Grouped by Sector**
煤炭开采和洗选业	Mining and Washing of Coal
黑色金属矿采选业	Mining and Processing of Ferrous Metal Ores
有色金属矿采选业	Mining and Processing of Non-Ferrous Metal Ores
非金属矿采选业	Mining and Processing of Nonmetal Ores
开采辅助活动	Mining Auxiliary Activities
农副食品加工业	Processing of Food from Agriculture Products
食品制造业	Manufacture of Foods
酒、饮料和精制茶制造业	Manufacture of Wine, Beverages and Refined Tea
烟草制品业	Manufacture of Tobacco
纺织业	Manufacture of Textile
纺织服装、服饰业	Manufacture of Textile Wearing Apparel and Clothing
皮革毛皮羽毛及其制品和制鞋业	Manufacture of Leather, Furs, Feather and Related Products
木材加工及木竹藤棕草制品业	Processing of Timber, Manufacture of Wood, Bamboo, Rattan, Palm and Straw Products
家具制造业	Manufacture of Furniture
造纸及纸制品业	Manufacture of Paper and Paper Products
印刷和记录媒介复制业	Printing, Reproduction of Recording Media
文教工美体育和娱乐用品制造业	Manufacture of Culture, Education, Art, Sports and Entertainment Supplies
石油加工、炼焦和核燃料加工业	Processing of Petroleum, Coking and Processing of Nuclear Fuel
化学原料和化学制品制造业	Manufacture of Raw Chemical Materials and Chemical Products
医药制造业	Manufacture of Medicines
化学纤维制造业	Manufacture of Chemical Fibers
橡胶和塑料制品业	Manufacture of Rubber and Plastics
非金属矿物制品业	Manufacture of Non-metallic Mineral Products
黑色金属冶炼和压延加工业	Smelting and Pressing of Ferrous Metals
有色金属冶炼和压延加工业	Smelting and Pressing of Non-ferrous Metals
金属制品业	Manufacture of Metal Products
通用设备制造业	Manufacture of General Purpose Machinery
专用设备制造业	Manufacture of Special Purpose Machinery
汽车制造业	Manufacture of Automobile
铁路船舶航空航天和其他运输设备制造业	Manufacture of Railroads, Ships, Aerospace and Other Transportation Equipments
电气机械和器材制造业	Manufacture of Electrical Machinery and Equipment
计算机通信和其他电子设备制造业	Manufacture of Computers, Communication and Other Electronic Equipments
仪器仪表制造业	Manufacture of Measuring Instruments and Machinery
其他制造业	Manufacture of Others
废弃资源综合利用业	Industry of Comprehensive Utilization of Waste Resources
金属制品、机械和设备修理业	Industry of Metal Products, Machinery and Equipment Repair
电力、热力生产和供应业	Production and Supply of Electric Power and Heat Power
燃气生产和供应业	Production and Supply of Gas
水的生产和供应业	Production and Supply of Water

总资产贡献率 (%) Ratio of Total Assets to Industrial Output Value (%)	资产负债率 (%) Assets-liability Ratio (%)	流动资产周转次数 (次/年) Number of Times of Annual of Turnover Circulating Funds (times/year)	工业成本费用利润率 (%) Ratio of Profits to Industrial Cost (%)
8.21	66.23	2.04	12.23
13.67	52.23	2.05	21.40
2.67	72.47	0.73	1.48
12.20	51.31	1.04	30.09
6.42	61.44	1.02	5.62
11.12	50.50	3.30	4.54
13.20	51.22	2.75	7.24
21.40	42.19	1.19	20.96
91.58	25.35	1.81	12.94
10.88	48.49	2.23	7.28
13.59	52.72	3.49	3.75
10.31	57.22	1.84	5.82
13.86	49.00	3.01	4.93
12.48	49.65	2.31	6.95
6.52	59.63	1.56	6.15
12.56	44.15	2.11	7.89
15.10	46.96	2.52	7.34
43.63	51.56	5.81	2.91
8.30	52.37	1.79	7.46
9.72	51.28	1.36	8.74
5.88	40.28	1.70	3.85
13.69	44.59	2.04	9.76
13.43	38.26	1.11	17.65
9.06	58.45	2.95	3.81
6.34	71.54	3.13	1.49
10.47	51.89	1.90	5.91
8.97	52.22	1.51	7.21
9.28	51.94	1.29	7.90
5.95	64.75	1.53	3.31
6.26	61.21	1.06	7.18
8.08	61.39	1.35	5.96
3.66	64.00	1.02	3.26
10.18	43.37	0.99	11.41
10.59	47.04	1.76	6.83
20.08	55.64	3.66	3.22
4.53	38.31	0.45	9.28
6.50	60.90	3.70	6.15
8.39	57.48	2.08	10.54
5.00	53.02	0.66	16.95

13—4 国有控股工业企业主要经济指标（2020年）
Main Indicators of State-owned and State-holding Industrial Enterprises (2020)

项　目	Item	企业单位数（个）Number of Enterprises (unit)	资产合计 Total Assets
总　　计	**Total**	**848**	**16363.71**
总计中：	**Of the Total:**		
内资企业	Domestic Funded Enterprise	809	16047.77
国有企业	State-owned Enterprise	106	1196.95
有限责任公司	Limited Liability Corporations	613	7425.67
股份有限公司	Share-holding Corporations Ltd.	87	7420.55
港澳台商投资企业	Enterprises Funded by Entrepreneurs from Hong Kong, Macao and Taiwan	20	112.37
外商投资企业	Foreign Funded Enterprises	19	203.57
总计中：	**Of the Total:**		
轻工业	Light Industry	134	1150.14
重工业	Heavy Industry	714	15213.57
总计中：	**Of the Total:**		
大型企业	Large-sized Enterprises	69	9890.54
中型企业	Medium-sized Enterprises	175	4027.64
小型企业	Small Enterprises	604	2445.53
按行业分	**Grouped by Sector**		
煤炭开采和洗选业	Mining and Washing of Coal	16	2248.75
黑色金属矿采选业	Mining and Processing of Ferrous Metal Ores	10	217.85
有色金属矿采选业	Mining and Processing of Non-Ferrous Metal Ores	6	43.32
非金属矿采选业	Mining and Processing of Nonmetal Ores	30	395.45
开采辅助活动	Mining Auxiliary Activities	2	4.54
农副食品加工业	Processing of Food from Agriculture Products	28	39.60
食品制造业	Manufacture of Foods	9	10.49
酒、饮料和精制茶制造业	Manufacture of Wine, Beverages and Refined Tea	5	192.85
烟草制品业	Manufacture of Tobacco	3	324.55
纺织业	Manufacture of Textile	7	94.42
纺织服装、服饰业	Manufacture of Textile Wearing Apparel and Clothing	13	23.11
皮革毛皮羽毛及其制品和制鞋业	Manufacture of Leather, Furs, Feather and Related Products	1	17.36
木材加工及木竹藤棕草制品业	Processing of Timber, Manufacture of Wood, Bamboo, Rattan, Palm and Straw Products	2	2.05
家具制造业	Manufacture of Furniture	1	4.30
造纸及纸制品业	Manufacture of Paper and Paper Products	1	7.74
印刷和记录媒介复制业	Printing, Reproduction of Recording Media	8	12.32
文教、工美、体育和娱乐用品制造业	Manufacture of Culture, Education, Art, Sports and Entertainment Supplies	1	1.29
石油加工、炼焦和核燃料加工业	Processing of Petroleum, Coking and Processing of Nuclear Fuel	4	202.58
化学原料和化学制品制造业	Manufacture of Raw Chemical Materials and Chemical Products	45	769.76
医药制造业	Manufacture of Medicines	20	82.91
化学纤维制造业	Manufacture of Chemical Fibers	1	10.81
橡胶和塑料制品业	Manufacture of Rubber and Plastics	19	154.43
非金属矿物制品业	Manufacture of Non-metallic Mineral Products	115	2404.63
黑色金属冶炼和压延加工业	Smelting and Pressing of Ferrous Metals	12	989.56
有色金属冶炼和压延加工业	Smelting and Pressing of Non-ferrous Metals	8	695.32
金属制品业	Manufacture of Metal Products	35	152.40
通用设备制造业	Manufacture of General Purpose Machinery	40	262.27
专用设备制造业	Manufacture of Special Purpose Machinery	43	144.69
汽车制造业	Manufacture of Automobile	38	1604.08
铁路船舶航空航天和其他运输设备制造业	Manufacture of Railroads, Ships, Aerospace and Other Transportation Equipments	13	123.12
电气机械和器材制造业	Manufacture of Electrical Machinery and Equipment	23	249.00
计算机通信和其他电子设备制造业	Manufacture of Computers, Communication and Other Electronic Equipments	40	1022.51
仪器仪表制造业	Manufacture of Measuring Instruments and Machinery	4	53.10
废弃资源综合利用业	Industry of Comprehensive Utilization of Waste Resources	8	38.10
其他制造业	Manufacture of Others	6	59.79
金属制品、机械和设备修理业	Industry of Metal Products, Machinery and Equipment Repair	2	131.84
电力、热力生产和供应业	Production and Supply of Electric Power and Heat Power	135	3086.99
燃气生产和供应业	Production and Supply of Gas	26	156.29
水的生产和供应业	Production and Supply of Water	67	324.75

单位：亿元（100 million yuan）

流动资产合计 Circulating Funds	#存货 Stock	#产成品 Finished Product	固定资产原价 Original Value of Fixed Assets	固定资产累计折旧 Accumulated Depreciation of Fixed Assets	负债合计 Total Liabilities	流动负债 Liquid Liabilities
6177.86	**951.18**	**264.92**	**10429.50**	**4812.12**	**8705.98**	**6083.30**
6001.53	889.04	250.19	10211.41	4686.73	8551.65	5971.37
645.13	221.38	25.01	597.14	251.58	573.78	433.35
2336.91	406.77	128.66	4724.03	1974.91	4380.32	2855.47
3017.72	260.66	96.49	4887.55	2459.90	3595.70	2680.71
52.93	12.85	4.34	122.95	75.18	49.60	45.23
123.40	49.29	10.39	95.14	50.20	104.74	66.70
734.74	253.51	52.35	430.66	210.30	445.62	388.15
5443.13	697.67	212.57	9998.85	4601.82	8260.37	5695.14
3234.74	646.90	140.80	7335.85	3616.12	5873.00	4203.31
2061.50	167.53	72.07	1653.71	753.18	1357.05	1023.49
881.63	136.75	52.05	1439.94	442.81	1475.93	856.49
376.40	20.48	10.55	1252.32	579.51	1494.70	1010.72
49.52	3.71	2.01	162.59	59.55	103.37	78.99
4.95	0.78	0.47	32.03	8.54	27.57	20.49
117.35	2.83	0.42	38.20	16.56	182.83	76.08
3.26	0.50	0.41	1.37	0.42	2.79	2.06
28.20	14.18	9.26	15.52	6.89	23.91	17.30
3.38	1.72	1.38	3.49	0.97	5.72	5.72
135.82	42.35	4.48	37.49	16.11	61.51	59.93
234.22	146.07	8.96	138.76	80.84	81.88	81.85
43.55	3.68	2.14	34.42	16.18	28.19	16.08
13.93	1.71	1.03	10.92	5.91	10.71	9.26
8.25	1.63	0.41	4.17	0.87	10.87	10.15
0.70	0.26	0.10	1.96	0.86	2.58	2.40
3.93	0.06	0.01	0.91	0.67	3.65	3.63
5.43	4.28	3.22	2.62	1.01	2.29	2.11
7.89	1.32	0.66	6.66	3.25	4.36	3.90
0.76	0.14	0.00	0.53	0.09	1.08	1.08
47.72	13.99	4.68	267.48	132.10	102.01	81.87
182.56	29.40	13.31	579.30	153.66	473.13	233.15
52.43	13.16	6.66	36.59	15.00	39.93	31.39
3.40	1.71	0.64	14.66	7.85	0.88	0.62
78.91	13.07	6.49	90.25	41.23	68.21	46.00
1383.74	37.53	17.42	586.77	249.35	573.76	418.96
476.63	131.61	44.38	930.40	570.25	577.53	525.21
275.93	139.54	17.56	262.55	118.28	524.79	289.87
101.42	17.46	7.76	46.40	20.77	62.03	54.23
162.14	31.36	12.95	84.95	41.60	113.37	98.52
101.51	28.02	8.43	49.28	19.53	92.38	86.94
868.66	44.14	18.99	471.51	246.41	1105.85	917.90
80.17	15.15	7.23	45.32	20.48	71.19	57.14
161.23	24.06	18.96	48.57	19.76	167.17	139.15
470.97	79.20	20.29	583.37	324.12	417.84	349.96
35.54	5.54	2.23	7.65	3.56	23.83	21.52
22.74	8.97	2.66	7.75	3.53	19.04	18.81
39.87	5.27	4.58	5.97	1.98	34.78	34.47
112.00	20.92	0.20	24.03	12.65	50.79	33.37
313.12	23.92	1.41	4243.40	1900.28	1883.40	1067.08
40.87	2.00	1.41	103.34	30.37	93.40	66.32
128.04	19.47	1.17	193.25	81.10	161.37	108.41

13—4 续表 continued

项 目	Item	所有者权益 Creditors' Equity	#实收资本 Capital Hold
总 计	**Total**	**7657.72**	**3226.16**
总计中:	**Of the Total:**		
内资企业	Domestic Funded Enterprise	7496.13	3126.96
国有企业	State-owned Enterprise	623.17	200.21
有限责任公司	Limited Liability Corporations	3045.35	1933.17
股份有限公司	Share-holding Corporations Ltd.	3824.85	991.52
港澳台商投资企业	Enterprises Funded by Entrepreneurs from Hong Kong, Macao and Taiwan	62.78	56.47
外商投资企业	Foreign Funded Enterprises	98.82	42.72
总计中:	**Of the Total:**		
轻工业	Light Industry	704.52	166.12
重工业	Heavy Industry	6953.21	3060.04
总计中:	**Of the Total:**		
大型企业	Large-sized Enterprises	4017.54	1819.67
中型企业	Medium-sized Enterprises	2670.59	768.81
小型企业	Small Enterprises	969.60	637.67
按行业分	**Grouped by Sector**		
煤炭开采和洗选业	Mining and Washing of Coal	754.05	329.20
黑色金属矿采选业	Mining and Processing of Ferrous Metal Ores	114.48	88.18
有色金属矿采选业	Mining and Processing of Non-Ferrous Metal Ores	15.75	9.83
非金属矿采选业	Mining and Processing of Nonmetal Ores	212.62	87.13
开采辅助活动	Mining Auxiliary Activities	1.75	0.83
农副食品加工业	Processing of Food from Agriculture Products	15.68	7.65
食品制造业	Manufacture of Foods	4.77	2.30
酒、饮料和精制茶制造业	Manufacture of Wine, Beverages and Refined Tea	131.35	9.30
烟草制品业	Manufacture of Tobacco	242.67	40.65
纺织业	Manufacture of Textile	66.24	8.30
纺织服装、服饰业	Manufacture of Textile Wearing Apparel and Clothing	12.40	2.89
皮革毛皮羽毛及其制品和制鞋业	Manufacture of Leather, Furs, Feather and Related Products	6.49	2.42
木材加工及木竹藤棕草制品业	Processing of Timber, Manufacture of Wood, Bamboo, Rattan, Palm and Straw Products	-0.52	0.82
家具制造业	Manufacture of Furniture	0.66	0.55
造纸及纸制品业	Manufacture of Paper and Paper Products	5.45	0.90
印刷和记录媒介复制业	Printing, Reproduction of Recording Media	7.96	2.55
文教、工美、体育和娱乐用品制造业	Manufacture of Culture, Education, Art, Sports and Entertainment Supplies	0.21	0.20
石油加工、炼焦和核燃料加工业	Processing of Petroleum, Coking and Processing of Nuclear Fuel	100.58	84.09
化学原料和化学制品制造业	Manufacture of Raw Chemical Materials and Chemical Products	296.62	202.99
医药制造业	Manufacture of Medicines	42.98	19.86
化学纤维制造业	Manufacture of Chemical Fibers	9.93	5.29
橡胶和塑料制品业	Manufacture of Rubber and Plastics	86.22	55.86
非金属矿物制品业	Manufacture of Non-metallic Mineral Products	1830.87	215.35
黑色金属冶炼和压延加工业	Smelting and Pressing of Ferrous Metals	412.02	120.30
有色金属冶炼和压延加工业	Smelting and Pressing of Non-ferrous Metals	170.53	51.22
金属制品业	Manufacture of Metal Products	90.37	24.99
通用设备制造业	Manufacture of General Purpose Machinery	148.90	78.13
专用设备制造业	Manufacture of Special Purpose Machinery	52.31	31.55
汽车制造业	Manufacture of Automobile	498.23	170.47
铁路船舶航空航天和其他运输设备制造业	Manufacture of Railroads, Ships, Aerospace and Other Transportation Equipments	51.94	38.54
电气机械和器材制造业	Manufacture of Electrical Machinery and Equipment	81.82	36.99
计算机通信和其他电子设备制造业	Manufacture of Computers, Communication and Other Electronic Equipments	604.66	371.58
仪器仪表制造业	Manufacture of Measuring Instruments and Machinery	29.27	6.41
其他制造业	Manufacture of Others	19.07	7.57
废弃资源综合利用业	Industry of Comprehensive Utilization of Waste Resources	25.01	13.16
金属制品、机械和设备修理业	Industry of Metal Products, Machinery and Equipment Repair	81.05	5.61
电力、热力生产和供应业	Production and Supply of Electric Power and Heat Power	1203.59	1015.80
燃气生产和供应业	Production and Supply of Gas	62.89	17.77
水的生产和供应业	Production and Supply of Water	163.38	55.31

单位：亿元（100 million yuan）

营业收入 Business Revenue	营业成本 Business Cost	税金及附加 Taxes and Surcharges	利润总额 Total Profits	本年应付职工薪酬 Wages Payable in This Year	本年应交增值税 Value Added Tax Payable
10422.98	**8598.59**	**442.01**	**735.44**	**814.47**	**281.82**
9962.25	8177.92	440.50	718.84	801.30	276.67
824.75	425.42	243.99	73.66	89.11	50.11
4852.53	4038.80	141.65	360.73	368.65	127.49
4280.53	3709.61	54.85	284.25	343.44	99.06
114.10	100.98	0.74	6.77	5.50	2.37
346.62	319.68	0.76	9.82	7.67	2.78
967.75	504.58	260.53	70.20	105.44	60.16
9455.23	8094.01	181.48	665.23	709.03	221.66
7100.92	5845.64	414.02	371.29	609.44	189.83
1801.96	1491.69	14.13	228.93	132.24	45.90
1520.09	1261.26	13.85	135.21	72.79	46.10
777.26	591.04	14.45	89.57	189.91	41.09
105.74	58.42	2.84	26.37	13.86	6.65
13.56	10.32	0.33	0.12	2.83	0.62
58.41	32.73	2.80	23.19	12.83	2.35
3.33	2.98	0.01	0.19	0.45	0.10
78.97	70.54	0.15	2.23	1.71	0.40
4.44	3.50	0.04	0.33	0.56	0.06
113.44	33.64	16.94	28.01	29.51	10.01
423.14	113.47	240.26	20.39	39.37	40.82
45.38	39.13	0.32	4.93	3.31	0.75
12.78	7.54	0.11	-0.27	4.86	0.81
3.65	2.76	0.04	0.04	0.50	0.07
1.16	1.04	0.01	-0.11	0.14	0.01
4.72	4.19	0.01	0.10	0.27	0.10
1.15	0.53	0.01	0.03	0.57	0.05
8.65	6.96	0.08	0.83	1.45	0.15
0.54	0.44	0.01	0.04	0.08	0.01
438.77	327.65	93.06	0.44	9.28	15.20
316.09	266.68	3.34	15.25	22.60	5.08
56.43	39.32	0.57	1.70	5.84	2.48
12.30	9.68	0.12	2.38	0.53	0.59
88.18	75.48	0.70	2.68	8.82	1.91
739.19	459.27	8.78	265.94	38.73	36.41
1224.30	1113.74	7.53	43.47	62.49	19.68
875.89	839.23	3.06	8.56	15.83	3.34
150.33	131.94	1.30	8.74	9.70	6.94
263.19	226.45	1.41	15.34	28.21	4.54
109.10	89.33	0.77	5.99	10.91	2.68
1332.77	1220.47	25.04	8.10	64.92	12.02
59.47	48.47	0.36	3.53	8.83	1.05
189.64	176.92	1.15	1.72	10.42	2.53
618.94	512.43	3.01	44.58	52.38	2.17
26.17	21.70	0.08	6.30	2.25	0.27
11.92	8.56	0.06	1.26	2.02	0.05
179.20	176.00	0.43	1.30	2.05	2.42
38.15	28.80	0.07	3.70	8.24	-0.05
1846.58	1689.12	11.49	80.51	129.84	55.34
114.53	101.08	0.35	8.44	5.50	0.76
75.34	56.84	0.91	9.54	12.75	2.48

13—5 国有控股工业企业主要经济效益指标（2020年）
Main Indicators on Economic Benefit of State-owned and State-holding Industrial Enterprises (2020)

项 目	Item
总 计	**Total**
总计中：	**Of the Total:**
内资企业	Domestic Funded Enterprise
国有企业	State-owned Enterprise
有限责任公司	Limited Liability Corporations
股份有限公司	Share-holding Corporations Ltd.
港澳台商投资企业	Enterprises Funded by Entrepreneurs from Hong Kong, Macao and Taiwan
外商投资企业	Foreign Funded Enterprises
总计中：	**Of the Total:**
轻工业	Light Industry
重工业	Heavy Industry
总计中：	**Of the Total:**
大型企业	Large-sized Enterprises
中型企业	Medium-sized Enterprises
小型企业	Small Enterprises
按行业分	**Grouped by Sector**
煤炭开采和洗选业	Mining and Washing of Coal
黑色金属矿采选业	Mining and Processing of Ferrous Metal Ores
有色金属矿采选业	Mining and Processing of Non-Ferrous Metal Ores
非金属矿采选业	Mining and Processing of Nonmetal Ores
开采辅助活动	Mining Auxiliary Activities
农副食品加工业	Processing of Food from Agriculture Products
食品制造业	Manufacture of Foods
酒、饮料和精制茶制造业	Manufacture of Wine, Beverages and Refined Tea
烟草制品业	Manufacture of Tobacco
纺织业	Manufacture of Textile
纺织服装、服饰业	Manufacture of Textile Wearing Apparel and Clothing
皮革毛皮羽毛及其制品和制鞋业	Manufacture of Leather, Furs, Feather and Related Products
木材加工及木竹藤棕草制品业	Processing of Timber, Manufacture of Wood, Bamboo, Rattan, Palm and Straw Products
家具制造业	Manufacture of Furniture
造纸及纸制品业	Manufacture of Paper and Paper Products
印刷和记录媒介复制业	Printing, Reproduction of Recording Media
文教、工美、体育和娱乐用品制造业	Manufacture of Culture, Education, Art, Sports and Entertainment Supplies
石油加工、炼焦和核燃料加工业	Processing of Petroleum, Coking and Processing of Nuclear Fuel
化学原料和化学制品制造业	Manufacture of Raw Chemical Materials and Chemical Products
医药制造业	Manufacture of Medicines
化学纤维制造业	Manufacture of Chemical Fibers
橡胶和塑料制品业	Manufacture of Rubber and Plastics
非金属矿物制品业	Manufacture of Non-metallic Mineral Products
黑色金属冶炼和压延加工业	Smelting and Pressing of Ferrous Metals
有色金属冶炼和压延加工业	Smelting and Pressing of Non-ferrous Metals
金属制品业	Manufacture of Metal Products
通用设备制造业	Manufacture of General Purpose Machinery
专用设备制造业	Manufacture of Special Purpose Machinery
汽车制造业	Manufacture of Automobile
铁路船舶航空航天和其他运输设备制造业	Manufacture of Railroads, Ships, Aerospace and Other Transportation Equipments
电气机械和器材制造业	Manufacture of Electrical Machinery and Equipment
计算机通信和其他电子设备制造业	Manufacture of Computers, Communication and Other Electronic Equipments
仪器仪表制造业	Manufacture of Measuring Instruments and Machinery
废弃资源综合利用业	Industry of Comprehensive Utilization of Waste Resources
其他制造业	Manufacture of Others
金属制品、机械和设备修理业	Industry of Metal Products, Machinery and Equipment Repair
电力、热力生产和供应业	Production and Supply of Electric Power and Heat Power
燃气生产和供应业	Production and Supply of Gas
水的生产和供应业	Production and Supply of Water

总资产贡献率 (%) Ratio of Total Assets to Industrial Output Value (%)	资产负债率 (%) Assets-liability Ratio (%)	流动资产周转次数 (次/年) Number of Times of Annual of Turnover Circulating Funds (times/year)	工业成本费用利润率 (%) Ratio of Profits to Industrial Cost (%)
9.99	**53.20**	**1.69**	**7.81**
10.03	53.29	1.66	8.00
31.37	47.94	1.28	14.27
9.60	58.99	2.08	8.15
7.03	48.46	1.42	7.04
9.05	44.14	2.16	6.35
6.95	51.45	2.81	2.95
34.44	38.74	1.32	10.92
8.14	54.30	1.74	7.58
10.95	59.38	2.20	5.78
8.23	33.69	0.87	14.19
8.99	60.35	1.72	9.74
8.22	66.47	2.06	12.48
17.30	47.45	2.14	33.09
4.07	63.64	2.74	0.92
7.95	46.23	0.50	55.38
6.42	61.44	1.02	5.62
7.52	60.39	2.80	2.90
5.29	54.56	1.31	7.21
30.01	31.89	0.84	38.24
93.23	25.23	1.81	13.09
6.72	29.85	1.04	11.66
2.18	46.34	0.92	-2.05
0.86	62.63	0.44	1.04
-4.47	125.51	1.66	-8.52
4.69	84.76	1.20	2.18
2.25	29.60	0.21	3.07
8.66	35.40	1.10	9.97
4.50	83.76	0.71	7.88
54.48	50.35	9.19	0.13
4.41	61.47	1.73	4.96
6.13	48.16	1.08	3.12
28.75	8.14	3.61	23.96
4.05	44.17	1.12	3.11
14.29	23.86	0.53	53.78
7.72	58.36	2.57	3.69
3.15	75.47	3.17	0.99
11.33	40.70	1.48	6.12
8.01	43.23	1.62	6.11
7.09	63.84	1.07	5.81
3.45	68.94	1.53	0.61
4.28	57.82	0.74	6.18
2.25	67.14	1.18	0.91
5.31	40.86	1.31	7.78
12.58	44.88	0.74	25.28
3.66	49.96	0.52	11.33
8.09	58.17	4.49	0.73
3.90	38.53	0.34	10.88
6.31	61.01	5.90	4.54
6.28	59.76	2.80	7.85
4.12	49.69	0.59	14.00

13—6　外商投资和港澳台商投资工业企业主要经济指标（2020年）

Main Indicators of Industrial Enterprises with Hong Kong, Macao, Taiwan and Foreign Funds (2020)

项　目	Item	企业单位数（个）Number of Enterprises (unit)	资产合计 Total Assets
总　计	**Total**	**814**	**5483.27**
总计中：	**Of the Total:**		
港澳台商投资企业	Enterprises Funded by Entrepreneurs from Hong Kong, Macao and Taiwan	346	3095.47
外商投资企业	Foreign Funded Enterprises	468	2387.80
总计中：	**Of the Total:**		
轻工业	Light Industry	293	1206.28
重工业	Heavy Industry	521	4276.99
总计中：	**Of the Total:**		
大型企业	Large-sized Enterprises	48	2867.91
中型企业	Medium-sized Enterprises	158	1354.45
小型企业	Small Enterprises	608	1260.91
按行业分	**Grouped by Sector**		
黑色金属矿采选业	Mining and Processing of Ferrous Metal Ores	2	23.44
非金属矿采选业	Mining and Processing of Nonmetal Ores	1	0.84
农副食品加工业	Processing of Food from Agriculture Products	29	114.41
食品制造业	Manufacture of Foods	24	88.65
酒、饮料和精制茶制造业	Manufacture of Wine, Beverages and Refined Tea	17	83.15
纺织业	Manufacture of Textile	28	31.48
纺织服装、服饰业	Manufacture of Textile Wearing Apparel and Clothing	36	41.82
皮革毛皮羽毛及其制品和制鞋业	Manufacture of Leather, Furs, Feather and Related Products	14	27.32
木材加工及木竹藤棕草制品业	Processing of Timber, Manufacture of Wood, Bamboo, Rattan, Palm and Straw Products	4	2.37
家具制造业	Manufacture of Furniture	3	8.13
造纸及纸制品业	Manufacture of Paper and Paper Products	9	54.66
印刷和记录媒介复制业	Printing, Reproduction of Recording Media	10	27.31
文教工美体育和娱乐用品制造业	Manufacture of Culture, Education, Art, Sports and Entertainment Supplies	12	8.08
石油加工、炼焦和核燃料加工业	Processing of Petroleum, Coking and Processing of Nuclear Fuel	3	47.59
化学原料和化学制品制造业	Manufacture of Raw Chemical Materials and Chemical Products	68	425.13
医药制造业	Manufacture of Medicines	24	70.42
化学纤维制造业	Manufacture of Chemical Fibers	3	16.18
橡胶和塑料制品业	Manufacture of Rubber and Plastics	45	205.84
非金属矿物制品业	Manufacture of Non-metallic Mineral Products	38	248.96
黑色金属冶炼和压延加工业	Smelting and Pressing of Ferrous Metals	7	36.35
有色金属冶炼和压延加工业	Smelting and Pressing of Non-ferrous Metals	9	218.55
金属制品业	Manufacture of Metal Products	27	98.47
通用设备制造业	Manufacture of General Purpose Machinery	63	262.13
专用设备制造业	Manufacture of Special Purpose Machinery	36	111.52
汽车制造业	Manufacture of Automobile	69	343.90
铁路船舶航空航天和其他运输设备制造业	Manufacture of Railroads, Ships, Aerospace and Other Transportation Equipments	6	33.40
电气机械和器材制造业	Manufacture of Electrical Machinery and Equipment	57	525.60
计算机通信和其他电子设备制造业	Manufacture of Computers, Communication and Other Electronic Equipments	60	1798.39
仪器仪表制造业	Manufacture of Measuring Instruments and Machinery	6	28.69
其他制造业	Manufacture of Others	1	2.00
废弃资源综合利用业	Industry of Comprehensive Utilization of Waste Resources	4	8.80
金属制品、机械和设备修理业	Industry of Metal Products, Machinery and Equipment Repair		
电力、热力生产和供应业	Production and Supply of Electric Power and Heat Power	40	313.77
燃气生产和供应业	Production and Supply of Gas	50	137.88
水的生产和供应业	Production and Supply of Water	9	38.05

单位：亿元（100 million yuan）

流动资产合计 Circulating Funds	#存货 Stock	#产成品 Finished Product	固定资产原价 Original Value of Fixed Assets	固定资产累计折旧 Accumulated Depreciation of Fixed Assets	负债合计 Total Liabilities	流动负债 Liquid Liabilities
3635.83	**457.18**	**148.36**	**2319.60**	**1034.52**	**3472.70**	**3020.02**
2155.23	188.86	39.39	1084.31	457.09	2250.98	2016.68
1480.60	268.32	108.97	1235.29	577.43	1221.72	1003.33
775.92	125.35	62.86	572.33	263.72	649.60	581.78
2859.91	331.83	85.49	1747.27	770.80	2823.10	2438.23
2338.01	219.66	53.65	785.82	387.55	2101.32	2002.22
633.10	130.00	50.06	831.07	356.69	686.99	500.15
664.71	107.53	44.65	702.71	290.28	684.39	517.65
2.64	0.26	0.05	18.37	9.76	11.06	2.86
0.18	0.06	0.02	0.91	0.32	1.20	0.30
60.47	27.46	15.06	62.17	22.86	61.24	49.05
36.35	6.96	2.61	56.59	28.70	47.87	46.20
38.07	6.83	1.76	65.61	29.29	40.77	29.22
14.61	5.85	2.54	25.76	14.48	17.92	16.37
28.24	3.19	1.41	19.91	9.12	24.57	21.29
15.92	2.54	0.78	14.90	6.49	12.61	12.48
1.88	0.57	0.38	0.47	0.16	1.99	1.98
6.44	0.48	0.21	2.82	1.45	6.80	6.65
29.10	5.02	2.50	32.02	11.82	27.16	20.76
19.04	2.80	1.96	15.64	9.52	11.79	8.82
5.72	1.79	0.89	3.65	1.60	2.89	2.80
26.11	6.55	0.43	29.65	13.24	30.06	29.90
212.44	23.20	8.71	176.29	84.68	176.10	147.00
38.61	11.02	3.41	30.38	12.37	32.24	23.49
5.47	2.38	1.19	17.34	7.97	4.35	1.10
114.23	23.10	13.08	166.37	92.69	89.66	71.54
140.13	14.87	6.18	130.63	47.92	108.65	91.77
24.37	7.15	2.04	29.98	20.27	15.32	14.67
170.17	43.32	8.25	68.53	36.08	163.06	113.17
54.07	12.16	6.11	44.88	18.36	40.17	33.08
163.60	38.70	7.82	132.36	65.73	154.64	119.28
74.41	20.79	6.12	56.83	30.20	26.83	25.41
217.86	33.21	16.12	170.51	87.07	157.04	136.72
25.56	6.04	0.22	5.17	1.66	27.54	24.34
400.47	48.21	26.21	164.53	75.09	318.61	299.98
1526.55	92.26	9.20	305.06	104.00	1578.85	1465.05
19.33	2.43	1.11	15.26	8.58	11.18	10.63
1.01	0.16	0.04	1.31	0.45	0.83	0.47
1.86	0.60	0.25	3.18	1.72	5.08	4.26
89.71	3.17	0.10	340.34	145.94	165.29	104.97
60.69	3.09	1.40	78.89	19.81	77.69	68.81
10.51	0.95	0.16	33.28	15.14	21.61	15.60

13—6 续表 continued

项 目	Item	所有者权益 Creditors' Equity	#实收资本 Capital Hold
总 计	**Total**	**2010.57**	**1110.72**
总计中：	**Of the Total:**		
港澳台商投资企业	Enterprises Funded by Entrepreneurs from Hong Kong, Macao and Taiwan	844.48	505.92
外商投资企业	Foreign Funded Enterprises	1166.09	604.79
总计中：	**Of the Total:**		
轻工业	Light Industry	556.68	296.06
重工业	Heavy Industry	1453.89	814.66
总计中：	**Of the Total:**		
大型企业	Large-sized Enterprises	766.60	355.79
中型企业	Medium-sized Enterprises	667.45	348.41
小型企业	Small Enterprises	576.52	406.52
按行业分	**Grouped by Sector**		
黑色金属矿采选业	Mining and Processing of Ferrous Metal Ores	12.38	3.92
非金属矿采选业	Mining and Processing of Nonmetal Ores	-0.36	1.31
农副食品加工业	Processing of Food from Agriculture Products	53.17	37.95
食品制造业	Manufacture of Foods	40.78	26.51
酒、饮料和精制茶制造业	Manufacture of Wine, Beverages and Refined Tea	42.38	24.24
纺织业	Manufacture of Textile	13.56	15.89
纺织服装、服饰业	Manufacture of Textile Wearing Apparel and Clothing	17.25	10.62
皮革毛皮羽毛及其制品和制鞋业	Manufacture of Leather, Furs, Feather and Related Products	14.71	5.83
木材加工及木竹藤棕草制品业	Processing of Timber, Manufacture of Wood, Bamboo, Rattan, Palm and Straw Products	0.38	0.20
家具制造业	Manufacture of Furniture	1.32	1.36
造纸及纸制品业	Manufacture of Paper and Paper Products	27.50	18.97
印刷和记录媒介复制业	Printing, Reproduction of Recording Media	15.51	4.41
文教工美体育和娱乐用品制造业	Manufacture of Culture, Education, Art, Sports and Entertainment Supplies	5.19	3.07
石油加工、炼焦和核燃料加工业	Processing of Petroleum, Coking and Processing of Nuclear Fuel	17.54	15.24
化学原料和化学制品制造业	Manufacture of Raw Chemical Materials and Chemical Products	249.03	98.32
医药制造业	Manufacture of Medicines	38.19	15.70
化学纤维制造业	Manufacture of Chemical Fibers	11.83	7.21
橡胶和塑料制品业	Manufacture of Rubber and Plastics	116.18	63.93
非金属矿物制品业	Manufacture of Non-metallic Mineral Products	140.31	79.05
黑色金属冶炼和压延加工业	Smelting and Pressing of Ferrous Metals	21.02	13.03
有色金属冶炼和压延加工业	Smelting and Pressing of Non-ferrous Metals	55.48	21.93
金属制品业	Manufacture of Metal Products	58.29	53.41
通用设备制造业	Manufacture of General Purpose Machinery	107.49	53.35
专用设备制造业	Manufacture of Special Purpose Machinery	84.69	53.17
汽车制造业	Manufacture of Automobile	186.85	80.83
铁路船舶航空航天和其他运输设备制造业	Manufacture of Railroads, Ships, Aerospace and Other Transportation Equipments	5.86	4.67
电气机械和器材制造业	Manufacture of Electrical Machinery and Equipment	206.99	78.15
计算机通信和其他电子设备制造业	Manufacture of Computers, Communication and Other Electronic Equipments	219.54	178.73
仪器仪表制造业	Manufacture of Measuring Instruments and Machinery	17.50	11.52
其他制造业	Manufacture of Others	1.17	0.59
废弃资源综合利用业	Industry of Comprehensive Utilization of Waste Resources	3.72	2.17
金属制品、机械和设备修理业	Industry of Metal Products, Machinery and Equipment Repair		
电力、热力生产和供应业	Production and Supply of Electric Power and Heat Power	148.48	91.30
燃气生产和供应业	Production and Supply of Gas	60.20	23.42
水的生产和供应业	Production and Supply of Water	16.44	10.71

单位：亿元（100 million yuan）

营业收入 Business Revenue	营业成本 Business Cost	税金及附加 Taxes and Surcharges	利润总额 Total Profits	本年应付职工薪酬 Wages Payable in This Year	本年应交增值税 Value Added Tax Payable
5279.73	**4600.08**	**22.10**	**271.19**	**282.02**	**109.03**
2782.73	2539.05	9.02	104.13	122.37	61.47
2497.00	2061.03	13.08	167.06	159.65	47.55
1490.76	1225.39	9.01	95.88	95.64	31.30
3788.97	3374.69	13.09	175.30	186.38	77.73
2816.93	2508.27	8.67	123.86	147.48	67.96
1012.32	822.96	7.34	76.93	81.10	22.93
1450.48	1268.85	6.09	70.40	53.45	18.14
9.94	5.49	0.24	3.43	0.79	0.71
0.31	0.22		-0.01	0.04	
219.89	198.03	0.67	9.04	7.66	1.85
119.99	97.78	0.65	10.25	6.97	2.69
78.30	53.88	1.96	10.16	6.94	2.82
31.43	29.45	0.20	-0.40	3.14	0.08
144.46	137.50	0.44	2.06	12.23	2.23
57.21	49.09	0.46	7.14	2.86	1.80
3.32	3.06	0.01	0.12	0.12	0.07
7.57	6.39	0.02	0.27	0.63	0.11
73.29	63.62	0.30	5.28	1.39	2.67
26.51	20.39	0.17	4.12	1.95	1.05
11.34	9.93	0.06	0.30	1.76	0.17
68.27	59.39	0.33	5.23	1.47	1.37
286.41	209.82	2.06	25.62	14.83	6.13
64.00	42.78	0.40	5.92	5.28	1.08
13.58	10.86	0.12	2.33	0.64	0.67
170.43	128.11	1.39	16.69	20.50	5.79
158.48	106.64	1.74	37.53	8.06	6.35
66.21	62.47	0.31	0.11	1.67	1.17
844.20	803.89	0.64	7.29	3.24	1.50
69.44	57.82	0.43	3.99	6.77	1.34
249.13	215.67	0.96	17.25	15.49	3.15
83.27	68.26	0.70	5.68	8.92	2.09
297.54	239.76	1.70	23.93	28.03	6.34
17.52	11.98	0.09	1.90	1.06	0.16
525.77	437.05	2.78	28.78	38.82	10.65
1295.12	1243.69	1.26	-2.37	62.46	37.46
23.68	17.18	0.21	2.47	2.58	0.33
2.13	1.74	0.02	0.11	0.43	0.02
14.33	13.47	0.07	0.51	0.22	0.20
130.53	102.43	1.20	21.93	8.05	5.09
105.00	87.13	0.31	10.84	4.95	1.44
11.12	5.10	0.19	3.72	2.09	0.44

13—7 外商投资和港澳台商投资工业企业主要经济效益指标（2020年）

Main Indicators on Economic Benefit of Industrial Enterprises with Hong Kong, Macao, Taiwan and Foreign Funds (2020)

项　目	Item
总　　计	**Total**
总计中：	**Of the Total:**
港澳台商投资企业	Enterprises Funded by Entrepreneurs from Hong Kong, Macao and Taiwan
外商投资企业	Foreign Funded Enterprises
总计中：	**Of the Total:**
轻工业	Light Industry
重工业	Heavy Industry
总计中：	**Of the Total:**
大型企业	Large-sized Enterprises
中型企业	Medium-sized Enterprises
小型企业	Small Enterprises
按行业分	**Grouped by Sector**
黑色金属矿采选业	Mining and Processing of Ferrous Metal Ores
非金属矿采选业	Mining and Processing of Nonmetal Ores
农副食品加工业	Processing of Food from Agriculture Products
食品制造业	Manufacture of Foods
酒、饮料和精制茶制造业	Manufacture of Wine, Beverages and Refined Tea
纺织业	Manufacture of Textile
纺织服装、服饰业	Manufacture of Textile Wearing Apparel and Clothing
皮革毛皮羽毛及其制品和制鞋业	Manufacture of Leather, Furs, Feather and Related Products
木材加工及木竹藤棕草制品业	Processing of Timber, Manufacture of Wood, Bamboo, Rattan, Palm and Straw Products
家具制造业	Manufacture of Furniture
造纸及纸制品业	Manufacture of Paper and Paper Products
印刷和记录媒介复制业	Printing, Reproduction of Recording Media
文教工美体育和娱乐用品制造业	Manufacture of Culture, Education, Art, Sports and Entertainment Supplies
石油加工、炼焦和核燃料加工业	Processing of Petroleum, Coking and Processing of Nuclear Fuel
化学原料和化学制品制造业	Manufacture of Raw Chemical Materials and Chemical Products
医药制造业	Manufacture of Medicines
化学纤维制造业	Manufacture of Chemical Fibers
橡胶和塑料制品业	Manufacture of Rubber and Plastics
非金属矿物制品业	Manufacture of Non-metallic Mineral Products
黑色金属冶炼和压延加工业	Smelting and Pressing of Ferrous Metals
有色金属冶炼和压延加工业	Smelting and Pressing of Non-ferrous Metals
金属制品业	Manufacture of Metal Products
通用设备制造业	Manufacture of General Purpose Machinery
专用设备制造业	Manufacture of Special Purpose Machinery
汽车制造业	Manufacture of Automobile
铁路船舶航空航天和其他运输设备制造业	Manufacture of Railroads, Ships, Aerospace and Other Transportation Equipments
电气机械和器材制造业	Manufacture of Electrical Machinery and Equipment
计算机通信和其他电子设备制造业	Manufacture of Computers, Communication and Other Electronic Equipments
仪器仪表制造业	Manufacture of Measuring Instruments and Machinery
其他制造业	Manufacture of Others
废弃资源综合利用业	Industry of Comprehensive Utilization of Waste Resources
金属制品、机械和设备修理业	Industry of Metal Products, Machinery and Equipment Repair
电力、热力生产和供应业	Production and Supply of Electric Power and Heat Power
燃气生产和供应业	Production and Supply of Gas
水的生产和供应业	Production and Supply of Water

总资产贡献率 (%) Ratio of Total Assets to Industrial Output Value (%)	资产负债率 (%) Assets-liability Ratio (%)	流动资产周转次数 (次/年) Number of Times of Annual of Turnover Circulating Funds (times/year)	工业成本费用利润率 (%) Ratio of Profits to Industrial Cost (%)
7.72	**63.33**	**1.45**	**5.44**
6.02	72.72	1.29	3.91
9.92	51.16	1.69	7.18
11.59	53.85	1.92	6.85
6.63	66.01	1.32	4.88
7.17	73.27	1.20	4.60
8.45	50.72	1.60	8.22
8.18	54.28	2.18	5.18
18.65	47.19	3.77	51.35
-0.64	142.69	1.77	-2.53
10.61	53.53	3.64	4.29
15.33	54.00	3.30	9.20
18.81	49.03	2.06	15.26
0.53	56.92	2.15	-1.27
11.58	58.76	5.12	1.45
34.55	46.15	3.59	14.00
8.56	84.01	1.76	3.62
5.90	83.72	1.17	3.72
16.67	49.69	2.52	7.65
19.88	43.19	1.39	18.39
6.52	35.78	1.98	2.68
14.78	63.15	2.61	8.36
8.22	41.42	1.35	9.79
11.07	45.78	1.66	10.06
19.59	26.87	2.48	20.65
12.22	43.56	1.49	10.90
18.71	43.64	1.13	31.00
4.27	42.15	2.72	0.16
6.16	74.61	4.96	0.90
6.22	40.80	1.28	6.05
8.20	58.99	1.52	7.40
7.54	24.06	1.12	7.39
9.75	45.67	1.37	8.74
6.48	82.45	0.69	12.13
8.14	60.62	1.31	5.77
2.19	87.79	0.85	-0.18
11.46	38.98	1.22	11.72
7.75	41.51	2.11	5.26
8.26	57.75	7.69	3.67
10.29	52.68	1.46	20.10
9.26	56.34	1.73	11.47
11.83	56.80	1.06	46.21

13—8 私营工业企业主要经济指标（2020年）
Main Indicators of Private Enterprises (2020)

项　目	Item	企业单位数（个）Number of Enterprises (unit)	资产合计 Total Assets
总　计	**Total**	**12914**	**11024.64**
总计中：	**Of the Total:**		
私营独资	Private Sole-source Investment Enterprise	305	94.12
私营合伙	Private Partnership Enterprise	53	19.85
私营有限责任公司	Private Companies with Limited Liabilities	12021	9414.70
私营股份有限公司	Private Share-holding Companies with Limited Liabilities	535	1495.97
总计中：	**Of the Total:**		
轻工业	Light Industry	5663	3963.09
重工业	Heavy Industry	7251	7061.54
总计中：	**Of the Total:**		
大型企业	Large-sized Enterprises	51	1491.56
中型企业	Medium-sized Enterprises	486	2033.78
小型企业	Small Enterprises	12377	7499.29
按行业分	**Grouped by Sector**		
煤炭开采和洗选业	Mining and Washing of Coal	2	5.05
黑色金属矿采选业	Mining and Processing of Ferrous Metal Ores	30	85.67
有色金属矿采选业	Mining and Processing of Non-Ferrous Metal Ores	18	25.92
非金属矿采选业	Mining and Processing of Nonmetal Ores	122	120.25
开采辅助活动	Mining Auxiliary Activities		
农副食品加工业	Processing of Food from Agriculture Products	1123	629.93
食品制造业	Manufacture of Foods	290	190.65
酒、饮料和精制茶制造业	Manufacture of Wine, Beverages and Refined Tea	199	188.49
纺织业	Manufacture of Textile	520	299.44
纺织服装、服饰业	Manufacture of Textile Wearing Apparel and Clothing	537	177.57
皮革毛皮羽毛及其制品和制鞋业	Manufacture of Leather, Furs, Feather and Related Products	246	142.83
木材加工及木竹藤棕草制品业	Processing of Timber, Manufacture of Wood, Bamboo, Rattan, Palm and Straw Products	409	176.92
家具制造业	Manufacture of Furniture	204	137.05
造纸及纸制品业	Manufacture of Paper and Paper Products	161	87.68
印刷和记录媒介复制业	Printing, Reproduction of Recording Media	252	184.95
文教工美体育和娱乐用品制造业	Manufacture of Culture, Education, Art, Sports and Entertainment Supplies	408	186.86
石油加工、炼焦和核燃料加工业	Processing of Petroleum, Coking and Processing of Nuclear Fuel	36	37.18
化学原料和化学制品制造业	Manufacture of Raw Chemical Materials and Chemical Products	654	626.31
医药制造业	Manufacture of Medicines	331	468.38
化学纤维制造业	Manufacture of Chemical Fibers	30	29.88
橡胶和塑料制品业	Manufacture of Rubber and Plastics	810	512.07
非金属矿物制品业	Manufacture of Non-metallic Mineral Products	1562	1312.31
黑色金属冶炼和压延加工业	Smelting and Pressing of Ferrous Metals	83	156.61
有色金属冶炼和压延加工业	Smelting and Pressing of Non-ferrous Metals	167	225.54
金属制品业	Manufacture of Metal Products	872	689.56
通用设备制造业	Manufacture of General Purpose Machinery	810	519.10
专用设备制造业	Manufacture of Special Purpose Machinery	601	470.17
汽车制造业	Manufacture of Automobile	581	592.88
铁路船舶航空航天和其他运输设备制造业	Manufacture of Railroads, Ships, Aerospace and Other Transportation Equipments	113	56.21
电气机械和器材制造业	Manufacture of Electrical Machinery and Equipment	867	1558.96
计算机通信和其他电子设备制造业	Manufacture of Computers, Communication and Other Electronic Equipments	450	708.20
仪器仪表制造业	Manufacture of Measuring Instruments and Machinery	120	80.50
其他制造业	Manufacture of Others	74	29.08
废弃资源综合利用业	Industry of Comprehensive Utilization of Waste Resources	143	102.89
金属制品、机械和设备修理业	Industry of Metal Products, Machinery and Equipment Repair	3	3.20
电力、热力生产和供应业	Production and Supply of Electric Power and Heat Power	52	156.03
燃气生产和供应业	Production and Supply of Gas	19	23.50
水的生产和供应业	Production and Supply of Water	15	26.82

单位：亿元（100 million yuan）

流动资产合计 Circulating Funds	#存货 Stock	#产成品 Finished Product	固定资产原价 Original Value of Fixed Assets	固定资产累计折旧 Accumulated Depreciation of Fixed Assets	负债合计 Total Liabilities	流动负债 Liquid Liabilities
6757.59	**1585.28**	**736.46**	**4174.52**	**1495.33**	**6213.24**	**5321.60**
57.25	14.81	5.76	37.99	12.74	47.70	41.66
11.69	3.24	2.04	8.67	2.72	8.98	8.16
5762.68	1377.32	651.11	3706.14	1315.64	5378.38	4630.96
925.98	189.90	77.55	421.72	164.23	778.18	640.82
2335.67	701.04	329.81	1534.39	530.71	2101.23	1830.39
4421.92	884.24	406.65	2640.14	964.62	4112.01	3491.21
902.01	190.53	77.34	515.37	214.79	1014.86	820.76
1219.11	289.74	127.81	787.33	277.73	1067.73	955.92
4636.48	1105.01	531.31	2871.82	1002.80	4130.64	3544.92
3.86	0.22	0.20	0.60	0.41	3.74	3.34
22.17	3.62	1.86	45.50	15.03	67.86	53.62
18.71	2.73	1.70	10.19	6.70	19.37	14.65
53.42	6.12	3.90	40.27	14.10	75.54	63.01
363.38	139.76	52.73	267.15	83.09	293.53	258.09
104.58	30.46	12.07	87.24	33.25	97.44	81.36
108.69	41.90	15.34	75.38	22.21	106.05	95.31
171.07	52.16	29.43	134.97	45.62	160.05	134.85
102.04	28.66	14.80	78.04	25.98	97.46	84.13
93.99	30.85	15.96	40.32	12.07	94.10	84.56
102.64	29.91	15.67	75.93	26.31	89.67	75.81
80.19	22.18	8.02	41.80	10.34	65.88	59.42
49.72	13.22	6.22	36.69	11.87	51.50	45.00
106.14	26.87	11.87	81.94	30.28	81.65	73.67
106.99	36.34	20.03	71.55	27.25	85.93	78.20
24.93	9.04	4.70	15.21	4.47	15.85	14.49
366.70	88.35	42.98	258.06	87.81	320.01	277.42
288.53	86.65	51.79	152.42	51.80	255.93	209.28
14.94	5.78	2.37	19.13	6.77	16.48	13.85
308.01	72.42	36.15	230.12	82.91	237.77	189.29
834.48	125.37	53.42	496.15	185.69	785.87	683.37
73.60	28.85	11.54	112.49	51.68	96.33	50.41
144.04	43.46	18.72	78.63	25.47	136.33	115.83
463.39	103.47	42.28	206.77	70.06	395.89	307.24
321.24	77.02	35.73	216.59	84.86	273.64	244.11
299.77	66.09	30.02	173.50	64.32	236.06	212.26
355.33	85.13	46.73	269.42	107.77	350.43	318.53
32.85	8.60	4.03	22.39	6.52	30.14	25.44
1071.57	183.59	83.56	400.97	147.29	961.08	869.95
457.38	108.23	49.06	232.89	103.59	479.85	428.87
58.46	9.81	3.37	23.63	9.72	35.89	31.38
19.54	5.33	2.91	11.99	3.81	9.87	8.02
61.77	10.65	6.31	35.77	10.12	54.84	42.37
2.67	0.71	0.03	0.71	0.32	1.45	1.25
53.96	0.44	0.06	109.19	18.39	99.35	52.76
11.31	1.10	0.85	12.10	4.93	14.62	13.75
5.56	0.18	0.04	8.86	2.50	15.81	6.69

13—8 续表 continued

项 目	Item	所有者权益 Creditors' Equity	#实收资本 Capital Hold
总 计	**Total**	**4811.39**	**2326.09**
总计中：	**Of the Total:**		
私营独资	Private Sole-source Investment Enterprise	46.42	15.79
私营合伙	Private Partnership Enterprise	10.87	5.08
私营有限责任公司	Private Companies with Limited Liabilities	4036.32	2063.16
私营股份有限公司	Private Share-holding Companies with Limited Liabilities	717.79	242.07
总计中：	**Of the Total:**		
轻工业	Light Industry	1861.86	919.20
重工业	Heavy Industry	2949.53	1406.89
总计中：	**Of the Total:**		
大型企业	Large-sized Enterprises	476.71	170.46
中型企业	Medium-sized Enterprises	966.05	363.43
小型企业	Small Enterprises	3368.64	1792.20
按行业分	**Grouped by Sector**		
煤炭开采和洗选业	Mining and Washing of Coal	1.31	0.82
黑色金属矿采选业	Mining and Processing of Ferrous Metal Ores	17.81	4.73
有色金属矿采选业	Mining and Processing of Non-Ferrous Metal Ores	6.55	8.88
非金属矿采选业	Mining and Processing of Nonmetal Ores	44.72	22.53
开采辅助活动	Mining Auxiliary Activities		
农副食品加工业	Processing of Food from Agriculture Products	336.40	114.81
食品制造业	Manufacture of Foods	93.21	45.20
酒、饮料和精制茶制造业	Manufacture of Wine, Beverages and Refined Tea	82.44	42.48
纺织业	Manufacture of Textile	139.39	57.52
纺织服装、服饰业	Manufacture of Textile Wearing Apparel and Clothing	80.12	85.91
皮革毛皮羽毛及其制品和制鞋业	Manufacture of Leather, Furs, Feather and Related Products	48.73	26.22
木材加工及木竹藤棕草制品业	Processing of Timber, Manufacture of Wood, Bamboo, Rattan, Palm and Straw Products	87.25	38.67
家具制造业	Manufacture of Furniture	71.16	26.71
造纸及纸制品业	Manufacture of Paper and Paper Products	36.19	19.15
印刷和记录媒介复制业	Printing, Reproduction of Recording Media	103.31	38.84
文教工美体育和娱乐用品制造业	Manufacture of Culture, Education, Art, Sports and Entertainment Supplies	100.94	108.98
石油加工、炼焦和核燃料加工业	Processing of Petroleum, Coking and Processing of Nuclear Fuel	21.33	11.59
化学原料和化学制品制造业	Manufacture of Raw Chemical Materials and Chemical Products	306.30	131.76
医药制造业	Manufacture of Medicines	212.45	112.97
化学纤维制造业	Manufacture of Chemical Fibers	13.40	6.08
橡胶和塑料制品业	Manufacture of Rubber and Plastics	274.30	109.33
非金属矿物制品业	Manufacture of Non-metallic Mineral Products	526.44	261.71
黑色金属冶炼和压延加工业	Smelting and Pressing of Ferrous Metals	60.28	23.84
有色金属冶炼和压延加工业	Smelting and Pressing of Non-ferrous Metals	89.21	48.78
金属制品业	Manufacture of Metal Products	293.67	123.61
通用设备制造业	Manufacture of General Purpose Machinery	245.46	101.09
专用设备制造业	Manufacture of Special Purpose Machinery	234.11	93.22
汽车制造业	Manufacture of Automobile	242.45	91.20
铁路船舶航空航天和其他运输设备制造业	Manufacture of Railroads, Ships, Aerospace and Other Transportation Equipments	26.07	13.26
电气机械和器材制造业	Manufacture of Electrical Machinery and Equipment	597.87	325.58
计算机通信和其他电子设备制造业	Manufacture of Computers, Communication and Other Electronic Equipments	228.34	135.78
仪器仪表制造业	Manufacture of Measuring Instruments and Machinery	44.61	18.37
其他制造业	Manufacture of Others	19.21	7.04
废弃资源综合利用业	Industry of Comprehensive Utilization of Waste Resources	48.04	25.22
金属制品、机械和设备修理业	Industry of Metal Products, Machinery and Equipment Repair	1.75	0.28
电力、热力生产和供应业	Production and Supply of Electric Power and Heat Power	56.68	31.90
燃气生产和供应业	Production and Supply of Gas	8.88	4.33
水的生产和供应业	Production and Supply of Water	11.02	7.73

单位：亿元（100 million yuan）

营业收入 Business Revenue	营业成本 Business Cost	税金及附加 Taxes and Surcharges	利润总额 Total Profits	本年应付职工薪酬 Wages Payable in This Year	本年应交增值税 Value Added Tax Payable
14413.85	**12388.61**	**86.61**	**770.80**	**767.18**	**277.24**
197.34	174.74	0.84	9.26	8.27	3.72
40.06	34.68	0.42	1.56	1.49	0.52
12937.17	11157.59	75.91	680.35	673.70	241.51
1239.28	1021.60	9.44	79.63	83.72	31.49
5826.37	5032.23	32.85	307.72	319.08	95.22
8587.47	7356.38	53.76	463.08	448.10	182.01
1460.98	1286.28	9.29	50.06	97.67	17.11
2046.37	1703.00	12.01	155.84	165.83	49.99
10906.50	9399.34	65.32	564.89	503.68	210.14
2.72	2.47			0.04	0.01
61.45	54.81	0.39	0.82	2.04	0.91
15.33	13.56	0.18	0.41	0.78	0.15
95.64	57.03	4.02	15.10	4.05	4.03
1380.50	1247.09	3.46	60.14	39.40	6.95
285.79	239.34	1.40	16.34	15.72	4.26
189.60	151.58	3.36	16.09	7.51	4.55
441.67	383.22	2.50	26.61	28.17	8.77
339.41	299.10	2.03	14.18	38.24	7.36
192.57	174.43	0.88	5.60	10.28	3.14
313.22	279.62	1.61	14.26	15.08	5.50
178.46	145.32	1.05	11.72	12.77	4.31
144.73	126.61	0.82	5.86	7.79	3.55
250.12	212.67	1.25	16.07	13.44	3.77
283.47	241.06	1.89	20.47	20.07	6.37
74.16	61.72	0.15	7.57	1.10	0.56
800.36	666.70	6.74	49.46	36.87	12.07
485.54	380.38	2.72	36.60	22.18	11.00
40.73	35.41	0.26	2.34	1.74	0.72
774.59	642.02	4.15	64.20	42.55	15.18
1444.93	1230.82	10.19	78.02	61.16	30.91
385.50	370.40	1.62	7.18	9.22	12.31
438.77	411.83	1.49	10.14	9.32	12.62
1019.83	897.36	4.30	54.05	49.91	16.48
695.94	581.19	4.25	39.23	46.55	13.72
559.30	456.82	3.78	35.97	38.87	11.65
648.41	552.95	3.67	35.75	47.60	14.38
70.24	57.51	0.44	4.44	5.23	1.31
1767.76	1530.43	10.74	76.08	97.18	29.49
623.02	533.35	3.57	15.99	63.38	10.18
73.77	55.26	0.58	4.58	7.67	1.94
57.26	49.35	0.28	3.90	3.27	1.96
215.57	202.51	2.38	10.05	4.98	15.82
5.46	4.56	0.04	0.37	0.58	0.07
28.61	17.79	0.25	6.95	1.28	0.75
19.91	15.94	0.08	2.96	0.77	0.27
9.50	6.41	0.09	1.32	0.37	0.22

13—9 私营工业企业主要经济效益指标（2020年）

Main Indicators on Economic Benefit of Private Industrial Enterprises (2020)

项　目	Item
总　计	**Total**
总计中：	**Of the Total:**
私营独资	Private Sole-source Investment Enterprise
私营合伙	Private Partnership Enterprise
私营有限责任公司	Private Companies with Limited Liabilities
私营股份有限公司	Private Share-holding Companies with Limited Liabilities
总计中：	**Of the Total:**
轻工业	Light Industry
重工业	Heavy Industry
总计中：	**Of the Total:**
大型企业	Large-sized Enterprises
中型企业	Medium-sized Enterprises
小型企业	Small Enterprises
按行业分	**Grouped by Sector**
煤炭开采和洗选业	Mining and Washing of Coal
黑色金属矿采选业	Mining and Processing of Ferrous Metal Ores
有色金属矿采选业	Mining and Processing of Non-Ferrous Metal Ores
非金属矿采选业	Mining and Processing of Nonmetal Ores
开采辅助活动	Mining Auxiliary Activities
农副食品加工业	Processing of Food from Agriculture Products
食品制造业	Manufacture of Foods
酒、饮料和精制茶制造业	Manufacture of Wine, Beverages and Refined Tea
纺织业	Manufacture of Textile
纺织服装、服饰业	Manufacture of Textile Wearing Apparel and Clothing
皮革毛皮羽毛及其制品和制鞋业	Manufacture of Leather, Furs, Feather and Related Products
木材加工及木竹藤棕草制品业	Processing of Timber, Manufacture of Wood, Bamboo, Rattan, Palm and Straw Products
家具制造业	Manufacture of Furniture
造纸及纸制品业	Manufacture of Paper and Paper Products
印刷和记录媒介复制业	Printing, Reproduction of Recording Media
文教工美体育和娱乐用品制造业	Manufacture of Culture, Education, Art, Sports and Entertainment Supplies
石油加工、炼焦和核燃料加工业	Processing of Petroleum, Coking and Processing of Nuclear Fuel
化学原料和化学制品制造业	Manufacture of Raw Chemical Materials and Chemical Products
医药制造业	Manufacture of Medicines
化学纤维制造业	Manufacture of Chemical Fibers
橡胶和塑料制品业	Manufacture of Rubber and Plastics
非金属矿物制品业	Manufacture of Non-metallic Mineral Products
黑色金属冶炼和压延加工业	Smelting and Pressing of Ferrous Metals
有色金属冶炼和压延加工业	Smelting and Pressing of Non-ferrous Metals
金属制品业	Manufacture of Metal Products
通用设备制造业	Manufacture of General Purpose Machinery
专用设备制造业	Manufacture of Special Purpose Machinery
汽车制造业	Manufacture of Automobile
铁路船舶航空航天和其他运输设备制造业	Manufacture of Railroads, Ships, Aerospace and Other Transportation Equipments
电气机械和器材制造业	Manufacture of Electrical Machinery and Equipment
计算机通信和其他电子设备制造业	Manufacture of Computers, Communication and Other Electronic Equipments
仪器仪表制造业	Manufacture of Measuring Instruments and Machinery
其他制造业	Manufacture of Others
废弃资源综合利用业	Industry of Comprehensive Utilization of Waste Resources
金属制品、机械和设备修理业	Industry of Metal Products, Machinery and Equipment Repair
电力、热力生产和供应业	Production and Supply of Electric Power and Heat Power
燃气生产和供应业	Production and Supply of Gas
水的生产和供应业	Production and Supply of Water

总资产贡献率 (%) Ratio of Total Assets to Industrial Output Value (%)	资产负债率 (%) Assets-liability Ratio (%)	流动资产周转次数 (次/年) Number of Times of Annual of Turnover Circulating Funds (times/year)	工业成本费用利润率 (%) Ratio of Profits to Industrial Cost (%)
10.95	**56.36**	**2.13**	**5.65**
15.10	50.68	3.45	4.92
13.44	45.26	3.43	4.11
11.26	57.13	2.24	5.55
8.68	52.02	1.34	6.84
11.67	53.02	2.49	5.58
10.54	58.23	1.94	5.69
6.02	68.04	1.62	3.57
11.20	52.50	1.68	8.20
11.86	55.08	2.35	5.46
0.86	73.98	0.70	-0.13
3.82	79.21	2.77	1.36
3.20	74.73	0.82	2.77
19.74	62.81	1.79	19.83
0.00	0.00	0.00	0.00
12.16	46.60	3.80	4.55
12.38	51.11	2.73	6.04
13.46	56.26	1.74	9.39
13.25	53.45	2.58	6.39
13.85	54.88	3.33	4.37
7.43	65.88	2.05	2.99
12.90	50.68	3.05	4.78
12.72	48.07	2.23	7.07
12.55	58.73	2.91	4.22
11.90	44.15	2.36	6.84
16.13	45.98	2.65	7.80
23.36	42.62	2.97	11.35
11.58	51.09	2.18	6.62
11.24	54.64	1.68	8.15
11.43	55.15	2.73	6.09
16.87	46.43	2.51	9.04
9.73	59.88	1.73	5.73
13.80	61.51	5.24	1.88
11.35	60.45	3.05	2.35
11.50	57.41	2.20	5.60
11.61	52.71	2.17	5.96
11.47	50.21	1.87	6.87
9.65	59.11	1.82	5.81
11.56	53.63	2.14	6.71
8.05	61.65	1.65	4.51
5.13	67.76	1.36	2.61
9.22	44.58	1.26	6.52
21.62	33.93	2.93	7.26
27.72	53.30	3.49	4.73
15.07	45.26	2.04	7.41
5.96	63.68	0.53	31.05
14.36	62.22	1.76	17.08
7.60	58.93	1.71	16.13

13—10 大中型工业企业主要经济指标（2020年）
Main Indicators of Large and Medium-sized Industrial Enterprises (2020)

项　目	Item	企业单位数（个）Number of Enterprises (unit)	资产合计 Total Assets
总　　计	**Total**	**1405**	**28791.60**
总计中：	**Of the Total:**		
内资企业	Domestic Funded Enterprise	1199	24569.24
国有企业	State-owned Enterprise	30	940.29
集体企业	Collective-owned Enterprise	4	9.44
股份合作企业	Share Holding Cooperative Enterprises	1	2.38
有限责任公司	Limited Liability Corporations	449	9862.36
股份有限公司	Share-holding Corporations Ltd.	178	10229.41
私营企业	Private Enterprises	537	3525.35
港澳台商投资企业	Enterprises Funded by Entrepreneurs from Hong Kong, Macao and Taiwan	79	2410.88
外商投资企业	Foreign Funded Enterprises	127	1811.48
总计中：	**Of the Total:**		
轻工业	Light Industry	536	5326.81
重工业	Heavy Industry	869	23464.79
总计中：	**Of the Total:**		
大型企业	Large-sized Enterprises	254	18652.44
中型企业	Medium-sized Enterprises	1151	10139.16
按行业分	**Grouped by Sector**		
煤炭开采和洗选业	Mining and Washing of Coal	16	2242.97
黑色金属矿采选业	Mining and Processing of Ferrous Metal Ores	9	266.53
有色金属矿采选业	Mining and Processing of Non-Ferrous Metal Ores	5	41.73
非金属矿采选业	Mining and Processing of Nonmetal Ores	3	261.49
开采辅助活动	Mining Auxiliary Activities	1	2.86
农副食品加工业	Processing of Food from Agriculture Products	47	368.23
食品制造业	Manufacture of Foods	27	141.70
酒、饮料和精制茶制造业	Manufacture of Wine, Beverages and Refined Tea	24	509.21
烟草制品业	Manufacture of Tobacco	3	324.43
纺织业	Manufacture of Textile	54	295.64
纺织服装、服饰业	Manufacture of Textile Wearing Apparel and Clothing	78	105.04
皮革毛皮羽毛及其制品和制鞋业	Manufacture of Leather, Furs, Feather and Related Products	24	88.74
木材加工及木竹藤棕草制品业	Processing of Timber, Manufacture of Wood, Bamboo, Rattan, Palm and Straw Products	1	0.62
家具制造业	Manufacture of Furniture	14	81.15
造纸及纸制品业	Manufacture of Paper and Paper Products	10	379.64
印刷和记录媒介复制业	Printing, Reproduction of Recording Media	16	97.35
文教工美体育和娱乐用品制造业	Manufacture of Culture, Education, Art, Sports and Entertainment Supplies	20	42.04
石油加工、炼焦和核燃料加工业	Processing of Petroleum, Coking and Processing of Nuclear Fuel	5	254.81
化学原料和化学制品制造业	Manufacture of Raw Chemical Materials and Chemical Products	64	1812.46
医药制造业	Manufacture of Medicines	51	425.54
化学纤维制造业	Manufacture of Chemical Fibers	3	62.04
橡胶和塑料制品业	Manufacture of Rubber and Plastics	67	662.50
非金属矿物制品业	Manufacture of Non-metallic Mineral Products	80	2704.71
黑色金属冶炼和压延加工业	Smelting and Pressing of Ferrous Metals	16	1436.97
有色金属冶炼和压延加工业	Smelting and Pressing of Non-ferrous Metals	30	1024.53
金属制品业	Manufacture of Metal Products	63	513.73
通用设备制造业	Manufacture of General Purpose Machinery	98	1039.19
专用设备制造业	Manufacture of Special Purpose Machinery	62	575.22
汽车制造业	Manufacture of Automobile	130	2480.07
铁路船舶航空航天和其他运输设备制造业	Manufacture of Railroads, Ships, Aerospace and Other Transportation Equipments	12	156.01
电气机械和器材制造业	Manufacture of Electrical Machinery and Equipment	162	2978.66
计算机通信和其他电子设备制造业	Manufacture of Computers, Communication and Other Electronic Equipments	139	4520.25
仪器仪表制造业	Manufacture of Measuring Instruments and Machinery	8	99.03
其他制造业	Manufacture of Others	3	9.71
废弃资源综合利用业	Industry of Comprehensive Utilization of Waste Resources	6	56.09
金属制品、机械和设备修理业	Industry of Metal Products, Machinery and Equipment Repair	4	141.51
电力、热力生产和供应业	Production and Supply of Electric Power and Heat Power	28	2231.20
燃气生产和供应业	Production and Supply of Gas	9	160.34
水的生产和供应业	Production and Supply of Water	12	192.89

单位：亿元（100 million yuan）

流动资产合计 Circulating Funds	#存货 Stock	#产成品 Finished Product	固定资产原价 Original Value of Fixed Assets	固定资产累计折旧 Accumulated Depreciation of Fixed Assets	负债合计 Total Liabilities	流动负债 Liquid Liabilities
14272.11	**2308.39**	**778.10**	**14486.25**	**6505.13**	**15856.56**	**12539.48**
11301.00	1958.73	674.39	12869.35	5760.89	13068.24	10037.11
561.21	208.71	18.55	439.91	220.08	403.72	346.34
5.72	1.58	0.33	5.70	3.12	3.30	3.16
1.68	1.47	1.19	1.20	0.32	1.03	1.03
3955.29	742.91	279.08	5690.80	2309.28	5756.29	4148.30
4655.98	523.80	170.10	5429.05	2735.57	4821.32	3761.61
2121.11	480.27	205.15	1302.70	492.53	2082.59	1776.68
1788.38	133.73	18.65	726.57	327.47	1849.37	1711.47
1182.73	215.92	85.07	890.32	416.77	938.95	790.90
3330.08	751.28	266.66	1838.59	776.43	2710.54	2431.83
10942.03	1557.11	511.44	12647.66	5728.69	13146.01	10107.65
8778.48	1416.23	415.64	10369.89	4788.77	11328.83	8820.61
5493.63	892.16	362.46	4116.36	1716.36	4527.72	3718.87
381.87	20.78	10.84	1242.09	582.23	1468.76	984.65
56.78	4.37	2.57	199.64	73.87	127.01	107.88
4.00	0.64	0.38	30.36	7.31	27.21	20.12
44.57	0.37	0.12	21.03	11.67	108.27	40.21
1.76	0.42	0.41	0.90	0.13	1.91	1.55
223.28	59.70	22.65	116.94	37.96	208.04	177.18
68.64	14.42	5.43	94.19	38.87	73.24	69.08
335.97	126.30	14.92	172.27	68.89	182.36	171.89
233.93	146.30	9.12	138.40	80.69	83.43	83.37
135.51	35.87	17.37	118.40	52.65	118.99	100.27
62.61	12.79	5.79	57.79	25.73	58.89	53.87
50.86	7.53	2.79	29.75	10.96	46.79	44.15
0.07	0.01	0.01	0.56	0.13	0.37	0.37
48.23	10.76	1.56	25.09	6.01	45.99	44.44
139.33	16.20	8.10	116.18	44.33	241.08	173.61
55.38	12.43	7.52	37.61	15.55	31.20	30.14
22.01	9.92	5.25	17.39	6.51	10.82	10.78
77.91	20.19	5.07	297.47	145.21	139.05	119.06
734.15	114.75	47.89	1076.65	395.89	960.53	624.25
234.75	51.35	21.95	161.54	64.11	179.83	155.50
36.92	2.80	1.10	15.30	6.26	16.00	9.92
344.01	66.49	33.70	332.17	156.64	282.66	206.62
1598.46	58.37	25.18	699.38	311.75	643.29	538.20
632.14	186.68	59.91	1275.13	676.81	827.70	702.39
475.06	193.15	34.67	374.72	159.22	703.18	436.78
316.74	69.07	25.19	143.10	51.77	275.36	201.40
634.10	141.91	45.54	329.78	136.87	495.48	377.51
375.24	77.90	30.46	156.97	66.24	303.95	275.59
1428.83	133.30	64.90	794.53	401.74	1617.64	1373.37
101.16	22.38	7.45	48.54	20.01	101.55	82.96
2121.96	311.27	158.49	725.32	305.79	1879.02	1700.42
2783.78	312.99	90.66	1674.17	640.23	2920.31	2490.21
66.70	8.17	4.10	25.17	11.99	38.00	34.46
6.91	1.89	0.05	3.38	1.33	3.34	2.97
43.10	5.61	4.89	9.80	4.67	33.20	31.27
117.37	21.15	0.37	26.95	13.74	54.42	36.79
152.66	17.37	0.41	3637.08	1769.32	1370.03	890.49
58.75	2.49	1.13	105.08	34.57	96.10	72.99
65.86	10.30	0.15	152.70	67.42	80.26	62.13

13—10 续表 continued

项　目	Item	所有者权益 Creditors' Equity	#实收资本 Capital Hold
总　计	**Total**	**12935.04**	**5179.47**
总计中：	**Of the Total:**		
内资企业	Domestic Funded Enterprise	11500.99	4475.28
国有企业	State-owned Enterprise	536.57	141.21
集体企业	Collective-owned Enterprise	6.15	1.87
股份合作企业	Share Holding Cooperative Enterprises	1.36	0.60
有限责任公司	Limited Liability Corporations	4106.08	2467.53
股份有限公司	Share-holding Corporations Ltd.	5408.09	1330.17
私营企业	Private Enterprises	1442.75	533.89
港澳台商投资企业	Enterprises Funded by Entrepreneurs from Hong Kong, Macao and Taiwan	561.52	320.57
外商投资企业	Foreign Funded Enterprises	872.53	383.63
总计中：	**Of the Total:**		
轻工业	Light Industry	2616.27	759.17
重工业	Heavy Industry	10318.77	4420.30
总计中：	**Of the Total:**		
大型企业	Large-sized Enterprises	7323.60	3198.60
中型企业	Medium-sized Enterprises	5611.44	1980.88
按行业分	**Grouped by Sector**		
煤炭开采和洗选业	Mining and Washing of Coal	774.20	331.68
黑色金属矿采选业	Mining and Processing of Ferrous Metal Ores	139.52	82.82
有色金属矿采选业	Mining and Processing of Non-Ferrous Metal Ores	14.52	9.33
非金属矿采选业	Mining and Processing of Nonmetal Ores	153.23	70.45
开采辅助活动	Mining Auxiliary Activities	0.94	0.27
农副食品加工业	Processing of Food from Agriculture Products	160.19	56.47
食品制造业	Manufacture of Foods	68.46	37.52
酒、饮料和精制茶制造业	Manufacture of Wine, Beverages and Refined Tea	326.85	63.79
烟草制品业	Manufacture of Tobacco	241.00	40.65
纺织业	Manufacture of Textile	176.65	45.53
纺织服装、服饰业	Manufacture of Textile Wearing Apparel and Clothing	46.16	19.35
皮革毛皮羽毛及其制品和制鞋业	Manufacture of Leather, Furs, Feather and Related Products	41.95	17.04
木材加工及木竹藤棕草制品业	Processing of Timber, Manufacture of Wood, Bamboo, Rattan, Palm and Straw Products	0.25	0.08
家具制造业	Manufacture of Furniture	35.16	8.28
造纸及纸制品业	Manufacture of Paper and Paper Products	138.56	17.39
印刷和记录媒介复制业	Printing, Reproduction of Recording Media	66.15	18.54
文教工美体育和娱乐用品制造业	Manufacture of Culture, Education, Art, Sports and Entertainment Supplies	31.22	6.01
石油加工、炼焦和核燃料加工业	Processing of Petroleum, Coking and Processing of Nuclear Fuel	115.75	98.68
化学原料和化学制品制造业	Manufacture of Raw Chemical Materials and Chemical Products	851.93	343.01
医药制造业	Manufacture of Medicines	245.71	81.19
化学纤维制造业	Manufacture of Chemical Fibers	46.03	13.77
橡胶和塑料制品业	Manufacture of Rubber and Plastics	379.85	148.18
非金属矿物制品业	Manufacture of Non-metallic Mineral Products	2061.42	280.37
黑色金属冶炼和压延加工业	Smelting and Pressing of Ferrous Metals	609.27	180.68
有色金属冶炼和压延加工业	Smelting and Pressing of Non-ferrous Metals	321.35	119.30
金属制品业	Manufacture of Metal Products	238.37	97.49
通用设备制造业	Manufacture of General Purpose Machinery	543.71	209.31
专用设备制造业	Manufacture of Special Purpose Machinery	271.27	128.09
汽车制造业	Manufacture of Automobile	862.44	319.48
铁路船舶航空航天和其他运输设备制造业	Manufacture of Railroads, Ships, Aerospace and Other Transportation Equipments	54.46	38.98
电气机械和器材制造业	Manufacture of Electrical Machinery and Equipment	1099.64	366.50
计算机通信和其他电子设备制造业	Manufacture of Computers, Communication and Other Electronic Equipments	1599.93	1106.35
仪器仪表制造业	Manufacture of Measuring Instruments and Machinery	61.03	18.81
其他制造业	Manufacture of Others	6.37	1.94
废弃资源综合利用业	Industry of Comprehensive Utilization of Waste Resources	22.89	11.72
金属制品、机械和设备修理业	Industry of Metal Products, Machinery and Equipment Repair	87.08	8.87
电力、热力生产和供应业	Production and Supply of Electric Power and Heat Power	861.17	736.51
燃气生产和供应业	Production and Supply of Gas	64.24	11.78
水的生产和供应业	Production and Supply of Water	112.63	29.64

单位：亿元（100 million yuan）

营业收入 Business Revenue	营业成本 Business Cost	税金及附加 Taxes and Surcharges	利润总额 Total Profits	本年应付职工薪酬 Wages Payable in This Year	本年应交增值税 Value Added Tax Payable
21244.17	**17761.04**	**508.77**	**1475.34**	**1600.34**	**492.94**
17414.93	14429.81	492.77	1274.55	1371.77	402.05
734.50	355.59	243.06	63.26	81.44	47.76
9.06	6.83	0.11	0.74	1.88	0.24
3.37	2.81	0.01	0.15	0.20	0.11
7441.93	6271.32	154.74	541.95	555.17	159.13
5718.72	4803.99	73.55	462.54	469.58	127.71
3507.35	2989.27	21.30	205.91	263.50	67.10
1796.80	1652.82	6.10	66.34	100.12	52.86
2032.45	1678.41	9.91	134.45	128.45	38.03
4993.41	3771.25	302.23	394.20	406.38	143.33
16250.77	13989.79	206.55	1081.14	1193.96	349.61
14180.65	11908.54	460.06	822.01	1066.99	322.38
7063.52	5852.51	48.71	653.34	533.35	170.55
785.18	597.30	14.66	92.45	192.03	41.92
115.83	57.82	3.36	34.61	15.59	7.84
13.14	10.13	0.32	0.05	2.72	0.60
9.59	4.02	0.47	9.79	11.33	0.14
2.27	2.02	0.00	0.11	0.37	0.06
497.11	443.24	1.27	34.16	24.86	3.93
236.85	192.07	1.25	20.77	15.34	4.11
330.96	155.33	33.67	72.82	46.09	19.12
426.08	115.92	240.27	20.59	40.12	40.85
218.88	186.03	1.30	21.11	20.17	3.75
259.98	238.79	1.17	7.99	33.28	5.39
88.61	74.33	0.67	10.75	9.62	2.93
1.68	1.39	0.01	0.16	0.21	0.08
72.93	54.44	0.43	5.29	7.76	2.26
147.44	124.00	0.75	9.78	5.81	5.20
73.31	55.97	0.51	9.13	6.96	1.40
50.57	33.96	0.82	10.00	6.17	1.28
508.92	388.20	93.38	5.78	10.84	16.60
1066.85	860.41	7.62	79.58	60.44	14.76
322.67	224.13	1.87	36.04	24.63	8.97
54.93	52.80	0.11	0.03	0.98	0.37
540.60	417.73	3.50	69.89	52.61	12.39
841.33	517.27	8.75	309.87	50.48	38.42
1736.13	1576.76	9.64	74.08	83.78	29.78
1338.32	1267.19	5.04	22.98	37.34	21.99
508.52	454.24	2.25	25.91	34.54	7.55
808.73	671.81	4.50	68.41	73.82	16.23
320.11	251.87	2.44	26.34	38.28	7.23
2069.08	1832.26	29.53	56.34	130.14	30.61
65.54	51.38	0.41	4.53	9.74	0.71
2744.67	2339.29	18.01	167.19	171.47	45.52
2860.52	2557.51	8.50	82.08	222.96	43.05
48.35	35.02	0.34	10.46	6.66	1.02
5.57	4.41	0.05	0.34	1.37	0.02
174.48	169.20	0.38	2.32	3.30	2.41
45.77	34.87	0.16	3.91	10.41	0.17
1696.35	1578.86	10.38	53.24	123.09	51.70
113.52	97.23	0.42	11.27	6.20	1.24
42.58	31.62	0.57	5.20	8.74	1.43

13—11 大中型工业企业主要经济效益指标（2020年）
Main Indicators on Economic Benefit of Large and Medium-sized Industrial Enterprises (2020)

项 目	Item
总 计	**Total**
总计中：	**Of the Total:**
内资企业	Domestic Funded Enterprise
国有企业	State-owned Enterprise
集体企业	Collective-owned Enterprise
股份合作企业	Share Holding Cooperative Enterprises
有限责任公司	Limited Liability Corporations
股份有限公司	Share-holding Corporations Ltd.
私营企业	Private Enterprises
港澳台商投资企业	Enterprises Funded by Entrepreneurs from Hong Kong, Macao and Taiwan
外商投资企业	Foreign Funded Enterprises
总计中：	**Of the Total:**
轻工业	Light Industry
重工业	Heavy Industry
总计中：	**Of the Total:**
大型企业	Large-sized Enterprises
中型企业	Medium-sized Enterprises
按行业分	**Grouped by Sector**
煤炭开采和洗选业	Mining and Washing of Coal
黑色金属矿采选业	Mining and Processing of Ferrous Metal Ores
有色金属矿采选业	Mining and Processing of Non-Ferrous Metal Ores
非金属矿采选业	Mining and Processing of Nonmetal Ores
开采辅助活动	Mining Auxiliary Activities
农副食品加工业	Processing of Food from Agriculture Products
食品制造业	Manufacture of Foods
酒、饮料和精制茶制造业	Manufacture of Wine, Beverages and Refined Tea
烟草制品业	Manufacture of Tobacco
纺织业	Manufacture of Textile
纺织服装、服饰业	Manufacture of Textile Wearing Apparel and Clothing
皮革毛皮羽毛及其制品和制鞋业	Manufacture of Leather, Furs, Feather and Related Products
木材加工及木竹藤棕草制品业	Processing of Timber, Manufacture of Wood, Bamboo, Rattan, Palm and Straw Products
家具制造业	Manufacture of Furniture
造纸及纸制品业	Manufacture of Paper and Paper Products
印刷和记录媒介复制业	Printing, Reproduction of Recording Media
文教工美体育和娱乐用品制造业	Manufacture of Culture, Education, Art, Sports and Entertainment Supplies
石油加工、炼焦和核燃料加工业	Processing of Petroleum, Coking and Processing of Nuclear Fuel
化学原料和化学制品制造业	Manufacture of Raw Chemical Materials and Chemical Products
医药制造业	Manufacture of Medicines
化学纤维制造业	Manufacture of Chemical Fibers
橡胶和塑料制品业	Manufacture of Rubber and Plastics
非金属矿物制品业	Manufacture of Non-metallic Mineral Products
黑色金属冶炼和压延加工业	Smelting and Pressing of Ferrous Metals
有色金属冶炼和压延加工业	Smelting and Pressing of Non-ferrous Metals
金属制品业	Manufacture of Metal Products
通用设备制造业	Manufacture of General Purpose Machinery
专用设备制造业	Manufacture of Special Purpose Machinery
汽车制造业	Manufacture of Automobile
铁路船舶航空航天和其他运输设备制造业	Manufacture of Railroads, Ships, Aerospace and Other Transportation Equipments
电气机械和器材制造业	Manufacture of Electrical Machinery and Equipment
计算机通信和其他电子设备制造业	Manufacture of Computers, Communication and Other Electronic Equipments
仪器仪表制造业	Manufacture of Measuring Instruments and Machinery
其他制造业	Manufacture of Others
废弃资源综合利用业	Industry of Comprehensive Utilization of Waste Resources
金属制品、机械和设备修理业	Industry of Metal Products, Machinery and Equipment Repair
电力、热力生产和供应业	Production and Supply of Electric Power and Heat Power
燃气生产和供应业	Production and Supply of Gas
水的生产和供应业	Production and Supply of Water

总资产贡献率(%) Ratio of Total Assets to Industrial Output Value (%)	资产负债率(%) Assets-liability Ratio (%)	流动资产周转次数(次/年) Number of Times of Annual of Turnover Circulating Funds (times/year)	工业成本费用利润率(%) Ratio of Profits to Industrial Cost (%)
9.38	**55.07**	**1.49**	**7.53**
9.69	53.19	1.54	7.99
38.27	42.94	1.31	14.55
11.74	34.91	1.58	8.59
13.47	43.10	2.00	4.69
9.59	58.37	1.88	7.89
7.38	47.13	1.23	8.67
9.01	59.07	1.65	6.23
5.44	76.71	1.00	3.83
10.43	51.83	1.72	7.09
16.12	50.88	1.50	9.06
7.85	56.02	1.49	7.10
9.38	60.74	1.62	6.28
9.38	44.66	1.29	10.07
8.41	65.48	2.06	12.79
18.15	47.65	2.04	42.12
4.04	65.20	3.29	0.43
4.85	41.40	0.22	107.17
6.10	67.00	1.29	4.80
11.01	56.50	2.23	7.27
18.96	51.69	3.45	9.53
25.36	35.81	0.99	31.40
93.33	25.71	1.82	12.98
9.31	40.25	1.62	10.41
14.30	56.06	4.15	3.16
16.36	52.73	1.74	13.48
39.84	60.36	23.36	10.48
10.09	56.67	1.51	7.88
4.45	63.50	1.06	6.96
11.63	32.05	1.32	14.01
30.45	25.74	2.30	24.93
46.15	54.57	6.53	1.41
6.52	53.00	1.45	7.98
11.19	42.26	1.37	12.42
0.93	25.80	1.49	0.05
13.54	42.66	1.57	14.57
14.40	23.78	0.53	55.27
8.57	57.60	2.75	4.44
5.76	68.63	2.82	1.75
7.71	53.60	1.61	5.32
8.86	47.68	1.28	9.17
6.84	52.84	0.85	8.92
5.32	65.23	1.45	2.79
3.78	65.09	0.65	7.23
8.00	63.08	1.29	6.43
3.42	64.61	1.03	2.94
12.49	38.38	0.72	23.86
3.45	34.37	0.81	6.60
10.31	59.19	4.05	1.35
4.01	38.46	0.39	9.43
6.76	61.40	11.11	3.24
8.28	59.94	1.93	10.83
3.61	41.61	0.65	13.40

13—12 各市全部规模以上工业企业主要经济指标（2020年）

Main Indicators Above Designated Size Industrial Enterprises by Region (2020)

单位：亿元（100 million yuan）

地区	Region	企业单位数（个）Number of Enterprises (unit)	资产合计 Total Assets	流动资产合计 Circulating Funds	固定资产原价 Original Value of Fixed Assets	负债合计 Total Liabilities	#流动负债 Liquid Liabilities
总计	**Total**	**18447**	**43846.63**	**22826.55**	**20827.76**	**24376.51**	**19241.13**
合肥市	Hefei	2150	11049.77	6728.57	4556.83	6712.66	5623.23
淮北市	Huaibei	639	1837.28	658.30	1258.30	1037.10	758.95
亳州市	Bozhou	617	1239.63	668.67	493.60	685.42	510.38
宿州市	Suzhou	1011	957.91	408.03	619.66	508.35	377.03
蚌埠市	Bengbu	1061	1847.23	990.44	745.76	944.12	704.27
阜阳市	Fuyang	1649	1799.29	841.15	1077.50	958.58	734.91
淮南市	Huainan	722	2603.75	536.89	1612.65	1657.37	999.60
滁州市	Chuzhou	1870	3239.54	1702.68	1583.41	1770.81	1412.13
六安市	Luan	1034	1739.62	820.87	889.71	957.90	748.96
马鞍山市	Maanshan	1134	3289.01	1537.04	1951.75	1751.27	1436.35
芜湖市	Wuhu	1775	7284.11	4478.04	2302.61	3540.76	3076.18
宣城市	Xuancheng	1572	1965.98	1052.10	911.28	1015.37	821.97
铜陵市	Tongling	493	1865.49	894.93	1011.98	1246.94	859.49
池州市	Chizhou	539	846.70	348.69	525.81	515.97	326.35
安庆市	Anqing	1644	1837.82	896.00	1091.62	826.89	631.02
黄山市	Huangshan	537	443.49	264.15	195.28	247.00	220.31

地区	Region	所有者权益 Creditors Equity	#实收资本 Total Capital Hold	营业收入 Business Revenue	营业成本 Business Cost	税金及附加 Taxes and Surcharges	利润总额 Total Profits	本年应交增值税 Value Added Tax Payable
总计	**Total**	**19470.11**	**8955.71**	**38549.29**	**32583.07**	**619.01**	**2439.55**	**833.96**
合肥市	Hefei	4337.11	2130.84	8497.24	7250.86	105.08	401.77	175.56
淮北市	Huaibei	800.18	312.51	1334.55	1078.72	20.65	128.40	40.17
亳州市	Bozhou	554.21	218.03	993.96	790.08	21.73	82.71	23.79
宿州市	Suzhou	449.56	228.12	1452.29	1251.93	8.74	102.74	28.94
蚌埠市	Bengbu	903.11	393.60	2255.78	1930.53	75.05	93.84	31.88
阜阳市	Fuyang	840.71	343.08	2438.92	2102.33	47.94	130.19	59.80
淮南市	Huainan	946.38	645.83	1376.73	1186.42	12.58	84.30	38.17
滁州市	Chuzhou	1468.73	805.56	3158.00	2581.82	46.73	288.46	50.22
六安市	Luan	781.72	427.42	1350.18	1128.10	14.91	95.11	23.78
马鞍山市	Maanshan	1537.73	645.44	2991.90	2606.40	19.51	173.29	64.34
芜湖市	Wuhu	3743.35	1052.21	4680.36	3853.66	102.38	363.50	121.49
宣城市	Xuancheng	950.60	621.80	1798.65	1509.72	15.85	140.40	45.77
铜陵市	Tongling	618.56	335.99	2502.40	2259.59	9.70	110.73	27.67
池州市	Chizhou	330.73	208.86	895.30	757.35	9.06	61.15	30.69
安庆市	Anqing	1010.93	495.17	2360.06	1913.11	106.46	154.30	60.62
黄山市	Huangshan	196.49	91.25	462.98	382.44	2.62	28.66	11.08

13—13 各市国有控股工业企业主要经济指标（2020年）

Main Indicators of State-owned and State Holding Majority Shares Industrial Enterprises by Region (2020)

单位：亿元（100 million yuan）

地 区	Region	企业单位数（个）Number of Enterprises (unit)	资产合计 Total Assets	流动资产合计 Circulating Funds	固定资产原价 Original Value of Fixed Assets	负债合计 Total Liabilities	#流动负债 Liquid Liabilities
总 计	**Total**	**848**	**16363.71**	**6177.86**	**10429.50**	**8705.98**	**6083.30**
合 肥 市	Hefei	209	3496.91	1497.82	2385.54	1855.69	1460.85
淮 北 市	Huaibei	52	1111.08	303.05	946.38	676.79	481.81
亳 州 市	Bozhou	26	432.86	150.89	243.62	217.00	129.28
宿 州 市	Suzhou	35	211.13	41.96	250.39	138.89	96.19
蚌 埠 市	Bengbu	50	512.18	227.60	330.76	272.83	183.25
阜 阳 市	Fuyang	27	458.93	105.67	430.92	255.35	173.09
淮 南 市	Huainan	52	2075.40	284.77	1256.43	1370.38	790.06
滁 州 市	Chuzhou	51	518.65	157.97	486.17	278.85	187.87
六 安 市	Luan	35	336.90	105.96	296.45	176.35	100.69
马鞍山市	Maanshan	60	1786.01	720.11	1350.95	953.90	780.16
芜 湖 市	Wuhu	66	3271.77	1942.12	721.15	1178.08	949.44
宣 城 市	Xuancheng	39	339.24	96.23	331.24	191.69	84.98
铜 陵 市	Tongling	48	986.20	352.38	629.28	694.15	422.25
池 州 市	Chizhou	28	280.42	43.37	232.01	169.21	56.67
安 庆 市	Anqing	57	513.63	139.46	503.76	257.10	174.65
黄 山 市	Huangshan	13	32.39	8.52	34.43	19.72	12.05

地 区	Region	所有者权益 Creditors Equity	#实收资本 Total Capital Hold	营业收入 Business Revenue	营业成本 Business Cost	税金及附加 Taxes and Surcharges	利润总额 Total Profits	本年应交增值税 Value Added Tax Payable
总 计	**Total**	**7657.72**	**3226.16**	**10422.98**	**8598.59**	**442.01**	**735.44**	**281.82**
合 肥 市	Hefei	1641.22	856.28	2921.20	2513.97	82.42	126.28	48.16
淮 北 市	Huaibei	434.30	181.37	538.37	404.23	7.66	73.33	25.42
亳 州 市	Bozhou	215.87	73.41	230.45	139.51	17.32	34.10	12.48
宿 州 市	Suzhou	72.24	59.86	180.19	151.40	1.87	16.96	8.96
蚌 埠 市	Bengbu	239.35	113.83	379.26	251.14	66.17	34.29	16.19
阜 阳 市	Fuyang	203.58	97.54	237.98	172.05	28.50	22.74	12.88
淮 南 市	Huainan	705.02	515.10	856.10	737.40	10.21	55.73	29.45
滁 州 市	Chuzhou	239.80	148.78	313.80	221.04	31.58	29.25	14.42
六 安 市	Luan	160.55	89.71	180.13	142.39	2.15	23.89	6.16
马鞍山市	Maanshan	832.11	372.22	1658.06	1483.56	11.28	86.52	31.31
芜 湖 市	Wuhu	2093.70	237.97	872.90	651.04	79.06	103.16	28.34
宣 城 市	Xuancheng	147.55	108.89	192.91	153.76	1.68	26.26	8.60
铜 陵 市	Tongling	292.05	142.80	1139.14	1038.66	5.29	53.98	13.87
池 州 市	Chizhou	111.20	68.63	151.65	113.39	2.30	24.04	4.67
安 庆 市	Anqing	256.53	151.68	545.58	403.09	94.34	23.17	20.25
黄 山 市	Huangshan	12.67	8.08	25.26	21.95	0.17	1.72	0.67

13—14 各市外商投资和港澳台商投资工业企业主要经济指标（2020年）

Main Indicators on Economic Benefit of Industrial Enterprises with Hong Kong, Macao, Taiwan and Foreign Funds by Region (2020)

单位：亿元（100 million yuan）

地区	Region	企业单位数（个）Number of Enterprises (unit)	资产合计 Total Assets	流动资产合计 Circulating Funds	固定资产原价 Original Value of Fixed Assets	负债合计 Total Liabilities	#流动负债 Liquid Liabilities
总计	**Total**	**814**	**5483.27**	**3635.83**	**2319.60**	**3472.70**	**3020.02**
合肥市	Hefei	175	2739.96	2176.53	775.04	2089.11	1894.22
淮北市	Huaibei	22	69.79	28.38	54.21	33.14	22.05
亳州市	Bozhou	8	30.12	12.34	19.33	16.44	10.03
宿州市	Suzhou	30	87.54	36.14	57.20	45.70	33.76
蚌埠市	Bengbu	42	293.39	103.02	103.99	116.50	68.14
阜阳市	Fuyang	19	87.58	29.06	65.19	45.04	37.54
淮南市	Huainan	19	162.04	38.61	197.46	93.33	56.77
滁州市	Chuzhou	100	311.44	160.15	183.88	158.36	132.32
六安市	Luan	28	75.26	28.81	54.07	37.03	31.17
马鞍山市	Maanshan	76	205.81	110.88	117.81	111.28	95.59
芜湖市	Wuhu	126	847.11	543.82	409.77	413.37	388.03
宣城市	Xuancheng	57	103.86	61.18	44.10	43.75	35.90
铜陵市	Tongling	22	281.67	206.49	116.85	200.79	152.06
池州市	Chizhou	15	17.92	6.64	12.83	12.85	10.12
安庆市	Anqing	56	146.93	81.14	96.46	44.73	41.64
黄山市	Huangshan	19	22.84	12.64	11.42	11.28	10.65

地区	Region	所有者权益 Creditors Equity	#实收资本 Total Capital Hold	营业收入 Business Revenue	营业成本 Business Cost	税金及附加 Taxes and Surcharges	利润总额 Total Profits	本年应交增值税 Value Added Tax Payable
总计	**Total**	**2010.57**	**1110.72**	**5279.73**	**4600.08**	**22.10**	**271.19**	**109.03**
合肥市	Hefei	650.85	401.75	2125.06	1863.21	6.45	62.48	62.30
淮北市	Huaibei	36.65	22.16	56.45	46.72	0.74	4.42	1.12
亳州市	Bozhou	13.68	4.54	13.89	10.57	0.07	2.44	0.37
宿州市	Suzhou	41.84	21.39	136.46	119.42	0.71	11.34	4.18
蚌埠市	Bengbu	176.89	54.90	149.95	126.48	0.86	13.56	1.65
阜阳市	Fuyang	42.54	26.69	52.53	43.49	0.71	4.71	1.65
淮南市	Huainan	68.71	47.39	87.58	72.56	0.69	9.58	3.14
滁州市	Chuzhou	153.07	113.14	384.61	340.09	1.86	20.97	3.34
六安市	Luan	38.23	20.26	55.86	40.42	1.42	8.20	1.85
马鞍山市	Maanshan	94.53	74.10	225.72	191.95	1.02	15.07	4.09
芜湖市	Wuhu	433.75	200.72	748.60	605.43	4.67	79.04	15.45
宣城市	Xuancheng	60.12	22.15	89.70	73.95	0.56	5.89	1.22
铜陵市	Tongling	80.88	40.46	931.18	876.79	1.18	16.01	3.45
池州市	Chizhou	5.06	11.18	12.87	10.79	0.08	0.81	0.33
安庆市	Anqing	102.20	45.88	187.00	161.35	0.98	14.44	4.47
黄山市	Huangshan	11.56	3.99	22.27	16.86	0.13	2.24	0.41

13—15　各市私营工业企业主要经济指标（2020年）

Main Indicators of Private Enterprises by Region (2020)

单位：亿元（100 million yuan）

地　区	Region	企业单位数（个）Number of Enterprises (unit)	资产合计 Total Assets	流动资产合计 Circulating Funds	固定资产原价 Original Value of Fixed Assets	负债合计 Total Liabilities	#流动负债 Liquid Liabilities
总　计	**Total**	**12914**	**11024.64**	**6757.59**	**4174.52**	**6213.24**	**5321.60**
合肥市	Hefei	1268	2019.30	1387.81	457.82	1322.33	1161.63
淮北市	Huaibei	483	455.34	227.46	212.67	259.48	189.94
亳州市	Bozhou	378	396.39	261.31	124.04	227.90	187.58
宿州市	Suzhou	671	411.78	212.43	197.56	196.51	156.82
蚌埠市	Bengbu	762	451.80	276.22	169.75	247.98	210.86
阜阳市	Fuyang	1295	771.37	452.62	325.92	378.34	308.69
淮南市	Huainan	494	237.35	142.67	95.63	117.33	96.83
滁州市	Chuzhou	1458	1504.95	916.49	562.66	859.71	745.19
六安市	Luan	811	588.51	324.70	242.48	358.82	302.47
马鞍山市	Maanshan	734	616.18	402.60	235.22	321.28	279.44
芜湖市	Wuhu	1231	1224.31	738.16	558.20	687.37	604.93
宣城市	Xuancheng	1175	849.37	517.53	337.87	486.03	444.12
铜陵市	Tongling	290	214.95	147.66	68.50	121.11	107.20
池州市	Chizhou	350	359.77	192.93	192.49	218.50	163.72
安庆市	Anqing	1126	674.14	399.99	299.06	266.48	228.37
黄山市	Huangshan	388	249.12	157.02	94.66	144.07	133.79

地　区	Region	所有者权益 Creditors Equity	#实收资本 Total Capital Hold	营业收入 Business Revenue	营业成本 Business Cost	税金及附加 Taxes and Surcharges	利润总额 Total Profits	本年应交增值税 Value Added Tax Payable
总　计	**Total**	**4811.39**	**2326.09**	**14413.85**	**12388.61**	**86.61**	**770.80**	**277.24**
合肥市	Hefei	696.97	295.51	1801.60	1545.20	7.45	52.74	30.74
淮北市	Huaibei	195.86	86.03	591.55	519.81	5.27	28.57	9.15
亳州市	Bozhou	168.49	73.72	406.03	345.93	2.51	25.20	5.96
宿州市	Suzhou	215.27	97.78	753.80	650.68	4.16	47.12	8.61
蚌埠市	Bengbu	203.82	75.50	1247.00	1119.14	5.14	32.31	9.18
阜阳市	Fuyang	393.03	158.44	1515.51	1330.56	10.25	74.88	33.82
淮南市	Huainan	120.02	53.20	327.26	286.85	1.16	15.06	4.45
滁州市	Chuzhou	645.24	312.04	1680.97	1373.67	9.49	151.38	28.13
六安市	Luan	229.69	122.29	627.88	550.97	3.76	22.94	10.86
马鞍山市	Maanshan	294.90	121.22	730.22	621.54	4.09	45.92	19.26
芜湖市	Wuhu	536.94	329.96	1458.23	1251.95	8.21	80.87	35.04
宣城市	Xuancheng	363.34	243.77	1030.52	882.26	10.47	62.50	27.31
铜陵市	Tongling	93.84	58.67	261.85	229.30	1.18	11.50	3.85
池州市	Chizhou	141.27	77.52	536.46	471.72	4.68	24.55	19.29
安庆市	Anqing	407.66	171.03	1164.02	971.77	7.24	81.96	24.28
黄山市	Huangshan	105.05	49.42	280.96	237.24	1.57	13.30	7.29

13—16 各市大中型工业企业主要经济指标（2020年）
Main Indicators of Large and Medium-sized Industrial Enterprises by Region (2020)

单位：亿元（100 million yuan）

地区	Region	企业单位数（个）Number of Enterprises (unit)	资产合计 Total Assets	流动资产合计 Circulating Funds	固定资产原价 Original Value of Fixed Assets	负债合计 Total Liabilities	#流动负债 Liquid Liabilities
总计	**Total**	**1405**	**28791.60**	**14272.11**	**14486.24**	**15856.55**	**12539.48**
合肥市	Hefei	315	8832.56	5330.49	3744.64	5411.35	4553.68
淮北市	Huaibei	50	1290.50	433.84	894.20	737.17	546.16
亳州市	Bozhou	45	488.44	221.29	224.96	225.51	174.41
宿州市	Suzhou	44	273.98	102.27	252.00	146.20	108.51
蚌埠市	Bengbu	65	966.05	448.54	452.88	442.12	328.83
阜阳市	Fuyang	79	777.05	309.57	655.36	416.25	333.38
淮南市	Huainan	40	2017.53	285.29	1361.46	1390.09	810.74
滁州市	Chuzhou	144	1656.20	790.57	972.90	854.41	685.75
六安市	Luan	67	891.09	348.29	558.57	471.52	384.45
马鞍山市	Maanshan	76	2404.73	1015.83	1594.45	1312.76	1071.01
芜湖市	Wuhu	192	5701.42	3444.09	1603.22	2568.34	2208.09
宣城市	Xuancheng	117	901.57	485.34	415.38	396.45	323.87
铜陵市	Tongling	41	1317.46	536.03	793.49	867.34	572.60
池州市	Chizhou	27	347.54	137.63	282.75	187.95	128.06
安庆市	Anqing	81	809.04	325.35	613.13	379.61	268.28
黄山市	Huangshan	22	116.43	57.71	66.85	49.47	41.65

地区	Region	所有者权益 Creditors Equity	#实收资本 Total Capital Hold	营业收入 Business Revenue	营业成本 Business Cost	税金及附加 Taxes and Surcharges	利润总额 Total Profits	本年应交增值税 Value Added Tax Payable
总计	**Total**	**12935.04**	**5179.47**	**21244.17**	**17761.04**	**508.77**	**1475.34**	**492.94**
合肥市	Hefei	3421.20	1621.05	6667.06	5734.65	95.86	297.05	136.20
淮北市	Huaibei	553.33	183.87	678.07	496.29	15.20	100.21	29.64
亳州市	Bozhou	262.93	70.69	413.20	298.18	17.90	45.06	14.02
宿州市	Suzhou	127.78	58.94	347.87	291.66	1.83	37.62	5.18
蚌埠市	Bengbu	523.93	184.24	677.06	527.65	67.50	39.15	17.84
阜阳市	Fuyang	360.80	120.79	826.68	702.25	35.58	44.05	27.13
淮南市	Huainan	627.44	444.31	906.15	783.67	10.74	51.49	31.39
滁州市	Chuzhou	801.79	442.38	1595.64	1286.05	37.56	158.32	24.61
六安市	Luan	419.57	257.90	599.39	482.01	9.93	56.06	11.75
马鞍山市	Maanshan	1091.97	418.50	1898.50	1668.88	12.38	108.81	30.52
芜湖市	Wuhu	3133.09	655.57	2988.93	2410.20	91.02	271.08	76.50
宣城市	Xuancheng	505.12	208.20	672.86	550.50	5.58	73.86	19.86
铜陵市	Tongling	450.12	203.34	1511.21	1343.92	7.17	95.91	20.19
池州市	Chizhou	159.59	84.26	495.90	439.06	3.11	34.68	17.19
安庆市	Anqing	429.43	200.34	864.30	667.12	96.88	52.50	28.53
黄山市	Huangshan	66.97	25.11	101.34	78.97	0.53	9.48	2.40

13—17 工业主要产品生产能力
Production Capacity of Major Industrial Products

项　目		Item		2019	2020
原　煤	(吨)	Raw Coal	(ton)	130232426	122802366
卷　烟	(万支)	Cigarettes	(10000 pieces)	15166000	11803000
棉纺锭／纺纱量	(锭／吨)	Cotton Spinning / Spinning Amount	(ingot/ton)	2723234	2165230
气流纺锭／纺纱量	(头／吨)	Air Spindle / Spinning Amount	(unit/ton)	185406	186370
棉布织机／布	(台／万米)	Cotton Looms / cloth	(unit/10000 meters)	54960	38122
原油加工能力／原油加工量	(吨/吨)	Processing Capacity of Crude Oil / Processing Amount of Crude Oil	(ton/ton)	9034672	9032921
焦　炭	(吨)	Cofe	(ton)	14670000	14690000
烧碱(折100%)	(吨)	Caustic Soda (=100%)	(ton)	900000	930000
碳化钙(电石，折300升／千克)	(吨)	Calcium Carbide (calcium carbide, = 300 liters / kg)	(ton)	50000	55000
农用氮磷钾化学肥料总计(折纯)	(吨)	Total of Agricultural N, P and K Chemical fertilizers (=pure)	(ton)	5704364	4686500
初级形态塑料	(吨)	Primary form Plastic	(ton)	3591868	3888223
化学纤维	(吨)	Chemical Fiber	(ton)	555690	1180196
硅酸盐水泥熟料	(吨)	Silicate Cement Grog	(ton)	150565000	152668609
水　泥	(吨)	Cement	(ton)	175548763	176808514
平板玻璃	(重量箱)	Plate Glass	(weight cases)	44260656	50420560
生　铁	(吨)	Pig Iron	(ton)	26172830	27251000
粗　钢	(吨)	Thick Steel	(ton)	36635000	37770000
钢　材	(吨)	Rolled Steel	(ton)	37751695	40452671
铁合金	(吨)	Ferroalloy	(ton)	256138	103956
金属切削机床	(台)	Metal-cutting Machine Tools	(unit)	45051	22045
挖掘机	(台)	Excavating Machine	(unit)	15190	15400
汽　车	(辆)	Motor Vehicles	(unit)	1635600	1852000
#基本型乘用车(轿车)		Basic Passenger Car (car)		1286100	1465000
民用钢质船舶	(载重吨)	Civil Steel Ship	(carrying capacity ton)	1141473	904282
太阳能电池	(千瓦)	Solor Battery	(kilowatt)	11922698	22980229
家用电冰箱	(台)	Household Refrigerators	(unit)	35106400	40203400
房间空气调节器	(台)	Air Conditioners	(unit)	40879500	42198044
微型计算机设备	(台)	Microcomputer Equipment	(unit)	43537240	48030834
移动通信手持机(手机)	(台)	Mobile Communication Handset (mobile phone)	(unit)	2600000	1800000
彩色电视机	(台)	Color TV	(unit)	28135620	29522668
发电设备容量总计／发电量	(万千瓦／万千瓦小时)	Capacity of Power Generation Equipment / Generating Capacity	(10000 kilowatt /10000 kilowatt hour)	5905	6213.14
#火电设备容量／发电量		Capacity of Thermal Power Equipment		5200.06	5431.87
水电设备容量／发电量		Capacity of Water Power Equipment		206.28	156.62
风电设备容量／发电量		Capacity of Wind Power Equipment		169.52	295.51

13—18 主要工业产品产量
Output of Major Industrial Products

项 目		Item		2005	2010	2015	2019	2020
原 煤	（万吨）	Raw Coal	(10000 tons)	8434	13030	13404	10990	11084
洗 煤	（万吨）	Coal Washing	(10000 tons)	823	1603	4414	3580	3629
铁矿石原矿量	（万吨）	Iron Ore Products	(10000 tons)	1100	3237	4697	2864	2616
铜金属含量	（吨）	Amount Contained of Copper	(ton)	66466	129145	209072	91247	81248
混合饲料	（万吨）	Blending Feed	(10000 tons)	161.0	121.9	100.1	73.7	60.6
原 盐	（吨）	Raw Salt	(ton)	567340	1461487	1496473	1493237	1553510
大 米	（万吨）	Rice	(10000 tons)	156.8	1042.1	1713.3	1477.9	1227.6
食用植物油	（万吨）	Edible Vegetable Oil	(10000 tons)	49.99	66.23	127.70	100.80	94.90
乳制品	（吨）	Dairy Products	(ton)	54343	664812	943722	1255577	1245478
罐 头	（吨）	Can (tin)	(ton)	61143	308924	586059	477282	453996
鲜、冻畜肉	（万吨）	Fresh and Frozen Meat	(10000 tons)	14.8	59.0	142.9	105.8	92.5
糖 果	（吨）	Candy	(ton)	4289	27682	87107	107552	112571
酱 油	（吨）	Soy Sauce	(ton)	7021	41281	107292	23052	50455
发酵酒精	（万千升）	Fermented Alcohol	(10000 kl)	25.5	68.0	37.4	29.7	29.7
白 酒	（万千升）	Liquor	(10000 kl)	22.4	48.0	46.5	32.0	28.2
啤 酒	（万千升）	Beer	(10000 kl)	115.5	154.1	119.2	79.1	76.0
精制茶	（吨）	Refined Tea	(ton)	57042	178927	257143	234607	216702
卷 烟	（亿支）	Cigarettes	(100 million pieces)	1031	1226	1269	1174	1204
纱	（吨）	Yarn	(ton)	383057	565419	1111904	901813	786974
布	（万米）	Cloth	(10000 m)	56293	108663	141398	91783	79552
棉 布	（万米）	Cotton Cloth	(10000 m)	37373	82439	43565	44195	33732
印染布	（万米）	Printing and Dyeing Cloth	(10000 m)	18332	18392	18462	23528	29305
绒线（毛线）	（吨）	Knitting Wool	(ton)	1996	528	2227	353	567
丝	（吨）	Silk	(ton)	3807	6438	8057	3628	3046
丝织品	（万米）	Silk Fabrics	(10000 m)	2867	4005	7196	4492	2037
服 装	（万件）	Clothing	(10000 units)	11288	53505	117020	100740	80794
梭织服装		Shuttled Clothing		5079	30888	79439	62748	48929
针织服装		Knit Clothing		3625	22617	37582	37823	31865
人造板	（万立方米）	Man-made Board	(10000 cu.m)	200.2	573.0	1495.8	1375.2	1157.9
机制纸及纸板	（万吨）	Machine-made Paper and Paperboard	(10000 tons)	111.1	221.1	306.3	415.9	406.6
纸制品	（万吨）	Paper Products	(10000 tons)	22.8	69.0	181.2	158.9	160.4
原油加工量	（万吨）	Volume of Processed Crude Oil	(10000 tons)	416.0	476.6	689.3	658.1	710.0
汽 油	（万吨）	Gasoline	(10000 tons)	86.0	97.0	216.6	249.1	256.0
柴 油	（万吨）	Diesel Oil	(10000 tons)	177.4	196.0	281.0	181.6	184.0
燃料油	（万吨）	Fuel Oil	(10000 tons)	8.3	12.4	1.8	5.7	14.0
液化石油气	（万吨）	Liquefied Petroleum	(10000 tons)	30.5	34.1	58.3	64.6	70.0
焦 炭	（万吨）	Coke	(10000 tons)	487.9	839.6	958.5	1167.2	1228.0
硫酸（折100%）	（万吨）	Sulfuric Acid (100%)	(10000 tons)	202.5	439.7	630.1	576.6	673.9
浓硝酸（折100%）	（万吨）	Enriched Nitric Acid (100%)	(10000 tons)	32.5	54.5	63.1	43.6	38.3
氢氧化钠（烧碱）（折100%）	（万吨）	Caustic Soda (100%)	(10000 tons)	18.8	29.0	72.0	77.0	85.5
碳酸钠（纯碱）	（万吨）	Soda Ash	(10000 tons)	24.1	35.4	76.9	79.0	88.8
合成氨	（万吨）	Synthetic Ammonia	(10000 tons)	231.4	266.4	344.8	266.3	326.2
农用氮肥磷钾化学肥料总计	（万吨）	Chemical Fertilizers	(10000 tons)	204.1	255.4	309.7	269.4	266.4
氮肥（折含N100%）	（万吨）	Nitrogen Fertilizers	(10000 tons)	148.2	201.5	228.3	162.2	170.4

13—18　续表　continued

项　　目		Item		2005	2010	2015	2019	2020
磷　肥	（万吨）	Phosphate Fertilizers	(10000 tons)	55.9	54.0	81.4	100.1	90.7
化学农药	（万吨）	Chemical Pesticide	(10000 tons)	3.7	15.1	19.8	9.8	16.1
塑料树脂及共聚物	（万吨）	Plastics	(10000 tons)	26.9	56.9	120.4	199.4	324.6
肥　皂	（吨）	Soap	(ton)	22803	20704			
合成洗涤剂	（万吨）	Synthetic Detergents	(10000 tons)	41.3	74.6	79.4	93.9	101.6
牙膏（自然支）	（万支）	Toothpaste	(10000 units)	65764	77835			
化学原料药	（吨）	Chemical Medicine	(ton)	18960	9208	40473	16135	16717
中成药	（吨）	Traditional Chinese Medicine	(ton)	9672	26190	49709	53056	44885
化学纤维	（万吨）	Chemical Fiber	(10000 tons)	11.4	22.0	27.0	37.1	51.5
轮胎外胎	（万条）	Tires	(10000 units)	1073.6	3744.3	2829.6	2935.4	2777.0
塑料制品	（万吨）	Plastic Products	(10000 tons)	73.5	186.8	338.7	682.5	521.0
塑料薄膜	（吨）	Plastic Film	(ton)	173228	166674	348278	481291	584266
水　泥	（万吨）	Cement	(10000 tons)	3218	7874	13085	13988	14176
大理石板材	（万平方米）	Marble Plate	(10000 sq.m)	3.30	13.90	535.00	377.60	112.80
花岗石板材	（万平方米）	Granite Plate	(10000 sq.m)	11.60	109.82	497.60	138.95	307.40
平板玻璃	（万重量箱）	Plate Glass	(10000 weight cases)	507.7	1044.3	2302.5	4244.5	4489.2
生　铁	（万吨）	Pig Iron	(10000 tons)	1105.7	1844.9	2092.5	2530.0	2537.3
钢	（万吨）	Steel	(10000 tons)	1105.6	1853.8	2506.0	3222.5	3696.7
钢　材	（万吨）	Rolled Steel	(10000 tons)	1141.6	2446.4	3334.7	3158.4	3607.5
铁道用钢材		Steel Use for Railway		14.8	11.9	12.5	17.9	
中小型钢材		Rolled-steel, Medium and Small		124.7	158.5	234.9	31.2	41.4
无缝钢管		Seamless Steel Pipe		25.4	20.0	72.6	62.4	33.7
线　材		Wire Rod		171.9	301.1	209.8	153.7	265.7
铜	（万吨）	Copper	(10000 tons)	35.9	83.1	131.1	97.7	105.8
工业锅炉	（蒸吨）	Industrial Boilers	(ton)	2478	5196	31760	24764	18886
内燃机	（万千瓦）	Internal Combustion Engines	(10000 kw)	713.1				
金属切削机床	（台）	Metal-cutting Machine Tools	(unit)	11769	26283	81268	28284	19728
起重设备	（吨）	Derrick Equipment	(ton)	54935	334543	869451	88819	91169
叉　车	（台）	Forklift	(unit)	20303	40613	58094	85594	112564
泵	（台）	Pump	(unit)	82312	409494	2046093	9526771	10737814
轴　承	（万套）	Bearing	(10000 sets)	8055	23665	76633	134687	109653
矿山设备	（吨）	Mining Equipment	(ton)	112593	74055	587194	514326	310109
小型拖拉机	（台）	Mini-tractors	(unit)	119899	17833	15316		
农业运输机械	（辆）	Machinery for Agricultural Transportation	(unit)	32287				
汽　车	（辆）	Motor Vehicles	(unit)	401087	1244735	1257681	921323	1160724
载货汽车		Trucks		116639	273645	210804	184709	230894
公路汽车		Coach		84980	78426	37578	7902	6450
交流电动机	（万千瓦）	Alternating Current Motor	(10000 kw)	515.8	1599.5	2200.0	2407.8	2734.9
变压器	（万千伏安）	Transformer	(10000 KVA)	1758.6	4136.9	4408.4	3343.1	3729.1
蓄电池	（千伏安时）	Storage Battery	(KVA.h)	806458	6610665	19170259	17995098	20208640
家用洗衣机	（万台）	Household Washing Machines	(10000 units)	441.8	1267.0	1725.2	2328.3	2380.4
家用电冰箱	（万台）	Household Refrigerators	(10000 units)	530.4	2078.9	2888.2	2505.9	2437.9
电风扇	（万台）	Electric Fans	(10000 units)	2.9		34.9		
房间空气调节器	（万台）	Air Conditioners	(10000 units)	515.0	1666.1	3176.1	3366.4	3009.7
电视机	（万部）	TV Sets	(10000 units)	374.4	395.3	1176.9	1941.8	1611.8
＃彩色电视机		Color TV		374.4	395.3	1176.9	1941.8	1611.8
微型电子计算机	（万部）	Micro-computers	(10000 unit)	4.3	1.8	1801.5	2253.8	3097.1
发电量	（亿千瓦时）	Electricity	(100 million kwh)	645.7	1443.9	2034.2	2769.4	2682.0
火　电		Thermal Power		634.9	1420.2	1954.7	2637.2	2527.0
水　电		Hydropower		10.9	18.9	30.9	30.0	41.0
煤　气	（亿立方米）	Gas	(100 million cu.m)	147.6	286.6	326.8	432.2	502.0

13—19 各市主要工业产品产量（2020年）
Output of Major Industrial Products by Region (2020)

项　　目		Item		合肥市 Hefei	淮北市 Huaibei	亳州市 Bozhou	宿州市 Suzhou
铁矿石原矿量	（万吨）	Iron Ore Products	(10000 tons)	617.6	65.6		
原　盐	（万吨）	Raw Salt	(10000 tons)				
大　米	（万吨）	Rice	(10000 tons)	99.4			
混合饲料	（万吨）	Blending Feed	(10000 tons)	1.3	8.4		
食用植物油	（万吨）	Edible Vegetable Oil	(10000 tons)	51.4	2.1		
白　酒	（千升）	Liquor	(kl)		24429	118526	4673
精制茶	（吨）	Refined Tea	(ton)	4342		212	
纱	（吨）	Yarn	(ton)	12432	42536	17182	49973
布	（万米）	Cloth	(10000 m)	1932		8401	6213
机制纸及纸板	（万吨）	Machine-made Paper and Paperboard	(10000 tons)	9.5		0.8	89.0
原油加工量	（万吨）	Volume of Processed Crude Oil	(10000 tons)				
农用氮肥磷钾化学肥料总计	（万吨）	Chemical Fertilizers	(10000 tons)	25.0			
中成药	（吨）	Traditional Chinese Medicine	(ton)	2486.9		10009.7	47.0
化学纤维	（万吨）	Chemical Fiber	(10000 tons)	6.2			
轮胎外胎	（万条）	Tires	(10000 units)	2353.8			
水　泥	（万吨）	Cement	(10000 tons)	1551.5	686.0	317.2	764.8
平板玻璃	（万重量箱）	Plate Glass	(10000 weight cases)	423.0			
生　铁	（万吨）	Pig Iron	(10000 tons)				
钢	（万吨）	Steel	(10000 tons)				
成品钢材	（万吨）	Steel Products	(10000 tons)	162.8	6.5		
铜	（万吨）	Copper	(10000 tons)				
叉　车	（台）	Forklift	(unit)	111205			
汽　车	（辆）	Motor Vehicles	(unit)	586288		608	
载货汽车		Trucks		189005			
家用洗衣机	（万台）	Household Washing Machines	(10000 units)	2095.5			
家用电冰箱	（万台）	Household Refrigerators	(10000 units)	1846.8			
房间空气调节器	（万台）	Air Conditioners	(10000 units)	929.8			
彩色电视机	（万部）	Color TV	(10000 units)	1110.5			
发电量	（亿千瓦时）	Electricity	(100 million kwh)	237.0	206.0	117.0	144.0

蚌埠市 Bengbu	阜阳市 Fuyang	淮南市 Huainan	滁州市 Chuzhou	六安市 Luan	马鞍山市 Maanshan	芜湖市 Wuhu	宣城市 Xuancheng	铜陵市 Tonglin	池州市 Chizhou	安庆市 Anqin	黄山市 Huangshan
			0.3	1841.8	77.0	9.3				4.1	
			155.4								
214.2	101.2	226.3	198.5	113.6	31.8	79.6	28.6	4.5	6.4	114.5	9.1
8.8	10.6	7.5	12.2	1.9		1.4	8.1			0.4	
13.5	4.5	4.2	0.1	5.3	4.4	0.1	4.2		0.5	4.4	0.1
26800	55007	19	6410	29062	523		4364	9	482	11809	
			914	12454	33		13778	2	15770	4875	164321
43009	246234	3012	19610	1366	5382	82538	11387		2064	245884	4367
	1673	612		899	526	11401	21501	3535		9178	13681
4.7	13.0	7.2	21.6	11.1	195.5	17.7	12.3			21.2	3.0
										710.0	
	82.7	18.1	11.0				48.5	72.5	3.3	5.2	
177.8	10440.2	2235.2	7893.0	1926.9	1213.0	1724.4	530.7			3726.5	2473.7
	2.6		26.0	8.8		0.1	1.9		0.2	5.6	
			41.6			381.5					
163.2	446.1	893.3	1323.5	522.7	1863.8	1724.8	1110.1	1118.7	338.3	838.6	213.8
			854.2	520.7		2393.9				297.5	
	10.5			13.1	1868.7	471.7		173.4			
0.2		38.4		179.8	2096.7	536.0	168.0	326.0	351.5		
0.2	4.2	54.0	37.1	215.7	1984.4	581.6	265.7	290.5	2.0	2.6	0.1
								105.8			
				1281	78						
		26411	10		17813	521166				8428.0	
		24076			17813						
			284.9								
			570.8	20.3							
			89.2			1989.6				1.0	
	43.6		446.3		11.4						
138.0	76.0	667.0	76.0	88.0	254.0	215.0	76.0	195.0	40.0	153.0	

主要统计指标解释

工业

指从事自然资源的开采，对采掘品和农产品进行加工和再加工的物质生产部门。具体包括：(1)对自然资源的开采，如采矿、晒盐等（但不包括禽兽捕猎和水产捕捞）；(2)对农副产品的加工、再加工，如粮油加工、食品加工、缫丝、纺织、制革等；(3)对采掘品的加工、再加工，如炼铁、炼钢、化工生产、石油加工、机器制造、木材加工等，以及电力、燃气及水的生产和供应等；(4)对工业品的修理、翻新，如机器设备的修理等。

工业统计调查单位为工业法人单位。

工业法人单位指从事工业生产经营活动的法人单位。工业法人单位应同时具备以下条件：①依法成立，有自己的名称、组织机构和场所，能够独立承担民事责任；②独立拥有（或授权）使用资产，承担负债，有权与其他单位签订合同；③具有包括资产负债表在内的帐户，或者能够根据需要编制帐户。

国有控股企业

即原来的国有及国有控股企业，根据企业实收资本中国有经济成分的出资人的实际投资情况，或国有经济成分的出资人对企业资产的实际控制、支配程度进行分类。以下情况为国有控股：(1)在企业的全部实收资本中，国有经济成分的出资人拥有的实收资本（股本）所占企业全部实收资本（股本）的比例大于 50%的国有绝对控股。(2)在企业的全部实收资本中，国有经济成分的出资人拥有的实收资本（股本）所占比例虽未大于 50%，但相对大于其他任何一方经济成分的出资人所占比例的国有相对控股；或者虽不大于其他经济成分，但根据协议规定拥有企业实际控制权的国有协议控股。(3)投资双方各占 50%，且未明确由谁绝对控股的企业，若其中一方为国有经济成分的，一律按国有控股处理。

本篇涉及的企业登记注册类型的解释详见综合篇。

轻工业

指主要提供生活消费品和制作手工工具的工业。按其所使用的原料不同，可分为两大类：(1)以农产品为原料的轻工业，是指直接或间接以农产品为基本原料的轻工业。主要包括食品制造、饮料制造、烟草加工、纺织、缝纫、皮革和毛皮制作、造纸以及印刷等工业；(2)以非农产品为原料的轻工业，是指以工业品为原料的轻工业。主要包括文教体育用品、化学药品制造、合成纤维制造、日用化学制品、日用玻璃制品、日用金属制品、手工工具制造、医疗器械制造、文化和办公用机械制造等工业。

重工业

指为国民经济各部门提供物质技术基础的主要生产资料的工业。按其生产性质和产品用途，可以分为下列三类：(1)采掘(伐)工业，是指对自然资源的开采，包括石油开采、煤炭开采、金属矿开采、非金属矿开采等工业；(2)原材料工业，指向国民经济各部门提供基本材料、动力和燃料的工业。包括金属冶炼及加工、炼焦及焦炭、化学、化工原料、水泥、人造板以及电力、石油和煤炭加工等工业；(3)加工工业，是指对工业原材料进行再加工制造的工业。包括装备国民经济各部门的机械设备制造工业、金属结构、水泥制品等工业，以及为农业提供的生产资料如化肥、农药等工业。

根据上述划分原则，修理业中以重工业产品为修理作业对象的划为重工业，反之划为轻工业。

资产总计

指企业过去的交易或者事项形成的、由企业拥有或者控制的、预期会给企业带来经济利益的资源。资产一般按流动性分为流动资产和非流动资产。其中流动资产可分为货币资金、交易性金融资产、应收票据、应收账款、预付款项、其他应收款、存货等；非流动资产可分为长期股权投资、固定资产、无形资产及其他非流动资产等。来源于会计“资产负债表”中“资产总计”项目的期末余额数。

流动资产合计

资产满足以下条件之一应归为流动资产：（1）预计在一个正常营业周期中变现、出售或耗用，主要包括存货、应收账款等；（2）主要为交易目的而持有；（3）预计在资产负债表日起一年内（含一年）变现；（4）自资产负债日起一年内，交换其他资产或清偿负债的能力不受限制的现金或现金等价物。包括货币资金、应收票据、应收账款、存货等项目。来源于会计“资产负债表”中“流动资产合计”项目的期末余额数。

固定资产原价

指企业在建造、购置、安装、改建、扩建、技术改造某项固定资产时所支出的全部货币总额。它一般包括买价、包装费、运杂费和安装费等。

负债合计

指企业过去的交易或者事项形成的，预期会导致经济利益流出企业的现时义务。负债一般按偿还期长短分为流动负债和非流动负债。来源于会计“资产负债表”中“负债合计”项目的期末余额数。

所有者权益合计

指企业投资人对企业净资产的所有权。企业净资产为企业全部资产与企业全部负债的差额，包括实收资本、资本公积、盈余公积、未分配利润等。根据会计“资产负债表”中“所有者权益”项的期末数填列。

营业收入

指企业经营主要业务和其他业务所确认的收入总额。营业收入包括“主营业务收入”和“其他业务收入”。来源于会计“利润表”中“营业收入”项目的本年累计数。

营业成本

指企业经营主要业务和其他业务所发生的成本总额。包括企业（单位）在报告期内从事销售商品、提供劳务等日常活动发生的各种耗费。包括“主营业务成本”和“其他业务成本”。来源于会计“利润表”中“营业成本”项目的本年累计数。

税金及附加

指企业因从事生产经营活动按税法规定应缴纳的消费税、城市维护建设税、资源税、环境保护税、教育费附加及房产税、土地使用税、车船使用税、印花税等相关税费。

利润总额

指企业在一定会计期间的经营成果，是生产经营过程中各种收入扣除各种耗费后的盈余，反映企业在报告期内实现的盈亏总额。来源于会计“利润表”中“利润总额”项目的本年累计数。

本年应交增值税

指企业按税法规定，从事货物销售或提供加工、修理修配劳务等增加货物价值的活动本期应交纳的税金。指企业在报告期应交增值税额。计算公式为：

本年应交增值税=销项税额-（进项税额-进项税额转出）-出口抵减内销产品应纳税额-减免税款+出口退税

本年进项税额指工业企业在报告期内购入货物或接受应税劳务而支付的、准予从销项税额中抵扣的增值税额。

本年销项税额指工业企业在报告期内销售货物或提供应税劳务应收取的增值税额。

从业人员平均人数

是指报告期内每天拥有的从业人员人数。其计算公式为：

月平均人数=报告月内每天实有人数之和/报告月日历日数

季平均人数=季内各月平均人数之和/3

年平均人数=年内各月平均人数之和/12

总资产贡献率

反映企业全部资产的获利能力，是企业经营业绩和管理水平的集中体现，是评价和考核企业盈利能力的核心指标。计算公式为：

总资产贡献率（%）=（利润总额+税金总额+利息支出）/平均资产总额×100%

公式中：税金总额为产品销售税金及附加与应交增值税之和；平均资产总额为期初期末资产之和的算术平均值。

资产负债率

该指标既反映企业经营风险的大小，也反映企业利用债权人提供的资金从事经营活动的能力。计算公式为：

资产负债率（%）=负债总额/资产总额×100%

资产与负债均为报告期期末数。

流动资产周转次数

指一定时期内流动资产完成的周转次数，反映投入工业企业流动资金的周转速度。计算公式为：

流动资产周转次数=主营业务收入/全部流动资产平均余额

公式中：全部流动资产平均余额为期初和期末的流动资产之和的算术平均值。

成本费用利润率

反映企业投入的生产成本及费用的经济效益，同时也反映企业降低成本所取得的经济效益。计算公式为：

成本费用利润率（%）=利润总额/成本费用总额×100%

公式中：成本费用总额为主营业务成本、销售费用、管理费用、财务费用之和。

Explanatory Notes for Major Statistical Indicators

Industry

refers to the material production sector which is engaged in the extraction of natural resources and processing and reprocessing of minerals and agricultural products, including (1) extraction of natural resources, such as mining, salt production (but not including hunting and fishing); (2) processing and reprocessing of farm and sideline produces, such as grain and oil processing, food processing, silk reeling, spinning and weaving and leather making; (3) processing and reprocessing of mineral products, such as steel making, iron smelting, chemicals manufacturing, petroleum processing, machine building, timber processing, and production and supply of electricity, gas and water; (4) repairing and renovating of industrial products such as the machinery.

In industrial surveys, the units of enquiry are industrial corporate units.

Industrial corporate units refer to corporate units engaging in industrial production and operation activities, which meet the following requirements: (1) They are established legally, having their own names, organizations, location, and are able to take civil liability independently; (2) They possess (or are authorized to use) assets independently, assume liabilities and are entitled to sign contracts with other units; (3) They have accounts including the balance sheets or can compile the accounts according to the need.

State-holding Enterprises

cover the original state-owned enterprises and state-holding enterprises. They are classified according to the actual investment made by the contribor of state-owned part in the paid-in capital of the enterprises, or the degree of control or dominance of the contributor on the assets of the enterprises. The following cases are regarded as state-holding: (1) Absolute state-holding in which the contribors of state-owned parts possess more than 50% of all the paid-in capital (stocks) of the enterprises; (2) Relative state-holding in which the contribors of state-owned parts possess no more than 50% of the paid-in capital (stocks) of the enterprises, but more than that of any other contributors; or Agreed state-holding in which the contribors of state-owned parts possess no more than other contributors but have actual control over the enterprises according to agreements; (3) In the case both contributors possess 50% and it is not clear which one is in absolute holding position, the enterprise is regarded as state-holding enterprise if one of the contributor has state-owned elements.

For explanation of types of registration covered in this chapter, please refer to General Survey.

Light Industry

refers to the industry that produces consumer goods and hand tools. It consists of two categories, depending on the materials used:

(1) Industries using farm products as raw materials. These are the branches of light industry which directly or indirectly use farm products as basic raw materials, including the manufacture of food and beverages, tobacco processing, textile, clothing, fur and leather manufacturing, paper making, printing, etc.

(2) Industries using non-farm products as raw materials. These are the branches of light industry which use manufactured goods as raw materials, including the manufacture of cultural, educational articles and sports goods, chemicals, synthetic fibre, chemical products for daily use, glass products for daily use, metal products for daily use, hand tools, medical apparatus and instruments, and the manufacture of cultural and office machinery.

Heavy Industry

refers to the industry which produces capital goods, and provides various sectors of the national economy with necessary material and technical basis for production. It consists of the following three branches according to the purpose of production or the use of products:

(1) Mining, quarrying and logging industry, which refers to the industry that extracts natural resources, including extraction of petroleum, coal, metal and non-metal ores.

(2) Raw materials industry refers to the industry that provides various sectors of the national economy with raw materials, fuels and power. It includes smelting and processing of metals, coking and coke chemistry, chemical materials and building materials such as cement, plywood, and power, petroleum refining and coal dressing.

(3) Manufacturing industry which refers to the industry that processes raw materials. It includes machine-building industries which equip sectors of the national economy; industries producing metal structure and cement products; and industries producing means of agricultural production, such as chemical fertilizers and pesticides.

In accordance with the above principles of classification,

the repairing trades, which are engaged primarily in repairing products of heavy industry, are classified as heavy industry while those which are engaged in repairing products of light industry are classified as light industry.

Total Assets

refer to all resources that are owned or controlled by enterprises through previous trades or transactions with expectation of making economic profits. Classified by the degree of liquidity, total assets include current assets and non-current assets. Current assets can be classified into monetary capital, trading financial assets, notes receivable, accounts receivable, advanced payments, other receivables and inventories. Non-current assets can be divided into long-term equity investment, fixed assets, intangible assets and other non-current assets. Data on this indicator can be obtained from the year-end figures of total assets in the Balance Sheet of accounting records.

Total Current Assets

refer to the assets that meet one of the following requirements: (1) expected to be cashed, sold or used in a normal operation cycle, mainly including inventory and accounts receivable; (2) be owned for trading purpose mainly; (3) expected to be cashed in one year (including one year) from the day of the Balance Sheet; (4) unlimited cash or cash equivalents that can be exchanged with other assets or being capable of settling debts during one year since the day of the Balance Sheet. Included are monetary capital, notes receivable, accounts receivable and inventories. Data on this indicator can be obtained from the year-end figures of total current assets in the Balance Sheet of accounting records.

Fixed Assets Original Cost

refers to the total amount of money spent by an enterprise in the construction, purchase, installation, renovation, expansion and technological transformation of a fixed asset. It generally includes purchase price, packing fee, freight and miscellaneous expenses, installation fee, etc.

Total Liabilities

refer to payable liabilities of enterprises that accumulated from previous trades or transactions with expectation of economic profits leaking out. In terms of payment, it can be divided into liquid liabilities and long-term liabilities. Data on this indicator can be obtained from the year-end figures of total liabilities in the Balance Sheet of accounting records.

Total Owner's Equity

Refers to the ownership of the net assets of an enterprise by its investors. The net assets of an enterprise are the difference between its total assets and its total liabilities, including paid-in capital, capital reserves, surplus reserves, undistributed profits, etc. According to the final number of "owner's equity" in the accounting "balance sheet".

Business Revenue

refers to the total revenue recognized by an enterprise in its principal business and other business operations. Business revenue includes " revenue from principal Business" and " revenue from other business". It comes from this year's cumulative report of "business revenue" items from the "income statement".

Business Cost

refers to the total cost incurred by an enterprise in its principal business and other business operations. It includes various expenditures incurred by enterprises (units) in their daily activities of selling goods and providing labour services during the reporting period. It includes "Cost of principal business" and "Cost of other business". It comes from this year's cumulative report of "operating cost" items from the "income statement".

Taxes and Surcharges

To the consumption tax, urban maintenance and construction tax, resource tax, environmental protection tax, education surcharge, property tax, land use tax, vehicle and vessel use tax, stamp duty and other related taxes and fees that enterprises should pay according to the provisions of the tax law.

Total Profits

refers to the operation results in a certain accounting period, and it is the balance of various incomes minus various spendings in the course of operation, reflecting the total profits and losses of enterprises in reference period. Data are obtained from the this year's cumulative amount of total profits in the profit statement of the accounting record of enterprise.

VAT Payable This Year

according to the provisions of the tax law, enterprises should pay taxes in the current period for activities that increase the value of goods, such as selling goods or providing processing, repair and maintenance services. Refers to the value-added tax payable by the enterprise during the reporting period. The calculation formula is:

Value added tax payable this year = output tax amount - (input tax amount-transfer - out of input tax amount) - export deduction of tax payable on domestic products - tax relief + export tax refund

This year's input tax refers to the value-added tax paid by industrial enterprises for purchasing goods or receiving taxable services during the reporting period and allowed to be deducted from the output tax.

This year's output tax refers to the value-added tax payable by industrial enterprises for selling goods or providing taxable services during the reporting period.

Average number of employees

refers to the number of employees per day during the reporting period. The calculation formula is:

Average number of people per month = sum of actual number of people per day in the reporting month/number of calendar days in the reporting month

Quarterly Average Number = Sum of Monthly Average Number in Quarter /3

Annual Average Number = Sum of Average Number of Months in Year /12

Ratio of Profits, Taxes and Interests to Average Assets

reflects the profit-making capability of all assets of the enterprise and is a key indicator manifesting the performance and management and evaluating the profit-making potential of the enterprise. It is calculated as follows:

Ratio of Profits, Taxes and Interests to Average Assets (%) = (total profits + total taxes + interest payment) / average assets × 100%

In the above formula, total taxes is the sum of tax and extra charges on the sales of products and value-added tax payable; and average assets is the arithmetic mean of the sum of beginning assets and ending assets.

Ratio of Debts to Assets

reflects both the operation risk and the capability of the enterprise in making use of the capital from the creditors. It is calculated as follows:

Ratio of Debts to Assets (%) = total debts / total assets × 100%

Both assets and debts are figures at the end of the reference period.

Turnover of Working Capital

refers to the number of times of turnover of working capital in a given period of time, which reflects the speed of the turnover of working capital of industrial enterprises, and is calculated as follows:

Turnover of Working Capital = sales revenue of products / average balance of total working capital

In the above formula, average balance of total working capital refers to the arithmetic mean of the sum of working capital at the beginning and at the end of the reference period.

Ratio of Profits to Total Industrial Costs

refers to the ratio of profits realized in a given period to the total costs in the same period, which reflects the economic efficiency of input cost and is calculated as follows:

Ratio of Profits to Total Industrial Cost (%) = total profits / total costs × 100%

Total costs in the above formula are the sum of cost of products sold, marketing cost, management cost and financial cost.

第十四篇

Chapter 14

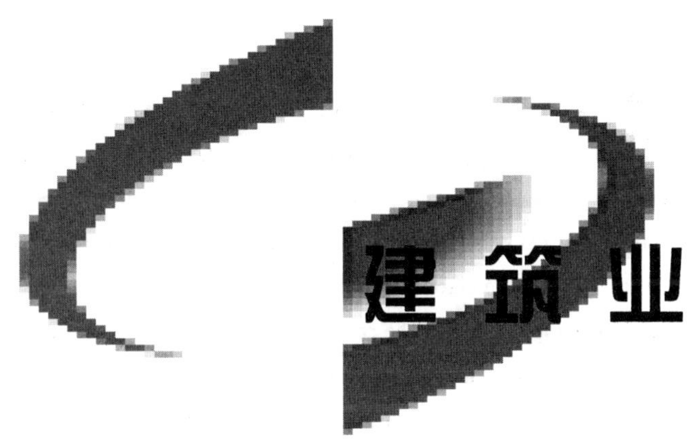

CONSTRUCTION

简要说明

一、本篇资料反映我省建筑业概况和发展情况。主要包括建筑业企业生产经营情况，指标有企业个数、从业人员数、建筑业总产值、房屋建筑面积、机械设备、资产负债、利润税金、劳动生产率、技术装备率等。此外，2003 年及以前还包括农村建筑队主要指标。

二、建筑业企业资料由省统计局固定资产投资处提供。建筑业统计范围从 1996 年年报起由原城镇及城镇以上各种经济类型的建筑业企业扩大到具有建筑业资质等级的各种经济类型的建筑业企业，资料来源依据国家统计局制定的“建筑业统计报表制度”收集的有关年报资料。

Brief Introduction

I. Data in this chapter show the general situation and the development of the construction in the province. They cover mainly the situation of production and management of the enterprises of construction, including number of enterprises number of employed persons, gross output value, floor space of the building, machinery and equipment, assets and liabilities, profits and taxes, labor productivity, per capita machinery, etc. They also cover the main indicators of the rural construction teams at 2003 and before.

II. Data on the enterprises of construction in this chapter are provided by the Division of Statistics in Investment in Fixed Assets, Anhui Statistical Bureau. The coverage of construction statistics has been enlarged since 1996 when the annual statistical reports were submitted. The original coverage includes all the construction enterprises of various types of ownership at and above town level. The new coverage includes all the construction enterprises of various types of ownership with qualification. Data are collected in accordance with the “reporting scheme of construction statistics” stipulated by the National Bureau of Statistics.

14—1 建筑业企业概况
Main Indicators on Construction Enterprises

年 份 Year	总 计 Total	内 资 Domestic Funded	#国有企业 State-owned Enterprises	#集体企业 Collective Enterprise	港澳台商投资企业 Funded from Hong Kong, Macao and Taiwan	外 商投资企业 Foreign Funded	国 有控股企业 State Controlling Funded Hold Enterprises
企业单位数（个） Number of Enterprises (unit)							
2005	1946	1934	193	278	8	4	321
2010	2469	2457	168	139	6	6	249
2012	2662	2651	154	126	6	5	252
2013	2757	2745	122	85	5	7	234
2014	2807	2797	88	79	5	5	229
2015	2867	2857	72	70	4	6	223
2016	3037	3030	56	62	4	3	237
2017	3216	3208	53	58	4	4	231
2018	3980	3975	43	52	4	1	226
2019	4574	4568	36	47	5	1	229
2020	5878	5872	49	43	5	1	254
期末从业人员（万人） Number of Persons Engaged (10000 persons)							
2005	98.57	98.13	16.67	13.45	0.32	0.11	24.35
2010	157.97	157.62	31.79	6.68	0.16	0.19	42.66
2012	168.90	168.62	26.89	5.84	0.15	0.13	37.08
2013	176.88	176.62	21.48	4.17	0.13	0.13	38.52
2014	171.57	171.39	7.16	4.18	0.08	0.10	36.64
2015	168.82	168.65	6.16	3.75	0.08	0.09	32.13
2016	168.09	167.95	7.18	3.28	0.08	0.06	33.77
2017	171.56	171.43	3.45	2.99	0.07	0.05	33.74
2018	186.92	186.82	2.28	2.56	0.09		37.52
2019	198.40	198.35	1.90	2.18	0.04	0.001	40.59
2020	203.73	203.68	2.09	1.92	0.05	0.00	41.15
总 产 值（万元） Gross Output Value (10000 yuan)							
2005	9230814	9194875	2678924	815820	25256	10683	3674953
2010	28649619	28583665	8940053	743385	32530	33424	12034370
2012	42304412	42221898	9479797	940326	27020	55494	15572915
2013	49635516	49560201	9286296	605431	19409	55906	17750941
2014	54829260	54766827	4202697	634176	19529	42904	19626151
2015	56959353	56899036	3137078	634536	11800	48518	18858827
2016	60471125	60433001	3612219	569888	7026	26677	20500444
2017	68296702	68247114	1181390	576187	14160	35428	23956953
2018	78884540	78829984	672974	538159	54230	326	28105196
2019	85032583	84965307	631379	596117	67012	265	29729097
2020	93651164	93596064	1080189	610558	55099		33147899

注：1．附营施工单位的生产活动在整个建筑生产活动中所占份额极小，加之资料不全，因而在总计中已略去。

2．2005年及以后年份为总承包和专业承包建筑业企业，城镇集体和农村建筑队不作统计。

a) The production activity of subsidiary construction units is omitted in the total because the portion is very small and the data are incomplete.

b) After 2005, Data are general contracting and professional contract of construction enterprises, Cities collective and construction crew of countryside doesn't count.

14—2 主要年份建筑业企业主要经济指标
Main Economic Indicators on Construction Enterprises

指　　标	Item	2005	2010	2015	2019	2020
企业单位数 （个）	Number of Construction Enterprises (unit)	1946	2469	2867	4574	5878
从业人数 （万人）	Staff and Workers (annual average) (10000 persons)	98.57	157.97	168.82	198.40	203.73
自有固定资产原价 （万元）	Fixed Assets Owned (original value) (10000 yuan)	2403291	4034386	5676268	6887718	6850413
自有固定资产净值 （万元）	Fixed Assets Owned (net value) (10000 yuan)	1666488	2744333	4337451		
自有机械设备净值 （万元）	Net Value of Machinery and Equipment Owned (10000 yuan)	889068	1466999	1749198	1464155	1108484
自有机械设备总台数 （台）	Number of Machinery and Equipment Owned (unit)	383944	415557	398670	267183	207285
自有机械设备总功率（万千瓦）	Total Power of Machinery and Equipment Owned (10000 kw)	464.92	663.58	904.82	942.24	472.76
建筑业总产值 （万元）	Gross Output Value of Construction (10000 yuan)	9230814	28649619	56959353	85032583	93651164
建筑工程	Construction Projects	7859068	25058430	48827159	72036363	79641512
安装工程	Installation Projects	993979	2468351	4354850	6756931	6786347
其　他	Others	377768	1122838	3777345	6239289	7223305
固定资产本年折旧 （万元）	Depreciation of Fixed Assets (10000 yuan)	139061	260805	345217	418442	425507
应付职工薪酬 （万元）	Payable Employee compensation (10000yuan)			7791355	10729087	12581273
主营业务税金及附加 （万元）	Main Business Tax and Additon (10000yuan)	300229	1043879	1669272	569766	470552
应交增值税 （万元）	Value Added Tax Payable (10000yuan)				1490518	1703383
营业利润 （万元）	Business Profit (10000yuan)			1864170	2298840	2437436
利润总额 （万元）	Total Profits (10000 yuan)	178167	983596	1872829	2321626	2487347
劳动生产率 （元/人）（按总产值计算）	Overall Labor Productivity (yuan/person) In Terms of Gross Output Value	95803	177486	340696	427868	457314
房屋建筑施工面积（万平方米）	Floor Space of Buildings Under Construction (10000 sq.m)	9870	23296	41480	48611	49377
房屋建筑竣工面积（万平方米）	Floor Space of Buildings Completed (10000 sq.m)	5081	10512	15554	15707	14516
房屋建筑面积竣工率 （%）	Ratio of Floor Space of Buildings Completed (%)	51.48	45.13	37.50	32.31	29.40
产值利润率 （%）	Ratio of Profit to Gross Output Value (%)	1.93	3.43	3.29	2.73	2.66

14—3 建筑业企业房屋建筑完成情况（2020年）
Floor Space of Buildings Completed by Construction Enterprises (2020)

指 标	Item	房屋建筑竣工面积（万平方米）Completed Area of Building Construction (10000 sq.m)	#国有及国有控股企业 State Controlling Funded Hold Enterprises	房屋竣工价值（万元）Value of the Completed House (10000 yuan)	#国有及国有控股企业 State Controlling Funded Hold Enterprises
总 计	**Total**	**14516.0**	**2720.6**	**21135410**	**4943070**
住 宅	Residential Buildings	9772.8	2204.9	14557877	3733298
商业及服务用房屋	Buildings Used for Business and Services	822.6	107.6	1257693	245657
批发和零售用房	Buildings Used for Wholesale and Retail	419.4	50.2	624944	70931
住宿用房	Buildings Used for Accommodation	49.1	13.3	57364	13276
餐饮用房	Buildings Used for Catering Services	21.0	3.4	26214	7246
商务会展用房屋	Buildings Used for	19.9	11.0	42596	30352
居民服务业用房	Buildings Used for Resident Services	313.2	29.7	506574	123851
办公用房	Office Buildings	478.1	45.9	687269	90259
科研、教育、医疗用房	Buildings Used for Scientific Research,Education, Medical Services	498.7	84.1	803719	194545
科研用房	Buildings Used for Scientific Research	33.1	14.6	55819	341858
教育用房	Buildings Used for Education	360.0	37.8	589763	1146168
卫生医疗用房	Buildings Used for Sanitation and Medical Services	105.7	31.7	158137	457419
文化、体育和娱乐用房	Buildings Used for Culture, Physical Training and Entertainment	53.4	18.8	146755	1082474
厂房及建筑物	Workshops and Buildings	2417.0	197.5	2897991	3472455
厂 房	Workshops	1264.0	175.6	1528834	3145309
仓 库	Storehouses	62.5	2.7	89398	60118
其他用房	Others	410.9	59.1	694709	2178079

14—4 建筑业企业主要生产指标（2020年）
Main Indicators on Construction Enterprises (2020)

指标	Item	合计 Total Enterprises	总承包 General Contractor	专业承包 Professional Contractor
企业单位个数 （个）	Number of Enterprises in Charge of Construction (unit)	5878	4465	1413
签订的合同额 （万元）	Volume of Signed Contracts (10000 yuan)	204745364	191178047	13567317
直接从建设单位承揽工程完成的产值 （万元）	Accomplished Output Value of the Project Taken Directly from Construction Units (10000 yuan)	91426518	82026732	9399786
自行完成施工产值	Output Value Completed by Self	90001303	80791288	9210015
分包出去工程产值	Engineering Subcontract Value	1425215	1235444	189771
从建设单位以外承揽工程完成的产值 （万元）	Accomplished Output Value of the Project Not Taken from Construction Units (10000 yuan)	3649861	2855396	794465
建筑业总产值 （万元）	Gross Output Value of Construction (10000 yuan)	93651164	83646684	10004480
#装饰装修产值	Decoration and Fixing UP	2233175	1059620	1173554
在外省完成产值	In Other Provinces	24586734	21896779	2689954
#建筑工程	Construction Projects	79641512	73794571	5846941
安装工程	Installation Projects	6786347	4309573	2476774
其　他	Others	7223305	5542540	1680765
竣工产值 （万元）	Output Value of Buildings Completed (10000 yuan)	33875758	30059417	3816341
房屋建筑施工面积 （万平方米）	Floor Space of Buildings Under Construction (10000 sq.m)	49377.02	47973.17	1403.85
#本年新开工	Newly Started Projects in this Year	17414.81	16536.56	878.25
房屋建筑竣工面积 （万平方米）	Floor Space of Buildings Completed (10000 sq.m)	14516	13735.44	780.60
房屋竣工价值 （万元）	Value of Buildings Completed (10000 yuan)	21135410	20493245	642165
直接从事生产经营活动的平均人数 （万人）	The Average Number of People Directly Engaged in Production and Business Activities (10000 person)	204.79	178.70	26.09
从业人员 （万人）	Employed Persons at the Year-End (10000 person)	203.73	178.90	24.83
#工程技术人员	Engineering Technical Personnel	24.96	21.76	3.20
劳动生产率 （元/人）	Overall Labor Productivity (yuan/person)	457314	468092	383490
房屋建筑面积竣工率 （%）	Rate of Floor Space of Buildings Completed (%)	29.40	28.63	55.60

内资企业 Domestic Funded	#集 体 Collective-owned	#私 营 Private	港澳台商投资企业 Funded Enterprises from Hong Kong, Macao and Taiwan	外商投资企 业 Foreign Funded	国有及国有控股企业 State Controlling Funded Hold Enterprises	房 屋 建筑业 Building	土木工程 建筑业 Civil Engineering	建 筑 安装业 Construction Installation Industry	建筑装饰和其他建筑业 Architectural Decoration and Other Construction Industry
5872	1413	4016	5	1	254	2775	1829	483	791
204643714	13567317	55911712	101650		112507202	106295164	86454120	6692989	5303091
91374159	9399786	34972884	52358		32776377	51260957	31991306	4504048	3670207
89948945	9210015	34658171	52358		31863860	50550434	31433998	4437423	3579448
1425215	189771	314713			912518	710523	557308	66625	90760
3647120	794465	1692564	2741		1284040	1139360	1907956	306907	295639
93596064	610558	36350735	55099		33147899	51689794	33341954	4744329	3875086
2208256	2465	1463296	24919		301011	894318	156732	100124	1082000
24560855	336041	4891080	25879		15609185	10511307	11697936	1627387	750104
79621212	319835	29900123	20300		29589652	46655364	28088319	2105948	2791881
6751876	45826	2877897	34471		1763472	2612312	2078425	1638082	457528
7222977	244898	3572715	328		1794775	2422118	3175211	1000299	625677
33866710	433228	16513591	9048		8401640	23045963	7803236	1706041	1320519
49373.49	344.50	18534.86	3.53		19017.53	43489	4850	578	460
17413.81	281.06	7617.73	1.00		5575.21	15115	1832	228	240
14516.04	240.52	7716.17			2720.61	12916	991	341	267
21135410	263528	10535215			4943070	18961935	1568837	460137	144500
204.74	1.89	103.41	0.05		41.12	129.50	51.97	11.63	11.69
203.68	1.92	101.75	0.05		41.15	131.76	50.16	10.74	11.07
24.94	0.18	13.12	0.01		4.29	14.89	7.31	1.41	1.35
457156	322927	351525	1126777		806157	399152	641578	408086	331442
29.40	69.82	41.63			14.31	29.70	20.44	59.06	58.13

14—5 建筑业企业主要财务指标（2020年）
Main Financial Indicators on Construction Enterprises (2020)

指 标	Item	企业数（个） Number of Enterprises (unit)	流动资产合计 Circulating Funds	#存货 Stock
总 计	**Total**	**5878**	**68184846**	**9099993**
#国有及国有控股企业	State Controlling Share Hold Enterprises	254	29096642	2414423
按登记注册类型分	**Grouped by registration Type**			
内资企业	Domestic Funded Enterprise	5872	68113040	9082763
国有企业	State-owned Enterprise	49	1198779	435208
集体企业	Collective-owned Enterprise	43	201238	45100
股份合作企业	Share Holding Cooperative Enterprises	13	69495	8808
联营企业	Joint Owned Enterprises	2	11324	4725
国有独资企业	State Owned Company	55	10181954	739715
有限责任公司	Limited Liability Corporations	1600	31241370	3658472
股份有限公司	Share-holding Corporations Ltd.	92	4893081	630835
私营企业	Private Enterprises	4016	20312236	3559602
其他企业	Other Enterprises	2	3564	300
港澳台商投资企业	Enterprises Funded by Entrepreneurs from Hong Kong, Macao and Taiwan	5	68554	17191
外商投资企业	Foreign Funded Enterprises	1	3252	40
按国民经济行业分	**Grouped by Sector**			
房屋建筑业	Building	2775	34304721	5507058
土木工程建筑业	Civil Engineering	1829	27635860	2634862
#铁路道路隧道和桥梁工程建筑业	Railroad Road Tunnel &Bridge Engineering Enterprises	1289	16485180	1557408
建筑安装业	Construction Installation Industry	483	3626270	553716
建筑装饰和其他建筑业	Architectural Decoration and Other Construction Industry	791	2617995	404357
建筑装饰和装修业	Architectural Decoration and Decoration Industry	623	1722817	271984
按资质等级分	**By Qualification Standard**			
施工总承包	Chief Construction Contract	4465	60817545	7756855
特 级	Top Grade	31	20472843	1696543
一 级	First Grade	285	19895442	2223976
二 级	Second Grade	873	10174474	2113659
三级及以下	Third Grade and Below	3276	10274787	1722676
专业承包	Professional Contract	1413	7367301	1343139
一 级	First Grade	227	3067101	488647
二 级	Second Grade	675	2731439	684365
三级及以下	Third Grade and Below	511	1568760	170127

单位：万元（10000 yuan）

固定资产原价 Original Value of Fixed Assets	累计折旧 Progessive Deprecia-tion	#本年折旧 Deprecia-tion this Year	资产总计 Total of Assets	负债合计 Total of Liabilities	#流动负债 Current Liabilities	所有者权益 Creditors' Equity	#实收资本 Capital Hold
6850413	**3033928**	**425507**	**84741095**	**59451488**	**53006089**	**25289607**	**13282020**
2516113	1219307	139021	37347521	29615672	26963759	**7731849**	4074244
6831917	3030037	424926	84652129	59394773	52950600	25257356	13267344
175527	36107	6516	1410062	1125855	834849	284207	183135
96433	53539	3524	262751	109933	98601	152818	52621
19421	9365	2450	97251	68256	67006	28995	5793
6321	3027	382	14619	2762	2552	11857	2010
941524	516908	67902	12629345	10554513	9623257	2074832	1202419
2741301	1233584	151742	38806132	27512794	24706927	11293339	5879343
443898	169806	21748	7355665	5410014	4602237	1945650	678420
2407428	1007701	170662	24072627	14607382	13011932	9465245	5263202
64			3677	3265	3241	413	400
18456	3854	581	85711	56665	55439	29046	14357
40	38		3255	49	49	3206	320
2800995	1117035	151615	40424627	29125949	25341578	11298678	6340995
3225584	1569223	207134	36772361	25865984	23780554	10906377	5529804
2017921	964020	133499	22521596	16086949	14843235	6434647	3657443
493545	212742	40392	4389579	2654906	2255194	1734673	690839
330289	134928	26366	3154528	1804649	1628763	1349879	720382
188886	69711	14169	2028845	1157554	1030234	871291	497390
5711235	2565087	344924	75699514	54015400	48253337	21684114	11634409
1616582	743494	96620	27737065	22023853	19436420	5713211	3091033
1615073	777398	88711	23647796	16911673	15622258	6736123	3183445
1350920	607190	76498	12000253	7374735	6408728	4625518	2644052
1128659	437005	83095	12314400	7705138	6785931	4609262	2715879
1139178	468841	80583	9041581	5436087	4752752	3605493	1647612
355953	149566	24004	3673606	2357146	2030683	1316460	567703
432429	157603	27680	3342107	1888622	1640099	1453484	699469
350796	161672	28900	2025868	1190319	1081970	835549	380439

14—5 续表 continued

指　标	Item	主营收入 Project Settlement Income	主营成本 Project Settlement Cost	主营税金及附加 Project Settlement Tax and Extra Charges
总　计	**Total**	**75505059**	**69180452**	**470552**
#国有及国有控股企业	State Controlling Share Hold Enterprises	29131506	26889469	87887
按登记注册类型分	**Grouped by registration Type**			
内资企业	Domestic Funded Enterprise	75450969	69137145	470301
国有企业	State-owned Enterprise	666778	609509	4115
集体企业	Collective-owned Enterprise	608795	519240	15031
股份合作企业	Share Holding Cooperative Enterprises	176936	155568	1329
联营企业	Joint Owned Enterprises	3014	2368	33
国有独资企业	State Owned Company	10714713	9960770	24292
有限责任公司	Limited Liability Corporations	33011281	30264028	196517
股份有限公司	Share-holding Corporations Ltd.	3174829	2791534	12485
私营企业	Private Enterprises	27093220	24832765	216494
其他企业	Other Enterprises	1402	1362	5
港澳台商投资企业	Enterprises Funded by Entrepreneurs from Hong Kong, Macao and Taiwan	54090	43307	251
外商投资企业	Foreign Funded Enterprises			
按国民经济行业分	**Grouped by Sector**			
房屋建筑业	Building	39398497	36536897	267785
土木工程建筑业	Civil Engineering	28073262	25588147	138095
#铁路道路隧道和桥梁工程建筑业	Railroad Road Tunnel &Bridge Engineering Enterprises	17810016	16358083	92230
建筑安装业	Construction Installation Industry	4542585	3929216	35363
建筑装饰和其他建筑业	Architectural Decoration and Other Construction Industry	3490716	3126191	29309
建筑装饰和装修业	Architectural Decoration and Decoration Industry	2374612	2121122	20758
按资质等级分	**By Qualification Standard**			
施工总承包	Chief Construction Contract	66336881	61107848	407604
特　级	Top Grade	22135030	20517799	78083
一　级	First Grade	20258835	18821353	99445
二　级	Second Grade	10778225	9867847	105724
三级及以下	Third Grade and Below	13164790	11900849	124353
专业承包	Professional Contract	9168178	8072604	62948
一　级	First Grade	3698856	3257212	23684
二　级	Second Grade	3241917	2833493	26520
三级及以下	Third Grade and Below	2227405	1981900	12743

单位：万元（10000 yuan）

其他业务利润 Other Business Profit	销售费用 Operating Expense	管理费用 Management Expense	财务费用 Financial Expenses	营业利润 Operating Profit	利润总额 Total Profit	应交所得税 Payable Income Tax	应交增值税 Value-added Tax Payable	本年应付工资薪酬 Total Payable Wages this Year
66106	**316134**	**2374097**	**595783**	**2437436**	**2487347**	**412331**	**1703383**	**12581273**
43253	28660	652001	250769	891455	909582	135377	491132	3923370
66106	315944	2370456	595717	2430781	2480672	410661	1701997	12577241
443	3961	41872	3164	20174	30459	6646	18464	110868
185	13097	43506	2169	9762	9843	2165	26710	96442
101	1730	3424	9	14516	14462	585	6473	33243
		337	5	271	274	68	157	714
3299	8782	192148	79386	280225	280986	46430	180691	1826690
47353	124162	1014167	219131	1060104	1083908	162732	667210	4931469
3025	15579	103643	76046	171386	174224	28021	56551	516330
11701	148633	971350	215728	874396	886569	164013	745700	5061285
		10	77	-52	-52	1	40	200
	191	3429	119	6814	6833	1670	1441	3889
		211	-52	-159	-159		-54	143
11530	84525	929443	333556	1068690	1093259	198841	963158	7108129
43983	110207	1022065	191844	1012897	1031796	160017	541616	4046068
31434	60104	500731	73477	654231	666196	98780	295928	2487373
4467	75564	253862	15635	217964	221682	34690	113864	761952
6127	45838	168727	54748	137886	140610	18784	84745	665124
5669	38701	123594	51406	76985	77986	9012	52197	403951
53827	167391	1852014	519313	2086547	2115733	357617	1493470	10988312
36412	9719	469927	214196	621236	624525	77486	363397	3092045
10782	33163	408060	178546	673656	683870	130381	440410	3538700
3078	47153	330039	60270	384378	392538	70517	331600	2007099
3555	77356	643989	66301	407277	414800	79232	358063	2350468
12279	148744	522082	76470	350889	371613	54715	209913	1592961
3566	83496	151087	14835	150326	151350	19231	86674	545140
7682	34161	229584	54487	134079	149423	21019	74758	593789
1031	31087	141411	7148	66484	70841	14465	48482	454032

14—6 按登记注册类型分建筑业企业主要经济指标（2020）

According to the Construction Enterprise Registration Type Points Leading Economic Indicators (2020)

指　　标		Item		合　　计 Total Enterprises	内资企业 Domestic Funded
企业单位数	（个）	Number of Construction Enterprises	(unit)	5878	5872
从业人数	（万人）	Staff and Workers (annual average)	(10000 persons)	203.73	203.68
自有固定资产原价	（万元）	Fixed Assets Owned (original value)	(10000 yuan)	6850413.1	6831917.4
建筑业总产值	（万元）	Gross Output Value of Construction	(10000 yuan)	93651163.8	93596064.4
建筑工程		Construction Projects		79641512.2	79621212.1
安装工程		Installation Projects		6786346.5	6751875.5
其　　他		Others		7223305.1	7222976.8
固定资产本年折旧	（万元）	Depreciation of Fixed Assets	(10000 yuan)	425506.8	424926.3
应付职工薪酬	（万元）	Payable Employee compensation	(10000yuan)	12581272.6	12577240.9
主营业务税金及附加	（万元）	Main Business Tax and Additon	(10000yuan)	470552.1	470300.8
应交增值税	（万元）	Value-added Tax Payable	(10000yuan)	1703383.2	1701996.7
营业利润	（万元）	Business Profit	(10000yuan)	2437435.8	2430780.8
利润总额	（万元）	Total Profits	(10000 yuan)	2487346.5	2480672.4
房屋建筑施工面积	（万平方米）	Floor Space of Buildings Under Construction	(10000 sq.m)	49377.02	49373.49
房屋建筑竣工面积	（万平方米）	Floor Space of Buildings Completed	(10000 sq.m)	14516.04	14516.04
产值利润率	(%)	Ratio of Profit to Gross Output Value	(%)	2.66	2.65

#国 有 State-owned	#集 体 Collective-owned	港澳台商投资企业 Funded Enterprises from Hong Kong, Macao and Taiwan	#港澳台商独资企业 Hong Kong and Taiwan-funded Enterprises	外商投资企业 Foreign Funded	#外商独资企业 A Wholly Foreign Owned Enterprise
49	43	5	3	1	
2.09	1.92	0.05	0.03		
175527.0	96432.6	18456.2	1431.4	39.5	
1080188.5	610558.4	55099.4	42267.3		
1024820.1	319834.6	20300.1	17520.1		
45981.1	45826.1	34471.0	24418.9		
9387.3	244897.7	328.3	328.3		
6516.1	3524.0	580.5	73.5		
110867.8	96442.0	3888.6	2395.0	143.1	
4115.0	15031.3	251.3	158.3		
18464.2	26710.4	1440.8	763.3	-54.3	
20173.8	9762.1	6814.3	2964.8	-159.3	
30458.9	9843.0	6833.4	2972.0	-159.3	
220.17	344.50	3.53	3.53		
103.09	240.52				
2.82	1.61	12.40	7.30		

14—7 各市建筑业企业房屋建筑完成情况（2020年）
Floor Space of Buildings Completed by Construction Enterprises by Region (2020)

地 区	Region	房屋建筑竣工面积（万平方米）Completed Area of Building Construction (10000 sq.m)	#住 宅 Residential Buildings	房屋竣工价 值（万元）Value of the Completed House (10000 yuan)	#住 宅 Residential Buildings
总 计	**Total**	**14516.04**	**9772.78**	**21135410**	**14557877**
合肥市	Hefei	5592.05	4129.37	9019545	6684906
淮北市	Huaibei	65.59	56.85	120348	96426
亳州市	Bozhou	193.36	95.40	265678	111459
宿州市	Suzhou	698.98	446.95	899341	591499
蚌埠市	Bengbu	1052.24	735.96	1631544	1162172
阜阳市	Fuyang	480.23	346.84	612552	421031
淮南市	Huainan	188.61	105.24	222308	154140
滁州市	Chuzhou	1272.47	839.19	1805010	1226333
六安市	Luan	633.88	496.27	919816	718706
马鞍山市	Maanshan	521.34	288.02	697423	400624
芜湖市	Wuhu	1316.67	822.97	1689324	1080490
宣城市	Xuancheng	673.72	263.85	933570	417349
铜陵市	Tongling	271.81	183.07	269475	177890
池州市	Chizhou	460.63	278.88	587435	390692
安庆市	Anqing	868.75	550.34	1122734	748051
黄山市	Huangshan	225.70	133.59	339308	176109

14—8 各市按登记注册类型和行业分的建筑业企业单位数（2020年）
Number of Construction Enterprises by Registration Status, Section and Region (2020)

单位：个（unit）

地 区	Region	合 计 Total Enterprises	内资企业 Domestic Funded	港澳台商投资企业 Funded by Entrepreneurs from Hong Kong, Macao and Taiwan	外商投资企业 Foreign Funded	国有及国有控股企业 State-owned and State-controlled Enterprises	房屋工程建筑业 Building	土木工程建筑业 Civil Engineering	建筑安装业 Construction Installation Industry	建筑装饰和其他建筑业 Architectural Decoration and Other Construction Industry
总 计	**Total**	**5878**	**5872**	**5**	**1**	**254**	**2775**	**1829**	**483**	**791**
合肥市	Hefei	1622	1619	2	1	67	506	547	228	341
淮北市	Huaibei	48	47	1		9	22	15	5	6
亳州市	Bozhou	215	214	1		19	144	51	12	8
宿州市	Suzhou	274	274			15	161	74	21	18
蚌埠市	Bengbu	366	366			28	207	93	25	41
阜阳市	Fuyang	307	307			21	185	90	10	22
淮南市	Huainan	164	164			13	104	36	16	8
滁州市	Chuzhou	433	432	1		12	212	166	28	27
六安市	Luan	222	222			6	132	75	4	11
马鞍山市	Maanshan	234	234			8	128	61	16	29
芜湖市	Wuhu	603	603			17	294	206	29	74
宣城市	Xuancheng	259	259			4	129	86	19	25
铜陵市	Tongling	301	301			5	116	84	24	77
池州市	Chizhou	256	256			6	123	81	21	31
安庆市	Anqing	468	468			20	250	138	21	59
黄山市	Huangshan	106	106			4	62	26	4	14

14—9 各市按经济类型和行业分的建筑业总产值（2020年）

Overall Output Value of Enterprises in Charge of Construction by Ownership and Region (2020)

单位：万元（10000 yuan）

地区 Region	合计 Total Enterprises	内资企业 Domestic Funded	港澳台商投资企业 Funded by Entrepreneurs from Hong Kong, Macao and Taiwan	外商投资企业 Foreign Funded	国有及国有控股企业 State-owned and State-controlled Enterprises	房屋工程建筑业 Building	土木工程建筑业 Civil Engineering	建筑安装业 Construction Installation Industry	建筑装饰和其他建筑业 Architectural Decoration and Other Construction Industry
总计 Total	**93651164**	**93596064**	**55099**		**33147899**	**51689794**	**33341954**	**4744329**	**3875086**
合肥市 Hefei	44601237	44563037	38200		22598241	22145859	18023867	2262106	2169406
淮北市 Huaibei	775928	771861	4067		554555	233674	514703	19336	8215
亳州市 Bozhou	1424451	1415403	9048		512137	963800	395424	51761	13467
宿州市 Suzhou	4898980	4898980			1502197	1703973	1778040	1308782	108186
蚌埠市 Bengbu	6486800	6486800			2139956	2460780	3827096	68806	130119
阜阳市 Fuyang	2900394	2900394			413423	1873157	892342	51851	83044
淮南市 Huainan	898231	898231			262849	501616	319596	65794	11225
滁州市 Chuzhou	6027054	6023270	3784		119062	4762074	911804	243879	109298
六安市 Luan	2630980	2630980			36397	1822721	701636	77837	28786
马鞍山市 Maanshan	5341745	5341745			2951982	4610112	461570	58730	211333
芜湖市 Wuhu	7627263	7627263			1410582	4349059	2680408	172692	425104
宣城市 Xuancheng	2519814	2519814			175287	1429866	909061	34572	146315
铜陵市 Tongling	1770071	1770071			128245	975707	468638	96759	228969
池州市 Chizhou	1363479	1363479			11405	936002	244490	151929	31059
安庆市 Anqing	3392393	3392393			303510	2172565	1054750	70587	94491
黄山市 Huangshan	992344	992344			28073	748828	158532	8911	76073

14—10 各市建筑业企业生产情况（2020年）
Production Indicators on Construction Enterprises by Region (2020)

地 区	Region	企业单位个数（个）Number of Enterprises (unit)	总产值（万元）Total Output Value (10000 yuan)	建筑工程 Construction	安装工程 Installation	其他产值 Other Output Value	竣工产值（万元）Outpu Value of Buildings Completed (10000 yuan)
总 计	**Total**	**5878**	**93651164**	**79641512**	**6786347**	**7223305**	**33875758**
合肥市	Hefei	1622	44601237	38759701	3756136	2085401	14179591
淮北市	Huaibei	48	775928	685695	37523	52710	191831
亳州市	Bozhou	215	1424451	1058123	194751	171578	641670
宿州市	Suzhou	274	4898980	3611886	541702	745392	2115759
蚌埠市	Bengbu	366	6486800	4937066	257991	1291743	2343034
阜阳市	Fuyang	307	2900394	2435724	265714	198957	1109999
淮南市	Huainan	164	898231	735648	74022	88561	452881
滁州市	Chuzhou	433	6027054	5182989	235329	608736	2531704
六安市	Luan	222	2630980	2233069	133090	264822	1465385
马鞍山市	Maanshan	234	5341745	4801555	257657	282533	1201762
芜湖市	Wuhu	603	7627263	6724284	441447	461531	2429387
宣城市	Xuancheng	259	2519814	2216958	135312	167544	1329402
铜陵市	Tongling	301	1770071	1410087	163948	196036	724594
池州市	Chizhou	256	1363479	1121779	88886	152814	847601
安庆市	Anqing	468	3392393	2867928	147603	376862	1787799
黄山市	Huangshan	106	992344	859022	55237	78086	523361

地 区	Region	房屋建筑施工面积（万平方米）Floor Space of Building Under Construction (10000 sq.m)	房屋建筑竣工面积（万平方米）Floor Space of Building Completed (10000 sq.m)	自有施工机械设备 Machinery and Equipment Owned: 净值（万元）Net Value (10000 yuan)	总台数（台）Number (unit)	总功率（万千瓦）Total Power (10000 kw)	期末从业人数（万人）Staff and Workers (annual average) (10000 persons)
总 计	**Total**	**49377.02**	**14516.04**	**1108484**	**207285**	**472.76**	**203.73**
合肥市	Hefei	24904.09	5592.05	468200	89911	181.96	84.21
淮北市	Huaibei	443.28	65.59	8993	3751	4.51	1.60
亳州市	Bozhou	711.46	193.36	8473	1079	3.78	3.64
宿州市	Suzhou	1759.28	698.98	142598	17615	86.80	11.15
蚌埠市	Bengbu	3580.27	1052.24	29438	9325	16.57	12.00
阜阳市	Fuyang	1794.17	480.23	89303	12574	10.02	8.88
淮南市	Huainan	346.73	188.61	12143	2543	4.18	2.75
滁州市	Chuzhou	2334.05	1272.47	40430	4635	10.19	16.21
六安市	Luan	1594.59	633.88	50493	6748	27.76	8.23
马鞍山市	Maanshan	3558.88	521.34	62328	11330	37.32	7.71
芜湖市	Wuhu	3053.26	1316.67	50775	7420	17.32	16.79
宣城市	Xuancheng	1304.43	673.72	25687	7229	6.99	6.34
铜陵市	Tongling	1002.72	271.81	28466	7031	33.39	5.35
池州市	Chizhou	786.06	460.63	14896	2683	6.39	4.39
安庆市	Anqing	1588.64	868.75	58157	18158	16.91	10.86
黄山市	Huangshan	615.09	225.70	18105	5253	8.68	3.65

14—11 各市建筑业企业主要财务指标（2020年）

Main Financial Indicators on Construction Enterprises by Region (2020)

单位：万元（10000 yuan）

地区	Region	流动资产合计 Circulating Funds	固定资产原价 Original Value of Fixed Asseds	累计折旧 Accumulated Depreciation	#本年 This Year	资产总计 Total Assets	负债合计 Total Liabilities	所有者权益 Creditors' Equity	#实收资本 Capital Hold
总计	**Total**	**68184846**	**6850413**	**3033928**	**425507**	**84741095**	**59451488**	**25289607**	**13282020**
合肥市	Hefei	33017483	3083325	1418857	220469	41996424	31416356	10580069	5492340
淮北市	Huaibei	872429	100385	50072	4561	994940	704069	290872	155963
亳州市	Bozhou	995433	88311	30676	4324	1290331	896972	393360	262512
宿州市	Suzhou	3138013	590458	270690	33308	4129660	2736190	1393471	614910
蚌埠市	Bengbu	6360139	164167	86631	7589	8112604	5921305	2191299	884858
阜阳市	Fuyang	2438327	220074	84186	11672	2811148	1945901	865247	439197
淮南市	Huainan	1186230	105165	46003	4712	1285065	1040073	244992	167719
滁州市	Chuzhou	2816398	265958	93409	12634	3341395	1971004	1370391	780323
六安市	Luan	2141228	276606	120310	15116	2589486	1368561	1220925	619479
马鞍山市	Maanshan	3732088	276465	131000	21425	4339801	3078106	1261695	652475
芜湖市	Wuhu	4343450	509621	227435	26104	5204163	3263465	1940698	1071828
宣城市	Xuancheng	1413169	197579	92066	13626	1679695	1008723	670972	387923
铜陵市	Tongling	1328088	197876	92706	12435	1587852	1016710	571142	280464
池州市	Chizhou	1134748	189361	40113	7721	1421716	860317	561399	358105
安庆市	Anqing	2647122	474494	197241	23479	3148332	1759150	1389181	895120
黄山市	Huangshan	620502	110568	52532	6333	808482	464587	343896	218806

地区	Region	主营收入 Main Business Income	主营成本 Main Business Cost	主营税金及附加 Main Business and Extra Charges	销售费用 Operating Expense	管理费用 Management Expense	财务费用 Financial Expenses	营业利润 Operating Profit	利润总额 Total Profit	本年应付薪酬总额 Payable Salary This Year
总计	**Total**	**75505059**	**69180452**	**470552**	**316134**	**2374097**	**595783**	**2437436**	**2487347**	**12581273**
合肥市	Hefei	38289076	35292652	188105	162462	1049434	301841	1167642	1179456	6652997
淮北市	Huaibei	776522	716309	4614	863	32814	5606	34806	35180	100792
亳州市	Bozhou	1029103	922916	13296	4113	50105	11111	39702	41809	163584
宿州市	Suzhou	3902759	3487029	45539	24019	144070	56005	127682	127199	541873
蚌埠市	Bengbu	3677660	3340971	22692	4870	117393	56424	127588	129146	373836
阜阳市	Fuyang	2120909	1932422	17220	10858	71260	17730	93795	95530	362949
淮南市	Huainan	829401	762137	4180	1305	37794	2043	21624	21609	95380
滁州市	Chuzhou	3338483	3079479	26013	10763	105146	24854	115388	115761	605094
六安市	Luan	2512367	2298321	20200	5141	76547	19328	113783	113157	441752
马鞍山市	Maanshan	5144170	4712234	16814	7094	119910	23454	161878	166618	454672
芜湖市	Wuhu	6473582	5864776	56133	36676	191161	23264	219868	233802	1284820
宣城市	Xuancheng	1839965	1693606	10084	5171	62659	10510	61207	61228	315072
铜陵市	Tongling	1340601	1227467	8572	3596	65669	9981	37315	39043	325484
池州市	Chizhou	994380	907550	7756	8923	44986	8613	29345	40235	200451
安庆市	Anqing	2493358	2272056	23373	19062	171465	19582	68547	69734	518268
黄山市	Huangshan	742723	670527	5965	11220	33683	5437	17267	17840	144248

主要统计指标解释

建筑业统计单位

指从事房屋、构筑物建造和设备安装活动的法人企业。建筑业法人企业应具有建筑业资质并能够独立核算，同时其应具备以下条件：①依法成立，有自己的名称、组织机构和场所，能够承担民事责任；②独立拥有和使用资产，承担负债，有权与其他单位签订合同；③独立核算盈亏，能够编制资产负债表。

建筑业总产值

是以货币形式表现的建筑业企业在一定时期内生产的建筑业产品和提供的服务的总和。建筑业总产值包括：

⑴建筑工程产值：指列入建筑工程预算内的各种工程价值。

⑵安装工程产值：指设备安装工程价值，不包括被安装设备本身的价值。

⑶其他产值：建筑业总产值中除建筑工程、安装工程以外的产值。包括房屋构筑物修理产值、非标准设备制造产值、总包企业向分包企业收取的管理费以及不能明确划分的施工活动所完成的产值。

a. 房屋构筑物修理产值：指房屋和构筑物修理所完成的产值，但不包括被修理房屋、构筑物本身价值和生产设备的修理价值。

b. 非标准设备制造产值：指加工制造没有定型的非标准生产设备的加工费和原材料价值(如化工厂、炼油厂用的各种罐、槽，矿井生产统一使用的各种漏斗、三角槽、阀门等)以及附属加工厂为本企业承建工程制作的非标准设备的价值。

房屋建筑施工面积

指在报告期内施过工的全部房屋建筑面积，包括本期新开工的房屋面积、上期施工跨入本期继续施工的房屋面积、上期停缓建在本期恢复施工的房屋面积、本期竣工的房屋面积及本期施工后又停缓建的房屋面积。

房屋建筑竣工面积

指在报告期内房屋建筑按照设计要求全部完工，达到了使用条件，经验收鉴定合格，正式移交使用单位的房屋建筑面积。

自有机械设备年末总功率

指本企业自有施工机械、生产设备、运输设备以及其他设备等列为在册固定资产的生产性机械设备年末总功率，按设定能力或查定能力计算。包括机械本身的动力和为该机械服务的单独动力设备，如电动机等。计算单位用千瓦，动力换算可按 1 马力＝0.735 千瓦折合成千瓦数。电焊机、变压器、锅炉不计算动力。

Explanatory Notes for Major Statistical Indicators

Statistical Unit in the Construction Industry

refers to a corporate enterprise engaged in the construction of buildings and structures and in the installation of equipment. A corporate construction enterprise should have qualification certificates with independent accounting system, and should meet the following 3 requirements: a) being set up in line with relevant legal basis, having its full name, organization and location, and capable of taking civil liabilities; b) independently possessing and using its assets and assuming its liabilities, and entitled to sign contracts with other institutions; and c) making independent accounts of its profits and losses, and capable of compiling its own balance sheet.

Gross Output Value of Construction

refers to total of construction products and services, expressed in money terms, produced or rendered by construction and installation enterprises during a given period of time. It includes:

(1) Output value of construction projects: the value of projects covered by the project budgets;

(2) Output value of installation projects: the value of the installation of equipment, (excluding the value of the equipment to be installed);

(3) Other output values: the output value of construction industry apart from that of construction projects and installation projects. It includes: output value of repair of buildings and structures; output value of non-standard equipment manufacturing; overhead expenses received by contracted enterprises from the sub-contracted enterprises and the completed output value of construction activities for which there is no clear definition.

a. Output value of repair of buildings and structures: the value created through the repairs of buildings or structures. It does not include the value of buildings or structures being repaired and the value of the repair of production equipment;

b. Output value of manufactured non-standard equipment: the value of non-standard production equipment, including raw materials and manufacturing cost, made for the construction project (i.e., chemical plant; kettles or tanks used by refineries; various fillers, triangle tanks, valves used by mines). It also includes the output value of equipment manufactured by subsidiary workshops.

Floor Space of Buildings Under Construction

refers to floor space of buildings under construction during the reference period, including the floor space of buildings for which construction has newly started; buildings for which construction has started earlier and is continuing during the reference period; and buildings for which construction has been suspended earlier but has restarted during the reference period; buildings completed during the reference period; and buildings under construction but construction has subsequently been during the reference period.

Floor Space of Buildings Completed

refers to the floor space of buildings that are completed in the reference period in accordance with the requirements of the design, up to the standard for being put into use, and having been checked and accepted by departments concerned as qualified ones.

Total Power of Machinery and Equipment Owned by the End of Year

refers to the total power of machinery and equipment owned by the enterprises, and listed as the fixed assets of the enterprises by the end of the year, including machinery and equipment for construction, production and transportation. The power of the machinery is calculated on basis of the designed or verified capacity, covering the power of the machinery/equipment and the separate power equipment serving the machinery/equipment (such as electric motors), but excluding welders, transformers and boilers. The unit used for the calculation of power is kilowatt, with horsepower converted to kilowatt by 1 horsepower=0.735 kilowatt.

第十五篇

Chapter 15

TRANSPORT, POST AND TELECOMMUNICATION SERVICES

简要说明

一、交通运输业资料主要包括：铁路、公路、水路、民航四种运输方式的线路里程、运输设备拥有量，各种运输方式完成的货物运输量等。

邮电通信业资料主要包括：全省邮电局(所)及邮路情况，邮电通信主要电路及设备拥有量，主要邮电业务完成情况，邮电通信发展水平等资料。

二、有关交通运输资料分别来源于中国铁道上海局集团有限公司，省交通运输厅，民航安徽安全监督管理局，东航安徽分公司，省公安厅及本局有关年报资料。邮电通信业资料来源于省邮政管理局、通信管理局。

三、各部门资料调查范围及统计单位。

1. 铁路资料：来源于中国铁道上海局集团有限公司反馈数据。

2. 公路、水运、港口资料：公路和水运线路里程为年末通车和通航里程数(不含在建和未正式投入使用的公路和航道)由省交通运输厅提供。民用和公路营运车辆拥有量分别由省公安厅、省交通运输厅和农机局提供。

3. 民航运输资料：民航运输统计对象为我省境内从事民用航空运输飞行和通用飞行的东方航空公司安徽分公司。

4. 邮电通信资料：邮电通信包括邮政和电信业务。邮电业务量按业务范围分为国内业务量和国际及港澳业务量(对台业务量统计在港澳中)。

Brief Introduction

I. Data of transport cover mainly the length of the routes of railways, highways, waterways and civil aviation transport, the ownership of the transport equipment, the freight traffic and passenger traffic accomplished by various means of transportation.

Data of post and telecommunications cover mainly the situation of post and telecommunications offices and postal routes, the telephone lines, telegraph lines and the ownership of the telecommunication facilities, the principal postal and telecommunications services rendered, and the level of the development of the postal and telecommunications services, etc.

II. Relevant traffic and transportation data are from China Railway Shanghai Bureau Group Co., Ltd., Provincial Transportation Department, Anhui Safety Supervision and Administration Bureau of Civil Aviation, Anhui Branch of China Eastern Airlines, Provincial Public Security Department and the relevant annual reports of the Bureau. The data of the post and telecommunications industry shall come from the provincial postal administration and the communications administration.

III. The statistical coverage and statistical units of the various data:

1. Railway data: Feedback data from China Railway Shanghai Bureau Group Co., Ltd.

2. Data on highways, waterways and ports: The length of highways and waterways refer to the length open to traffic or navigation at the end of the year (not including the mileage of highways and waterways under construction but not officially put into use.) and Data are provided by the Department of Communication. Data on the stock of the highway civilian and transport business vehicles are provide by the Department of Public Security and Department of transportation and Agricultural Machinery Bureau .

3. Data on the civil aviation transport: The statistical units of the civil aviation transport include the enterprises registered in Anhui and engaged in the civil aviation transport flights and flights for general purpose, including the enterprises directly under the Civil Aviation Administration of Anhui Province or not under it.

4. Data on post and telecommunications: The post and telecommunications statistics cover postal and telecommunication services. The business volume of post and telecommunications is classified by business area into the domestic volume, the volume between China mainland and Hong Kong and Macao (including Taiwan) and the international volume.

15—1 交通运输业基本情况
Basic Conditions of Transportation

指 标	Item	2005	2010	2015	2019	2020
运输线路长度（公里）	Length of Transportation Routes (km)					
铁路营业里程	Railways in Operation	2353	2850	4169	4716	5159
公 路	Highways	72807	149382	186940	218295	236483
内 河	Navigable Inland Waterways	5587	5587	5729	5738	5777
民 航	Total Civil Aviation Routes	72263	76303	103676	131067	113559
#国际航线	International Routes	11616	6575	15303	23133	9157
客运量总计（万人）	Total Passenger Traffic (10000 persons)	72871	159597	87107	59588	32570
铁 路	Railways	3486	5552	8553	13364	9455
公 路	Highways	68927	153697	78072	45643	22776
水 运	Waterways	244	139	185	222	111
民 航	Total Civil Aviation Routes	214	208	297	360	229
旅客周转量总计（万人公里）	Total Passenger-kilometers (10000 passenger-km)	8062657	15027550	12582090	12120615	7285606
铁 路	Railways	3008651	4680584	6429489	8211134	5271179
公 路	Highways	4812462	10101874	5748829	3401726	1681473
水 运	Waterways	3093	2684	3843	3039	1519
民 航	Total Civil Aviation Routes	238451	242408	399929	504716	331435
货运量总计（万吨）	Total Freight Traffic (10000 tons)	67128	228106	345756	368078	374318
铁 路	Railways	10386	12091	10158	7825	7549
公 路	Highways	49614	183658	230649	235269	243529
水 运	Waterways	7125	32355	104947	124982	123239
民 航	Total Civil Aviation Routes	3.0	2.2	2.3	2.1	1.6
货物周转量总计（万吨公里）	Total Freight Ton-kilometers (10000 tons-km)	15664802	71536800	104025651	102173083	102091817
铁 路	Railways	8837574	10165481	7393851	7247565	7009432
公 路	Highways	4226699	50049069	47218724	32675925	34122365
水 运	Waterways	2596868	11319581	49409946	62246781	60957621
民 航	Total Civil Aviation Routes	3661	2669	3130	2812	2398
民用汽车拥有量（辆）	Number of Civil Vehicles Owned (unit)	804952	2432339	5128318	9128465	9908541
载客汽车辆数	Number of Buses and Cars	436372	1409937	4081562	7818586	8489544
载货汽车辆数	Number of Trucks	332139	663361	875638	1215185	1326385
私人汽车拥有量	Number of Motor Vehicles Owned by Individuals	354139	1661937	4231254	7983113	8724655
民用运输船舶拥有量（艘）	Number of Civil Transport Vessels (unit)	33372	29186	28800	24950	24539
#机动船	Motor Vessels	30439	27041	27475	24145	23757
驳 船	Barges	2933	2145	1325	805	782
私人运输船舶拥有量（艘）	Number of Private-owned Transport Vessels (unit)	10010	4278	1882	1655	1466
机动船	Motor Vessels	9989	4262	1882	1655	1466
驳 船	Barges	21	16			

注：1. 2019年交通运输部组织的道路货物运输量专项调查，重新调整基数，客、货运量及周转量与2018年数据不具可比性。
2. 运输线路长度中的内河长度为通航里程数。

a) In 2019, the Ministry of Transport organized a special survey on road freight transport volume, which readjusted the base. The passenger, freight volume and turnover volume were not comparable with the data in 2018.

b) Transportation line length of inland river navigation mileage in length.

15—2 运输路线长度
Length of Transportation Routes

单位：公里（km）

指　　标	Item	2005	2010	2015	2019	2020
铁　路	**Railways**					
营业里程（省境内）	Length of Railways in Operation (within the boundaries of the province)	2353	2850	4169	4716	5159
公　路	**Highways**					
公路里程	Total Length of Highways	72807	149382	186940	218295	236483
国道、省道	National and Provincial Routes	10997	12412	13829	27765	27947
县　道	County Routes	24200	23970	24253	20374	32571
乡　道	Village and town Routes	36606	36226	36498	36249	42769
专用公路	Special Highways	1004	1004	1002	571	66
高速公路	Express-way	1501	2929	4249	4877	4904
一级公路	First Class	338	499	3166	5377	5773
二级公路	Second Class	9633	10504	10667	11676	13188
三级公路	Third Class	12537	15306	18920	22111	20884
四级公路	Forth Class	43074	113106	145875	173750	191675
等外公路	Highway Below Class IV	5724	7042	4063	503	59
在公路里程中：	Of the Total Length of Highways:					
晴雨通车里程	Length of Highways Opened to Traffic Despite Rain or Shine	69975	145514	184290	216366	236418
绿化里程	Length of Forestation Highways	49843	60448	143833	189233	206980
水　运	**Waterways**					
内河航道通航里程	Length of Navigable Inland Waterways	5587	5587	5729	5738	5777
民　航	**Total Civil Aviation Routes**					
国际航线	International Routes	11616	6575	15303	23133	9157
国内航线	Domestic Routes	60647	69728	88373	107934	104402

15—3 运输线路质量
Quality of Transportation Routes

指　　标	Item	2005	2010	2015	2019	2020
铁路营业里程　（公里）	**Length of Railways in Operation (km)**	**2353**	**2850**	**4169**	**4716**	**5159**
#复线里程　（公里）	Double-track Mileage (km)	1080	1523	2753		
复线里程比重　（%）	Proportion of Double-track Mileage (%)	45.9	53.4	66.0		
公路线路里程　（公里）	**Length of Highways (km)**	**72807**	**149382**	**186940**	**218295**	**236483**
#等级公路里程　（公里）	Grade Highway Mileage (km)	67083	142340	182877	217791	236424
等级公路里程比重　（%）	Proportion of Mileage of Grade Highway (%)	92.1	95.3	97.8	99.8	100.0
内河航道里程　（公里）	**Length of Navigable Inland Waterways (km)**		**6507**	**6612**	**6622**	**6628**
#等级航道里程　（公里）	Grade Channel Mileage (km)		5226	5345	5153	5361
等级航道里程比重　（%）	Mileage Proportion of Grade Channel (%)		80.3	80.8	77.8	80.9

15—4 内河港口码头吞吐量
Volume of Passenger and Freight Handled in Ports of Inland Rivers

年　份 Year	旅客吞吐量（万人） Passenger Handled (10000 persons)	#旅客离港量 Out-port	货物吞吐量（万吨） Cargo Handled (10000 tons)	#集装箱（万标准箱） Container (10000 standard cases)
2005	182.49	137.49	17156.70	11.26
2010	69.18	57.00	32502.00	22.20
2012	70.05	35.44	36097.20	45.58
2013	78.52	41.35	39617.52	52.67
2014	76.38	39.52	43837.92	76.42
2015	62.14	31.79	48044.32	95.59
2016	64.31	32.59	51917.40	114.75
2017	54.71	27.56	51249.41	138.38
2018	57.71	29.15	51134.97	148.73
2019			55488.07	179.41
2020			54095.00	194.42

注：1．2011年以后统计范围为通过能力在200万吨以上内河港口，以及从事外贸、集装箱的港口，与历年数据具有不可比性。
2．港口吞吐量年报统计包含全省16个港口。
3．2019年起旅客吞吐量及旅客离港量取消统计。

a) After 2011 statistic range are ports of capacity of 2000000 tons and over in inland river, and portsengaged in foreign trade, container port. the data of the past years are not comparable.

b) The annual port throughput report includes 16 ports in the province.

c) Statistics on passenger throughput and passenger departure will be cancelled from 2019.

15—5 主要港口分货类吞吐量
Volume of Throughput in Major Ports by Type of Freight

单位：万吨（10000 tons）

货 类	Type of Goods	2010	2015	2019	2020
吞吐量合计	**Total Throughput**	**1049.70**	**1180.02**	**12777.86**	**13536.65**
煤炭及制品	Coal and Products	571.73	777.91	2245.75	2363.06
石油天然气及制品	Petroleum, Natural Gas and Products			136.07	120.56
金属矿石	Metal Ores	185.02	3.13	1329.78	1168.76
钢 铁	Steel and Iron	99.79	31.85	493.65	472.10
矿建材料	Mineral Building	24.97	8.80	3723.02	4166.62
水 泥	Cement	8.70	7.18	3598.41	3485.67
木 材	Timber			4.77	0.02
非金属矿石	Nonmetal Ores	5.14	26.50	315.47	440.18
化肥及农药	Chemical Fertilizers and Pesticides		0.04	0.74	0.85
盐	Salt			23.48	21.60
粮 食	Grain			43.96	56.44
机械、设备、电器	Machinery , Equipment, Electric Apparatus	0.13		0.05	0.85
化工原料及制品	Industrial Chemicals and Products	10.33	2.18	127.03	121.13
轻工、医药产品	Light industry, Medical Products			2.73	1.00
农林牧渔业产品	Agriculture, Forestry, Animal Husbandry and Fishery Products	0.08		10.82	11.51
其 他	Other	143.81	322.43	722.10	1106.30

注：2017年之前数据是安徽皖江物流（集团）股份公司涉水的吞吐量，以后是芜湖港的吞吐量数据。

a) The data before 2017 is the throughput of Anhui Wanjiang logistics (group) co., ltd. The throughput data of Wuhu Port will follow.

15—6 各市公路客货运输量（2020年）
Highway Passenger and Freight Traffic Volume By Region （2020）

地 区	Region	客运量（万人）Passenger Traffic (10000 persons)	旅客周转量（万人公里）Passenger-kilometers (10000 passenger-km)	货运量（万吨）Freight Traffic (10000 tons)	货物周转量（万吨公里）Freight Ton-kilometers (10000 tons-km)
总 计	**Total**	**22775.6**	**1681473.0**	**243528.7**	**34122365.2**
合 肥 市	Hefei	3353.6	285637.3	39203.1	3635965.0
淮 北 市	Huaibei	492.1	45452.2	9286.1	1769188.2
亳 州 市	Bozhou	1538.1	131698.3	20012.1	4403016.8
宿 州 市	Suzhou	1348.2	83257.4	14948.1	2818557.3
蚌 埠 市	Bengbu	1087.9	90669.0	22719.7	4436207.5
阜 阳 市	Fuyang	2470.4	182636.6	33653.2	6236467.8
淮 南 市	Huainan	1404.5	101433.1	13303.8	906393.0
滁 州 市	Chuzhou	1678.1	93806.8	16385.0	2870889.3
六 安 市	Luan	1749.6	147068.7	19339.0	2570868.0
马鞍山市	Maanshan	886.1	43104.1	11613.2	550379.4
芜 湖 市	Wuhu	1056.2	54691.8	6590.6	724864.8
宣 城 市	Xuancheng	1106.6	56086.9	11581.3	1033748.6
铜 陵 市	Tongling	473.8	33993.2	5175.9	289363.9
池 州 市	Chizhou	495.8	47308.3	7128.5	409660.2
安 庆 市	Anqing	2156.7	172217.8	8707.0	979227.9
黄 山 市	Huangshan	1478.0	112410.6	3882.0	487567.3

15—7 主要年份公路线路年底到达数（按技术等级分）
Length of Highway Routes at the Year-end (classified by technical level)

单位：公里（km）

年份 Year	公路里程总计 Total Length of Highways	等级路 Express-way and Class I to IV Hughway	高速 Express-way	一级 First Class	二级 Second Class	三、四级公路 Third and Forth Class	等外公路 Highway Below Class IV
2005	72807	67083	1501	338	9633	55611	5724
2010	149382	142340	2929	499	10504	128412	7042
2015	186940	182877	4249	3166	10667	164795	4063
2018	208826	207942	4836	4863	11595	186647	885
2019	218295	217791	4877	5377	11676	195862	503
2020	236483	236424	4904	5773	13188	212559	59

15—8 公路线路年底到达数（按技术等级分）（2020年）
Length of Highway Routes at the Year-end (classified by technical level) (2020)

单位：公里（km）

项目	Item	公路里程总计 Total Length of Highways	等级公路 Expressway and Class I to IV Highway 合计 Total	高速 Express-way	一级 First Class	二级 Second Class	三级 Third Class	四级 Forth Class	等外公路 Highway Below Class IV
上年年底到达数	End of Last Year	218295	217791	4877	5377	11676	22111	173750	503
国道	National Routes	11108	11108	3673	3136	3608	494	197	
省道	Provincial Routes	16657	16628	1204	1887	5190	5587	2760	29
县道	County Routes	20374	20374		120	1702	11132	7419	
乡道	Village and town Routes	36249	36233		35	377	3087	32735	16
专用公路	Highways for Special Use	571	571			46	142	383	
村道	Village Routes	133336	132878		198	753	1669	130257	458
本年新建数	Newly Built in This Year	461	461	27	226	78	9	120	
国道	National Routes	82	82		67	15			
省道	Provincial Routes	243	243	27	160	56			
县道	County Routes	6	6			6			
乡道	Village and town Routes	64	64			2	9	53	
专用公路	Highways for Special Use								
村道	Village Routes	66	66					66	
本年改建变更数	Changed in This Year	17728	18172		170	1434	-1237	17805	-445
国道	National Routes	-47	-47		78	-3	-63	-59	
省道	Provincial Routes	-95	-95		92	50	-145	-92	
县道	County Routes	12191	12191		33	897	-131	11392	
乡道	Village and town Routes	6455	6465		-1	230	-1176	7411	-9
专用公路	Highways for Special Use	-505	-505			-42	-105	-358	
村道	Village Routes	-272	164		-32	302	383	-489	-435
本年年底到达数	End of This Year	236483	236424	4904	5773	13188	20884	191675	59
国道	National Routes	11143	11143	3673	3281	3620	431	138	
省道	Provincial Routes	16804	16775	1232	2138	5296	5442	2668	29
县道	County Routes	32571	32571		153	2605	11001	18811	
乡道	Village and town Routes	42769	42762		34	608	1921	40199	7
专用公路	Highways for Special Use	66	66			4	38	24	
村道	Village Routes	133130	133108		167	1055	2052	129834	23

15—9 各市公路线路年底到达数（按技术等级分）（2020年）
Length of Highway Routes at the Year-end by Region (classified by technical level) (2020)

单位：公里（km）

地 区	Region	公路里程总计 Total Length of Highways	等级公路 Expressway and Class I to IV Highway 合计 Total	高速 Express-way	一级 First Class	二级 Second Class	三级 Third Class	四级 Forth Class	等外公路 Highway Below Class IV
总 计	**Total**	**236483**	**236424**	**4904**	**5773**	**13188**	**20884**	**191675**	**59**
合 肥 市	Hefei	19981	19981	481	784	1654	2009	15052	
淮 北 市	Huaibei	5143	5143	89	176	544	661	3673	
亳 州 市	Bozhou	18450	18450	320	211	547	1995	15377	
宿 州 市	Suzhou	21250	21250	359	629	1243	1605	17412	
蚌 埠 市	Bengbu	11068	11068	185	303	455	1376	8749	
阜 阳 市	Fuyang	21214	21196	256	557	1007	1762	17614	18
淮 南 市	Huainan	9552	9548	191	176	536	884	7762	4
滁 州 市	Chuzhou	20438	20428	580	413	1465	1451	16519	10
六 安 市	Luan	25084	25084	362	572	1231	1904	21015	
马鞍山市	Maanshan	7735	7722	215	328	403	627	6148	14
芜 湖 市	Wuhu	11171	11171	276	352	653	699	9191	
宣 城 市	Xuancheng	13054	13054	356	346	707	2140	9504	
铜 陵 市	Tongling	5798	5798	143	179	370	265	4841	
池 州 市	Chizhou	9440	9433	260	200	726	701	7546	7
安 庆 市	Anqing	22838	22837	374	261	893	886	20424	1
黄 山 市	Huangshan	7709	7709	352	99	513	1255	5490	
广 德 县	Guangde	3408	3408	74	120	127	355	2733	
宿 松 县	Susong	3151	3146	31	66	113	310	2625	4

15—10 公路密度及通达情况
Density and Reaching Status of Highways

指 标	Item	2005	2010	2015	2019	2020
公路密度	**Density of Highway**					
以国土面积计算（公里/百平方公里）	By Area of Territory (km/100 sq.m)	52.23	107.16	134.10	155.81	168.80
以人口数量计算（公里/万人）	By Population (km/10000 persons)	11.27	21.98	26.95	30.82	33.22
公路通达	**Reaching Status of Highways**					
乡镇数量 （个）	Number of Townships (unit)	1547	1382	1378	1233	1233
#不通公路	Without Highway Communication	1				
不通公路乡镇所占比重 (%)	Proportion of Townships Without Highway Communication (%)	0.06				
行政村数量 （个）	Number of Villages (unit)	25553	17274	17069	14393	14393
#不通公路	Without Highway Communication	187	5	1		
不通公路行政村所占比重 (%)	Proportion of Villages Without Highway Communication (%)	0.73	0.03	0.01		

15—11 主要年份民用车辆拥有量
Possession of Civil Vehicles

单位：万辆（10000 units）

指 标	Item	2005	2010	2015	2019	2020
总 计	**Total**	**575.48**	**909.66**	**1045.85**	**1404.90**	**1482.44**
载客汽车	Passenger Vehicles	43.64	140.99	408.16	781.86	848.95
大 型	Large	2.87	3.82	4.41	5.68	5.54
中 型	Medium	4.10	4.94	2.69	2.47	2.26
小 型	Small	29.62	124.91	396.83	770.72	838.42
微 型	Minicar	7.05	7.31	4.22	2.99	2.73
载货汽车	Trucks	33.21	66.34	87.56	121.52	132.64
重 型	Heavy	5.09	20.24	30.37	41.39	45.49
中 型	Medium	12.86	12.41	3.68	3.17	3.47
轻 型	Light	13.74	33.12	53.28	76.92	83.66
微 型	Mini	1.52	0.56	0.23	0.04	0.02
其他汽车	Others	29.00	35.90	17.11	9.47	9.26
摩托车	Motorcycles	246.50	409.38	286.87	246.21	237.09
拖拉机	Tractors	218.46	248.58	236.68	228.93	234.10
挂 车	Trailers	4.65	8.45	9.46	16.91	20.39
其他类型车	Other Types of Vehicle	0.02	0.02	0.01	0.004	0.004
机动车驾驶员 （万人）	Number of Motor Drivers (10000 persons)	439.73	692.42	1121.82	1619.09	1700.34
#汽车驾驶	Automobile Drivers	258.40	475.65	977.45	1534.93	1623.39

15—12 主要年份私人车辆拥有量
Possession of Private Vehicles

单位：辆（unit）

指 标	Item	2005	2010	2015	2019	2020
总 计	**Total**	**583762**	**5726403**	**7086580**	**10435802**	**11092702**
载客汽车	Passenger Vehicles	229835	1078206	3670696	7306172	7985547
大 型	Large	4396	4293	837	557	493
中 型	Medium	18314	22519	6980	4374	4257
小 型	Small	154414	988464	3622767	7272863	7954551
微 型	Minicar		62930	40112	28378	26246
载货汽车	Trucks	121068	285022	432142	618530	684617
重 型	Heavy		28064	33303	35382	37442
中 型	Medium	41398	42674	15412	12815	13591
轻 型	Light	60221	209976	381491	570011	633395
微 型	Mini		4308	1936	322	189
其他汽车	Others	232859	298709	128416	58411	54491
摩托车	Motorcycles		4058172	2850875	2446968	2361332
挂 车	Trailers		6249	4422	5710	6706
其他类型车	Other Types of Vehicle		45	29	11	9

注：2005年度的“其他汽车”指标数据包括摩托车、拖拉机、其他类型车的合计。

a) "Others" index of the 2005 annual data includes motorcycles, tractors and other types of vehicles combined.

15—13 民用车辆拥有量营运情况（2020年）
Civilian Vehicles Capacity of Transportion Situation (2020)

单位：万辆（10000 units）

指标	Item	总计 Total	营运 For Business	非营运 Not for Business	总计中 In the Total 进口 Import	个人 Individual	新注册 Registered Newly	报废 Write-off
总　计	**Total**	**1482.44**	**116.51**	**1130.76**	**28.57**	**1109.27**	**109.71**	**6.70**
#校　车	The School Bbus	1.06						
汽　车	Number	990.85	91.74	898.05	28.02	872.47	93.70	5.41
载客汽车	Passenger Vehicles	848.95	16.14	831.75	27.86	798.55	76.25	3.91
#大　型	Large	5.54	4.18	0.97	0.01	0.05	0.37	0.34
中　型	Medium	2.26	0.67	0.92	0.03	0.43	0.05	0.14
小　型	Small	838.42	11.28	827.14	27.50	795.46	75.82	3.36
微　型	Minicar	2.73	0.01	2.73	0.32	2.62	0.01	0.07
#轿　车	Cars	557.28	8.95	548.33	12.84	529.91	48.74	2.39
载货汽车	Trucks	132.64	72.88	59.76	0.15	68.46	16.60	1.31
#重　型	Heavy	45.49	44.38	1.11	0.09	3.74	6.60	0.49
中　型	Medium	3.47	2.88	0.58	0.0005	1.36	0.19	0.08
轻　型	Light	83.66	25.61	58.05	0.06	63.34	9.81	0.73
微　型	Mini	0.02	0.01	0.02		0.02	0.0011	0.01
#普通载货	General Trucks	62.03	17.09	44.94	0.05	48.14	5.91	0.67
其他汽车	Others	9.26	2.73	6.54	0.01	5.45	0.84	0.19
#三轮汽车	Tricar	2.94	1.40	1.54		2.44	0.18	0.02
低速货车	Low-Speed Truck	1.38	0.96	0.42		1.02	0.00	0.11
摩托车	Motorcycles	237.09	4.48	232.61	0.55	236.13	11.90	1.12
普　通	General	230.53	4.48	226.05	0.55	229.63	7.21	1.11
轻　便	Portable	6.55	0.0003	6.55		6.50	4.69	0.01
拖拉机	Tractors	234.10						
挂　车	Trailers	20.39	20.29	0.10	0.002	0.67	4.11	0.16
其他类型车	Other Types of Vehicle	0.004	0.0001	0.004		0.001	0.0009	0.0005
机动车驾驶员（万人）	Number of Motor Drivers (10000 persons)	1700.34						
#汽车驾驶员	Automobile Drivers	1623.39						

15—14 各市民用车辆拥有量（2020年）
Possession of Civil Vehicles by Region (2020)

单位：辆（unit）

地区 Region	汽车 Number	载客汽车 Buses and Cars	载货汽车 Ordinary Trucks	其他汽车 Other Motor Vehicles	摩托车 Motorcycle	拖拉机 Tractors	挂车 Trailers	其他类型车 Other Types of Vehicle	机动车驾驶员（人） Number of Motor Drivers (person)
总计 Total	**9908541**	**8489544**	**1326385**	**92612**	**2370868**	**2341001**	**203926**	**41**	**17003355**
合肥市 Hefei	2341024	2160418	169294	11312	171826		16112		2863683
淮北市 Huaibei	346274	295937	47253	3084	137445		12478		582477
亳州市 Bozhou	706422	519699	174412	12311	134581		25544		1203292
宿州市 Suzhou	658373	536689	113139	8545	135700		15719		1237536
蚌埠市 Bengbu	499693	393749	102919	3025	70749		28817	1	953884
阜阳市 Fuyang	1042034	786639	235487	19908	324178		34063		1541421
淮南市 Huainan	398891	348168	47843	2880	104240		7781		897748
滁州市 Chuzhou	532756	451909	77094	3753	119678		18300		1028684
六安市 Luan	638273	523227	111199	3847	248858		13119		1605987
马鞍山市 Maanshan	336473	310180	24025	2268	70176		3398	39	643703
芜湖市 Wuhu	659118	605806	50416	2896	80947		4278		1088550
宣城市 Xuancheng	482449	422645	51896	7908	163050		9921		861814
铜陵市 Tongling	217957	196048	19520	2389	45376		2455	1	393515
池州市 Chizhou	203330	178624	22921	1785	127363		4141		398269
安庆市 Anqing	616378	551618	61828	2932	367410		3625		1266678
黄山市 Huangshan	229096	208188	17139	3769	69291		4175		436114
其他 Other									

15—15 各市私人车辆拥有量（2020年）
Possession of Private Vehicles by Region (2020)

单位：辆（unit）

地区 Region	汽车总计 Total	载客汽车 Passenger Vehicles	大型 Large	中型 Medium	小型 Small	载货汽车 Trucks	中型 Light-heavy	轻型 Light	其他汽车 Others
总计 Total	**8724655**	**7985547**	**493**	**4257**	**7954551**	**684617**	**13591**	**633395**	**54491**
合肥市 Hefei	2027247	1978652	53	1262	1972469	44175	294	42423	4420
淮北市 Huaibei	311676	283788	16	93	282199	25657	2091	19531	2231
亳州市 Bozhou	615644	502134	48	247	498611	103391	1809	98239	10119
宿州市 Suzhou	597019	516427	66	229	513471	73923	1476	64219	6669
蚌埠市 Bengbu	413964	374328	78	303	372118	38272	526	36855	1364
阜阳市 Fuyang	904182	753930	28	171	751045	138583	1124	134581	11669
淮南市 Huainan	352091	327299	12	265	325532	23586	265	22362	1206
滁州市 Chuzhou	461070	422641	15	193	421016	36994	832	32436	1435
六安市 Luan	559513	497341	25	340	495194	60375	1969	56016	1797
马鞍山市 Maanshan	297024	287286	17	75	286184	8941	177	8107	797
芜湖市 Wuhu	582649	564062	10	215	562741	17164	299	16091	1423
宣城市 Xuancheng	437637	400983	22	242	399798	30727	978	26705	5927
铜陵市 Tongling	196656	184074	44	173	183416	10969	125	10335	1613
池州市 Chizhou	184120	169402	12	39	169174	13690	427	11475	1028
安庆市 Anqing	577563	528119	40	360	526994	48044	1059	44489	1400
黄山市 Huangshan	206600	195081	7	50	194589	10126	140	9531	1393

注：本表与15—13中私人汽车拥有量有差异，系取数时间节点不同造成，属合理波动。

a) The table 15-13 private car ownership has the difference and is reasonable, bacause of taking some time in different nodes.

15—16 公路营运汽车拥有量
Possession of Vehicles for Highway Business Transportation

年 份 Year	汽车总计 (辆) Total Number (unit)	载客汽车 Passenger Car		载货汽车 Trucks			
		辆数 (辆) Number (unit)	客位 (客位) Number of Seats (seat)	辆数 (辆) Number (unit)	#普通载货汽车 Ordinary Trucks	吨位 (吨) Capacity (ton)	#普通载货汽车 Ordinary Trucks
2005	265746	43515	691381	222231	215938	917083	861406
2010	472861	36815	868682	436046	417858	2723868	2504762
2012	647425	38143	946386	609282	585617	4318585	4015249
2013	695637	34410	897033	661227	550291	4727364	4182303
2014	723137	33528	896263	689609	570989	5194403	4606239
2015	669790	29429	833188	640361	497353	5185429	4436908
2016	685228	29224	825011	656004	447396	5898712	2904883
2017	689867	28169	822520	661698	418424	6379438	2859672
2018	719683	25862	784811	693821	369831	7040325	2636022
2019	669591	22597	710023	646994	266830	8116936	2570478
2020	626225	19470	629395	606755	151710	9064562	2108963

注：不包含出租车、公交车（下表同）。
a) Not including taxi, bus (the same the following table)。

15—17 各市公路营运汽车拥有量（2020年）
Possession of Vehicles for Highway Business Transportation by Region (2020)

地 区	Region	汽车总计 (辆) Total Number (unit)	载客汽车 Passenger Car		载货汽车 Trucks			
			辆数 (辆) Number (unit)	客位 (客位) Number of Seats (seat)	辆数 (辆) Number (unit)	#普通载货汽车 Ordinary Trucks	吨位 (吨) Capacity (ton)	#普通载货汽车 Ordinary Trucks
总 计	**Total**	**626333**	**19578**	**632539**	**606755**	**151710**	**9064562**	**2108963**
合肥市	Hefei	66785	2634	105895	64151	14704	873796	194900
淮北市	Huaibei	31313	400	15918	30913	12215	441273	134310
亳州市	Bozhou	88165	1157	35262	87008	17229	1199746	240901
宿州市	Suzhou	52849	1102	37618	51747	15836	809208	214171
蚌埠市	Bengbu	75279	944	32805	74335	16835	1207058	229543
阜阳市	Fuyang	94563	2280	63141	92283	25482	1295831	349227
淮南市	Huainan	21680	1361	36322	20319	3177	325886	43922
滁州市	Chuzhou	51113	1225	42948	49888	7032	739473	80411
六安市	Luan	45125	1351	49018	43774	14897	661975	243374
马鞍山市	Maanshan	12022	839	23972	11183	4636	162718	61054
芜湖市	Wuhu	15976	859	33312	15117	4843	230334	95074
宣城市	Xuancheng	27695	995	27517	26700	2861	436839	47956
铜陵市	Tongling	8477	463	16756	8014	2242	136353	30517
池州市	Chizhou	12003	436	14748	11567	2620	188574	41279
安庆市	Anqing	14721	2225	55706	12496	5781	206347	81083
黄山市	Huangshan	8567	1307	41601	7260	1320	149154	21242

15—18 各市民用运输船舶拥有量（2020年）

Number of Civil Transport Vessels Owned by Region (2020)

地 区	Region	总艘数（艘）Total Number (unit)	机动船 Motor Vessels 艘数（艘）Number (unit)	净载重量（吨）Dead Weight Tonnage (ton)	载客量（客位）Passenger Capacity (seat)	功率（千瓦）Drawing Power (km)	驳船 Barges 艘数（艘）Number (unit)	净载重量（吨）Dead Weight Tonnage (ton)
总 计	**Total**	**24539**	**23757**	**51018928**	**13905**	**10865335**	**782**	**407602**
合肥市	Hefei	1894	1885	3088479	1524	725195	9	5820
淮北市	Huaibei	122	122	61588		24888		
亳州市	Bozhou	1490	1453	2080135		550663	37	20416
宿州市	Suzhou	480	476	413245		118279	4	1870
蚌埠市	Bengbu	3362	3324	6292323		1601288	38	21517
阜阳市	Fuyang	2335	2033	5231800		1007062	302	141111
淮南市	Huainan	1711	1361	2810884		663681	350	185662
滁州市	Chuzhou	1000	1000	717244		233417		
六安市	Luan	1579	1559	4622045	3179	739061	20	10356
马鞍山市	Maanshan	1160	1160	3499184	360	742935		
芜湖市	Wuhu	4168	4151	9302989	1784	2113665	17	14870
宣城市	Xuancheng	2373	2373	4858676	650	743411		
铜陵市	Tongling	1207	1207	3198642		626842		
池州市	Chizhou	929	929	3462324		617867		
安庆市	Anqing	601	596	1359594	415	338047	5	5980
黄山市	Huangshan	128	128	19776	5993	19034		

15—19 各市私人运输船舶拥有量（2020年）

Number of Private-owned Transport Vessels Owned by Region (2020)

地 区	Region	总艘数（艘）Total Number (unit)	机动船 Motor Vessels 艘数（艘）Number (unit)	净载重量（吨）Dead Weight Tonnage (ton)	载客量（客位）Passenger Capacity (seat)	功率（千瓦）Drawing Power (km)
总 计	**Total**	**1466**	**1466**	**1059844**		**292315**
合肥市	Hefei	290	290	211969		70275
淮北市	Huaibei					
亳州市	Bozhou					
宿州市	Suzhou					
蚌埠市	Bengbu					
阜阳市	Fuyang					
淮南市	Huainan					
滁州市	Chuzhou	11	11	7165		2867
六安市	Luan					
马鞍山市	Maanshan	22	22	9159		6608
芜湖市	Wuhu					
宣城市	Xuancheng	1044	1044	767817		193004
铜陵市	Tongling	57	57	38024		12026
池州市	Chizhou	37	37	25171		7146
安庆市	Anqing					
黄山市	Huangshan	5	5	539		389

15—20 全省机场运输业务量（2020年）
Traffic Capacity of Airports (2020)

指　标	Item	运输起降架次（次）Number of Sorties of Taking-off and Landing	旅　客（人）Number of Passengers (person)	货邮合计（吨）Goods and Postal Parcels (ton)
总　计	**Total**	**94805**	**10328826**	**92850**
国内航线	Domestic Routes	92973	10236818	69492
港澳台航线	Hong Kong, Macao and Taiwan Routes	195	17625	105
国际航线	International Routes	1637	74383	23253
进　港	Arrival	47399	4667186	34119
国内航线	Domestic Routes	46491	4618954	32125
港澳台航线	Hong Kong, Macao and Taiwan Routes	98	8686	69
国际航线	International Routes	810	39546	1925
出　港	Departure	47406	5661640	58731
国内航线	Domestic Routes	46482	5617864	37367
港澳台航线	Hong Kong, Macao and Taiwan Routes	97	8939	36
国际航线	International Routes	827	34837	21328

注：货邮吞吐量不包括行李，2007以前年度包含行李。

a) Do not include baggage, goods or throughput of 2007 previous year includes luggage.

15—21 民航机场吞吐量（2020年）
Volume of Passenger and Freight Handled in Civil Airports (2020)

项　目	Item	旅客吞吐量（人）Passenger Handled (person)	#发运量 Delivered	货物吞吐量（吨）Cargo Handled (ton)	#发运量 Delivered
合　计	**Total**	**10328826**	**5661640**	**92849.9**	**58731.1**
合肥机场	Hefei Airport	8594344	4587178	87505.6	54013.9
黄山机场	Huangshan Airport	444253	276498	1349.8	1193.7
安庆机场	Anqing Airport	431499	300419	2812.6	2659.3
阜阳机场	Fuyang Airport	638805	349650	654.9	437.0
池州机场	Chizhou Airport	219925	147895	527.0	427.2

15—22 东航（安徽公司）基本情况
Basic Statistics on Anhui Branch of the Eastern Air Lines, Inc.

指　标	Item	2005	2010	2015	2019	2020
定期航班航线条数（条）	Number of Civil Aviation Routes (unit)	63	57	65	73	87
#国内航线	Domestic Routes	57	53	59	67	84
定期航班线里程（公里）	Length of Civil Aviation Routes (km)	72263	76303	103676	131067	113559
#国内航线	Domestic Routes	60647	69728	88373	107934	104402
民用航班飞行机场（个）	Number of Civil Airports (unit)	45	50	51	48	48
民用飞机架数（架）	Number of Civil Aircraft (unit)	11	7	15	19	19
客运量（万人）	Passenger Traffic (10000 person)	214.05	208.17	297.13	359.64	229.13
旅客周转量（万人公里）	Passenger-kilometers (10000 passenger-km)	238451.4	242408.1	399928.8	504716.2	331435.5
货（邮）运量（吨）	Freight Traffic (ton)	29753.4	21814.2	22896.5	21105.3	16370.5
货（邮）周转量（万吨公里）	Freight Ton-kilometers (10000 ton-km)	3661.38	2668.88	3130.38	2811.80	2398.00
总周转量（万吨公里）	Total Air Traffic Ton-kilometers (10000 ton-km)	24977.00	24248.62	38569.34	47171.34	31733.15
#国际航线	International Routes	1584.94	145.12	3320.70	4052.61	763.06
国内航线	Domestic Routes	23392.06	24103.50	35248.64	43118.73	30970.09

15—23 邮电业务基本情况
Basic Statistics of Postal and Telecommunications Services

指　　标	Item	2010	2015	2019	2020
邮电业务总量　（万元）	**Business Volume of Postal and Telecommunications Services (10000 yuan)**	**3003244**	**7400263**	**44471270**	**56632442**
函　件　（万件）	Number of Letters (10000 pcs)	21121	8391	4081	2434
国内普通包裹　（万件）	Domestic ordinary parcel (10000 pcs)	151	76	41	51
快　递　（万件）	Pieces of Express Mail Services (10000 pcs)	1303	2991	154543	220228
报刊期发数　（万份）	Issue of Newspapers and Magazines (10000 copies)	602	597	462	467
固定长途电话通话时长　（亿分钟）	Length of Long-distance Calls of Fixed Telephone (100 million minutes)	24.8	24.4	12.3	3.2
移动短信业务量　（万条）	Mobile Short Note Business Volume (10000 unit)	3150048	1774145	6013196	7128386
固定互联网宽带接入用户　（万户）	Internet Wide Band Turning on Users (10000 households)	342.02	887.94	1864.69	2092.99
移动电话年末用户　（万户）	Number of Mobile Telephone Subsecribers at Year-end (10000 subscribers)	2798.70	4232.61	5844.20	6025.55
#4G移动电话用户	4G Mobile Phone Subscribers		1253.74	4506.29	4752.16
3G移动电话用户	3G Mobile Phone Subscribers	119.14	1211.51	134.35	101.13
固定电话年末用户　（万户）	Number of Fixed Telephone Subsecribers at Year-end (10000 subscribers)	1230.97	739.43	570.87	559.54
城　市	Urban	612.89	505.34	318.95	411.53
#住　宅	Household	388.29	260.36	144.13	262.26
农　村	Rural	618.08	234.09	128.47	122.47
#住　宅	Household	561.73	197.90	96.80	90.34
邮路及农村投递路线总长度　（公里）	Length of Postal Routes and Rural Delivery Routes (km)	196442	194231	303213	323424
#汽车邮路	Highway Routes	41321	44152	158460	183779
铁路邮路	Railway Routes	2434	1109	1109	1109

注：1. 2017年电信数据使用新的不变单价（下同）。
2. 2018年邮电业务总量统计口径与去年不同（下同）。

a) New constant unit price will be used for telecommunication data in 2017 (the same below).

b) Statistical caliber of the total postal and telecommunications business in 2018 is different from that of last year (the same below).

15—24 各市邮电业务量（2020年）

Post and Telecommunication Services by Region (2020)

地 区	Region	邮电业务总量（万元）Business Volume of Post and Telecommunications (10000 yuan)	邮政行业业务总量 Total Business Volume of Postal Industry	电信业务总量 Business Volume of Telecommunications	函件（万件）Number of Letters (10000 pcs)	快递（万件）Pieces of Express Mail Services (10000 pcs)	报刊期发数（万份）Newspapers and Magazines Circulation (10000 copies)	国内普通包裹（万件）Domestic Ordinary Parcel (10000 pcs)
总　计	**Total**	**56632442**	**6084254**	**50548188**	**2434.17**	**220228.19**	**486.64**	**51.13**
合 肥 市	Hefei	12009186	2078178	9931008	1082.85	88540.43	68.13	10.42
淮 北 市	Huaibei	1838898	95758	1743140	67.40	2784.75	10.93	1.40
亳 州 市	Bozhou	4420534	434313	3986221	14.57	15269.46	20.30	6.90
宿 州 市	Suzhou	4458430	296044	4162386	182.06	8881.37	32.84	2.05
蚌 埠 市	Bengbu	3099574	298320	2801254	61.49	11489.04	28.34	3.01
阜 阳 市	Fuyang	6857165	410620	6446545	53.33	12871.55	46.82	2.95
淮 南 市	Huainan	2549312	142261	2407051	24.56	3875.92	23.97	4.68
滁 州 市	Chuzhou	3490998	303190	3187808	155.97	9277.42	32.73	3.67
六 安 市	Luan	3479700	293596	3186104	39.52	9541.35	49.08	1.00
马鞍山市	Maanshan	2032117	126502	1905615	167.01	3358.90	18.47	1.96
芜 湖 市	Wuhu	3788467	604238	3184229	115.06	24318.00	32.75	4.15
宣 城 市	Xuancheng	2098747	211636	1887111	77.67	7586.56	29.49	3.86
铜 陵 市	Tongling	1025565	88552	937013	29.43	2083.21	13.78	1.44
池 州 市	Chizhou	1103642	83486	1020156	19.94	1873.93	17.20	0.49
安 庆 市	Anqing	3163314	495779	2667535	316.98	14762.92	44.22	2.12
黄 山 市	Huangshan	1124027	121780	1002247	26.33	3713.39	17.59	1.03

地 区	Region	固定互联网宽带接入用户（万户）Internet Wide Band Turning on Users (10000 subscriber)	移动电话年末用户（万户）Number of Mobile Telephone Subscribers (10000 subscriber)	4G移动电话用户 4G Mobile Phone Subscribers	固定电话年末用户（万户）Year-end Installed Telephones (10000 subscriber)	城　市 Urban	农　村 Rural	公用电话（万部）Public Telephone (10000 unit)
总　计	**Total**	**2092.99**	**6025.55**	**4752.16**	**559.54**	**411.53**	**122.47**	**25.54**
合 肥 市	Hefei	390.98	1063.02	878.80	125.69	109.50	11.20	4.99
淮 北 市	Huaibei	73.00	203.61	164.87	17.01	13.31	3.03	0.66
亳 州 市	Bozhou	145.43	435.41	340.31	24.69	14.62	8.68	1.39
宿 州 市	Suzhou	166.90	491.69	391.47	27.41	17.15	8.44	1.82
蚌 埠 市	Bengbu	105.50	314.18	250.37	31.57	23.74	6.51	1.32
阜 阳 市	Fuyang	228.70	698.62	545.30	41.73	25.92	14.00	1.81
淮 南 市	Huainan	94.73	293.14	231.32	25.33	19.91	2.84	2.58
滁 州 市	Chuzhou	131.75	379.79	302.02	39.39	24.60	12.16	2.64
六 安 市	Luan	129.97	405.06	310.82	32.09	19.98	11.94	0.16
马鞍山市	Maanshan	82.82	244.40	187.17	26.47	22.90	2.98	0.59
芜 湖 市	Wuhu	146.31	404.04	310.08	44.32	36.31	5.47	2.55
宣 城 市	Xuancheng	95.74	269.98	207.43	27.68	18.22	8.82	0.64
铜 陵 市	Tongling	49.35	134.20	103.49	16.53	14.88	0.77	0.88
池 州 市	Chizhou	55.32	148.49	111.73	17.37	10.23	6.70	0.44
安 庆 市	Anqing	139.19	400.53	308.67	41.24	25.63	13.95	1.66
黄 山 市	Huangshan	57.30	139.45	108.29	21.00	14.61	4.98	1.42

注：由于统计口径变更，“邮政业务总量”指标变更为“邮政行业业务总量”，自2018年始，该指标口径变更。

a) Due to the change of statistical caliber, the index of "total postal business" was changed to "total postal industry business", and since 2018, the index caliber has changed.

15—25 邮电局所数及邮递线路（年底数）
Postal and Telecommunication Services Facilities (year-end)

单位：处（unit）

年份 Year	邮政信筒信箱 Postal Mailbox	邮路总长度（公里）Length of Postal Routes (km)	#汽车邮路 Highway Routes	铁路邮路 Railway Routes	农村投递线路（公里）Rural Delivery Routes (km)
2005	6378	70599	51111	1725	135688
2010	6693	45541	41321	2434	150902
2012	3961	188698	43722	2355	133560
2013	4641	48523	45995	2355	144838
2014	3704	46185	44960	1110	151640
2015	2401	45393	44152	1109	148838
2016	2511	61376	60144	1109	141849
2017	2533	185191	145859	1109	146126
2018	2273	146343	145227	1109	146884
2019	2219	159569	158460	1109	143644
2020	2177	184888	183779	1109	138536

注：由于邮政系统调整，2010年、2012年的邮路总长度与往年口径不同，不具可比性。

a) As the postal system adjustment, the caliber of Length of postal routes in 2010,2012 and previous years were different, did not have the commeasurability.

15—26 各市邮电局所数及邮递线路（2020年）
Postal and Telecommunication Services Facilities by Region (2020)

单位：处（unit）

地区	Region	邮政局所 Number of Post and Telecommunications Offices	邮政信筒信箱 Postal Mailbox	邮路总长度（公里）Length of Postal Routes (km)	#汽车邮路 Highway Routes	铁路邮路 Railway Routes	农村投递线路（公里）Rural Delivery Routes (km)
总计	**Total**	**1978**	**2177**	**184888**	**183779**	**1109**	**138536**
合肥市	Hefei	187	248	59847	58738	1109	12220
淮北市	Huaibei	49	58	934	934		4317
亳州市	Bozhou	102	97	3258	3258		15718
宿州市	Suzhou	128	128	2220	2220		16624
蚌埠市	Bengbu	90	93	31137	31137		7760
阜阳市	Fuyang	196	201	10655	10655		11654
淮南市	Huainan	125	133	1065	1065		5085
滁州市	Chuzhou	164	165	3001	3001		10954
六安市	Luan	179	188	12386	12386		14476
马鞍山市	Maanshan	71	68	1082	1082		2963
芜湖市	Wuhu	97	125	22997	22997		3530
宣城市	Xuancheng	135	151	3690	3690		10050
铜陵市	Tongling	66	82	762	762		2634
池州市	Chizhou	78	81	1632	1632		4301
安庆市	Anqing	189	203	26876	26876		10072
黄山市	Huangshan	122	156	3346	3346		6178

主要统计指标解释

铁路营业里程

又称营业长度（包括正式营业和临时营业里程），指办理客货运输业务的铁路正线总长度。凡是全线或部分建成双线及以上的线路，以第一线的实际长度计算；复线、站线、段管线、岔线和特殊用途线以及不计算运费的联络线都不计算营业里程。铁路营业里程是反映铁路运输业基础设施发展水平的重要指标，也是计算客货周转量、运输密度和机车车辆运用效率等指标的基础资料。

公路里程

是指凡达到交通部《公路工程技术标准》规定的技术等级公路，并经公路主管部门正式验收交付使用的里程。包括大中城市的郊区公路以及通过城镇街道的里程和桥梁、隧道、渡口的长度，不包括大中城市的街道、厂矿、林区生产用道和农业生产用道的里程。两条或多条公路共同经由同一路段，只计算一次，不得重复计算里程长度。按公路技术等级分：等级公路里程和等外公路里程，等级公路里程可分为高速公路、一级公路、二级公路、三级公路、四级公路里程。

内河航道里程

是指凡能通航机动船、木帆船以及运输排筏（指利用排筏经营运输），其枯水期水深在 0.3 米及以上的天然河流、人工河渠、湖泊、水库航道里程。不包括仅供放流木材的河道。湖泊、水库航道里程（库区航道）按固定航线计算。两省以河为界的航道里程，双方均按一半计算，以免重复。

民用航空航线里程

指民用运输班机飞行的航线长度。航线长度指机场之间的距离。航空航线里程以年末到达数为准，因气候关系不能全年通航的航线，按年末情况统计，如果年末能继续通航则计入总长度，否则应扣除不计。计算航线里程可按重复和不重复两种方法，前者是指各航线相加的总和，后者则要扣除各航线之间的重复区段计算。

货（客）运量

指在一定时期内，各种运输工具实际运送的货物（旅客）数量。它是反映运输业为国民经济和人民生活服务的数量指标，也是制定和检查运输生产计划、研究运输发展规模和速度的重要指标。货运按吨计算，客运按人计算。货物不论运输距离长短、货物类别，均按实际重量统计。旅客不论行程远近或票价多少，均按一人一次客运量统计；半价票、小孩票也按一人统计。

货物（旅客）周转量

指在一定时期内，由各种运输工具运送的货物（旅客）数量与其相应运输距离的乘积之总和。它是反映运输业生产总成果的重要指标，也是编制和检查运输生产计划，计算运输效率、劳动生产率以及核算运输单位成本的主要基础资料。计算货物周转量通常按发出站与到达站之间的最短距离，也就是计费距离计算。计算公式为：

货物（旅客）周转量＝Σ货物（旅客）运输量×运输距离。

民用汽车拥有量

指报告期末，在公安交通管理部门按照《机动车注册登记工作规范》，已注册登记领有民用车辆牌照的全部汽车数量。汽车拥有量统计的主要分类：根据汽车结构分为载客汽车、载货汽车及其他汽车；根据汽车所有者不同分为个人（私人）汽车、单位汽车；根据汽车的使用性质分为营运汽车、非营运汽车；根据汽车大小规格不同载客汽车分为大型、中型、小型和微型，载货汽车分为重型、中型、轻型和微型。

邮电业务总量（又称通信业务总量）

是以货币形式表现的通信企业为社会提供各类通信服务的总和。是用于观察通信业务发展变化总趋势的综合性总量指标。根据专业性质分为邮政行业业务总量和电信业务总量。电信业务总量又可细分为本地网通信业务总量、长途通信业务总量、移动通信业务总量、数据通信业务总量、电报业务总量等。按通信范围可分为：国内通信业务总量、国际及港澳台通信业务总量。计算公式为：

邮电业务总量＝Σ（各类通信业务量×不变单价）+出租代维及其他业务收入

＝邮政业务总量+电信业务总量

邮政业务总量＝Σ（各类邮政业务量×不变单价）+邮政出租代维及其他业务收入

电信业务总量＝Σ（各类电信业务量×不变单价）+电信出租代维及其他业务收入

移动电话用户

指通过移动电话交换机进入移动电话网、占用移动电话号码的电话用户。用户数量以报告期末在移动电话营业部门实际办理登记手续进入移动电话网的户数进行计算，一部移动电话统计为一户。计量单位：户。

电话用户

指接入国家公众固定电话网，并按固定电话业务进行经营管理的电话用户。1997 年以前，电话用户分为市内电话用户和农村电话用户。“市内电话用户”是指接入县城及县以上城市的电话网上的电话用户；“农村电话用户”是指接入县邮电局农话台及县以下农村电话交换点，以县城为中心（除市话用户外）联通县、乡（镇）、行政村、村民小组的用户。从 1997 年起，电话用户数分组调整为以用户所在区域划分为“城市电话用户”和“乡村电话用户”，与过去的按市内电话和农村电话划分方法不同。而电话用户总数、电话机总部数统计范围不变。

住宅电话用户

指安装在居民住宅或农民家里并按照住宅电话用户登记注册和收费的电话用户。包括私人付费、单位付费和按规定免费安装的住宅电话用户。

Explanatory Notes for Major Statistical Indicators

Length of Railways in Operation

refers to the total length of the trunk line under passenger and freight transportation (including both full operation and temporary operation). The calculation is based on the actual length of the first line even if this line has a full or partial double track or more tracks, excluding double tracks, station sidings, tracks under the charge of stations, branch lines, special-purpose lines and the non-payable connecting lines. The length of railways in operation is an important indicator to show the development of the infrastructure for the railway transport, and also the essential data to calculate volume of passenger freight transport, traffic density and utilization efficiency of the locomotives and carriages.

Length of Highways

refers to the length of highways which are built in conformity with the grades specified by the (Highway Engineering Standard) formulated by the Ministry of Communications, and have been formally checked and accepted by the departments of highways and put into use. The length of highways includes that of the suburb highways at large and medium-sized cities, highways passing through streets at small cities and towns, and also the length of bridges and ferries. It does not include the length of streets in big and medium-sized cities and highways built for the production purpose at factories, mines, forest areas and agricultural areas. If two or more highways go the same section of the way, the length of the section is only calculated for once and no duplication is allowed. They could be classified by technical level into class highway and substandard highways. Class highway includes express-way and first class, second class, third class and forth class highway.

Length of Navigable Inland Waterways

refers to the length of the natural rivers, artificial rivers and canals, lakes, and reservoirs open to navigation that deep in 0.3 meters and above in dry season, which enables the transport by motor vessel, wooden sailing boats and rafts (using rafts to transport), excluding river courses which are only used to float odd logs. If two provinces take river as circle, the length of section is only calculated half to both sides, so as not to repeat.

Length of Civil Aviation Routes

refers to the length of all routes for regular civil aviation flights and it is usually the distance between airports. The length is calculated at the end of the year as the standard. The lines that can't open all through the year because of the weather are calculated at the end of the year. If it could continue and open at the end of the year, it should be calculated, otherwise it should be deducted and disregarded. There are usually two ways to calculate the length: duplicated calculation and unduplicated calculation. The former is to put the length of all air routes together, and the later is not to allow the duplication in calculation.

Freight (Passenger) Traffic

refers to the volume of freight (passenger) transported with various means. Freight transport is calculated in tons and passenger traffic is calculated in the number of persons. Despite the type of freight and traveling distance, the freight transport is calculated in the actual weight of the goods: and despite the traveling distance and ticket price, the passenger traffic is calculated by the principle that one person can be counted only once in one travel. The passenger who travels with a half price ticket or a child ticket is also calculated as one person. The freight (passenger) traffic provides a quantitative measure to show how the transport industry serves the national economy and people, and is also an important indicator for planning the transport industry and for studying the development scale and speed of the transport industry.

Freight Ton-kilometers (Passenger-kilometers)

refer to the sum of the products of the volume of transported cargo (passengers) multiplying by the transport distance, usually using ton-kilometer and passenger-kilometer as units for measurement. Normally, the shortest distance between the departure station and the destination station (i.e., the payable distance) is the basis to calculate the freight ton-kilometers. This is an important indicator to show the total results of the transport industry, to prepare and examine the transport plan and to measure the efficiency, the labour productivity and the unit cost of transport. The formula is as follows:

Freight Ton-kilometers (Passenger-kilometers) =∑ {Freight (Passenger) Traffic × Distance of Transportation}

Measuring unit: ton-kilometer (person-kilometer)

Possession of Civil Motor Vehicles

refer to the total numbers of vehicles that are registered and received vehicles license tags according to the Work Standard for Motor Vehicles Registration formulated by the Transport Management Office under the department of public security at the end of the reference period. They are divided into categories. According to the structure of motor vehicles, they are divided into passenger vehicles, trucks and others; according to ownership into private vehicles and vehicles for the unit's use; according to kind of usage into working vehicles and non-working vehicles; and according to size of vehicles into large passenger vehicles, medium-sized passenger vehicles, small passenger vehicles and mini passenger vehicles, heavy trucks, light-heavy trucks, light trucks and mini-trucks.

Business Volume of Post and Telecommunications (Also called Business Volume of Communications)

refers to the total amount of communications services, expressed in currency terms, provided by communications enterprises for the society. It is a comprehensive indicator reflects the total trend of communication service. It could be divided into business volume of post and telecommunication by type and business volume of telecommunication includes business volume of local network, long-distance, mobile communication, digital communication and telegram. It could be divided into domestic, international and business volume of Hong Kong, Macao and Taiwan by the coverage. The formula is as follows:

Business Volume of Post and Telecommunications = Σ (Transaction of Communication Service × Constant Price) + Income from Leasing Maintenance and other Services

= Business Volume of Postal Services + Business Volume of Telecommunication Services

Business Volume of Postal Services =Σ (Transaction of Postal Service × Constant Price) + Income from Leasing, Maintenance and other Services

Business Volume of Telecommunication Services = Σ (Transaction of Telecommunication Service × Constant Price) + Income from Leasing, Maintenance and other Services

Mobile Telephone Subscribers

refer to the persons who own mobile telephone number connected with the mobile telephone communication network and have registered in mobile communication enterprises. The number of subscribers is calculated only when the subscribers who have gone through all the register formalities and entered into the mobile telephone network at the end of the report. One mobile telephone is treated as a subscriber.

Telephone Subscribers

refer to subscribers that are connected to the public line telephone network provided with telephone services. Before 1997, telephone subscribers were classified as city subscribers and village subscribers. City subscribers referred to those connected to city telephone networks in county towns and cities, while village subscribers referred to those connected to village telephone stations at and below counties. Since 1997, the classification of telephone subscribers was modified on the basis of physical location of the subscribers as "urban telephone subscribers" and "rural telephone subscribers", which is different from the previous classification of categorizing "local telephones" and "rural telephones", while the definition of total subscribers and total number of telephones remain unchanged.

Household Telephone Subscribers

refer to telephone sets installed in the dwelling units of residents or peasant families and registered and charged according to house telephone subscribers. They included three types of payment for the service: private payment, unit payment and free installing service.

第 十六 篇

Chapter 16

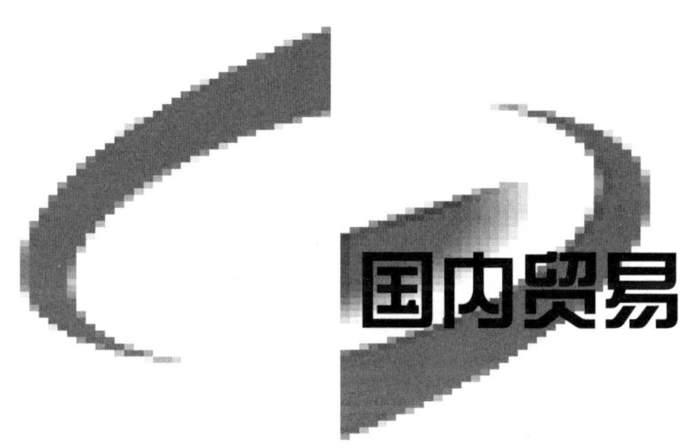

DOMESTIC TRADE

简要说明

一、本篇资料反映我省国内市场发展情况和批发零售业、餐饮业和住宿业商品经营情况。主要内容有批发零售业商品流通，限额以上批发零售企业、住宿餐饮企业财务状况，社会消费品零售总额、亿元商品交易市场成交情况等。

二、本篇资料是根据国家统计局的批发零售、住宿餐饮业统计报表制度进行搜集和加工整理。

本资料的调查范围：财务状况报表为各种经济类型的限额以上批发和零售业法人企业、住宿和餐饮业法人企业。社会消费品零售总额报表为有零售业务的各种经济类型的企业、行政事业单位。以上统计报表从基层起报，自下而上逐级综合上报，主要采取全面调查方法，局部资料有的以抽样调查推断，有的利用工商、税务等部门的有关资料推算。

三、限额以上批发和零售业、住宿和餐饮业统计限额标准：批发业：年主营业务收入在 2000 万元及以上；零售业：年主营业务收入在 500 万元及以上；住宿业：年主营业务收入在 200 万元及以上；餐饮业：年主营业务收入在 200 万元及以上。

Brief Introduction

I. This data reflect the situation of our province in the domestic market development and wholesale and retail, restaurant and hotel industry commodity business. Main contents are wholesale and retail commodity circulation, limitation above wholesale and retail enterprise, accommodation catering enterprises financial situation, total retail sales of social consumer goods, commodities trading market clinch a deal for $one hundred million.

II. Data in this chapter are collected and processed in accordance with the statistical reporting scheme on wholesale and retail sale trades as well as accommodation industry, catering trade, stipulated by the National Bureau of Statistics.

Statistical coverage: Statistics on financial conditions include all corporate enterprises of wholesale, retail, catering trade above the designated size and star size accommodation. Statistics on retail sales of consumer goods include all enterprises, institutional units and peasants engaged in retail sale business. The method used in data collection is a complete enumeration, under which all units are covered in the survey and data are reported from lower to higher level statistical offices. For local data, sample surveys are used, and in some cases, administrative registers from industrial and commercial administration and taxation administration are used in the estimation.

III. Statistical limit standard of wholesale and retail trade, accommodation and catering industry above designated size: wholesale industry: annual main business income is 20 million yuan and above; Retail industry: the annual main business income is 5 million yuan and above; Accommodation industry: the annual main business income is 2 million yuan and above; Catering industry: the annual main business income is 2 million yuan and above.

16—1 国内贸易基本情况
Basic Conditions of Domestic Trade

指　　标	Item	2005	2010	2015	2019	2020
法人机构　（个）	**Number of Corporation Unit (unit)**					
批发零售业	Engaged in Wholesale and Retail Trades	815	2449	6530	7731	8471
住宿餐饮业	Accommodation and Catering Trade	460	1021	1780	1869	2075
从业人员　（万人）	**Persons Engaged (10000 persons)**					
批发零售业	Engaged in Wholesale and Retail Trades	12.8	26.2	37.5	37.0	37.5
住宿餐饮业	Accommodation and Catering Trade	5.3	10.2	12.6	13.3	13.7
批发零售业　（亿元）	**Wholesale and Retail Trade (100 million yuan)**					
商品购进总额	Total Purchases	1513.1	4653.0	8389.5	12320.5	13676.3
商品销售总额	Total Sale	1615.5	5144.1	9454.9	14091.8	15693.4
商品库存总额	Total Inventory	116.2	397.5	757.1	1015.8	1054.0
社会消费品零售总额（亿元）	**Total Retail Sales of Consumer Goods (100 million yuan)**	**2020.7**	**5139.0**	**11184.9**	**17862.1**	**18333.7**
按销售单位所在地分	By Location of Establishments					
城　镇	Urban				14701.5	15102.1
#城　区	City				9813.3	9940.2
乡　村	Rural				3160.6	3231.6
按消费形态分	Grouped by consumption patterns					
餐饮收入	Catering income				2067.7	1980.4
商品零售	Commodity retail				15794.3	16353.3

注：1．法人机构、从业人员、商品购进总额、销售总额、库存总额为限额以上口径。
　　2．根据第四次全国经济普查结果对2018年社会消费品零售总额进行了修订，其他年份相应进行调整。

a) Legal institutions, employees, total purchases of goods, total sales and total inventory are above the limit.

b) According to the results of the fourth national economic census, the total retail sales of social consumer goods in 2018 was revised and adjusted accordingly in other years.

16—2 限额以上批发零售、住宿餐饮业基本情况（2020年，按登记注册类型分）

Basic Conditions of Enterprises Above Designated Size in Wholesale and Retail Sale and Catering Trade by Registration (2020)

指　标	Item	法人企业（个）Number of Corporation Enterprises (unit)	从业人数（人）Engaged Persons (person)
总　计	**Total**	**10546**	**512061**
批发业合计	**Wholesale Trade**	**3367**	**126358**
国有控股	State-holding Enterprises	248	31693
内　资	Domestic-funded	3343	115891
国　有	State-owned	62	12091
集　体	Collective-owned	2	66
股份合作	Cooperative	2	70
有限责任公司	Limited Liability Corporations	801	39034
股份有限公司	Share-holding Corporations Ltd.	56	5568
私　营	Private	2408	58821
其　他	Other	12	241
港澳台商投资	With Investment from Hong Kong, Macao and Taiwan	8	5173
合资经营	Joint-venture	2	2273
独资经营	With Sole Fund	4	2882
股份有限公司	Share-holding Corporations Ltd.	1	
其他投资企业	Other Investment Enterprises	1	18
外商投资	With Foreign Investment	16	5294
中外合资经营	Joint-venture	6	3590
外　资	Solely Foreign Funded	9	1608
外商投资有限公司	Foreign Investment Corporations Ltd.	1	96
零售业合计	**Retail Trade**	**5104**	**248711**
国有控股	State-holding Enterprises	132	23937
内　资	Domestic-funded	5044	234142
国　有	State-owned	21	3151
集　体	Collective-owned	14	334
股份合作	Cooperative	7	176
联　营	Joint Ownership	2	94
有限责任公司	Limited Liability Corporations	1024	78637
股份有限公司	Share-holding Corporations Ltd.	65	17340
私　营	Private	3904	134292
其　他	Other	7	118
港澳台商投资	With Investment from Hong Kong, Macao and Taiwan	46	10423
合资经营	Joint-venture	3	247
独资经营	With Sole Fund	40	9710
股份有限公司	Share-holding Corporations Ltd.	1	212
其他投资企业	Other Investment Enterprises	2	254
外商投资	With Foreign Investment	14	4146
中外合资经营	Joint-venture	4	843
外　资	Solely Foreign Funded	7	1501
外商投资有限公司	Foreign Investment Corporations Ltd.	1	1713
其他外商投资企业	Other Foreign Funded Enterprises	2	89

16—2 续表 continued

指 标	Item	法人企业（个）Number of Corporation Enterprises (unit)	从业人数（人）Engaged Persons (person)
住宿业合计	**Accommodation**	**716**	**47037**
国有控股	State-holding Enterprises	49	9778
内 资	Domestic-funded	708	45267
国 有	State-owned	14	1390
集 体	Collective-owned	1	61
联 营	Joint Ownership	1	83
有限责任公司	Limited Liability Corporations	174	18573
股份有限公司	Share-holding Corporations Ltd.	12	1651
私 营	Private	504	23475
其 他	Other	2	34
港澳台商投资	With Investment from Hong Kong, Macao and Taiwan	8	1770
合资经营	Joint-venture	2	220
独资经营	With Sole Fund	6	1550
餐饮业合计	**Catering Trade**	**1359**	**89955**
国有控股	State-holding Enterprises	16	2203
内 资	Domestic-funded	1355	89619
国 有	State-owned	3	392
集 体	Collective-owned	4	127
有限责任公司	Limited Liability Corporations	214	19322
股份有限公司	Share-holding Corporations Ltd.	5	358
私 营	Private	1128	69390
其 他	Other	1	30
港澳台商投资	With Investment from Hong Kong, Macao and Taiwan	2	182
合资经营	Joint-venture	1	53
独资经营	With Sole Fund	1	129
外商投资	With Foreign Investment	2	154
中外合资经营	Joint-venture	1	93
外 资	Solely Foreign Funded	1	61

16—3 限额以上批发零售业商品购进、销售和库存情况（2020年，按注册类型分）

Total Purchases, Sales and Inventory of Enterprises Above Designated Size in Wholesale and Retail Trade by Registration (2020)

单位：万元（10000 yuan）

指　标	Item	购进总额 Total Purchases Value	#进口 Imports	销售总额 Total Sales Value	批发 Wholesale Value	零售 Retail Value	年末库存总额 Stock (year-end)
总　计	**Total**	**136762887**	**9296021**	**156933881**	**106412099**	**49814319**	**10539684**
批发业合计	**Wholesale Trade**	**99477962**	**8495273**	**110855922**	**103783679**	**6369106**	**5641791**
国有控股	State-holding Enterprises	37426020	3082892	41267817	40045260	1219283	2494381
内　资	Domestic-funded	89297398	4124644	98730936	93360640	4667160	4897891
国　有	State-owned	8325698	113851	10772847	10639884	132964	442255
集　体	Collective-owned	8126		9627	6794	2833	390
股份合作	Cooperative	69434		70684	67357	3327	3814
有限责任公司	Limited Liability Corporations	49376834	2151040	52702816	50574417	1551381	2463464
股份有限公司	Share-holding Corporations Ltd.	5539681	1576160	6026750	5481821	541655	583947
私　营	Private	25565300	283593	28706801	26191688	2392268	1399190
其　他	Other	412326		441411	398680	42731	4832
港澳台商投资	With Investment from Hong Kong, Macao and Taiwan	7669529	4352361	7706209	6718770	987439	399827
合资经营	Joint-venture	4618217	1400895	4627983	3640562	987421	393825
独资经营	With Sole Fund	3046666	2951466	3072672	3072672		3851
其他投资企业	Other Investment Enterprises	4647		5553	5535	19	2151
外商投资	With Foreign Investment	2511034	18268	4418778	3704270	714508	344073
中外合资经营	Joint-venture	1227335	10117	3092139	2383688	708451	209456
外　资	Solely Foreign Funded	1244363	8151	1279671	1279671		131410
外商投资有限公司	Foreign Investment Corporations Ltd.	39336		46968	40912	6056	3207
零售业合计	**Retail Trade**	**37284925**	**800748**	**46077959**	**2628420**	**43445213**	**4897893**
国有控股	State-holding Enterprises	5684604	41139	9287089	1246995	8040094	354246
内　资	Domestic-funded	35907881	743517	44210175	2623654	41582196	4773697
国　有	State-owned	631653	24716	926164	34749	891415	52585
集　体	Collective-owned	27632		30249	848	29401	612
股份合作	Cooperative	8802		9998	385	9612	2105
联　营	Joint Ownership	7586		9319	843	8476	366
有限责任公司	Limited Liability Corporations	12332185	362485	16010795	812175	15195968	1128460
股份有限公司	Share-holding Corporations Ltd.	4715965	96261	6960572	859001	6101571	216911
私　营	Private	18169645	260055	20242912	915582	19325657	3371615
其　他	Other	14413		20167	70	20097	1045
港澳台商投资	With Investment from Hong Kong, Macao and Taiwan	1057462	16952	1481164	4694	1476471	92651
合资经营	Joint-venture	63696	12476	75711		75711	5086
独资经营	With Sole Fund	960422	4477	1365616	1448	1364168	83361
股份有限公司	Share-holding Corporations Ltd.	12921		14044	1004	13040	
其他投资企业	Other Investment Enterprises	20424		25793	2241	23552	4205
外商投资	With Foreign Investment	319583	40279	386619	73	386546	31544
中外合资经营	Joint-venture	122032		126709		126709	15349
外　资	Solely Foreign Funded	131656		171481	73	171408	8508
外商投资有限公司	Foreign Investment Corporations Ltd.	40279	40279	60116		60116	7589
其他外商投资企业	Other Foreign Funded Enterprises	25616		28313		28313	98

16—4 限额以上批发零售业商品购进、销售和库存情况（2020年，按行业分）

Total Purchases, Sales and Inventory of Enterprises Above Designated Size in Wholesale and Retail Trade by Sector (2020)

(按2017年行业代码分组 Grouped by industry code for 2017)　　　　单位：万元（10000 yuan）

指　标	Item	购进总额 Total Purchases Value	销售总额 Total Sales Value	批　发 Wholesale Value	零　售 Retail Value	年末库存总　额 Stock (year-end)
总　计	**Total**	**136762887**	**156933881**	**106412099**	**49814319**	**10539684**
批发业合计	**Wholesale Trade**	**99477962**	**110855922**	**103783679**	**6369106**	**5641791**
农、林、牧、渔产品批发	Wholesale of Agriculture, Forest, Animal Husbandry and Fshery Products	1572231	1713970	1605469	84365	219243
谷物、豆及薯类批发	Wholesale of Corn, Bean and Potato	782193	858646	813097	38863	153415
种子批发	Wholesale of Seed	253641	302591	289893	1352	43296
畜牧渔业饲料批发	Wholesale of Animal Husbandry and Fishery Feed	290375	294896	259257	32897	2165
棉、麻批发	Wholesale of Cotton, Linen	96203	102149	100372	19	8763
林业产品批发	Wholesale of Foresty Products	49750	50769	46776	3993	5824
牲畜批发	Wholesale of Livestock	16134	16514	8663	6245	
渔业产品批发	Wholesale of Fishery Products	1986	2048	1054	995	
其他农牧产品批发	Wholesale of Other Agricultural Products	81949	86357	86357		5780
食品、饮料及烟草制品批发	Wholesale of Food, Beverages and Tobaccos	11067459	14502287	13745004	742461	1087428
米、面制品及食用油批发	Wholesale of Rice, Flour and Edible Oil	2486019	2602961	2536127	65404	476906
糕点、糖果及糖批发	Wholesale of Cakes, Candy and Sugar	123553	141059	117257	20407	3449
果品、蔬菜批发	Wholesale of Fruits, Vegetables	239293	289181	227540	60876	7579
肉、禽、蛋、奶及水产品批发	Wholesale of Meat, Poultry, Eggs, Milk and Aquatic Products	994967	1024138	916356	105048	84752
盐及调味品批发	Wholesale of Salt and Spices	180937	256102	247140	8962	15268
营养及保健品批发	Wholesale of Nutrition and Health Care Products	46905	61950	57300	4650	2666
酒、饮料及茶叶批发	Liquor, Beverage and Tea Wholesale	2264855	3015695	2615875	393331	174153
烟草制品批发	Wholesale of Tobaccos	4109826	6387938	6376111	11828	273467
其他食品批发	Wholesale of Other Food	621105	723263	651298	71957	49189
纺织、服装及家庭用品批发	Wholesale of Textiles, Clothing and Household Goods	9218475	12328105	10385639	1387852	602726
纺织品、针织品及原料批发	Wholesale of Textiles, Knitwear and Raw Materials	890073	985633	976008	9376	33222
服装批发	Wholesale of Garments	686084	748246	732485	15761	15211
鞋帽批发	Wholesale of Shoes and Hats	48927	53642	40160	13483	1524
化妆品及卫生用品批发	Wholesale of Cosmetics and Health Supplies	1423687	2155699	2031078	124621	96824
厨具卫具及日用杂货批发	Wholesale of Kitchen Utensils and Daily Groceries	517760	617250	573260	43990	28720
灯具、装饰物品批发	Wholesale of Lamps and Decorative Items	517458	611841	582362	29479	54740
家用视听设备批发	Wholesale of Domestic Audio-visual Equipment	1847120	1946723	1840068	106489	118958
日用家电批发	Wholesale of Household Appliances	3137584	5046820	3457144	1036150	243292
其他家庭用品批发	Wholesale of Other Household Goods	149782	162251	153074	8504	10235

16—4 续表1 continued

单位：万元（10000 yuan）

指　标	Item	购进总额 Total Purchases Value	销售总额 Total Sales Value	批　发 Wholesale Value	零　售 Retail Value	年末库存总　额 Stock (year-end)
文化、体育用品及器材批发	Wholesale of Culture, Sports Appliances and Equipments	2968531	3779418	3594262	184553	537477
文具用品批发	Wholesale of Stationery	277523	307147	301960	5188	5755
体育用品及器材批发	Wholesale of Sporting goods and equipment	38347	39834	39771	63	3566
图书批发	Wholesale of Book	87052	621246	489579	131667	94962
音像制品、电子和数字出版物批发	Wholesale of Audio-visual Products, Electronic and Digital Publications	1061441	1131880	1131880		391995
首饰、工艺品及收藏品批发	Wholesale of Jewelry, Crafts and Collectibles	604152	607840	577546	30294	19819
其他文化用品批发	Wholesale of Other Cultural Goods	900016	1071470	1053526	17342	21381
医药及医疗器材批发	Wholesale of Medicines and Medical Appliances	11961692	13685753	12067738	1593571	925108
西药批发	Wholesale of Western Medicine	9846685	10976299	9590827	1361748	740498
中药批发	Wholesale of Traditional Chinese Medicine	991285	1311105	1142606	168499	66809
动物用药品批发	Wholesale of Animal Medicines	9584	14416	14416		343
医疗用品及器材批发	Wholesale of Medical Supplies and Equipment	1114139	1383933	1319890	63324	117459
矿产品、建材及化工产品批发	Wholesale of Mineral Products, Building Materials and Chemical Products	37368595	38438903	37047360	1354418	1248607
煤炭及制品批发	Wholesale of Coal and Related Products	13690743	14099024	13993783	93572	168491
石油及制品批发	Wholesale of Petroleum and Related Products	3817565	2773849	2050037	722968	110475
非金属矿及制品批发	Wholesale of Western Medicine	610612	680631	674239	6392	27587
金属及金属矿批发	Wholesale of Metal Materials	8564239	9456385	9241744	214633	427895
建材批发	Wholesale of Building Materials	6043979	6581301	6315686	249878	301457
化肥批发	Wholesale of Chemical Fertilizer	1021508	1091459	1082934	4458	57426
农药批发	Wholesale of Pesticides	410625	441028	438314	2715	25426
农用薄膜批发	Wholesale of Agricultural Film	53745	55037	55037		1334
其他化工产品批发	Wholesale of Other Chemical Products	3155580	3260191	3195587	59804	128518
机械设备、五金交电及电子产品批发	Wholesale of Machinery, Hardware and Electronic Equipment	18673381	19377786	18438005	934936	728113
农业机械批发	Wholesale of Agricultural Machinery	226984	245526	199774	44430	15420
汽车及零配件批发	Wholesale of Motor Vehicles and Spare Parts	7017442	7221560	6701004	519210	413732
摩托车及零配件批发	Wholesale of Motorcycles and Their Parts	224231	235460	223040	12420	8607
五金产品批发	Wholesale of Hardware	277677	327144	301565	24607	9915
电气设备批发	Wholesale of Household Electrical Appliances	1314501	1377534	1343463	33980	86219
计算机、软件及辅助设备批发	Wholesale of Computer, Software and Assistant Appliances	6704852	6790593	6772916	17677	62820
通讯设备批发	Wholesale of Communication Equipment	546184	586664	504590	80960	13606
广播影视设备批发	Wholesale of Radio, Film and Television Equipment	137541	149884	89777	60107	1242
其他机械设备及电子产品批发	Wholesale of Other Mechanical Equipment and Electronic Products	2223971	2443424	2301878	141546	116551

16—4 续表2 continued

单位：万元（10000 yuan）

指标	Item	购进总额 Total Purchases Value	销售总额 Total Sales Value	批发 Wholesale Value	零售 Retail Value	年末库存总额 Stock (year-end)
贸易经纪与代理	Trade Broker and Agency	1667719	1680616	1680398	218	192230
贸易代理	Trade Agent	1661904	1674430	1674212	218	192227
一般物品拍卖	Auction of General Goods	414	428	428		3
其他贸易经纪与代理	Other Trade Broker and Agency	5401	5757	5757		
其他批发业	Other Wholesale Industry Art Agency	4979878	5349085	5219806	86732	100859
再生物资回收与批发	Recycling and Renewable Materials Wholesale	3904227	4118852	4037928	38642	79270
互联网批发	Wholesale of Internet	89788	98941	62717	36224	1185
其他未列明的批发	Wholesale of Other Unlisted	985864	1131292	1119161	11866	20404
零售业合计	**Retail Trade**	**37284925**	**46077959**	**2628420**	**43445213**	**4897893**
综合零售	Integrated Retail	8391265	10311671	510141	9801484	648808
百货零售	Retail of General Merchandise	3690192	4904799	407842	4496953	264754
超级市场零售	Retail of Supermarkets	4557687	5253321	90474	5162804	367474
便利店零售	Retail of Convenience Store	83952	87218	9280	77939	7988
其他综合零售	Retail of Others	59434	66334	2546	63788	8591
食品、饮料及烟草制品专门零售	Retail of Food, Beverages and Tobaccos	1554743	1844411	238974	1605316	138380
粮油零售	Retail of Grain and Oil	107982	124817	5861	118956	7978
糕点、面包零售	Retail of Cakes, Bread	53306	66189		66189	3738
果品、蔬菜零售	Retail of Fruit, Vegetables	326663	385957	9916	376040	6768
肉、禽、蛋、奶及水产品零售	Retail of Meat, Poultry, Eggs, Milk and Aquatic Products	129291	139064	10585	128479	8413
营养和保健品零售	Retail of Nutrition and health care products	58848	70554	27579	42975	5189
酒、饮料及茶叶零售	Retail of Wine, tea and beverages	687527	820271	165992	654157	98263
烟草制品零售	Retail of Tobacco Products	14500	14691		14691	962
其他食品零售	Retail of Other Food	176628	222869	19041	203828	7069
纺织、服装及日用品专门零售	Special Retail of Textiles, Garments and Daily Consumer Articles	717405	945344	72706	872638	154130
纺织品及针织品零售	Retail of Textile and Knitwear	71243	83928	6476	77452	3673
服装零售	Retail of Garments	362203	513160	26897	486263	109312
鞋帽零售	Retail of Shoes and Hats	58208	74273	30376	43896	12282
化妆品及卫生用品零售	Retail of Cosmetics and Health Supplies	43740	55853	1557	54296	3717
厨具卫具及日用杂货零售	Retail of Kitchen Utensils and Daily Groceries	27345	33618	3565	30053	3987
钟表、眼镜零售	Retail of Watches, Glasses	58617	72797	9	72788	15649
自行车等代步设备零售	Retail of Bicycle and Other Transportation Equipment	27044	30462	234	30227	2013
其他日用品零售	Retail of Other Daily Necessities	69006	81254	3592	77662	3497
文化、体育用品及器材专门零售	Retail of Culture, Sports Appliances and Equipments	871880	974622	43715	930907	160135
文具用品零售	Retail of Stationery	43292	50939	4931	46007	4332
体育用品及器材零售	Retail of Sporting Goods and Equipment	7611	11052	26	11025	547
图书、报刊零售	Retail of Books, Newspapers	577213	620926	9616	611310	89751
音像制品、电子和数字出版物零售	Retail of Audio-visual Products, Electronic and Digital Publications	10379	10998	420	10578	249

16—4 续表3 continued

单位：万元（10000 yuan）

指　　标	Item	购进总额 Total Purchases Value	销售总额 Total Sales Value	批　发 Wholesale Value	零　售 Retail Value	年末库存总　额 Stock (year-end)
珠宝首饰零售	Retail of Jewelry	129919	144687	5919	138768	40230
工艺美术品及收藏品零售	Retail of Arts and Crafts and Collectibles	40383	56774	272	56502	11315
乐器零售	Retail of Instruments	21223	24855	14398	10458	10946
照相器材零售	Retail of Photographic equipment	5669	5928	1390	4538	647
其他文化用品零售	Retail of Other Cultural Goods	36190	48464	6743	41722	2118
医药及医疗器材专门零售	Retail of Medicines and Medical Appliances	1188414	1430428	87446	1342983	173360
西药零售	Retail of Western Medicine	1127412	1357822	59674	1298148	166996
中药零售	Retail of Traditional Chinese Medicine	42684	52907	13920	38987	4812
医疗用品及器材零售	Retail of Medical Supplies and Equipment	18318	19699	13851	5848	1552
汽车、摩托车、零配件和燃料及其他动力销售	Sales of Automobiles, Motorcycles, Spare Parts and Fuel and Other Power	16843155	21293295	1144288	20147136	1500016
汽车新车零售	Retail of New Car	12570569	13356493	181988	13172633	1316468
汽车旧车零售	Retail of Used Car	10309	11030		11030	1495
汽车零配件零售	Retail of Auto Parts	70181	75878	3927	71951	8184
摩托车及零配件零售	Retail of Motorcycles and Spare Parts	45496	344689	25541	319148	15991
机动车燃料零售	Retail of Motor Vehicle Fuel	4144763	7502781	932764	6570017	157635
机动车燃气零售	Retail of Motor Vehicle Gas	1838	2425	68	2356	243
家用电器及电子产品专门零售	Special Retail of Household Electric Appliances and Electronic Products	2609093	3025085	171761	2853180	186718
家用视听设备零售	Retail of Home Audio-visual Equipment	1135081	1362054	48433	1313595	85526
日用家电零售	Retail of Household Appliances	794411	922891	45862	877029	54147
计算机、软件及辅助设备零售	Retail of Computer, Software and Assistant Appliances	243666	262810	35753	226941	16960
通讯设备零售	Retail of Communication Equipments	352717	389011	39204	349807	20510
其他电子产品零售	Retail of Other Electronic Products	83218	88318	2509	85809	9576
五金、家具及室内装修材料专门零售	Retail of Hardware, Furniture and Decoration Materials	538902	611779	34762	575678	29971
五金零售	Retail of Hardware	149374	161304	10213	150903	6732
灯具零售	Retail of Lamps	12855	14311	2760	11551	877
家具零售	Retail of Furniture	174052	195280	9726	185554	10849
涂料零售	Retail of Paint	13883	17779	2408	15372	467
卫生洁具零售	Retail of Sanitary Ware	33848	37821	1323	36499	3164
木制装饰材料零售	Retail of Wooden Decorative Materials	35167	38954	285	38669	1245
陶瓷、石材装饰材料零售	Retail of Ceramic, Stone Decoration Materials	45263	51616	1919	48546	2679
其他室内装修材料零售	Retail of Other Interior Decoration Materials	74461	94714	6129	88585	3957
货摊、无店铺及其他零售业	Retail of Stalls, No Shop and Other	4570068	5641323	324629	5315891	1906376
互联网零售	Retail of Internet	4312957	5319434	318924	5000509	1896908
邮购及电视、电话零售	Retail of Television, Telephone and Mail Order	51199	51320		51320	
自动售货机零售	Retail of Vending Machine	33094	61102	35	61067	2576
生活用燃料零售	Retail of Living Fuel	117308	146651	760	145090	3417
其他未列明的零售	Retail of Other Unlisted	55510	62816	4910	57906	3475

16—5 限额以上批发零售业主要商品分类销售额（2020年）

Total Sales of Enterprises Above Designated Size in Wholesale and Retail Sale by Category of Main Commodities (2020)

单位：万元（10000 yuan）

指 标	Item	合 计 Total	批 发 Wholesale	零 售 Retail Sale
总 计	**Total**	**155380731**	**106054908**	**49325823**
粮油、食品、饮料、烟酒类	Grain and Edible Vegetable Oil, Food, Beverages, Tobacco and Liquor	28806701	18000576	10806125
粮油、食品类	Grain and Edible Vegetable Oil, Food	15758542	8017898	7740644
#粮油类	Grain and Edible Vegetable Oil	4262141	2885865	1376276
肉禽蛋类	Meat, Poultry and Eggs	3219351	2210381	1008971
水产品类	Aquatic Products	341555	56827	284728
蔬菜类	Vegetables	1181462	308633	872829
干鲜果品类	melons and Fruits	1025169	225320	799849
饮料类	Beverages	1331746	332275	999471
烟酒类	Tobacco and Liquor	11716413	9650403	2066010
服装鞋帽、针、纺织品类	Garments, Footwear, Hats, Knitwear and Textiles	4694155	1532305	3161851
服装类	Garments	2809920	561368	2248552
鞋帽类	Footwear and Hats	650724	170845	479880
针、纺织品类	Knitwear and Textiles	1233511	800092	433419
化妆品类	Cosmetics	1424379	626516	797863
金银珠宝类	Gold, Silver and Jewelry	1412026	595179	816846
日用品类	Articles for Daily Use	3558071	1827237	1730835
可穿戴智能设备	Wearable smart devices	25658	331	25327
五金、电料类	Hardware and Electrical Materials	957288	701583	255705
体育、娱乐用品类	Sports and Recreation Articles	392906	52070	340836
#照相器材类	Photographic Equipment Class	6382	663	5719
书报杂志类	Newspapers and Magazines	1126552	556288	570263
电子出版物及音像制品类	E-journal and Video Products	42109	12335	29774
家用电器和音像器材类	Household Appliances and Audio-visual Equipment	10103936	6145058	3958879
#能效等级为1级和2级的商品	Energy Efficiency Grade 1 and 2 Goods	238942	117141	121801
智能家用电器和音像器材	Smart Home Appliances and Audio and Video Equipment	344034	187573	156461
中西药品类	Traditional Chinese and Western Medicines	13366672	11924773	1441899
西 药	Western Medicines	9451357	8419894	1031463
中草药及中成药	Chinese Herbal Medicine and Proprietary Chinese Medicine	2135577	1882061	253517
文化、办公用品类	Cultural and Official Goods	8162904	7346996	815908
#计算机及其配套产品	Computer and Its Supporting Products	7113649	6804428	309221
家具类	Furniture	602858	56296	546563
通讯器材类	Communication Appliances	1954715	970805	983910
#智能手机	A Smart Phone	576472	412700	163772
煤炭及制品类	Coal and Related Product	11413159	11394282	18876
木材及制品类	Wood and Wooden Product	304788	304587	201
石油及制品类	Petroleum and Related Product	10879588	2727789	8151800
化工材料类	Raw Chemical Materials	4685716	4681285	4431
化肥类	Chemical Fertilizer	1302853	1302491	362
金属材料类	Metal Materials	15633008	15631727	1281
建筑及装潢材料类	Building and Decoration Materials	3380149	2863632	516517
机电产品及设备类	Mechanical and Electrical Products	3349309	3252477	96831
农机类	Agricultural Machinery	171065	168292	2773
汽车类	Automobile	20306716	6772965	13533751
#新能源汽车	New Energy Vehicle	113367	20672	92695
种子饲料类	Seed and Feedstuff	553596	553421	174
棉麻类	Cotton, Hemp	115423	113755	1668
其他类	Other	8149789	7406422	743367

16—6 限额以上批发零售企业主要财务指标情况（2020年，按登记注册类型分）

Main Financial Indicators of Enterprises Above Designated Size in Wholesale and Retail Sale by Registration (2020)

指　标	Item	流动资产合　计 Circulating Funds	#存　货 Stock
批发零售企业总计	**Total**	**57123601**	**9627922**
批发企业合计	**Wholesale Trade**	**41977821**	**6189331**
国有控股	State-holding Enterprises	15671907	2675979
内　资	Domestic-funded	37348651	5319219
国　有	State-owned	4638758	650089
集　体	Collective-owned	1761	382
股份合作	Cooperative	24740	6509
有限责任公司	Limited Liability Corporations	17810491	2427822
股份有限公司	Share-holding Corporations Ltd.	3687619	654258
私　营	Private	11091574	1574927
其　他	Other	93707	5232
港澳台商投资	With Investment from Hong Kong, Macao and Taiwan	2047814	425405
合资经营	Joint-venture	1319026	393825
独资经营	With Sole Fund	723946	28718
股份有限公司	Share-holding Corporations Ltd.	624	517
其他投资企业	Other Investment Enterprises	4218	2346
外商投资	With Foreign Investment	2581356	444707
中外合资经营	Joint-venture	2180376	313263
外　资	Solely Foreign Funded	389138	128236
外商投资有限公司	Foreign Investment Corporations Ltd.	11841	3207
零售企业合计	**Retail Trade**	**15145780**	**3438591**
国有控股	State Controlling Share Hold Enterprises	2409949	441283
内　资	Domestic-funded	13891207	3355064
国　有	State-owned	116705	48832
集　体	Collective-owned	4478	754
股份合作	Cooperative	5132	2153
联　营	Joint Ownership	3691	361
有限责任公司	Limited Liability Corporations	5391720	1129072
股份有限公司	Share-holding Corporations Ltd.	1805715	345937
私　营	Private	6554843	1826884
其　他	Other	8923	1071
港澳台商投资	With Investment from Hong Kong, Macao and Taiwan	365927	52564
合资经营	Joint-venture	13834	5062
独资经营	With Sole Fund	338138	46357
股份有限公司	Share-holding Corporations Ltd.	2479	
其他投资企业	Other Investment Enterprises	11476	1145
外商投资	With Foreign Investment	888646	30963
中外合资经营	Joint-venture	43226	15498
外　资	Solely Foreign Funded	812455	6482
外商投资有限公司	Foreign Investment Corporations Ltd.	31250	8660
其他外商投资企业	Other Foreign Funded Enterprises	1716	323

单位：万元（10000 yuan）

固定资产合计 Total Fixed Assets	固定资产原价 Original Value of Fixed Assets	累计折旧 Progessive Deprecia-tion	#本年折旧 Deprecia-tion this Year	资产总计 Total of Assets	负债合计 Total of Liabilities	流动负债 Working Liabilities	所有者权益 Creditors' Equity	#实收资本 Capital Hold	#个人资本 Individual Capital
3744878	**7140166**	**2754797**	**482129**	**73361309**	**50153037**	**44046825**	**21885524**	**11184395**	**2403857**
1597401	**2900258**	**1144331**	**190274**	**51531820**	**36752782**	**32864853**	**14751515**	**6487154**	**841296**
658384	1177354	499104	75334	20574878	12107066	10637285	8474628	3140290	68030
1454796	2639981	1027286	178558	46504869	31939393	28092034	14538391	6221345	841296
236076	499076	256773	29701	5528938	2141295	1677874	3387644	585316	899
284	863	578	82	2218	849	849	1369	410	80
168	1150	568	65	40676	25070	24907	15606	3500	500
526625	885726	324175	56083	22341375	17157902	15045284	5170176	3347280	194236
167508	279590	107134	20361	5431268	3130336	2906600	2307748	712006	29232
520701	969317	337358	72159	13059259	9396397	8352843	3642257	1571293	615570
3434	4260	701	109	101135	87543	83676	13592	1541	780
105589	161597	55649	7606	2231595	1856394	1819676	374763	122593	
93113	145530	52417	4690	1489136	1149678	1119430	339458	119000	
12454	15978	3167	2913	737563	703165	696885	34398	2993	
	3	1	1	627	190				
23	86	64	2	4268	3361	3361	907	600	
37016	98680	61397	4110	2795356	2956995	2953144		143216	
23163	78186	54760	3070	2342118	2629761	2627119		80151	
13853	20484	6630	1033	441394	315440	314230	125954	63014	
	10	7	7	11845	11795	11795	50	50	
2147477	**4239908**	**1610466**	**291855**	**21829490**	**13400255**	**11181972**	**7134010**	**4697241**	**1562562**
559493	1131673	469433	55088	4644874	1916145	1270777	2667449	481838	738
2043264	3945999	1423666	262633	19874083	12719621	10596703	7036866	4560389	1561184
40875	127614	61427	7128	314783	101677	80335	165837	27631	620
758	1495	667	126	6661	1857	1734	4459	1250	65
1147	2763	1559	36	6129	1873	1556	4255	1414	718
8	50	15	7	3699	1462	1462	2237	620	
794125	1540986	565675	108244	7824244	4955456	4187948	2863047	1048869	81788
381444	739454	299225	35204	3157449	1619891	1088551	1515178	195265	13743
823193	1526969	494178	111720	8544735	6031716	5231319	2471158	3282741	1462880
1714	6669	921	168	16384	5688	3799	10697	2601	1370
96414	264834	165994	23935	563911	413817	334401	171327	92777	1378
5444	7758	2315	444	22670	7576	7569	15094	12315	465
84749	243428	156253	22308	520736	395621	316211	146348	74393	
1770	4518	2748	540	4263	2642	2642	1621	1442	
4451	9130	4679	643	16242	7979	7979	8263	4626	912
7799	29075	20806	5287	1391496	266817	250868	-74183	44075	
2144	10592	7993	3331	49004	101393	96658	-52390	9082	
4054	15119	11063	1382	1286176	123322	112180	-36009	30894	
1511	3201	1689	524	54311	38664	38664	15647	4000	
89	163	60	50	2006	3437	3366	-1432	100	

16—6 续表 continued

指 标	Item	主营收入 Project Settlement Income	营业成本 Operating Costs	税金及附加 Taxes and Surcharges
批发零售企业总计	**Total**	**137902879**	**127151824**	**1118087**
批发企业合计	**Wholesale Trade**	**98358808**	**91347554**	**997994**
国有控股	State-holding Enterprises	36373009	33367722	856525
内 资	Domestic-funded	87618742	81813220	981922
国 有	State-owned	9549020	7747282	813837
集 体	Collective-owned	8677	7706	18
股份合作	Cooperative	61131	57760	80
有限责任公司	Limited Liability Corporations	46177599	44420359	91771
股份有限公司	Share-holding Corporations Ltd.	5525190	5334936	6826
私 营	Private	25890278	23854054	69049
其 他	Other	406846	391125	342
港澳台商投资	With Investment from Hong Kong, Macao and Taiwan	6866091	6579428	5006
合资经营	Joint-venture	4138457	3869440	3161
独资经营	With Sole Fund	2722734	2706070	1843
股份有限公司	Share-holding Corporations Ltd.			
其他投资企业	Other Investment Enterprises	4900	3917	1
外商投资	With Foreign Investment	3873976	2954906	11067
中外合资经营	Joint-venture	2705002	2000206	7880
外 资	Solely Foreign Funded	1127410	919914	3082
外商投资有限公司	Foreign Investment Corporations Ltd.	41565	34786	104
零售企业合计	**Retail Trade**	**39544071**	**35804270**	**120093**
国有控股	State Controlling Share Hold Enterprises	7610160	7221488	21974
内 资	Domestic-funded	37787353	34286171	110804
国 有	State-owned	743962	703891	2079
集 体	Collective-owned	27066	26060	99
股份合作	Cooperative	9097	7932	89
联 营	Joint Ownership	8337	6475	21
有限责任公司	Limited Liability Corporations	13971444	12648897	46860
股份有限公司	Share-holding Corporations Ltd.	5666616	5364270	11786
私 营	Private	17340813	15512322	49863
其 他	Other	20020	16323	6
港澳台商投资	With Investment from Hong Kong, Macao and Taiwan	1407332	1232645	7431
合资经营	Joint-venture	68106	62361	340
独资经营	With Sole Fund	1301765	1140489	6952
股份有限公司	Share-holding Corporations Ltd.	13015	10866	38
其他投资企业	Other Investment Enterprises	24447	18929	102
外商投资	With Foreign Investment	349386	285454	1859
中外合资经营	Joint-venture	111882	105311	229
外 资	Solely Foreign Funded	152385	114025	1514
外商投资有限公司	Foreign Investment Corporations Ltd.	59017	40198	86
其他外商投资企业	Other Foreign Funded Enterprises	26102	25920	30

单位：万元（10000 yuan）

其他业务利润 Other Business Profit	销售费用 Operating Expense	管理费用 Management Expense	财务费用 Financial Expenses	营业利润 Operating Profit	利润总额 Total Profit	应交所得税 Payable Income Tax	本年应付工资薪酬 Total Payable Wages this Year
1086915	**6651485**	**2236514**	**355425**	**2714654**	**2932244**	**568918**	**2721804**
929833	**3987243**	**1232069**	**166286**	**1964383**	**2145379**	**450871**	**1364773**
852794	937392	415454	22787	1338610	1378617	307543	572167
925007	2945517	1113714	199060	1927802	2099839	435078	1136885
7779	119035	251559	-62562	768730	782712	199896	246715
	430	287	23	214	214	21	258
-4	364	372	2226	326	333	81	375
872191	1630607	330047	106521	658723	703100	151837	468760
23057	145612	53843	35302	85951	85378	7470	72045
21984	1048354	476973	117354	404382	518611	74049	347507
0	1116	633	196	9478	9491	1724	1225
1821	143375	49360	-24180	63398	71046	22947	23882
1813	126893	38881	15128	34711	42370	10196	9948
9	16006	10267	-39364	28451	28439	12734	13725
	476	212	57	236	238	17	210
3005	898351	68995	-8595	-26818	-25507	-7155	204006
2989	694577	63714	-8075	-31687	-30488	-7506	99809
16	196913	5173	-515	5159	5348	351	103548
0	6862	108	-5	-290	-367		649
157082	**2664242**	**1004444**	**189139**	**750271**	**786865**	**118047**	**1357031**
30131	414955	161190	18572	246365	239036	14940	205507
141451	2438455	956987	179245	718496	750535	105341	1261859
5303	48605	6849	2141	28475	28326	2403	23480
29	822	1049	150	615	620	121	1886
	452	435	3	186	197	8	370
	881	280	37	644	640	15	589
71733	946617	335412	69600	244229	254189	44785	487760
11324	415328	102063	12051	151784	147229	11390	113647
52936	1024385	509807	95112	291357	318129	46600	633715
126	1365	1093	152	1206	1206	19	413
4790	163396	36280	1320	28690	29268	7787	64968
22	5175	1650	-97	1187	1398	398	2064
3568	151690	32781	1292	23694	24042	6501	60885
	3210		38	201	203	15	1330
1200	3322	1850	86	3608	3625	873	689
10841	62391	11177	8575	3085	7062	4919	30204
5099	13933	2287	3504	-1600	874	430	5726
5742	33673	6237	5031	3081	4535	3548	14632
	13638	2449	7	2639	2695	941	8701
	1147	204	34	-1035	-1042		1146

16—7 限额以上批发零售企业主要财务指标情况（2020年，按行业分）
Main Financial Inventory of Enterprises Above Designated Size in Wholesale and Retail by Sector (2020)

(按2017年行业代码分组 Grouped by industry code for 2017)

指　标	Item	流动资产合计 Circulating Funds	#存货 Stock
总　计	Total	**57123601**	**9627922**
批发业合计	**Wholesale Trade**	**41977821**	**6189331**
农、林、牧、渔产品批发	Wholesale of Agricultural, Forestry, Animal Husbandry and Fishery Products	978994	235708
食品、饮料及烟草制品批发	Wholesale of Food, Beverages and Tobaccos	6449291	1106659
#米、面制品及食用油批发	Wholesale of Rice, Flour and Edible Oil	1122761	505899
烟草制品批发	Wholesale of Tobaccos	2353021	263709
纺织、服装及家庭用品批发	Wholesale ofTextile, Clothing and Household Goods	5196909	839582
#服装批发	Wholesale of Garments	361219	15663
文化、体育用品及器材批发	Wholesale of Culture, Sports Appliances and Equipments	2630063	593916
医药及医疗器材批发	Wholesale of Medicines and Medical Appliances	6846482	926148
矿产品、建材及化工产品批发	Wholesale of Mineral Products, Building Materials and Chemical Products	10265579	1367538
#煤炭及制品批发	Wholesale of Coal and Related Products	1953677	170924
石油及制品批发	Wholesale of Petroleum and Related Products	457130	115839
金属及金属矿批发	Wholesale of Metal Materials	3260899	422230
建材批发	Wholesale of Building Materials	2878570	431482
化肥批发	Wholesale of Chemical Fertilizer	566526	56767
机械设备、五金交电及电子产品批发	Wholesale of Machinery, Hardware and Electronic Equipment	7944171	832077
#汽车及零配件批发	Wholesale of Automobiles and Spare Parts	3176566	395807
电气设备批发	Wholesale of Electrical Equipments	751328	158233
计算机、软件及辅助设备批发	Wholesale of Computer, Software and Assistant Appliances	1813278	84484
贸易经纪与代理	Trade Broker and Agency	279858	192160
其他批发	Other Wholesale not Classified Elsewhere	1386474	95544
零售业合计	**Retail Trade**	**15145780**	**3438591**
综合零售	Integrated Retail	3249736	593755
#百货零售	Retail of General Merchandise	1730189	255183
超级市场零售	Retail of Supermarkets	1377356	324238
食品、饮料及烟草制品专门零售	Retail of Food, Beverages and Tobaccos	829108	196915
纺织、服装及日用品专门零售	Special Retail of Textiles, Garments and Daily Consumer Articles	443575	163169
#服装零售	Retail of Garments	223764	103157
文化、体育用品及器材专门零售	Retail of Culture, Sports Appliances and Equipments	618536	158226
#体育用品及器材零售	Sporting Goods and Equipment Retail	6518	920
图书、报刊零售	Books, Newspapers and Retail	443589	89734
医药及医疗器材专门零售	Retail of Medicines and Medical Appliances	632284	200143
#西药零售	Retail of Western Medicine	597409	193079
中药零售	Retail of Traditional Chinese Medicine	23218	5515
汽车、摩托车、燃料及零配件专门零售	Retail of Motor Vehicles, Motorcycles, Fuel and Parts	6352769	1606791
#汽车新车零售	Retail of New Cars	4849594	1332135
机动车燃油零售	Retail of Motor Vehicle Fuel	1449096	246770
家用电器及电子产品专门零售	Special Retail of Household Electric Appliances and Electronic Products	1170298	204273
#日用家电零售	Retail Sales of Household Appliances	422371	59872
计算机、软件及辅助设备零售	Retail of Computer, Software and Assistant Appliances	91313	17070
通信设备零售	Retail Sales of Communication Equipment	95520	26866
五金、家具及室内装饰材料专门零售	Special Retail of Hardware, Furniture and Decoration Materials	215293	38147
货摊、无店铺及其他零售	Stalls, No Shops and Other Retail Outlets	1634181	277171

单位：万元（10000 yuan）

固定资产合计 Total Fixed Assets	固定资产原价 Original Value of Fixed Assets	累计折旧 Progessive Depreciation	#本年折旧 Depreciation this Year	资产总计 Total of Assets	负债合计 Total of Liabilities	流动负债 Working Liabilities	所有者权益 Creditors' Equity	#实收资本 Capital Hold	#个人资本 Individual Capital
3744878	**7140166**	**2754797**	**482129**	**73361309**	**50153037**	**44046825**	**21885524**	**11184395**	**2403857**
1597401	**2900258**	**1144331**	**190274**	**51531820**	**36752782**	**32864853**	**14751515**	**6487154**	**841296**
187155	268441	61026	11833	1583114	830063	586069	735577	309814	92809
386524	747782	331970	48152	8102777	4004322	3403234	4091251	914583	72045
81717	117941	35469	7279	1287542	1068881	996711	217460	137423	15108
187705	397806	210101	25796	2623732	165539	152381	2458194	25927	899
93388	218673	107025	9586	5789916	5224711	5179214	568919	256482	56323
13455	32162	17950	1678	597191	455774	360467	141417	49015	26689
39686	62412	21564	2479	3178213	1980784	1863028	1196773	282126	5763
379927	647877	237915	41692	7983437	5988138	5399389	1985723	958477	104047
332108	632546	258167	47184	14194179	9477609	8393326	4722018	2753911	322587
78283	122173	41563	7391	2913070	1793779	1644406	1137661	884399	49250
110250	210065	89355	20354	1415699	587391	562577	828043	160130	16271
42898	100234	48772	5597	4210567	3426365	2894564	783494	649993	86865
45855	92297	33287	6963	3351641	2152435	1954103	1187606	660663	121075
34460	57531	18304	2929	951908	535786	465040	415775	165718	19266
121240	226449	91543	23660	8860745	7717063	6628255	1140997	822719	97565
32513	62712	26566	5467	3848285	3387255	2971544	460284	608616	42723
4730	9742	3407	727	784608	699329	622961	84435	59235	4090
3397	9960	5003	2012	1818632	1628592	1623541	190040	14626	4796
3993	5652	1605	355	288674	248919	248842	39755	28762	1742
53379	90425	33517	5334	1550766	1281175	1163496	270501	160280	88416
2147477	**4239908**	**1610466**	**291855**	**21829490**	**13400255**	**11181972**	**7134010**	**4697241**	**1562562**
842342	1622376	682093	104962	5175033	3952660	3195800	1235589	627401	107756
520368	930739	370209	52913	2943025	2034421	1554412	904333	275379	54930
317178	678171	307878	51224	2071772	1773241	1498223	316018	342312	47885
63356	144126	49576	10580	1042752	657870	563507	382902	128711	50939
89276	111459	19442	5235	572087	430719	391494	136778	81702	13293
76323	89485	12060	3448	327977	260552	237165	63696	50325	6760
34843	77941	40043	4352	702570	346004	301407	364749	97954	24647
355	600	237	93	7874	6483	2428	1392	1200	
16439	40720	22582	2163	491256	214512	194000	276744	63599	3198
31398	72574	26333	6435	821908	578508	538859	241691	118268	41817
28297	67548	24579	6062	779996	551723	512695	227187	113045	40127
2912	4326	1306	264	29879	17937	17402	11942	3690	1610
870626	1752048	675651	124457	9818151	4993493	4050859	3533177	3219495	1192660
446058	842253	307714	79849	6416959	4030477	3501802	1168131	2844152	1160678
401962	868568	351611	42409	3288120	957051	495948	2258323	362179	29499
73532	137813	40855	7132	1353229	899916	721417	447874	138134	48996
11131	24191	11005	1545	452397	233490	207862	217839	34244	13510
3755	23222	4989	1554	103796	53859	43199	49013	25573	15359
971	3269	2003	377	101587	86879	79914	14477	14422	2719
24646	103349	26207	13854	366198	222984	201101	138613	39852	24239
117460	218223	50266	14848	1977562	1318102	1217528	652638	245725	58214

16—7 续表 continued

指　　标	Item	主营收入 Project Settlement Income	营业成本 Operating Costs
总　　计	**Total**	**137902879**	**127151824**
批发业合计	**Wholesale Trade**	**98358808**	**91347554**
农、林、牧、渔产品批发	Wholesale of Agricultural, Forestry, Animal Husbandry and Fishery Products	1579720	1523271
食品、饮料及烟草制品批发	Wholesale of Food, Beverages and Tobaccos	12987524	10253514
＃米、面制品及食用油批发	Wholesale of Rice, Flour and Edible Oil	2410147	2356563
烟草制品批发	Wholesale of Tobaccos	5662857	3991856
纺织、服装及家庭用品批发	Wholesale ofTextile, Clothing and Household Goods	10173496	9288933
＃服装批发	Wholesale of Garments	688295	638830
文化、体育用品及器材批发	Wholesale of Culture, Sports Appliances and Equipments	3574669	3449588
医药及医疗器材批发	Wholesale of Medicines and Medical Appliances	12194099	10921529
矿产品、建材及化工产品批发	Wholesale of Mineral Products, Building Materials and Chemical Products	34216407	33117009
＃煤炭及制品批发	Wholesale of Coal and Related Products	12542338	12308198
石油及制品批发	Wholesale of Petroleum and Related Products	2333180	2150962
金属及金属矿批发	Wholesale of Metal Materials	8496725	8319925
建材批发	Wholesale of Building Materials	5855889	5579225
化肥批发	Wholesale of Chemical Fertilizer	1019258	966285
机械设备、五金交电及电子产品批发	Wholesale of Machinery, Hardware and Electronic Equipment	17362778	16725770
＃汽车及零配件批发	Wholesale of Automobiles and Spare Parts	6439646	6222048
电气设备批发	Wholesale of Electrical Equipments	1188997	1148728
计算机、软件及辅助设备批发	Wholesale of Computer, Software and Assistant Appliances	6055078	5948545
贸易经纪与代理	Trade Broker and Agency	1536425	1435113
其他批发	Other Wholesale not Classified Elsewhere	4733691	4632828
零售业合计	**Retail Trade**	39544071	35804270
综合零售	Integrated Retail	**7888986**	**7258883**
＃百货零售	Retail of General Merchandise	3744029	3655796
超级市场零售	Retail of Supermarkets	4004909	3476341
食品、饮料及烟草制品专门零售	Retail of Food, Beverages and Tobaccos	1688836	1432260
纺织、服装及日用品专门零售	Special Retail of Textiles, Garments and Daily Consumer Articles	844241	707865
＃服装零售	Retail of Garments	458159	373441
文化、体育用品及器材专门零售	Retail of Culture, Sports Appliances and Equipments	879781	717921
＃体育用品及器材零售	Sporting Goods and Equipment Retail	8440	7720
图书、报刊零售	Books, Newspapers and Retail	574890	456573
医药及医疗器材专门零售	Retail of Medicines and Medical Appliances	1287705	997450
＃西药零售	Retail of Western Medicine	1221457	944516
中药零售	Retail of Traditional Chinese Medicine	47485	36128
汽车、摩托车、燃料及零配件专门零售	Retail of Motor Vehicles, Motorcycles, Fuel and Parts	18782631	17650812
＃汽车新车零售	Retail of New Cars	12020500	11437586
机动车燃油零售	Retail of Motor Vehicle Fuel	6385771	5860033
家用电器及电子产品专门零售	Special Retail of Household Electric Appliances and Electronic Products	2638984	2358094
＃日用家电零售	Retail Sales of Household Appliances	845236	732616
计算机、软件及辅助设备零售	Retail of Computer, Software and Assistant Appliances	232893	215062
通信设备零售	Retail Sales of Communication Equipment	353817	309327
五金、家具及室内装饰材料专门零售	Special Retail of Hardware, Furniture and Decoration Materials	555626	482739
货摊、无店铺及其他零售	Stalls, No Shops and Other Retail Outlets	4977282	4198249

单位：万元（10000 yuan）

税金及附加 Taxes and Surcharges	其他业务利润 Other Business Profit	销售费用 Operating Expense	管理费用 Management Expense	财务费用 Financial Expenses	营业利润 Operating Profit	利润总额 Total Profit	应交所得税 Payable Income Tax	本年应付工资薪酬 Total Payable Wages this Year
1118087	**1086915**	**6651485**	**2236514**	**355425**	**2714654**	**2932244**	**568918**	**2721804**
997994	**929833**	**3987243**	**1232069**	**166286**	**1964383**	**2145379**	**450871**	**1364773**
2446	1261	35706	36967	20555	65622	70895	2665	29775
781565	36178	750138	329247	-59892	1016723	1025346	250381	438438
3436	39616	68718	19049	10146	16961	21915	3532	26239
761144	800	95522	211239	-74251	717841	717048	185182	209920
22691	12403	1432272	121860	9424	31387	38975	10056	327269
721	1091	23941	12005	8671	6269	7072	2499	11214
2967	945	64007	24826	13844	80416	82537	524	31597
35029	29670	803668	315608	68615	221865	244625	52992	172637
40494	801700	384230	206164	104003	433088	471319	83760	171992
11383	1997	53436	38888	6192	203245	220752	38717	21023
3779	772636	72270	23917	8275	6585	4791	7735	27903
9010	1773	63063	47859	46400	17981	22024	8828	28312
10541	23878	91077	46382	24265	111597	128428	12676	54458
1787	1380	19824	16941	6954	30841	31021	3900	13865
22471	39137	470042	144480	-9584	84401	98000	25509	152889
7024	25766	262499	28675	15882	-40759	-39724	-9713	52307
1810	408	24256	9129	-465	2481	4954	1073	5978
6601	7992	53178	36736	-45073	61603	61593	21514	15326
762	135	6585	3076	5317	32792	33145	8170	4335
89569	8404	40597	49841	14002	-1910	80536	16813	35841
120093	**157082**	**2664242**	**1004444**	**189139**	**750271**	**786865**	**118047**	**1357031**
38640	68220	745844	326383	50348	95134	103630	21482	408925
25739	34115	227546	192871	31188	82876	88006	13180	141460
12208	31522	505204	124946	18995	13548	16712	8417	257893
5598	2696	141178	55300	7783	76641	80032	14530	82484
3678	2982	101643	37132	5429	4128	4732	1261	67872
2283	802	71909	21233	3571	-8725	-8031	-1032	47203
4675	3852	74565	49258	693	57163	55440	1312	57931
8	5	295	212	75	24	24		238
1279	3175	53244	35977	-584	44313	42385	342	44213
4415	3740	186273	62098	7134	30218	33001	5610	155434
4075	3598	181504	58941	6448	28466	31096	5453	151084
303	143	3818	2455	722	1213	1351	47	4016
38613	62286	638634	261631	96045	270363	280551	43702	356982
25857	55126	345388	201232	76896	64112	82808	32408	251604
11955	7009	281736	54928	18279	194114	185510	10465	98618
7125	1898	141880	69062	10535	67824	73131	12367	83222
2251	114	31965	20970	4383	55988	60097	11462	20134
579	772	6354	9660	914	5977	6286	289	9189
588	68	19789	10970	810	5696	6041	406	15365
3343	80	39419	19359	2995	14853	15186	1052	23875
14006	11326	594807	124221	8177	133949	141163	16732	120306

16—8 限额以上住宿餐饮业经营情况（2020年）

Above Designated Accommodation Catering Business (2020)

指　标	Item	营业额 Turnover
总　计	**Total**	**2657931**
住宿业合计	**Total of Accommodation Enterprises**	**813138**
国有控股	State-holding Enterprises	154671
按登记注册类型分组	**Group by Registration Type**	
内　资	Domestic-funded	782665
国　有	State-owned	20762
集　体	Collective-owned	453
联　营	Joint Ownership	1301
有限责任公司	Limited Liability Company	315023
股份有限公司	Share-holding Corporations Ltd.	23657
私　营	Private	421040
其　他	Other	431
港澳台商投资	With Investment from Hong Kong, Macao and Taiwan	30473
外商投资企业	Enterprises with Foreign Investment	
按国民经济行业分	**Divided by National Economy Industry**	
旅游饭店	Tourist Hotel	591216
一般旅馆	Common Hotel	199589
经济型连锁酒店	Economical Hotel Chain	68942
其他一般旅馆	Other General Hotels	130646
民宿服务	Homestay Service	3952
露营地服务	Campground Service	1429
其他住宿服务	Other Accommodation Service	16953
餐饮业合计	**Catering Trade**	**1844793**
国有控股	State-holding Enterprises	44070
按登记注册类型分组	**Group by Registration Type**	
内　资	Domestic-funded	1834144
国　有	State-owned	6404
集　体	Collective-owned	2308
有限责任公司	Limited Liability Company	316555
股份有限公司	Share-holding Corporations Ltd.	6218
私　营	Private	1502228
其　他	Other	431
港澳台商投资企业	With Investment from Hong Kong, Macao and Taiwan	8358
外商投资企业	Enterprises with Foreign Investment	2291
按国民经济行业分	**Divided by National Economy Industry**	
正餐服务	Dinner	1239098
快餐服务	Fast Food	440799
饮料及冷饮服务	Drink and Cold Drink Service	9683
餐饮配送及外卖送餐服务	Catering and Delivery Services	146922
其他餐饮业	Other Catering Service	8292

单位：万元（10000 yuan）

客房收入 Room Revenue	餐费收入 Meals Income	商品销售收入 Commodity Sales	其他收入 Other Income	客房数 (间) Guestroom Number (unit)	床位数 (个) Bed Capacity (unit)	餐位数 (位) Number of Seating Arrangement (unit)
507525	**1951660**	**131376**	**67370**	**152913**	**250259**	**1221607**
377756	**318887**	**60181**	**56315**	**120205**	**195833**	**298884**
29360	60054	41994	23265	7522	12056	35544
363227	305915	59715	53809	117681	191879	291276
6074	10569	1666	2452	1530	2703	6931
328	82		44	183	338	300
888	276	62	75	176	316	350
117178	121870	44142	31833	48717	78434	113845
11477	8781	1539	1859	3713	5563	6370
226966	164236	12293	17545	63242	104375	163180
317	100	13	1	120	150	300
14529	12972	466	2506	2524	3954	7608
231579	258542	53420	47676	72402	123565	228239
130859	55549	6407	6774	44729	67589	64467
55626	9468	2698	1150	16478	24922	14106
75233	46081	3709	5624	28251	42667	50361
2872	600	129	351	577	1069	1604
544	455	113	317	308	462	
11903	3741	112	1197	2189	3148	4574
129769	**1632774**	**71195**	**11056**	**32708**	**54426**	**922723**
6037	33231	3720	1082	1006	1580	14048
129236	1622745	71185	10978	32382	53826	921050
2136	3877	27	365	321	502	1048
92	1940	274	3	45	86	780
34392	267491	10327	4345	7723	12414	168302
1060	4731	224	203	333	500	3905
91557	1344275	60334	6061	23960	40324	746515
	431					500
	8358					775
533	1671	10	77	326	600	898
129758	1034676	64735	9929	32668	54356	736949
11	434688	5893	207	15	20	131015
	9124	239	320			1069
	145994	328	600			40861
	8292			25	50	12829

16—9 限额以上住宿业和餐饮企业主要财务指标情况（2020年）

Main Financial Indicators of Enterprises Above Designated Size in Catering Trades by Status of Registration and by Sector (2020)

指 标	Item	流动资产合计 Circulating Funds	#存 货 Stock
总 计	**Total**	**2020097**	**129028**
住宿业合计	**Total of Accommodation Enterprises**	**1017160**	**45345**
国有控股	State-holding Enterprises	113963	7700
按登记注册类型分组	**Group by Registration Type**		
内 资	Domestic-funded	970742	44545
国 有	State-owned	9950	764
集 体	Collective-owned	159	23
联 营	Joint Ownership	794	13
有限责任公司	Limited Liability Company	410399	20326
股份有限公司	Share-holding Corporations Ltd.	49580	959
私 营	Private	499695	22456
其 他	Other	165	5
港澳台商投资	With Investment from Hong Kong, Macao and Taiwan	46419	800
外商投资企业	Enterprises with Foreign Investment		
按国民经济行业分	**Divided by National Economy Industry**		
旅游饭店	Tourist Hotel	747906	33987
一般旅馆	Common Hotel	212215	8026
经济型连锁酒店	Economical Hotel Chain	74157	2527
其他一般旅馆	Other General Hotels	138057	5499
民宿服务	Residential Service	7405	210
露营地服务	Campsite Service	20249	97
其他住宿服务	Other Accommodation Service	29385	3025
餐饮业合计	**Catering Trade**	**1002937**	**83683**
国有控股	State-holding Enterprises	17968	947
按登记注册类型分组	**Group by Registration Type**		
内 资	Domestic-funded	990757	82910
国 有	State-owned	1044	177
集 体	Collective-owned	448	130
有限责任公司	Limited Liability Company	144638	9009
股份有限公司	Share-holding Corporations Ltd.	4918	251
私 营	Private	839146	73321
其 他	Other	563	22
港澳台商投资企业	With Investment from Hong Kong, Macao and Taiwan	2809	36
外商投资企业	Enterprises with Foreign Investment	9371	737
按国民经济行业分	**Divided by National Economy Industry**		
正餐服务	Dinner	814821	71674
快餐服务	Fast Food	130968	9624
饮料及冷饮服务	Drink and Cold Drink Service	2996	122
餐饮配送及外卖送餐服务	Catering and Delivery Services	50241	1975
其他餐饮业	Other Catering Service	3911	290

单位：万元（10000 yuan）

固定资产合计 Total Fixed Assets	固定资产原价 Original Value of Fixed Assets	累计折旧 Progessive Deprecia-tion	#本年折旧 Deprecia-tion this Year	资产总计 Total of Assets	负债合计 Total of Liabilities	流动负债 Working Liabilities	所有者权益 Creditors' Equity	#实收资本 Capital Hold	#个人资本 Individual Capital
1389553	**2830612**	**1075685**	**162195**	**5253220**	**3639549**	**2604415**	**1589010**	**1204786**	**276179**
946521	**1862403**	**735048**	**104595**	**2976282**	**2359649**	**1657857**	**611252**	**804084**	**123657**
160026	308851	147242	12439	390582	221578	185643	168534	151119	3024
819724	1638081	637949	92964	2660452	2041984	1458658	613087	642130	108657
36423	56995	21118	1654	74631	23199	21226	52180	48372	
10	94	84	29	203	328	328	-125		
50	1019	969	7	1124	291	267	833	54	24
371029	758103	312211	40200	1074472	915726	686602	154785	249255	12824
29727	53071	21346	3712	117252	54643	40383	62609	31418	100
382419	768622	282110	47334	1391761	1047145	709283	342448	313031	95709
66	177	111	28	1009	652	569	357		
126798	224322	97099	11632	315830	317665	199199	-1835	161955	15000
821000	1560214	641349	86721	2298760	1911488	1324247	384678	661199	88086
114383	259620	87206	13632	534718	365333	279732	169769	117553	35266
42321	80114	28303	3923	155373	82292	64847	73081	43471	13430
72062	179507	58903	9710	379345	283041	214885	96688	74083	21836
389	806	301	61	10804	10006	7922	798	2200	105
3956	5882	1926	1702	56569	14857	2498	41713	15000	
6794	35882	4267	2479	75432	57965	43458	14295	8132	200
443032	**968209**	**340637**	**57599**	**2276938**	**1279900**	**946558**	**977759**	**400702**	**152522**
8782	24449	14742	1689	36118	29698	26796	6686	19315	
413306	930829	333424	56080	2225692	1248535	928345	957878	382767	152322
255	2625	1302	95	2675	2982	2826	-369	706	
31	515	367	20	681	1763	584	-100	86	
110846	198177	71182	13251	355690	250446	204214	99805	83190	19450
379	739	348	118	7048	5585	5557	1462	1130	730
301755	728697	260189	42579	1858995	986917	714652	857318	297656	132142
39	76	37	18	603	842	513	-238		
270	2225	1811	86	3822	1453	90	2369	200	200
29456	35155	5402	1433	47424	29912	18123	17513	17734	
380323	852468	293315	48124	1958044	1084273	768592	854428	373392	143984
52168	96175	40096	8036	243686	139992	126616	103694	18490	4076
205	803	608	220	4913	6858	6625	-1881	1210	210
9902	14034	3425	804	63125	47584	43689	15540	6800	3752
435	4729	3193	416	7170	1193	1037	5977	810	500

16—9 续表 continued

指 标	Item	主营收入 Project Settlement Income	营业成本 Operating Costs
总 计	**Total**	**2548368**	**1432775**
住宿业合计	**Total of Accommodation Enterprises**	**766377**	**377781**
国有控股	State-holding Enterprises	143947	67428
按登记注册类型分组	**Group by Registration Type**		
内 资	Domestic-funded	737516	369535
国 有	State-owned	18848	8958
集 体	Collective-owned	490	407
联 营	Joint Ownership	1301	250
有限责任公司	Limited Liability Company	296955	135360
股份有限公司	Share-holding Corporations Ltd.	22523	11343
私 营	Private	396975	212893
其 他	Other	424	324
港澳台商投资	With Investment from Hong Kong, Macao and Taiwan	28861	8245
外商投资企业	Enterprises with Foreign Investment		
按国民经济行业分	**Divided by National Economy Industry**		
旅游饭店	Tourist Hotel	553481	253768
一般旅馆	Common Hotel	192270	110158
经济型连锁酒店	Economical Hotel Chain	66789	34898
其他一般旅馆	Other General Hotels	125480	75259
民宿服务	Residential Service	3801	1847
露营地服务	Campsite Service	1294	1351
其他住宿服务	Other Accommodation Service	15531	10658
餐饮业合计	**Catering Trade**	**1781992**	**1054994**
国有控股	State-holding Enterprises	41183	29175
按登记注册类型分组	**Group by Registration Type**		
内 资	Domestic-funded	1771467	1049105
国 有	State-owned	6079	1652
集 体	Collective-owned	2139	1454
有限责任公司	Limited Liability Company	307996	176790
股份有限公司	Share-holding Corporations Ltd.	5952	4767
私 营	Private	1448879	864238
其 他	Other	422	203
港澳台商投资企业	With Investment from Hong Kong, Macao and Taiwan	8299	4665
外商投资企业	Enterprises with Foreign Investment	2226	1225
按国民经济行业分	**Divided by National Economy Industry**		
正餐服务	Dinner	1189217	716627
快餐服务	Fast Food	435414	233198
饮料及冷饮服务	Drink and Cold Drink Service	9236	7098
餐饮配送及外卖送餐服务	Catering and Delivery Services	139844	92342
其他餐饮业	Other Catering Service	8281	5729

单位：万元（10000 yuan）

税金及附加 Taxes and Surcharges	其他业务利润 Other Business Profit	销售费用 Operating Expense	管理费用 Management Expense	财务费用 Financial Expenses	营业利润 Operating Profit	利润总额 Total Profit	应交所得税 Payable Income Tax	本年应付工资薪酬 Total Payable Wages this Year
20649	**18793**	**670216**	**433201**	**70116**	**-15226**	**3658**	**15853**	**562324**
11448	**5795**	**229885**	**207982**	**46617**	**-71410**	**-67143**	**1201**	**189808**
2257	863	65151	29587	5053	-20561	-17936	118	33862
11260	5795	222430	184357	43833	-58454	-55100	1201	180311
266	13	8540	5692	-126	-3380	-2853	10	7766
		138	11		-53	-51		201
1		375	513		171	173	1	305
5935	1645	102002	82101	18610	-29648	-26005	185	74060
168	134	7499	6293	813	-3682	-3451	4	7840
4886	4002	103868	89699	24533	-21901	-22952	1001	90030
4		8	48	2	39	38		108
187		7455	23625	2784	-12956	-12043		9496
9130	5278	189623	156964	40470	-70670	-68265	1173	142902
1862	383	36646	45224	5637	-4491	-2819	-2	42051
694	105	15443	15632	1167	-605	-181	162	15471
1168	278	21203	29593	4470	-3886	-2637	-163	26580
14		645	1345	286	-318	-250	2	1214
14	**134**	230	577	-178	802	-789		894
429		2742	3871	402	4871	4980	27	2747
9201	**12998**	**440331**	**225220**	**23500**	**56184**	**70801**	**14652**	**372517**
328	1513	5738	8296	360	-2259	-1411	241	11624
9035	12998	436918	222849	18980	57510	72105	14651	367682
11		3034	1871	12	-501	-263	5	2182
3		885	279	7	-350	-282		500
1980	2294	86926	35728	4797	4301	6402	3067	67967
38	2	434	935	11	11	131	2	1353
7003	10702	345362	184037	14126	54134	66205	11578	295551
		278		27	-86	-88		129
1		2650	899	2	82	101	1	4270
165		762	1471	4518	-1408	-1405		565
8238	11956	248651	166018	22404	50345	63176	11182	227527
812	1042	161370	37604	672	6247	7530	3172	91193
7		3033	768	21	-1884	-1615	8	1838
124		25895	19851	346	1362	1505	283	50895
20		1381	979	58	115	205	7	1065

16—10 限额以上批发和零售业连锁经营情况（2020年）
Basic Conditions of Chain-Enterprise Above Quota Wholesale and Retail (2020)

指　　标		Item		合　计 Total	直销店 Directly-run Shops	加盟店 Alliance Shops
门店总数	（个）	Gross Number of Shops	(unit)	8995	7082	1913
从业人数	（人）	Number of People Engaged	(person)	91455	84911	6544
零售营业面积	（平方米）	Area of Business	(sq.m)	7275285	6986291	288994
连锁门店商品购进额	（万元）	Total Purchases	(10000 yuan)	13851768	13061278	790490
#统一配送商品购进额		Centralized Purchase and Delivery		8964015	8439633	524382
#自有配送中心配送商品购进额		Total Revenue of Purchasing by Self Purchase and Delivery		2575290	2326984	248305
非自有配送中心配送商品购进额		Total Revenue of Purchasing by Non-self Purchase and Delivery		487579	301965	185614
连锁门店商品销售额	（万元）	Sales Value of Commodities	(10000 yuan)	15093066	14676964	416102
#零售额		Revenue of Retail Sales		10485911	10136065	349845

16—11 限额以上住宿和餐饮业连锁经营情况（2020年）
Basic Conditions of Chain-Enterprise Above Quota Lodging and food and Beverage Industry (2020)

指　　标		Item		合　计 Total	直销店 Directly-run Shops	加盟店 Alliance Shops
门店总数	（个）	Gross Number of Shops	(unit)	1135	1092	43
从业人数	（人）	Number of People Engaged	(person)	27552	27438	114
餐饮营业面积	（平方米）	Area of Business	(sq.m)	319344	319105	239
客房数	（间）	Guestroom Number	(unit)	256	256	
床位数	（个）	Bed Capacity	(unit)	396	396	
餐位数	（位）	Number of Seating Arrangement	(unit)	151233	150822	411
连锁门店商品购进(采购)额	（万元）	Chain shops Commodity Purchasing Volume	(10000 yuan)	177420	167412	10008
#统一配送商品购进额		Centralized Purchase and Delivery		138270	138262	8
#自有配送中心配送商品购进(采购)额		Total Revenue of Purchasing by Self Purchase and Delivery		4880	4872	8
非自有配送中心配送商品购进(采购)额		Total Revenue of Purchasing by Non-self Purchase and Delivery		86491	86491	
连锁门店营业额	（万元）	Chain shops Turnover	(10000 yuan)	514108	509798	4310
#餐费收入		Catering Income		488180	483870	4310
商品销售额		Total Sales of Goods		1691	1691	

16—12 各市限额以上批发和零售业连锁经营情况（2020年）

Basic Conditions of Chain-Enterprise Above Quota Wholesale and Retail by Region (2020)

地 区 Region	门店总数（个）Gross Number of Shops (unit)	从业人员（人）Number of People Engaged (person)	零售营业面积（平方米）Area of Business (sp.m)	商品购进总额（万元）Total Purchases (10000 yuan)	#统一配送商品购进额 Centralized Purchase and Delivery	#自有配送中心配送 Total Revenue of Purchasing by Self	商品销售额（万元）Sales Value of Commodities (10000 yuan)	零售额 Retail
总　计 Total	**8995**	**91455**	**7275285**	**13851768**	**8964015**	**2575290**	**15093066**	**10485911**
合 肥 市 Hefei	5342	67804	5868199	11130718	6993846	1843649	12761333	8331459
淮 北 市 Huaibei	91	437	4550	10004	10004	10004	14963	14963
亳 州 市 Bozhou	103	1095	41218	60373	7127	7127	73612	73612
宿 州 市 Suzhou	489	1490	30651	45084	43215		66241	66241
蚌 埠 市 Bengbu	549	3997	195230	230370	146862		291715	291715
阜 阳 市 Fuyang	918	6022	229000	1053190	577464	307819	455288	374516
淮 南 市 Huainan	49	287	8521	8918	8918		12546	3879
滁 州 市 Chuzhou	574	2041	101699	58605	46091	46091	86622	86622
六 安 市 Luan								
马鞍山市 Maanshan	74	559	125950	275009	272949	272066	279250	260201
芜 湖 市 Wuhu	141	2010	77288	131097	131097	6519	139903	139903
宣 城 市 Xuancheng	307	2330	86041	82618	81758	78523	102053	99709
铜 陵 市 Tongling								
池 州 市 Chizhou	65	176	4926	4854	4854	3492	5997	5490
安 庆 市 Anqing	272	2988	495584	751182	634385		793392	727449
黄 山 市 Huangshan	21	219	6428	9747	5446		10151	10151

16—13 各市限额以上住宿和餐饮业连锁经营情况（2020年）

Basic Conditions of Chain-Enterprise Above Quota Lodging and Food and Beverage Industry by Region (2020)

地 区 Region	门店总数（个）Gross Number of Shops (unit)	从业人员（人）Number of People Engaged (person)	餐饮营业面积（平方米）Area of Business (sp.m)	客房数（间）Guestroom Number (unit)	床位数（个）Bed Capacity (unit)	餐位数（位）Number of eating Arrangement (unit)	商品购进总额（万元）Total Purchases (10000 yuan)	营业额（万元）Turnover (10000 yuan)
总　计 Total	**1135**	**27552**	**319344**	**256**	**396**	**151233**	**177420**	**514108**
合 肥 市 Hefei	945	20913	242833			119312	146587	430124
淮 北 市 Huaibei								
亳 州 市 Bozhou								
宿 州 市 Suzhou								
蚌 埠 市 Bengbu								
阜 阳 市 Fuyang								
淮 南 市 Huainan								
滁 州 市 Chuzhou	2	13	1080			315	49	313
六 安 市 Luan								
马鞍山市 Maanshan	9	529	16700	256	396	5115	3009	10097
芜 湖 市 Wuhu								
宣 城 市 Xuancheng								
铜 陵 市 Tongling	175	6093	48731			25071	26837	71236
池 州 市 Chizhou								
安 庆 市 Anqing	4	4	10000			1420	938	2339
黄 山 市 Huangshan								

16—14 各市限额以上批发零售企业主要财务指标情况（2020年）

Main Financial Indicators of Enterprises Above Designated Size in Wholesale and Retail by Region (2020)

地 区	Region	企业数（个）Number of Enterprises (unit)	流动资产合计 Circulating Funds	#存货 Stock	固定资产合计 Total Fixed Assets	固定资产原价 Original Value of Fixed Assets
总 计	**Total**	**8471**	**57123601**	**9627922**	**3744878**	**7140166**
合 肥 市	Hefei	1919	28819537	4175620	1280849	2361197
淮 北 市	Huaibei	245	998904	175079	84020	159663
亳 州 市	Bozhou	478	1536663	267232	144860	257245
宿 州 市	Suzhou	511	1820500	281955	238965	388557
蚌 埠 市	Bengbu	578	1963858	399166	252205	431510
阜 阳 市	Fuyang	675	3404821	711335	263047	581282
淮 南 市	Huainan	411	1281530	240280	119811	228661
滁 州 市	Chuzhou	516	2419650	555616	282616	467444
六 安 市	Luan	436	1341348	258147	198971	352891
马鞍山市	Maanshan	190	1304861	360214	78687	183604
芜 湖 市	Wuhu	875	6975717	1092336	240061	593279
宣 城 市	Xuancheng	300	1139855	213487	132411	259627
铜 陵 市	Tongling	233	1650087	331243	86023	190160
池 州 市	Chizhou	210	412134	83578	71705	138124
安 庆 市	Anqing	686	1545501	354798	211176	416363
黄 山 市	Huangshan	208	508634	127836	59472	130561

16—15 各市限额以上住宿和餐饮企业主要财务指标情况（2020年）

Main Financial Indicators of Enterprises Above Designated Size in Catering Trades by Status of Registration and by Sector by Region (2020)

地 区	Region	企业数（个）Number of Enterprises (unit)	流动资产合计 Circulating Funds	#存货 Stock	固定资产合计 Total Fixed Assets	固定资产原价 Original Value of Fixed Assets
总 计	**Total**	**2075**	**2020097**	**129028**	**1389553**	**2830612**
合 肥 市	Hefei	476	685177	49509	503806	1002558
淮 北 市	Huaibei	33	30520	1604	3231	14398
亳 州 市	Bozhou	101	49638	4149	32113	87881
宿 州 市	Suzhou	101	47401	3992	38229	151229
蚌 埠 市	Bengbu	122	72695	6019	54200	128654
阜 阳 市	Fuyang	150	73939	4568	31488	77691
淮 南 市	Huainan	116	68085	4922	45790	91539
滁 州 市	Chuzhou	116	101864	13482	71930	113401
六 安 市	Luan	157	99394	5825	74352	140453
马鞍山市	Maanshan	50	67485	3641	39214	87823
芜 湖 市	Wuhu	177	165411	8561	149820	278834
宣 城 市	Xuancheng	96	74781	2389	80423	154091
铜 陵 市	Tongling	64	62753	2957	12851	36066
池 州 市	Chizhou	55	52539	2797	42514	69241
安 庆 市	Anqing	171	109849	10170	109326	211374
黄 山 市	Huangshan	90	258565	4444	100267	185381

单位：万元（10000 yuan）

累计折旧 Progessive Deprecia-tion	#本年折旧 Deprecia-tion this Year	资产总计 Total of Assets	负债合计 Total of Liabilities	#流动负债 Working Liabilities	所有者权益 Creditors' Equity	#实收资本 Capital Hold	#个人资本 Individual Capital
2754797	**482129**	**73361309**	**50153037**	**44046825**	**21885524**	**11184395**	**2403857**
956132	162390	37204164	26210179	23284631	9817318	5241160	1382142
64014	14688	1278152	837243	770902	433519	197458	58951
89106	16754	2049986	1399905	1226707	644762	283751	83331
111144	19346	2466773	1667369	1442238	804770	306077	60346
148661	33198	2519924	1722612	1289872	778764	268492	84383
250717	47012	4130500	2661408	2387323	1454643	405563	99385
96264	10133	1540276	859665	694680	673848	197810	60601
159457	33704	3124751	1782281	1470933	1338015	611951	124392
119703	19304	1787480	1006338	829873	781103	307429	66248
76007	9870	1601129	1151651	1024250	448109	207388	30508
244695	51980	8888879	6824088	6082622	2063557	2242534	115695
100315	14883	1489379	758510	694073	682863	167843	44054
71190	9721	2075860	1531433	1462577	541922	334971	38416
58167	7784	567137	245712	236505	297031	51413	23577
153187	24937	2003552	1143627	857992	844384	266626	95296
56039	6424	633369	351017	291650	280916	93929	36532

单位：万元（10000 yuan）

累计折旧 Progessive Deprecia-tion	#本年折旧 Deprecia-tion this Year	资产总计 Total of Assets	负债合计 Total of Liabilities	#流动负债 Working Liabilities	所有者权益 Creditors' Equity	#实收资本 Capital Hold	#个人资本 Individual Capital
1075685	**162195**	**5253220**	**3639549**	**2604415**	**1589010**	**1204786**	**276179**
437345	60342	1783077	1323500	1000920	452799	387786	54767
7983	1019	42517	28971	22617	13251	2050	1223
29336	4740	147880	90322	75104	57336	40590	11626
52984	8212	178486	111088	33659	61713	20930	9458
52393	7693	181009	90315	67799	88888	38948	9283
26915	5526	183336	114248	88196	67663	34252	16941
35700	4376	149262	101607	68788	45061	38786	20027
26923	4327	304016	149652	125163	154148	64896	29923
55076	9671	277742	173481	129240	103239	76916	33965
35716	7917	172347	131140	105259	42189	36616	7256
94245	17986	439203	275335	178893	162506	153169	8842
40303	10492	241142	156651	101551	84243	34801	13666
17620	1494	132260	90551	74831	40928	27123	11179
21731	4544	139001	100880	77966	38122	34198	16848
67294	7671	386230	223963	121591	160167	88134	21217
74124	6186	495711	477846	332839	16758	125592	9960

16—14 续表 continued

地 区	Region	主营收入 Project Settlement Income	营业成本 Operating Costs	税金及附加 Taxes and Surcharges	其他业务利 润 Other Business Profit
总 计	**Total**	**137902879**	**127151824**	**1118087**	**1086915**
合 肥 市	Hefei	56012682	52294427	270504	903721
淮 北 市	Huaibei	4706115	4497539	26978	1576
亳 州 市	Bozhou	4644188	3875203	66100	7509
宿 州 市	Suzhou	5268481	4903003	61652	7273
蚌 埠 市	Bengbu	5400608	4932141	54795	14652
阜 阳 市	Fuyang	9605265	8636636	101438	12974
淮 南 市	Huainan	3170624	2918371	47057	4778
滁 州 市	Chuzhou	5558625	5019889	64146	23298
六 安 市	Luan	3504829	3020800	66001	7930
马鞍山市	Maanshan	5722940	5369505	51787	4873
芜 湖 市	Wuhu	19847383	18392172	99672	46280
宣 城 市	Xuancheng	2582182	2275112	54342	4877
铜 陵 市	Tongling	4405668	4310949	30779	33367
池 州 市	Chizhou	1372631	1200343	27702	1940
安 庆 市	Anqing	4798598	4335439	69727	9552
黄 山 市	Huangshan	1302060	1170294	25408	2315

16—15 续表 continued

地 区	Region	主营收入 Project Settlement Income	营业成本 Operating Costs	税金及附加 Taxes and Surcharges	其他业务利 润 Other Business Profit
总 计	**Total**	**2548368**	**1432775**	**20649**	**18793**
合 肥 市	Hefei	1178371	625802	7148	4077
淮 北 市	Huaibei	24821	13835	78	1
亳 州 市	Bozhou	85549	53688	751	276
宿 州 市	Suzhou	65990	38224	798	5
蚌 埠 市	Bengbu	112100	74480	1083	33
阜 阳 市	Fuyang	116924	77898	1009	31
淮 南 市	Huainan	60723	38162	447	309
滁 州 市	Chuzhou	95242	54512	984	8856
六 安 市	Luan	113072	63071	1020	0
马鞍山市	Maanshan	61714	38476	779	647
芜 湖 市	Wuhu	142159	83075	1884	361
宣 城 市	Xuancheng	78022	45217	790	2844
铜 陵 市	Tongling	124151	57062	184	2
池 州 市	Chizhou	38455	20931	597	160
安 庆 市	Anqing	177093	107505	1977	939
黄 山 市	Huangshan	73984	40837	1121	254

单位：万元（10000 yuan）

销售费用 Operating Expense	管理费用 Management Expense	财务费用 Financial Expenses	营业利润 Operating Profit	利润总额 Total Profit	应交所得税 Payable Income Tax	本年应付工资薪酬 Total Payable Wages this Year
6651485	**2236514**	**355425**	**2714654**	**2932244**	**568918**	**2721804**
3377894	932376	161291	859696	916876	176951	1254624
89062	41128	8409	48733	51459	11854	50534
444338	122092	3402	161329	169742	38451	164593
119054	95313	8972	113545	113198	19829	82351
199128	107584	29432	130421	132779	16721	123725
378302	167113	31170	229672	243720	46907	132128
94796	57873	4841	87186	88102	11998	62592
190038	101465	15839	104184	131188	22192	109813
166726	74162	13243	196563	205168	42196	100766
165560	58680	8484	97143	119641	19128	82571
937364	197072	31568	310376	357233	76649	229705
138032	62714	2579	87307	88272	20390	82257
61883	43108	11500	32930	43765	9533	40024
53607	31082	2382	70212	70108	13376	39076
177710	109245	17821	149204	160052	26811	130121
57991	35507	4489	36154	40939	15933	36925

单位：万元（10000 yuan）

销售费用 Operating Expense	管理费用 Management Expense	财务费用 Financial Expenses	营业利润 Operating Profit	利润总额 Total Profit	应交所得税 Payable Income Tax	本年应付工资薪酬 Total Payable Wages this Year
670216	**433201**	**70116**	**-15226**	**3658**	**15853**	**562324**
383609	184239	27532	-19994	-12997	9847	274686
4466	5581	1087	277	482	25	6052
15124	13271	3659	-109	380	300	18518
13820	15700	1839	-3736	-2611	140	14360
17544	18537	1232	3439	3642	196	16596
20968	13120	3271	2475	2973	315	19798
12319	8626	2501	-795	-432	182	11327
13786	15985	1361	8198	8433	548	16089
22982	22672	3078	2121	2588	444	22891
15335	11697	3038	-5292	-4177	57	16399
32235	28121	2685	2900	5072	965	36262
12958	17063	2815	-2340	-1026	191	17346
47422	15146	936	5310	5824	1694	34238
8320	11070	1852	-2736	-2131	-364	9608
31114	27419	4770	11269	12632	1277	26742
18212	24955	8461	-16215	-14994	37	21413

16—16 各市限额以上批发零售业商品购进、销售和库存情况（2020年）

Total Purchases, Sales and Inventory of Enterprises Above Designated Size in Wholesale and Retail and Inventory by Region (2020)

单位：万元（10000 yuan）

地区	Region	从业人员（人）Persons Engaged (persons)	购进总额 Total Purchases Value	#进口 Imports	销售总额 Total Sales Value	批发 Wholesale Value	零售 Retail Value	年末库存总额 Stock (year-end)
总计	**Total**	**375069**	**136762887**	**9296021**	**156933881**	**106412099**	**49814319**	**10539684**
合肥市	Hefei	137364	54579628	6866653	63638100	45438905	17615181	3796103
淮北市	Huaibei	9878	4941889	11772	5300883	4282768	1004603	158209
亳州市	Bozhou	17755	4166223	7171	5346480	3593149	1749984	237734
宿州市	Suzhou	15235	5335640	22344	5962414	3772889	2175540	226160
蚌埠市	Bengbu	18045	5292538	471646	6016501	3087382	2884659	401473
阜阳市	Fuyang	30900	9615924	57351	11080889	6081269	4986832	684804
淮南市	Huainan	12537	3463246	13466	4378311	2027501	2336064	199894
滁州市	Chuzhou	18110	5735356	17691	6210371	4190235	2016433	347726
六安市	Luan	17270	3428320	21933	4065809	1795285	2270522	237184
马鞍山市	Maanshan	10825	5852377	12183	6311367	5137875	1173492	447131
芜湖市	Wuhu	34738	20080744	1617496	22303239	17274166	5027224	983523
宣城市	Xuancheng	11840	2538654	14002	2899291	1656789	1241826	1921217
铜陵市	Tongling	6094	4481621	56997	5016040	4102265	913765	377819
池州市	Chizhou	6004	1086714		1539012	721854	817158	81864
安庆市	Anqing	22565	4764677	88735	5280996	2509023	2757605	337269
黄山市	Huangshan	5909	1399336	16584	1584178	740744	843434	101576

16—17 各市限额以上住宿餐饮业经营情况（2020年）

Above Designated Accommodation Catering Business by Region (2020)

单位：万元（10000 yuan）

地区	Region	从业人员（人）Persons Engaged (persons)	营业额 Turnover	客房收入 Room Revenue	餐费收入 Meals Income	商品销售收入 Commodity Sales	其他收入 Other Income	客房数（间）Guestroom Number (unit)	床位数（个）Bed Capacity (unit)	餐位数（位）Number of Seating Arrangement (unit)
总计	**Total**	**136992**	**2657931**	**507525**	**1951660**	**131376**	**67370**	**152913**	**250259**	**1221607**
合肥市	Hefei	57412	1213661	140645	955212	83147	34657	41554	68575	438408
淮北市	Huaibei	1711	25852	9420	15375	127	931	2145	3208	8423
亳州市	Bozhou	5063	92858	22236	67026	3217	380	15790	23230	58112
宿州市	Suzhou	5008	69032	22413	44489	1808	322	5203	8371	48434
蚌埠市	Bengbu	4946	120703	31805	85583	1018	2298	6139	9495	41100
阜阳市	Fuyang	6066	121799	32145	79382	5734	4538	6955	11075	57722
淮南市	Huainan	3685	64039	10712	49478	3168	681	3843	6196	38634
滁州市	Chuzhou	4410	99031	31575	62853	2963	1640	7761	12154	51512
六安市	Luan	7905	122246	37400	77420	4688	2737	10609	17497	89149
马鞍山市	Maanshan	3920	63942	9212	49475	3833	1423	2890	4683	33911
芜湖市	Wuhu	7639	141691	37326	94502	4264	5599	15044	27397	87114
宣城市	Xuancheng	4564	82020	31367	44293	3087	3273	8207	13270	58790
铜陵市	Tongling	8971	126858	10690	112969	2180	1020	2901	4574	46593
池州市	Chizhou	2532	40872	12802	26863	463	744	4594	7597	29317
安庆市	Anqing	7486	188453	41079	136435	8747	2192	9631	16283	80175
黄山市	Huangshan	5674	84873	26697	50308	2934	4935	9647	16654	54213

16—18 亿元以上商品交易市场情况（2020年）
Market Situation of Commodity Trading Above 100 million Yuan (2020)

指　　标	Item	市场个数（个）Number of Markets (unit)	总摊位数（个）Total Booth Number (unit)	总成交额（万元）Transaction Value (10000 yuan)
全　　省	**Total**	**104**	**128316**	**28113053**
综合市场	**Comprehensive Markets**	**40**	**74063**	**12421161**
生产资料综合市场	The Material of Production Comprehensive Markets	2	10570	2106385
工业品综合市场	Markets for Manufactured Goods	9	23833	934337
农业品综合市场	Markets for Agricultural Goods	21	18231	7226145
其他综合市场	Other Comprehensive Markets	8	21429	2154294
专业市场	**Specialized markets**	**64**	**54253**	**15691892**
生产资料市场	The Material of Production Markets	13	6386	3756311
农产品市场	Agricultural Product Markets	20	12920	2697799
食品饮料烟酒市场	Food, Drink, Tobacco and Liquor	5	3170	608328
纺织品服装鞋帽市场	Textile, Clothing, Shoes and Hats	5	9949	1058063
日用品及文化用品市场	Daily Necessities and Cultual Product Markets			
电器通讯器材电子设备市场	Electrical Communication Equipment Electronic Equipment Markets	1	3902	11020
医药医疗用品及器材市场	Medicine and Medical Supplies and Equipment Markets	1	5660	4300000
家具五金及装饰材料市场	Furniture, Hardware and Decorative Materials Markets	12	8671	1104092
汽车摩托车及零配件市场	Automobile and Motorcycle Spare Parts Markets	5	2107	1648811
花鸟鱼虫市场	Flower, Bird, Fish, Insect Markets	1	1200	226193
其他专业市场	Other Professional Markets	1	288	281275

16—19 各市亿元以上商品交易市场情况（2020年）
Market Situation of Commodity Trading Above 100 million Yuan by Region (2020)

地　区	Region	市场个数（个）Number of Markets (unit)	总摊位数（个）Total Booth Number (unit)	营业面积（平方米）Business Area (sq.m)	总成交额（万元）Transaction Value (10000 yuan)
总　　计	**Total**	**104**	**128316**	**12390991**	**28113053**
合 肥 市	Hefei	29	36241	3492942	8658562
淮 北 市	Huaibei	6	6664	224194	587098
亳 州 市	Bozhou	3	8831	167359	4586249
宿 州 市	Suzhou	2	2800	811600	122853
蚌 埠 市	Bengbu	3	6961	856323	1960703
阜 阳 市	Fuyang	13	10235	1304989	3445067
淮 南 市	Huainan	4	2020	192400	265328
滁 州 市	Chuzhou	8	8291	1018078	703462
六 安 市	Luan				
马鞍山市	Maanshan	4	1642	179920	533290
芜 湖 市	Wuhu	11	23164	1575472	2191638
宣 城 市	Xuancheng	6	4486	44887	1945396
铜 陵 市	Tongling	3	2059	255000	367451
池 州 市	Chizhou	5	4027	354505	228788
安 庆 市	Anqing	6	10555	1880922	2304468
黄 山 市	Huangshan	1	340	32400	212700

16—20 亿元以上商品交易市场摊位分类情况（2020年）

Classification of Commodity Exchange Markets of Transaction Value over 100 Million Yuan (2020)

指　　标	Item	年末出租摊位数（个）Number of Stalls Rented at the End of the Year (unit)	总成交额（万元）Transaction Value (10000 yuan)
合　　计	**Total**	**104794**	**28113053**
粮油、食品类	Grain and Oil, Food	27313	10538185
饮料类	Beverage Category	2206	375529
烟酒类	Smoke Wine	1278	318962
服装鞋帽、针、纺织品类	Clothing, Shoes, Hats and Textiles	19624	1826443
化妆品类	Cosmetics	482	46309
金银珠宝类	Gold, Silver and Jeweler	34	14033
日用品类	Articles for Daily Use	4923	285931
五金、电料类	Hardware & Electrical Materials	5500	303063
体育、娱乐用品类	Sports & Recreational Articles	393	21345
书报杂志类	Newspapers and Magazines	202	85773
电子出版物及音像制品类	E-journal and Video Products	63	3629
家用电器和音像器材类	Household Appliances and Video Equipments	1641	215929
中西药品类	Traditional Chinese and Western Medicine	5239	4309218
文化办公用品类	Cultural and official Goods	929	174460
家具类	Furniture	2593	1005484
通讯器材类	Communication Appliances	215	19233
煤炭及制品类	Coal and Related Products		
木材及制品类	Wood and Wooden Products	953	242528
石油及制品类	Petroleum and Related Products	58	1000
化工材料及制品类	Raw Chemical Materials and Related Products	632	213013
金属材料类	Metal Materials	1947	3274779
建筑及装潢材料类	Building and Decoration Materials	13051	1950759
机电产品及设备类	Mechanical & Electrical Products	1445	368591
汽车类	Automobile	1044	1620237
种子饲料类	Seed and Feedstuff	459	78586
棉麻类	Cotton and Hemp	271	12360
其他类	Others	12299	807674

注：国家统计局报表制度商品分类目录发生变化。

a) Changes takea place in the catalogue of the report system of the National Bureau of statistics.

16—21 各市社会消费品零售总额（2020年）

Total Retailsale of Consumer Goods in Major Years by Region (2020)

单位：万元（10000 yuan）

地 区	Region	社会消费品零售总额 Total Retail Sales of Consumer Goods	城 镇 Urban	城 区 City	乡 村 Rural	餐饮收入 Catering Income	商品零售 Commodity Retail
全 省	**Total**	**183336909**	**151021048**	**99401888**	**32315860**	**19803969**	**163532940**
合 肥 市	Hefei	45137605	42095856	33500266	3041748	4279661	40857944
淮 北 市	Huaibei	4608051	3610940	2914160	997111	199325	4408726
亳 州 市	Bozhou	9917055	7611340	3444131	2305715	828064	9088991
宿 州 市	Suzhou	10825663	8542366	2937287	2283297	764950	10060713
蚌 埠 市	Bengbu	12025026	9752209	6706745	2272817	1221647	10803379
阜 阳 市	Fuyang	18365568	13756085	9642649	4609483	1736002	16629566
淮 南 市	Huainan	7743159	5193354	3598206	2549805	903807	6839352
滁 州 市	Chuzhou	11825853	9347781	4655344	2478072	1491258	10334595
六 安 市	Luan	9350423	6376520	3794547	2973903	1057831	8292592
马鞍山市	Maanshan	7957887	7251102	3799797	706785	993659	6964228
芜 湖 市	Wuhu	15843479	14265680	12443564	1577799	1779287	14064193
宣 城 市	Xuancheng	6266232	4941305	2440018	1324927	622744	5643488
铜 陵 市	Tongling	3503257	2857209	2495573	646048	698185	2805072
池 州 市	Chizhou	4063297	3115214	2045977	948083	548256	3515041
安 庆 市	Anqing	11283928	8785444	4548314	2498485	1101686	10182242
黄 山 市	Huangshan	4623025	3346953	1822492	1276072	474687	4148338

注：社会消费品零售总额及其分组数据按第四次全国经济普查结果进行了调整。

a) The total retail sales of social consumer goods and its grouping data were adjusted according to the results of the fourth national economic census.

16—22 各县（市）社会消费品零售总额（2020年）
Total Retailsale of Consumer Goods in Major Years by County or City (2020)

单位：万元（10000 yuan）

县（市）	County or City	社会消费品零售总额 Total Retail Sales of Consumer Goods	城镇 Urban	乡村 Rural	餐饮收入 Catering Income	商品零售 Commodity Retail
合肥市辖区	Hefei Region of City	33576895	33462266	114629	2901873	30668217
巢湖市	Chaohu	1922386	1441240	481146	358679	1563707
长丰县	Changfeng	2877470	2310255	567215	217513	2659957
肥东县	Feidong	2707752	1942772	764980	419760	2287992
肥西县	Feixi	2141256	1576068	565188	138163	2003093
庐江县	Lujiang	1911845	1363254	548591	243672	1674978
淮北市辖区	Huaibei Region of City	3199722	2313165	886557	129386	3070336
濉溪县	Suixi	1408329	1297775	110554	69939	1338390
亳州市辖区	Bozhou Region of City	3713061	3127538	585523	131155	3581905
涡阳县	Guoyang	2004532	1442093	562439	272885	1731646
蒙城县	Mengcheng	2122592	1638064	484528	219252	1903339
利辛县	Lixin	2076871	1403645	673226	204771	1872100
宿州市辖区	Suzhou Region of City	4348360	3496561	851799	309462	4038898
砀山县	Dangshan	1724041	1275905	448136	68007	1656034
萧县	Xiaoxian	1885663	1576018	309645	136317	1749347
灵璧县	Lingbi	1562111	1206102	356009	150984	1411127
泗县	Sixian	1305488	987779	317709	100181	1205307
蚌埠市辖区	Bengbu Region of City	7185882	6154837	1031045	728054	6457828
怀远县	Huaiyuan	2343129	1759691	583438	238999	2104130
五河县	Wuhe	1392852	1004835	388017	142071	1250781
固镇县	Guzhen	1103163	832846	270317	112523	990640
阜阳市辖区	Fuyang Region of City	7012044	5609131	1402913	1071711	5940333
界首市	Jieshou	1652917	1093570	559347	159603	1493314
临泉县	Linquan	2568690	1802532	766158	81861	2486829
太和县	Taihe	3362478	2664868	697610	57386	3305092
阜南县	Funan	1839383	1434719	404664	82819	1756564
颍上县	Yingshang	1930056	1151264	778791	282622	1647434
淮南市辖区	Huainan Region of City	5292017	3952963	1339053	469861	4822155
凤台县	Fengtai	1085498	564916	520582	108322	977176
寿县	Shouxian	1365645	675475	690170	325624	1040021
滁州市辖区	Chuzhou Region of City	2878530	2571480	307050	135505	2743025
天长市	Tianchang	1781160	1486894	294266	250031	1531129
明光市	Mingguang	1347209	1013101	334108	204776	1142433
来安县	Laian	1122729	914671	208058	195072	927657
全椒县	Quanjiao	1389472	1043733	345739	188190	1201282
定远县	Dingyuan	1470780	1016869	453911	232485	1238295
凤阳县	Fengyang	1835972	1301033	534940	285199	1550774

注：社会消费品零售总额及其分组数据按第四次全国经济普查结果进行了调整。

a) The total retail sales of social consumer goods and its grouping data were adjusted according to the results of the fourth national economic census.

16—22 续表 continued

单位：万元（10000 yuan）

县（市）	County or City	社会消费品零售总额 Total Retail Sales of Consumer Goods	城镇 Urban	乡村 Rural	餐饮收入 Catering Income	商品零售 Commodity Retail
六安市辖区	Luan Region of City	4698639	3413028	1285611	487652	4210987
霍邱县	Huoqiu	1270940	928031	342910	112309	1158631
舒城县	Shucheng	1326219	770474	555745	112816	1213403
金寨县	Jinzhai	1256252	706701	549551	283537	972715
霍山县	Huoshan	798373	558287	240086	61516	736857
马鞍山市辖区	Maanshan Region of City	4276573	4130303	146270	514707	3761971
当涂县	Dangtu	1556526	1337323	219203	204916	1351552
含山县	Hanshan	971489	794200	177289	128235	843217
和县	Hexian	1153299	989276	164023	145802	1007488
芜湖市辖区	Wuhu Region of City	13118584	12443564	675019	1367723	11750860
无为市	Wuwei	1635978	1234110	401868	270051	1365927
南陵县	Nanling	1088918	588006	500912	141512	947405
宣城市辖区	Xuancheng Region of City	2072922	1544327	528595	181480	1891442
宁国市	Ningguo	1063093	1026695	36398	99462	963631
广德市	Guangde	1316243	997396	318847	139576	1176667
郎溪县	Langxi	632058	465195	166863	69913	562145
泾县	Jingxian	692591	493817	198774	79161	613430
绩溪县	Jixi	301246	272628	28618	32131	269115
旌德县	Jingde	188079	141247	46832	21021	167058
铜陵市辖区	Tongling Region of City	2708009	2486395	221614	633196	2074813
枞阳县	Zongyang	795248	370814	424434	64990	730259
池州市辖区	Chizhou Region of City	2288527	2078119	210408	230410	2058116
东至县	Dongzhi	887324	490781	396543	130192	757132
石台县	Shitai	134172	77456	56717	22732	111441
青阳县	Qingyang	753274	468859	284415	164923	588351
安庆市辖区	Anqing Region of City	4166708	3880342	286366	380660	3786048
桐城市	Tongcheng	1323416	1081114	242302	156087	1167329
潜山市	Qianshan	1109662	827848	281814	120573	989089
怀宁县	Huaining	1176864	841064	335800	110501	1066362
太湖县	Taihu	987264	653207	334057	81273	905991
宿松县	Susong	990207	662537	327671	82571	907636
望江县	Wangjiang	829094	537558	291536	74394	754699
岳西县	Yuexi	700714	301775	398939	95627	605087
黄山市辖区	Huangshan Region of City	2458123	2081671	376452	274450	2183672
歙县	Shexian	959115	578713	380402	68757	890358
休宁县	Xiuning	613870	315400	298470	47725	566145
黟县	Yixian	213709	138794	74914	52041	161667
祁门县	Qimen	378209	232375	145834	31713	346496

主要统计指标解释

批发业

指批发商向批发、零售单位及其他企事业、机关单位批量销售生活用品和生产资料的活动，以及从事进出口贸易和贸易经纪与代理的活动。批发商可以对所批发的货物拥有所有权，并以本单位、公司的名义进行交易活动；也可以不拥有货物的所有权，而以中介身份做代理销售商。还包括各类商品批发市场中固定摊位的批发活动。

零售业

指百货商店、超级市场、专门零售商店、品牌专卖店、售货摊等主要面向最终消费者（如居民等）的销售活动。包括以互联网、邮政、电话、售货机等方式的销售活动，还包括在同一地点，后面加工生产，前面销售的店铺（如前店后厂的面包房）。不包括：谷物、种子、饲料、牲畜、矿产品、生产用原料、化工原料、农用化工产品、机械设备（乘用车、计算机及通信设备等除外）等生产资料的销售（列入批发业）；非零售单位附带的零售活动，如汽车修理单位销售汽车零件（列入单位主业所对应的行业类别中）；商业零售单位所在商厦的物业管理（列入物业管理）；商业零售单位所在的商品市场、商业大厦的市场管理活动（列入市场管理）。

批发和零售业商品购进、销售、库存额

指各种登记注册类型的批发和零售业企业(单位)以本企业(单位)为总体的，从国内、国外市场购进的商品总量，销售和出口的商品总量，库存的商品总量等情况。该指标可以反映商品流转过程中商品的购进、销售、库存之间的比例关系和存在的问题。

商品购进额

指从本企业以外的单位和个人购进（包括从国外直接进口）作为转卖或加工后转卖的商品金额（含增值税）。商品购进包括：（1）从工农业生产者、批发和零售业企业、住宿和餐饮业企业、出版社或报社的出版发行部门和其他服务业企业购进的商品；（2）从机关团体、事业单位购进的商品；（3）从海关、市场管理部门购进的缉私和没收的商品；（4）从居民收购的废旧商品等。不包括：（1）企业为本单位自身经营用，不是作为转卖而购进的商品，如材料物资、包装物、低值易耗品、办公用品等；（2）未通过买卖行为而收入的商品，如接受其他部门移交的商品、借入的商品、收入代其他单位保管的商品、其他单位赠送的样品、加工回收的成品等；（3）经本单位介绍，由买卖双方直接结算，本单位只收取手续费的业务；（4）销售退回和买方拒付货款的商品；（5）商品溢余。

商品销售额

指对本单位以外的单位和个人出售的商品金额（包括售给本单位消费用的商品，含增值税）。商品销售包括（1）售给城乡居民和社会集团消费用的商品；（2）售给农业、工业、建筑业、运输邮电业、服务业、公用事业等国民经济各行业用于生产、经营用的商品，包括售予批发和零售业作为转卖或加工后转卖的商品；（3）对国（境）外直接出口的商品。不包括：（1）未通过买卖行为付出的商品，如随机构变动移交给其他企业单位的商品、借出的商品、归还受其他单位委托代保管的商品、付出的加工原料和赠送给其他单位的样品等；（2）经本单位介绍，由买卖双方直接结算，本单位只收取手续费的业务；（3）购货退回的商品；（4）商品损耗和损失；（5）出售本单位自用的废旧物资。

商品库存额

指报告期末各种登记注册类型的批发和零售业企业(单位)已取得所有权的商品。它反映批发和零售业企业(单位)的商品库存情况和对市场商品供应的保证程度。商品库存包括：(1)存放在批发和零售业经营单位(如门市部、批发站、采购站、经营处)的仓库、货场、货柜和货架中的商品；(2)挑选、整理、包装中的商品；(3)已记入购进而尚未运到本单位的商品，即发货单或银行承兑凭证已到而货未到的商品；(4)寄放他处的商品，如因购货方拒绝付款而暂时存在购货方的商品；(5)委托其他单位代销(未作销售或调出)尚未售出的商品；(6)代其他单位购进尚未交付的商品。不包括：所有权不属于本单位的商品；委托外单位加工的商品；外贸企业代理其他单位从国外进口尚未付给订货单位的商品；代国家物资储备部门保管的商品等。

连锁总店（总部）

指负责连锁企业资源（商号、商誉、经营模式、服务标准、管理模式等等）的开发、配置、控制或使用等功能的企业核心管理机构。连锁经营是指经营同类商品或服务，使用统一商号的若干店铺，在同一总店（总部）的管理下，采取统一采购或特许经营等方式，实现规模效益的组织形式，包括直营连锁、特许连锁和自愿连锁三种形式。其中，直营连锁是指连锁店铺由连锁公司全资或控股开设，在总部的直接控制下，开展统一经营的连锁经营形式；特许连锁是指拥有注册商标、企业标志、专利、专有技术等经营资源的企业（特许人），以合同形式将其拥有的经营资源许可其他经营者（被特许人）使用，被特许人按合同约定在统一的经营模式下开展经营，并向特许人支付特许经营费用的连锁经营形式；自愿连锁是指若干个店铺或企业自愿组合起来，在不改变各自资产所有权关系的情况下，以同一个品牌形象面对消费者，以共同进货为纽带开展的连锁经营形式。

亿元以上商品交易市场

指年成交额在亿元及以上的商品交易市场。商品交易市场是指经有关部门和组织批准设立，有固定场所、设施，有经营管理部门和监管人员，若干市场经营者入内，常年或实际开业三个月以上，集中、公开、独立地进行生活消费品、生产资料等现货商品交易以及提供相关服务的交易场所，包括各类消费品市场、生产资料市场等。

社会消费品零售总额

指企业（单位、个体户）通过交易直接售给个人、社会集团非生产、非经营用的实物商品金额，以及提供餐饮服务所取得的收入金额。个人包括城乡居民和入境人员，社会集团包括机关、社会团体、部队、学校、企事业单位、居委会或村委会等。

Explanatory Notes for Major Statistical Indicators

Wholesale Trade

refers to the activities of wholesaler selling at wholesale commodities for daily use and capital goods to enterprises of wholesale and retail trades and other enterprises, institutions and government offices, including the activities of wholesaler engaged in import and export and acting as a trade agent. The wholesaler may have the right of ownership over the commodities of wholesale and trade in the name of its own's or a company, the wholesaler may not have the right of ownership, only acts an agent. The wholesale trade also include the activities of wholesaler at the fixed stalls of the wholesale market of different commodities.

Retail Trade

refers to the activities of department store, supermarket, franchised store, brand store, retail stall and on-the-spot-making-selling store selling commodities to the final consumers (citizens) by any means including internet, post, telephone, sales machine. Retail trade excludes the activities of sales of capital goods such a grain, seed, feed, livestock, mineral products, raw material for production, industrial chemicals, chemical products for farm, machine and equipment (vehicle, computer and communication equipment), and the activities of supplementary sales of non-retailer such as the sales of spare parts of car repair business (listed as branch in correspondence with principle business), property management of buildings of retail units (listed as property management); market management of commercial markets and buildings of retail units (listed as market management) .

Purchase, Sales and Stock of Commodities by Wholesale and Retail Trades

refer to the total volume of commodities purchased, total volume of sales and exports, and the stock of commodities by wholesale and retail enterprises (establishments) of different status of registration from domestic and overseas markets. This indicator reflects the relationship among purchase, sales and stock of commodities in the circulation of goods and reveals the existing problems.

Total Purchases of Commodities

refer to the total value of purchases of commodities by enterprises (establishments) from other establishments or individuals (including direct import from abroad) for the purpose of re-selling, either with or without further processing of the commodities purchased. The commodities include: (1) commodities purchased from agricultural and industrial producer, wholesaler, retailer, publishing house and other service business; (2) commodities purchased from institutions and government departments; (3) confiscated goods purchased from the customs authorities or market management agencies; (4) second-hand goods and wastes purchased from residents; The commodities exclude 1. commodities purchased by enterprises (establishments) for use in their own business operation, commodities obtained without buying or selling procedures such as materials, consumable goods of low value, office appliance, etc. 2. received goods without trading, such as goods handed over from others, borrowed goods, preserved goods for others, donated goods from others, processed and retrieved goods, etc. 3. goods of direct settlement between buyer and seller with handling fees introduced by others, 4. goods returned or refused to pay by the buyer, 5. excessive goods.

Total Sales of Commodities

refer to value of commodities sold by the establishments to other establishments and individuals (including goods sold for self consumption, including the value-added tax). The commodities include: (1) commodities sold to urban and rural residents and social groups for their consumption; (2) commodities sold to establishments in all industries for their production and operation, including agriculture, industry, construction, transportation, post and telecommunications, catering services, and public utility including commodities sold to wholesale and retail establishments for re-selling, with or without further processing; and (3) commodities for direct export to abroad. Excluded are (1) extended commodities without trading, such as goods handed over to other enterprises and institutions because of the change of organizations, lent goods, returned goods preserved for others, extended processing materials and samples donated to others, (2) goods of direct settlement between buyer and seller with handling fees introduced by others, 3. goods returned after purchase, (4) damaged and spoiled goods, (5) waste and used goods of self use,

Total Stock of Commodities

refers to total commodities possessed by wholesaler and retailer of various types of registration status at the end of the reference period, reflecting the commodity stock level of various wholesaler and retailer and the potential for market supply. It includes: (1) commodities located in storage, garages, counters, and shelves of operating places of wholesale and retail trades (such as sale stores, wholesale centres, procurement stations and operating offices); (2) commodities in the process of being selected, sorted, and packed; (3) commodities not arrived but recorded as purchase in the account, i.e. commodities not arrived but payment receipts for the commodities from the sellers or the banks arrived; (4) commodities deposited in other places rather than places mentioned above, for instance: commodities in the hold of purchasers temporarily due to the refusal of payment; (5) commodities entrusted to other units to sell but not sold yet; (6) commodities purchased for other units but not delivered yet. Commodities not included as stock are those not owned by the enterprises (units), commodities on commission for processing, imported commodities of agency of foreign trade enterprise but not yet delivered to ordering units and finally those put in stock on behalf of the state material reserves units.

Chain Head Stores (headquarter)

refer to the core leading stores responsible for development, allocation, administration and utilization of resources (name of stores, brand of stores, operation model, service standard, management way, etc.) of chain stores. Chain stores refers to the stores engaged in providing homogeneous commodities or services, with the central leadership of head store (headquarters) and guided by common policies, conduct centralized purchase and distributed selling of commodities, in order to gain better efficiency through standardized operation. The chain stores include regular chain stores, franchise chain stores and voluntary chain stores. Regular Chain store refers to chain stores that are invested or controlled by the headquarters. They operate under direct and unified management from the headquarters. Franchise chain store refers to the chain stores (franchisees) which are franchised with operation resources such as trade marks, names, patent and operation know-how by the franchisors in form of contract and pay the operation fees to the franchisors. Voluntary chain store refers to the stores operate jointly on the voluntary bases while maintaining their status of independent legal entities with full ownership of their assets. They sell goods of same brand from same channel of resource to the consumers.

Large Commodity Markets with Transaction Value over 100 Million Yuan

refers to the commodity markets with an annual transaction at and above 100 million. The commodity market refers to the markets approved and managed by related departments, where there are fixed sites, facilities, managers and administration offices, where there are a certain number of traders to operate for three month and above or all the year, where the commodities including the articles for daily consumption and capital goods and services are traded in a centralized, independent and open way. Such market includes markets of daily goods and market of capital goods, etc.

Total Retail Sales of Consumer Goods

refer to the amount obtained by enterprises (units, self-employed individuals) through direct sales of non-production and non-business physical commodity to individuals, social institutions, and revenue from providing catering services. Individuals include rural and urban households, population from abroad, social institutions include government agencies, social organizations, military units, schools, institutions, neighbourhood (village) committees.

第十七篇

Chapter 17

FOREIGN TRADE AND
ECONOMIC COOPERATION

简要说明

一、我省进出口贸易的规模、进出口商品结构、贸易伙伴国的进出口总额以及三资企业的进出口变化情况，根据合肥海关资料加工整理。

二、利用外资资料来源于省商务厅，根据国家商务部和国家统计局共同制订的《利用外资统计制度》加工、整理而成。

三、外商投资企业注册登记情况。资料来源于省市场监管局，根据国家市场监管总局制订的《市场监督管理统计报表制度》进行统计、加工、整理而得。凡以凡以市场监督管理机关核准注册，在我省的中外合资经营企业、中外合作经营企业、外商独资企业、中外股份公司、在华从事经营活动的外国及港澳台地区企业及外国公司在我省境内设立的分支机构均列入统计范围。

四、对外承包工程和劳务合作的发展状况。资料来源于省商务厅，根据国家商务部与国家统计局共同制订的《对外承包工程和劳务合作统计制度》通过全面调查方法进行加工、整理而得。

Brief Introduction

I. Data on scale of import and export, commodity structure, total volume of import and export to trade partner and change in import and export of joint, cooperative or exclusively foreign-funded ventures are collected in accordance with the data provided by the Hefei Customs.

II. Data on overall situation of the utilization of foreign capital in Anhui come from the Provincial Department of Commerce and are tabulated in accordance with the “Statistical Scheme on the Utilization of Foreign Capital” designed by the Ministry of Commerce and Economic Cooperation and the National Bureau of Statistics.

III. Registration of foreign-invested enterprises. Data from the provincial market supervision bureau, according to the State Administration for Market Regulation formulated "market supervision and management statistical statement system" for statistics, processing, sorting and obtained. All registered enterprises approved by the market supervision and administration authority in our province are included in the statistical scope, such as sino-foreign joint ventures, sino-foreign cooperative enterprises, wholly foreign-owned enterprises, sino-foreign joint stock companies, enterprises from Hong Kong, Macao and Taiwan engaged in business activities in China, and branches set up by foreign companies in our province.

IV. Data on development of the contracted projects, labor services cooperation and design and consultation service with foreign countries come from the Provincial Department of Commerce and are collected with the method of complete enumeration and are tabulated in accordance with the “Statistical Reporting Scheme on the Contracted Projects and Labor Services Cooperation with Foreign Countries” jointly stipulated by the Ministry of Commerce and Economic Cooperation and the National Bureau of Statistics.

17—1 对外经济贸易基本情况
Foreign Trade and Economic Cooperation

单位：万美元（USD 10000）

指　　标	Item	2005	2010	2015	2019	2020
进出口总额	**Total Imports and Exports**	**911971**	**2427677**	**4880808**	**6873252**	**7859430**
出口总额	Total Exports	519038	1241288	3311424	4039900	4557868
初级产品	Primary Products	37045	78229	182463	218758	144292
工业制成品	Industrial Manufactured Goods	481993	1163059	3128960	3821142	4413576
进口总额	Total Imports	392933	1186388	1569384	2833352	3301562
初级产品	Primary Products	208280	629398	797477	1356265	1547241
工业制成品	Industrial Manufactured Goods	184653	556991	771907	1477086	1753366
进出口差额	Import and Export Balance	+126105	+54900	+1742040	+1206548	+1256306
利用外商直接投资	**Foreign Direct Investment Utilization**					
新批项目（个）	The New Projects (unit)	421	281	289	348	393
合同外资额	The Contract Amount of Foreign Investment	155358	216462	393800	2359777	517192
实际利用外商直接投资额	The Actual Use of Foreign Direct Investment	68845	501446	1361945	1793674	1830542
外商投资企业基本情况	**The Basic Situation of Enterprises With Foreign Investment**					
年底登记户数（户）	At The End of The Registration Number (household)	2165	2546	5063	7903	8281
投资总额	The Total Amount of Investment	1548601	3032426	10648647	16564258	32270386
注册资本	Registered Capital	890476	1734905	3091647	8543637	10222159
#外　方	Foreign	593280	1293032	2234387	6324501	7538499
对外承包工程和劳务合作	**Foreign Contracted Projects and Labor Service Cooperation**					
对外承包工程新签合同额	Newly Signed Contract of Foreign Contracted Projects	36396	151147	307024	213692	280749
对外承包工程完成营业额	Foreign Contracted Projects Completed Turnover	12585	192746	269258	334509	250222
外派劳务人数（人）	Expatriate Population (person)	5756	12631	10500	10182	5233
年末在外劳务人员（人）	At the end of the Year in Foreign Labor Service Personnel (person)	11042	20236	23691	15790	7716
对外投资	**Foreign Investment**					
新批境外企业（机构）数（家）	A new Batch of Overseas Enterprises (Institutions) Number (home)	15	44	133	87	103
协议对外投资额	Agreement of Foreign Investment	704	112504	318197	126913	120416
实际对外投资额	The Actual Amount of Foreign Investment	1841	80966	96846	136136	130729

注：2013年以后外商投资企业年底登记户数含外商投资企业分支机构。

a) By the end of 2013 registration number of enterprises with foreign investment include branches of enterprises.

17—2 海关出口商品分类金额
Value of Exports by Category of Commodities (Customs Statistics)

单位：万美元（USD 10000）

指　　标	Item	2005	2010	2015	2019	2020
总　　额	**Total**	**519038**	**1241288**	**3311424**	**4039900**	**4557868**
初级产品	Primary Goods	37045	78229	182463	218758	144292
食品及主要供食用的活动物	Food and Live Animals Used Chiefly for Food	22603	47659	90668	87617	84067
饮料及烟类	Beverages and Tobacco	17	129	217	737	672
非食品原料	Non-edible Raw Materials	14288	29947	36791	49013	53194
矿物燃料、润滑油及有关原料	Mineral Fuels, Lubricants and Related Materials	16	65	403	4542	3498
动、植物油脂及腊	Animal and Vegetable Oils, Fats and Wax	121	428	54384	76682	2861
工业制成品	Manufactured Goods	481993	1163059	3128960	3821142	4413576
化学品及有关产品	Chemicals and Related Products	60227	148644	217230	284542	352758
轻纺产品、橡胶制品、矿冶产品及其制品	Light and Textile Industrial Products, Rubber Products, Minerals Metallurgical Products	205767	281446	906051	894020	738331
机械及运输设备	Machinery and Transport Equipment	142220	421797	1210348	1788066	2283300
杂项制品	Miscellaneous Products	72718	310905	644557	558373	1015613
未分类的商品	Goods not Classified	1061	267	150774	296140	23574

17—3 海关进口商品分类金额
Value of Imports by Category of Commodities (Customs Statistics)

单位：万美元（USD 10000）

指　　标	Item	2005	2010	2015	2019	2020
总　　额	**Total**	**392933**	**1186388**	**1569384**	**2833352**	**3301562**
初级产品	Primary Goods	208280	629398	797477	1356265	1547241
食品及主要供食用的活动物	Food and Live Animals Used Chiefly for Food	8113	27272	107868	223166	284132
饮料及烟类	Beverages and Tobacco	4	110	596	4755	4773
非食品原料	Non-edible Raw Materials	189954	568818	643688	1017406	1149264
矿物燃料、润滑油及有关原料	Mineral Fuels, Lubricants and Related Materials	8101	26226	28190	58759	51265
动、植物油脂及腊	Animal and Vegetable Oils, Fats and Wax	2108	6971	17136	52179	57808
工业制成品	Manufactured Goods	184653	556991	771907	1477086	1753366
化学品及有关产品	Chemicals and Related Products	30386	60091	110446	156418	182748
轻纺产品、橡胶制品、矿冶产品及其制品	Light and Textile Industrial Products, Rubber Products, Minerals Metallurgical Products	42157	85325	174572	220954	261255
机械及运输设备	Machinery and Transport Equipment	102515	367495	224899	632619	1094300
杂项制品	Miscellaneous Products	9595	43856	100118	226364	213920
未分类的商品	Goods not Classified		224	161872	240732	1144

17—4 海关进出口商品分类金额
Value of Imports and Exports by Category of Commodities (Customs Statistics)

单位：万美元（USD 10000）

品 名	Item	2019		2020	
		出口 Exports	进口 Imports	出口 Exports	进口 Imports
总 值	**Total**	**4039900**	**2833352**	**4557868**	**3301562**
初级产品	**Primary Goods**	**218758**	**1356265**	**144292**	**1547241**
食品及活动物	Food and Live Animals	87617	223166	84067	284132
活动物	Live Animals	499		602	
肉及肉制品	Meat and Related Products	45	127860	72	181147
乳品及蛋品	Dairy Products and Eggs	99	26949	101	40339
鱼、甲壳及软体类动物及其制品	Fish, Shellfish and Mollusks and Related Products	4119	2126	2506	2354
谷物及其制品	Cereals and Related Products	9364	10814	3191	13875
蔬菜及水果	Vegetables and Fruits	23374	18239	28164	20644
糖、糖制品及蜂蜜	Sugar, Sugar Products and Honey	8475	1657	10872	2206
咖啡、茶、可可、调味料及其制品	Coffee, Tea, Coco, Spices and Related Products	26411	1442	29758	2918
饲料（不包括未碾磨谷物）	Feed (excluding unbranded cereal)	1729	16908	3878	16874
杂项食品	Miscellaneous Food	13502	17171	4923	3775
饮料及烟类	Beverages and Tobacco	903	4755	672	4773
饮 料	Beverages	166	4755	278	4773
烟草及其制品	Tobacco and Its Products	737		394	
非食用原料（燃料除外）	Inedible Material (excluding fuel)	49013	1017406	53194	1149264
生皮及生毛皮	Raw Hides and Raw Furs	124	438	73	303
油籽及含油果实	Oil Seeds and Fruits Containing Oil	5143	41350	4860	91140
生橡胶（包括合成橡胶及再生橡胶）	Raw Rubber (including synthetic rubber and reclaimed rubber)	972	16857	1188	18058
软木及木材	Cork and Timber	464	5459	2977	9563
纸浆及废纸	Paper Pulp and Waste Paper	2952	38706	2311	36656
纺织纤维（羊毛条除外）及其原料	Textile Fibers (excluding wool taps) and Related Waste Material	7547	15451	6438	10544
天然肥料及矿物（煤、石油及宝石除外）	Natural Fertilizer and Mineral (excluding coal, petroleum and precious stone)	3022	10357	6441	8373
金属矿砂及金属废料	Metal Ore and Metal Waste Material	20	880401	174	967485
其他动、植物原料	Other Animal and Plant Material	28770	8388	28732	7141
矿物燃料、润滑油及有关原料	Mineral Fuel, Lubrication Oil and Related Raw Material	4542	58759	3498	51265
煤、焦炭及煤砖	Coal, Coke and Briquette	4	44871	1	37616
石油、石油产品及有关原料	Petroleum, Petroleum Products and Related Material	4438	13883	3497	13081
天然气及人造气	Natural Gas and Person Gas-producing	99	6	1	568
动植物油、脂及蜡	Animal Fat, Vegetable Oil and Wax	76682	52179	2861	57808
动物油、脂	Animal Fat	212	10861	241	2119
植物油、脂	Vegetable Oil	66	35745		
已加工的动植物油、脂及动植物蜡	Processed Animal Fat, Vegetable Oil and Wax	2341	524	94	55489
其他动植物油、脂及蜡	Other Animal Fat,Vegetable Oil and Wax	74063	5049	2526	200
工业制品	**Industrial Products**	**3821142**	**1477086**	**4413576**	**1753366**
化学成品及有关产品	Chemical Products and Related Products	284542	156418	352758	182748
有机化学品	Organic Chemical Products	98299	60423	129782	43075
无机化学品	Inorganic Chemical Products	22767	5333	20925	4842

17—4 续表 continued

单位：万美元（USD 10000）

品 名	Item	2019 出口 Exports	2019 进口 Imports	2020 出口 Exports	2020 进口 Imports
染料、鞣料及着色料	Dyestuff, Tanning Material and Coloring Material	31296	8695	35656	11853
医药品	Medical and Pharmaceutical Products	27632	2301	26235	5701
精油、香料及盥洗、光洁制品	Essential Oil, Perfume, Sanitary and Surface Finishing Articles	18446	4739	26170	6885
制成废料	Produced Wasted Articles	18934	2	11687	
初级形状的塑料	Primary Shaped Plastics	30101	57014	31420	64442
非初级形状的塑料	Non-primary Shaped Plastics	27101	13474	27780	16967
其他化学原料及产品	Other Chemical Material and Products	9966	4439	42226	28945
轻纺产品、橡胶制品、矿冶产品及其制品	Textile Products, Rubber Products, Mining and Metallurgical Products	894020	220954	738331	261255
皮革、皮革制品及已鞣毛皮	Leather and Its Products and Tan Hide	31691	141	1545	168
橡胶制品	Rubber Products	46046	12790	44674	9420
软木及木制品（家具除外）	Cork and Wooden Products (excluding furniture)	19144	1565	44851	2113
纸及纸板、纸浆、纸及纸板制品	Paper, Paperboard, Paper Pulp and Paper Products	56396	5623	59375	10901
纺纱、织物、制成品及有关产品	Spinning, Fabric and Related Products	347505	34806	236906	38079
非金属矿物制品	Nonmetal Mineral Products	87823	41294	101148	35007
钢 铁	Iron and Steel	124245	12099	82067	14336
有色金属	Nonferrous Metal	69954	104485	39333	142527
金属制品	Metal Products	111216	8151	128431	8702
机械及运输设备	Machinery and Transportation Equipment	1788066	632619	2283300	1094300
动力机械及设备	Dynamic Machinery and Equipment	89732	36995	53185	30187
特种工业专用机械	Special Industrial Machinery	617495	52770	88726	391245
金工机械	Metalworking	18731	21773	15350	17903
通用工业机械设备及零件	General Industrial Machinery Equipment and Accessories	286966	354887	325095	54836
办公用机械及自动数据处理设备	Office Machinery and Automatic Data Processing Equipment	63059	84707	674529	92898
电信和声音的录制及重放装置设备	Telecommunication, Sound Recording and Playing Equipment	81154	7074	125653	11781
电力机械、器具及其电气零件	Electric Machinery, Implements and Spare Parts	419865	65184	766398	485981
陆路车辆（包括气垫式）	Land Route Vehicles (including hover-motor)	176379	8235	196277	7522
其他运输设备	Other Transportation Equipment	34685	994	38086	1947
杂项制品	Miscellaneous Manufactured Articles	558373	226364	1015613	213920
活动房屋、卫生水道、供热及照明装置	Prefabricated House, Sanitation, Water Pipe, Heating and Lighting Installation	40876	483	70506	1512
家具及其零件、褥垫及类似填充制品	Furniture and Accessories, Mattress, Bedding Articles	94631	220	123592	263
旅行用品、手提包及类似品	Box and Bag, Travel Goods	27357	29	42489	55
服装及衣着附件	Garments, Clothing Accessories	13334	476	280516	1891
鞋 靴	Footwear	51819	120	40130	848
专业、科学及控制用仪器装置	Professional, Scientific and Dominating Instrument	122430	162168	147736	158749
摄影器材、光学物品及钟表	Photographic Equipment, Optical Goods, Clocks and Watches	13684	35059	12708	30540
杂项制品	Miscellaneous Manufactured Articles	194244	27809	297935	20063
未分类的商品	Goods Not Classified	296140	240732	23574	1144

17—5 安徽省同各国（地区）进出口总额
Anhui's Foreign Trade With Related Countries and Territories

单位：万美元（USD 10000）

国别（地区）	Country (region)	2019			2020		
		进出口总额 Total	出口总额 Exports	进口总额 Imports	进出口总额 Total	出口总额 Exports	进口总额 Imports
合　计	**Total**	**6873252**	**4039900**	**2833352**	**7859430**	**4557868**	**3301562**
亚　洲	**Asia**	**2833094**	**1611761**	**1221333**	**3342681**	**1816162**	**1526519**
阿富汗	Afghanistan	782	782		538	538	1
巴　林	Bahrain	2649	2649		2248	2248	
孟加拉国	Bangladesh	25677	25224	453	23491	22971	520
不　丹	Bhutan	5	5		11	11	
文　莱	Brunei	3102	3102		709	709	
缅　甸	Myanmar	35791	35230	560	20468	18815	1654
柬埔寨	Cambodia	10875	9633	1242	11528	11263	266
朝　鲜	Korea DPR	3661	2300	1361	10	10	
香　港	Hong Kong	144931	132136	12795	211801	204758	7043
印　度	India	194533	153777	40756	191199	152821	38378
印度尼西亚	Indonesia	113332	62342	50990	117950	66883	51067
伊　朗	Iran	39274	35179	4096	63403	48139	15265
伊拉克	Iraq	24169	24169		26270	26270	
以色列	Israel	30331	19155	11176	27608	21137	6471
日　本	Japan	528640	223032	305608	625987	261567	364420
约　旦	Jordan	4029	3853	176	3464	3124	340
科威特	Kuwait	11749	11323	426	7293	6884	409
老　挝	Laos	15452	8579	6873	8504	2884	5620
黎巴嫩	Lebanon	4965	4936	29	1792	1791	1
澳　门	Macao	2186	2182	3	1209	1207	2
马来西亚	Malaysia	135777	76095	59682	172586	83417	89169
马尔代夫	Maldives	310	310		278	278	
蒙　古	Mongolia	2632	1642	990	3117	3116	0.4
尼泊尔	Nepal	1315	1315		1249	1249	1
阿　曼	Oman	7177	7066	111	6142	6056	86
巴基斯坦	Pakistan	42536	37444	5092	41643	31315	10328
巴勒斯坦	Palestine	305	305		376	376	
菲律宾	The Philippines	80458	57484	22974	75160	52350	22811
卡塔尔	Qatar	8873	5630	3243	11227	7142	4085
沙特阿拉伯	Saudi Arabia	48891	39693	9198	67868	54997	12871
新加坡	Singapore	135910	89313	46598	172698	132957	39741
韩　国	Republic of Korea	336950	126510	210441	415730	126000	289730
斯里兰卡	Sri Lanka	6239	5794	445	6421	5881	540
叙利亚	Syria	3291	3291		1916	1916	
泰　国	Thailand	103850	68976	34875	121938	86608	35330
土耳其	Turkey	50969	43265	7704	55197	50375	4822
阿联酋	United Arab Emirates	61092	39200	21892	71757	45665	26092
也门共和国	Arab Republic of Yemen	4397	4397		5128	5128	
越　南	Viet Nam	154328	130045	24283	197113	173318	23794
台　湾	Taiwan	327316	78214	249102	445827	70544	375283
哈萨克斯坦	Kazakhstan	15866	15866		8983	8982	
吉尔吉斯坦	Kirghiz Tanzania	10023	8555	1467	1677	1420	257

17—5 续表1 continued

单位：万美元（USD 10000）

国 别（地区）	Country (region)	2019 进出口总额 Total	2019 出口总额 Exports	2019 进口总额 Imports	2020 进出口总额 Total	2020 出口总额 Exports	2020 进口总额 Imports
塔吉克斯坦	Tajikistan	1571	1571		855	855	
土库曼斯坦	Turkmenistan	656	598	57	1399	1399	
乌兹别克斯坦	Uzbekistan	10091	9205	885	11300	9638	1663
亚洲其他	Other of Asia	86138	389	85750			
非 洲	**Africa**	**351828**	**211976**	**139852**	**378673**	**205556**	**173117**
阿尔及利亚	Algeria	16892	16886	6	14458	14454	4
安哥拉	Angola	4698	4656	42	3050	3050	
贝 宁	Benin	3068	3058	10	1699	1592	107
博茨瓦那	Botswana	363	363		225	225	
布隆迪	Burundi	445	445		333	333	
喀麦隆	Cameroon	2747	2747		4126	4024	102
加那利群岛	Canary Is.	1	1		2	2	
佛得角	Cape Verde	311	311		329	329	
中 非	Central Africa	38	38		90	90	
乍 得	Chad	272	148	124	326	190	136
科摩罗	Comoros	46	46		90	90	
刚 果	The Congo	365	363	3	837	493	344
吉布提	Djibouti	1908	1908		1958	1958	
埃 及	Egypt	27008	26797	210	31336	31262	74
赤道几内亚	Equatorial Guinea	32	32		194	194	
埃塞俄比亚	Ethiopia	9619	5598	4021	12149	4706	7443
加 蓬	Gabon	1474	374	1101	1665	481	1184
冈比亚	Gambia	913	913		767	741	26
加 纳	Ghana	15868	15777	91	18470	18290	180
几内亚	Guinea	3878	3878		3189	3189	
几内亚比绍	Guineabissau	5	5		25	25	
科科迪瓦	Cote D'ivoire	4927	4927		5926	4565	1361
肯尼亚	Kenya	7037	5705	1332	5982	5771	211
利比里亚	Liberia	4566	4566		377	377	
利比亚	Libya	3610	3610		2769	2769	
马达加斯加	Madagascar	1557	1513	43	1540	1540	
马拉维	Malawi	506	420	85	394	342	52
马 里	Mali	1505	470	1035	2150	859	1292
毛里塔尼亚	Mauritania	4766	2485	2280	9161	3067	6093
毛里求斯	Mauritius	983	945	37	1062	1062	
摩洛哥	Morocco	9586	9304	282	8210	7525	685
莫桑比克	Mozambique	6856	3358	3499	6532	3231	3302
纳米比亚	Namibia	839	544	295	901	778	123
尼日尔	Niger	8192	171	8020	8452	681	7771
尼日利亚	Nigeria	27700	26351	1349	23114	21624	1489
留尼汪	Reunion	280	280		373	373	
卢旺达	Rwanda	424	424		438	438	
圣多和普林	St and More Spring	31	31		116	116	
塞内加尔	Senegal	5929	5863	67	6665	5982	683
塞舌尔	Seychelles	72	72		61	61	
塞拉利昂	Sierra Leone	995	995		756	756	

17—5 续表2 continued

单位：万美元（USD 10000）

国 别（地区）	Country (region)	2019			2020		
		进出口总额 Total	出口总额 Exports	进口总额 Imports	进出口总额 Total	出口总额 Exports	进口总额 Imports
索马里	Somali	780	751	29	862	823	39
南 非	South Africa	55872	29426	26446	58670	29036	29634
苏 丹	Sudan	20048	2512	17536	30705	3022	27683
坦桑尼亚	Tanzania	9620	5093	4527	9564	4785	4779
多 哥	Togo	13288	6901	6387	14377	8288	6089
突尼斯	Tunisia	3647	3612	36	3916	3910	6
乌干达	Uganda	2110	1987	123	1956	1565	392
布基纳法索	Burkina Faso	428	428		708	539	169
扎伊尔	Zaire	27606	2302	25304			
赞比亚	Zambia	36019	1403	34616	43143	817	42326
津巴布韦	Zimbabwe	694	641	53	1543	1093	450
莱索托	Lesotho	22	22		175	175	
斯威士兰	Swaziland	295	295		192	192	
厄立特里亚	Eritrea	910	48	862	2288	82	2206
马约特岛	Mayuete Island	26	26		81	81	
南苏丹共和国	Republic of South Sudan	150	150		276	276	
非洲其他	Other of Africa	1	1				
欧 洲	**Europe**	**1159866**	**884344**	**275521**	**1334866**	**1032463**	**302403**
比利时	Belgium	41396	32741	8655	50422	40432	9990
丹 麦	Denmark	21530	18286	3244	21049	17017	4032
英 国	United Kingdom	117402	106418	10985	155039	146617	8421
德 国	Germany	214419	126188	88231	247638	172390	75248
法 国	France	82715	67776	14939	90595	74126	16469
爱尔兰	Ireland	7828	5137	2691	9121	6429	2692
意大利	Italy	73297	61553	11744	77255	60469	16785
卢森堡	Luxembourg	670	127	543	801	157	644
荷 兰	Netherlands	133309	98309	35000	146833	118567	28266
希 腊	Greece	15744	15162	582	15706	12332	3374
葡萄牙	Portugal	10829	8625	2203	21110	19681	1429
西班牙	Spain	75026	61456	13570	81450	59321	22128
塞浦路斯	Cyprus	804	804		773	773	
阿尔巴尼亚	Albania	1203	1072	131	913	715	198
安道尔	Andorra	12	12		5	5	
奥地利	Austria	26912	13006	13906	32301	22840	9460
保加利亚	Bulgariy	5226	4090	1135	2630	2527	103
芬 兰	Finland	14140	9239	4901	13588	8868	4720
匈牙利	Hungary	8086	5274	2812	14853	8967	5886
直布罗陀	Gibraltar	2	2		2	2	
冰 岛	Iceland	231	186	44	820	820	
列支敦士登	Liechtenstein	23	8	15	38	8	31
马耳他	Malta	1115	1067	48	586	509	78
摩纳哥	Monaco	27	27		18	18	
挪 威	Norway	7840	7139	701	6296	5846	450
波 兰	Poland	58731	52778	5953	62330	55703	6627
罗马尼亚	Romania	9016	8787	230	10261	9751	510
瑞 典	Sweden	22732	16800	5932	24616	19602	5013
瑞 士	Switzerland	19816	13973	5843	15321	11120	4202

17—5 续表3 continued

单位：万美元（USD 10000）

国别（地区）	Country (region)	2019 进出口总额 Total	2019 出口总额 Exports	2019 进口总额 Imports	2020 进出口总额 Total	2020 出口总额 Exports	2020 进口总额 Imports
爱沙尼亚	Estonia	3804	3162	642	4975	4194	780
拉脱维亚	Latvia	2616	2576	40	2433	2369	64
立陶宛	Lithuania	4465	4299	166	6258	5676	581
格鲁吉亚	Georgia	1495	1470	24	1612	1547	65
亚美尼亚	Armenia	3333	540	2793	12416	454	11962
阿塞拜疆	Azerbaijan	1061	1061		862	720	142
白俄罗斯	Byelorussia	5044	3674	1369	6209	3122	3087
摩尔多瓦	Moldora	658	572	86	423	376	47
俄罗斯	Russia	92891	75588	17303	121885	90636	31249
乌克兰	Ukraine	30402	21812	8590	34652	15337	19315
斯洛文尼亚	Slovenia	5983	5499	485	6112	5345	766
克罗地亚	Croatia	3133	3101	33	3129	3034	95
捷克共和国	Czech	22775	13710	9065	24577	18159	6418
斯洛伐克	Slovak	8504	8032	473	3982	3001	981
前南马其顿	Macedonia	304	265	39	298	265	32
波黑	Bosnia & Herzegovina	928	726	201	242	212	30
塞尔维亚	Serbia	2111	1942	169	3033	3007	26
黑山	Montenegro	278	273	5	170	165	5
拉丁美洲	**Latin America**	**1086690**	**419299**	**667391**	**1198183**	**429253**	**768930**
安提瓜	Antigua	21	21		19	19	
阿根廷	Argentina	28409	14491	13918	34053	17023	17031
阿鲁巴岛	Aruba	73	73		60	60	
巴哈马	Bahamas	168	168		1425	1425	
巴巴多斯	Barbados	155	149	6	305	302	3
伯利兹	Belize	238	238		108	108	
玻利维亚	Bolivia	3482	3080	402	3133	2637	497
巴西	Brazil	215461	107359	108102	235451	105659	129792
智利	Chile	337909	52829	285080	368854	62294	306560
开曼群岛	Cayman Islands	11	11		69	69	
哥伦比亚	Colombia	24621	22861	1761	23429	22708	720
多米尼克	Dominica	160	160		66	66	
哥斯达黎加	Costa Rica	4403	4172	231	4223	3637	586
古巴	Cuba	606	606		1213	1213	
库腊索岛	Curacao	159	159		126	126	
多米尼加	Dominican	4617	4597	20	4551	4510	41
厄瓜多尔	Ecuador	13401	13339	62	40364	14071	26294
法属圭亚那	French Guiana	79	79		55	55	
格林纳达	Grenada	31	31		55	55	
瓜德罗普	Guaderopu	108	108		148	148	
危地马拉	Guatemala	4670	4358	312	4910	4631	279
圭亚那	Guyana	528	528		397	397	
海地	Haiti	863	854	9	1228	1201	27

17—5 续表4 continued

单位：万美元（USD 10000）

国 别（地区）	Country (territory)	2019			2020		
		进出口总额 Total	出口总额 Exports	进口总额 Imports	进出口总额 Total	出口总额 Exports	进口总额 Imports
洪都拉斯	Honduras	1321	1282	39	1371	1346	25
牙买加	Jamaica	1418	1418		1275	1275	
马提尼克	Matinik	11	11		18	18	
墨西哥	Mexico	160492	136762	23730	202102	137770	64332
尼加拉瓜	Nicaragua	848	840	8	900	875	25
巴拿马	Panama	12872	9148	3724	13882	8196	5686
巴拉圭	Paraguay	3013	3013		2620	2530	90
秘 鲁	Peru	236350	24312	212038	225675	22452	203224
波多黎各	Puerto Rico	1337	1337		1620	1620	
圣卢西亚	Saint Lucia	59	59		41	41	
圣马丁岛	Saint Martin Island	27	27		20	20	
圣文格林纳	Saint Article Greener	21	21		30	30	
萨尔瓦多	El Salvador	1343	1311	32	1675	1621	53
苏里南	Surinam	691	691		548	548	
特立—巴哥	Trinidad and Tobago	868	868		802	801	
特克—凯科	Turks &Caicos Is.	8	8		6	6	
乌拉圭	Uruguay	23090	5172	17918	18372	4706	13666
委内瑞拉	Venezuela	2549	2549		2887	2887	
英属维尔京群岛	Virgin Is. (E)	17	17		16	16	
圣其茨尼维	St. Kitts-Nevis	28	28		16	16	
荷属安第列斯群岛	Antilles Is. (N)	133	133		34	34	
拉美洲其他	Other of Latin America	21	21		29	29	
北美洲	**North America**	**1072194**	**832020**	**240174**	**1251741**	**968077**	**283664**
加拿大	Canada	154780	85654	69126	158943	102404	56538
美 国	United States	917369	746359	171010	1092651	865525	227126
格陵兰	Greenland	36	1	35	1	1	
百慕大	Bermuda Is.	6	6		147	147	
北美洲其他	Other of North America	3		3	352496	106357	246140
大洋洲	**Oceanic**	**368534**	**80498**	**288036**	**313278**	**93317**	**219961**
澳大利亚	Australia	315733	68078	247655	0.3	0.3	
库克群岛	Cook Islands	6	6		1121	804	317
斐 济	Fiji	1371	1030	342	242	242	
新喀里多尼	New Karidoni	167	167		64	64	
瓦努阿图	Vanuatu	81	81		35598	9736	25861
新西兰	New Zealand	44784	9385	35399	1285	1285	
巴布亚新几内亚	Papua New Guinea	5596	956	4640	145	145	
所罗门群岛	Solomon Is.	172	172		9	9	
汤 加	Tonga	59	59		165	165	
萨摩亚	Samoa	157	157		14	14	
基里巴斯	Kiribati	19	19		81	81	
密克罗尼西	Micronesia	6	6		16	16	
马绍尔群岛	Marshall Island	13	13				
贝劳共和国	Palau	6	6		338	338	
法属波利尼西亚	French Polynesia	252	252		101	101	
大洋洲其他	Other of Oceanic	112	112		789		789

17—6 进出口商品贸易方式总值（2020年）
Total Value of Import and Export Trade Way (2020)

单位：万美元（USD 10000）

指 标	Item	进出口 Imports & Exports		出 口 Exports		进 口 Imports	
		金 额 Value	比 重 (%) Portion (%)	金 额 Value	比 重 (%) Portion (%)	金 额 Value	比 重 (%) Portion (%)
总 计	**Total**	**7859430**		**4557868**		**3301562**	
一般贸易	General Trade	5634284	71.69	3327368	73.00	2306916	69.87
加工贸易	Processing Trade	1578036	20.08	1046106	22.95	531930	16.11
来料加工装配贸易	Assembly Processing Trade	130975	1.67	46487	1.02	84488	2.56
进料加工贸易	Processing With Imported Trade	1447061	18.41	999619	21.93	447441	13.55
对外承包工程出口货物	Exports Contracted Projects	7341	0.09	7341	0.16		
外商投资企业作为投资进口的设备、物品	Foreign-invested Enterprises as the Import Investment of Equipment, Goods	3861	0.05			3861	0.12
出料加工	Material Processing	3680	0.05	972	0.02	2708	0.08
保税仓库进出境货物	Inward and Outward Goods of Free Trade Storehouse	558033	7.10	165497	3.63	392536	11.89

17—7 外国和港澳台地区直接投资（按投资方式）
Foreign and Hong Kong, Macao and Taiwan Direct Investment (by investment method)

单位：万美元（USD 10000）

指 标	Item	2005	2010	2015	2019	2020
新批项目	**A new Batch of Project**	**421**	**281**	**289**	**348**	**393**
#合资经营	Joint Ventures Enterprises	168	100	131	164	100
合作经营	Cooperative Operation Enterprises	18	8	5	1	
独资经营	Foreign Own Investment Enterprises	233	172	151	181	262
外商投资股份制	Foreign Invested Shareholding Enterprises	2	1	2	2	4
合同外资额	**More Foreign Contract**	**155358**	**216462**	**393800**	**2359777**	**517192**
#合资经营	Joint Ventures Enterprises	41919	47726	165755	838917	94936
合作经营	Cooperative Operation Enterprises	9563	9115	10827	-1406	1199
独资经营	Foreign Own Investment Enterprises	102721	156738	215805	1498477	416006
外商投资股份制	Foreign Invested Shareholding Enterprises	1155	2883	1414	18555	3028
实际利用外商直接投资额	**Actual Use of Foreign Direct Investment**	**68845**	**501446**	**1361945**	**1793674**	**1830542**
#合资经营	Joint Ventures Enterprises	24801	173910	433218	587620	618183
合作经营	Cooperative Operation Enterprises	2316	3922	7181	14231	1749
独资经营	Foreign Own Investment Enterprises	41728	307925	864674	1145727	1198717
外商投资股份制	Foreign Invested Shareholding Enterprises		15689	56871	46096	11893

17—8 外国和港澳台地区直接投资（按行业）（2020年）
Foreign and Hong Kong, Macao and Taiwan Direct Investment (by Industry) (2020)

指　　标	Item	新签协议 Newly Signed Agreement		实际投资合计（万美元）Total Actual Investment (USD 10000)	期末实有企业数（个）Number of Enterprises at the End of the Period (unit)	
		合同数（个）Number of Contracts (unit)	投资额（万美元）Investment (USD 10000)			#本期新增企业 Newly Increased In this Period
总　　计	**Total**	**393**	**517192**	**1830542**	**8281**	**775**
按投资方式分	**Grouped by Type of Investment**					
#合资企业	Joint Ventures Enterprises	100	94936	618183	1398	
合作企业	Cooperative Operation Enterprises		1199	1749	27	
外资企业	Foreign Investment Enterprises	262	416006	1198717	228	
外商投资股份制	Foreign Invested Shareholding Enterprises	4	3028	11893	12	3
按国民经济行业分	**Grouped by Sector**					
农林牧渔业	Farming, Forestry, Animal Husbandry and Fishery	8	101967	20553	82	7
采矿业	Mining and Quarrying	1	1355	3680	23	
制造业	Manufacturing	87	153505	783289	1746	92
电力、热力、燃气及水的生产和供应业	Production and Supply of Electricity, Heat, Gas and Water	15	9039	112051	258	23
建筑业	Construction	2	146	6206	120	5
批发和零售业	Wholesale and Retail Trade	51	78786	137452	2406	169
交通运输、仓储及邮政业	Transportation, Storage and Postal Services	5	3892	29656	104	7
住宿和餐饮业	Accommodation and Catering Trade	9	1352	19987	738	132
信息传输、软件和信息技术服务业	Information Transmission, Software and Information Technology Services	15	2918	19228	707	93
金融业	Banking	3	12381	20835	335	17
房地产业	Real Estate Trade	3	2257	528910	268	16
租赁和商务服务业	Leasing and Commercial Services	72	51759	49881	631	85
科学研究和技术服务业	Scientific Research and Technical Services	106	61795	25856	631	110
水利、环境和公共设施管理业	Water Conservancy, Environmental and Public Facilities Management	2	3351	27617	42	2
居民服务、修理和其他服务业	Residents Service, Repair and Other Services	2	1283	9269	88	2
教　育	Education	2	5		14	2
卫生、社会工作	Health and Social Work	3	10452	14438	12	4
文化、体育和娱乐业	Culture, Sports and Entertainment	7	20951	21634	60	7
其他行业	Others				16	2

17—9 外国和港澳台地区直接投资（按国别和地区）（2020年）

Direct Investment of Foreign Countries and Hong Kong, Macao and Taiwen by Countries and Regions (2020)

指　　标	Item	新签协议 Newly Signed Agreement		实际投资合计（万美元） Total Actual Investment (USD 10000)
		合同数（个） Number of Contracts (unit)	投资额（万美元） Investment (USD 10000)	
合　计	**Total**	**393**	**517192**	**1830542**
香　港	Hong Kong	143	353175	1238855
印　度	India	2	484	424
印度尼西亚	Indonesia	1	4	
伊　朗	Iran	1	73	
以色列	Israel	4	20	
日　本	Japan	8	4273	53003
澳　门	Macao	5	225	6861
马来西亚	Malaysia	5	556	
阿　曼	Oman	1	16000	
巴基斯坦	Pakistan	4	95	
新加坡	Singapore	17	6038	30751
韩　国	Republic of Korea	18	14794	32321
泰　国	Thailand	1	649	1000
也门共和国	Arab Republic of Yemen	3	131	
台　湾	Taiwan	87	30126	86201
亚洲其他	Other of Asia			5790
贝　宁	Benin	1	3	
喀麦隆	Cameroon	1	28	
吉布提	Djibouti		76	
埃　及	Egypt			2205
加　蓬	Gabon	1	1	
加　纳	Ghana	2	16	
毛里求斯	Mauritius			5030
莫桑比克	Mozambique	1	1020	
尼日利亚	Nigeria	2	44	
塞舌尔	Seychelles	1	1156	1130
坦桑尼亚	Tanzania	1	13	
赞比亚	Zambia	1	3	

17—9 续表 continued

指 标	Item	新签协议 Newly Signed Agreement		实际投资合计（万美元）Total Actual Investment (USD 10000)
		合同数（个）Number of Contracts (unit)	投资额（万美元）Investment (USD 10000)	
比利时	Belgium			936
丹 麦	Denmark		150	9648
英 国	United Kingdom	8	22326	17560
德 国	Germany	5	1221	50863
法 国	France	1	59	16174
爱尔兰	Ireland			6017
意大利	Italy	2	1397	9491
荷 兰	Netherlands	2	153	1928
西班牙	Spain	2	7804	
奥地利	Austria	1	73	2028
芬 兰	Finland		101	
波 兰	Poland			45
瑞 典	Sweden	1	148	6431
瑞 士	Switzerland			2929
俄罗斯	Russia	3	1766	
乌克兰	Ukraine	1	153	1648
巴 西	Brazil			300
开曼群岛	Cayman Islands	1	2029	6372
智 利	Chile	2	84	
古 巴	Cuba	1	66	
墨西哥	Mexico			2474
巴拿马	Panama			2556
英属维尔京群岛	Virgin	5	33499	97253
加拿大	Canada	13	4557	7464
美 国	United States	31	10744	88346
百慕大	Bermuda Is.			9175
北美洲其他	Other of North America			120
澳大利亚	Australia	7	644	8530
瓦努阿图	Vanuatu			1313
新西兰	New Zealand		8	
萨摩亚	Samoa	3	1211	17370

17—10 按国别（地区）对外投资
According to the Country (region) of Foreign Investment

国 别（地区）	Country (region)	新批境外企业(机构)数（个） A new Batch of Foreign Enterprises (institutions) (unit)		协议对外投资额（万美元） Foreign Investment Agreement （USD 10000）		实际对外投资额（万美元） Actual Foreign Investment （USD 10000）	
		2019	2020	2019	2020	2019	2020
合 计	**Total**	**87**	**103**	**126913**	**120417**	**136136**	**130729**
亚 洲	**Asia**	**51**	**54**	**88384**	**85273**	**62794**	**91698**
印度尼西亚	Indonesia	2	2	786	5189	3449	4627
中国香港	Hong Kong	14	14	59441	19784	42443	66193
中国澳门	Macao					200	
中国台湾	Taiwan		1		500		
泰 国	Thailand	2	2	6443	475	3771	897
缅 甸	Myanmar	5	4	1385	601	2210	611
老 挝	Laos		1		65	3646	3934
马来西亚	Malaysia	2	1	452	600	444	191
日 本	Japan	2	1	200	229		49
韩 国	Republic of Korea	2	4	370	1616		76
印 度	India	8	1	622	114	305	587
越 南	Viet Nam	5	8	8473	39680	1626	1285
柬埔寨	Cambodia	4	1	1850	1000	615	418
巴基斯坦	Pakistan					490	
菲律宾	The Philippines	1	3	90	400		
吉尔吉斯斯坦	Kirghiz Tanzania					10	
乌兹别克斯坦	Uzbekistan	2	3	141	112		
以色列	Israel	1		400			
新加坡	Singapore	1	6	7731	14901	3569	12827
沙特阿拉伯	Saudi Arabia					15	
哈萨克斯坦	Kazakhstan		1		7		
土耳其	Turkey		1				
非 洲	**Africa**	**10**	**5**	**1482**	**1398**	**4272**	**184**
津巴布韦	Zimbabwe	1					100
赞比亚	Zambia	2		292			5
安哥拉	Angola				859		
尼日利亚	Nigeria		1		10		
莫桑比克	Mozambique					4200	
坦桑尼亚	Tanzania			60	420	6	13
埃塞俄比亚	Ethiopia		1	40	90	66	50

17—10 续表 continued

国 别（地区）	Country (region)	新批境外企业(机构)数（个） A new Batch of Foreign Enterprises (institutions) (unit)		协议对外投资额（万美元） Foreign Investment Agreement （USD 10000）		实际对外投资额（万美元） Actual Foreign Investment （USD 10000）	
		2019	2020	2019	2020	2019	2020
肯尼亚	Kenya	1					
多 哥	Togo	1		40			
加 纳	Ghana	1					
喀麦隆	Cameroon	1	1	17	3		
科特迪瓦	Cote d'lvoire	1		150			
卢旺达	Rwanda	1		878			
塞舌尔	Seychelles	1		5			
刚果（金）	Fresh Fruit (gold)		1		5		5
摩洛哥	Morocco		1		11		11
欧 洲	**Europe**	**8**	**12**	**21467**	**6871**	**20562**	**15286**
英 国	United Kingdom	1	5	3789	34	1570	1203
德 国	Germany	4	4	12912	406	7516	9617
法 国	France	1		55		2247	27
意大利	Italy	1	1	1029	6323	2022	3092
荷 兰	Netherlands					25	781
俄罗斯	Russia		1	1810	0	1868	
匈牙利	Hungary	1		1872		4148	65
捷 克	Czech					1165	
爱尔兰	Ireland		1		109		
瑞 士	Switzerland						500
拉丁美洲	**Latin America**	**4**	**14**	**540**	**14084**	**2669**	**11623**
巴 西	Brazil		1		30	2250	3811
格林纳达	Grenada	1		480			
墨西哥	Mexico		2		5442	114	371
秘 鲁	Peru	1				13	7
开曼群岛	Cayman Islands		2		3850	291	2300
智 利	Chile		9		4062		3230
英属维尔京群岛	Virgin Is. (E)	2		60	700		1905
北美洲	**North America**	**10**	**6**	**10489**	**4500**	**30129**	**11939**
美 国	United States	7	6	9239	4217	8177	10036
加拿大	Canada						
古 巴	Guba	1		480			
大洋洲	**Oceanic**	**4**	**12**	**4551**	**8291**		
澳大利亚	Australia	4	12	4551	8291		

17—11 按国别（地区）对外承包工程和劳务合作
According to the Country (region) of Foreign Contracted Projects and Labor Service Cooperation

国 别（地区）	Country (region)	承包工程（万美元） Contracted Projects（USD 10000）				劳务合作（人） Labor Service Cooperation (person)			
		新签合同额 New Signing Stood		完成营业额 Complete Turnover		外派劳务人数 Field Services Number		年末在外人数 Out at the End of the Number	
		2019	2020	2019	2020	2019	2020	2019	2020
合　　计	**Total**	**213692**	**280749**	**334509**	**250222**	**10182**	**5233**	**15790**	**7716**
亚　洲	**Asia**	**85111**	**95540**	**200705**	**134352**	**8583**	**3908**	**10857**	**5206**
阿　曼	Oman		8058	14329	4116	329	146	813	205
乌兹别克斯坦	Uzbekistan	12184	5678	2629	5575	131	143	247	197
老　挝	Laos	8278		8623	2973	465	25	378	236
新加坡	Singapore		30559	3306	11762	262	588	875	646
巴基斯坦	Pakistan			10498	10434	115	236	102	255
科威特	Kuwait	2918	4535	12283	6070	12		110	43
中国香港	Hong Kong			2794					
中国台湾	Taiwan			28					
尼泊尔	Nepal		172	1833	431		6		14
蒙　古	Mongolia	26796	4494	1121	7613		73	50	93
越　南	Viet Nam	5626	32	26310	10877	1782	615	1193	663
泰　国	Thailand		99	347	450	143	5	143	14
印　度	India			596	172	107	3	92	
沙特阿拉伯	Saudi Arabia	11490	23812	9534	10965	651	455	1356	925
日　本	Japan					337		975	
马来西亚	Malaysia	402	12361	17316	4027	137	16	1224	27
土耳其	Turkey			753	6259	136	750	114	765
孟加拉国	Bangladesh	4785		9811	14593	360	135	301	177
印度尼西亚	Indonesia	2199	2326	24749	21586	1368	284	1177	424
伊　朗	Iran			15395					
中国澳门	Macao			409					
斯里兰卡	Sri Lanka	167		629	710	47	4	72	28
柬埔寨	Cambodia	2722		800	5072	111	261	109	157
缅　甸	Myanmar	923	2344	18581	3114	402	74	353	44
菲律宾	The Philippines	112		4788	4384	48	2	102	103
文　莱	Brunei	89		11752		582	8	59	25
阿联酋	United Arab Emirates					7		7	
伊拉克	Iraq					5			
马尔代夫	Maldives					950		909	
哈萨克斯坦	Kazakhstan	6420	1070	1491	3171	96	79	96	165
非　洲	**Africa**	**99691**	**156124**	**105604**	**94871**	**1142**	**993**	**3718**	**1815**
埃　及	Egypt					262		262	
喀麦隆	Cameroon		289	853	337	8	59	10	52
埃塞俄比亚	Ethiopia	8987	7325	3721	5570	63	123	142	219
赞比亚	Zambia	7046	11529	15257	21452	69	147	249	134
马拉维	Malawi	9081	500	8891	8183		130		130
科特迪瓦	Cote D'ivoire		3423	733	644		4	8	1
吉布提	Djibouti	70		172					
莫桑比克	Mozambique	3036	96909	10368	8413		74		74
阿尔及利亚	Algeria	12108	134	18156	15092	263	48	1871	709
坦桑尼亚	Tanzania			1750	31		9		
乌干达	Uganda			937	313		46	14	18
突尼斯	Tunisia			503	1041	14		20	7
毛里塔尼亚	Mauritania	183				3		6	1

17—11　续表　continued

国　别（地区）	Country (region)	承包工程（万美元）Contracted Projects（USD 10000）				劳务合作（人）Labor Service Cooperation (person)			
		新签合同额 New Signing Stood		完成营业额 Complete Turnover		外派劳务人数 Field Services Number		年末在外人数 Out at the End of the Number	
		2019	2020	2019	2020	2019	2020	2019	2020
几内亚	Guinea			3779	7114	44		35	9
几内亚（比绍）	Guineabissau				16				
肯尼亚	Kenya								
加　纳	Ghana			953	43	2		2	
安哥拉	Angola	16479	12097	11034	5300	1	64	279	195
赤道几内亚	Equatorial Guinea								
苏　丹	Sudan								
马达加斯加	Madagascar	198		2617	1057		58		39
刚果(布)	Fresh Fruit (cloth)		4725					3	1
刚果(金)	Fresh Fruit (gold)	13865	10817	12382	11208	219	100	333	77
津巴布韦	Zimbabwe	5155		8627	5973		99		99
塞拉利昂	Sierra Leone			506	139	10		43	11
尼日利亚	Nigeria		8376	2710	66	127	3	350	5
加　蓬	Gabon			761	775			24	4
布基纳法索	Burkina Faso			131	98				
卢旺达	Rwanda	17700							
毛里求斯	Mauritius	5783		239	1742	21		21	6
利比里亚	Liberia			22	9				
贝　宁	Benin			2		34		34	
博茨瓦纳	Botswana			85	87	2		12	
塞内加尔	Senegal			415			5		
多　哥	Togo				36				
圣多美和普林西比	St and More Spring				133		24		24
欧　洲	**Europe**	**13582**	**15326**	**12340**	**8372**	**195**	**310**	**341**	**482**
俄罗斯联邦	Russia		31	264	3				
白俄罗斯	Byelorussia	30	3041	966	2095	121	245	175	418
英　国	United Kingdom			198					
黑　山	Montenegro			3624	547	10		59	
塞尔维亚	Serbia			7288	338	63	62	106	62
匈牙利	Hungary	13552			454	1	3	1	2
波　兰	Poland		12254		4934				
拉丁美洲	**Latin America**	**13131**	**13759**	**9075**	**6196**	**262**	**22**	**874**	**209**
委内瑞拉	Venezuela			508		4		7	
巴巴多斯	Barbados	35		241				10	
古　巴	Cuba			242	138			5	2
玻利维亚	Bolivia	5		5		1			
巴　西	Brazil								
巴拿马	Panama		7400	3460	240	26		579	9
格林纳达	Grenada								
厄瓜多尔	Ecuador	20	3190	1074	1574	46		113	44
哥斯达黎加	Costa Rica			892	223	45	1	45	29
智　利	Chile	97		14					
秘　鲁	Peru	12974	3169	2639	4022	140	21	115	125
北美洲	**North America**	**2177**		**6400**	**5953**				
美　国	United States	2177		6400	5953				
大洋洲	**Oceanic**			**385**	**477**				**4**
西萨摩亚	Western Samoa			385					
澳大利亚	Australia				441				
萨摩亚	Samoa				36				4

17—12 外商投资企业年末企业数、投资总额及注册资本（2020年）
Number, Investment and Registered Capital of Foreign-funded Enterprises (2020)

项　　目	Item	投资总额（万美元）Total Investment (USD 10000)	注册资本（万美元）Registered Capital (USD 10000)	#外　方 Capital Invested by Foreign Partner
总　　计	**Total**	**32270386.12**	**10222159.09**	**7538499.26**
按投资方式分	**Grouped by Type of Investment**			
#中外合资	Joint Ventures Enterprises	7030142.3	4453651.99	2394259.41
中外合作	Cooperative Operation Enterprises	163832.76	57252.38	37942.27
外资企业	Foreign Investment Share Enterprises	393582.54	149783.64	149783.64
外商投资股份制	Foreign Invested Shareholding Enterprises	237507.46	89574.56	33603.72
合作开发	Cooperative Development			
按国民经济行业分	**Grouped by Sector**			
农林牧渔业	Farming, Forestry, Animal Husbandry and Fishery	331343.86	287188.1	262961.38
采矿业	Mining and Quarrying	40107.82	23199.84	18999.61
制造业	Manufacturing	6632452.72	3402303.77	2502663.4
热力、燃气及水的生产和供应业	Production and Supply of Electricity, Heat, Gas and Water	899978.28	285102.88	206618
建筑业	Construction	117449.87	61434.66	45131.4
批发和零售业	Wholesale and Retail Trade	877078.51	594575.83	430333.81
交通运输、仓储及邮政业	Transportation, Storage and Postal Services	207775.23	120656.41	82522.89
住宿和餐饮业	Accommodation and Catering Trade	55075.7	31963.8	27383.39
信息传输、软件和信息技术服务业	Information Transmission, Software and Information Technology Services	111320.76	87493.62	74369.94
金融业	Banking	309356.72	215586.24	124857.31
房地产业	Real Estate Trade	544227.16	362758.7	279683.96
租赁和商务服务业	Leasing and Commercial Services	770566.92	625318.78	358820.38
科学研究和技术服务业	Scientific Research and Technical Services	20014604.49	2924789.35	2477844.42
水利、环境和公共设施管理业	Water Conservancy, Environmental and Public Facilities Management	138429.43	59053.28	40952.11
居民服务、修理和其他服务业	Residents Service, Repair and Other Services	1011868.3	1010260.14	495375.81
教　育	Education	8353.47	2606.35	1894.85
卫生、社会工作	Health and Social Work	80524.16	59648.58	46263.33
文化、体育和娱乐业	Culture, Sports and Entertainment	104083.15	49539.93	45991.1
其他行业	Others	15789.57	18678.83	15832.17

17—13 各市外商投资企业年末企业数、投资总额及注册资本（2020年）
Number, Investment and Registered Capital of Foreign-funded Enterprises by Region (2020)

地 区	Region	企业数（个）Number of Registered Enterprises (unit)	投资总额（万美元）Total Investment (USD 10000)	注册资本（万美元）Registered Capital (USD 10000)	#外方 Capital Invested by Foreign Partner
总　计	**Total**	**8281**	**32270386**	**10222159**	**7538499**
合肥市	Hefei	2784	3642049	2578593	1882922
淮北市	Huaibei	150	404242	74329	55097
亳州市	Bozhou	161	304314	238076	205538
宿州市	Suzhou	369	247182	106618	86939
蚌埠市	Bengbu	426	680925	320622	247734
阜阳市	Fuyang	297	339560	192311	154193
淮南市	Huainan	291	433848	148382	114183
滁州市	Chuzhou	550	423717	230787	200597
六安市	Luan	304	373655	163309	138751
马鞍山市	Maanshan	514	863227	421801	313979
芜湖市	Wuhu	780	1165400	766949	545794
宣城市	Xuancheng	381	214618	131308	100953
铜陵市	Tongling	228	206242	114827	66345
池州市	Chizhou	232	14801837	479539	414389
安庆市	Anqing	343	417274	187583	126530
黄山市	Huangshan	262	165491	81637	63872

17—14 各市商品进出口总额
Import and Export Commodities by Region

单位：万美元（USD 10000）

地 区	Region	2019			2020			同比增长%
		进出口总额 Total	出口总额 Exports	进口总额 Imports	进出口总额 Total	出口总额 Exports	进口总额 Imports	Increased by %
总 计	**Total**	**6873252**	**4039900**	**2833352**	**7859430**	**4557868**	**3301562**	**14.3**
合肥市	Hefei	3220976	2019895	1201081	3750202	2279477	1470725	16.4
淮北市	Huaibei	81457	73746	7710	100620	88670	11950	23.5
亳州市	Bozhou	104031	83970	20061	105771	91793	13978	1.7
宿州市	Suzhou	90942	88064	2877	134203	127880	6322	47.6
蚌埠市	Bengbu	158349	71381	86968	188538	88305	100233	19.1
阜阳市	Fuyang	157204	132662	24542	166625	135983	30642	6.0
淮南市	Huainan	59844	56732	3113	76205	71556	4649	27.3
滁州市	Chuzhou	402656	224904	177752	386545	291865	94680	-4.0
六安市	Luan	87869	78984	8885	104237	94482	9755	18.6
马鞍山市	Maanshan	520849	253877	266973	589694	248795	340900	13.2
芜湖市	Wuhu	720366	451903	268464	844159	486465	357695	17.2
宣城市	Xuancheng	186715	174156	12559	193983	179644	14339	3.9
铜陵市	Tongling	716356	86018	630337	805975	95447	710527	12.5
池州市	Chizhou	83888	20602	63287	105620	23417	82203	25.9
安庆市	Anqing	165963	124075	41888	187568	148201	39367	13.0
黄山市	Huangshan	115785	98930	16855	119485	105888	13596	3.2

17—15 各市外商直接投资
Foreign Direct Investment by Region

地 区	Region	项目（个） Number of Projects (unit)			合同外资额（万美元） Contract Value (USD 10000)		实际利用外资额（万美元） Used Value (USD 10000)		
		2019	2020	同比增长% Increased by	2019	2020	2019	2020	同比增长% Increased by
总 计	**Total**	**348**	**393**	**12.9**	**2359777**	**517192**	**1793674**	**1830542**	**2.1**
合肥市	Hefei	127	167	31.5	586455	167155	339150	359500	6.0
淮北市	Huaibei	12	5	-58.3	20446	3499	28781	31659	10.0
亳州市	Bozhou	4	3	-25.0	2492	100153	96416	43446	-54.9
宿州市	Suzhou	7	11	57.1	6213	6779	98231	107024	9.0
蚌埠市	Bengbu	6	12	100.0	14867	14502	140000	120499	-13.9
阜阳市	Fuyang	7	13	85.7	-47780	5697	45335	49494	9.2
淮南市	Huainan	7	5	-28.6	1134900	5631	31120	36591	17.6
滁州市	Chuzhou	29	28	-3.4	29717	47254	148985	159666	7.2
六安市	Luan	19	17	-10.5	26483	27403	54870	61069	11.3
马鞍山市	Maanshan	45	33	-26.7	23358	20518	265883	281478	5.9
芜湖市	Wuhu	22	29	31.8	13917	86367	292000	303680	4.0
宣城市	Xuancheng	18	23	27.8	9678	10482	120265	128842	7.1
铜陵市	Tongling	7	11	57.1	7346	8695	40000	43406	8.5
池州市	Chizhou	10	10	0.0	3670	6182	40223	45558	13.3
安庆市	Anqing	17	17	0.0	20865	2607	31000	34421	11.0
黄山市	Huangshan	11	9	-18.2	507150	4268	21415	24209	13.0

17—16 各市外国和港澳台地区直接投资（2020年）

Direct Investment of Foreign Countries, Hong Kong, Macao and Taiwen by Sector by Region (2020)

地区	Region	新签协议 Newly Signed Agreement		实际投资合计（万美元）Total Actual Investment (USD 10000)	期末实有企业数（个）Number of Enterprises at the End of the Period (unit)	
		合同数（个）Number of Contracts (unit)	投资额（万美元）Investment (USD 10000)			#本期新增企业 Newly Increased In this Period
总　计	**Total**	**393**	**517192**	**1830542**	**8281**	**775**
合肥市	Hefei	167	167155	359500	2784	329
淮北市	Huaibei	5	3499	31659	150	6
亳州市	Bozhou	3	100153	43446	161	20
宿州市	Suzhou	11	6779	107024	369	25
蚌埠市	Bengbu	12	14502	120499	426	38
阜阳市	Fuyang	13	5697	49494	297	30
淮南市	Huainan	5	5631	36591	291	23
滁州市	Chuzhou	28	47254	159666	550	52
六安市	Luan	17	27403	61069	304	43
马鞍山市	Maanshan	33	20518	281478	514	39
芜湖市	Wuhu	29	86367	303680	780	63
宣城市	Xuancheng	23	10482	128842	381	36
铜陵市	Tongling	11	8695	43406	228	17
池州市	Chizhou	10	6182	45558	232	10
安庆市	Anqing	17	2607	34421	343	23
黄山市	Huangshan	9	4268	24209	262	21

主要统计指标解释

进出口总额

指实际进出我国国境的货物总金额。包括对外贸易实际进出口货物，来料加工装配进出口货物，国家间、联合国及国际组织无偿援助物资和赠送品，华侨、港澳台同胞和外籍华人捐赠品，租赁期满归承租人所有的租赁货物，进料加工进出口货物，边境地方贸易及边境地区小额贸易进出口货物（边民互市贸易除外），中外合资企业、中外合作经营企业、外商独资经营企业进出口货物和公用物品，到、离岸价格在规定限额以上的进出口货样和广告品（无商业价值、无使用价值和免费提供出口的除外），从保税仓库提取在中国境内销售的进口货物，以及其他进出口货物。进出口总额用以观察一个国家在对外贸易方面的总规模。我国规定出口货物按离岸价格统计，进口货物按到岸价格统计。

商品经营单位所在地进、出口额

指所在地海关注册登记的有进出口经营权的企业实际进、出口额。

商品目的地进口额和商品货源地出口额

目的地进口额是指进口货物的消费、使用或最终抵运地的实际进口额；货源地出口额是指出口货物的产地或原始发货地的实际出口额。

利用外资

指我国各级政府、部门、企业和其他经济组织通过对外借款、吸收外商直接投资以及用其他方式筹措的境外现汇、设备、技术等。

对外借款

是我国利用外资的重要部分。指通过对外正式签订借款协议，从境外筹措的资金，包括外国政府贷款、国际金融组织贷款、外国银行商业贷款、出口信贷以及对外发行债券等。1996 年及以前还包括对外发行股票。

外商直接投资

指外国企业和经济组织或个人（包括华侨、港澳台胞以及我国在境外注册的企业）按我国有关政策、法规，用现汇、实物、技术等在我国境内开办外商独资企业、与我国境内的企业或经济组织共同举办中外合资经营企业、合作经营企业或合作开发资源的投资（包括外商投资收益的再投资），以及经政府有关部门批准的项目投资总额内企业从境外借入的资金。

对外承包工程

指各对外承包公司以招标议标承包方式承揽的下列业务：⑴承包国外工程建设项目，⑵承包我国对外经援项目，⑶承包我国驻外机构的工程建设项目，⑷承包我国境内利用外资进行建设的工程项目，⑸与外国承包公司合营或联合承包工程项目时我国公司分包部分，⑹对外承包兼营的房屋开发业务。对外承包工程的营业额是以货币表现的本期内完成的对外承包工程的工作量，包括以前年度签订的合同和本年度新签订的合同在报告期内完成的工作量。

对外劳务合作

指以收取工资的形式向业主或承包商提供技术和劳动服务的活动。我国对外承包公司在境外开办的合营企业，中国公司同时又提供劳务的，其劳务部分也纳入劳务合作统计。劳务合作营业额按报告期内向雇主提交的结算数(包括工资、加班费和奖金等）统计。

Explanatory Notes for Major Statistical Indicators

Total Imports and Exports at Customs

refer to the value of commodities imported into and exported from the boundary of China. They include the actual imports and exports through foreign trade, imported and exported goods under the processing and assembling trades and materials, supplies and gifts as aid given gratis between governments and by the United Nations and other international organizations, and contributions donated by overseas Chinese, compatriots in Hong Kong and Macao and Chinese with foreign citizenship, leasing commodities owned by tenant at the expiration of leasing period, the imported and exported commodities processed with imported materials, commodities trading in border areas (excluding mutual exchange goods), the imported and exported commodities and articles for public use of the Sino-foreign joint ventures, cooperative enterprises and ventures exclusively with foreign own investment. Also included are import or export of samples and advertising goods for whose CIF or FOB value are beyond the permitted ceiling (excluding goods of no trading or use value and free commodities for export), imported goods sold in China from bonded warehouses and other imported or exported goods. The indicator of the total imports and exports at customs can be used to observe the total size of external trade in a country. In accordance with the stipulation of the Chinese government, imports are calculated at CIF, while exports are calculated at FOB.

Import Export Value by Location of China's Foreign Trade Managing Units

refers to actual value of imports and exports carried out by corporations which have been registered by the local customhouse and are vested with right to run import export business.

Import Value of Commodities by the Places of their Destination and Export Value of Commodities by the Places of their Origin in China

The former indicator refers to the value of import commodities of the places of their consumption, utilization or the places of their final destination. The latter indicator refers to the value of export commodities of the places of their origin or the places of the commodities dispatched.

Utilization of Foreign Capital

refers to remittance, equipment and technology financed from abroad, by loans, foreign direct investment and other forms undertaken by the Chinese governments at all levels, by various departments, enterprises and other economic units.

Foreign Borrowings

an important part of China's utilization of foreign capital, it refer to funds borrowed from abroad through formal signing of borrowing agreements with foreign institutions, including loans of foreign governments, loans of international financial institutions, commercial loans of foreign banks, export credit, and funds raised by Chinese bonds (and shares before 1996) issued abroad.

Direct Investment by Foreign Entrepreneurs

refers to the investments inside China by foreign enterprises and economic organizations or individuals (including overseas Chinese, compatriots from Hong Kong and Macao, and Chinese enterprises registered abroad), following the relevant policies and laws of China, for the establishment of ventures exclusively with foreign own investment, Sino-foreign joint ventures and cooperative enterprises or for co-operative exploration of resources with enterprises or economic organizations in China. It includes the re investment of the foreign entrepreneurs with the profits gained from the investment and the funds that enterprises borrow from abroad in the total investment of projects which are approved by the relevant department of the government.

Contracted Projects with Foreign Countries

refer to projects undertaken by Chinese contractors (project contracting companies) through bidding process. They include: (1)overseas civil engineering construction projects financed by foreign investors; (2)overseas projects financed by the Chinese government through its foreign aid programs; (3)construction projects of Chinese diplomatic missions, trade offices and other institutions stationed abroad; (4)construction projects in China financed by foreign investment; (5)sub-contracted projects to be taken by Chinese contractors through a joint umbrella project with foreign contractor(s); (6)housing development projects. The business income from international contracted projects is the work volume of contracted projects completed during the reference period, expressed in monetary terms, including completed work on projects signed in previous years.

Service Cooperation with Foreign Countries

refers to the activities of providing technology and labour services to employers or contractors in the forms of receiving salaries and wages. Labour services providing by contractual joint ventures of Chine statistics of service co operation with foreign countries. The business income of labour service co operation is the income in the form of wages and salaries, overtime pay, bonuses and other remuneration received from the employers during the reference period.

第十八篇

Chapter 18

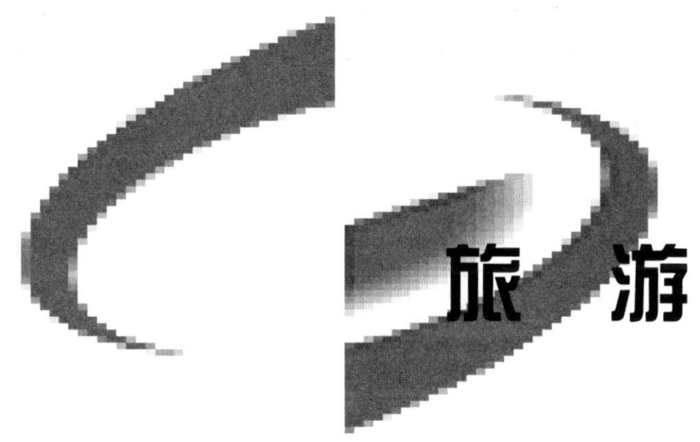

旅游

TOURISM

简要说明

一、旅游业发展情况。入境国际旅游(外国人、华侨、港澳同胞和台湾同胞)人数、不同经济类型的涉外饭店数量及规模情况的资料来源于省文化和旅游厅。

二、全省及各市国内旅游资料，是省文化和旅游厅根据文化和旅游部的抽样调查方案和工作要求，组织调查取得。

Brief Introduction

I. Development of tourism. The data on the number of inbound international tourists (foreigners, overseas Chinese, compatriots from Hong Kong, Macao and Taiwan) and the number and scale of foreign-related hotels of different economic types come from the provincial Department of Culture and Tourism.

II. Domestic tourism data of the province and municipalities are obtained by the provincial Department of Culture and Tourism according to the sampling survey plan and work requirements of the Ministry of Culture and Tourism.

18—1 旅游事业发展
Development of Tourism

指　　标	Item	2005	2010	2015	2019	2020
入境旅游人数　（人次）	Total Number of International Tourists Inbound (person-time)	632895	1984174	4446289	6557805	692652
外 国 人	Foreigners	410580	1173988	2591842	3777166	440040
港澳和台湾同胞	Compatriots from Hong Kong, Macao and Taiwan	222315	810186	1854447	2780639	252612
国内旅游人数（万人次）	Total Number of Domestic Tourists (10000 person-time)	4684	15349	44404	81955	47046
旅游收入	Income of Tourism					
国际旅游外汇收入(万美元)	Foreign Exchange Earnings (USD 10000)	18558.9	82025.2	226287.5	338768.9	27465.8
国内旅游收入（亿元）	Earnings from Domestic Tourism (100 million yuan)	289.0	1094.8	3980.5	8291.5	4221.5
旅游部门基本情况	**Basic Statement of Tourism Departments**					
旅游星级宾馆　（个）	Tourist Hotels With Star Class (unit)	373	453	441	276	262
#五星级	Five Star Class	5	14	26	27	30
四星级	Four Star Class	38	88	128	111	110
三星级	Three Star Class	111	182	214	123	110
二星级	Two Star Class	202	166	72	15	12
旅游涉外或星级宾馆	Tourist Hotels Concerning Foreign Affairs or With Star Class					
客　房　（间）	Number of Rooms (unit)	34759	44982	50546	44372	39373
床　位　（张）	Number of Beds (unit)	67782	81867	87708	72203	65660
客房出租率　(%)	Room Occupancy (%)	63.19	59.27	49.00	52.76	37.13
经营情况	Business Status					
营业收入　（亿元）	Business Income (100 million yuan)	51.75	50.38	50.89	41.79	32.04
利润总额　（万元）	Total Profits (10000 yuan)	16961.0	21964.0	-24339.9	4687.0	-41619.1

18—2 各市旅行社数
Number of Travel Agencies by Region

单位：个（unit）

地 区	Region	2016	2017	2018	2019	2020
总 计	**Total**	**1113**	**1106**	**1128**	**1193**	**1157**
合 肥 市	Hefei	222	233	239	255	252
淮 北 市	Huaibei	30	28	28	34	31
亳 州 市	Bozhou	25	25	25	25	26
宿 州 市	Suzhou	35	35	33	40	39
蚌 埠 市	Bengbu	43	43	45	47	46
阜 阳 市	Fuyang	40	40	42	42	41
淮 南 市	Huainan	58	60	61	65	62
滁 州 市	Chuzhou	52	51	52	55	55
六 安 市	Luan	52	56	52	45	47
马鞍山市	Maanshan	53	52	56	66	66
芜 湖 市	Wuhu	70	71	64	69	73
宣 城 市	Xuancheng	61	65	69	76	76
铜 陵 市	Tongling	31	29	28	31	30
池 州 市	Chizhou	73	71	71	69	62
安 庆 市	Anqing	104	97	99	96	70
黄 山 市	Huangshan	164	150	164	178	181

18—3 主要年份旅游景点基本情况
Basic Information of Tourist Attractions in Main Years

年份 Year	A级旅游景点数(家) Number of A-class Tourist Attractions (home)	5A级景点 5 a Grade Scenic Spot	4A级景点 4 a Grade Scenic Spot	红色旅游基地数(个) Number of Red Tourist Bases (unit)
2016	556	11	167	
2017	566	11	188	
2018	600	11	194	
2019	605	11	194	
2020	625	12	203	181

18—4 各市旅游景点基本情况（2020年）
Basic Information of Tourist Attractions by Region (2020)

地区	Region	A级旅游景点数(家) Number of A-class Tourist Attractions (home)	5A级景点 5 a Grade Scenic Spot	4A级景点 4 a Grade Scenic Spot	红色旅游基地数(个) Number of Red Tourist Bases (unit)
总　计	**Total**	**625**	**12**	**203**	**181**
合肥市	Hefei	59	1	26	20
淮北市	Huaibei	16		3	5
亳州市	Bozhou	42		9	7
宿州市	Suzhou	19		6	6
蚌埠市	Bengbu	29		5	7
阜阳市	Fuyang	35	1	5	6
淮南市	Huainan	40		8	7
滁州市	Chuzhou	42		6	13
六安市	Luan	51	2	24	15
马鞍山市	Maanshan	31	1	8	6
芜湖市	Wuhu	34	1	11	29
宣城市	Xuancheng	53	1	22	7
铜陵市	Tongling	19		8	4
池州市	Chizhou	39	1	18	6
安庆市	Anqing	64	1	21	29
黄山市	Huangshan	52	3	23	14

18—5 各市旅游星级饭店（宾馆）住宿设施情况（2020年）

Accommodation Facilities of Hotels Concerning Foreign Affairs by Region (2020)

地区	Region	饭店（宾馆）（个）Number of Hotels (unit)	五星级 Five Star Class	四星级 Four Star Class	三星级 Three Star Class	二星级 Two Star Class	客房（间）Number of Rooms (unit)	床位（张）Number of Beds (unit)
总计	**Total**	**262**	**30**	**110**	**110**	**12**	**39373**	**65660**
合肥市	Hefei	40	8	18	13	1	7673	12375
淮北市	Huaibei	3	1		2		480	795
亳州市	Bozhou	11	1	5	5		1592	2514
宿州市	Suzhou	5	1	2	2		764	1125
蚌埠市	Bengbu	12	4	5	3		2160	3357
阜阳市	Fuyang	5	2	1	2		969	1513
淮南市	Huainan	26		6	14	6	2373	3713
滁州市	Chuzhou	9		4	4	1	1234	1917
六安市	Luan	16	1	9	6		2319	4106
马鞍山市	Maanshan	10	2	5	3		1586	2492
芜湖市	Wuhu	26	2	9	14	1	3739	6050
宣城市	Xuancheng	15	2	6	6	1	2368	3951
铜陵市	Tongling	3		2	1		337	522
池州市	Chizhou	14		7	7		2136	3694
安庆市	Anqing	35	1	12	20	2	3845	6926
黄山市	Huangshan	32	5	19	8		5798	10610

注：本表星级宾馆（酒店）指2020年底止已得到国家旅游局或省旅游局批准的，不包括已报未批部分。

a) The star class of hotel in this table refer to be approved by the National Tourism Administration or Anhui Tourism Administration up to the Year-end of 2020 excluding those hed been reported but unapproved.

18—6　国际旅游外汇收入及构成
Foreign Exchange Earnings and It's Composition

指　标	Iten	2010		2015		2019		2020	
		数　额（万美元）Value (10000 USD)	比　重（%）Percentage (%)	数　额（万美元）Value (10000 USD)	比　重（%）Percentage (%)	数　额（万美元）Value (10000 USD)	比　重（%）Percentage (%)	数　额（万美元）Value (10000 USD)	比　重（%）Percentage (%)
总　计	**Total**	**82025.2**	**100.0**	**226287.5**	**100.0**	**338768.9**	**100.0**	**27465.8**	
长途交通	Long Distance Transportation	26986.3	32.9	87392.2	38.6	80288.2	23.7		
#民　航	Air	12385.8	15.1	46818.9	20.7	68770.1	20.3		
铁　路	Railway	8202.5	10.0	12129.0	5.4	9485.5	2.8		
汽　车	Highway	6398.0	7.8	8983.6	4.0	2032.6	0.6		
游　览	Visiting	3691.1	4.5	7693.8	3.4	17277.2	5.1		
住　宿	Accommodation	8776.7	10.7	19868.0	8.8	40313.5	11.9		
餐　饮	Cater	7874.4	9.6	13192.6	5.8	33538.1	9.9		
商品销售	Commodity Sale	19111.9	23.3	43990.3	19.4	97226.7	28.7		
娱　乐	Entertainment	4839.5	5.9	10431.9	4.6	15922.1	4.7		
邮电通讯	Postal and Communication	1886.6	2.3	4367.4	1.9	3726.5	1.1		
市内交通	Local Transportation	1558.5	1.9	4548.4	2.0	6775.4	2.0		
其他服务	Other Service	7300.2	8.9	34803.0	15.4	43701.2	12.9		

注：2020年受新冠肺炎疫情影响，入境旅游锐减，未进行入境旅游抽样调查，故本年数据暂缺。

a) Influenced by the COVID-19 epidemic in 2020, inbound tourism decreased sharply, and no inbound tourism sampling survey was conducted, so the data of this year is temporarily lacking.

18—7 接待外国人旅游人数（按国别分）
Number of Foreign Tourists by Country

单位：人次（person−time）

指　标	Item	2005	2010	2015	2019	2020
总　计	**Total**	**410580**	**1173988**	**2591842**	**3777166**	**440040**
#日　本	Japan	47040	135277	173519	272489	39294
韩　国	Republic of Korea	188096	405538	841117	1026937	31864
新加坡	Singapore	13392	43507	143828	159680	20817
美　国	United States	37124	101700	214812	354028	66582
英　国	United Kingdom	7639	49069	85577	155827	20435
法　国	France	13839	63837	84823	140197	29987
德　国	Federal Republic Of Germany	16012	52934	95489	163032	21016
俄罗斯	Russia	1636	23990	53880	77782	5627

18—8 国内旅游情况人数结构（按年龄、身份和职业分）（2020年）
Number of Domestic Tourists by Age, Identity and Occupation (2020)

单位：万人次（10000 person-time）

指　标	Item	按身份分组 By Identity			按职业分组 By Occupation								
		人数合计 Total	城镇居民 Urban Residents	非城镇居民 Unurban Residents	公务员 Public Servicers	事业单位工作人员 Institution Staff	企业工作人员 Enterprise Staff	社会团体工作人员 Social Organizations Staff	个体户 Self-employed	农民 Peasants	离退休人员 Retirees	学生 Students	其他 Other
合　计	**Total**	**47046.5**	**31823.6**	**15222.8**	**1585.5**	**7821.1**	**13094.6**	**4938.2**	**8716.3**	**1548.6**	**1416.6**	**7029.6**	**896.1**
55岁以上	55 and Over	3147.8	2003.9	1143.9	29.2	223.8	580.5	326.7	408.2	319.0	1222.8		37.7
45—54岁	45—54	6821.3	4518.9	2302.3	210.9	984.4	2267.2	866.1	1683.2	450.2	193.8		165.5
35—44岁	35—44	12027.0	8296.1	3730.9	574.5	2200.3	4420.3	1253.6	2948.0	379.0			251.2
25—34岁	25—34	14381.7	10158.6	4223.1	632.0	3314.2	4418.6	1606.9	3038.1	252.1		811.2	308.7
24岁以下	24 and Under	10668.8	6846.1	3822.6	138.9	1098.4	1408.0	884.9	638.8	148.3		6218.4	132.9

18—9　国内旅游主要经济指标
Main Economic Indicators of Domestic Tourism

年份 Year	人数 (万人次) Total Number (10000 persons)	总收入 (亿元) Total Income (100 million yuan)	一日游 One-day Tour 人数 (万人次) Total Number (10000 persons)	一日游 One-day Tour 收入 (亿元) Income (100 million yuan)	过夜旅游 Overnight Tour 人数 (万人次) Total Number (10000 persons)	过夜旅游 Overnight Tour 收入 (亿元) Income (100 million yuan)
2005	4684.0	289.0	917.0	20.4	3767.0	268.6
2010	15349.0	1094.8	5332.0	212.7	10017.0	882.1
2012	29229.1	2519.1	9615.2	458.3	19613.9	2060.8
2013	33601.1	2903.2	11981.3	666.1	21619.8	2237.1
2014	37898.8	3309.7	14968.1	883.9	22930.7	2425.8
2015	44403.7	3980.5	19705.1	1244.9	24698.6	2735.6
2016	52241.2	4763.6	24472.0	1630.7	27769.2	3132.9
2017	62627.0	6002.4	31911.0	2306.3	30716.0	3696.1
2018	72147.2	7030.0	38727.2	2832.8	33420.0	4197.2
2019	81954.7	8291.5	45219.2	3401.2	36735.5	4890.3
2020	47046.5	4221.5	25136.8	1557.6	21909.7	2663.9

18—10　各市国内旅游主要经济指标（2020年）
Main Economic Indicators of Domestic Tourism by Region (2020)

地区	Region	总收入 (亿元) Total Income (100 million yuan)	一日游 One-day Tour 人数 (万人次) Total Number (10000 persons)	一日游 One-day Tour 收入 (亿元) Income (100 million yuan)	过夜旅游 Overnight Tour 人数 (万人次) Total Number (10000 persons)	过夜旅游 Overnight Tour 收入 (亿元) Income (100 million yuan)
总　计	**Total**	**4221.5**	**25136.8**	**1557.6**	**21909.7**	**2663.9**
合肥市	Hefei	976.0	4271.4	351.9	3836.5	624.1
淮北市	Huaibei	62.9	524.9	22.2	490.9	40.6
亳州市	Bozhou	139.3	945.0	43.4	935.6	95.9
宿州市	Suzhou	118.1	893.5	38.1	898.2	80.0
蚌埠市	Bengbu	193.3	1706.2	78.6	1330.0	114.7
阜阳市	Fuyang	129.9	969.9	45.8	952.7	84.1
淮南市	Huainan	106.3	947.8	43.5	805.1	62.7
滁州市	Chuzhou	151.2	934.0	53.0	902.2	98.2
六安市	Luan	194.7	1296.7	70.3	1214.5	124.5
马鞍山市	Maanshan	184.6	1453.4	78.3	1138.3	106.3
芜湖市	Wuhu	438.4	2188.1	169.5	1704.8	268.9
宣城市	Xuancheng	198.9	1283.3	72.2	1219.4	126.7
铜陵市	Tongling	106.8	779.6	44.5	671.8	62.2
池州市	Chizhou	401.3	2149.0	146.6	1822.0	254.7
安庆市	Anqing	394.2	2452.1	155.9	1815.8	238.3
黄山市	Huangshan	425.9	2341.9	143.8	2172.0	282.1

18—11 国内旅游人均花费（2020年）
Per Capita Costs of Domestic Tourism (2020)

单位：元（yuan）

指标	Item	平均每人花费 Per Capita Expenditure	交通费 Local Transportation	住宿费 Accommod-ation	餐饮费 Cater	购物费 Commodity Sale	游览费 Tour Admission Fee
总花费	Total Expenditure	897.3	180.4	128.1	151.7	235.5	80.3
一日游	One-day Tour	619.7	143.6		113.0	196.6	64.3
过夜花费	Overnight Tour	1215.9	231.1	272.5	174.7	284.4	98.7
#宾馆饭店	Living in Hotel	1399.8	247.0	421.2	188.0	296.7	105.8
#住亲友家	Living in Relative's or Friend's Home	878.7	202.0		150.4	261.9	85.7

18—12 各市国内旅游人均花费（2020年）
Per Capita Costs of Domestic Tourism by Region (2020)

单位：元（yuan）

地区	Region	平均每人花费 Per Capita Expenditure	交通费 Local Transportation	住宿费 Accommod-ation	餐饮费 Cater	购物费 Commodity Sale	平均逗留天数（天） Average Number of Days (day)
总计	**Total**	**897.3**	**180.4**	**128.1**	**151.7**	**235.5**	**1.91**
合肥市	Hefei	1203.7	212.7	171.4	191.6	410.1	2.14
淮北市	Huaibei	618.9	128.8	85.3	103.8	182.9	1.72
亳州市	Bozhou	740.5	160.2	101.8	122.6	170.5	1.91
宿州市	Suzhou	659.1	163.1	101.0	109.9	118.3	1.91
蚌埠市	Bengbu	636.6	170.2	100.2	100.6	113.4	1.77
阜阳市	Fuyang	675.6	162.5	101.1	116.8	120.3	1.94
淮南市	Huainan	606.2	127.6	87.6	134.6	105.6	1.81
滁州市	Chuzhou	823.4	168.5	124.9	148.9	221.0	1.91
六安市	Luan	775.4	175.1	110.3	163.5	158.9	1.96
马鞍山市	Maanshan	712.1	166.2	97.6	144.2	150.8	1.80
芜湖市	Wuhu	1126.3	190.4	145.2	182.6	308.5	1.91
宣城市	Xuancheng	794.7	157.6	132.3	146.3	214.9	1.96
铜陵市	Tongling	735.5	157.9	104.5	145.0	177.2	1.76
安庆市	Anqing	1010.5	198.6	151.6	163.8	259.1	1.84
池州市	Chizhou	923.5	171.4	108.1	149.3	251.9	1.92
黄山市	Huangshan	943.6	203.6	145.3	145.1	217.2	1.80

18—13　国家级黄山风景区旅游事业发展情况
Development of Tourism of Huang Shan Scenic at National Level

指　　标	Item	2005	2010	2015	2019	2020
接待人数（人次）	Tourists Received (person-time)	1709658	2518346	3182811	3500823	1511535
接待海外游客	Overseas Tourists	159980	256753	160002	185697	6854
国内游客	Domestic Tourists	1549678	2261593	3022809	3315126	1504681
营业收入（万元）	Business Income (10000 yuan)	75017	168945	252527	301800	228900
#游览设施	Touring Facilities	41505	78812	104293	108934	43601
住宿设施	Lodging Facilities	14517	19832	31575	30700	13648
娱乐设施	Entertainment Facilities	334	524	473	524	870
餐饮设施	Catering Facilities	7427	14580	22545	26468	9373
商业设施	Commercial Facilities	500	785	709	785	1306
外汇收入（万美元）	Foreign Exchange Earnings (USD 10000)	2080	5398	5354	6265	234
涉外宾馆（酒店）住宿设施	Lodging Facilities of Tourist Hotels					
宾馆（酒店）（个）	Number of Hotels (unit)	14	14	10	10	10
#五星级	Five Star Class		2	3	3	3
四星级	Four Star Class	6	8	7	7	7
三星级	Three Star Class	4	1			
二星级	Two Star Class	2				
客　房（间）	Number of Rooms (unit)	1496	2728	2474	2269	1979
床　位（张）	Number of Beds (unit)	4562	5690	5235	4465	3650
客房出租率（%）	Room Occupancy (%)	62	51	51	67	32
旅游车辆（辆）	Number of Touring Vehicles (unit)	95	131	147	154	154
#大型车辆	Large-sized Vehicles	65	96	141	140	140
中型车辆	Middle-sized Vehicles	5	6	2	10	10
小型车辆	Small-sized Vehicles	25	29	4	4	4

18—14 国家级九华山风景区旅游事业发展情况
Development of Tourism of Jiu Hua Shan Scenic at National Level

指标	Item	2005	2010	2015	2019	2020
接待人数 （人次）	Tourists Received (person-time)	648308	4001139	9712500	11312400	7916841
接待海外游客	Overseas Tourists	24695	150009	350011	408300	5182
国内游客	Domestic Tourists	623613	3851130	9362489	10904100	7911659
营业收入 （万元）	Business Income (10000 yuan)	28962	390008	1080332	1372701	996052
#游览设施	Touring Facilities	11006	156003	432131	563416	358628
住宿设施	Lodging Facilities	7240	97502	270083	352310	249013
娱乐设施	Entertainment Facilities	579	7800	21509	28029	9912
餐饮设施	Catering Facilities	4345	58501	162049	211105	258973
商业设施	Commercial Facilities	5792	70201	194559	217840	119526
外汇收入 （万美元）	Foreign Exchange Earnings (USD 10000)	307				
涉外宾馆（酒店）住宿设施	Lodging Facilities of Tourist Hotels					
宾馆（酒店） （个）	Number of Hotels (unit)	8	9	10	4	
#五星级	Five Star Class					
四星级	Four Star Class	1	2	3	2	
三星级	Three Star Class	4	7	7	2	
二星级	Two Star Class	3				
客房 （间）	Number of Rooms (unit)	646	831	1064	593	
床位 （张）	Number of Beds (unit)	1266	1551	2014	1010	
客房出租率 （%）	Room Occupancy (%)	58	65	62	61	
旅游车辆 （辆）	Number of Touring Vehicles (unit)	64	112	139	143	145
#大型车辆	Large-sized Vehicles	32	61	59	133	124
中型车辆	Middle-sized Vehicles	22	17	76		13
小型车辆	Small-sized Vehicles	10	34	4	10	8

主要统计指标解释

旅游人数

(1)入境旅游人数：指报告期内来我国观光、度假、探亲访友、就医疗养、购物、参加会议或从事经济、文化、体育、宗教活动的外国人、港澳台同胞等入境游客。统计时，外国人、港澳台同胞每入境一次统计1人次。

(2)出境人数：指中国（大陆）居民因公或因私出境前往其他国家、中国香港特别行政区、澳门特别行政区和台湾省观光、度假、探亲访友、就医疗养、购物、参加会议或从事经济、文化、体育、宗教活动的人数，即出境游客。统计时，按每出境一次统计1人次。

(3)国内旅游人数：指在报告期内在中国（大陆）观光游览、度假、探亲访友、就医疗养、购物、参加会议或从事经济、文化、体育、宗教活动的中国（大陆）居民人数，其出游的目的不是通过所从事的活动谋取报酬。统计时，国内游客按每出游一次统计1人次。

国际旅游(外汇)收入

指入境游客在中国（大陆）境内旅行、游览过程中用于交通、参观游览、住宿、餐饮、购物、娱乐等全部花费。

国内旅游收入

又称旅游总花费。指国内游客在国内旅行、游览过程中用于交通、参观游览、住宿、餐饮、购物、娱乐等全部花费。

国际旅行社

指经营业务范围包括入境旅游业务、出境旅游业务和国内旅游业务的旅行社。

国内旅行社

指经营范围仅限于国内旅游业务的旅行社。

星级饭店

指设备、设施、服务符合《旅游饭店星级的划分与评定》（GB/T14308-2010），通过相关旅游管理部门评定，并取得星级饭店称号的饭店（含预备星级饭店）。

Explanatory Notes for Major Statistical Indicators

Number of Tourists

(1) Visitor arrivals refer to the number of foreigners, Chinese compatriots from Hong Kong, Macao and Taiwan Chinese (mainland) who come to China (mainland) for sight-seeing, vacation, visiting relatives, medical treatment, shopping, attending conference, or to engage in economic, cultural, sports and religious activities. In compiling statistics, each time of entering China is counted as one person-time.

(2) Number of Chinese residents going abroad refer to the number of Chinese (mainland) residents going to other countries, Hong Kong Special Administrative region, Macao Special Administrative region and Taiwan for on official or private purposes, for sight-seeing, vacation, visiting relatives, medical treatment, shopping, attending conference, or to engage in economic, cultural, sports and religious activities. In compiling statistics, each time of leaving is counted as one person-time.

(3) Number of domestic tourists refers to the number of Chinese (mainland) residents who travel within China (mainland) for sight-seeing, vacation, visiting relatives, medical treatment, shopping, attending conference, or to engage in economic, cultural, sports and religious activities. In compiling statistics, each time of travelling is counted as one person-time.

Foreign Exchange Earnings from International Tourism

refer to the total expenditure of foreigners, overseas Chinese, Chinese compatriots from Hong Kong, Macao and Taiwan during their stay in the mainland of China on transportation, sighting, accommodation, food, shopping and entertainment.

Income from Domestic Tourism

refer to expenditure of domestic tourists on transportation, sighting, accommodation, food, shopping and entertainment while they travel.

International Travel Agencies

refer to travel agencies engaged in tourism entering China, Chinese residents going abroad and domestic tourism.

Domestic Travel Agencies

refer to travel agencies only engaged in domestic tourism.

Star-rated Hotels

refer to hotels rated with stars as assessed by the relevant tourism authorities according to GB/T14308-2010 standard with reference to their infrastructure, facilities and service levels.

第 十九 篇

Chapter 19

EDUCATION AND SCIENCE

简要说明

一、教育统计资料包括公办教育和民办教育、学历教育和非学历教育。具体有高等教育（研究生教育、普通高等教育和成人高等教育）中等教育（高中阶段教育和初中阶段教育）、初等教育（小学）、学前教育、特殊教育（盲聋哑和弱智儿童学校等）以及教育经费等资料。主要指标包括学校数、在校学生数、招生数、毕业生数、教职工数和专任教师数、教育经费等。

教育事业统计资料由省教育厅提供；技工学校的资料由省人力资源和社会保障厅提供。

二、科技统计资料主要内容包括：全社会以及工业企业、政府部门属研究机构、高校的研究与试验发展（R&D）活动情况；国内外专利申请和授权情况；技术市场交易情况；开发区高新技术企业主要经济指标；科协系统科技活动情况；质量监督检验检疫等综合技术服务部门业务活动情况等。

资料来源：全省综合资料、企业及有关行业企事业单位的研究与试验发展（R&D）活动情况由省统计局文化产业处提供；政府部门属研究机构的研究与试验发展（R&D）活动情况、技术市场成交情况由省科技厅提供；科协系统科技活动资料由省科协提供；产品质量监督抽查、专利等资料，由省市场监管局提供。

Brief Introduction

I. Data on education cover the situations on education funded by government and non-government agencies, and the education with and without academic credentials including higher education (education of postgraduates, general higher education and adult education), secondary education (senior and junior high schools), elementary education (primary schools), preschool education, special education (schools for the blind, deaf-mutes and mentally retarded) and their expenditure. The main indicators include the number of schools, the number of students enrolled, the number of new students enrolled, the number of graduates, the number of staff and workers, the number of full-time teachers, sources and outlay of education funding, and education expenditure from the State budget.

The provincial Ministry of Education provides statistical data on education undertakings and education funding. Data on technical training schools are provided by provincial Ministry of Human Resources and Social Security.

II. The whole society as well as industrial enterprises, research institutions subordinated to government departments, colleges and universities of research and development (R&D) activities; Domestic and foreign patent application and authorization; Technology market; Development zone high-tech enterprises the main economic indicators; Association for science and technology system of science and technology activity; General administration of quality supervision, inspection and quarantine and other integrated technology services business activity, etc

Sources of data: Comprehensive data and research and development (R&D) activities of enterprises and institutions in related industries shall be provided by the Cultural Industry Division of the Provincial Bureau of Statistics. Research and experimental development (R&D) activities and technology market transactions of research institutions belonging to government departments shall be provided by the Provincial Science and Technology Department; S&t activity information of s&T system shall be provided by provincial s&T associations; Product quality supervision and spot check, patent and other materials, provided by the provincial market supervision bureau.

19—1 教育事业基本情况
Basic Statistics on Education

指标	Item	2005	2010	2015	2019	2020
学校数（所）	**Number of Schools (unit)**					
普通高等学校	Regular Institutions of Higher Education	81	100	108	112	115
中等学校	Secondary Schools	4533	4241	3884	3812	3784
普通中等专业学校	Regular Specialized Secondary Schools	98	108	123	214	236
中等技术学校	Technical Secondary Schools	79	95	109	202	225
中等师范学校	Teacher Secondary Schools	19	13	14	12	11
普通中学	Regular Secondary Schools	3948	3738	3524	3513	3507
高　中	Senior Secondary Schools	760	743	666	667	661
初　中	Junior Secondary Schools	3188	2995	2858	2846	2846
职业中学	Vocational Secondary Schools	487	345	237	85	41
小　学	Primary Schools	20142	13997	9119	7792	7464
幼儿园	Kindergartens	2715	4018	6988	9631	10876
特殊教育	Special Schools	67	62	68	73	77
专任教师（万人）	**Number of Full-time Teachers (10000 persons)**					
普通高等学校	Regular Institutions of Higher Education	3.24	4.93	5.81	6.24	6.56
中等学校	Secondary Schools	22.04	25.18	25.44	26.89	27.49
普通中等专业学校	Regular Specialized Secondary Schools	0.61	0.77	1.11	2.17	2.59
普通中学	Regular Secondary Schools	19.70	23.01	22.72	24.27	24.76
高　中	Senior Secondary Schools	5.11	6.69	7.63	8.04	8.21
初　中	Junior Secondary Schools	14.59	16.32	15.09	16.24	16.55
职业中学	Vocational Secondary Schools	1.73	1.40	1.61	0.45	0.17
小　学	Primary Schools	25.95	24.57	23.83	25.54	26.04
幼儿园	Kindergartens	1.65	2.96	6.66	9.99	11.21
特殊教育	Special Schools	0.10	0.12	0.14	0.19	0.20
招生数（万人）	**New Student Enrollment (10000 persons)**					
普通高等学校	Regular Institutions of Higher Education	19.87	29.69	35.00	43.22	46.29
中等学校	Secondary Schools	185.31	158.37	120.21	134.18	135.15
普通中等专业学校	Regular Specialized Secondary Schools	7.85	10.44	9.45	16.09	18.78
普通中学	Regular Secondary Schools	155.43	129.74	100.77	114.75	114.03
高　中	Senior Secondary Schools	43.46	42.41	36.33	37.88	39.08
初　中	Junior Secondary Schools	111.97	87.33	64.44	76.87	74.95
职业中学	Vocational Secondary Schools	22.03	18.19	9.99	3.34	2.34
小　学	Primary Schools	81.52	81.90	74.55	79.58	78.14
幼儿园	Kindergartens	50.02	66.60	97.48	80.70	85.41
特殊教育	Special Schools	0.24	0.22	0.51	0.54	0.60
在校学生（万人）	**Student Enrollment (10000 persons)**					
普通高等学校	Regular Institutions of Higher Education	58.91	93.90	113.07	124.12	136.85
中等学校	Secondary Schools	534.19	484.20	362.06	381.30	393.68
普通中等专业学校	Regular Specialized Secondary Schools	18.55	28.93	27.53	43.45	50.04
普通中学	Regular Secondary Schools	460.86	406.58	303.63	327.64	337.31
高　中	Senior Secondary Schools	116.90	127.60	113.55	108.80	113.36
初　中	Junior Secondary Schools	343.96	278.99	190.08	218.83	223.96
职业中学	Vocational Secondary Schools	54.78	48.68	30.90	10.21	6.32
小　学	Primary Schools	584.11	460.44	422.50	462.10	468.24
幼儿园	Kindergartens	72.38	100.82	185.65	211.43	216.81
特殊教育	Special Schools	1.80	1.40	1.93	3.69	4.07
毕业生数（万人）	**Graduates (10000 persons)**					
普通高等学校	Regular Institutions of Higher Education	11.70	23.22	29.25	32.16	32.68
中等学校	Secondary Schools	160.90	163.94	129.43	120.68	122.35
普通中等专业学校	Regular Specialized Secondary Schools	3.78	9.61	8.49	11.84	12.90
普通中学	Regular Secondary Schools	142.61	136.57	107.39	103.98	105.88
高　中	Senior Secondary Schools	30.10	44.38	43.30	36.33	35.13
初　中	Junior Secondary Schools	112.52	92.19	64.09	67.65	70.75
职业中学	Vocational Secondary Schools	14.51	17.76	13.54	4.86	3.57
小　学	Primary Schools	116.25	87.41	64.32	75.39	74.01
幼儿园	Kindergartens	40.24	38.89	70.40	78.51	80.34
特殊教育	Special Schools	0.20	0.16	0.13	0.28	0.37

19—2 研究生数
Number of Postgraduates

单位：人（person）

年 份 Year	研究生数 Number of Postgraduates					
	在学人数 Student Enrollment	硕士 Master	招生数 New Student Enrollment	硕士 Master	毕业生数 Graduates	硕士 Master
2005	21505	17865	8198	7000	4148	3300
2010	38991	34669	14047	12728	9302	8224
2015	50410	44517	17946	16158	15409	14115
2016	51738	45293	18523	16580	15994	14665
2017	57761	49842	22255	20013	16577	15209
2018	63464	54597	23870	21276	17705	16103
2019	70317	60348	25699	22737	18065	16456
2020	83896	72275	33955	30671	18348	16875

19—3 普通高等学校本科分科学生数
Number of Students of the Ordinary College Undergraduate Course Branch

单位：人（person）

项 目	Item	2019			2020		
		毕业生数 Graduates	招生数 New Student Enrollment	在校学生数 Student Enrollment	毕业生数 Graduates	招生数 New Student Enrollment	在校学生数 Student Enrollment
合 计	**Total**	**157643**	**176768**	**679883**	**166654**	**199523**	**710031**
哲 学	Philosophy	48	87	216	40	91	228
经济学	Economics	10693	11469	45958	11121	12164	46951
法 学	Law	3293	4109	15185	3577	4457	16375
教育学	Education	4574	6933	23519	5975	8055	25456
文 学	Literature	13133	16384	60611	14702	19385	66511
历史学	History	450	690	1912	391	772	2275
理 学	Science	11402	13293	50401	11973	14190	52760
工 学	Engineering	59928	65832	254544	61602	72775	263527
农 学	Agriculture	2804	3327	11725	3067	3474	11703
医 学	Medicine	11177	12810	54951	11974	14997	58184
管理学	Management	28916	29053	113267	30395	35267	116475
艺术学	Art	11225	12781	47594	11837	13896	49586

注：2013年起，根据教育部统一部署，使用新颁布的《高等学校本科专业目录》，新增了艺术学学科。

a) Since 2013, according to the unified deployment of the ministry of education, the use of new catalogue of the institutions of higher learning undergraduate, new art discipline.

19—4 普通高等学校专科分科学生数
Number of Students of the Ordinary College Specialty Undergraduate Branch

单位：人（person）

项 目	Item	2019			2020		
		毕业生数 Graduates	招 生 数 New Student Enrollment	在校学生数 Student Enrollment	毕业生数 Graduates	招 生 数 New Student Enrollment	在校学生数 Student Enrollment
合 计	**Total**	**163980**	**255452**	**561268**	**160186**	**263401**	**658434**
农林牧渔大类	Farm, Forest, Animal and Fishery Category	1389	4737	7233	1252	4825	10581
资源环境与安全大类	Resource Environment and Security Category	762	2364	3908	823	2615	5437
能源动力与材料大类	Energy Dynamics and Materials	1138	1427	3487	1071	1568	4017
土木建筑大类	Civil Architecture	12534	20697	42264	11387	20959	51419
水利大类	Water Conservancy Category	656	1098	2911	730	1815	4090
装备制造大类	Equipment Manufacturing Category	19721	24692	57264	18093	25313	63229
生物与化工大类	Biology and Chemical Industry	868	778	2047	730	1787	3087
轻工纺织大类	Light Industrial Textile Category	640	1522	2757	630	980	2931
食品药品与粮食大类	Food and Medicine and Food	2518	3261	8117	2486	2817	8210
交通运输大类	Major Transportation Sectors	4998	10956	23513	5914	11766	29206
电子信息大类	Electronic Information Category	20633	32421	76134	21915	32783	86266
医药卫生大类	Medical and Health Category	25139	37237	83731	25423	43317	101200
财经商贸大类	Finance and Trade	42447	59123	131469	38984	51787	142104
旅游大类	Tourism Category	5169	7590	17942	4995	6484	18670
文化艺术大类	Cultural and Artistic Categories	4890	8391	18676	4848	9678	23525
新闻传播大类	News Communication	1651	2302	5954	1707	2238	6384
教育与体育大类	Education and Sports	15136	25748	53483	15171	30449	69738
公安与司法大类	Public Security and Judicial Categories	2464	2944	8021	2511	2791	8343
公共管理与服务大类	Public Administration and Services	1227	8164	12357	1516	9429	19997

19—5 普通高等学校分科专任教师数（2020年）
Number of Full-time Teachers by Field of Study in Regular Higher Educational Institutions (2020)

单位：人（person）

项 目	Item	合 计 Total	正 高 级 With Chief Senior Title	副 高 级 With Deputy Senior Title	中 级 With Middle-rank Title	初 级 With Junior Title	未定职级 Undetermined rank
合 计	**Total**	**65576**	**6734**	**18066**	**26018**	**10148**	**4610**
哲 学	Philosophy	1860	179	541	764	259	117
经济学	Economics	4099	352	1055	1691	660	341
法 学	Law	3163	238	768	1295	554	308
教育学	Education	5041	293	1315	2041	963	429
文 学	Literature	7875	399	1947	3862	1249	418
历史学	History	657	98	191	257	80	31
理 学	Science	7971	1548	2563	2592	855	413
工 学	Engineering	17281	1976	5096	6760	2302	1147
农 学	Agriculture	1218	212	378	400	171	57
医 学	Medicine	5957	737	1813	2221	888	298
管理学	Management	6224	483	1524	2481	1173	563
艺术学	Art	4230	219	875	1654	994	488

19—6 普通中等专业学校分科学生数（2020年）

Number of Students by Field of Study in Regular Specialized Secondary Schools (2020)

单位：人（person）

项 目	Item	毕业生数 Graduates	招 生 数 New Student Enrollment	在校学生数 Student Enrollment
合 计	**Total**	**129036**	**187799**	**500427**
农林牧渔类	Farm, Forestry, Herd Fish Class	5674	6810	18429
资源环境类	Resources Environment Class	480	94	283
能源与新能源类	Energy and New Energy Class		276	569
土木水利类	Construction Water Conservation Class	2845	3552	9726
加工制造类	Processing Manufacture Class	16940	21673	59600
石油化工类	Petroleum Chemical Industry Class	120	279	952
轻纺食品类	Light Industry and Food Class	917	1022	2462
交通运输类	Transportation Class	11189	19777	49787
信息技术类	Information Technology Class	21897	34308	93785
医药卫生类	Medicine Health Class	15616	17940	49888
休闲保健类	Leisure Health Care Class	745	869	2902
财经商贸类	Finance and Economics Business Class	13983	21376	56709
旅游服务类	Tourist Service Class	7396	10279	27234
文化艺术类	Cultural and art Class	11454	23669	59185
体育与健身	Sports and Fitness Class	1400	4994	10774
教育类	Education Class	16485	17226	49268
司法服务类	Judicial Service Class		1	25
公共管理与服务类	Public Administration and Service Class	938	1837	4018
其 他	Other	957	1817	4831

19—7 普通中等专业学校分科专任教师数（2020年）
Full-time Teachers in Regular Specialized Secondary Schools by Field of Study (2020)

单位：人（person）

项　目	Item	合　计 Total	正高级 With Chief Senior Title	副高级 With Deputy Senior Title	中　级 With Middle-rank Title	初　级 With Junior Title	未定职级 Undetermined rank
总　计	**Total**	**25852**	**36**	**6854**	**8619**	**5780**	**4563**
文化基础课	Cultural Base	9595	22	2854	3218	2016	1485
专业课	Professional Course	14988	13	3823	4920	3442	2790
农林牧渔类	Farm, Forestry, Herd Fish Class	987	2	293	363	200	129
资源环境类	Resources Environment Class	136	1	50	52	23	10
能源与新能源类	Energy and New Energy Class	67		21	12	20	14
土木水利类	Construction Water Conservation Class	408		104	139	92	73
加工制造类	Processing Manufacture Class	2210	2	685	817	482	224
石油化工类	Petroleum Chemical Industry Class	105	1	43	12	4	45
轻纺食品类	Light Industry and Food Class	178		39	38	40	61
交通运输类	Transportation Class	717		130	225	198	164
信息技术类	Information Technology Class	2496		637	862	542	455
医药卫生类	Medicine Health Class	747	4	180	253	186	124
休闲保健类	Leisure Health Care Class	80		7	8	18	47
财经商贸类	Finance and Economics Business Class	1482		369	491	368	254
旅游服务类	Tourist Service Class	753	1	157	239	198	158
文化艺术类	Cultural and art Class	1678	1	297	520	449	411
体育与健身	Sportsand Fitness Class	741		179	223	163	176
教育类	Education Class	1378	1	430	430	299	218
司法服务类	Judicial Service Class	100		13	6	5	76
公共管理与服务类	Public Administration and Service Class	312		77	110	69	56
其　他	Other	413		112	120	86	95
实习指导课	Practice and Instruction	1269	1	177	481	322	288

19—8 技工学校数和学生数

Number of Technical Schools, Students, Staff and Teachers

年 份 Year	学校数（所） Schools (unit)	在校学生数（人） Student Enrollment (person)	毕业生数（人） Graduates (person)	招生数（人） New Student Enrollment (person)	教职工数（人） Staff and Teachers (person)
2005	109	86431	27287	34393	6031
2010	93	93647	31393	31836	6716
2012	88	56048	22674	20686	6452
2013	86	49126	17668	18570	6649
2014	83	44703	16922	16362	6537
2015	83	43809	18683	18979	6313
2016	86	56378	19328	24735	7676
2017	89	89513	16399	54595	7519
2018	81	127560	17979	61286	8996
2019	77	147807	22390	62465	9066
2020	93	184756	35929	84683	10615

注：1、学校数包括技师学院、高级技工学校和普通技工学校。
2、在校学生数包括初级、中级、高级及其以上学制教育和培训人数。
3、招生数包括招收的学制教育和培训人数。

a) the number of schools includes technician school, senior technical schools and ordinary technical schools.

b) the number of students Enrollment, includes students in primary, intermediate, advanced education ,over education system schools and the number of trained people.

c) the number of students enrolled in the school includes students enrolled in education system schools and the number of training people schools.

19—9 初中毕业生和小学毕业生升学率及小学学龄儿童入学率

Percentage of Graduates of Junior Secondary Schools and Primary Schools Entering Higher Level Schools, Percentage of School-Age Children Enrolled

年 份 Year	初中毕业生升学率 Percentage of Graduates of Junior Secondary Schools Entering Senior Secondary Schools Entering Senior			小学毕业生升学率 Percentage of Graduates of Primary Schools Entering Junior Secondary Schools			小学学龄儿童入学率 Percentage of School-age Children Enrolled		
	初中毕业生数（万人） Graduates of Junior Secondary Schools (10000 persons)	高级中等学校招生数（万人） Students Entering Senior Secondary Schools (10000 persons)	升学率（%） Percentage of Graduates of Junior Secondary Schools Entering Senior Secondary Schools	小学毕业生数（万人） Graduates of Primary Schools (10000 persons)	初级中等学校招生数（万人） Students Entering Junior Secondary Schools (10000 persons)	升学率（%） Percentage of Graduates of Junior Schools Entering Junior Secondary Schools	学龄儿童数（万人） School-age Children (10000 person)	已入学学龄儿童数（万人） School-age Children Enrolled in Schools (10000 persons)	入学率（%） Enrollment Ratio
2005	117.50	71.10	60.51	116.25	115.73	99.56	549.35	546.83	99.54
2010	101.67	74.70	73.47	98.37	99.17	100.81	466.60	466.03	99.88
2012	86.96	75.08	86.34	72.09	68.94	95.63	395.59	395.29	99.92
2013	72.40	69.10	95.44	65.49	65.26	99.65	401.48	400.29	99.70
2014	66.63	63.98	96.02	63.41	63.21	99.68	407.48	407.41	99.98
2015	64.09	67.01	96.80	64.32	64.44	100.18	415.45	415.30	99.96
2016	62.13	60.74	97.75	66.94	67.66	101.09	423.87	423.76	99.97
2017	61.70	59.51	96.50	69.13	70.22	101.60	434.11	434.11	99.99
2018	63.67	65.32	96.30	68.22	69.99	102.60	450.06	449.99	99.98
2019	67.65	63.48	93.84	75.39	76.87	101.96	454.70	454.50	99.96
2020	70.75	66.85	94.49	74.01	74.95	101.26	460.92	460.87	99.99

19—10 平均每万人口各级教育在校学生及构成情况
All Levels of Education Students per Million Population and Composition

年 份 Year	各级教育在校学生数占全省人口(%) All Levels of Education in the School Student Number Accounts for the Population (%)	平均每万人口中（人） On average every ten thousand people（person）					各级教育学生占学生总数（%） Education students at all levels of the total number (%)				
		高等教育 Higher Education	高中阶段 High School	初中阶段 Junior Middle School Stage	小 学 Primary Schools	学前教育 Preschool Education	高等教育 Higher Education	高中阶段 High School	初中阶段 Junior Middle School Stage	小 学 Primary Schools	学前教育 Preschool Education
2005	20.86	111	279	554	904	112	5.66	14.24	28.25	46.14	5.72
2010	19.58	184	350	455	751	164	9.66	18.40	23.89	39.42	8.63
2015	19.11	231	324	312	695	305	12.36	17.37	16.73	37.19	16.34
2016	18.63	226	307	316	700	314	12.12	16.50	16.96	37.59	16.83
2017	18.83	225	298	326	711	324	11.88	15.82	17.33	37.76	17.22
2018	19.13	225	299	334	730	331	11.73	15.27	17.48	38.18	17.32
2019	19.78	245	291	346	731	334	12.54	14.94	17.78	37.55	17.18
2020	20.35	270	324	352	736	341	13.49	15.12	17.59	36.78	17.03

注：高等教育包括研究生、普通本专科、成人本专科；高中阶段包括普通高中、中职(普通中专、职业高中和成人中专）；初中阶段包括普通初中和职业初中。

a) Higher education including graduate students, the common programs, adult programs; High school stage includes ordinary high school, secondary vocational (ordinary technical secondary school, vocational high school and adult school); Junior middle school stage includes ordinary junior high school and vocational middle school.

19—11 各级各类学校生师比
At Various Levels and School Teacher Ratio

年 份 Year	普通高等学校 Regular Institutions of Higher Education	中等职业学校 Secondary Vocational School	普通高中 Regular Secondary Schools	初中阶段 Junior Middle School Stage	小 学 Primary Schools	幼 儿 园 Kindergartens
2005	17.5	31.3	22.9	23.5	22.5	43.8
2010	18.0	35.8	19.1	17.1	18.7	34.1
2011	18.3	29.5	18.4	15.5	18.2	32.3
2012	18.2	29.2	18.0	13.2	16.8	36.7
2013	18.3	28.5	17.0	12.6	17.2	32.9
2014	18.3	28.5	16.0	12.4	17.5	29.7
2015	18.5	27.7	14.9	12.6	17.7	27.9
2016	18.3	27.3	14.3	12.8	17.9	25.4
2017	18.8	27.4	13.9	13.0	18.0	24.2
2018	18.2	27.6	13.7	13.2	18.3	23.0
2019	19.2	26.9	13.5	13.5	18.1	21.2
2020	20.0	27.4	13.8	13.5	18.0	19.3

注：中等职业学校数据中不含技工学校数据。

a) Secondary vocational schools in the data do not contain vestibule school data.

19—12 各级学校女学生和女教师数
Number of Female Students and Teachers by Level of School

指　　标	Item	2005	2010	2015	2019	2020
女学生数　（万人）	**Number of Female Students (10000 persons)**	**546.15**	**479.02**	**418.10**	**448.18**	**460.91**
普通高等学校	Regular Institutions of Higher Education	25.50	44.81	56.87	60.32	64.66
普通中等专业学校	Regular Specialized Secondary Schools	10.52	16.33	15.09	20.77	23.53
普通中学	Regular Secondary Schools	211.58	186.49	139.43	150.43	154.95
职业中学	Vocational Secondary Schools	25.14	21.86	13.96	4.50	2.76
小　学	Primary Schools	273.41	209.53	192.76	212.16	215.01
女学生占学生总数的百分比(%)	**Percentage of Female Students to Total Students (%)**	**46.39**	**45.97**	**46.58**	**46.32**	**46.15**
普通高等学校	Regular Institutions of Higher Education	43.29	47.72	50.30	48.60	47.20
普通中等专业学校	Regular Specialized Secondary Schools	56.71	56.44	54.80	47.81	47.02
普通中学	Regular Secondary Schools	45.91	45.87	45.92	45.91	45.94
职业中学	Vocational Secondary Schools	45.89	44.91	45.17	44.04	43.67
小　学	Primary Schools	46.81	45.51	45.62	45.90	45.92
女教师数　（万人）	**Number of Female Teachers (10000 persons)**	**18.19**	**21.44**	**24.65**	**30.41**	**31.73**
普通高等学校	Regular Institutions of Higher Education	1.19	2.00	2.48	2.86	3.03
普通中等专业学校	Regular Specialized Secondary Schools	0.23	0.33	0.49	0.97	1.18
普通中学	Regular Secondary Schools	5.78	7.91	8.77	10.48	10.93
职业中学	Vocational Secondary Schools	0.50	0.48	0.56	0.18	0.07
小　学	Primary Schools	10.48	10.71	12.36	15.94	16.52
女教师占教师总数的百分比(%)	**Percentage of Female Teachers to Total Teachers(%)**	**35.51**	**39.07**	**44.76**	**51.83**	**52.79**
普通高等学校	Regular Institutions of Higher Education	36.82	40.56	42.62	45.42	46.23
普通中等专业学校	Regular Specialized Secondary Schools	38.25	43.14	43.55	44.57	45.70
普通中学	Regular Secondary Schools	29.36	34.39	38.62	43.18	44.14
职业中学	Vocational Secondary Schools	28.79	34.43	34.94	39.79	39.00
小　学	Primary Schools	40.40	43.58	51.86	62.40	63.44

19—13 各级各类成人教育基本情况（2020年）
Basic Situation of Adult Education of All Types and at All Levels (2020)

单位：人（person）

指标	Item	学校数（所）Schools (unit)	毕业生数 Graduates	招生数 New Student Enrollment	在校学生数 Student Enrollment	教职工人数 Teachers and Staff	专任教师 Full-time Teachers
成人高等教育	**Adult's Higher Education**	6	79930	113948	264566	1032	530
#成人高等学校	Adult Education Schools	6	2625	3689	12749	1032	530
广播电视大学	Radio and TV Universities	1	272	2605	8581	283	152
职工、农民高等学院	Schools of Higher Education for Staff, Workers and Peasants	3	2275	1084	4016	124	57
管理干部学院	Colleges for Management Cadres	1	78		152	625	321
教育学院	Institute of Education	1					
成人中等专业学校	**Specialized Secondary Schools for Adults**	21	91478	117652	227512	592	427
成人中小学校	**Secondary and Primary Schools for Adults**						
成人中学	Secondary Schools for Adults						
职工中学	Staff Middle School						
农民中学	Secondary Schools for Peasants						
成人小学	Primary Schools for Adults						
成人技术培训学校	**Technical Training Schools for Adults**	441	148329		182080	3624	2478
职工技术培训学校	Technical Training Schools for Staff and Workers	21	40289		69904	1188	1084
农民技术培训学校	Technical Training Schools for Peasants	150	84984		79784	819	454
其他培训机构（含社会培训机构）	Other Training Organs (Including Social Training Organs)	270	23056		32392	1617	940

19-14 民办教育基本情况（2020年）
Basic Information on Private Education （2020）

单位：人（person）

项目	Item	校数（所）Number of Schools (unit)	毕业生数 Numer of Students Graduated	招生数 New Enrollment	在校学生数 Enrolled Students	教职工数 Teachers and Staff	专任教师 Full-time Teachers
合计	**Total**	**6831**	**874714**	**837824**	**2671289**	**228345**	**149172**
民办高等教育	Civilian-run Higher Education	26	54443	83608	241928	14699	11158
民办中等教育	Civilian-run Secondary Education	688	286536	335475	971832	90180	53800
高中阶段教育	Senior High School Education	311	117238	159440	427294	49580	23234
民办普通高中	Civilian-run Senior High Schools	211	67532	84413	240865	40487	16177
民办中等职业教育	Civilian-run Secondary Vocational Education	100	49706	75027	186429	9093	7057
初中阶段教育	Junior High School Education	377	169298	176035	544538	40600	30566
民办小学	Civilian-run Primary Schools	321	93789	49535	439115	12747	22012
民办幼儿园	Civilian-run Kindergartens	5796	439946	369206	1018414	110719	62202
#普惠性幼儿园	Universal Kindergarten	4108	290566	242808	700358		

注：表中民办普通高中教职工数包括高级中学、完全中学和十二年一贯制学校的教职工及高中教师数；中等职业教育不含技工学校数字。
资料来源：安徽省教育厅。

a) In the table, the number of teaching staff in private ordinary high schools includes the number of teaching staff and high school teachers in senior high schools, complete high schools and 12-year system schools. Secondary vocational education does not include figures for technical schools.

Source: Anhui Municipal Commission of Education.

19—15 各市普通高等学校和中等专业学校情况（2020年）
Number of Specialized Secondary Schools by Region and Type (2020)

单位：人（person）

地区	Region	学校数（所） Number of Schools (unit)		毕业生数 Number of Graduates		招生数 New Student Enrollment		在校学生数 Student Enrollment	
		高等 Higher	中专 Technical Secondary School	高等 Higher	中专 Technical Secondary School	高等 Higher	中专 Technical Secondary School	高等 Higher	中专 Technical Secondary School
总计	**Total**	**115**	**236**	**326840**	**129036**	**462924**	**187799**	**1368465**	**500427**
合肥市	Hefei	52	44	144656	25382	198951	39624	586170	108604
淮北市	Huaibei	3	7	10673	5314	13534	7211	46643	18876
亳州市	Bozhou	2	12	4654	10528	8678	13843	22556	37555
宿州市	Suzhou	3	16	7258	12891	11888	15603	34430	42441
蚌埠市	Bengbu	6	14	16681	5377	20530	8654	69065	23791
阜阳市	Fuyang	5	32	10749	15377	17510	29407	49114	75664
淮南市	Huainan	6	6	16600	5220	24724	4578	72763	13491
滁州市	Chuzhou	4	10	15020	9957	19838	10953	60061	29718
六安市	Luan	4	17	10383	8475	18981	16865	51047	42361
马鞍山市	Maanshan	6	9	15484	4007	20271	4311	66203	12056
芜湖市	Wuhu	9	21	38081	4859	45946	9167	148688	23396
宣城市	Xuancheng	1	11	2475	6196	6828	9097	11802	22459
铜陵市	Tongling	3	6	9970	2678	13756	3039	37980	8318
池州市	Chizhou	3	6	7538	2791	13538	3819	35934	9404
安庆市	Anqing	5	15	10204	5989	17917	6403	49875	18462
黄山市	Huangshan	3	10	6414	3995	10034	5225	26134	13831

19—16 各市特殊教育情况（2020年）
Basic Statistics on Special Education by Region (2020)

单位：人（person）

地区	Region	学校数（所） Number of Schools (unit)	毕业生数 Number of Graduates	招生数 New Student Enrollment	在校学生数 Student Enrollment	教职工数 Number of Staff and Teachers	专任教师 Full-time Teachers
总计	**Total**	**77**	**3719**	**6048**	**40674**	**2167**	**1979**
合肥市	Hefei	6	423	733	4272	280	274
淮北市	Huaibei	2	111	236	1388	49	47
亳州市	Bozhou	4	375	630	4532	197	191
宿州市	Suzhou	6	254	725	4371	223	193
蚌埠市	Bengbu	5	221	408	2609	104	99
阜阳市	Fuyang	8	516	999	7100	276	233
淮南市	Huainan	3	251	312	2056	98	90
滁州市	Chuzhou	6	269	314	2148	143	137
六安市	Luan	7	323	411	3197	158	146
马鞍山市	Maanshan	4	84	112	1001	81	78
芜湖市	Wuhu	6	135	220	1397	119	102
宣城市	Xuancheng	6	183	208	1353	119	100
铜陵市	Tongling	2	53	83	650	50	46
池州市	Chizhou	2	114	125	1022	50	47
安庆市	Anqing	8	328	434	2928	188	169
黄山市	Huangshan	2	79	98	650	32	27

19—17 各市普通中学分城乡学校数和在校学生数（2020年）

Number of Regular Secondary Schools and Student Enrollment by Urban and Rural Areas and by Region (2020)

地区	Region	学校数（所）Number of Regular Secondary Schools (unit)							
		合计		城区		镇区		乡村	
		Total	高中 Senior Secondary Schools	Urban Areas	高中 Senior Secondary Schools	Counties and Towns	高中 Senior Secondary Schools	Rural Areas	高中 Senior Secondary Schools
总计	**Total**	**3507**	**661**	**669**	**237**	**1684**	**389**	**1154**	**35**
合肥市	Hefei	340	100	107	40	168	56	65	4
淮北市	Huaibei	122	21	56	14	41	7	25	
亳州市	Bozhou	303	29	32	10	155	17	116	2
宿州市	Suzhou	252	47	19	8	136	37	97	2
蚌埠市	Bengbu	184	39	30	12	74	24	80	3
阜阳市	Fuyang	443	58	64	21	219	34	160	3
淮南市	Huainan	191	44	58	21	80	22	53	1
滁州市	Chuzhou	269	50	35	15	162	34	72	1
六安市	Luan	340	52	30	9	143	38	167	5
马鞍山市	Maanshan	107	20	30	9	43	8	34	3
芜湖市	Wuhu	211	45	52	18	115	24	44	3
宣城市	Xuancheng	148	21	36	9	75	12	37	
铜陵市	Tongling	82	24	24	9	46	15	12	
池州市	Chizhou	97	23	21	8	43	13	33	2
安庆市	Anqing	305	68	56	25	128	37	121	6
黄山市	Huangshan	113	20	19	9	56	11	38	

地区	Region	在校学生数（人）Student Enrollment (person)							
		合计		城区		镇区		乡村	
		Total	高中 Senior Secondary Schools	Urban Areas	高中 Senior Secondary Schools	Counties and Towns	高中 Senior Secondary Schools	Rural Areas	高中 Senior Secondary Schools
总计	**Total**	**3373133**	**1133579**	**997945**	**410810**	**1942184**	**685016**	**433004**	**37753**
合肥市	Hefei	429627	164443	186848	69667	225957	90802	16822	3974
淮北市	Huaibei	114081	39920	52737	22247	51380	17673	9964	
亳州市	Bozhou	356125	98000	73362	28325	221617	62783	61146	6892
宿州市	Suzhou	304241	87977	44027	16587	216488	70225	43726	1165
蚌埠市	Bengbu	192870	59634	38938	17244	118251	38514	35681	3876
阜阳市	Fuyang	555023	163603	112537	48574	355126	111406	87360	3623
淮南市	Huainan	175188	52458	60680	24644	92742	27814	21766	
滁州市	Chuzhou	187873	65511	62717	25603	113748	39552	11408	356
六安市	Luan	278867	97876	79582	33890	148154	61374	51131	2612
马鞍山市	Maanshan	94751	36851	41062	15900	40886	19405	12803	1546
芜湖市	Wuhu	159152	64241	46986	19180	98049	39664	14117	5397
宣城市	Xuancheng	102885	34898	52321	20969	44380	13929	6184	
铜陵市	Tongling	66536	27282	28483	12959	35274	14323	2779	
池州市	Chizhou	76874	32290	29276	13392	39741	17409	7857	1489
安庆市	Anqing	224458	89122	68452	33625	108643	48674	47363	6823
黄山市	Huangshan	54582	19473	19937	8004	31748	11469	2897	

19—18 各市普通中学分城乡招生数和毕业生数（2020年）

Number of New Student Enrollment and Graduates of Regular Secondary Schools by Urban and Rural Areas and by Region (2020)

单位：人（person）

地 区	Region	招生数 New Student Enrollment							
		合计 Total	高中 Senior Secondary Schools	城区 Urban Areas	高中 Senior Secondary Schools	镇区 Counties and Towns	高中 Senior Secondary Schools	乡村 Rural Areas	高中 Senior Secondary Schools
总 计	**Total**	**1140265**	**390799**	**343916**	**141068**	**656411**	**236979**	**139938**	**12752**
合肥市	Hefei	143593	55922	64497	24524	74124	30061	4972	1337
淮北市	Huaibei	38264	13036	17869	7273	16978	5763	3417	
亳州市	Bozhou	121097	35479	25887	9964	75558	22988	19652	2527
宿州市	Suzhou	108685	31534	15472	5501	78135	25721	15078	312
蚌埠市	Bengbu	68894	21853	13796	6054	42921	14342	12177	1457
阜阳市	Fuyang	186716	57147	40063	17155	118885	38768	27768	1224
淮南市	Huainan	59865	18773	21453	8584	31516	10189	6896	
滁州市	Chuzhou	62201	22572	21291	8673	37623	13821	3287	78
六安市	Luan	92760	33082	27204	11355	48956	20644	16600	1083
马鞍山市	Maanshan	31614	12107	13507	5085	13718	6547	4389	475
芜湖市	Wuhu	53197	21732	16507	6574	32252	13285	4438	1873
宣城市	Xuancheng	34178	11758	17835	7371	14328	4387	2015	
铜陵市	Tongling	21492	8724	9564	4351	11137	4373	791	
池州市	Chizhou	25184	10806	9556	4425	13043	5834	2585	547
安庆市	Anqing	74225	29672	22732	11466	36517	16367	14976	1839
黄山市	Huangshan	18300	6602	6683	2713	10720	3889	897	

地 区	Region	毕业生数 Number of Graduates							
		合计 Total	高中 Senior Secondary Schools	城区 Urban Areas	高中 Senior Secondary Schools	镇区 Counties and Towns	高中 Senior Secondary Schools	乡村 Rural Areas	高中 Senior Secondary Schools
总 计	**Total**	**1058734**	**351280**	**306786**	**130001**	**609830**	**210320**	**142118**	**10959**
合肥市	Hefei	133473	53081	57018	22295	70407	29504	6048	1282
淮北市	Huaibei	35131	13037	16635	7445	15359	5592	3137	
亳州市	Bozhou	105394	27279	20157	8719	65958	16446	19279	2114
宿州市	Suzhou	86783	26162	11781	4424	62750	21461	12252	277
蚌埠市	Bengbu	56563	17905	11390	5272	34392	11463	10781	1170
阜阳市	Fuyang	175132	46715	32538	13547	113977	31962	28617	1206
淮南市	Huainan	53615	16613	18818	8151	28039	8462	6758	
滁州市	Chuzhou	63029	21382	19888	8721	38178	12573	4963	88
六安市	Luan	86964	29607	24010	10533	45137	18702	17817	372
马鞍山市	Maanshan	31294	12132	13509	5061	14709	6616	3076	455
芜湖市	Wuhu	53895	20645	15228	6278	33038	12556	5629	1811
宣城市	Xuancheng	33675	10953	16821	6752	14318	4201	2536	
铜陵市	Tongling	23589	9149	9168	4148	13225	5001	1196	
池州市	Chizhou	26363	10567	10034	4468	13736	5999	2593	100
安庆市	Anqing	74989	29431	22950	11435	35857	15912	16182	2084
黄山市	Huangshan	18845	6622	6841	2752	10750	3870	1254	

19—19 各市小学分城乡学校数和在校学生数（2020年）
Basic Statistics on Primary Schools by Urban and Rural Areas and by Region (2020)

地 区	Region	学校数（所）Number of Primary Schools (unit)	城区 Urban Areas	镇区 Counties and Towns	乡村 Rural Areas	在校学生数（人）Student Enrollment (person)	城区 Urban Areas	镇区 Counties and Towns	乡村 Rural Areas
总 计	**Total**	**7464**	**824**	**2043**	**4597**	**4682378**	**1237408**	**2194738**	**1250232**
合肥市	Hefei	481	140	187	154	572838	277586	262002	33250
淮北市	Huaibei	284	65	59	160	167201	68035	60168	38998
亳州市	Bozhou	1107	45	207	855	528874	84467	249659	194748
宿州市	Suzhou	772	21	175	576	526032	59216	265355	201461
蚌埠市	Bengbu	594	44	107	443	320698	52712	151932	116054
阜阳市	Fuyang	1326	83	352	891	818487	137763	387567	293157
淮南市	Huainan	441	64	101	276	247948	78991	99032	69925
滁州市	Chuzhou	227	41	124	62	242030	75413	135727	30890
六安市	Luan	493	26	135	332	322915	80229	154315	88371
马鞍山市	Maanshan	201	48	59	94	119504	46288	49961	23255
芜湖市	Wuhu	267	52	121	94	200798	71259	105366	24173
宣城市	Xuancheng	144	31	67	46	132912	58670	60160	14082
铜陵市	Tongling	188	40	71	77	67810	28749	29549	9512
池州市	Chizhou	180	28	61	91	81287	29485	36937	14865
安庆市	Anqing	628	77	171	380	260369	65082	109450	85837
黄山市	Huangshan	131	19	46	66	72675	23463	37558	11654

地 区	Region	毕业生数（人）Number of Graduates (person)	城区 Urban Areas	镇区 Counties and Towns	乡村 Rural Areas	招生数（人）New Student Enrollment (person)	城区 Urban Areas	镇区 Counties and Towns	乡村 Rural Areas
总 计	**Total**	**740148**	**179639**	**347458**	**213051**	**781418**	**225492**	**361306**	**194620**
合肥市	Hefei	84749	39837	37922	6990	104430	52744	47373	4313
淮北市	Huaibei	24720	10056	8741	5923	29398	12247	10214	6937
亳州市	Bozhou	86919	11702	41797	33420	81852	14390	37934	29528
宿州市	Suzhou	78212	8525	40117	29570	87556	11201	43311	33044
蚌埠市	Bengbu	46849	7242	20886	18721	53785	9433	26351	18001
阜阳市	Fuyang	125912	18493	60987	46432	135832	25685	62481	47666
淮南市	Huainan	41668	12491	16137	13040	38517	13130	15681	9706
滁州市	Chuzhou	39739	10574	23154	6011	40524	13403	22306	4815
六安市	Luan	55874	11922	25746	18206	51781	14523	24902	12356
马鞍山市	Maanshan	19387	7330	7829	4228	20322	8218	8838	3266
芜湖市	Wuhu	31486	9462	17074	4950	35063	13915	17533	3615
宣城市	Xuancheng	22409	9049	10135	3225	21964	10582	9400	1982
铜陵市	Tongling	12525	4962	5331	2232	11064	4950	4750	1364
池州市	Chizhou	14225	4640	6674	2911	13573	5143	5834	2596
安庆市	Anqing	43790	9951	18640	15199	43313	11553	18357	13403
黄山市	Huangshan	11684	3403	6288	1993	12444	4375	6041	2028

19—20 各市职业中学基本情况（2020年）
Basic Statistics on Vocational Secondary Schools by Region (2020)

单位：人（person）

地区	Region	学校数（所）Number of Schools (unit)	毕业生数 Number of Graduates	招生数 New Student Enrollment	在校学生数 Student Enrollment	教职工数 Number of Staff and Teachers	专任教师 Full-time Teachers
总计	**Total**	**41**	**35666**	**23367**	**63207**	**1954**	**1692**
合肥市	Hefei	6	839	828	2644	268	224
淮北市	Huaibei		108				
亳州市	Bozhou	1	2886	825	1487	85	78
宿州市	Suzhou	1	744				
蚌埠市	Bengbu		662		1378		
阜阳市	Fuyang	1	8435	3883	12850		
淮南市	Huainan	15	6285	9537	19536	705	564
滁州市	Chuzhou		1084	2152	4328		
六安市	Luan	3	6897	1213	8429	262	248
马鞍山市	Maanshan		241	1733	3752		
芜湖市	Wuhu		1772	12	86		
宣城市	Xuancheng		1770	202	1038		
铜陵市	Tongling		134		18		
池州市	Chizhou	1	181			81	81
安庆市	Anqing	12	2684	2982	7661	547	497
黄山市	Huangshan	1	944			6	

19—21 各市幼儿园基本情况（2020年）

Basic Statistics on Kindergartens by Region (2020)

单位：人（person）

地　区	Region	园　数（所）Number of Schools (unit)	毕业生数 Number of Graduates	招生数 New Student Enrollment	幼儿数 Student Enrollment	教职工数 Number of Staff and Teachers	教　师 Teachers
总　计	**Total**	**10876**	**803449**	**854121**	**2168103**	**189584**	**112106**
合肥市	Hefei	1266	102292	131078	324760	36572	19030
淮北市	Huaibei	328	32610	30722	79945	5738	3892
亳州市	Bozhou	1002	83983	84224	218412	15948	11289
宿州市	Suzhou	1594	92692	75934	236078	18823	12635
蚌埠市	Bengbu	797	54865	69008	139754	10299	5902
阜阳市	Fuyang	1669	138598	131772	348113	24987	15756
淮南市	Huainan	453	39583	45946	102311	8579	4633
滁州市	Chuzhou	545	39762	46103	120003	9259	5949
六安市	Luan	769	56425	52874	136736	13332	7443
马鞍山市	Maanshan	302	19873	24254	59038	7249	3951
芜湖市	Wuhu	576	35831	41409	100100	12772	6819
宣城市	Xuancheng	395	22481	23495	67485	7532	4116
铜陵市	Tongling	180	11138	12930	33339	3432	1866
池州市	Chizhou	192	13442	14871	37679	3362	2016
安庆市	Anqing	605	47123	54926	126068	8500	4895
黄山市	Huangshan	203	12751	14575	38282	3200	1914

19—22 各级各类学校教育经费收入情况（2020年）
Basic Statistics on Educational Funds in Various Schools (2020)

单位：万元（10000 yuan）

指标	Item	合计 Total	国家财政性教育经费 Government Appropriation for Education	一般公共预算教育经费 General Public Budget Funds for Education	民办学校中举办者投入 Conducting Investment of Voluntary School	社会捐赠经费 Donations for Education	事业收入 Undertaking Revenue	其他收入 Other Income
总计	**Total**	17445692	14427576	12571057	103860	9025	2648784	256447
高等教育	Institutions of Higher Education	3253116	2100153	1577655	32362	1424	963654	155523
普通高等学校	Regular Institutions of Higher Education	3209799	2083292	1562048	32362	1422	937341	155382
本科学校	Undergraduate Courses Schools	2106982	1266420	941748	3500	1176	696686	139201
专科学校	Junior College	137469	114554	76915		2	21752	1160
职业学校	Vocational Schools	965348	702318	543385	28862	245	218904	15020
成人高等学校	Institutions of Higher Education for Adults	43317	16861	15607		2	26313	141
高中阶段教育	High School Education	3208395	2577027	2141771	16627	3650	582058	29034
中等职业学校	Vocational Secondary Schools	1142246	1009204	793066	10232	377	114561	7872
中等专业学校	Specialized Secondary Schools	1013600	894263	705417	9267	323	103458	6290
职业高中	Vocational Schools	84813	76000	63465	15	55	7932	812
#农村	Rural Areas	52496	48480	45522	15	18	3883	99
技工学校	Technical Schools	32401	30298	16482			1365	738
成人中等专业学校	Specialized Secondary Schools for Adults	11431	8644	7702	950		1805	32
普通高中	Senior Secondary Schools	2066149	1567823	1348705	6395	3273	467497	21162
#农村	Rural Areas	1137370	838799	751578	1318	1373	290119	5761
义务教育	Compulsory education	9216337	8560722	7812967	37869	3193	573822	40729
普通初中	Regular Junior Secondary Schools	3668548	3254456	2967638	20480	1794	375037	16781
#农村	Rural Areas	2586827	2333661	2130165	8371	873	241210	2713
普通小学	Regular Primary Schools	5547789	5306266	4845329	17389	1399	198785	23948
#农村	Rural Areas	3912049	3760877	3422755	9854	960	138319	2038
特殊教育	Special Education	62503	61611	57314	35	91	302	465
学前教育	Preschool Education	1323204	773603	669805	16967	418	510019	22197
#农村	Rural Areas	818072	497229	445071	9727	90	309120	1905
其他	Others	382137	354460	311545		249	18928	8500

19—23 全省科技活动基本情况
Basic Statistics on Scientific and Technological Activities

指 标	Item	2005	2010	2015	2019	2020
科技活动	**Scientific and Technological Activities**					
科技机构数 (个)	Number of Scientific Technological Research Institutions (unit)	917	2221	4817	7074	6769
研究与试验发展人员(万人)	Research and Experimental Developers (10000 persons)			20.48	26.25	27.88
研究与试验发展经费支出 (亿元)	Expenditure on R&D (100 million yuan)	45.61	163.72	431.75	754.03	883.18
#基础研究	Basic Research	4.12	12.23	24.31	39.55	60.89
应用研究	Applied Research	9.15	15.66	33.48	60.79	78.46
试验发展	Experimental Development	27.99	135.83	373.96	653.68	743.83
#政府资金	Government Fund	14.48	36.07	86.42	102.99	134.83
企业资金	Self-raised Funds by Enterprise	27.40	118.86	331.07	626.18	720.22
#相当于GDP比例 (%)	Proportion of Expenditure on R&D to GDP (%)	0.85	1.32	1.96	2.03	2.28
科技成果及获奖数 (项)	**Achievements in S&T and National Prizes Won (item)**					
登记省部级以上科技成果数	Registration of Scientific and Technological Achievements at or Above the Provincial level				16294	20168
国家发明奖	Number of National Invention Prizes Awarded		2			1
国家科学技术进步奖	Number of National Scientific and Technological Progress Prizes Awarded	3	5	10	6	8
获国家自然科学奖	Number of National Natural Sciences Prize Awarded	1	2	3	1	2
技术合同成交额 (万元)	**Technical Contract Turnover (10000 yuan)**	**142553**	**461470**	**1905334**	**4527213**	**7424387**
专 利	**Patent**					
专利申请授权量 (件)	Total Patent Applications Authorized (unit)	1939	16012	59039	82524	119696
发 明	Creation and Inventions	238	1111	11180	14958	21432
实用新型	Utility Models	1072	8839	41094	57511	84609
外观设计	Designs	629	6062	6765	10055	13655

19—24 县级以上政府部门属研究与开发机构及科技信息与文献机构数、人员数

State-owned Research and Development Institutions and Information and Literature Institutions at and Above County Level and Persons Engaged

年 份 Year	合 计 Total		自然科学技术领域 Field of Natural Sciences and Humanities			社会、人文科学技术领域 Field of Social Sciences and Humanities			科技信息和文献机构 Scientific-technical Information and Literature Institutions		
	机 构（个） Institutions (unit)	从业人员（人） Employees (person)	机 构（个） Institutions (unit)	从业人员（人） Employees (person)	科技活动人员(人) S&T Personnel (person)	机 构（个） Institutions (unit)	从业人员（人） Employees (person)	科技活动人员(人) S&T Personnel (person)	机 构（个） Institutions (unit)	从业人员（人） Employees (person)	科技活动人员(人) S&T Personnel (person)
2005	125	6425	100	5764	4155	8	327	292	17	334	307
2010	104	6227	83	5405	4402	7	335	313	14	487	455
2013	101	6964	80	6258	5450	7	331	305	14	375	335
2014	97	7117	76	6468	5867	7	309	257	14	340	307
2015	95	7203	75	6514	5949	7	310	259	13	379	334
2016	93	6934	72	6169	5588	9	383	334	12	382	341
2017	93	7208	73	6465	6850	8	354	319	12	389	378
2018	90	7327	71	6588	7180	8	372	328	11	367	309
2019	84	7323	66	6580	7358	8	375	328	10	368	351
2020	80	7215	61	6452	8192	9	390	351	10	373	343

19—25 县级以上政府部门属研究与开发机构及科技信息与文献机构科技经费筹集和支出总额

Total Funds and Total Expenditures of State-owned Research and Development Institutions and Information and Literature Institutions at and Above County Level

单位：万元（10000 yuan）

年 份 Year	合 计 Total		自然科学技术领域 Field of Natural Sciences and Humanities			社会、人文科学技术领域 Field of Social Sciences and Humanities			科技信息和文献机构 Scientific-technical Information and Literature Institutions		
	科技活动收 入 S&T Income	科技经费内部支出 Intramural Expenditure on S&T	科技活动收 入 S&T Income	政 府资 金 Government Funds	科技经费内部支出 Intramural Expenditure on S&T	科技活动收 入 S&T Income	政 府资 金 Government Funds	科技经费内部支出 Intramural Expenditure on S&T	科技活动收 入 S&T Income	政 府资 金 Government Funds	科技经费内部支出 Intramural Expenditure on S&T
2005	69881	66852	63694	51429	61396	3991	2268	3026	2196	1774	2430
2010	191056	134839	172837	149390	118150	8210	5816	6851	10009	8608	9837
2013	237275	216299	221116	183338	201724	8067	5294	6268	8091	7204	8307
2014	272412	263631	255037	193514	250498	8512	6590	6338	8863	8059	6795
2015	302593	245986	284101	220104	230394	9923	6841	8160	8569	7954	7432
2016	278931	240220	257619	202083	221267	11947	8796	10180	9365	8094	8774
2017	361779	323452	334873	268752	302397	15791	11719	12257	11115	9647	8798
2018	400500	361335	368656	269594	337449	19168	9521	11572	12676	12300	12313
2019		354597			329012			16196			9390
2020		353984			331761			13998			8225

注：自2019年起，科技活动收入及政府资金数据不再统计。

a) From 2019, data on revenue from science and technology activities and government funding will no longer be collected.

19—26 科协系统科技活动情况（2020年）

Basic Statistics on Scientific and Technological Activities of Associations for Science and Technology (2020)

项　　目	Item	科协合计 Total Number of Associations for Science & Technology	省科协 provincial Associations	省级学会 Provincial-level Learned Societies
机构数（个）	**Number of Associations or Learned Societies (unit)**	**156**	**1**	**155**
直属单位	Directly Under The Unit	4	4	
人员数（人）	**Personnel (person)**			
机　关	Associations	47	47	
直属单位	Enterprises and Non-profit Organizations Attached to Associations or Learned Societies	87	87	
学会理事	Members of Councils	10996		10996
学术活动	**Academic Activities**			
国内学术会议	Domestic Academic Meetings			
次　数（次）	Number (times)	210		210
参加人数（人次）	Number of Participants (person-time)	106732396		106732396
交流论文数（篇）	Number of Papers Presented (unit)	7421		7421
国际学术会议	International Meetings Held in China			
次　数（次）	Number (times)	2		2
参加人数（人次）	Number of Participants (person-time)	107		107
交流论文数（篇）	Number of Papers Presented (unit)	9		9
国际民间科技交流	International Folk Exchange of S&T			
接待来访科技团组（个）	International Group on S&T Received Home (unit)	5	1	4
接待总人数（人次）	Person Received (person-time)	43	3	40
外派科技团组（个）	Number of Study Tours Sent Aboard (unit)	3		3
外派总人数（人次）	Total People Sent Aboard (person-time)	14		14
科技培训	**Training Program**			
参加培训人数（人次）	Number of Training (person-time)			
科普活动	**Activities for Popular Science**			
讲座次数（次）	Number of Lectures (times)	551	216	335
听讲座人数（人次）	Number of Participants (person-time)	52000	22000	30000
展览次数（次）	Number of Exhibitions (times)	43	4	39
参观展览人数（万人次）	Number of Participants (10000 person-time)	6	5	1
青少年科技竞赛次数（次）	Number of Teenagers Participating in Science and Technology Competitions (time)	53	7	46
未成年人参观科技场馆人次（万人次）	Number of Visits by Minors to Science and Technology Venues (10000 person-time)	16	15	1
出　版	**Publications**			
科技期刊种数（种）	Number of Academic Journals (kind)	29		29
论文集种数（种）	Number of Collections of Articles (kind)	9		9
论文集发行量（册）	Number of Copies Distributed (copies)	1650		1650
科技报纸种数（种）	Number of Scientific & Technological Newspapers (kind)	4	1	3

注：1. 自2020年始，省科协机构仅统计省级单位。

2. 受疫情影响，2020年度未组织科技培训活动，因此无参加培训人数。

a) Since 2020, provincial associations for science and technology have counted only provincial units.

b) Affected by the epidemic, no science and technology training activities were organized in 2020, so the number of participants was not included.

19—27 各市规上企业分行业创新情况（2020年）
Innovation of Enterprises by Industry by Region (2020)

地 区	Region	企业数（个）companies (unit)	工业 Industry	建筑业 Construction Industry	服务业 Services	开展创新活动的企业所占比重(%) Proportion of Enterprises Carrying Out Innovative Activities (%)	工业 Industry
总 计	**Total**	**32848**	**18440**	**2130**	**12278**	**50.8**	**63.7**
合肥市	Hefei	6170	2148	767	3255	54.1	71.4
淮北市	Huaibei	992	639	24	329	44.7	54.3
亳州市	Bozhou	1225	617	30	578	48.9	63.2
宿州市	Suzhou	1744	1011	97	636	43.2	52.4
蚌埠市	Bengbu	1942	1057	76	809	47.3	65.9
阜阳市	Fuyang	2563	1649	81	833	51.2	61.5
淮南市	Huainan	1252	721	56	475	42.1	53.8
滁州市	Chuzhou	2659	1870	103	686	55.7	67.6
六安市	Luan	1664	1035	86	543	50.2	57.4
马鞍山市	Maanshan	1633	1134	141	358	52.7	60.9
芜湖市	Wuhu	3439	1774	198	1467	46.9	61.8
宣城市	Xuancheng	2088	1572	80	436	49.3	57.1
铜陵市	Tongling	969	493	103	373	46.2	65.5
池州市	Chizhou	930	539	68	323	51.4	66.1
安庆市	Anqing	2717	1644	179	894	59.2	76.5
黄山市	Huangshan	861	537	41	283	53.1	67.4

地 区	Region	建筑业 Construction Industry	服务业 Services	开展创新合作的企业所占比重(%) Proportion of Enterprises Engaged in Innovation Cooperation (%)	工业 Industry	建筑业 Construction Industry	服务业 Services
总 计	**Total**	**33.1**	**34.7**	**26.0**	**37.9**	**11.5**	**10.8**
合肥市	Hefei	40.4	46.0	27.7	47.0	15.3	17.9
淮北市	Huaibei	29.2	27.1	21.5	27.9	16.7	9.4
亳州市	Bozhou	40.0	34.1	23.5	37.8	13.3	8.8
宿州市	Suzhou	30.9	30.4	21.7	30.8	10.3	9.1
蚌埠市	Bengbu	32.9	24.2	25.4	41.1	14.5	6.1
阜阳市	Fuyang	50.6	31.0	28.2	39.4	16.1	7.1
淮南市	Huainan	19.6	27.0	21.2	30.1	1.8	9.9
滁州市	Chuzhou	24.3	28.0	27.8	36.9	9.7	5.8
六安市	Luan	29.1	40.0	23.0	31.2	5.8	9.9
马鞍山市	Maanshan	29.1	35.8	33.0	42.1	9.9	13.1
芜湖市	Wuhu	32.3	30.8	23.7	36.9	10.1	9.7
宣城市	Xuancheng	20.0	26.4	24.8	30.8	6.3	6.7
铜陵市	Tongling	20.4	27.9	25.2	42.8	4.9	7.5
池州市	Chizhou	25.0	32.5	22.6	33.2	8.8	7.7
安庆市	Anqing	24.0	34.3	29.0	42.9	8.9	7.5
黄山市	Huangshan	39.0	27.9	28.2	41.5	7.3	6.0

19—28 规上企业创新情况（2020年）
Enterprise Innovation on Regulation (2020)

类别	Category	企业数（个）Number of Enterprises (unit)	开展创新活动 Carry out Innovation Activities	实现创新 Implement Innovation	占全部企业比重(%) Accounts for the Proportion of all Enterprises (%) 有创新活动 There are Innovation Activities	实现创新 Implement Innovation
总计	**Total**	**32848**	**16701**	**15626**	**50.8**	**47.6**
按行业分	**According to the Industry**					
采矿业	Mining	308	116	98	37.7	31.8
制造业	Manufacturing	17614	11442	10522	65.0	59.7
电力、热力、燃气及水的生产和供应业	Electricity, Heat, Gas and Water Production and Supply Industry	518	183	162	35.3	31.3
建筑业	Construction	2130	704	686	33.1	32.2
批发和零售业	Wholesale and Retail Trades	8458	2746	2731	32.5	32.3
交通运输、仓储和邮政业	Transport, Storage and Postal Services	1342	331	317	24.7	23.6
信息传输、计算机服务和软件业	Information Circulation, Computer Services and Software	659	470	436	71.3	66.2
租赁和商务服务业	Leasing and Commercial Services	1066	325	318	30.5	29.8
科学研究和技术服务业	Scientific Research and Technical Services	585	338	312	57.8	53.3
水利、环境和公共设施管理业	Water Conservancy, Environmental and Public Facilities Management	168	46	44	27.4	26.2
按地区分	**According to the Region**					
合肥市	Hefei	6170	3339	3231	54.1	52.4
淮北市	Huaibei	992	443	426	44.7	42.9
亳州市	Bozhou	1225	599	581	48.9	47.4
宿州市	Suzhou	1744	753	735	43.2	42.1
蚌埠市	Bengbu	1942	918	877	47.3	45.2
阜阳市	Fuyang	2563	1313	1204	51.2	47.0
淮南市	Huainan	1252	527	516	42.1	41.2
滁州市	Chuzhou	2659	1481	1358	55.7	51.1
六安市	Luan	1664	836	814	50.2	48.9
马鞍山市	Maanshan	1633	860	818	52.7	50.1
芜湖市	Wuhu	3439	1612	1495	46.9	43.5
宣城市	Xuancheng	2088	1029	956	49.3	45.8
铜陵市	Tongling	969	448	436	46.2	45.0
池州市	Chizhou	930	478	400	51.4	43.0
安庆市	Anqing	2717	1608	1356	59.2	49.9
黄山市	Huangshan	861	457	423	53.1	49.1

19—29 规上企业产品和工艺创新情况（2020年）
Product and Process Innovation of Enterprises on The Regulation (2020)

类别	Category	企业数（个）Number of Enterprises (unit)	占全部企业比重(%) Accounts for the Proportion of all Enterprises (%)		
			开展产品或工艺创新活动企业 Enterprises Carrying out Product or Process Innovation Activities	实现产品创新企业 Realize Product Innovation Enterprises	实现工艺创新企业 Realize Process Innovation Enterprises
总计	**Total**	**32848**	**37.7**	**25.5**	**28.1**
按行业分	**According to the Industry**				
采矿业	Mining	308	29.2	7.1	18.8
制造业	Manufacturing	17614	56.4	40.2	42.6
电力、热力、燃气及水的生产和供应业	Electricity, Heat, Gas and Water Production and Supply Industry	518	24.1	3.7	18.3
建筑业	Construction	2130	16.7	7.4	13.7
批发和零售业	Wholesale and Retail Trades	8458	9.9	5.5	7.4
交通运输、仓储和邮政业	Transport, Storage and Postal Services	1342	11.0	5.3	8.1
信息传输、计算机服务和软件业	Information Circulation, Computer Services and Software	659	64.0	45.8	37.8
租赁和商务服务业	Leasing and Commercial Services	1066	12.9	6.4	8.3
科学研究和技术服务业	Scientific Research and Technical Services	585	50.3	30.6	33.5
水利、环境和公共设施管理业	Water Conservancy, Environmental and Public Facilities Management	168	13.7	6.6	10.7
按地区分	**According to the Region**				
合 肥 市	Hefei	6170	38.2	25.5	28.8
淮 北 市	Huaibei	992	29.9	18.6	24.0
亳 州 市	Bozhou	1225	33.1	23.4	27.4
宿 州 市	Suzhou	1744	29.1	20.7	22.8
蚌 埠 市	Bengbu	1942	36.8	25.6	28.8
阜 阳 市	Fuyang	2563	37.6	25.2	29.1
淮 南 市	Huainan	1252	28.4	18.3	22.8
滁 州 市	Chuzhou	2659	44.9	37.2	32.2
六 安 市	Luan	1664	33.4	21.9	27.6
马鞍山市	Maanshan	1633	45.6	31.3	35.3
芜 湖 市	Wuhu	3439	33.9	22.5	24.4
宣 城 市	Xuancheng	2088	37.3	24.6	27.7
铜 陵 市	Tongling	969	34.2	25.5	28.8
池 州 市	Chizhou	930	38.6	18.4	24.4
安 庆 市	Anqing	2717	47.3	28.5	30.1
黄 山 市	Huangshan	861	41.4	28.6	30.8

19—30 规上企业组织和营销创新情况（2020年）
Enterprise Organization and Marketing Innovation on Regulation (2020)

类别	Category	企业数（个） Number of Enterprises (unit)	占全部企业比重(%) Accounts for the Proportion of all Enterprises (%)		
			开展组织或营销创新活动企业 Enterprises Carrying out Organizational or Marketing Innovation Activities	实现组织创新企业 Realize the Organization of Innovative Enterprises	实现营销创新企业 Realize Marketing Innovation Enterprises
总计	**Total**	**32848**	**39.3**	**31.6**	**30.8**
按行业分	**According to the Industry**				
采矿业	Mining	308	25.7	23.1	16.2
制造业	Manufacturing	17614	46.9	37.9	38.5
电力、热力、燃气及水的生产和供应业	Electricity, Heat, Gas and Water Production and Supply Industry	518	23.0	20.7	9.5
建筑业	Construction	2130	28.5	26.8	11.9
批发和零售业	Wholesale and Retail Trades	8458	31.2	22.2	26.3
交通运输、仓储和邮政业	Transport, Storage and Postal Services	1342	20.9	18.8	10.5
信息传输、计算机服务和软件业	Information Circulation, Computer Services and Software	659	52.1	46.7	37.9
租赁和商务服务业	Leasing and Commercial Services	1066	27.9	23.5	16.8
科学研究和技术服务业	Scientific Research and Technical Services	585	43.1	39.5	25.6
水利、环境和公共设施管理业	Water Conservancy, Environmental and Public Facilities Management	168	24.4	20.2	19.1
按地区分	**According to the Region**				
合 肥 市	Hefei	6170	43.5	35.7	31.2
淮 北 市	Huaibei	992	36.7	28.7	27.8
亳 州 市	Bozhou	1225	41.6	33.3	34.7
宿 州 市	Suzhou	1744	34.5	27.2	28.4
蚌 埠 市	Bengbu	1942	35.2	27.8	27.4
阜 阳 市	Fuyang	2563	40.9	33.3	35.3
淮 南 市	Huainan	1252	35.3	27.6	28.0
滁 州 市	Chuzhou	2659	40.2	32.2	33.7
六 安 市	Luan	1664	43.2	34.6	34.9
马鞍山市	Maanshan	1633	35.1	28.9	25.6
芜 湖 市	Wuhu	3439	37.3	30.0	27.3
宣 城 市	Xuancheng	2088	37.0	28.7	28.6
铜 陵 市	Tongling	969	37.4	30.6	28.0
池 州 市	Chizhou	930	36.0	29.8	28.5
安 庆 市	Anqing	2717	41.5	33.3	35.2
黄 山 市	Huangshan	861	40.7	30.3	32.1

19—31 规上企业创新合作情况（2020年）
Innovation Cooperation of Enterprises in Accordance With Regulations (2020)

类别	Category	企业数（个）Number of Enterprises (unit)	占全部企业比重(%) Accounts for the Proportion of all Enterprises (%) 开展创新合作的企业 Enterprises Carrying out Innovation Cooperation	开展产学研合作的企业 Enterprises Carrying out Industry-university-research Cooperation	与高等学校开展创新合作的企业 Enterprises that Cooperate With Institutions of Higher Learning in Innovation	与研究机构开展创新合作的企业 Enterprises Engaged in Innovation Cooperation With Research Institutions
总计	**Total**	**32848**	**26.0**	**12.4**	**10.8**	**5.2**
按行业分	**According to the Industry**					
采矿业	Mining	308	15.6	10.1	9.1	7.5
制造业	Manufacturing	17614	38.9	19.9	17.4	8.0
电力、热力、燃气及水的生产和供应业	Electricity, Heat, Gas and Water Production and Supply Industry	518	15.8	5.6	3.1	4.1
建筑业	Construction	2130	11.5	4.8	4.2	2.2
批发和零售业	Wholesale and Retail Trades	8458	7.1	1.2	1.0	0.6
交通运输、仓储和邮政业	Transport, Storage and Postal Services	1342	7.2	1.3	0.9	0.6
信息传输、计算机服务和软件业	Information Circulation, Computer Services and Software	659	46.3	17.9	15.0	8.0
租赁和商务服务业	Leasing and Commercial Services	1066	9.1	3.5	2.6	1.6
科学研究和技术服务业	Scientific Research and Technical Services	585	36.6	21.2	20.0	10.3
水利、环境和公共设施管理业	Water Conservancy, Environmental and Public Facilities Management	168	9.5	4.2	4.2	2.4
按地区分	**According to the Region**					
合肥市	Hefei	6170	27.7	12.7	11.0	5.9
淮北市	Huaibei	992	21.5	12.5	11.0	5.1
亳州市	Bozhou	1225	23.5	13.2	11.8	6.4
宿州市	Suzhou	1744	21.7	8.2	6.7	3.2
蚌埠市	Bengbu	1942	25.4	12.4	10.1	7.3
阜阳市	Fuyang	2563	28.2	14.6	13.2	5.4
淮南市	Huainan	1252	21.2	9.1	7.1	4.3
滁州市	Chuzhou	2659	27.8	12.3	10.2	6.2
六安市	Luan	1664	23.0	10.6	8.5	5.2
马鞍山市	Maanshan	1633	33.0	19.5	17.0	6.7
芜湖市	Wuhu	3439	23.7	11.2	10.3	4.3
宣城市	Xuancheng	2088	24.8	10.8	9.9	3.0
铜陵市	Tongling	969	25.2	12.7	10.9	5.7
池州市	Chizhou	930	22.6	11.3	10.2	3.6
安庆市	Anqing	2717	29.0	12.5	10.7	4.3
黄山市	Huangshan	861	28.2	15.9	14.8	4.9

19—32 规上工业企业创新情况（2020年）
Innovation of Industrial Enterprises on Regulation (2020)

类 别	Category	企业数（个）Number of Enterprises (unit)	开展创新活动 Carry out Innovation Activities	实现创新 Implement Innovation	占全部企业比重(%) Accounts for the Proportion of all Enterprises (%) 有创新活动 There are Innovation Activities	实现创新 Implement Innovation
总 计	**Total**	**18440**	**11741**	**10782**	**63.7**	**58.5**
按行业分	**According to the Industry**					
采矿业	Mining	308	116	98	37.7	31.8
制造业	Manufacturing	17614	11442	10522	65.0	59.7
电力、热力、燃气及水的生产和供应业	Electricity, Heat, Gas and Water Production and Supply Industry	518	183	162	35.3	31.3
按地区分	**According to the Region**					
合 肥 市	Hefei	2148	1533	1458	71.4	67.9
淮 北 市	Huaibei	639	347	332	54.3	52.0
亳 州 市	Bozhou	617	390	373	63.2	60.5
宿 州 市	Suzhou	1011	530	519	52.4	51.3
蚌 埠 市	Bengbu	1057	697	660	65.9	62.4
阜 阳 市	Fuyang	1649	1014	914	61.5	55.4
淮 南 市	Huainan	721	388	378	53.8	52.4
滁 州 市	Chuzhou	1870	1264	1143	67.6	61.1
六 安 市	Luan	1035	594	574	57.4	55.5
马鞍山市	Maanshan	1134	691	659	60.9	58.1
芜 湖 市	Wuhu	1774	1096	1010	61.8	56.9
宣 城 市	Xuancheng	1572	898	829	57.1	52.7
铜 陵 市	Tongling	493	323	312	65.5	63.3
池 州 市	Chizhou	539	356	280	66.1	52.0
安 庆 市	Anqing	1644	1258	1010	76.5	61.4
黄 山 市	Huangshan	537	362	331	67.4	61.6

19—33 规上工业企业产品和工艺创新情况（2020年）
Product and Process Innovation of Industrial Enterprises (2020)

类　　别	Category	企业数（个）Number of Enterprises (unit)	占全部企业比重(%) Accounts for the Proportion of all Enterprises (%)		
			开展产品或工艺创新活动企业 Enterprises Carrying out Product or Process Innovation Activities	实现产品创新企业 Realize Product Innovation Enterprises	实现工艺创新企业 Realize Process Innovation Enterprises
总　　计	**Total**	**18440**	**55.1**	**38.6**	**41.6**
按行业分	**According to the Industry**				
采矿业	Mining	308	29.2	7.1	18.8
制造业	Manufacturing	17614	56.4	40.2	42.6
电力、热力、燃气及水的生产和供应业	Electricity, Heat, Gas and Water Production and Supply Industry	518	24.1	3.7	18.3
按地区分	**According to the Region**				
合 肥 市	Hefei	2148	64.3	46.2	51.0
淮 北 市	Huaibei	639	39.3	24.4	31.0
亳 州 市	Bozhou	617	52.5	38.1	44.3
宿 州 市	Suzhou	1011	41.4	31.0	33.6
蚌 埠 市	Bengbu	1057	59.4	43.0	47.3
阜 阳 市	Fuyang	1649	52.6	36.3	40.9
淮 南 市	Huainan	721	39.9	26.4	32.0
滁 州 市	Chuzhou	1870	59.6	50.5	42.7
六 安 市	Luan	1035	45.3	30.1	37.8
马鞍山市	Maanshan	1134	58.3	41.5	45.9
芜 湖 市	Wuhu	1774	52.5	36.5	38.8
宣 城 市	Xuancheng	1572	46.5	31.2	34.7
铜 陵 市	Tongling	493	57.8	44.4	48.7
池 州 市	Chizhou	539	58.6	27.3	35.4
安 庆 市	Anqing	1644	70.7	43.3	44.3
黄 山 市	Huangshan	537	60.3	43.2	46.0

19—34 规上工业企业组织和营销创新情况（2020年）
Organizational and Marketing Innovation of Industrial Enterprises on Regulation (2020)

类别	Category	企业数（个）Number of Enterprises (unit)	占全部企业比重(%) Accounts for the Proportion of all Enterprises (%)		
			开展组织或营销创新活动企业 Enterprises Carrying out Organizational or Marketing Innovation Activities	实现组织创新企业 Realize the Organization of Innovative Enterprises	实现营销创新企业 Realize Marketing Innovation Enterprises
总计	**Total**	**18440**	**45.9**	**37.2**	**37.3**
按行业分	**According to the Industry**				
采矿业	Mining	308	25.7	23.1	16.2
制造业	Manufacturing	17614	46.9	37.9	38.5
电力、热力、燃气及水的生产和供应业	Electricity, Heat, Gas and Water Production and Supply Industry	518	23.0	20.7	9.5
按地区分	**According to the Region**				
合肥市	Hefei	2148	52.8	44.0	40.9
淮北市	Huaibei	639	43.2	33.0	32.4
亳州市	Bozhou	617	51.5	41.8	45.2
宿州市	Suzhou	1011	39.1	30.3	34.1
蚌埠市	Bengbu	1057	44.8	36.2	35.4
阜阳市	Fuyang	1649	46.8	38.6	42.2
淮南市	Huainan	721	43.4	34.3	33.4
滁州市	Chuzhou	1870	46.4	38.3	39.5
六安市	Luan	1035	47.2	39.0	38.2
马鞍山市	Maanshan	1134	37.9	30.9	30.0
芜湖市	Wuhu	1774	46.3	37.7	34.4
宣城市	Xuancheng	1572	41.2	32.4	32.4
铜陵市	Tongling	493	49.7	40.8	37.9
池州市	Chizhou	539	41.0	34.1	32.7
安庆市	Anqing	1644	48.0	38.7	42.3
黄山市	Huangshan	537	49.0	38.4	38.9

19—35 规上工业企业创新合作情况（2020年）
Innovation Cooperation Among Industrial Enterprises (2020)

类别	Category	企业数（个）Number of Enterprises (unit)	占全部企业比重(%) Accounts for the Proportion of all Enterprises (%) 开展创新合作的企业 Enterprises Carrying out Innovation Cooperation	开展产学研合作的企业 Enterprises Carrying out Industry-university-research Cooperation	与高等学校开展创新合作的企业 Enterprises that Cooperate With Institutions of Higher Learning in Innovation	与研究机构开展创新合作的企业 Enterprises Engaged in Innovation Cooperation With Research Institutions
总计	**Total**	**18440**	**37.9**	**19.4**	**16.8**	**7.9**
按行业分	**According to the Industry**					
采矿业	Mining	308	15.6	10.1	9.1	7.5
制造业	Manufacturing	17614	38.9	19.9	17.4	8.0
电力、热力、燃气及水的生产和供应业	Electricity, Heat, Gas and Water Production and Supply Industry	518	15.8	5.6	3.1	4.1
按地区分	**According to the Region**					
合肥市	Hefei	2148	47.0	23.9	20.7	10.9
淮北市	Huaibei	639	27.9	17.2	15.2	6.6
亳州市	Bozhou	617	37.8	24.2	21.6	11.8
宿州市	Suzhou	1011	30.8	12.7	10.2	5.0
蚌埠市	Bengbu	1057	41.1	20.8	17.0	12.3
阜阳市	Fuyang	1649	39.4	21.4	19.3	7.9
淮南市	Huainan	721	30.1	14.0	11.0	6.5
滁州市	Chuzhou	1870	36.9	16.8	14.0	8.3
六安市	Luan	1035	31.2	15.9	12.6	8.0
马鞍山市	Maanshan	1134	42.1	25.7	22.6	8.6
芜湖市	Wuhu	1774	36.9	18.8	17.3	7.1
宣城市	Xuancheng	1572	30.8	13.9	12.8	3.8
铜陵市	Tongling	493	42.8	22.7	19.9	9.7
池州市	Chizhou	539	33.2	18.4	16.5	5.9
安庆市	Anqing	1644	42.9	20.1	17.2	6.9
黄山市	Huangshan	537	41.5	24.8	22.9	7.5

19—36 研究与试验发展（R&D）人员（2020年）
Research and Experimental Development (R&D) Personnel (2020)

指　标	Item	调查单位数（个）Number of Investigation Units (unit)	有研究与试验发展活动单位 Activity for R&D	研究与试验发展人员（人）Staff of R&D (person)	#研究人员 Staff of Researcher	#全时人员 Staff of Full Time	#博士 Doctor's Degree
总　计	**Total**	**24005**	**7868**	**278822**	**123609**	**185210**	**21184**
按隶属关系分	**Grouped by Subordination Relations**						
中　央	Central	361	146	37071	25968	26457	10106
地　方	Local	23644	7722	241751	97641	158753	11078
按国民经济行业分	**Grouped by Sector**						
农、林、牧、渔业	Agriculture, Forestry, Animal Husbandry and Fishery	241	97	2233	1537	1726	255
采矿业	Mining	311	55	12389	2874	1976	25
制造业	Manufacturing	17642	6819	179008	56676	130697	1876
电力、热力、燃气及水的生产和供应业	Electricity, Heat, Gas and Water Production and Supply Industry	519	69	4028	1536	3327	23
建筑业	Construction	571	85	5883	2673	3951	75
交通运输、仓储和邮政业	Transport, Storage and Postal Services	1343	25	534	252	397	2
信息传输、计算机服务和软件业	Information Circulation, Computer Services and Software	660	115	5065	2469	4246	2
租赁和商务服务业	Leasing and Commercial Services	1069	20	242	94	195	4
科学研究和技术服务业	Scientific Research and Technical Services	805	309	16275	11144	9521	2841
水利、环境和公共设施管理业	Water Conservancy, Environmental and Public Facilities Management	180	11	492	298	439	
居民服务、修理和其他服务业	Service to Households, Repair and Other Services						
教　育	Education	230	220	45131	38536	22254	15427
卫生和社会工作	Department of Health and Social Work	94	12	247	140	174	
文化、体育和娱乐业	Culture, Sports and Entertainment	308	8	122	41	117	5

19—36 续表 continued

指 标	Item	研究与试验发展人员折合全时当量（人年）Full-time Equivalent of R&D Personnel (man-years)	#研究人员 Staff of Researcher	基础研究 Basic Research	应用研究 Apply Researcher	试验发展 Experimental and Development Researcher
总 计	Total	**194688**	**84818**	**16411**	**23579**	**154699**
按隶属关系分	**Grouped by Subordination Relations**					
中 央	Central	27790	19740	8448	4898	14445
地 方	Local	166898	65078	7963	18681	140254
按国民经济行业分	**Grouped by Sector**					
农、林、牧、渔业	Agriculture, Forestry, Animal Husbandry and Fishery	1918	1413			1504
采矿业	Mining	7551	1923	1038	3102	3410
制造业	Manufacturing	130535	41940	55	3539	126940
电力、热力、燃气及水的生产和供应业	Electricity, Heat, Gas and Water Production and Supply Industry	2750	1063		13	2737
建筑业	Construction	4314	2001		666	3648
交通运输、仓储和邮政业	Transport, Storage and Postal Services	237	105			237
信息传输、计算机服务和软件业	Information Circulation, Computer Services and Software	4295	2106		792	3503
租赁和商务服务业	Leasing and Commercial Services	189	72			179
科学研究和技术服务业	Scientific Research and Technical Services	11815	7685	1877	3015	6924
水利、环境和公共设施管理业	Water Conservancy, Environmental and Public Facilities Management	450	285			279
居民服务、修理和其他服务业	Service to Households, Repair and Other Services					
教 育	Education	23928	21078	12306	10593	1028
卫生和社会工作	The Department of Health and Social Work	166	102			80
文化、体育和娱乐业	Culture, Sports and Entertainment	103	34			6

19—37 研究与试验发展（R&D）经费支出情况（2020年）
Research and Development Funds and Internal Expenditure (2020)

单位：万元（10000 yuan）

项　目	Item	研究与试验发展经费支出 Expenditure for R&D	按活动类型分 By Activities 基础研究 Fundamental Research	应用研究 Applied Rescarch	试验发展 Experimental	#人员劳务费 Labor Expenses
总　计	**Total**	**8831833**	**608887**	**784606**	**7438340**	**2804621**
按执行部门分组	**Grouped by Execution Department**					
科研机构	Scientific Research Institution	653329	160442	177565	315322	169063
高等学校	Institutions of Higher Learning	800888	399160	334331	67398	233401
企　业	Companies	7122109	21817	199524	6900767	2299006
事业单位	Institution	255507	27468	73186	154853	103151
按隶属关系分组	**Grouped by Subordination Relations**					
中　央	Central	1562511	393359	239891	929261	421623
地　方	Local	7269322	215528	544715	6509079	2382998

19—38 高等学校科技活动情况
Basic Statistics on Higher Education for Scientific and Technological Activities

指　标	Item	2005	2010	2015	2019	2020
研究与试验发展（R&D）人员（人）	Research and experimental development (R&D) personnel (person)		19567	27710	40544	45131
研究与发展人员全时当量（人年）	Full-time Equivalent of R&D Personnel (man.year)	5022	7337	13541	21066	23928
#基础研究	Fundamental Research	1500	3273	6579	12134	12306
应用研究	Applied Research	2501	3471	6319	8278	10593
试验发展	Experimental Development	397	595	644	654	1028
研究与发展经费支出（万元）	R&D Expenditure (10000 yuan)	66574	141849	272859	427124	800888

19—39 各市研究与试验发展（R&D）人员（2020年）

Research and Experimental Development (R&D) Personnel by Region (2020)

地区	Region	调查单位数（个）Number of Investigation Units (unit)	有研究与试验发展活动单位 Activity for R&D	研究与试验发展人员（人）Staff of R&D (person)	#女性 Female	#研究人员 Staff of Researcher	全时人员 Staff of Full Time	博士毕业 Doctor
总　计	**Total**	**24005**	**7868**	**278822**	**62136**	**123609**	**185210**	**21184**
合肥市	Hefei	4078	1144	96712	23324	57989	68153	16013
淮北市	Huaibei	762	151	11074	1104	2419	3181	495
亳州市	Bozhou	749	265	6353	2133	1970	4345	116
宿州市	Suzhou	1195	265	3896	1130	1472	2624	161
蚌埠市	Bengbu	1392	630	17338	4109	7462	11862	781
阜阳市	Fuyang	1902	546	9400	2384	3708	6080	368
淮南市	Huainan	837	115	7615	1249	3814	2600	291
滁州市	Chuzhou	2151	985	17591	3901	5687	12321	244
六安市	Luan	1197	288	7801	1919	2552	5327	114
马鞍山市	Maanshan	1401	656	16878	3309	6586	10797	430
芜湖市	Wuhu	2531	825	38371	7460	15389	27291	1495
宣城市	Xuancheng	1798	627	14744	3249	3430	10516	24
铜陵市	Tongling	688	228	10344	1741	3586	6913	137
池州市	Chizhou	702	202	3968	1027	1312	1970	45
安庆市	Anqing	1955	671	12136	2814	4655	8327	375
黄山市	Huangshan	667	270	4601	1283	1578	2903	95

地区	Region	硕士毕业 Master	本科毕业 University Degree	研究与试验发展人员折合全时当量（人年）Full-time Equivalent of R&D Personnel (man-years)	#研究人员 Staff of Researcher	基础研究 Basic Research	应用研究 Apply Researcher	试验发展 Experimental and Development Researcher
总　计	**Total**	**37884**	**111227**	**194688**	**84818**	**16411**	**23578**	**154698**
合肥市	Hefei	20797	37451	70861	41537	11831	12019	47011
淮北市	Huaibei	665	4166	6221	1297	1267	347	4607
亳州市	Bozhou	694	2333	4366	1258	100	647	3619
宿州市	Suzhou	518	1512	2638	945	127	253	2258
蚌埠市	Bengbu	2412	7626	12949	5496	565	1346	11038
阜阳市	Fuyang	1101	3297	6294	2368	248	484	5561
淮南市	Huainan	1212	3243	5006	2503	273	3246	1487
滁州市	Chuzhou	1158	7163	12823	3962	106	438	12279
六安市	Luan	788	3398	5130	1642	78	291	4761
马鞍山市	Maanshan	1505	6879	11665	4432	200	787	10678
芜湖市	Wuhu	3645	15896	26172	9892	1133	1708	23331
宣城市	Xuancheng	290	6207	10317	2518	43	558	9716
铜陵市	Tongling	859	3697	5768	2029	58	563	5147
池州市	Chizhou	642	1625	2231	685	47	206	1979
安庆市	Anqing	885	4761	8971	3323	178	480	8313
黄山市	Huangshan	713	1973	3275	931	157	205	2913

19—40 各市研究与试验发展（R&D）经费支出情况（2020年）
Research and Development Funds and Internal Expenditure by Region (2020)

单位：万元（10000 yuan）

地 区	Region	研究与试验发展经费 Expenditure for R&D	按活动类型分 By Activities			按支出用途分 By Expenditure	
			基础研究 Fundamental Research	应用研究 Applied Rescarch	试验发展 Experimental	日常性支出 Daily Expenditure	资产性支出 Assets Expenditure
总　计	**Total**	**8831833**	**608887**	**784606**	**7438340**	**7871754**	**960079**
合肥市	Hefei	3534780	483538	458892	2592350	3125361	409419
淮北市	Huaibei	203186	23626	6444	173116	189341	13845
亳州市	Bozhou	129017	479	10091	118447	116313	12704
宿州市	Suzhou	129994	753	6140	123101	120595	9399
蚌埠市	Bengbu	524174	28581	40507	455086	468555	55619
阜阳市	Fuyang	280522	7346	12625	260551	249815	30707
淮南市	Huainan	138376	3690	58355	76331	127127	11249
滁州市	Chuzhou	532080	10469	36121	485490	479550	52530
六安市	Luan	182555	3130	11249	168176	162979	19576
马鞍山市	Maanshan	707631	4420	22773	680438	659510	48121
芜湖市	Wuhu	1252841	21311	48940	1182590	1130923	121918
宣城市	Xuancheng	329713	358	16094	313261	287594	42119
铜陵市	Tongling	330873	1528	23986	305359	307958	22915
池州市	Chizhou	129771	1386	5890	122495	89339	40432
安庆市	Anqing	320258	16480	23706	280072	261570	58688
黄山市	Huangshan	106062	1792	2793	101477	95224	10838

19—41 各市工业企业享受相关政策情况（2020年）
Industrial Enterprises Enjoy Relevant Policies by Region (2020)

地　区	Region	使用来自政府部门的科技活动资金（万元）Using from Government Department's Technique Cctivity Fund (10000 yuan)	研究开发费用加计扣除减免税（万元）Total Research and Development Expense Counting Tax Reliefs (10000 yuan)	高新技术企业减免税（万元）Tax Reliefs of High and New Technology Enterprises (10000 yuan)
总　计	**Total**	**254232**	**830836**	**669436**
合肥市	Hefei	95376	238618	224723
淮北市	Huaibei	5483	104794	126346
亳州市	Bozhou	10354	37989	15889
宿州市	Suzhou	4260	22031	6538
蚌埠市	Bengbu	12866	62615	37145
阜阳市	Fuyang	23891	25887	30375
淮南市	Huainan	3413	23897	6866
滁州市	Chuzhou	17377	61790	44288
六安市	Luan	6343	11390	10484
马鞍山市	Maanshan	9593	67444	48918
芜湖市	Wuhu	29782	42065	20339
宣城市	Xuancheng	12221	16870	9450
铜陵市	Tongling	3622	31383	27413
池州市	Chizhou	5990	19747	6218
安庆市	Anqing	10761	13409	7076
黄山市	Huangshan	2901	50907	47368

19—42 工业企业科技活动基本情况

Basic Statistics on Science and Technology Activities of Industrial Enterprises

指 标	Item	2019	2020
有研究与试验发展活动的企业 (个)	Number of Enterprises Having R&D Activities (unit)	5925	6918
有研究与试验发展活动的企业占全部企业的比重 (%)	Percentage of Enterprises Having R&D Activities to Total Number of Enterprises (%)	33.40	37.52
科技机构数 (个)	Number of Scientific and Technological Institutions (unit)	5874	5601
R&D人员 (万人)	R&D Personnel (10000 persons)	18.36	19.45
研究与试验发展折合全时人员 (万人年)	Full-time Equivalent of R&D Personnel (10000 man-year)	12.45	13.54
科技机构科技活动人员数 (万人)	Personnel Engaged in S&T Activities in S&T Institutions (10000 persons)	14.36	16.24
开发新产品经费支出 (亿元)	Expenditure on New Product Development (100 million yuan)	619.26	749.43
研究与试验发展经费支出 (亿元)	Expenditure on R&D (100 million yuan)	576.54	639.42
#政府资金	Government Funds	17.11	16.50
企业资金	Self-raised Funds by Enterprises	559.39	618.98
研究与试验发展经费支出占主营业务收入的比重 (%)	Percentage of Expenditure on R&D To Sales Revenue (%)	1.58	1.73
技术引进经费支出 (亿元)	Expenditure for Acquisition of Foreign Technology (100 million yuan)	2.40	2.91
消化吸收经费支出 (亿元)	Expenditure for Assimilation of Technology (100 million yuan)	0.44	0.58
购买国内技术支出 (亿元)	Expenditure for Purchase of Domestic Technology (100 million yuan)	5.63	10.97
专利申请数 (件)	Patent Applications (piece)	55520	66677
#发明专利数	Invention Patents	22975	27083
拥有发明专利数 (件)	Invention Patents Owned (piece)	54798	70467

19—43 各市工业企业研究与试验发展（R&D）基本情况（2020年）

R&D Basic Situation of Industrial Enterprise by Region (2020)

地 区	Region	企业单位数（个）Number of Enterprises (unit)	#有研究与试验发展活动 Activity for R&D	#有研发机构 There are Research and Development Institutions	新产品销售收入（万元）Revenue of New Pproduct Sales (10000 yuan)	研究与试验发展人员合计（人）Staff Of R&D (person)	#参加项目人员 Staff of Participa-ting in Project	#女性 Female
总　计	**Total**	**18440**	**6918**	**5601**	**120543819**	**194479**	**181633**	**36710**
合 肥 市	Hefei	2148	770	702	36064735	46455	44128	9093
淮 北 市	Huaibei	639	128	85	3604850	9743	9319	682
亳 州 市	Bozhou	617	251	174	1868885	5217	4610	1694
宿 州 市	Suzhou	1011	254	192	3155819	3000	2778	802
蚌 埠 市	Bengbu	1057	561	377	6235511	11649	10851	2488
阜 阳 市	Fuyang	1649	505	541	5259939	7506	6943	1756
淮 南 市	Huainan	721	92	70	1043152	5711	5465	532
滁 州 市	Chuzhou	1870	923	683	13638692	15623	14524	3202
六 安 市	Luan	1035	266	169	3782119	6464	5869	1430
马鞍山市	Maanshan	1134	599	546	6323594	12936	11880	2226
芜 湖 市	Wuhu	1774	713	375	18903876	31292	29317	5084
宣 城 市	Xuancheng	1572	585	470	4957203	13545	12322	2931
铜 陵 市	Tongling	493	212	155	6876967	8947	8342	1227
池 州 市	Chizhou	539	176	118	1695682	2988	2730	607
安 庆 市	Anqing	1644	634	714	5603883	9832	9172	2111
黄 山 市	Huangshan	537	249	230	1528914	3571	3383	845

地 区	Region	#研究人员 Staff of Researcher	#全时人员 Staff of Full Time	研究与试验发展人员折合全时当量合计（人年）Total Work Volume of Conversion Staff of Full Time (person year)	#研究人员 Staff of Researcher	应用研究人员 Staff of Apply Researcher	试验发展人员 Staff of Experimental and Development Researcher
总　计	**Total**	**60642**	**135425**	**139988**	**44510**	**7134**	**132661**
合 肥 市	Hefei	19760	35673	35780	15260	1948	34687
淮 北 市	Huaibei	1293	2640	5557	773	149	4370
亳 州 市	Bozhou	1115	3843	3800	824	273	3527
宿 州 市	Suzhou	818	2165	2091	568	17	2074
蚌 埠 市	Bengbu	3198	8166	9169	2519	276	8893
阜 阳 市	Fuyang	2336	5265	5218	1630	60	5158
淮 南 市	Huainan	2406	1687	3948	1679	2863	1085
滁 州 市	Chuzhou	4427	11496	11753	3365	121	11631
六 安 市	Luan	1653	4873	4391	1182	15	4376
马鞍山市	Maanshan	4030	8497	9264	2932	194	9070
芜 湖 市	Wuhu	10312	23861	22579	7380	392	22187
宣 城 市	Xuancheng	2711	9540	9330	1878	434	8896
铜 陵 市	Tongling	2476	6490	5080	1451	162	4908
池 州 市	Chizhou	623	1706	1831	411	17	1815
安 庆 市	Anqing	2746	6859	7357	2067	185	7172
黄 山 市	Huangshan	738	2664	2840	591	28	2812

19—44 各市工业企业研究与试验发展（R&D）经费情况（2020年）

R&D Funds Basic Situation of Industrial Enterprise by Region (2020)

单位：万元（10000 yuan）

地区	Region	研究与试验发展经费内部支出合计 Expenditure for R&D	按活动类型分组 Grouped by Active Type		按支出用途分组 Grouped by Using of Funds			
			应用研究支出 Applied Research Expenditure	试验发展支出 Experiment Development Expanditure	经常费支出 Normal Funds Expenditure	#人员劳务费 Salary	资产性支出 Capital Expenditure	#土建工程 Construction Project
总计	**Total**	**6394211**	**159814**	**6213094**	**5871894**	**1916541**	**522317**	**17158**
合肥市	Hefei	1922350	29322	1892716	1803451	714858	118899	1652
淮北市	Huaibei	187144	2272	164793	176950	51702	10194	146
亳州市	Bozhou	120109	7373	112736	109063	31479	11046	218
宿州市	Suzhou	111334	334	110999	103703	19920	7631	260
蚌埠市	Bengbu	348447	4649	343798	316343	80287	32104	532
阜阳市	Fuyang	235361	2922	232439	212179	54788	23182	1129
淮南市	Huainan	112989	50702	62287	108749	41833	4241	40
滁州市	Chuzhou	449779	5268	444512	417385	129422	32394	1005
六安市	Luan	154085	985	153100	140746	43366	13338	340
马鞍山市	Maanshan	603190	13589	589601	559094	120114	44096	1290
芜湖市	Wuhu	1084625	13773	1070852	987550	328251	97075	5632
宣城市	Xuancheng	299923	13331	286592	260137	93697	39786	1099
铜陵市	Tongling	309451	9545	298994	290040	86883	19411	2413
池州市	Chizhou	108582	144	108438	72550	19733	36032	575
安庆市	Anqing	248311	4928	243383	225288	74089	23023	665
黄山市	Huangshan	98531	677	97854	88666	26119	9865	162

地区	Region	按资金来源分组 Grouped by Source of Funds			研究与试验发展经费外部支出 Outside Expenditure	对境内研究机构支出 Foreign Research Institution	对境内高等学校支出 Demestic University
		政府资金 Govern-ment	企业资金 Enterprise	境外资金 Alien			
总计	**Total**	**164983**	**6189768**	**36516**	**360351**	**59491**	**37415**
合肥市	Hefei	65842	1828343	27906	188793	9975	8417
淮北市	Huaibei	3570	183483		9676	2277	6557
亳州市	Bozhou	7106	112468	534	8209	4441	1795
宿州市	Suzhou	2625	108237	472	1200	268	610
蚌埠市	Bengbu	9083	336542	2258	6499	1402	1775
阜阳市	Fuyang	15246	220055		9562	1893	4128
淮南市	Huainan	2063	110927		16832	2774	1163
滁州市	Chuzhou	10242	439385	152	14447	3305	1875
六安市	Luan	3728	149974	32	3197	829	329
马鞍山市	Maanshan	7299	595806		12496	1851	2969
芜湖市	Wuhu	14093	1067263	2248	65458	24725	2322
宣城市	Xuancheng	8639	289702	1342	6664	246	1340
铜陵市	Tongling	2338	305570	1543	10409	3754	1973
池州市	Chizhou	3895	104687		776	166	255
安庆市	Anqing	7254	240755	29	4539	1302	1674
黄山市	Huangshan	1960	96571		1594	283	233

19—45 各市工业企业自主知识产权和技术情况（2020年）
Self-owned Intellectual Property Rights and Technology Situation Industrial Enterprise by Region (2020)

地　区	Region	专　利申请数（件）Number of Patent Application (unit)	发明专利 Patent of Invention	有效发明专利数（件）Invention Number of Patents Effectively (unit)	发　表科技论文（篇）Publish Technical Papers (unit)	拥有注册商标数（件）Registered Trademark Nubmer (unit)
总　计	**Total**	**66677**	**27083**	**70467**	**4210**	**29582**
合肥市	Hefei	18982	8834	24647	1276	10417
淮北市	Huaibei	1445	375	1041	605	973
亳州市	Bozhou	1727	658	1164	138	2014
宿州市	Suzhou	1627	673	1143	28	543
蚌埠市	Bengbu	2947	1254	3043	137	1194
阜阳市	Fuyang	4340	2033	3489	168	1833
淮南市	Huainan	1345	458	1188	214	374
滁州市	Chuzhou	5345	1973	4478	130	1286
六安市	Luan	2948	1143	1786	156	1041
马鞍山市	Maanshan	4745	1853	5173	351	1182
芜湖市	Wuhu	9034	3721	12898	475	4763
宣城市	Xuancheng	3463	1142	3811	74	1302
铜陵市	Tongling	1801	672	1945	244	461
池州市	Chizhou	1374	406	1042	37	418
安庆市	Anqing	4296	1525	2837	160	962
黄山市	Huangshan	1258	363	782	17	819

地　区	Region	形成国家行　业标准数（项）National and Industry Standard Number (item)	引　进境外技术经费支出（万元）Expenditure on the Introduction of Overseas Technology (10000 yuan)	消化吸收经费支出（万元）Digestion Absorption Funds Experditure (10000 yuan)	购买境内技术经费支　出（万元）Expenditure on Purchasing Domestic Technology (10000 yuan)	技术改造经费支出（万元）Technological Transforma-tion Funds Experditure (10000 yuan)
总　计	**Total**	**1813**	**29113**	**5771**	**109711**	**2298691**
合肥市	Hefei	611	11911	656	78892	614014
淮北市	Huaibei	21			309	24939
亳州市	Bozhou	28			832	4125
宿州市	Suzhou	22			55	15588
蚌埠市	Bengbu	48			3071	33672
阜阳市	Fuyang	68			838	69303
淮南市	Huainan	29			2204	99816
滁州市	Chuzhou	63	14		1823	282827
六安市	Luan	66	337		6588	45094
马鞍山市	Maanshan	131	3078	2986	2198	600996
芜湖市	Wuhu	209	2835	1346	10442	198254
宣城市	Xuancheng	112	10807	783	507	59813
铜陵市	Tongling	103			160	106321
池州市	Chizhou	33	114		137	3637
安庆市	Anqing	242			1422	122711
黄山市	Huangshan	27	16		234	17580

19—46 省级以上开发区主要经济指标
Main Economic Indicators of Development Areas above the Provincial Level

项目	Item	2015	2019	2020
全区经营（销售）收入 （万元）	Business (Sales) Income (10000 yuan)	314724127	476983767	529513697
规模以上工业营业收入	Industrial Operating Income Above Scale	211910986	264034196	284323335
资质以内建筑业营业收入	Business Income of Construction Industry Within Qualification		32075860	39349194
限额以上批发零售业销售收入	Sales Revenue of Wholesale and Retail Trade Above Quota		75916652	88456989
限额以上住宿餐饮业营业收入	Operating Income of Catering Industry With Accommodation Above Limit		870350	1228492
房地产业销售收入	Real Estate Sales Revenue		17292614	21168530
规模以上服务业企业营业收入	Business Income of Service Enterprises Above Scale		16448421	20663484
进出口总额 （万美元）	Total Import and Export (USD 10000)	2582213	5358093	6173590
出口额	Export	1938440	3241933	3708401
进口额	Import	643773	2116160	2465190
税收总额 （万元）	Total Tax (10000 yuan)	8909247	18839494	20287199
财政收入 （万元）	Financial Revenue (10000 yuan)	11939449	24988177	26878021
利用外商直接投资情况	Foreign Direct Investments			
当年新批进区外商投资企业 （个）	Foreign Investment Enterprises Entered this Year(unit)	139	293	301
当年实际利用外商直接投资额 （万美元）	Foreign Direct Investment Amount Actually Used this Year (USD 10000)	792249	1326632	1389064
利用内资情况（在建亿元以上项目）	Domestic Investment (Construction project of one hundred million yuan of above)			
项目个数 （个）	Project Number (unit)	1948	3145	3701
到位省外境内资金额 （万元）	In Place of Domestic Funds Outside the Province (10000 yuan)	33644733	77953650	91851655

注：2018年省级以上开发区数量为130家，2017年以前为90家。
a) There will be 130 development zones above the provincial level in 2018 and 90 before 2017.

19—47 部分国家级开发区主要经济指标（2020年）
Main Economic Indicators of Some National Development Zones (2020)

指　　标		Item		合肥高新技术产业开发区 Hefei New High Technology Industry Devlopment District
全区经营（销售）收入	（万元）	Business (Sales) Income	(10000 yuan)	33261562
规模以上工业营业收入		Industrial Operating Income Above Scale		14231715
资质以内建筑业营业收入		Business Income of Construction Industry Within Qualification		6001310
限额以上批发零售业销售收入		Sales Revenue of Wholesale and Retail Trade Above Quota		6098668
限额以上住宿餐饮业营业收入		Operating Income of Catering Industry With Accommodation Above Limit		96249
房地产业销售收入		Real Estate Sales Revenue		1153708
规模以上服务业企业营业收入		Business Income of Service Enterprises Above Scale		4854222
进出口总额	（万美元）	Total Import and Export	(USD 10000)	390000
出口总额		Total Export		305000
进口总额		Total Import		85000
税收总额	（万元）	Total Tax	(10000 yuan)	2191400
财政收入	（万元）	Financial Revenue	(10000 yuan)	2782471
新批进区外商投资企业	（个）	Number of Foreign Funded Enterprises Approved Into Development Areas	(unit)	13
实际利用外商直接投资额	（万美元）	Foreign Direct Investment Amount Actually Used this Year	(USD 10000)	60500
亿元以上省外境内投资项目	（个）	Investment Projects (outside the provice, Above 100 million yuan)	(unit)	50
亿元以上项目到位省外境内资金额	（万元）	Investment Projects of Gaining Fund (outside the provice, Above 100 million yuan)	(10000 yuan)	1059514

合肥经济技术开发区 Hefei Economy and Technology Development District	芜湖经济技术开发区 Wuhu Economy and Technology Development District	芜湖高新技术产业开发区 Wuhu New High Technology Industry Devlopment District	蚌埠高新技术产业开发区 Bengbu New High Technology Industry Devlopment District	马鞍山经济技术开发区 Maanshan Economy and Technology Development District	马鞍山慈湖高新技术开发区 Maanshan New High Technology Industry Devlopment District	铜陵经济技术开发区 Tongling Economy and Technology Development District	安庆经济技术开发区 Anqing Economy and Technology Development District	滁州经济技术开发区 Chuzhou Economy and Technology Development District	池州经济技术开发区 Chizhou Economy and Technology Development District
45255421	24647343	11620370	10046159	8005139	5052823	15504877	8122188	19298409	4537751
19549525	12414331	6224321	4474924	4550707	2936095	11524916	5496867	8311710	1826809
4751675	35341	554894	2813205	362065	254581	298332	212438	1476758	729675
14923451	6339703	3260574	2325377	1249200	702275	489109	762796	2295305	1100463
140624	9768	21460	13016		3772	8266	13813	3940	16804
696133	64492	396928	176281	106269		338170	210461	388597	256461
1388471	854239	871685	54032	760659	109007	149926	131706	248988	153764
1611622	440462	29318	24153	58050	40010	477253		148228	23600
984572	284458	17443	13238	48291	35983	37598		80932	5231
627050	156004	11875	10915	9759	4027	439655		67296	18369
842016	850301	426200	338089	259594	186662	245365	151043	449653	164175
1548841	852856	857580	434187	354381	200013	346626	168053	533928	231489
27	5	2	3	2	5	2	1	4	6
66500	79323	26449	20147	53001	36400	14686	7709	40639	5442
51	50	163	43	77	25	98	59	42	29
2177211	2280483	3423424	1533422	1894492	1266400	2371524	1522451	2013932	615673

19—48 各市省级以上开发区主要经济指标（2020年）

Main Economic Indicators of Development Areas above the Provincial Level by Region (2020)

地区 Region	全区经营（销售）收入（万元） Business (Sales) Income (10000 yuan)	规上工业营业收入 Industrial Operating Income Above Scale	资质以内建筑业营业收入 Business Income of Construction Industry Within Qualification	限额以上批发零售业销售收入 Sales Revenue of Wholesale and Retail Trade Above Quota	限额以上住宿餐饮业营业收入 Operating Income of Catering Industry With Accommodation Above Limit	房地产业销售收入 Real Estate Sales Revenue	规模以上服务业营业收入 Business Income of Service Enterprises Above Scale	进出口总额（万美元） Total Import and Export (USD 10000)
总计 Total	**529513697**	**284323335**	**39349194**	**88456989**	**1228492**	**21168530**	**20663484**	**6173590**
合肥市 Hefei	156377366	68155666	16720823	33613085	616445	6572103	9592615	3082775
淮北市 Huaibei	12937475	7818100	197586	2325663	17483	99289	249722	97356
亳州市 Bozhou	20278320	8306013	1043315	4083922	51238	2384457	673678	105387
宿州市 Suzhou	13131058	7356574	1124481	2058265	22263	793701	561204	98212
蚌埠市 Bengbu	29683231	17887617	5003302	3317180	65263	1481227	596070	67279
阜阳市 Fuyang	38423992	21546706	1067658	8465416	53771	1732719	562610	156327
淮南市 Huainan	7777575	3545519	202406	1911327	3454	555254	240448	57299
滁州市 Chuzhou	44027237	25607789	3231236	4015771	45184	2005649	619468	371927
六安市 Luan	19809428	10599576	1415508	1879835	46286	1282785	469811	87507
马鞍山市 Maanshan	26338583	15165262	1075968	3627814	11527	701362	1381557	370637
芜湖市 Wuhu	67541894	38559550	4500091	14353063	83699	597351	3345021	754193
宣城市 Xuancheng	23585969	14883442	1232403	1645629	38267	1034771	325775	187437
铜陵市 Tongling	24740865	16727375	546584	3069687	94842	377869	408533	490167
池州市 Chizhou	11326132	7301037	961241	1370812	26244	389186	293013	94351
安庆市 Anqing	25850416	16641729	803871	2190706	48937	698887	1146530	52128
黄山市 Huangshan	7684155	4221380	222721	528815	3591	461918	197430	100608

地区 Region	出口额 Export	进口额 Import	税收总额（万元） Total Tax (10000 yuan)	财政收入（万元） Financial Revenue (10000 yuan)	新批进区外商投资企业（个） Foreign Investment Enterprises Entered this Year (unit)	实际利用外商直接投资（万美元） Foreign Direct Investment Amount Actually Used this Year (USD 10000)	亿元以上省外境内投资项目个数（个） Investment Projects (outside the provice, Above 100 million yuan) (unit)	亿元以上项目到位省外境内资金额（万元） Investment Projects of Gaining Fund (outside the provice, Above 100 million yuan) (10000 yuan)
总计 Total	**3708401**	**2465190**	**20287199**	**26878021**	**301**	**1389064**	**3701**	**91851655**
合肥市 Hefei	1829053	1253722	5831715	8959693	110	275333	313	9937954
淮北市 Huaibei	83237	14119	455059	531896	12	19232	72	1983259
亳州市 Bozhou	85568	19819	1225371	961082	4	39952	240	7303790
宿州市 Suzhou	93260	4952	816410	936447	20	56133	247	3172307
蚌埠市 Bengbu	48412	18867	817358	1165954	10	88510	168	6047150
阜阳市 Fuyang	129362	26964	1126155	1775085	11	29363	189	3676370
淮南市 Huainan	52298	5001	313914	444895	3	9770	98	2261023
滁州市 Chuzhou	275092	96836	1535228	2094578	20	137775	313	9225686
六安市 Luan	80137	7371	1019517	1241153	14	43055	161	4936467
马鞍山市 Maanshan	216012	154626	1171420	1526358	28	235343	280	9211756
芜湖市 Wuhu	436571	317622	2534497	3076339	21	274107	429	12419681
宣城市 Xuancheng	176225	11212	1196117	1310654	12	90933	358	7443368
铜陵市 Tongling	48570	441597	495399	611464	11	37697	214	3910878
池州市 Chizhou	21549	72802	558846	658262	9	5480	242	3125596
安庆市 Anqing	45173	6956	878771	1174195	14	25176	318	6159839
黄山市 Huangshan	87883	12725	311423	409967	2	21205	59	1036532

19—49 合肥国家高新技术产业开发区企业经营状况（2020年）

Enterprises Business of Hefei National Development Zone for New and High-level Technology Industries (2020)

经济类型 Ownership	企业数（家）Enterprises (unit)	总产值（万元）Gross Output Vaue (10000 yuan)	总收入（万元）Total Revenue (10000 yuan)		利税总额（万元）Total Pre-tax Profit (10000 yuan)		出口创汇（万美元）Foreign Exchange Earned Through Export (USD 10000)	年末职工人数（人）Number of Staff and Norkers at Year-end (person)	全员劳动生产率（万元/人）Overall Labor Productivity (10000 yuan /person)
				技术性收入 Technical Revenue		利润 Profit			
总计 Total	**2719**	**48503101**	**72925522**	**14991258**	**11831958**	**6692458**	**1732284**	**335872**	**217.1**
国有经济 State-owned	59	7342294	13101690	2637542	4805863	1900670	93095	58100	225.5
私营企业 Private	2323	19064899	32434979	5829400	4203366	2782918	810253	175534	184.8
股份制经济 Share Holding	240	6016452	11066550	1090582	1516281	1121565	200437	59769	185.2
中外合资 Sino-foreign Joint Venture	65	5330778	5463528	337289	520609	380647	175971	24335	224.5
港澳台侨与大陆合资 China-Hong Kong/macao/ Taiwan Joint Venture	12	320074	380514	13969	-80819	-98100	25576	3535	217.1
港澳台侨独资企业 H.K/Macao/Taiwan Funded	11	10377689	10411672	5072757	861065	603961	425366	10660	976.7
其他经济 Others	9	50915	66589	9720	5593	797	1586	3939	16.9
总计中：三资企业 Joint, Cooperative or Exclusively Foreign-funded Ventures	88	16028541	16255714	5424015	1300855	886507	626913	38530	217.1

19—50 合肥国家高新技术产业开发区产品概况（2020年）

Products of Hefei National Development Zone for New and High-level Technology Industries (2020)

单位：万元（10000 yuan）

技术领域	Field of Technology	产值 Output Value	年销售收入 Annual Sales Revenue	出口额 Volume of Export
总计	**Total**	**48503101**	**72925522**	**11953833**
电子与信息	Electronics and Information Industry	19214428	27526883	7354649
生物医药技术	Biology and Medicine	6306361	6635988	160706
新材料	New Materials	2069988	2825856	100224
光机电一体化	Photoelectric, Mechanical and Electrical products	6703872	7740133	1807535
新能源高效节能	New Energy Sources and Energy Saving Devices	5697474	7715198	1340488
环境保护	Environmental Protection	254590	472868	6369
航空航天技术	Aviation Technology	3070	6371	75
核应用技术	Nuclear Application Technology	8409	8540	
其他高技术	Other High-level Technology	7826105	11608651	716109
非高技术	Unhigh-level Technology	418804	8385034	467678

注：按照2020年中美平均汇率，1美元=6.8996元人民币。

a) According to the average exchange rate between China and the US in 2020, 1 US dollar =6.8996 RMB yuan.

19—51 全省监督抽查产品质量情况
Results of Sampling Check on Product Quality Under Provincial Supervision

年 份 Year	抽查企业（个） Number of Enterprises Selected (unit)	无不合格品企业数（个） Number of Enterprises Without Products Unqualified	抽查产品 Products Selected in Sampling		合格产品（批次） Number of Products Qualified (kind)	样品合格率（%） Rate of Sample Products Qualified (%)
			（类） Number of Types	（种） Number of Kinds		
2005	16282	12966	12	99	14656	80.59
2010	11459	10154	12	110	12954	90.77
2012	15754	14565	12	151	18681	93.27
2013	13851	13086	12	134	16397	93.93
2014	2728	2585	8	88	2953	95.26
2015	2291	2181	8	79	2558	96.00
2016	3440	3193	8	86	3476	93.32
2017	3814	3568	7	81	3762	93.72
2018	2699	2608	8	90	2979	96.94
2019	4036	3597	10	109	4064	89.09
2020	3253	3016	10	109	3566	93.57

注：根据省政府减轻企业负担的要求，2014年我省对企业产品定检明显减少。

a) According to the requirements of the provincial government to reduce the burden of enterprises, in 2014, the province of enterprise products regular checks were significantly reduced.

19—52 技术市场成交情况（2020年）
Business of Technological Markets (2020)

项 目	Item	成交项目（项） Transaction Projects (item)	成交金额（万元） Transaction Value (10000 yuan)
按卖方分合计	**Seller Total**	**19059**	**7424387**
企业法人	Enterprise Artificial Person	14174	6855867
事业法人	Institution Artificial Person	4621	312769
社团法人	Social Organization Artificial Person	80	2445
自然人	Natural Person	21	2479
机关法人	Agencies & Organization Artificial Person	85	236691
其 他	Others	78	14136
按买方分合计	**Buyer Total**	**22937**	**11312599**
企业法人	Enterprise Artificial Person	18451	9131956
事业法人	Institution Artificial Person	1920	442186
社团法人	Social Organization Artificial Person	38	6150
自然人	Natural Person	98	6545
机关法人	Agencies & Organization Artificial Person	2298	1689726
其 他	Others	132	36035

19—53 三种专利申请授权量
Three Kinds of Patent Applications Granted

单位：项（item）

指　标	Item	2005	2010	2015	2019	2020
申请授权量合计	**Total Applications Authorized**	**1939**	**16012**	**59039**	**82524**	**119696**
发　明	Creations and Inventions	238	1111	11180	14958	21432
实用新型	Utility Models	1072	8839	41094	57511	84609
外观设计	Designs	629	6062	6765	10055	13655
申请受权人情况	**Authorized Person of the Application**					
个　人	Individual	1234	4852	9457	9882	16866
大专院校	Universities and Colleges	85	503	5374	6543	10044
科研单位	Research Institutions	70	364	781	1081	1405
企　业	Enterprises	537	10254	43200	63524	89940
机关团体	Government Agencies and Organizations	13	39	227	1494	1441

19—54 各市三种专利申请授权量（2020年）
Three Kinds of Patent Applications Granted by Region (2020)

单位：项（item）

地　区	Region	申请授权量合计 Total Applications Authorized	发　明 Creations and Inventions	实用新型 Utility Models	外观设计 Designs	申请受权人情况 Authorized Person of the Application 个　人 Individual	大专院校 Universities and Colleges	科研单位 Research Institutions	企　业 Enterprises	机关团体 Government Agencies and Organizations
总　计	**Total**	**119696**	**21432**	**84609**	**13655**	**16866**	**10044**	**1405**	**89940**	**1441**
合肥市	Hefei	41054	7593	29535	3926	3620	4199	1272	31261	702
淮北市	Huaibei	2925	363	2391	171	723	221		1976	5
亳州市	Bozhou	4452	882	2652	918	1188	235	1	3011	17
宿州市	Suzhou	4122	1028	2610	484	1050	95		2952	25
蚌埠市	Bengbu	4513	552	3263	698	1013	655	44	2768	33
阜阳市	Fuyang	7153	1564	4458	1131	1812	188	14	5054	85
淮南市	Huainan	3261	472	2447	342	593	867	25	1735	41
滁州市	Chuzhou	8654	1291	6376	987	940	583		7112	19
六安市	Luan	5401	889	3723	789	1314	269	3	3724	91
马鞍山市	Maanshan	7829	1647	5752	430	384	446	4	6961	34
芜湖市	Wuhu	13228	3022	8597	1609	1010	1840	16	10090	272
宣城市	Xuancheng	5320	770	4073	477	617	38	1	4639	25
铜陵市	Tongling	2382	355	1699	328	450	41	4	1873	14
池州市	Chizhou	2374	111	1908	355	381	114	3	1856	20
安庆市	Anqing	5479	683	3996	800	1482	124	16	3811	46
黄山市	Huangshan	1549	210	1129	210	289	129	2	1117	12

主要统计指标解释

普通高等学校

指按国家规定的设置标准和审批程序批准举办的，通过国家普通高等教育招生考试，招收高中毕业生为主要培养对象，实施高等学历教育的全日制大学、独立设置的学院和高等专科学校、高等职业学校及其他普通高教机构。

成人高等学校

指按照国家规定的设置标准和审批程序批准举办的，指通过全国成人高等教育招生考试，招收具有高中毕业或同等学历的人员为主要培养对象，利用函授、业余、脱产等多种形式对其实施高等学历教育的学校。包括职工高等学校、农民高等学校、管理干部学院、教育学院、独立函授学院、广播电视大学、其他成人高教机构等。其他成人高教机构是承担国家成人招生计划任务不计校数的机构。

小学学龄儿童入学率即小学学龄儿童净入学率

指小学教育在校学龄人口数占小学教育国家规定年龄组人口总数的百分比。计算公式为：

小学净入学率＝小学在校学龄人口数/小学校内外学龄人口数×100%

财政性教育经费

包括财政预算内教育经费，各级政府征收用于教育的税费，企业办学校教育经费，校办产业、勤工俭学和社会服务收入用于教育的经费。

研究与试验发展（R&D）

指在科学技术领域，为增加知识总量，以及运用这些知识去创造新的应用进行的系统的创造性的活动，包括基础研究、应用研究、试验发展三类活动。国际上通常采用 R&D 活动的规模和强度指标反映一国的科技实力和核心竞争力。

基础研究

指为了获得关于现象和可观察事实的基本原理的新知识(揭示客观事物的本质、运动规律，获得新发现、新学说)而进行的实验性或理论性研究，它不以任何专门或特定的应用或使用为目的。其成果以科学论文和科学著作为主要形式。用来反映知识的原始创新能力。

应用研究

指为获得新知识而进行的创造性研究，主要针对某一特定的目的或目标。应用研究是为了确定基础研究成果可能的用途，或是为达到预定的目标探索应采取的新方法(原理性)或新途径。其成果形式以科学论文、专著、原理性模型或发明专利为主。用来反映对基础研究成果应用途径的探索。

试验发展

指利用从基础研究、应用研究和实际经验所获得的现有知识，为产生新的产品、材料和装置，建立新的工艺、系统和服务，以及对已产生和建立的上述各项作实质性的改进而进行的系统性工作。

R&D 人员

指参与研究与试验发展项目研究、管理和辅助工作的人员，包括项目（课题）组人员，企业科技行政管理人员和直接为项目（课题）活动提供服务的辅助人员。反映投入从事拥有自主知识产权的研究开发活动的人力规模。

R&D 人员全时当量

指全时人员数加非全时人员按工作量折算为全时人员数的总和。例如：有两个全时人员和三个非全时人员（工作时间分别为 20%、30%和 70%)，则全时当量为 2+0.2+0.3+0.7=3.2 人年。为国际上比较科技人力投入而制定的可比指标。

R&D 经费内部支出合计

指调查单位用于内部开展 R&D 活动（基础研究、应用研究和试验发展）的实际支出。包括用于 R&D 项目（课题）活动的直接支出，以及间接用于 R&D 活动的管理费、服务费、与 R&D 有关的基本建设支出以及外协加工费等。不包括生产性活动支出、归还贷款支出以及与外单位合作或委托外单位进行 R&D 活动而转拨给对方的经费支出。

R&D 经费内部支出中政府资金

指 R&D 经费内部支出中来自各级政府部门的各类资金，包括财政科学技术拨款、科学基金、教育等部门事业费以及政府部门预算外资金的实际支出。

R&D 经费内部支出中企业资金

指 R&D 经费内部支出中来自本企业的自有资金和接受其他企业委托而获得的经费，以及科研院所、高校等事业单位从企业获得的资金的实际支出。

新产品销售收入

指报告期企业销售新产品实现的销售收入。

发明（专利）

指对产品、方法或者其改进所提出的新的技术方案。是国际通行的反映拥有自主知识产权技术的核心指标。

实用新型（专利）

指对产品的形状、构造或者其结合所提出的适于实用的新的技术方案。反映具有一定技术含量的技术成果情况。

外观设计（专利）

指对产品的形状、图案、色彩或者其结合所作出的富有美感并适于工业上应用的新设计。反映拥有自主知识产权的外观设计成果情况。

Explanatory Notes for Major Statistical Indicators

Regular Institutions of Higher Education

refers to the national standards set by the provisions of the approval and approval procedures, through the national general higher education entrance examination, recruiting high school graduates as the main training object, the implementation of higher education full-time university, independent set of colleges and colleges, higher Vocational schools and other general institutions of higher education.

Institutions of Higher Education for Adults

refers to the provisions of the country in accordance with the provisions of the standards and approval procedures approved by the National Adult Higher Education Admissions Examination, to recruit high school graduates or equivalent qualifications as the main training object, the use of correspondence, amateur, full-time and other forms of its implementation Higher education of the school. Including the institutions of higher education for workers, peasant higher schools, management cadres colleges, educational colleges, independent correspondence schools, radio and television universities, other adult higher education institutions. Other adult institutions of higher education are institutions that are responsible for the national adult enrollment program.

The enrollment rate of primary schoolchildren is the net enrollment rate of primary school age children

refers to the percentage of the total number of school-age population in primary school education in primary school age group. The formula is:

Primary school enrollment rate = primary school population of school age population / primary school school age population ×100%

Government Appropriation for Education

refers to State budgetary fund for education, taxes and fees collected by governments at all levels that are used for education purpose, education fund for enterprise-run schools, income from school-run enterprises, work-study programme and social services that are used for education purpose.

Research and Development (R&D)

refers to systematic and creative activities in the field of science and technology aiming at increasing the knowledge and using the knowledge for new application. R&D includes 3 categories of activities: basic research, applied research and experimentation for development. The scale and intensity of R&D are widely used internationally to reflect the strength of S&T and the core competitiveness of a country in the world.

Basic Research

refers to empirical or theoretical research aiming at obtaining new knowledge on the fundamental principles regarding phenomena or observable facts to reveal the intrinsic nature and underlying laws and to acquire new discoveries or new theories. Basic research takes no specific or designated application as the aim of the research. Results of basic research are mainly released or disseminated in the form of scientific papers or monographs. This indicator reflects the innovation capacity for original knowledge.

Applied Research

refers to creative research aiming at obtaining new knowledge on a specific objective or target. Purpose of the applied research is to identify the possible uses of results from basic research, or to explore new (fundamental) methods or new approaches. Results of applied research are expressed in the form of scientific papers, monographs, fundamental models or invention patents. This indicator reflects the exploration of ways to apply the results of basic research.

Experiments and Development

refer to systematic activities aiming at using the knowledge from basic and applied researches or from practical experience to develop new products, materials and equipment, to establish new production process, systems and services, or to make substantial improvement on the existing products, process or services. Results of experiment and development activities are embodied in patents, exclusive technology, and monotype of new products or equipment. In social sciences, experiment and development activities refer to the process of converting the knowledge from basic or applied researches into feasible programmes (including conduct of demonstration projects for assessment and evaluation). There are no experiment and development activities in the science of humanities. This indicator reflects the capability of transferring the results of S&T into technique and products, and measures the realization of S&T in spearheading the economic and social development.

Scientists and Engineers

refer to persons who have completed university or higher education or obtained titles of senior and middle level professional positions.

R&D Personnel

refer to persons engaged in research, management and supporting activities of R&D, including persons in the project teams, persons engaged in the management of S&T activities of enterprises and supporting staff providing direct service to the research projects.

This indicator reflects the size of personnel engaged in R&D activities with independent intellectual property.

Full-time Equivalent of R&D Personnel

refers to the sum of the full-time persons and the full-time equivalent of part-time persons converted by workload. For instance, if there are 2 full-time persons and 3 part-time workers (20%, 30% and 70% of working hours respectively on R&D activities), the full-time equivalent are 2+0.2+0.3+0.7=3.2 person-years. This is an internationally comparable indicator of S&T manpower input.

Total Internal Expenditure of Funds on R&D

refers to the real expenditure of surveyed units on their own R&D activities (basic research, application study, test and development) including direct expenditure on R&D activities, indirect expenditure of management and services on R&D activities, expenditure on capital construction and material processing by others. Excluding the expenditure on production activities, return of loan, and fees transferred to cooperated and entrusted agencies on R&D activities.

Internal Expenditure of Government Funds

refers to the expenditure of funds on R&D activities from government agencies at different levels, including appropriate funds on science and technology from financial departments, scientific funds, operating expenses from education departments and the real expenditure of extra budgetary funds from government agencies.

Internal Expenditure of Funds of Enterprises

refers to the expenditure of funds on R&D activities from self-raised funds of enterprises and funds from other enterprises through entrustment, and the expenditure of funds of institutions, such as institution of scientific research and universities, from enterprises.

Sales Income of New Products

refers to the real sales income of new products of the enterprises at the reporting period.

Patented Inventions

refer to new technical proposals to the products or methods or their modifications. This is universal core indicator reflecting the technologies with independent intellectual property.

Patented Utility Models

refer to the practical and new technical proposals on the shape and structure of the product or the combination of both. This indicator reflects the condition of technological results with certain technical content.

Designs

refer to the aesthetics and industrially applicable new designs for the shape, pattern and colour of the product, or their combinations. This indicator reflects the appearance design achievements with independent intellectual property.

第 二十 篇

Chapter 20

PUBLIC HEALTH AND SOCIAL SERVICES

简要说明

一、本篇主要反映卫生、民政、劳动保障事业的发展情况。

卫生部分主要包括卫生机构、卫生人员、卫生设施，医疗服务，农村和社区卫生、妇幼保健、医疗保障制度等情况。

民政事业和劳动保障统计资料主要包括社会服务企事业机构、人员、床位情况，社会救济情况，社区服务设施和农村社会保障网络情况，婚姻服务情况等情况。

二、卫生部分的资料来自省卫生健康委员会。民政事业和劳动保障统计资料分别由省民政厅、省人力资源和社会保障厅依据统计报表制度整理提供。省人力资源和社会保障厅提供的分市数据，均为老区划口径数据。

Brief Introduction

I. Data in this chapter mainly reflect the development of public health, civil affairs, labor and social security.

The health part mainly includes health institutions, health personnel, health facilities, medical services, rural and community health, maternal and child health care, medical security system and so on.

Civil affairs and labor security statistics mainly include social service enterprises and institutions, personnel, beds, social relief, community service facilities and rural social security network, marriage services and so on.

II. Information for the Ministry of Health comes from the provincial Health Boards. The statistics of civil affairs and labor security are arranged and provided respectively by the provincial civil affairs department and the provincial Human resources and social security Department according to the statistical statement system. Municipal data provided by the provincial Department of human resources and social security are old district data.

20—1 医疗卫生机构数
Number of Health Institutions

单位：个 (unit)

年 份 Year	总 计 Total	#医 院 Hospitals	社区卫生服务中心(站) Community Health Service Center (station)	乡 镇 卫 生 院 Township Hospitals	村卫生室 Village Health Room	疾病预防控制中心(防疫站) Disease Prevention and Controlling Center (Epidemic Prevention Station)	专科疾病防治院(所.站) Specialized Disease Prevention and Treatment Canters (stations)	妇幼保健院(所.站) Maternity and Child Care Centers (stations)	急救中心(站) First-aid Center (station)	卫生监督所 Health Supervision Centers
2005	32044	683	635	1980	22847	132	54	117	5	41
2010	23019	730	1730	1437	15636	124	50	119	11	110
2012	23278	930	1948	1384	15306	121	52	118	12	119
2013	24645	938	1942	1387	15310	120	50	121	13	113
2014	24824	968	1941	1398	15288	121	48	121	14	113
2015	24853	1018	1930	1382	15295	121	47	121	14	113
2016	24388	1042	1908	1371	15276	121	47	120	14	112
2017	24484	1095	1882	1367	15331	121	48	118	15	113
2018	24926	1140	1891	1365	15317	120	45	120	16	112
2019	26436	1241	1858	1380	15549	119	42	121	15	113
2020	29391	1388	1869	1356	15710	121	43	123	19	105

20—2 医疗卫生机构人员数
Number of Engaged Persons in Health Institutions

单位：人 (person)

年 份 Year	人员合计 Total	卫生技术人员 Medical Technical Personnel	#执业(助理)医师 Licensed (Assistant) Doctors	注册护士 Registered Nurse	每万人口专业卫生技术人员数 Number of Medical Technical Personnel per 10000 Population
2005	193973	159788	66102	47329	26.11
2010	247493	205403	81097	76550	34.48
2012	334736	236172	92009	95042	39.44
2013	353835	253549	98630	103404	42.05
2014	365650	267964	103738	111544	44.05
2015	377387	280768	107792	119303	45.70
2016	390346	296668	113810	128434	47.88
2017	407530	313546	120857	138166	50.13
2018	426851	333492	126782	149703	52.74
2019	454616	361240	138407	163390	56.75
2020	503226	412247	164325	188253	67.56

注：本表2011年起人员含村卫生室人员情况。每万人口专业卫生技术人员按常住人口计算。

a) From 2011, Data in this table personnel include village health room staff.Professional health workers of Per 10000 population is calculated by permanent population.

20—3 医疗卫生机构、床位、人员数（2020年）

Number of Health Units, Beds and Staff (2020)

指　　标	Item	机构数（个）Health Institu-tions (unit)	床位数（张）Beds (unit)	人员数（人）Persons Engaged (person)	卫生技术人员 Medical technical Personnel
总　计	**Total**	**29391**	**407679**	**503226**	**412247**
医　院	Hospitals	1388	318379	306596	263563
综合医院	Comprehensive Hospitals	823	212796	218423	189542
中医医院	Hospitals of Traditional Chinese Medicine	155	46205	41557	36326
中西医结合医院	Hospitals Combined by Medium Doctors	44	4937	4832	4020
专科医院	Specialized Hospitals	331	50669	40358	32733
口腔医院	Stomatological Hospitals	33	567	2103	1706
眼科医院	Ophthalmology Hospitals	56	3282	3519	2522
耳鼻喉科医院	Ear, Nose and Throat Hospitals	5	410	275	254
肿瘤医院	Malignant Tumour Hospitals	9	3366	3898	3400
心血管病医院	Cardiovascular Disease Hospitals	1	251	315	205
妇产(科)医院	Gynecology Hospitals	35	3792	5282	4121
儿童医院	Children's Hospitals	6	1666	2296	1960
精神病医院	Mental Hospitals	66	21363	8078	6655
传染病医院	Infection Hospitals	8	2945	2639	2220
皮肤病医院	Dermatological Hospitals	5	284	326	290
结核病医院	Tubercle Hospitals	1	1130	1083	981
麻风病医院	Leprosy Hospitals	2	22	11	5
骨科医院	Orthopedic Hospitals	18	2619	2484	2113
康复医院	Rehabilitation Hospitals	30	5087	3684	2984
整形外科医院	Plastic Surgery Hospital	5	210	469	267
美容医院	Cosmetology Hospitals	9	498	934	510
其他专科医院	Other Specialized Hospitals	42	3177	2962	2540
护理院	Nursing Hospitals	35	3772	1426	942
基层医疗卫生机构	The Basic Medical Institutions	27400	79731	169979	127516
社区卫生服务中心(站)	Community Health Service Center (station)	1869	9720	23335	21079
社区卫生服务中心	Community Health Center	375	9720	13953	12485
社区卫生服务站	Community Health Service Station	1494		9382	8594
卫生院	Commune Hospitals	1361	69364	63061	56820
街道卫生院	Hospitals in the Streets	5	168	284	243
乡镇卫生院	Township Hospitals	1356	69196	62777	56577
中心卫生院	Center Hospitals	452	34021	29976	27128
乡卫生院	Rural Hospitals	904	35175	32801	29449
村卫生室	Village Health Room	15710		45245	14469
门诊部	Outpatient Departments	1279	520	18505	16003
诊所、卫生所、医务室	Clinics、Health Institute、Medical Office	7181	127	19833	19145
专业公共卫生机构	Professional Public Health Institutions	481	9082	23324	19148
疾病预防控制中心	Disease Prevention and Controlling Center	121		5131	4126
专科疾病防治院（所、站）	Specialized Disease Prevention and Treatment Canters (stations)	43	1580	1987	1534
健康教育所（站、中心）	Health Education Offices (stations or centers)	4		24	9
妇幼保健院（所、站）	Maternity and Child Care Centers (stations)	123	7498	11730	10011
急救中心（站）	First-aid Center (station)	19	4	518	286
采供血机构	Blood Collecting and Supply Organizations	25		1288	1003
卫生监督所(中心)	Health Supervision Centers	105		2414	2036
计划生育技术服务机构	Birth Control Technical Services	41		232	143
其他卫生机构	Other Health Institutions	122	487	3327	2020
疗养院	Sanatoriums	4	487	205	136
医学科学研究机构	Research Institutes of Medical Science	11		260	133
医学在职培训机构	Medical On-the-job Training Organizations	19		277	142
临床检验中心（所、站）	Clinical Testing Center (station)	32		1651	907
统计信息中心	Statistical Information Center	4		38	8
其　他	Other	52		896	694

20—4 医疗卫生机构各类人员数（2020年）
Persons Engaged in Health Care Institutions by Type of Occupation (2020)

单位：人（person）

指 标	Item	合 计 Total	卫 生 技术人员 Medical Technical Personnel	执业(助理)医师 Licensed (Assistant) Doctors	注 册 护 士 Registered Nurse	药 师(士) Pharmacist	技 师(士) Technology Division
总 计	**Total**	**503226**	**412247**	**164325**	**188253**	**16661**	**21481**
按经济类型分	**By the type**						
公 立	The Male Stands	356780	291629	117006	128828	12949	15810
国 有	Countries Have	258028	224973	80921	108229	10058	12497
集 体	Sets the Body	98752	66656	36085	20599	2891	3313
非公立	The Public	146446	120618	47319	59425	3712	5671
#联 营	United Camp	1647	1219	501	584	34	54
私 营	Private	92342	78140	32469	37670	2265	3364
按主办单位分	**According To The Organizer**						
政府办	Set Up by Government	308995	266663	101073	121834	12384	15107
#卫生部门	The Health Sector	305939	264244	100132	120723	12283	14981
社会办	Set Up by Society	103065	67559	30501	29170	2015	3228
个人办	Set Up by Individual	91166	78025	32751	37249	2262	3146

指 标	Item	其 他 Other	乡村医生和卫生员 Village Doctors and Assistants	其 他 技术人员 Other Technical Personnel	管理人员 Admini-strative Personnel	工勤技能人 员 Logistics Technical Workers
总 计	**Total**	**21527**	**30866**	**18695**	**17771**	**23647**
按经济类型分	**By the type**					
公 立	The Male Stands	17036	26700	14160	9914	14377
国 有	Countries Have	13268	686	12027	8546	11796
集 体	Sets the Body	3768	26014	2133	1368	2581
非公立	The Public	4491	4166	4535	7857	9270
#联 营	United Camp	46	198	67	76	87
私 营	Private	2372	1638	2876	4571	5117
按主办单位分	**According To The Organizer**					
政府办	Set Up by Government	16265	5501	13587	9394	13850
#卫生部门	The Health Sector	16125	5501	13448	9097	13649
社会办	Set Up by Society	2645	24346	2182	4150	4828
个人办	Set Up by Individual	2617	1019	2926	4227	4969

20—5 各市医疗卫生机构人员数（2020年）

Number of Persons Engaged in Health Institutions by Region (2020)

单位：人（person）

地区	Region	合计 Total	卫生技术人员 Medical Technical Personnel	执业(助理)医师 Licensed (Assistant) Doctors	注册护士 Registered Nurse	药师(士) Pharmacist	技师(士) Technology Division
总计	**Total**	**503226**	**412247**	**164325**	**188253**	**16661**	**21481**
合肥市	Hefei	90133	75620	29045	36325	2816	4031
淮北市	Huaibei	17132	14245	5642	6560	577	734
亳州市	Bozhou	36602	28255	11339	12758	1059	1501
宿州市	Suzhou	37529	30160	13279	12383	1193	1584
蚌埠市	Bengbu	31784	26197	10191	12677	1009	1242
阜阳市	Fuyang	62558	50113	19564	22989	1890	2772
淮南市	Huainan	25877	20800	7868	9619	857	1197
滁州市	Chuzhou	31322	26515	10327	12972	940	1069
六安市	Luan	31969	25774	11343	10863	1027	1291
马鞍山市	Maanshan	17633	14507	5837	6512	627	813
芜湖市	Wuhu	30315	25602	10563	11666	1086	1235
宣城市	Xuancheng	20352	16960	6614	7620	789	915
铜陵市	Tongling	12472	10412	4129	4569	502	572
池州市	Chizhou	11285	9443	3793	4100	419	532
安庆市	Anqing	34317	27588	11001	12015	1348	1385
黄山市	Huangshan	11946	10056	3790	4625	522	608

地区	Region	其他 Other	乡村医生和卫生员 Village Doctors and Assistants	其他技术人员 Other Technical Personnel	管理人员 Administrative Personnel	工勤技能人员 Logistics Technical Workers
总计	**Total**	**21527**	**30866**	**18695**	**17771**	**23647**
合肥市	Hefei	3403	1835	3840	4641	4197
淮北市	Huaibei	732	650	768	500	969
亳州市	Bozhou	1598	4567	1104	1010	1666
宿州市	Suzhou	1721	3054	1450	1014	1851
蚌埠市	Bengbu	1078	1949	1226	992	1420
阜阳市	Fuyang	2898	5492	2134	1786	3033
淮南市	Huainan	1259	1400	1105	1137	1435
滁州市	Chuzhou	1207	2034	753	658	1362
六安市	Luan	1250	2933	1047	1113	1102
马鞍山市	Maanshan	718	667	742	690	1027
芜湖市	Wuhu	1052	916	1115	1214	1468
宣城市	Xuancheng	1022	865	888	581	1058
铜陵市	Tongling	640	658	462	493	447
池州市	Chizhou	599	758	324	272	488
安庆市	Anqing	1839	2613	1419	1293	1404
黄山市	Huangshan	511	475	318	377	720

20—6 各市医疗卫生机构数（2020年）
Number of Medical Health Institutions by Region (2020)

单位：个（unit）

地 区	Region	总 计 Total	#医 院 Hospitals	社区卫生服务中心（站） Community Health Service Center (station)	乡镇卫生院 Township Hospitals	村卫生室 Village Health Room
总 计	**Total**	**29391**	**1388**	**1869**	**1356**	**15710**
合 肥 市	Hefei	3498	212	189	98	1195
淮 北 市	Huaibei	888	83	147	28	356
亳 州 市	Bozhou	2417	94	135	92	1334
宿 州 市	Suzhou	2149	111	86	108	1224
蚌 埠 市	Bengbu	1659	106	165	58	941
阜 阳 市	Fuyang	3191	137	132	160	1809
淮 南 市	Huainan	1621	88	166	80	845
滁 州 市	Chuzhou	1868	78	113	94	1034
六 安 市	Luan	2708	55	156	133	1917
马鞍山市	Maanshan	1068	68	97	38	430
芜 湖 市	Wuhu	1720	101	141	52	747
宣 城 市	Xuancheng	1453	61	68	82	844
铜 陵 市	Tongling	647	31	78	34	371
池 州 市	Chizhou	1088	39	25	59	613
安 庆 市	Anqing	2303	91	139	135	1396
黄 山 市	Huangshan	1113	33	32	105	654

地 区	Region	疾病预防控制中心(防疫站) Disease Prevention and Controlling Center (Epidemic Prevention Station)	专科疾病防治院(所.站) Specialized Disease Prevention and Treatment Canters (stations)	妇幼保健院(所.站) Maternity and Child Care Centers (stations)	急救中心(站) First aid Center (station)	卫生监督所 Health Supervision Centers
总 计	**Total**	**121**	**43**	**123**	**19**	**105**
合 肥 市	Hefei	12	6	12	5	11
淮 北 市	Huaibei	5	1	5	1	2
亳 州 市	Bozhou	5		5		4
宿 州 市	Suzhou	6	4	6	1	6
蚌 埠 市	Bengbu	8	1	9	1	4
阜 阳 市	Fuyang	9	2	9	1	9
淮 南 市	Huainan	8	2	10	1	3
滁 州 市	Chuzhou	8	2	9	1	9
六 安 市	Luan	8		8		7
马鞍山市	Maanshan	7	4	7	1	6
芜 湖 市	Wuhu	9	6	9	1	9
宣 城 市	Xuancheng	8	2	8	1	8
铜 陵 市	Tongling	3	2	4	1	5
池 州 市	Chizhou	6	3	3	1	6
安 庆 市	Anqing	11	8	11	2	9
黄 山 市	Huangshan	8		8	1	7

20—7 各市医疗卫生机构床位数（2020年）

Number of beds of Medical Health Institutions by Region (2020)

单位：张（unit）

地区	Region	总计 Total	#医院 Hospitals	#综合医院 Comprehensive Hospitals	中医医院 Hospitals of Traditional Chinese Medicine	中西医结合医院 Hospitals Combined by Medium Doctors
总计	**Total**	**407679**	**318379**	**212796**	**46205**	**4937**
合肥市	Hefei	67871	59271	36196	5531	1986
淮北市	Huaibei	14063	11132	7929	1274	
亳州市	Bozhou	29357	19615	12058	4780	625
宿州市	Suzhou	32130	22932	17482	3394	398
蚌埠市	Bengbu	25357	21473	17009	2287	420
阜阳市	Fuyang	52549	39058	24234	6176	30
淮南市	Huainan	19777	15559	11979	1102	
滁州市	Chuzhou	26295	19752	14140	3356	706
六安市	Luan	27246	17098	10447	3658	99
马鞍山市	Maanshan	14584	11644	7688	2154	
芜湖市	Wuhu	26944	23210	15098	3525	140
宣城市	Xuancheng	15759	12576	7691	2257	90
铜陵市	Tongling	10032	8142	5251	725	383
池州市	Chizhou	8980	7397	4879	1350	40
安庆市	Anqing	26852	21707	14765	3776	20
黄山市	Huangshan	9883	7813	5950	860	

地区	Region	专科医院 Specialized Hospitals	社区卫生服务中心（站） Community Health Service Center (station)	乡镇卫生院 Township Hospitals	专科疾病防治院（所.站） Specialized Disease Prevention and Treatment Canters (stations)	妇幼保健院（所.站） Maternity and Child Care Centers (stations)
总计	**Total**	**50669**	**9720**	**69196**	**1580**	**7498**
合肥市	Hefei	13696	1220	5129	16	1702
淮北市	Huaibei	1929	603	1646	212	426
亳州市	Bozhou	2077	851	8471		420
宿州市	Suzhou	1658	660	8130	55	330
蚌埠市	Bengbu	1757	504	3145	20	175
阜阳市	Fuyang	8138	1409	11450	10	433
淮南市	Huainan	2422	635	2933	336	303
滁州市	Chuzhou	1550	558	5474	160	324
六安市	Luan	2334	453	8277		1328
马鞍山市	Maanshan	1502	856	1491	24	564
芜湖市	Wuhu	4387	510	2707	283	232
宣城市	Xuancheng	2258	540	2474	20	84
铜陵市	Tongling	1783	336	981	68	475
池州市	Chizhou	1128	30	1343	148	60
安庆市	Anqing	3146	377	3969	228	560
黄山市	Huangshan	904	178	1576		82

20—8 计划生育状况
Family Planning

项　目		Item		2019	2020	2020年比2019年增减 Increase /decrease in 2020 over 2019
已婚育龄妇女人数（户籍）	(人)	Number of Married Women of Child-bearing Age (registered)	(person)	13272813	13161574	-0.84
实际采取节育措施人数(户籍)	(人)	Number of Women Actually Taking Birth Control Measures (registered)	(person)	11624373	11529988	-0.81
符合政策生育（户籍）	(人)	In Line With the Policy of Birth (registered)	(person)	616723	567103	-8.05
政策符合率（户籍）	(%)	Policy Rate (registered)	(%)	89.11	87.91	-1.20

资料来源：安徽省卫生健康委员会。
Source: Anhui provincial health committee.

20—9 医疗机构门诊、住院服务情况（2020年）
Outpatient Service of Medical Institution、the Situation of Hospital Service (2020)

机构类别	Institution Category	总诊疗人次数（人次） Total Number of Patients Treated (person-times)	门、急诊 Out-patients and Emergency Patients	入院人数（人） Hospital Admissions (person)	出院人数（人） Being Out of Hospital (person)	每百门、急诊入院人数（人） Hospital Admissions per 100 Out-patient Times and Emergency Patient-times (person)
总　计	**Total**	**346060476**	**323719711**	**9506870**	**9455958**	**4.43**
#医　院	Hospitals	122415044	119404277	8139714	8094679	6.82
社区卫生服务中心(站)	Community Health Service Centers	31456684	26745661	88617	86824	0.33
卫生院	Commune Hospitals	70510384	62274189	1071467	1066712	1.72
村卫生室	Village Clinics	70631506	66395120			
门诊部	Clinics	13395564	11782174	5497	5497	
诊所、卫生所、医务室	Clinics、Health Institute、Medical Office	30814947	30490516	5	6	22.73
专科疾病防治院（所、站）	Speclalized Disease Prevention and Treatment Centers (stations)	180000	132157	11393	11243	8.62
妇幼保健院（所、站）	Maternity and Child Care Centers (stations)	6230992	6072340	189698	190504	3.12
疗养院	Sanatoriums	21235	19157	479	493	2.50

20—10 重大传染病救治及救助情况
Significant Infectious Diseases Treatment and Rescue Situation

指 标	Item	2015	2019	2020
重大传染病救治财政投入（万元）	Significant Financial Investment for Treatment of Infectious Diseases (10000 yuan)			
艾滋病	AIDS	1920	2400	4066
结核病	Tuberculosis	810	810	1150
晚期血吸虫病	Advanced Schistosomiasis	2451	2225	2100
重大传染病免费救治（人）	Free Treatment of Major Infectious Diseases (person)			
艾滋病	AIDS	4000	5000	9725
结核病	Tuberculosis	9000	9000	9043
晚期血吸虫病	Advanced Schistosomiasis	4813	4469	4234

20—11 医疗机构病床使用情况（2020年）
Utilization of Hospital Beds at and Above County Level (2020)

机构类别	Type of Hospital	病床周转次数（次）Turnover of Beds (times)	病床工作日（日）Number of Days per Bed in Use in a Year (days)	病床使用率（%）Utilization Rate of Beds (%)	出院者平均住院日（日）Average Hospitalization Period (days)
总 计	**Total**	**26.1**	**236.9**	**64.7**	**8.6**
医 院	Hospitals	28.4	264.3	72.2	9.0
社区卫生服务中心（站）	Community Health Service Centers	11.3	115.6	31.6	8.1
卫生院	Commune Hospitals	17.5	132.5	36.2	6.5
专科疾病防治院（所、站）	Speclalized Disease Prevention and Treatment Centers (stations)	8.3	168.9	46.2	18.5
妇幼保健院（所、站）	Maternity and Child Care Centers (stations)	31.8	179.3	49.0	5.6
疗养院	Sanatoriums	0.9	74.8	20.4	11.1

20—12 主要年份医院病床使用情况
Hospital Beds Usage in Main Years

年 份 Year	实有床位(张) Hospital Beds (number)	出院人数(人) Patients Discharged from Hosptials (person)	病床周转次数(次) Turnover of Beds (time)	病床工作日(日) Number of Days per Bed in Use in a Year (days)	病床使用率(%) Utilization Rate (%)	出院者平均住院日(日) Average Stay Days in Hospital (day)
2005	82224	1866751	24	251	68.6	10
2010	122171	3718022	31	313	85.9	10
2012	157817	5151804	34	323	88.1	9
2013	171508	5544366	33	317	86.8	9
2014	187730	8181303	34	320	87.7	9
2015	202713	6502924	34	310	85.0	9
2016	216448	7037582	35	309	84.6	9
2017	233142	7841303	36	315	86.3	9
2018	253264	8227956	34	304	83.3	9
2019	271517	8765828	34	303	83.1	9
2020	317229	8094679	28	264	72.2	9

注：自2016年起，部分没有医疗运营的医院病床未参与汇总。

a) Since 2016, some hospital beds without medical operation have not participated in the summary.

20—13 各市医院病床使用情况（2020年）
Hospital Beds Usage by Region (2020)

地 区	Region	实有床位(张) Hospital Beds (number)	出院人数(人) Patients Discharged from Hosptials (person)	病床周转次数(次) Turnover of Beds (time)	病床工作日(日) Number of Days per Bed in Use in a Year (days)	病床使用率(%) Utilization Rate (%)	出院者平均住院日(日) Average Stay Days in Hospital (day)
总 计	**Total**	**317229**	**8094679**	**28**	**264**	**72.2**	**9**
合肥市	Hefei	59161	1464320	28	284	77.6	10
淮北市	Huaibei	11052	251819	24	252	68.9	10
亳州市	Bozhou	19115	586635	34	260	71.1	7
宿州市	Suzhou	22932	580526	31	268	73.2	8
蚌埠市	Bengbu	21453	584160	29	264	72.1	9
阜阳市	Fuyang	39058	1086687	30	261	71.4	8
淮南市	Huainan	15460	408369	26	244	66.7	9
滁州市	Chuzhou	19707	491302	28	243	66.4	8
六安市	Luan	17098	492715	32	290	79.3	9
马鞍山市	Maanshan	11644	230163	25	251	68.5	9
芜湖市	Wuhu	23010	464320	24	240	65.6	10
宣城市	Xuancheng	12576	345917	29	260	71.0	9
铜陵市	Tongling	8142	185237	24	277	75.6	11
池州市	Chizhou	7397	178710	27	240	65.5	9
安庆市	Anqing	21707	562566	29	283	77.3	10
黄山市	Huangshan	7717	181233	25	248	67.8	10

20—14 主要年份乡镇卫生院病床使用情况
Hospital Beds Usage of Beds of Township Hospitals in Main Years

年 份 Year	实有床位(张) Hospital Beds (number)	出院人数(人) Patients Discharged from Hosptials (person)	病床周转次数(次) Turnover of Beds (time)	病床工作日(日) Number of Days per Bed in Use in a Year (days)	病床使用率(%) Utilization Rate (%)	出院者平均住院日(日) Average Stay Days in Hospital (day)
2005	36873	1177482	36	142	38.9	4
2010	48944	1495925	32	194	53.1	5
2012	48289	1645159	36	219	59.9	6
2013	49781	1709374	36	228	62.4	6
2014	50871	1706132	35	226	62.0	6
2015	50973	1596190	33	221	60.6	7
2016	51316	1563326	32	221	60.6	7
2017	56560	1718011	33	224	61.2	6
2018	58458	1540988	29	204	55.9	7
2019	60278	1230615	23	175	47.9	7
2020	69165	1065565	17	132	36.3	7

20—15 各市乡镇卫生院病床使用情况（2020年）
Hospital Beds Usage of Beds of Township Hospitals by Region (2020)

地 区	Region	实有床位(张) Hospital Beds (number)	出院人数(人) Patients Discharged from Hosptials (person)	病床周转次数(次) Turnover of Beds (time)	病床工作日(日) Number of Days per Bed in Use in a Year (days)	病床使用率(%) Utilization Rate (%)	出院者平均住院日(日) Average Stay Days in Hospital (day)
总 计	**Total**	**69165**	**1065565**	**17**	**132**	**36.3**	**7**
合肥市	Hefei	5129	52946	13	109	29.8	7
淮北市	Huaibei	1646	15069	10	93	25.3	7
亳州市	Bozhou	8471	203880	29	202	55.4	6
宿州市	Suzhou	8130	141695	19	149	40.7	6
蚌埠市	Bengbu	3145	60160	22	173	47.3	7
阜阳市	Fuyang	11450	186642	17	130	35.5	7
淮南市	Huainan	2933	37899	16	107	29.4	5
滁州市	Chuzhou	5474	58609	12	101	27.6	7
六安市	Luan	8247	189553	26	181	49.6	6
马鞍山市	Maanshan	1491	6699	5	59	16.1	9
芜湖市	Wuhu	2707	4574	2	29	8.0	7
宣城市	Xuancheng	2474	21540	9	99	27.1	11
铜陵市	Tongling	981	4925	7	54	14.9	6
池州市	Chizhou	1343	15295	15	122	33.4	7
安庆市	Anqing	3968	52494	15	90	24.6	6
黄山市	Huangshan	1576	13585	10	81	22.3	7

20—16 主要年份村卫生室基本情况
The Basic Situation of Health Room in Main Years

年份 Year	机构数（个）Health Institutions (unit)	按设置、主办单位分 Grouped by Managing Organization 村办 Set Up by Village	乡卫生院设点 Spot of Township Commune Hospital	联合办 Joint Set Up	私人办 Private Set Up	其他 Others	乡村医生和卫生员（人）Rural Doctors and Health Workers (person)	乡村医生 Rural Doctors	卫生员 Health Workers
2005	22847	11339	580	2393	7466	1069	46523	43416	3107
2010	15636	7912	3501	1020	1748	1455	55784	53638	2146
2012	15306	7659	4045	1097	1011	1494	53068	50171	2897
2013	15310	7823	3507	1454	945	1581	51640	48365	3275
2014	15288	7215	3152	1481	947	2493	48261	45217	3044
2015	15295	7192	3182	1484	947	2490	45914	42955	2959
2016	15276	7155	2771	1936	928	2486	43365	40470	2895
2017	15331	7083	2850	1880	900	2618	40869	38000	2869
2018	15317	7106	2965	1849	872	2525	37606	34969	2637
2019	15549	7080	3135	1839	894	2601	35006	32601	2405
2020	15710	7360	2812	2174	829	2535	30776	28791	1985

20—17 各市村卫生室基本情况（2020年）
The Basic Situation of Health Room by Region (2020)

地区	Region	机构数（个）Health Institutions (unit)	按设置、主办单位分 Grouped by Setting Up and Managing Organizations 村办 Set Up by Village	乡卫生院设点 Spot of Township Commune Hospital	联合办 Joint Set Up	私人办 Private Set Up	其他 Others	乡村医生和卫生员（人）Rural Doctors and Health Workers (person)	乡村医生 Rural Doctors	卫生员 Health Workers
总计	**Total**	**15710**	**7360**	**2812**	**2174**	**829**	**2535**	**30776**	**28791**	**1985**
合肥市	Hefei	1195	139	471	233	62	290	1829	1737	92
淮北市	Huaibei	356	320	11	13	3	9	650	644	6
亳州市	Bozhou	1334	685	239	239	25	146	4526	4166	360
宿州市	Suzhou	1224	662	216	132	44	170	3054	2888	166
蚌埠市	Bengbu	941	647	145	22	11	116	1948	1853	95
阜阳市	Fuyang	1809	1070	264	72	3	400	5475	4746	729
淮南市	Huainan	845	53	219	224	34	315	1400	1324	76
滁州市	Chuzhou	1034	424	282	231	1	96	2028	1893	135
六安市	Luan	1917	630	387	658	3	239	2933	2872	61
马鞍山市	Maanshan	430	361	27	2	39	1	667	641	26
芜湖市	Wuhu	747	288	271	45	62	81	916	876	40
宣城市	Xuancheng	844	457	89	22	202	74	865	830	35
铜陵市	Tongling	371	193	52	19	8	99	658	597	61
池州市	Chizhou	613	301	40	20	116	136	748	737	11
安庆市	Anqing	1396	875	35	144	51	291	2607	2530	77
黄山市	Huangshan	654	255	64	98	165	72	472	457	15

20—18 民政行业单位基本情况（2020年）
Basic Conditions of Civil Affairs Agencies (2020)

项　　目	Item	单位数　（个）Number of Enterprises (unit)	职工人数　（人）Number of Staff and Workers (person)
民政行政机关	Civil Affairs Administrative Departments	121	2286
提供住宿的社会工作机构	A Social Work Agency That Provides Accommodation	2545	25631
养老机构	Pension Agency	2452	24169
精神疾病服务机构	Mental Illness Services	3	197
儿童福利和救助机构	Child Welfare and Assistance Agency	33	696
其他提供住宿机构	Other Accommodations	57	569
不提供住宿的社会工作机构	A Social Work Agency That Does Not Provide Accommodation	21557	93095
#社区服务机构和设施	Community Service Agencies and Facilities	17889	80040
民政部门直属康复辅具机构	Rehabilitation AIDS Institutions Directly Under the Civil Affairs Department	1	32
低保服务机构	Subsistence Allowance Service Institutions	23	121
彩票发行机构	Lottery Agency	45	725
社会组织	Social Organization	34130	439925
社会团体	Social Groups	15004	171135
基金会	Foundation	178	1324
民办非企业单位	Private Non-enterprise Units	18948	267466
基层群众自治组织	Community-level Self-governing Organizations	17997	84549
居委会	Residents' Committees	3570	19480
村委会	Village Committee	14427	65069
其他社会服务机构	Other Social Service Agencies	172	3047
婚姻登记服务机构	Marriage Registration Service	31	214
殡葬服务机构	Funeral Services	141	2833
其他事业单位	Other Institutions	21	124

20—19 全省民政服务事业费支出情况
Expenditure on Civil Affairs service in the Province

单位：万元（10000 yuan）

指　　标	Item	2005	2010	2015	2019	2020
总　　计	**Total**	**250782**	**971558**	**1812234**	**1904494**	**2151615**
抚　恤	Comfort and Compensate a Bereaved Family	60170	166651	295775		
退役安置	Retired Resettlement	23766	85706	165427		
社会福利	Social Welfare	8589	48429	183619	424822	459355
社会救助	Social Assistance	106656	543753	987512	1309216	1536107
自然灾害生活救助	Natural Disaster Life Aid	26157	31916	38823		
民政管理事务	Civil Administration	16570	35842	79831	115152	117803
行政事业单位离退休	Retired Administrative Institutions	3770	11670	16394	8408	7917
其　他	Other	5104	47592	44852	46895	30480

注：自2018年起抚恤、退役安置、自然灾害生活求助工作已划出民政部门，故不再列入此表统计。

a) Since 2018, the work of pension, retirement resettlement and natural disaster life assistance has been assigned to the civil affairs department, so it is no longer included in this table.

20—20 社会福利事业单位基本情况（2020年）
Basic Statistics on Social Welfare Institutions (2020)

项目	Item	单位数（个） Number of Homes (unit)	工作人员（人） Number of Staff and Workers (person)	床位（张） Number of Beds (unit)	年末收养人数（人） Number of Persons Housed (person)
提供住宿的法定社会服务机构	Provide accommodation of legal and social service agencies	2545	25631	371542	130339
#社会福利院	Social Welfare Homes	57	1355	11513	4911
儿童福利院	Baby Welfare Homes	28	664	5234	2534
救助类单位	Rescue Agencies	53	509	4293	1286
儿童福利机构数	Number of Child Welfare Institutions	28	664	5234	2534
未成年人救助保护中心数	Number of Rescue and Protection Centers for Street Children	5	32	450	6

20—21 享受补助、救济人员情况
Persons Receiving Subsidies or Relief Funds

单位：人、元/人月（person、Yuan/man-month）

指标	Item	2019	2020
最低生活保障	**Minimum Living Guarantee**	**2150627**	**2181148**
城镇居民最低生活保障人数	Number of Persons Receiving Lowest Cost-of-living in Urban Area	366838	344316
农村居民最低生活保障人数	Number of Persons Receiving Lowest Cost-of-living in Rural Area	1783789	1836832
城市最低生活保障平均标准	Average Standard of Urban Minimum Living Standards	597.0	641.1
农村最低生活保障平均标准	Average Standard of Subsistence Allowances for Rural Residents	572.0	7613.6
特困人员救助供养	**Relief and Support for the Poor**	**365987**	**356894**
农村特困人员救助供养	Assistance and Support for Rural Poor People	355803	345670
城市特困人员救助供养	Assistance and Support for Urban Poor People	10184	11224
临时救助	**Temporary Relief**	103623	111178
其他生活救助（传统救助等）	Other Living Assistance (traditional assistance, etc.)	30243	18588

20—22 婚姻服务情况
Number of Marriage and Divorces

指标		Item		2005	2010	2015	2017	2019	2020
内地居民登记结婚	（对）	Registered Marriages	(couple)	439401	650861	737989	672438	539233	471309
初　婚	（人）	First Marriages	(person)	832838	1038265	1240023	1050732	833006	709881
再　婚	（人）	Remarriages	(person)	45964	263457	238179	294144	250100	233739
离　婚	（对）	Divorces	(couple)	57476	109634	181207	241690	250107	237650
离婚率	（‰）	Divorce Rate	(‰)	1.77	3.22	5.22	6.87	7.04	6.67

注：本表数据由民政厅、法院提供。

a) The data in this table were provided by Provincial Civil Affairs Department and court.

20—23 各市婚姻服务情况（2020年）
Number of Marriage and Divorces by Region (2020)

地区	Region	内地居民登记结婚（对） Registered Marriages (couple)	初婚（人） First Marriages (person)	再婚（人） Remarriages (person)	登记离婚数（对） Quantity of Registered Divorcing (couple)	离婚率（‰） Divorce Rate (‰)
总计	**Total**	**471309**	**708879**	**233739**	**208708**	**5.86**
省本级	Provincial Level				119	
合肥市	Hefei	61231	83337	39125	34592	8.92
淮北市	Huaibei	18848	29631	8065	7299	6.67
亳州市	Bozhou	54038	86868	21208	18424	5.54
宿州市	Suzhou	49161	77460	20862	18540	5.62
蚌埠市	Bengbu	26353	37195	15511	14334	7.41
阜阳市	Fuyang	69866	110237	29495	28148	5.22
淮南市	Huainan	22774	32277	13271	10971	5.62
滁州市	Chuzhou	31063	46911	15215	13233	5.82
六安市	Luan	31417	48327	14507	13481	4.57
马鞍山市	Maanshan	14558	19569	9547	7126	6.23
芜湖市	Wuhu	24467	36137	12797	11333	5.82
宣城市	Xuancheng	15026	20582	9470	8245	5.93
铜陵市	Tongling	8294	11955	4633	3991	4.69
池州市	Chizhou	7969	11721	4217	4082	5.04
安庆市	Anqing	28602	45474	11730	11142	4.22
黄山市	Huangshan	7642	11198	4086	3648	4.90

注：本表数据由民政厅提供，离婚人数不包括法院的调解和判决离婚数。

a) Data in this table are provided by provincial department of civil affairs. The number of divorces excludes those mediated and iudged by courts.

20—24 城乡居民最低生活和社会保障网络基本情况

Basic Statistics on People Receiving Lowest Cost-of-living and Social Security Network in Urban and Rural Area

年份 Year	城镇社区服务设施数（个） Number of Urban Welfare Facilities (unit)	社区服务单位个数 Number of Community Service	城乡居民最低生活保障 People Receiving Lowest Cost-of-living in Urban and Rural Area			
			城镇低保人数（万人） Number of Persons Receiving Lowest Cost-of-living in Urban Area (10000 person)	保障金额（万元） Amount of Money (10000 yuan)	农村低保人数（万人） Number of Persons Receiving Lowest Cost-of-living in Rural Area (10000 person)	保障金额（万元） Amount of Money (10000 yuan)
2005	6815	327	97.72	76012.5	25.12	3594.9
2010	3623		88.40	197149.3	214.62	195417.7
2015	7969	4321	64.67	281671.7	196.33	387606.0
2016	8086	4431	54.41	264900.8	149.82	414943.5
2017	7860	4198	47.93	257672.9	155.47	460018.1
2018	8072	4232	42.68	238542.4	180.64	623792.0
2019	8101	4275	36.68	222838.0	178.38	778373.3
2020	17889	15592	34.43	232200.2	183.68	943603.4

20—25 各市城乡居民最低生活和社会保障网络基本情况（2020年）

Basic Statistics on People Receiving Lowest Cost-of-living and Social Security Network in Urban and Rural Area by Region (2020)

地区	Region	城镇社区服务设施数（个） Number of Urban Welfare Facilities (unit)	城乡居民最低生活保障 People Receiving Lowest Cost-of-living in Urban and Rural Area			
			城镇低保人数（人） Number of Persons Receiving Lowest Cost-of-living in Urban Area (person)	保障金额（万元） Amount of Money (10000 yuan)	农村低保人数（人） Number of Persons Receiving Lowest Cost-of-living in Rural Area (person)	保障金额（万元） Amount of Money (10000 yuan)
总计	**Total**	**17889**	**344316**	**232200.2**	**1836832**	**943603.4**
合肥市	Hefei	1928	23609	19230.2	153954	99825.4
淮北市	Huaibei	456	17118	11210.8	35896	19407.5
亳州市	Bozhou	1387	9194	5341.1	228121	99293.4
宿州市	Suzhou	1387	26987	12549.7	249156	129720.5
蚌埠市	Bengbu	1489	25773	18628.4	75768	42846.0
阜阳市	Fuyang	825	33905	21041.4	307593	143146.8
淮南市	Huainan	1128	22441	15177.6	86392	42789.8
滁州市	Chuzhou	1818	24709	18119.2	111643	61070.8
六安市	Luan	1000	31336	20308.1	180465	90930.5
马鞍山市	Maanshan	784	24213	16010.9	38471	23188.9
芜湖市	Wuhu	501	34576	27490.9	64594	37236.2
宣城市	Xuancheng	919	9643	6939.2	63768	35921.3
铜陵市	Tongling	603	24909	16854.2	23929	12347.5
池州市	Chizhou	696	7657	4593.5	48407	22874.2
安庆市	Anqing	1875	20160	13384.8	136244	66341.9
黄山市	Huangshan	1089	8086	5320.2	32431	16662.7

20—26 工伤保险情况
Situtiion of Industrial Injury Insurance

单位：人、万元（person, 10000 yuan）

项 目	Item	2010	2015	2019	2020
参保人数	Insurance Population	3594632	5288777	6390581	6838599
农民工人数	Number of Rural Workers	1239885	1464977	1261575	1293927
享受伤残待遇人数	Number of Enjoy Wounded and Disabled Treatment Population	39101	71780	55972	53455
享受工伤保险待遇的职业病人数	Number of Enjoy Industrial Injury Insurance Treatment Population	5407	2606	2081	1662
因工死亡人数	Number of On-duty Deaths	575	610	874	877
供养亲属人数	Number of Support Relatives	4348	11105	12875	13237
基金收入	Fund Revenue	65403	216014	176673	150822
基金支出	Fund Expense	42040	162053	227957	245673
累计结余	Accumulative Surplus	107429	374900	469794	374942
省级调剂金	Provincial Adjustment Funds	9785	40935		41562

20—27 各市职工基本医疗保险情况（2020年）
Basic Medical Insurance for Employees by Region (2020)

地 区	Region	参 保 人 数（人）Insurance Population (person)			基 金（万元）Fund (10000 yuan)			
		合 计 Total	职工小计 Total of Staffs & Workers	退休人员小 计 Total of Retirees	收 入 Income	支 出 Expenditure	累计结余 Accumulative Surplus	个人帐户 Personal Account
总 计	**Total**	**9516224**	**6842867**	**2673357**	**3268480**	**2865756**	**5426257**	**2255213**
合肥市	Hefei	2684733	2168468	516265	1008724	955475	2134715	568780
淮北市	Huaibei	456430	278617	177813	162676	145492	243749	165715
亳州市	Bozhou	303087	239514	63573	108375	68703	226465	74920
宿州市	Suzhou	348359	267124	81235	108099	84955	269771	79681
蚌埠市	Bengbu	547934	350130	197804	163511	151404	213415	123015
阜阳市	Fuyang	502233	371004	131229	167823	137596	260638	137659
淮南市	Huainan	608921	330055	278866	181976	195196	190108	145277
滁州市	Chuzhou	523572	386902	136670	194564	163089	325009	167894
六安市	Luan	396547	285892	110655	135462	101221	273867	99547
马鞍山市	Maanshan	564197	352718	211479	181340	160019	206997	114373
芜湖市	Wuhu	868753	625949	242804	301862	246646	314962	187995
宣城市	Xuancheng	426903	317665	109238	143974	108762	196844	76224
铜陵市	Tongling	382239	259462	122777	100808	94318	153393	88912
池州市	Chizhou	174376	128684	45692	63050	48665	97684	53442
安庆市	Anqing	491210	319267	171943	169836	144354	196362	92147
黄山市	Huangshan	236730	161416	75314	76400	59862	122279	79633

注：合肥市医疗保险基金收入、支出、累计结余项目中包含省本级相应项目基金。

a) The medcial insurance fund income,expenditure and accumulative suplus of Hefei city including provincial corresponding item fund.

20—28 城镇职工基本养老保险情况
Town Worker is Basic Endowment Insurance

年 份 Year	参保职工（人）Active Contributors (person) 年末数 Number at the year-end	#企业 Enterprises	离休、退休退职人员年末人数（人）Retirees at the Year-end (person)	基金收支情况（万元）Revenue and Expenses (10000 yuan) 基金收入 Fund Revenue	基金支出 Fund Expense	累计可用结余基金 Total Usable Balance
2005	3469852	3383325	1247613	1247813	1052615	590319
2010	4920498	4824616	1774880	3432478	2708340	3529725
2012	5784030	5648688	2053564	5084201	3974490	5892924
2013	5922049	5812695	2191238	6249422	4688128	7454218
2014	5969045	5860399	2323449	6807025	5441083	8820160
2015	6108539	6001183	2466593	7917525	6313752	10423933
2016	6343078	6237503	2579290	8394118	6965752	11852299
2017	7541145	6491344	3228587	10202349	8115654	13938994
2018	7988093	6874864	3429090	21051657	18176103	16814548
2019	8602847	7437652	3566938	16594395	14311418	19045435
2020	9143979	7944079	3691471	15014999	15472778	18587656

注：因试点改革单位口径部分调整，历年数据有部分调整。
a) Due to the partial adjustment of the caliber of the pilot reform unit, the data over the years have been partially adjusted.

20—29 各市城镇职工基本养老保险情况（2020年）
Town Worker is Basic Endowment Insurance by Region (2020)

地 区	Region	参保职工（人）Active Contributors (person) 年末数 Number at the year-end	#企业 Enterprises	离休、退休退职人员年末人数（人）Retirees at the Year-end (person)	基金收支情况（万元）Revenue and Expenses (10000 yuan) 基金收入 Fund Revenue	基金支出 Fund Expense	累计可用结余基金 Total Usable Balance
总 计	**Total**	**9143979**	**7944079**	**3691471**	**15014999**	**15472778**	**18587656**
合肥市	Hefei	2401568	2275663	476287	1823717	1726081	3779428
淮北市	Huaibei	413483	375537	131481	399330	444334	790216
亳州市	Bozhou	330528	254834	109023	427725	408602	146713
宿州市	Suzhou	311703	220278	154750	512120	609733	58368
蚌埠市	Bengbu	530748	464762	222899	582938	914707	65536
阜阳市	Fuyang	432757	296490	202072	704196	770222	141881
淮南市	Huainan	437562	378852	235524	533923	810836	52012
滁州市	Chuzhou	421820	342315	216701	557127	730360	102922
六安市	Luan	335304	247375	177975	588687	655080	93717
马鞍山市	Maanshan	452019	406526	264161	483647	986502	30498
芜湖市	Wuhu	731521	663645	365824	836237	1203263	59504
宣城市	Xuancheng	563407	507929	199943	418082	578678	351618
铜陵市	Tongling	253668	220830	128505	292402	442374	49120
池州市	Chizhou	170471	136993	66790	207057	239632	27223
安庆市	Anqing	556447	460395	253021	607059	924418	66161
黄山市	Huangshan	267190	228311	94873	266282	367547	57891

注：总计数中含省直数据。
a) Provincial data is contained in the total number.

20—30 主要年份城乡居民参加基本医疗保险情况
Participation of Urban and Rural Residents in Basic Medical Insurance in Major Years

年 份 Year	参保人数（万人） People Participated in Medical Insurance (10000 person)			基金收支情况（万元） Revenue and Expenses (10000 yuan) 基金收入 Revenue		
	城乡居民 Urban and Rural Residents	原城镇居民 Former Urban Residents	原新农合 Former New Rural Cooperative Medical System	城乡居民 Urban and Rural Residents	原城镇居民 Former Urban Residents	原新农合 Former New Rural Cooperative Medical System
2010		931	4750		184683	721088
2011		954	4917		252180	1129840
2012		975	5044		321603	1487170
2013		945	5150		417549	1895768
2014		1017	5191		372422	2129677
2015		974	5191		451113	2551820
2016		840	5121		473304	2854539
2017		1299	4654		802481	2907727
2018		1615	4687		1070620	3178810
2019	5843			4367939		
2020	5753			4763005		

年 份 Year	基金收支情况（万元） Revenue and Expenses (10000 yuan) 基金支出 Expenses			累计结余 Balance at Year-end		
	城乡居民 Urban and Rural Residents	原城镇居民 Former Urban Residents	原新农合 Former New Rural Cooperative Medical System	城乡居民 Urban and Rural Residents	原城镇居民 Former Urban Residents	原新农合 Former New Rural Cooperative Medical System
2010		133787	632122		206781	174386
2011		176054	932039		275948	375588
2012		236587	1428581		356475	441263
2013		344626	1775728		402958	550375
2014		326502	2064647		448820	595287
2015		370514	2232031		520002	884885
2016		370684	2549181		592066	1127740
2017		664496	2746777		794527	1078125
2018		1005906	3203518		936516	1178239
2019	4440048			2084462		
2020	4487822			2359645		

注：1. 2014年基金收支数据不包含市级统筹单位上解下拔基金收支。
2. 2019年原城镇居民和原新农合医保整合为城乡居民基本医疗保险，不再单独区分。

a) 2014 fund balance of payments data does not include the city as a whole unit over financing the fund balance of payments.

b) In 2019, the original urban residents and the original new rural cooperative medical insurance will be integrated into the basic medical insurance for urban and rural residents, and no separate distinction will be made.

20—31 各市城乡居民参加基本医疗保险情况（2020年）

Participation of Urban and Rural Residents in Basic Medical Insurance by Region (2020)

地区	Region	参保人数（人）People Participated in Medical Insurance (person)	基金收支情况（万元）Revenue and Expenses (10000 yuan)		
			基金收入 Revenue	基金支出 Expenses	累计结余 Balance at Year-end
总计	**Total**	**57529746**	**4763005**	**4487822**	**2359645**
合肥市	Hefei	5642039	524339	494121	218900
淮北市	Huaibei	1603099	134052	112313	89257
亳州市	Bozhou	5607745	448753	406662	216739
宿州市	Suzhou	5541611	443102	398558	226111
蚌埠市	Bengbu	3036996	247284	252739	186539
阜阳市	Fuyang	9217925	744684	736619	341479
淮南市	Huainan	2894412	297565	207757	221633
滁州市	Chuzhou	3702736	297047	294043	157439
六安市	Luan	5111968	420281	410867	143241
马鞍山市	Maanshan	1666445	130844	122420	74657
芜湖市	Wuhu	2993729	242366	228846	150917
宣城市	Xuancheng	2284275	185488	183543	62067
铜陵市	Tongling	1261681	98194	95677	43428
池州市	Chizhou	1363235	109393	105473	48081
安庆市	Anqing	4416089	341733	352723	124437
黄山市	Huangshan	1185761	97880	85461	54720

注：合肥市参保人数、基金收入、支出、累计结余项目中包含省本级相应项目基金。

a) In Hefei City, number of insurance, fund income and expenditure, the accumulative surplus items include in the provincial level corresponding project fund.

20—32 各市失业保险基本情况（2020年）
Basic Information About Unemployment Insurance by Region （2020）

单位：万人（10000 persons）

地区	Region	本年参保人数 Contributors This Year				
		合计 Total	企业 Enterprises	国有企业 State-owned Enterprises	集体企业 Collected-owned Enterprises	事业单位 Institutions
总计	**Total**	**564.24**	**428.47**	**155.40**	**24.66**	**102.23**
合肥市	Hefei	195.39	166.05	76.56	3.39	12.20
淮北市	Huaibei	25.91	23.22	8.26	0.32	2.69
亳州市	Bozhou	17.05	10.39	2.78	0.72	6.00
宿州市	Suzhou	13.50	8.14	1.78	2.11	5.36
蚌埠市	Bengbu	26.69	18.22	5.47	0.71	7.50
阜阳市	Fuyang	33.15	18.53	5.65	5.96	12.72
淮南市	Huainan	29.51	24.65	11.20	0.87	4.85
滁州市	Chuzhou	25.72	18.35	3.62	1.61	7.06
六安市	Luan	24.86	14.63	3.66	1.41	9.02
马鞍山市	Maanshan	27.72	22.59	6.13	1.23	4.17
芜湖市	Wuhu	51.50	43.92	12.11	2.05	7.39
宣城市	Xuancheng	24.68	18.92	3.20	1.96	5.50
铜陵市	Tongling	16.87	13.43	6.47	1.05	3.45
池州市	Chizhou	10.20	7.26	1.24	0.29	2.73
安庆市	Anqing	28.33	11.23	6.06	0.86	8.57
黄山市	Huangshan	13.16	8.96	1.22	0.14	3.02

地区	Region	领取失业保险金人数 Beneficiaries of Unemployment Insurance this year	基金（万元） Fund (10000 yuan)		
			收入 Income	支出 Expenditure	累计结余 Accumulative Surplus
总计	**Total**	**15.28**	**270822.68**	**377517.62**	**675627.22**
合肥市	Hefei	5.90	88328.84	137531.50	227209.84
淮北市	Huaibei	0.49	12590.05	6103.10	33787.02
亳州市	Bozhou	0.26	7081.03	8643.61	33437.44
宿州市	Suzhou	0.27	5567.54	11013.90	27865.39
蚌埠市	Bengbu	0.95	19818.92	14957.61	18943.06
阜阳市	Fuyang	0.61	15993.33	18443.58	46949.58
淮南市	Huainan	0.85	16689.84	18928.66	56350.81
滁州市	Chuzhou	1.03	12812.55	13840.28	33071.34
六安市	Luan	0.38	10541.76	16359.03	48186.73
马鞍山市	Maanshan	1.39	12679.63	23514.25	32552.49
芜湖市	Wuhu	1.31	28355.06	47253.69	6881.77
宣城市	Xuancheng	0.39	10875.41	8470.17	24106.86
铜陵市	Tongling	0.39	6792.19	15287.80	21294.46
池州市	Chizhou	0.24	4269.22	6403.18	11294.29
安庆市	Anqing	0.53	11985.20	25131.25	30060.94
黄山市	Huangshan	0.29	6442.12	5636.01	23635.21

20—33 城乡居民基本养老保险情况
Situation of Rural and Rural Residents Old-age Insurance

单位：万人、万元（10000 persons, 10000 yuan）

项　目	Item	2015	2019	2020
参保人数	People Participated in	3397	3502	3490
年末领取养老金人数	At the end of the Number of Pensioners	895	923	915
本年基金收入	This Fund Income	1395616	2248736	2539796
个人缴费	Individual Paying	338859	663929	770561
集体补助	Collective Subsidy	34	44	122
政府补贴	Government Subsidy	1018734	1430405	1542018
利息收入	Interest Income	30684	145938	143974
其他收入	Other Earning	4306	5427	4158
转移收入	Income Transfer	2999	2992	16486
本年基金支出	This Fund Spending	956987	1411048	1470826
养老金支出	Old-age Pension Expenditure	943815	1381992	1431601
其他支出	Other Spending	12036	10	754
转移支出	Transfer Spending	1136	1455	12425
年末基金滚存结余	Fund Blance Year-end	2206120	4817513	5886482

注：自2014年起，对城乡居民基本养老保险情况相关指标进行微调。
a) Since 2014, the basic old-age insurance for urban and rural residents is related indicators for fine-tuning.

20—34 各市生育保险情况（2020年）
Birth Insurance Situation by Region (2020)

地　区	Region	参保人数（人）Insurance Population (person)	#女　性 Female	基金收支情况（万元）Revenue and Expenses (10000 yuan) 待遇支出 Treatment Expenditure
总　计	**Total**	**6528875**	**2602605**	**216304**
合肥市	Hefei	2177473	884831	109783
淮北市	Huaibei	256234	81352	5552
亳州市	Bozhou	230771	89540	5739
宿州市	Suzhou	267124	115076	5390
蚌埠市	Bengbu	349493	155031	7696
阜阳市	Fuyang	334241	143745	8892
淮南市	Huainan	332592	111621	6770
滁州市	Chuzhou	363407	149846	7698
六安市	Luan	244112	95480	8151
马鞍山市	Maanshan	305241	121659	6387
芜湖市	Wuhu	531898	205614	15943
宣城市	Xuancheng	317665	135313	6037
铜陵市	Tongling	258803	74946	5051
池州市	Chizhou	128684	56621	3331
安庆市	Anqing	284803	115644	9062
黄山市	Huangshan	146334	66286	4824

注：合肥市含省直数据。基金收支不包含市级统筹单位上解下拨基金收支。
a) Hefei data was made. Fund more than balance does not include the city as a whole unit over financing the fund balance of payments.

20—35 人力资源服务机构综合情况（2020年）
Human Resources Service Organization Comprehensive Situation (2020)

项　目	Item	公共就业服务机构 Public Employment Service Organization	公共人才服务机构 Public Talented Person Service Organization	国有性质服务企业 State-owned Service Enterprise	私营性质服务企业 Private Service Enterprise
服务机构数 (个)	Service Organization (unit)	22	13	39	1024
从业人员人数 (人)	Population of Jobholder (person)	268	77	1434	33898
#大专及以下	Junior College and Below	106	26	769	26657
本　科	Undergraduate Course	151	50	625	6792
硕士及以上	Master and Above	11	1	40	449
#取得职业资格人数	Obtaining Professional Qualification Population	67	21	236	5877
设立固定招聘场所 (个)	Fixed Employment Advertise Place (unit)	18	10	29	1611
总资产 (万元)	Total Assets (10000 yuan)	343	502	372435	1112143
建立人力资源服务网站 (个)	Human Resources Service Network (unit)	8	6	15	503
全年营业总收入 (万元)	Annual Business Gross Income (10000 yuan)	236	318	712177	2869518

注：仅统计县以上机构。

a) Only institutions above the county level are counted.

20—36 人力资源服务业务基本情况（2020年）
Human Resources Service Basic Situation (2020)

项目	Item	公共就业服务机构 Public Employment Service Organization	公共人才服务机构 Public Talented Person Service Organization	国有性质服务企业 State-owned Service Enterprise	私营性质服务企业 Private Service Enterprise
服务人员总数 (人)	Total of Service Personnel Registration (person)	520256	171790	204317	13061187
登记要求流动人员 (人)	Nubmer of Registration Requesting Flowing Personnel (person)	158789	28049	108074	3412837
#大专及以下	Junior College and Below	131639	12881	73096	2644651
本　科	Undergraduate Course	26354	12553	32176	664924
硕士及以上	Master and Above	796	2615	2802	103262
实现就业和流动人数 (人)	Realizing Employment and Flowing Population (person)	75457	37698	45142	1640487
服务用人单位数 (个)	Number of Service Personnel Units (unit)	15512	7419	9094	530809
#国有企、事业单位	State-owned Enterprise and Institution	926	1275	1912	24826
私营企业	Private Enterprise Foreign-funded Enterprise	11440	5136	4290	243327
外资企业	Foreign-funded Enterprise	345	50	900	71099
建立人力资源数据库 (个)	Establishment Human Resources Database (unit)	14	4	23	3992
现存数据库求职信息总量 (人次)	Total of Extant Database Seeking Employment Information (person time)	111937	20764	576366	17801449
#全年入库求职信息	Whole Year Warehousing Seeking Employment Information	18841	5025	106121	2638702
现场招聘服务	Scene Employment Advertise Service				
举办招聘会次数 (次)	Number of Times of Conducting Job Fair (time)	1461	429	313	4872
#毕业生专场	Graduate Specially	153	114	51	886
农民工专场	Peasant Laborer Specially	260	37	54	869
参会用人单位 (家)	Attending the Meeting Employer (unit)	13520	6589	6535	65679
提供招聘岗位 (个)	Providing Employment Post (unit)	319844	131008	152770	1339419
参会求职人数 (人)	Attending the Meeting Seeking Employment Population (person)	213652	149752	112821	967903
网络招聘服务 (条)	Network Employment Advertise Service (unit)				
发布岗位信息	Issue Post Information	138871	160490	94659	6649057
发布求职信息	Issue Seeking Employment Information	67270	18648	40545	3257734
劳务(人才)派遣服务	The Service (talented person) to Dispatch to Serve				
派遣单位 (个)	Detached Organization (unit)	147	10	2059	12293
派遣人员总量 (人)	Total of Detached Personnel (person)	2306	1805	55560	452033
登记要求派遣人数 (人)	Registration Requesting Detached Population (person)	863	1503	23496	399784
人力资源管理咨询	Human Resources Management Consulting				
服务用人单位 (个)	Service Employer Unit (unit)	6703	156	3703	96134
人力资源外包服务	Human Resources Outsourcing Service				
服务用人单位 (个)	Service Employer Unit (unit)	417	5	1410	16101
流动人员档案管理	Flowing Personnel Record Management				
现存档案数量 (人)	Number of Extant File (person)	227703	280792	84374	118792
依托档案提供服务 (次)	Depending on the File to Provide Service (time)	43141	97252	33682	29256
培训服务	Training Service				
举办培训班 (个)	Conducting Training Class (unit)	680	1	1009	5710
参加人数 (人)	Participating Population (person)	30525	48	173121	249231
测评服务	Evaluation Service				
测评人数 (人)	Evaluation Population (person)	524		17899	309327
猎头服务	Headhunting Service				
成功推荐人才 (人)	Successful to Recommend Talented Person (person)	2		391	10958

20—37 各市职业技能鉴定综合情况（2020年）
Vocational Skill Appraisal Comprehensive Situation by Region (2020)

单位：人（person）

地区	Region	鉴定机构数（个）Number of Appraisal Institution (unit) 小计 Total	#鉴定中心 Appraisal Center	#职业技能鉴定所 Vocational Skill Appraisal Institution	考评人员人数 Number of Evaluation Staff	鉴定考核人数 Appraisal Number of Assessment 小计 Total	初级 Primary	中级 Middle-level	高级 High level
总计	**Total**	**363**	**18**	**345**	**10209**	**605942**	**145276**	**328814**	**120451**
合肥市	Hefei	103	1	102	3630	110187	15783	70754	21956
淮北市	Huaibei	13	1	12	262	32091	10019	14294	6832
亳州市	Bozhou	11	1	10	417	35956	7606	22350	5748
宿州市	Suzhou	12	1	11	90	35444	11825	10973	11904
蚌埠市	Bengbu	33	1	32	395	21589	2039	14708	4209
阜阳市	Fuyang	19	1	18	500	36097	18268	13909	3651
淮南市	Huainan	20	1	19	1136	37206	16989	12910	6371
滁州市	Chuzhou	12	1	11	535	20628	4319	7895	7996
六安市	Luan	17	1	16	233	32142	6833	17825	6899
马鞍山市	Maanshan	21	1	20	664	40808	8896	21846	9155
芜湖市	Wuhu	35	1	34	1103	60816	8851	45305	5798
宣城市	Xuancheng	13	2	11	303	34770	7879	20341	6264
铜陵市	Tongling	14	1	13	483	17964	5889	6297	5186
池州市	Chizhou	13	1	12	52	17320	10118	4649	2377
安庆市	Anqing	20	2	18	212	43093	3997	31518	6994
黄山市	Huangshan	7	1	6	194	14857	3374	5654	5626
央企分支机构	Branches of Central Enterprises					14974	2591	7586	3485

地区	Region	技师 Technician	高级技师 Senior Technician	获取证书人数 Number of Obtaining a Certificate 小计 Total	初级 Primary	中级 Middle-level	高级 High level	技师 Technician	高级技师 Senior Technician
总计	**Total**	**10072**	**1329**	**526162**	**126754**	**288783**	**103550**	**6336**	**739**
合肥市	Hefei	1456	238	104862	14377	67646	21549	1135	155
淮北市	Huaibei	945	1	27015	8529	12149	5955	382	0
亳州市	Bozhou	212	40	34067	7219	21168	5457	190	33
宿州市	Suzhou	742		28821	10125	9332	9159	205	0
蚌埠市	Bengbu	573	60	19892	1686	13649	4076	445	36
阜阳市	Fuyang	243	26	35174	17660	13674	3571	243	26
淮南市	Huainan	737	199	27373	13466	9318	4120	385	84
滁州市	Chuzhou	412	6	17486	3284	7012	6787	401	2
六安市	Luan	502	83	27300	6282	16442	4372	182	22
马鞍山市	Maanshan	843	68	35115	7538	18357	8713	490	17
芜湖市	Wuhu	790	72	50679	7376	37754	4832	658	59
宣城市	Xuancheng	271	15	31259	7032	18119	5852	247	9
铜陵市	Tongling	491	101	13143	4462	4706	3708	246	21
池州市	Chizhou	147	29	16086	9204	4358	2357	138	29
安庆市	Anqing	493	91	33581	3283	24442	5467	335	54
黄山市	Huangshan	151	52	14658	3325	5590	5555	142	46
央企分支机构	Branches of Central Enterprises	1064	248	9651	1906	5067	2020	512	146

注：本年合肥市数据中包含省直。

a) This year in hefei data contains was made.

主要统计指标解释

医疗卫生机构

指从卫生（卫生计生）行政部门取得《医疗机构执业许可证》《计划生育技术服务许可证》，或从民政、工商、机构编制管理部门取得法人单位登记证书，为社会提供医疗服务、公共卫生服务或从事医学科研和医学在职培训等工作的单位。医疗卫生机构包括医院、基层医疗卫生机构、专业公共卫生机构、其他医疗卫生机构。

医院

包括综合医院、中医医院、中西医结合医院、民族医院、各类专科医院和护理院，不包括专科疾病防治院、妇幼保健院和疗养院，包括医学院校附属医院。

基层医疗卫生机构

包括社区卫生服务中心、社区卫生服务站、街道卫生院、乡镇卫生院、村卫生室、门诊部、诊所(医务室)。

专业公共卫生机构

包括疾病预防控制中心、专科疾病防治机构、妇幼保健机构（含妇幼保健计划生育服务中心）、健康教育机构、急救中心（站）、采供血机构、卫生监督机构、取得《医疗机构执业许可证》或《计划生育技术服务许可证》的计划生育技术服务机构。

其他医疗卫生机构

包括疗养院、临床检验中心、医学科研机构、医学在职教育机构、卫生监督（监测、检测）机构、医学考试中心、农村改水中心、人才交流中心、统计信息中心等卫生事业单位。

卫生人员

指在医疗卫生机构工作并由单位支付工资的人员。包括在编及合同制人员、返聘和临聘本单位半年以上人员（如护士、医师等），不包括离退休人员、退职人员、离开本单位仍保留劳动关系人员、返聘和临聘本单位不足半年人员。多点执业医师一律计入第1执业单位在岗职工数，不再计入第2、3执业单位在岗职工数。

卫生技术人员

包括执业医师、执业助理医师、注册护士、药师（士）、检验技师（士）、影像技师、卫生监督员和见习医（药、护、技）师（士）等卫生专业人员。不包括从事管理工作的卫生技术人员(如院长、副院长、党委书记等)。

其他卫生技术人员

包括见习医(药、护、技)师(士)等卫生专业人员，不包括药剂员、检验员、护理员等。见习医师(士)指毕业于高中等院校医学专业但尚未取得医师执业证书的医师和医士。

其他技术人员

指从事医疗器械修配、卫生宣传、科研、教学等技术工作的非卫生专业人员。

管理人员

指担负领导职责或管理任务的工作人员。包括从事医疗服务、公共卫生、医学科研与教学等业务管理工作的人员；主要从事党政、人事、财务、信息、安全保卫等行政管理工作的人员。

工勤技能人员

指承担技能操作和维护、后勤保障、服务等职责的工作人员。工勤技能人员分为技术工和普通工。技术工包括护理员(工)、药剂员(工)、检验员、收费员、挂号员等，但不包括实验员、技术员、研究实习员(计入其他技术人员),经济员、会计员和统计员等(计入管理人员)。

乡村医生和卫生员

指从当地卫生和计生行政部门获得“乡村医生”证书的人员；卫生员是指村卫生室中未获得“乡村医生”证书的人员。

实有床位数

指年底固定实有床位数，包括正规床、简易床、监护床、超过半年加床、正在消毒和修理床位、因扩建或大修而停用床位。不包括产科新生儿床、接产室待产床、库存床、观察床、临时加床和病人家属陪侍床。

城镇居民最低生活保障人数

指在报告期末家庭平均收入在当地规定的最低生活保障线以下的城镇居民数。包括“三无”对象，失业人员和在职、下岗、退休人员等。

农村居民最低生活保障人数

指报告期末在建立农村最低生活保障制度的地区，得到当地政府或集体给予最低生活保障的农业人口家庭人数。

离婚率

指当年离婚人数占户籍人口的比重，计算公式为：

离婚率＝当年离婚人数/户籍人数×1000‰。

社区服务设施数

指报告期末设立的以非营利为目的，为本社区居民服务，特别是为老年人、残疾人、儿童服务的社区服务中心、活动站、服务站、养老院、老年公寓（托老所），残疾人工疗站、残疾儿童日托所、家务服务站、婚姻介绍所等福利性设施以及职工社会保险管理服务的机构数。几种不同类型的社区服务单位，共用一个场所的，只能统计为一个社区服务设施。成为社区服务设施的条件：（1）是独立核算单位；（2）有固定的从业人员；（3）有一定的服务项目；（4）有一定的场所。

城镇职工基本养老保险

1.（参保）职工人数

指报告期末按照国家法律、法规和有关政策规定参加基本养老保险并在社保经办机构已建立缴费记录档案的职工人数，包括中断缴费但未终止养老保险关系的职工人数，不包括只登记未建立缴费记录档案的人数。

2.（参保）离退休人员人数

指报告期末参加基本养老保险的离休、退休和退职人员的人数。

3.基金收入

指根据国家有关规定，由纳入基本养老保险范围的缴费单位和个人按国家规定的缴费基数和缴费比例缴纳的养老保险基金，以及通过其他方式取得的形成基金来源的收入。包括单位和职工个人缴纳的基本养老保险费、基本养老保险基金利息收入、上级补助收入、下级上解收入、转移收入、财政补贴和其他收入。

4.基金支出

指按照国家政策规定的开支范围和开支标准从养老保险基金中支付给参加基本养老保险的个人的养老金、丧葬抚恤补助，以及由于保险关系转移、上下级之间调剂资金等原因而发生的支出。包括离休金、退休金、退职金、各种补贴、医疗费、死亡丧葬补助费、抚恤救济费、社会保险经办机构管理费、补助下级支出、上解上级支出、转移支出、其他支出等。

5.基金累计结余

指报告期末基本养老保险基金收支相抵后的累计余额。

城镇职工基本医疗保险

1.参保人数

指报告期末按国家有关规定参加相应基本医疗保险的人数。

2.基金收入

指由用人单位和个人按照国家规定的缴费基数、缴费比例或缴费标准缴纳的基本医疗保险基金，财政补助资金以及通过其他方式取得的形成基金来源的款项，包括：单位缴纳收入、个人缴纳收入、财政补助收入（含医疗救助补助个人收入）、财政补贴收入、利息收入、其他收入和转移收入等。

3.基金支出

指按照国家政策规定的开支范围和开支标准，从基本医疗保险基金中支付给参保人员的医疗保险待遇支出，包括住院医疗费用支出、门急诊医疗费用支出、个人账户基金支出、其他支出、转移支出等。

4.基金累计结余

指报告期末基本医疗保险基金累计结余金额。

失业保险

1.参保人数

指报告期末按照国家法律、法规和有关政策规定参加了失业保险的城镇企业、事业单位的职工及地方政府规定参加失业保险的其他人员的人数。

2.基金收入

指报告期内筹集的失业保险基金的总额，包括失业保险费收入、利息收入、财政补贴收入、其他收入、转移收入、上级补助收入、下级上解收入。

3.基金支出

指报告期内为保障失业人员基本生活、促进其再就业等支出的基金总额，包括失业保险金支出、医疗补助金支出、丧葬补助金和抚恤金支出、职业培训和职业介绍补贴支出、其他费用支出、其他支出、转移支出、补助下级支出、上解上级支出等。

4.基金累计结余

指报告期末失业保险基金收支相抵后的累计余额。

工伤保险

1.参加保险人数

指报告期末依据国家有关规定参加工伤保险的职工人数和有雇工的个体工商户的雇工数。

2.享受保险待遇人数

指年初至报告期末因工伤或职业病而享受工伤保险待遇的人数。为享受工伤医疗待遇中未评定等级的人数、享受伤残待遇人数以及享受因工死亡待遇人数之和。

3.基金收入

指根据国家有关规定，由参加工伤保险的单位按国家规定的缴费基数和缴费比例缴纳的工伤保险基金，以及通过其他形式取得的形成基金来源的款项。包括：单位缴纳的社会统筹基金收入、财政补贴收入、利息收入、其他收入、转移收入等。

4.基金支出

指按照国家政策规定的开支范围和开支标准从工伤保险基金中支付给参加工伤保险的人员及供养直系亲属工伤保险待遇支出及其他支出。包括工伤医疗费、伤残补助金、工亡补助金、护理费、丧葬补助费、工伤预防费用、职业康复费用和其他支出。

5.基金累计结余

指报告期末工伤保险基金累计结余金额。

Explanatory Notes for Major Statistical Indicators

Medical and Health Care Institutions

refers to the health (health care) administrative departments to obtain "medical institutions permit", "family planning technical service permit", or from the civil affairs, industry and commerce, institutional management and management departments to obtain legal person registration certificate for the community to provide medical services, public Health services or engaged in medical research and medical on-the-job training and other work units. Medical and health institutions include hospitals, primary health care institutions, professional public health institutions, other medical and health institutions.

Hospitals

Including general hospitals, Chinese medicine hospitals, Chinese and Western medicine hospitals, ethnic hospitals, all kinds of specialist hospitals and nursing homes, excluding specialist disease prevention and treatment hospital, maternal and child health centers and nursing homes, including medical college affiliated hospitals.

Health Care Institutions at Grass-root Level

include community health service centers, community health service stations, urban health centers, township health centers, village clinics, outpatient departments and clinics (health centers).

Specialized Public Health Institutions

include centers for disease control and prevention, specialized disease prevention and treatment institutions, women and children care agencies(including women and children health care family planning service center), health education institutions, first aid centers, blood gathering and supplying institutions, health supervision and inspection agencies, and family planning technical service centers that obtained the Certification of Health Care Institution or certification of family planning technical service centers.

Other Medical and Health Care Institutions

including medical centers, clinical testing centers, medical research institutions, medical in-service education institutions, health supervision (monitoring, testing) institutions, medical examination centers, rural water centers, talent exchange centers, statistical information centers and other health institutions.

Health Care Employees

means a person who works in a medical and health institution and is paid by a unit. (Including nurses, physicians, etc.), excluding retirees, retirees, leaving the unit still retain labor relations personnel, re-employment and employment of the unit is not enough Half a year staff. Multi-point practitioners are included in the number of workers in the first practice in the number of workers, no longer included in the first 2,3 units in the number of workers on duty.

Medical Technical Personnel

refer to the professional staff engaged in health care, including licensed doctors, licensed assistant doctors, registered nurses, pharmacists, laboratory technicians, imaging staff, health care supervisors and intern doctors, pharmacists, nurses, and technical personnel, excluding the medical technical personnel engaged in managerial job (e.g. president, vice president and secretary of the party committee etc).

Other health technical personnel

including trainee medical (medicine, nursing, skills) (and), and other health professionals, not including the apothecary, inspector, nurse, etc. Trainee doctors graduated from high school (and) such as college medical professional but not yet get physicians practicing certificate of doctors and healers.

Other technical staff

refers to is engaged in medical equipment and replacement, health education, scientific research, teaching and other technical work of health professionals.

Management personnel

refers to the leadership or management shoulder the task of staff. Including medical services, public health, medicine, scientific research and teaching personnel for the management of the business such as; Mainly engaged in the party and government, personnel, finance, information, security and other administrative work.

Those logistics skills personnel

means for skills operation and maintenance, logistics, services and other staff duties. Those logistics skills staff divided into technical and direct labor. Technology including caregivers (engineering), apothecary (work), the analyst, cashier, registered member, etc., but does not include laboratory technician, technician, research assistant (included in the other technicians), economy, accountant and statistician (included in the management personnel).

Rural doctors and medical corpsman

from the local health and family planning administrative department of personnel to obtain "country doctor" certificate; Medics refers to not get "country doctor" certificate in village clinics.

Actual data

refers to the fixed end of actual data, including regular bed, simple bed, guardianship, more than half a year, an additional disinfection and repair, because of the expansion or overhaul and stop using bed. Not including obstetrics bed of newborn babies, delivery room to look obstetric table, inventory bed, bed, temporary extra bed and escort, the bed of the patient's family.

Minimum living allowances for urban residents

refers to the number of those whose average family income is below a minimum local standard by the end of the reporting period, including both the employed and unemployed, laid off and retired, and those jobless people without stable residence or valid IDs.

Number of Rural Residents Entitled to Minimum Living Allowances

refers to the number of those receiving the minimum living allowances from the local government or community in the rural areas where this allowances system is in place as of the end of the reporting period.

The divorce rate

Refers to the number of divorce proportion of the population, the calculation formula is:

Divorce rate = the number of divorce, the household registration number * 1000 ‰.

Number of Service Facilities in Communities

refers to the number non-profit welfare facilities set up community residents' in particular the community-based centers that serve senior citizens, the handicapped or children, recreational centers, service centers, nursing homes, apartments for the elderly (nursery for the aged), work and treatment stations for the handicapped, day-care centers for handicapped children, domestic help agencies and dating services, as well as social insurance management agencies for the employees. Different types of community service providers that share the same premise are regarded as one community service facility. The requirements for a social service facility of communities include: (1) independent accounting, (2) fixed employees; (3) provision of certain services; and (4) with certain places.

Basic old-age insurance for urban workers

1. Number of staff and workers covered

refer to staff and workers participating in the basic pension insurance programme according to national laws, regulations and related policies at the end of the reference period, who have already had payment records in social security management agencies, including those who have interrupt payment without terminating the insurance programme. Those who have registered in the programme but with no payment records are not included.

2. Number of retirees participating in the basic pension insurance programme

refer to the number of retirees participating in basic pension insurance programmes by the end of the reference period.

3. Revenue of the basic pension insurance programme

refers to payments made by employers and individuals participating in the pension insurance programme in accordance with the basis and proportion stipulated in State regulations, and income from other sources that become source of pension insurance fund, including the premium paid by employers and staff and workers, interest income, subsidies from higher level agencies, income as transfer from subordinate agencies, transferred income, government financial subsidies and other income.

4. Expenditure of basic pension insurance programme

refer to payment made on pensions and funeral subsidies to those retired and resigned people covered in pension insurance programmes according to related national policies on scope and standard of expenditure. Also included are expenditure which arises due to shift of the insurance relationship or adjustment of funds among agencies. More specifically, included are pensions for resigned people, pensions for retired people, pension for people quitting jobs, various subsidies, medical fees, funeral subsidies, compensation payments, management fees for social security agencies, expenses on subsidies to lower subordinates, expenses as transfer to agencies at higher level, transferred expenditure and other expenditure.

5. Balance of basic pension insurance programme

refers to the balance of basic pension insurance funds at the end of the reference period after deducting expenses from revenue.

Basic medical insurance for urban workers

1. Number of people participating in the insurance programme

refers to people participating in the basic medical care insurance programme according to related regulations as at the end of reference period.

2. Revenue of the insurance programme

refers to payments made by employers and individuals participating in the medical care insurance programme in accordance with the basis and proportion stipulated in State regulations, and income from other sources that become source of medical insurance fund, including income paid by units, individual paid income, financial assistance's income (including individual income from medicaid), financial subsidies' income, interest income, transfer income and other income.

3. Expenditure of the insurance programme

point to the expenditure scope that sets according to national policy and expenditure standard, the treatment of medical treatment insurance that pays in fund of insurance of primary medical treatment to ginseng protect personnel defray, include defray of medical treatment charge of charge of medical treatment of be in hospital, door emergency treatment, individual account fund defray, other defray, transfer defray.

4. Balance of the basic medical care insurance programme

refers to the balance of medical care insurance funds at the end of the reference period.

Unemployment Insurance

1. Number of people covered

refers to staff and workers in urban enterprises or institutions who have participated in the unemployment insurance programme according to relevant policies and regulations, and other people who have participated according to local government regulations, as at the end of reference period.

2. Revenue of the unemployment insurance programme

refers to the total unemployment insurance funds raised in the reference period, including unemployment insurance premium, interest income, financial subsidies, other income, transferred income, subsidies from higher level agencies and income as transfer from subordinate agencies..

3. Expenditure of the unemployment insurance programme

refers to total expenses during the reference period to guarantee the basic livelihood of unemployed people, and to encourage their re-employment. Included are unemployment relief, medical fees, funeral subsidies, compensation payments, training expenses, management fees for unemployment insurance agencies, subsidies to lower level agencies, expenses as transfer to higher level agencies, transferred expenditure and other expenditure.

4. Balance of the unemployment insurance programme

refers to the balance of revenue of the programme after deducting expenses at the end of the reference period.

Work Injury Insurance

1. Number of people covered

refers to staff and workers who have participated in the work injury insurance programme and number of employees in private business according to relevant national regulations at the end of the reference period.

2. Number of beneficiaries

point to the total amount of the unemployed insurance fund that raises money inside report period, include income of unemployment insurance premium income, accrual income, fiscal allowance income, other income, transfer income, income of upper allowance, lower solution income.

3. Revenue of the work injury insurance programme

refers to payments made by employers participating in the work injury insurance programme in accordance with the basis and proportion stipulated in State regulations, and income from other sources that become source of work injury insurance fund, including income of social comprehensive funds paid by employers, government financial subsidies, interest income and other income.

4. Expenditure of the work injury insurance programme

refers to payments made from work injury insurance funds to those who participated in the work injury insurance programme and their direct dependents within the scope and standards of expenditure according to related national policies, and other expenditure, including medical fees for work injury, injury and disability subsidies, death subsidies, nursing fees, funeral subsidies, injury prevention fees, occupational rehabilitation fees and other expenditure.

5. Balance of the work injury insurance programme

refers to the balance of the work injury funds at the end of the reference period.

Maternity Insurance

1. Number of people covered

refers to people who have participated in the maternity insurance programme according to relevant regulation at the end of the reporting period.

2. Number of enjoying insurance

refers to people of sum who enjoy treatment of inductrial injury insurance, medical treatment for not rating work-related injuries , the disability beneficiaries and the worker death and treatment at the beginning of the year to the end of the reporting period.

3. Revenue of maternity insurance

refers to payments made by employers participating in the maternity insurance programme in accordance with the basis and proportion stipulated in State regulations, and income from other sources that become source of maternity insurance fund, including income of funds paid by employers, interest income ,transfer income and other income.

4. Expenditure of the maternity insurance programme

refers to payments made from maternity insurance funds to staff and workers who participate in the maternity insurance programme within the scope and standards of expenditure in accordance with related national policies, expenses paid for pregnancy, child delivery or surgeries related to family planning, and other expenditure, including allowance for child bearing, medical fees and other expenditure.

5. Balance of the maternity programme

refers to the balance of the maternity insurance funds at the end of reference period.

第二十一篇

Chapter 21

CULTURE AND SPORTS

简要说明

一、本篇主要反映文化、体育、新闻出版、广播电影电视事业的发展情况。

文化部分主要包括艺术表演团体、艺术表演场所、公共图书馆、文化馆、文化站、广播、电视、新闻出版以及文物等文化事业的机构、人员、经费和业务活动情况。体育部分主要包括群众体育和竞技体育，主要内容有体育系统职工情况，竞技体育成绩，群众体育活动等情况。

二、根据各部门制定的统计报表制度汇总加工整理而成。艺术业、图书馆业、群众文化服务业的资料主要来自省文化旅游厅；文物资料来自省文物局；广播、电视、新闻出版资料来自省新闻出版局；体育部分的资料来自省体育局。

Brief Introduction

I. Data in this chapter mainly reflect the development of culture; sports; news and publication; and radio broadcasting, films and television.

Data on culture cover mainly the situations on institutions, personnel and business activities of cultural undertakings including arts performing groups and performance venues; public libraries; museums; cultural centres; archives; cultural stations; broadcasting; films; television; news and publication; and cultural relics. Data on sports cover mass sports (sports for all) and athletic sports, including mainly the number of staff and workers in sports departments, number of stadiums and gymnasiums, achievements in athletic sports events, mass sports activities and the international exchanges of sports delegations.

II. According to the statistical statement system formulated by various departments, it is summarized and processed. The materials of art industry, library industry and mass cultural service industry mainly come from the provincial department of culture and Tourism; Cultural relics data from the provincial bureau of Cultural Heritage; Radio, television, press and publication materials from the provincial Press and Publication Bureau; The information of sports comes from provincial sports bureau.

21—1 文化艺术和文物事业机构、人员情况（2020年）

Number of Institutions and Personnel in Culture, Art and Cultural Relies (2020)

机构类别	Category of Institution	机构数（个） Number of Institutions (unit)	从业人员（人） Number of Persons Engaged (person)
文化及相关产业	**Culture and Relative Industry**	**16229**	**130734**
艺术业	Art Industry	2434	41026
艺术表演团体	Art Performance Troupes	2334	39174
话剧、儿童剧、滑稽剧团	Drama, Children, Plays and Comedy Troupes	13	319
歌舞、音乐类	Dance, Music Class	176	3899
京剧、昆曲类	Beijing Opera and Kunqu Classes	4	235
#京　剧	Beijing Opera Troupes	4	235
地方戏曲类	The Local Drama Class	698	11590
杂技、魔术、马戏类	Acrobatics, Magic, Circus	195	2277
曲艺类	Folk art Classes	105	1917
综合性艺术表演团体	Comprehensive Performing Arts Groups	1143	18937
艺术表演场所	Art Centers	100	1852
#剧场、影剧院	Theaters and Music Halls	49	1103
图书馆事业	Library Business	131	1572
群众文化事业	Mass cultural undertakings	1628	6260
省级文化馆、群众艺术馆	Provincial Cultural Center, Mass Art Museum	1	38
市级文化馆、群众文化馆	Municipal Cultural Centers, Mass Cultural Centers	17	299
县、市文化馆	County and City Cultural Centers	105	1115
文化站	Cultural Stations	1505	4808
#乡镇文化站	Township Cultural Stations	1278	4143
艺术教育事业	Culture and Education	4	84
文艺科研	Literary and Scientific Research	10	148
文化科技研究	Cultural Science and Technology Research	3	42
综合性艺术研究	Comprehensive Artistic Research	3	23
地方戏艺术研究	Local Opera art Research	3	76
其他科研机构	Other Scientific Research Institution	1	7
文化市场经营单位	Cultural Market Management Unit	9810	37801
文物业	Total of Cultural Relic Organization	323	3886
文物机构合计	Total Heritage Institutions	92	537
#文物保护管理机构	Cultural Relic Protection Management Organization	82	395
文物科研机构	Scientific and Research Historical Relics Agency	1	46
博物馆合计	Museums	230	3342
艺术类博物馆	Art Museum	23	185
综合性博物馆	Comprehensive Museum	97	1599
历史类博物馆	History Class Museum	66	960
自然科技类博物馆	Natural Science and Technology Museum	9	113
其它博物馆	Other Museum	35	485
文物商店	Cultural Relics Agencies	1	7
其　他	Other	1889	39957

注：艺术事业机构数，包括非公有制艺术表演团体及场所。

a) Number of art institutions, including the non-public sectors of the performing arts groups and places.

21—2 艺术表演团体演出情况（2020年）
Basic Statistics on Performance of Art Troupes (2020)

种　　类	Item	演出场数（场）Number of Performances (shows)	到农村演出 Shows in Rural Areas	国内演出观众人数（千人次）Number of Audience While Perfoming at Home (1000 person-times)
总　计	**Total**	**302100**	**145200**	**95551**
国有剧团	Troupes Sponsored by State-owned Units	8000	5100	3993
集体经营剧团	Troupes Sponsored by Collective Units	100	100	97
其　他	Other	294000	140000	91461
按剧种分	**Art Troupes**			
话剧、儿童剧、滑稽剧团	Drama, Children, Plays and Comedy Troupes	200	100	357
歌舞、音乐类	Dance, Music Class	16000	7000	2621
京剧、昆曲类	Beijing Opera and Kunqu Classes	500	200	48
#京　剧	Beijing Opera Troupes	500	200	48
地方戏曲类	The Local Drama Class	69300	36900	22636
杂技、魔术、马戏类	Acrobatics, Magic, Circus	42800	12200	24843
曲艺类	Folk art Classes	9800	5200	2365
综合性艺术表演团体	Comprehensive Performing Arts Groups	163100	83600	42682

注：演出场数包括非公有制企业数据。

a) Doing a including non-public enterprise data.

21—3 群众艺术馆、文化馆站业务活动及经费情况（2020年）
Basic Statistics on Activities and Expenditures of Mass Art Centers and Cultural Centers (2020)

项　目		Item		总　计 Total	群众艺术馆、文化馆 Mass Art Centers Cultural Centers	文化站 Cultural Stations
单位数	（个）	Number of Units	(unit)	1628	123	1505
举办展览	（个）	Exhibition	(unit)	5924	1092	4832
组织文艺活动	（次）	Art Performances and Story-telling Sessions	(times)	44633	7880	36753
举办训练班		Training Coirses				
班　次	（次）	Number of Classes	(times)	25947	10081	15866
培训人次	（万人次）	Training People	(10000 person-times)	1644700	510800	1133900
群众艺术馆、文化馆负责指导单位		Units Responsible for Guiding Mass Art Centers and Cultural Centers				
馆办文艺团体	（个）	Literature Groups Hold by Art and Cultural Buildings		423	423	
群众业余演出团、队	（个）	Part-time Art Groups	(unit)	14861	2846	12015
总支出	（万元）	Total Expenditures	(10000 yuan)	64118	33049	31068.7

21—4 公共图书馆业务活动及经费情况（2020年）
Facilities, Services and Expenditures of Public Libraries (2020)

项　　目		Item		总　计 Total	省级公共图书馆 Public Libraries at Provincial Level	地市级公共图书馆 Public Libraries at Prefectural Level	县级公共图书馆 Public Libraries at County Level
公共图书馆	（个）	Number of Public Libraries	(unit)	131	1	22	108
总藏量	（万册）	Total Collections	(10000 volumes)	3546	375	1084	2087
图　书		Books		3122	302	969	1851
#古　籍		Ancient Works		63	35	16	12
报　刊		Newspapers and Periodicals		191	36	64	91
开架书刊	（万册）	Open Books and Periodicals	(10000 volumes)	1996	100	731	1165
有效借书证数	（千个）	Valid Card Number	(1000 unit)	2965	250	1500	1215
图书流通情况		Circulation of Books					
总流通人次	（万人次）	Total Number of Circulation	(10000 person-times)	2392	112	554	1726
书刊文献外借册次	（万册次）	CeCi Borrow Books and Literature	(10000 volume-times)	1714	64	552	1097
为读者服务举办各种活动		Service Activities Provided for Readers					
次　数	（次）	Number of Activities	(times)	7586	281	2543	4762
参加人数	（万人次）	Number of Readers Involved	(10000 person-times)	277	5	102	171
总支出	（万元）	Total Expenditures	(10000 yuan)	42662	6911	18300	17452
#基本支出		Basic Expenditures		23039	3392	8032	11616
#新增藏量购置费		The New Inventory Purchase Expense		6556	747	2740	3069
本年新增藏量	（万册）	This Year the New Inventory	(10000 volumes)	422	14	71	337
公用房屋建筑面积	（万平方米）	Floor Space of Public Buildings	(10000 sq.m)	61	4	24	33
#书　库		Stack Rooms		10	1	4	5
阅览室		Reading Rooms		21	1	9	11
阅览室坐席数	（个）	Seating Capacity of Reading Rooms	(unit)	48653	1545	18904	28204

注：总藏量不包括电子图书。

a) A total does not include electronic books.

21—5 博物馆、文物机构业务活动及经费情况（2020年）
Facilities, Services and Expenditures of Museums and Cultural Relic Agencies (2020)

项　　目		Item		文物保护管理机构 protection and Management Agencies	文物科研机　构 Scientific and Research Historical Relics Preservation	其　他文物机构 Other Agencies	博 物 馆 Museums
藏　品	（件）	Number of Units	(unit)	32494	19477		908842
#一级品		Number of Exhibitions	(unit)	219	27		6725
业务活动		Art Performances and Story-telling Sessions					
陈列展览	（个）	Training Courses	(unit)	13			657
参观人次	（万人次）	Number of Classes	(10000 person-times)	68			1454
总支出	（万元）	Total Expenditures	(10000 yuan)	214			3122
#基本支出		Basic Expenditures		16473	5998	285	66531
修缮费		Cultural Centers in County Towns		5701	1197	200	26276
增加值	（万元）	Cultural Clubs	(10000 yuan)	6596	4570	185	30646

21—6 全省档案事业基本情况（2020年）
Provincial Archives Cause Basic Situation (2020)

项目	Item	合计 Total	国家综合档案馆 National Comprehensive Archives	国家专门档案馆 National Special Archives	部门档案馆 Departmental Archives	企业档案馆 Enterprise Archives	事业单位档案馆 Archives of Institutions
档案馆个数 （个）	**Number of National Archives (unit)**	**164**	**125**	**16**	**5**	**5**	**13**
建筑面积 （万平方米）	**Floor Space of Building (10000 sq.m)**	**59.69**	**51.88**	**4.37**	**0.73**	**0.60**	**2.12**
馆藏档案情况	**Files Colllected in Archives**						
纸质档案	Paper Files						
全　宗 （个）	Full Archives (unit)	14755	14532	153	5	36	29
案　卷 （千卷）	Records (1000 rolls)	27890.27	22595.13	1898.28	2445.40	341.73	609.73
新中国成立前档案	Archives Before the Founding of New China	95.88	95.15	0.02	0.04	0.33	0.35
新中国成立后档案	Archives After the Founding of New China	27794.40	22499.99	1898.27	2445.35	341.41	609.38
以件为保管单位档案 （千件）	Documents Shall Be the Archives of The Storage Unit (1000 piece)	26411.90	24572.98	27.72	148.59	207.51	1455.11
新中国成立前档案	Archives Before the Founding of New China	76.85	76.78	0.01			0.06
新中国成立后档案	Archives After the Founding of New China	26335.06	24496.20	27.71	148.59	207.51	1455.05
录音磁带、录像磁带、影片档案 （千盘）	Audio Tape, Video Tape, Film Archive (1000 disc)	32.52	27.40	2.00	0.49	1.43	1.20
照片档案 （千张）	Photo Archives (1000 rolls)	1260.66	389.24	473.76	2.04	141.89	253.72
实物档案 （千件）	Physical File (1000 piece)	116.51	50.57	0.23	0.27	1.90	63.55
档案利用情况	**File Utilization**						
本年利用档案人次 （人次）	Persons Using Files in the Yeai (person-times)	310018	260643	8681	19607	3887	17200
本年利用资料人次 （人次）	Persons Using Datas in the Yea (person-times)	5370	5026	223		71	50
本年利用档案数量（万卷件次）	Files Used in the Year (10000 roll.times)	95.17	73.27	5.01	10.56	1.73	4.60
本年利用资料数量 （册次）	Datum Used in the Year (volume-times)	14883	12229	2354		140	160
本年编研档案、资 （万字）	Files and Data Prepared and Studied in the Year (10000 Chinese characters)	3458.95	2403.92	1.38	100.00	16.05	937.60

资料来源：安徽省档案局。

Source: Anhui Municipal Bureau of Archives.

21—7 广播、电视事业发展情况
Basic Statistics on Broadcasting and Television Stations

指 标		Item		2019	2020
职工人数	（人）	Number of Staff and Workers	(person)	30376	27846
广播电视台	（座）	Broadcasting and TV Station	(set)	78	78
省级广播电视台		Provincial Broadcasting and TV Station		1	1
市级广播电视台		City Broadcasting and TV Station		16	16
县级广播电视台		County Broadcasting and TV Station		61	61
中波发射台及转播台	（座）	Number of Broadcast Transmission Stations and Relaying Stations	(set)	26	23
中波发射机功率	（千瓦）	Broadcast Power of Transmitters	(kw)	1388	1407
广播人口覆盖率	（%）	Listener Rating	(%)	99.87	99.93
调频电视发射台及转播台	（座）	FM TV Station and Broadcast Station	(set)	106	104
调频发射机功率	（千瓦）	Frequency Modulation Transmitter Power	(kw)	776.50	728.10
电视发射机功率	（千瓦）	Power of Trandmitters	(kw)	1038.32	749.17
电视人口覆盖率	（%）	Viewer Rating	(%)	99.87	99.90

21—8 广播、电视覆盖率
Listeners and Viewers Rate

指 标	Item	覆盖人口（万人）Covered Population (10000 persons)		覆 盖 率（%）Covering Ratio (%)	
		2019	2020	2019	2020
广 播	**Broadcasting**	**7073.97**	**7114.65**	**99.87**	**99.93**
中央台节目	Program I of China National Broadcasting	7027.61	7097.62	99.21	99.69
省级台节目	Program I of Provincial Broadcasting	7053.15	7102.26	99.57	99.76
地市级台节目	Program I of Prefectural (city) Broadcasting	6927.09	6992.68	97.79	98.22
县级台节目	Programs of County Broadcasting	4705.36	4897.94	66.43	68.80
电 视	**Television**	**7073.95**	**7112.60**	**99.87**	**99.90**
中央台节目	Relaying Program I of CCTV	7050.29	7112.22	99.53	99.90
省级台节目	Program I of Provincial Television	7062.24	7109.47	99.70	99.86
地市级台节目	Programs of Prefectural (city) Television	6875.79	6993.24	97.07	98.23
县级台节目	Programs of County Television	4906.58	5034.99	69.27	70.72

21—9 广播、电视节目制作时间
Basic Statistics on Broadcasting and Television

单位：小时（hour）

指 标	Item	2019	2020
广播节目制作	**Production of Broadcasting**	**227455**	**268924**
新 闻	News Programs	43069	47675
专 题	Special Subject Programs	65172	79072
综 艺	Variety Entertainment	33189	37404
广播剧	Broadcasting Play	6792	4347
广 告	Advertisement	20741	27476
其 他	Others	58492	72950
电视节目制作	**Production of TV Programs**	**80317**	**76041**
新 闻	News Programs	30724	29206
专 题	Special Subject Programs	22019	19723
综 艺	Variety Entertainment	9557	6934
影视剧	TV Play	367	818
广 告	Advertisement	11377	12124
其 他	Others	6273	7236

21—10 广播、电视宣传基本情况（2020年）
Basic Statistics on Broadcasting and Television (2020)

项目	Item	节目套数（套）Number of Programs (set)	全年公共节目播出时间（小时）Time of Program Transmission All the Year (hour)	制作节目时间（小时）Time of Making Program (hour)	#新闻节目 News Programs	专题节目 Special Subject Programs	综艺节目 Variety Emtertainment
无线广播合计	**All Radio Broadcasting Stations**	**107**	**611346**	**268924**	**47675**	**79072**	**37404**
省级	Provincial	9	74434	56777	7260	22554	3911
市县级	City and County	98	536912	212147	40415	56518	33493
电视播映合计	**All Television Stations**	**113**	**648361**	**76041**	**29206**	**19723**	**6934**
省级	Provincial	8	44401	12947	4690	1328	3267
市县级	City and County	105	603960	63094	24516	18395	3667

注：全省广播电视节目制作时间包括各级广播电视台和社会影视节目制作机构制作的时间。

a) The provincial radio and television programme production time including broadcast television and film and television programme production social organizations at all levels to make the time.

21—11 图书、杂志和报纸出版数量
Number of Books, Magazines and Newspaper Published

年份 Year	图书 Books Published: 种类（种）Number of Publications (kind)	新出版 New Publications	总印数（万册）Printed Copies (10000 copies)	总印张数（万印张）Printed Sheets (10000 sheets)	杂志 Magazines Published: 种类（种）Number of Publications (kind)	每期平均印数（万册）Average Printed Copies Per Issue (10000 copies)	总印数（万册）Printed Copies (10000 copies)	总印张数（万印张）Printed Sheets (10000 sheets)	报纸 Newspapers Publised: 种类（种）Number of Publications (kind)	每期平均印数（万册）Average Printed Copies Per Issue (10000 copies)	总印数（万份）Printed Copies (10000 copies)	总印张数（万印张）Printed Sheets (10000 sheets)
2005	3970	1847	25220	118056	177	433	5804	17418	97	393	98134	302498
2010	5646	2669	23891	163954	178	404	5842	23115	98	519	116988	470953
2012	9094	5210	24440	173709	180	405	6172	25657	98	514	125807	526148
2013	9440	5469	25800	200400	180	397	6227	26000	98	517	124700	509100
2014	9934	5227	25579	192396	180	355	5627	24474	98	500	121176	464623
2015	8902	4832	27329	207650	180	313	5251	24574	98	480	104830	375622
2016	9441	5212	24892	182768	180	291	5017	23305	98	363	79488	201261
2017	9745	4864	30704	235287	180	259	4399	20008	98	325	71577	155571
2018	10040	4248	32077	236527	180	233	4321	19742	98	299	67725	139280
2019	10066	3767	28760	226531	180	202	3742	16996	98	265	61730	119914
2020	10015	3210	31793	248971	180	185	3485	15820	94	241	56092	109568

21—12 主要年份少年儿童读物和课本出版情况
Number of Books Published for Children and Textbooks in Major Years

年 份 Year	种 数（种） Number of Publications (knd)		总印数（万册） Printed Copies (10000 copies)		总印张（千印张） Printed Sheets (1000 sheets)	
	儿童读物 Books for Children	课 本 Textbooks	儿童读物 Books for Children	课 本 Textbooks	儿童读物 Books for Children	课 本 Textbooks
2005	399	310	873	15293	20428	671142
2010	1094	449	1489	10563	90700	789666
2015	1244	1091	1927	11827	153008	853487
2018	1687	805	5240	10885	329790	775487
2019	1532	800	3272	10916	191386	791319
2020	1456	751	3158	14689	190915	1077107

21—13 主要年份出版印刷生产情况
Conditions of Printing in Main Year

年 份 Year	企业数（个） Number of Enterprises (unit)	工业销售产值（万元） Industrial Sales Value (10000 yuan)	印刷产量 Output of Printing		装订产量（万令） Output of Bookbinding (10000 ream)	用纸量（万令） Amount of Paper Used (10000 ream)
			黑 白（万令） Black and White (10000 ream)	彩 色（万对开色令） Color (10000 bisect color ream)		
2005	238	160224	849.00	2773.00	530.00	1030.00
2010	258	302870	1094.23	2715.25	809.97	1040.70
2015	258	488208	858.99	3876.95	999.02	1737.36
2018	305	570830	758.74	4273.30	1295.83	1947.48
2019	322	575133	796.68	3961.56	1311.85	1840.68
2020	338	511912	586.70	4103.56	984.66	1395.37

21—14 主要年份出版物发行机构数和网点数
Issuing Institutions and Spots of Publication in Main Year

年 份 Year	发行机构合计（处） Total	国有书店及国有发行点 State-owned Bookstore and Issuing Spots	出版社 Press	网上书店 Online Bookstore	文化教育广电邮政系统 Cultural, Educational Broad-casting and Postal Systems	新华书店系统外批发网点 Wholesale Spots Outside Xinhua Bookstore	集体个体零售 Collective and Personal Retail	新华书店系统出版社自办发行从业人数(人) Persons Engaged in Own Issuance of Presses of Xinhua Book-Store System (persons)	
								全部职工 All Staff	#国有书店及发行点 State-owned Bookstores and Issuing Spots
2005	5950	498	10		1436	248	3758	5253	5155
2010	7723	579	11	1	3576	330	3226	5029	4878
2015	8275	630	11	77	3657	302	3598	5073	5008
2018	8034	617	11	738	2454	332	3882	6000	5759
2019	8796	642	8	1140	1831	381	4794	6019	5851
2020	9129	780	9	1364	1936	470	4570	6088	5914

21—15 体育活动基本情况
Basic Statement of Sports

指 标	Item	2005	2010	2015	2019	2020
举办全民健身活动次数（次）	Times of Activities That the Whole Nation in Health Conducted (times)	1354	2920	2176	4262	5191
参加全民健身活动人数（万人）	People Participating the Activities That the Whole Nation in Health (10000 person)	149.28	324.76	337.88	414.00	396.00
优秀运动员（人）	Number of Athletes in Grades (person)	1408	852	657	700	1754
运动健将	International Master of Sports	35	159	185	156	57
一级运动员	First Grade Sportsman	86	280	207	261	349
二级运动员	Second Grade Sportsman	1287	160	125	139	1348
等级教练员人数（人）	Number of Coaches in Grades (person)		652	633	697	594
等级裁判员发展人数（人）	Number of Referees in Grades (person)		864	489	833	641
在国内外比赛中获奖牌数（枚）	Number of Medals Won in the Matches Both Inside and Outside the Country (unit)	78.5	160	116	230	124
金 牌	Gold Medals	22.5	57	35	65	28
银 牌	Silver Medals	27	42	31	59	38
铜 牌	Bronze Medals	29	61	50	106	58
体育俱乐部（个）	Sports Club (unit)		445	1013		
青少年体育俱乐部	Youth Sports Club		172	459	651	597
社区体育健身俱乐部	Community Sports Fitness Club		177	554		
其它体育俱乐部	Other Sports Club		46			

注：1. 优秀运动员2008年以前为等级运动员。
2. 由于裁判员审批制度改革，2015年我省未审批一级裁判员，以致裁判员发展人数比上年大幅度减少。

a) Before 2008, Top athletes were athlete in Grades .
b) Due to the referee for examination and approval system reform, in 2015 our province level for examination and approval of the referee, so that the number of referees development greatly reduced over the previous year.

21—16 全省体育场地数（2019年）
Number of Stadiums and Gymnasiums (2019)

单位：个 (unit)

指　标	Item	总　计 Total	体育系统 Sports System
总　计	**Total**	**177985**	
#体育场	Stadium	309	
体育馆	Gymnasium	154	
游泳馆和跳水馆	Swimming Pool and Diving Hall	477	
室外游泳池	Open-air Swimming Pool	310	
田径场	Ground Track Field	1307	
小运动场	Small Playground	7893	
篮、排球场	Basketball and Volleyball Courts	44147	

注：自2019年开展全国体育场地调查，统计2018年度体育场地数。
a) Since 2019, the national sports venues survey has been carried out, and the number of sports venues in 2018 has been counted.

21—17 体育系统职工人数（2020年）
Number of Staff and Workers in Sports System (2020)

单位：人 (person)

人员分类	Category of Personnel	合　计 Total	#优秀运动队 Excellent Sports Teams	体　育运动学校 Physical Education and Sports Schools	业余学校 Sparetime Sports Schools	公　共体育场馆 Public Stadiums and Cymna-siums	机关人员 Officers
总　计	**Total**	**4352**	**994**	**151**	**350**	**208**	**1421**
公 务 员	Public Servants	803					803
运 动 员	Athletes	708	700		8		
专职教练员	Full-time Coaches	628	133	79	224		
专职文化教师	Full-time Teachers	384		36	6		
科技人员	Scientific and Technical Personnel	34	1	3			
医务人员	Medical Personnel	20	3		1		
管理人员	Administrative Personnel	668	102	13	39	85	
其　他	Others	1107	55	20	72	123	618

21—18　等级运动员、等级裁判员发展人数（2020年）
Number of Athletes and Referees in Grades by Type of Sports (2020)

单位：人（person）

运动项目	Item	等级运动员 Number of Athletes in Grades	运动健将 International Master of Sports	一级 First Grade Sportsman	二级 Second Grade Sportsman	等级裁判员 Number of Referees in Grades	国际、国家级 International National Referees	一级 First Grade Referees	二级 Second Grade Referees
总　计	**Total**	**1754**	**57**	**349**	**1348**	**638**		**16**	**622**
田　径	Track and Field	267	5	5	257	83		9	74
游　泳	Swimming	246	2	39	205	84			84
体　操	Gymnastics	1		1					
举　重	Weightlifting	6		1	5	1		1	
拳　击	Boxing	46		14	32				
中国式摔跤	Chinese style wrestling	2	2						
国际式摔跤	Wrestling	89		28	61				
柔　道	Judo	35		9	26				
跆拳道	Kickboxing	34	9	12	13				
击　剑	Fencing	37		13	24				
赛　艇	Racing Shell	52		17	35				
皮划艇	Canoeing	41		20	21				
射　击	Shooting	23		13	10				
足　球	Football	14		0	14	20			20
篮　球	Basketball	274	5	49	220	217		1	216
排　球	Volleyball	77		28	49	1		1	
乒乓球	Table Tennis	54		26	28	132		1	131
羽毛球	Badminton	31	1	17	13	32		2	30
网　球	Tennis	52	1		51				
手　球	Handball	72	6		66				
技　巧	Skill	8		2	6				
武　术	Wu Shu	156	5		151				
其　他	Others	137	21	55	61	68		1	67

注：等级运动员与等级裁判员为当年市以上体育行政部门审批数。一级裁判员审批已下放协会，此项数据目前缺失。

a) Number of Grade athletes and referees is approval number in the year above the city levle of the sports administrative departments. The first-class referee's approval has been delegated to the association, and this data is currently missing.

主要统计指标解释

文化及相关产业

指为社会公众提供文化、娱乐产品和服务的活动以及与这些活动有关联的活动的集合。根据提供文化、娱乐产品和服务活动的属性特点，划分为公益性文化活动和经营性文化活动两大类。

文化及相关产业是第三产业的重要组成部分。是在我国《国民经济行业分类》基础上的派生分类，有文化服务和相关文化服务两大类：

艺术表演团体

指由文化部门主办或实行行业管理（经文化市场行政部门审批或已申报登记并领取相关许可证），专门从事表演艺术等活动的各类专业艺术表演团体，含民间职业剧团。如话剧团、方言话剧团、滑稽剧团、儿童剧团、歌剧团、木偶团、皮影团等以及由若干剧种组成的综合性专业艺术表演团体。不包括群众业余文艺表演团体。

艺术表演场所

指由文化部门主办或实行行业管理（经文化市场行政部门审批或已申报登记并领取相关许可证），有观众席、舞台、灯光设备，公开售票、专供文艺团体演出的文化活动场所。附属于文化部门机构内非独立核算的剧场、排演场，公开营业的也应单独统计。

广播节目综合人口覆盖率

指根据国家广电总局制定的《广播电视人口覆盖率统计技术标准和方法》进行统计调查的，在对象区内采用无线、有线、卫星等技术手段能够收听到包括中央、省、地市、县广播节目其中任意一套的人口数占全省总人口数的百分比。

电视节目综合人口覆盖率

指根据国家广电总局制定的《广播电视人口覆盖率统计技术标准和方法》进行统计调查的，在对象区内采用无线、有线、卫星等技术手段能够收看到包括中央、省、地市、县级电视节目中任意一套的人口数占全省总人口数的百分比。

等级运动员人数

指经考核正式批准授予等级运动员称号的人数。运动员等级分为国际级运动健将、运动健将、一级运动员、二级运动员、三级运动员、少年级运动员。

等级裁判员人数

指经考核正式批准授予等级裁判员称号的人数。裁判员等级分为国际裁判、国家级裁判、一级裁判、二级裁判、三级裁判。

体育场

指设有标准田径跑道（400 米环形跑道至少 8 条，直跑道 8-10 条）、标准足球场（场地为 105×68 米）等的室外体育场地。

体育馆

指设有比赛和练习场地、看台和辅助用房等设施，可开展球类、体操等单项或多项体育比赛，固定座席大于 500 个的室内体育建筑。

Explanatory Notes for Major Statistical Indicators

Culture and Related Industries

refer to the aggregate of activities, providing the mass with culture goods, amusement goods and services. According to the characteristics of culture goods, amusement goods and services, they can be classified into two categories, or nonprofit cultural activities and profit cultural activities.

Culture and related industries is the important component of the tertiary industry. These are the derivative sector from the Industrial Classification of the National Economy and are composed of two categories of culture services and related cultural services.

Arts Performance Troupes

refer to the various professional performing arts groups, which sponsored by the cultural sectors or guided by the cultural society (approved by the cultural market administration, or registered and permitted with the relative certificate), including non-governmental troupes, such as drama troupes, dialect troupes, comedy troupes, children troupes, Opera troupes, puppetry troupes, Shadowgraph troupes, etc., comprehensive professional arts performance troupes. The mass amateur arts performance troupes are not included.

Arts Performance Places

refer to the various sites for cultural activities, which sponsored by the cultural sectors or guided by the cultural society (approved by the cultural market administration, or registered and permitted with the relative certificate), with the facility of auditorium, stage, and lighting, and selling tickets in public. The theaters and rehearse sites which are affiliated to the cultural sectors without independent financial accounts which are open to the public should be covered independently.

Radio Coverage of Population

refers to the percentage of population, which can listen to one of central, provincial, city, prefecture, and county radio programs by wireless, cable, satellite and other technical means, in the surveying area, to national total population, according to Statistical Standard and Method on Television and Radio Coverage of Population established by the State Administration of Broadcasting, Film and Television.

Television Coverage of Population

refers to the percentage of population, which can watch one of central, provincial, city, prefecture, and county television programs by wireless, cable, satellite and other technical means, in the surveying area, to national total population, according to Statistical Standard and Method on Television and Radio Coverage of Population established by the State Administration of Broadcasting, Film and Television.

Number of Athletes in Grades

refers to the number of athletes who have been given titles through examination. The titles of athletes include international masters of sports, masters of sports, first-grade, second-grade and third-grade sportsmen and young athletes.

Number of Referees in Grades

refers to the number of referees who have been given titles after examination. They are classified as international referees, national referees and referees of the first, second and third grades.

Stadiums

refers to outdoor sports venues with standard track and field runways (at least 8 circular runways and 8-10 straight runways in 400 meters) and standard football fields (with a site of 105×68 meters).

Gymnasiums

refers to an indoor sports building with facilities such as competition and practice venues, stands and auxiliary rooms, which can carry out single or multiple sports competitions such as ball games and gymnastics, and has more than 500 fixed seats.

第二十二篇

Chapter 22

PUBLIC MANAGEMENT AND OTHERS

简要说明

本篇主要包括社会活动参与、公检法司、残疾人事业和妇联干部情况等内容。

一、社会活动参与的内容主要包括历届安徽省人大代表和政协委员情况以及工会组织和妇联组织情况。

二、公检法司的资料主要包括公安机关的刑事案件立案情况和治安案件查处情况，交通、火灾事故情况，人民检察院的办案情况，人民法院审理案件和收结案情况，以及律师、公证、调解工作等情况。

Brief Introduction

Data in this chapter show statistics on participation in social activities, public security, procuratorial, legal and judicial affairs, disabled persons, women's Federation cadres and so on.

I. Data on participation in social activities cover mainly information on representatives to the National People's Congress (NPC), members of the Chinese People's Political Consultative Conference (CPPCC) and National trade unions. Data on number of NPC and CPPCC representatives are provided by NPC and CPPCC respectively.

II. Data on public security, procuratorial, legal and judicial affairs cover information such as criminal cases registered and offense cases handled by the public security agencies, traffic or fire accidents, cases handled by procuratorate's offices, cases accepted and settled by the people's courts, and statistics on lawyers, notarization and mediation.

22—1 历届安徽省人民代表大会代表人数

Number of Anhui Province the National People's Congress Represents

单位：人（person）

			代表总数 Total Number of Deputies	#女代表 Female Deputies	占代表总数(%) As Percentage to Total	少数民族代表 Ethnic Minority Deputies	占代表总数(%) As Percentage to Total
一　届	First Congress	(1954)	448	69	15.40	8	1.79
二　届	Second Congress	(1958)	496	68	13.71	9	1.81
三　届	Third Congress	(1964)	497	96	19.32	9	1.81
五　届	Fifth Congress	(1978)	998	196	19.64	28	2.81
六　届	Sixth Congress	(1983)	813	167	20.54	34	4.18
七　届	Seventh Congress	(1988)	729	157	21.54	28	3.84
八　届	Eighth Congress	(1993)	729	164	22.50	27	3.70
九　届	Ninth Congress	(1998)	728	195	26.79	35	4.81
十　届	Tenth Congress	(2003)	732	204	27.87	33	4.64
十一届	Eleventh Congress	(2008)	730	212	29.04	34	4.66
十二届	Twelfth Congress	(2013)	730	210	28.77	34	4.66
十三届	Thirteenth Congress	(2018)	723	225	31.12	37	5.12

22—2 历届政协安徽省委员会委员人数

Number of Anhui Province Political Consultative Conference Committee Member

单位：人（person）

			委员总数 Total Number of Deputies	#中国共产党委员 Deputies from the Communist Party of China	占委员总数(%) As Percentage to Total	少数民族委员 Ethnic Minority Deputies	占委员总数(%) As Percentage to Total
一　届	First Congress	(1954)	171	53	30.99	6	3.51
二　届	Second Congress	(1958)	308	88	28.57	8	2.60
三　届	Third Congress	(1964)	372	108	29.03	18	4.84
四　届	Fourth Congress	(1978)	506	297	58.70	21	4.15
五　届	Fifth Congress	(1983)	724	231	31.91	30	4.14
六　届	Sixth Congress	(1988)	694	234	33.72	40	5.76
七　届	Seventh Congress	(1993)	705	245	34.75	40	5.67
八　届	Eighth Congress	(1998)	730	273	37.40	37	5.07
九　届	Ninth Congress	(2003)	740	278	37.57	37	5.00
十　届	Tenth Congress	(2008)	745	286	38.39	38	5.10
十一届	Eleventh Congress	(2013)	745	297	39.87	39	5.23
十二届	Twelfth Congress	(2018)	738	291	39.43	39	5.28

22—3 妇联组织及工作情况
Basic Statistics of Women's Associations

项　　目		Item		2015	2019	2020
妇联组织数	（个、所）	Number of Women's Associations	(unit)	25227	19572	19226
表彰情况		Basic Statistics on Commendation				
评选巾帼建功标兵数	（人）	Women Pacesetters in Performing Meritorious Services	(person)	181	1179	1064
巾帼文明示范岗数	（个、所）	Number of Woman's Civilization Demonstration Posts	(unit)	762	945	178
三八红旗手	（人）	March 8th Red Banner Winners	(person)	2290	3622	4405
三八红旗集体	（个）	March 8th Red Banner Groups	(unit)	774	945	1041
五好文明家庭	（户）	"Five Good" Civilized Families	(household)	10749	2669	2293

22—4 工会组织情况
Basic Statistics on Trade Unions

年　份 Year	工会基层组织数（个） Number of Grassroots Unions (unit)	全省已建工会组织的基层单位职工与会员人数（人） Membership and Number of Staff and Workers in Grassroots Unions (person)					工会专职工作人员人数（人） Number of Full-time Personnel of Unions (person)
		职工人数 Number of Staff and Workers	#女职工 Female	#农民工 Rural Workers	会员人数 Membership	#女会员 Female	
2005	35828	4599881	1614030		4384087	1502544	13684
2010	61256	7102254	2437677	2282833	6663678	2317129	29837
2015	123883	9570411	3397069	3998758	9047175	3305332	27793
2018	95980	8577026	3168773	3756221	8042552	3045444	24972
2019	91269	8806376	3299937	3630302	8197213	3124755	28947
2020	100236	9529986	3585228	4182181	8924446	3404097	31753

22—5 妇女参政议政状况
Basic Conditions on Women's Participating in the Administration and Discussion of State Affairs

项目	Item	2010	2015	2019	2020
省(区、市)人大代表数 (人)	Provincial (area, city) National People's Congress number (persons)	739	740	719	707
#女性	Female	212	208	224	224
省(区、市)政协委员数 (人)	Provincial (area, city) CPPCC Member Number (persons)	743	740	740	738
#女性	Female	165	166	173	173
中共党员人数 (万人)	The number of members of the Communist Party of China (10000 persons)	315.90	350.99	361.24	365.62
#女性	Female	59.20	75.13	87.96	90.86
省级政府领导班子中女干部配备率 (%)	Female Cadres Portion of Provincial Rank Government Leading Group (%)	100.00	100.00	100.00	100.00
地级政府领导班子中女干部配备率 (%)	Female Cadres Portion of Region Rank Government Leading Group (%)	100.00	75.00	100.00	100.00
县级政府领导班子中女干部配备率 (%)	Female Cadres Portion of County Rank Government Leading Group (%)	87.60	90.10	88.60	91.30

22—6 妇女儿童教育培训情况
Basic Conditions on Women and Children's Education and Training

项目	Item	2010	2015	2019	2020
小学学龄儿童入学率 (%)	Percentage of School-age Children Enrolled (%)	99.93	99.96	99.97	99.99
女性	Female	99.90	99.96	99.97	100.00
男性	Male	99.90	99.96	99.97	99.99
九年义务教育巩固率 (%)	9 Years Compulsory Education Consolidation Rate (%)		93.0	94.6	95.5
高中阶段毛入学率 (%)	The Gross Enrollment Rate of High School (%)	80.0	92.0	89.6	92.3
高等教育毛入学率 (%)	The Gross Enrollment Rate of Higher Education (%)	24.3	40.6		

22—7 妇女卫生保健状况
Basic Conditions on Women Hygiene

项　　目	Item	2010	2015	2019	2020
农村集中式供水受益人口比例 (%)	Proportion of Population Benefiting From Centralized Water Supply in Rural Areas (%)	31.70	73.10	94.20	95.0
农村享有卫生厕所的人口覆盖率 (%)	Coverage Rate of people Who Enjoy Sanitary Toilet (%)	57.55	67.10	85.70	86.0
妇幼保健机构病床数 (张)	Number of Sickbeds in Maternity and Child Care Organs (unit)	3265	3454	4801	4421
妇幼保健机构医生数 (人)	Number of Doctors in Maternity and Child Care Organs (person)	2248	2305	3557	5179
孕产妇系统管理率 (%)	Percentage of Pregnant and Lying-in Women Under System Management (%)	39.04	85.30	88.94	89.86
住院分娩率 (%)	Percentage of Childbirths in Hospital (%)	98.69	99.95	99.99	99.99
孕产妇死亡率 (1/10万)	Death Rate of Pregnant and Lying-in Women (1/100 thousand)	25.46	17.26	11.83	8.00
已婚育龄妇女避孕率 (%)	Contraception Rate of Married Women in Their Childbearing Age (%)	89.71	87.05	88.48	
婚前医学检查率 (%)	Percentage of Medical Examinations Before Marriage (%)	68.92	94.00	95.21	96.15

注：2018年数据现按照卫生资源与医疗服务法定报表调整。

a) The data for 2018 is now adjusted according to the statutory report of health resources and medical services.

22—8 儿童卫生保健状况
Basic Conditions on Children Hygiene

项　　目	Item	2010	2015	2019	2020
婴儿死亡率 (‰)	Death Rate of Infants (‰)	10.70	4.54	3.77	3.47
5岁以下儿童死亡率 (‰)	Death Rate of Children Below Five (‰)	13.32	6.85	4.54	4.85
住院分娩出生缺陷发生率 (‰)	Percentge of Childbirth Defects in Hospital (‰)	12.11	11.52	22.05	27.80
卡介苗接种率 (%)	Rate of Inoculating With BCG Vaccine (%)	99.68	99.80	99.82	99.95
脊髓灰质炎疫苗接种率 (%)	Rate of Inoculating With Polio Vaccine (%)	99.66	99.75	99.52	99.83
百白破疫苗接种率 (%)	Rate of Inoculating With Joint Vaccine of Pertussis, Diphtheria and Tetanus (%)	99.64	99.56	99.50	99.85
麻疹疫苗接种率 (%)	Rate of Inoculating With Measles Vaccine (%)	99.61	99.75	99.45	99.84
乙肝疫苗接种率 (%)	Rate of Inoculating With Hepatitis B Vaccine (%)	99.68	99.92	99.68	99.91
7岁以下儿童保健管理率 (%)	Percentage of Children Below Seven Under Health Management (%)	61.43	90.91	92.76	92.65
0—6个月婴儿纯母乳喂养率(%)	0-6 Month Baby Breastfeeding rate (%)	65.65	65.77	72.77	72.52
5岁以下儿童中重度贫血患病率 (%)	Prevalence of Severe Anemia Rate of Children Under 5 Years of Age (%)	1.13	0.85	0.54	0.39
5岁以下儿童低体重患病率(%)	Low Weight Rate of Children Under 5 Years of Age (%)	0.99	0.66	0.58	0.52

22—9 残疾人事业基本情况
Basic Information of People With Disabilities

指　　标	Item	2015	2019	2020
康　复	**Rehabilitation**			
社区康复	Community Rehabilitation			
开展社区康复服务工作的市辖区（个）	Municipal Districts Carrying Out Community Rehabilitati Services (unit)	44	50	51
开展社区康复服务工作的县（市）（个）	Counties (cities) Carrying Out Community Rehabilitation Services (unit)	57	61	60
社区康复协调员（人）	Community Rehabilitation Coordinator (person)	15976	17025	17402
康复机构	Rehabilitation Organization			
残疾人康复机构（个）	Rehabilitation Institution for Disabled Persons (unit)		288	295
#残联系统康复机构	Rehabilitation Mechanism for Disabled Persons' Federation System		70	63
康复机构在岗人员（人）	On-the-job Personnel in Rehabilitation Institutions (person)	6753	7357	8570
康复人才	Rehabilitation Talents			
培训康复管理人员（人次）	Training of Rehabilitation Management Personnel (person-time)	1496	1133	1267
培训康复业务人员（人次）	Training of Rehabilitation Personnel (person-time)	5564	4202	6423
培训社区康复协调员（人）	Training of Community Rehabilitation Coordinators (person)	15868	15257	16327
教　育	**Education**			
普通高等院校录取残疾考生（人）	Colleges and Universities Admit Disabled Candidates (person)	460	522	616
社会保障和托养	**Social Security and Support**			
获得困难残疾人生活补贴（万人）	Receiving Living Allowance for People With Disabilities in Difficulty (10000 person)		8.56	9.13
获得重度残疾人护理补贴（万人）	Receiving Nursing Subsidy for Severely Disabled Persons (10000 person)		8.01	8.40
托养服务	Care Service			
托养机构（个）	Support Mechanism (unit)		432	410
本年度机构托养残疾人（人）	This Year, The Organization Supports The Disabled (person)		8026	3501
本年度享受居家服务残疾人（人）	Disabled People Who Enjoy Home Service This Year (person)		14138	16333
本年度接受“阳光家园计划”资助的人数（人）	Number of Recipients of "Sunshine Home Pproject" This Year (person)		15344	12583
本年度托养服务和管理人员培训人数（人）	Number of Support Service and Management Personnel Trained This Year (person)		240	417

22—9 续表 continued

指 标	Item	2015	2019	2020
扶 贫	**Poverty Alleviation**			
本年度退出建档立卡贫困残疾户（户）	This Year's Exit From Filing Lika Poor Disabled Households (households)		97166	
本年度退出建档立卡贫困残疾人（人）	This Year's Exit From Filing Lika Poor Disabled (person)		121328	21492
康复扶贫贷款扶持残疾人（人）	Rehabilitation Poverty Alleviation Loan to Support Disabled People (person)		60	15
接受农村实用技术培训残疾人（人次）	Disabled Persons Receiving Practical Technical Training in Rural Areas (person-time)		21984	18788
扶贫基地安置带动残疾人（人）	Poverty Alleviation Base Resettlement Drives Disabled People (person)		1297	1316
农村贫困残疾人危房改造（户）	Reconstruction of Dilapidated Buildings for Poor Disabled People in Rural Areas (households)		5116	2554
维 权	**Activist**			
残疾人接受法律救助服务（人次）	Disabled People Receive Legal Aid Services (person-time)		6	49
系统开展无障碍环境建设地市、县（个）	Systematic Development of Barrier-free Environment Construction in Cities and Counties (unit)		81	82
省级残疾人信访	Petition for Disabled People at Provincial Level			
来 信（件）	Letters (unit)		9	4
来 访（人次）	Visit (person-time)		386	62
#集体访批次（批次）	Group Visit Batch (batch)		7	1
集体访人次（人次）	Group Visits (person-time)		188	5
来 电（通）	Call (unit)		3500	2540
残联组织建设	**Organization Building of Disabled Persons' Federation**			
省市县乡残联实有人员（人）	Provinces, Cities, Counties and Townships Disabled Persons' Federation Has Actual Personnel (person)	3364	3563	3604
乡镇（街道）、村（社区）残疾人专职委员实有人数（人）	Actual Number of Full-time Members of Disabled People in Villages and Towns (streets) and Villages (communities) (person)	18801	18018	16435

22—10 律师、公证、调解、司法鉴定、法律援助工作基本情况
Basic Statistics on Lawyers, Notarization and Mediation

指标	Item	2005	2010	2015	2019	2020
律师工作	**Lawyers**					
律师事务所（个）	Number of Law Offices (unit)	407	500	668	871	919
律　师（人）	Lawyers (person)	3820	5019	7687	14234	15988
专职律师	Full-time Lawyers	3424	4411	6913	10614	11813
兼职律师	Part-time Lawyers	347	281	381	454	455
公职律师	Government Lawyers	49	97	205	2534	2971
公司律师	Corporation Counsel	11	11	11	453	571
法援律师	Legal Aid Lawyers	258	246	185	179	178
聘请担任常年法律顾问的单位（处）	Number of Units With Permanent Legal Advisors (unit)	10322	10945	16941	28548	26582
民事、经济诉讼代理（件）	Civil, Economic Litigation Agents (case)	89734	69615	121621	228023	246149
刑事诉讼辩护及代理（件）	Defense and Agent of Criminal Cases (case)	18217	15164	25107	69881	57033
行政诉讼代理（件）	Agent of Administrative Action (case)	3089	1428	3621	6125	7332
非诉讼法律事务（件）	Number of Non-litigious Legal Affairs (case)	23253	5188	8783	14769	9973
法律援助机构数（个）	Number of Legal Aid Institutions (unit)	112	126	125	118	123
妇女儿童法律援助工作站数（个）	Number of Legal Aid Stations for Women and Children (unit)	67	114	143	134	131
法律援助工作人员数（人）	Number of Legal Aid Workers (person)	399	450	507	448	455
办理法律援助案件数（件）	Number of Legal Aid Cases Handled (case)	6974	24715	73558	96357	90465
法律援助受援人数（人）	Number of Recipients of Legal Aid (person)				104015	105638
#得到法律援助机构援助的妇女人数	Number of Women Assisted by Legal Aid Agencies	2127	7064	18394	21410	19762
得到法律援助机构援助的儿童人数	Number of Children Assisted by Legal Aid Agencies	1635	2365	4956	5336	4978
司法鉴定工作	**Judicial Appraisal Work**					
司法鉴定机构（个）	Forensic Institution (unit)	87	104	118	93	96
司法鉴定人（人）	Judicial Expert (person)	1295	1493	1698	1499	1522
办理司法鉴定案件数（件）	Number of Cases of Judicial Expertise Handled (case)	15116	37927	86958	124238	140275
公证工作	**Notarization**					
公证机构（个）	Notary Organ (unit)	108	84	83	85	86
公证人员（人）	Notaries personnel (person)	666	769	893	1029	1043
#公证员	Notaries	399	350	394	372	378
公证员助理	Assistant Notaries	100	201	256	323	339
办理公证事项（件）	Notarized Matters (unit)	250658	375828	320383	368970	305291
#涉外及港澳台公证事项	And Hong Kong, Macao and Taiwan Notarization Matters Involving Foreign Elements (case)	29105	53614	56578	58898	30499
人民调解工作	**Number of People's Mediation**					
司法所工作人员（人）	Judicial Office Staff (person)	4148	4307	4911	5452	5754
人民调解委员会（个）	Number of people's Mediation Committees (unit)	31180	23094	20866	20828	20603
人民调解员（人）	People's mediatorss (person)	205785	139366	103912	107977	102981
调解民间纠纷（件）	Number of Civil Disputes Mediated (case)	198869	329660	630117	581750	541957

22—11 劳动人事争议仲裁委员会受理及处理案件情况（2020年）
Accepted and Settled Cases by Labor Dispute Arbitration Committee (2020)

单位：件（case）

案件类别	Category of Cases	合计 Total	国有企业 State-owned Enterprises	城镇集体企业 Urban Collective-owned Enterprises
上期未结案件数	**Number of Cases Left Over from Last Period**	**633**	**28**	**4**
案件受理情况	**Cases Accepted**			
案件数	Number of Cases	30183	1057	93
#集体争议案件数	Number of Collective Disputes	120	1	1
涉及劳动者人数（人）	Number of Related to Laborers (person)	33667	1061	107
#集体争议涉及劳动者人数	Number of Collective Dispute Related Laborers	2253	13	23
案件处理情况	**Case Settled**			
结案件数	Number of Cases Settled	30392	976	97
处理方式	**Manners of Settlement**			
仲裁调解	By Mediation	18834	534	57
仲裁裁决	By Arbitration Lawsuit	10492	363	29
其他方式	Others	1066	79	11
处理结果	**Result of Settlement**			
用人单位胜诉	Won by Units	3281	222	19
劳动者胜诉	Lawsuit Won by Laborers	11841	359	20
双方部分胜诉	Lawsuit Partly Won by Both Parties	12515	274	47
本期未结案数	**Number of Cases Dissettled**	**424**	**109**	**0**
案外调解争议数	**Number of Cases Settled by Other Forms**	**5996**	**117**	**7**

案件类别	Category of Cases	外商投资及港澳台投资企业 Foreign Funded and Hong Kong, Macao & Taiwan Chinese Funded Enterprises	私营企业 Private Enterprises	其他 Others
上期未结案件数	**Number of Cases Left Over from Last Period**	**47**	**500**	**54**
案件受理情况	**Cases Accepted**			
案件数	Number of Cases	523	27049	1461
#集体争议案件数	Number of Collective Disputes		113	5
涉及劳动者人数（人）	Number of Related to Laborers (person)	528	30376	1595
#集体争议涉及劳动者人数	Number of Collective Dispute Related Laborers		2118	99
案件处理情况	**Case Settled**			
结案件数	Number of Cases Settled	485	27512	1322
处理方式	**Manners of Settlement**			
仲裁调解	By Mediation	308	17170	765
仲裁裁决	By Arbitration Lawsuit	177	9450	473
其他方式	Others	0	892	84
处理结果	**Result of Settlement**			
用人单位胜诉	Won by Units	102	2759	179
劳动者胜诉	Lawsuit Won by Laborers	167	10773	522
双方部分胜诉	Lawsuit Partly Won by Both Parties	211	11523	460
本期未结案数	**Number of Cases Dissettled**	**85**	**37**	**193**
案外调解争议数	**Number of Cases Settled by Other Forms**	**22**	**5559**	**291**

22—12 公安机关立案的刑事案件情况
Criminal Cases Registered in Public Security Organs

案件类别	Category of Cases	立案（起）Number of cases Registered (case)		构成（%）Composition (%)	
		2019	2020	2019	2020
总　计	**Total**	**171886**	**177519**	**100.00**	**100.00**
杀　人	Homicide	223	261	0.13	0.15
伤　害	Injury	2066	2036	1.20	1.15
抢　劫	Robbery	262	163	0.15	0.09
强　奸	Rape	1094	1083	0.64	0.61
拐卖人口	Kidnapping and Selling People	290	148	0.17	0.08
盗　窃	Larceny	84659	59050	49.25	33.26
诈　骗	Fraud	47547	72031	27.66	40.58
伪造、变造货币，持有使用伪造货币	Forging and Fabricating Bills or Using Forged Bills	37	27	0.02	0.02
其　他	Others	35708	42720	20.77	24.07

22—13 公安机关受理、查处治安案件情况
Offense Cases Against Public order Handled by Public Security Organs

单位：起（case）

案件类别	Category of Cases	2019		2020	
		受　理 Number of Cases Accepted to be Treated	查　处 Number of Cases Investigated and Treated	受　理 Number of Cases Accepted to be Treated	查　处 Number of Cases Investigated and Treated
总　计	**Total**	**565843**	**548313**	**455330**	**440438**
扰乱单位、公共场所秩序	Disturbing Unit & Public Order	2934	2893	2181	2141
寻衅滋事	Making Trouble	4210	4152	3437	3385
阻碍执行职务	Handling Public Affairs	1832	1831	1535	1523
非法携带枪支、弹药、管制刀具	Illegal Holding of Gun、Ammo & Tube Cutting Tool	455	453	284	284
违反危险物质管理规定	Violation of Management Rule of Dangerous Material	2646	2613	2424	2402
殴打他人	Hitting other People	162244	158497	121488	118923
盗　窃	Stealing	103907	96323	90032	84160
诈骗、抢夺、敲诈勒索财物	Swindle Snatch & Blackmail Blackmailing Money & Goods	17502	16374	26602	25045
哄　抢	Making Scramble	24	29	68	71
卖淫、嫖娼	Prostitution & Go Whoring	4900	4952	3933	3890
赌　博	Gambling	15129	15035	15680	15412
其　他	Other	250060	245161	187666	183202

22—14 各市公安机关立案的刑事案件情况（2020年）
Criminal Cases Registered in Public Security Organs By Region (2020)

单位：起（case）

地 区	Region	总 计 Total	杀 人 Homicide	伤 害 Injury	抢 劫 Robbery	强 奸 Rape	拐卖人口 Kidnapping and Selling People
总 计	**Total**	**177519**	**261**	**2036**	**163**	**1083**	**148**
合肥市	Hefei	40742	36	266	31	154	8
淮北市	Huaibei	5954	15	124	4	41	2
亳州市	Bozhou	10456	38	117	7	123	8
宿州市	Suzhou	14266	29	27	17	133	6
蚌埠市	Bengbu	9819	15	181	5	70	7
阜阳市	Fuyang	17317	36	331	24	178	47
淮南市	Huainan	6340	16	109	8	45	4
滁州市	Chuzhou	11806	12	200	13	67	24
六安市	Luan	9323	6	144	13	58	5
马鞍山市	Maanshan	7381	6	88	11	36	2
芜湖市	Wuhu	13960	9	110	13	35	5
宣城市	Xuancheng	7352	11	72	3	46	3
铜陵市	Tongling	4549	1	51	2	19	
池州市	Chizhou	4239	4	65	6	19	1
安庆市	Anqing	9885	24	108	3	51	25
黄山市	Huangshan	4130	3	43	3	8	1

地 区	Region	盗 窃 Larceny	诈 骗 Fraud	伪造、变造货币，持有使用伪造货币 Forging and Fabricating Bills or Using Forged Bills	其 他 Others	青少年刑事案件作案成员占全部作案成员比重(%) Proportion of Young People In Criminal Cases
总 计	**Total**	**59050**	**72031**	**27**	**42720**	**16.16**
合肥市	Hefei	11983	17855	5	10404	17.80
淮北市	Huaibei	1933	2472	1	1362	19.72
亳州市	Bozhou	3207	4153		2803	15.74
宿州市	Suzhou	5198	5250	3	3603	12.89
蚌埠市	Bengbu	3475	4099	1	1966	13.99
阜阳市	Fuyang	4997	6147	1	5556	21.20
淮南市	Huainan	1710	2803	4	1641	17.19
滁州市	Chuzhou	4644	4510	5	2331	12.64
六安市	Luan	4079	3665	2	1351	16.06
马鞍山市	Maanshan	3049	2732		1457	15.25
芜湖市	Wuhu	5182	5993		2613	14.43
宣城市	Xuancheng	2633	3034	2	1548	11.15
铜陵市	Tongling	2006	1764		706	17.49
池州市	Chizhou	1666	1725		753	18.34
安庆市	Anqing	2225	3744	2	3703	13.82
黄山市	Huangshan	1063	2085	1	923	16.87

22—15 各市公安机关查处治安案件情况（2020年）

Investigation of Public Security Cases by Public Security Organs By Region （2020）

单位：起（case）

地 区	Region	总 计 Total	扰乱单位、公共场所秩序 Disturbing Unit & Public Order	寻衅滋事 Making Trouble	阻碍执行职务 Handling Public Affairs	非法携带枪支、弹药、管制刀具 Illegal Holding of Gun、Ammo & Tube Cutting Tool	违反危险物质管理规定 Violation of Management Rule of Dangerous Material
总 计	**Total**	**440438**	**2141**	**3385**	**1523**	**284**	**2402**
合肥市	Hefei	120154	539	343	195	50	1125
淮北市	Huaibei	28818	62	117	65	5	18
亳州市	Bozhou	17812	86	143	44	6	80
宿州市	Suzhou	23466	86	265	61	10	64
蚌埠市	Bengbu	15680	69	171	151	4	105
阜阳市	Fuyang	33167	289	942	261	30	365
淮南市	Huainan	17603	49	124	83	9	62
滁州市	Chuzhou	32098	150	143	38	21	39
六安市	Luan	34595	176	348	118	33	183
马鞍山市	Maanshan	12753	75	112	69	17	57
芜湖市	Wuhu	29773	66	93	49	22	114
宣城市	Xuancheng	12881	60	141	113	25	30
铜陵市	Tongling	16546	157	142	102	29	38
池州市	Chizhou	6327	93	65	34	4	12
安庆市	Anqing	26048	136	136	94	8	91
黄山市	Huangshan	12717	48	100	46	11	19

地 区	Region	殴打他人 Hitting Other People	盗 窃 Stealing	诈骗、抢夺、敲诈勒索财物 Swindle Snatch & Blackmail Blackmailing Money & Goods	哄 抢 Making Scramble	卖淫、嫖娼 Prostitution & Go Whoring	赌 博 Gambling	其 他 Other
总 计	**Total**	**118923**	**84160**	**25045**	**71**	**3890**	**15412**	**183202**
合肥市	Hefei	24920	16676	7868	44	1139	2465	64790
淮北市	Huaibei	6255	1462	468	2	29	135	20200
亳州市	Bozhou	4284	6334	864	3	101	197	5670
宿州市	Suzhou	7700	5974	1363	1	59	319	7564
蚌埠市	Bengbu	6195	2271	478	1	109	622	5504
阜阳市	Fuyang	9303	12165	2025	3	202	1504	6078
淮南市	Huainan	4246	3729	1286	2	191	545	7277
滁州市	Chuzhou	10454	6143	1907		261	2465	10477
六安市	Luan	12949	7059	1870		381	570	10908
马鞍山市	Maanshan	3402	4557	1403		123	733	2205
芜湖市	Wuhu	10401	3627	793		562	2046	12000
宣城市	Xuancheng	2468	4573	1655		98	625	3093
铜陵市	Tongling	3082	1952	405	4	126	486	10023
池州市	Chizhou	1608	1010	367	8	30	168	2928
安庆市	Anqing	7678	5925	2031	2	227	983	8737
黄山市	Huangshan	3978	703	262	1	252	1549	5748

22—16 检察机关处理申诉案件情况（2020年）
Appeals Handled by Procurator's Offices (2020)

单位：件（case）

案件类别	Category of Cases	受理 Cases Accepted	立案复查 Cases Registered of Reinvestigation	结案 Cases Settled	改变原决定 Original Decision Changed
总计	**Total**	**7159**	**302**	**288**	**14**
不服刑事拘留	Appeals Against Criminal Detention	6			
不服不立案	Appeals Against Rejection of The Case	356	17	17	
不服逮捕	Appeals Against Arrest	13			
不服不批捕	Appeals Against Rejection of Arrest	15	3	3	
不服不起诉	Appeals Against Rejection of Prosecute	221	27	27	5
不服撤案	Appeals Against Withdrawal of the Case	37			
不服原免于起诉	Appeals Against Original Exemption of Lawsuit				
不服刑事判决	Appeals Against Judgment of Criminal Case	1218	78	65	2
不服劳教	Appeals Against Judgment of Reeducation Through Labor				
其　他	Others	5293	177	176	7

22—17 人民法院行政一审案件受理结案情况（2020年）
People's Courts Have Accepted and Concluded Cases of First Instance (2020)

单位：件（case）

项目	Item	受理 Cases Accepted	结案 Cases Settled	判决 Judgment	不予立案 Not to File a Case	驳回起诉 Reject	撤诉 Withdrwal	调解 Mediation	其他 Other
总计	**Total**	**9411**	**9008**	**4560**	**338**	**1848**	**1764**	**67**	**431**
公　安	Public Security	1022	977	585	34	81	245	3	29
资　源	Resources	1497	1433	669	57	333	277	5	92
城　建	City Construction	2638	2536	1143	92	685	482	13	121
工　商	Industry and Commerce	220	200	87	7	34	63	2	7
卫　生	Health	43	42	22	4	9	5	1	1
环　保	Environmental Protection	65	59	34	3	5	14	2	1
交　通	Traffic	190	189	139	4	15	29		2
税　务	Tax	22	20	10	1	4	5		
其　他	Others	3714	3552	1871	136	682	644	41	178

22—18 人民法院刑事一审案件受理结案情况（2020年）
People's Courts Have Accepted and Concluded Criminal Cases of First Instance (2020)

单位：件（case）

案件类别	Category of Cases	受理 Cases Accepted	结案 Cases Settled
总计	**Total**	**43430**	**41777**
危害公共安全罪	Offences Against Public Security	16315	16129
破坏社会主义市场经济秩序罪	Offences Against Socialist Economic Order	2380	2050
侵犯公民人身权利、民主权利罪	Offences Against Citizens' Personal and Democratic Rights	5689	5451
侵犯财产罪	Offences Against Properties	9576	9207
妨碍社会管理秩序罪	Offences Against Social Management of order	8833	8386
危害国防利益罪	Offences Against National Defense	6	5
贪污贿赂罪	Offences on Corruption and Bribery	559	489
渎 职 罪	Offences on Dereliction of Duty	66	57
其　他	Others	6	3

22—19 人民法院合同纠纷一审案件受理结案情况（2020年）
Settlement of Cases of First Instance Concerning Contract Disputes in People's Courts (2020)

单位：件（case）

项 目	Item	受 理 Cases Accepted	结 案 Cases Settled	判 决 Hudgement	不予受理 Off the Docket
总 计	**Total**	**412891**	**403830**	**172496**	**426**
确认合同效力	Confirm the Validity of the Contract	1378	1304	514	25
买卖合同	Sales Contract	55886	54804	20653	38
建设用地使用权合同	Construction Land Use Right Contract	73	55	29	
房地产开发经营合同	Real Estate Development and Operation Contract	99	75	27	1
房屋买卖合同	Housing Sales Contract	27427	26929	10802	8
赠与合同	Contract of Gift	265	256	135	
借款合同	Loan Contract	157336	154704	76422	119
银行卡	Bank Card	16709	16612	9928	1
租赁合同	Lease Contract	18934	18291	7854	17
承揽合同	Contract of Hired Work	5867	5730	2263	6
建设工程合同	Construction Contract	22158	20213	8984	36
运输合同	Contract of Carriage	2268	2242	934	1
委托合同	Commissioning Contract	1176	1128	498	1
农村土地承包合同	Rural Land Contract	1491	1467	434	
服务合同	Service Contract	3586	3514	1505	1
其 他	Others	98238	96506	31514	172

项 目	Item	驳回起诉 Reject	撤 诉 Withdrwal	调 解 Mediation	其 他 Other
总 计	**Total**	**12942**	**114077**	**98719**	**5170**
确认合同效力	Confirm the Validity of the Contract	125	505	113	22
买卖合同	Sales Contract	1774	15436	16218	685
建设用地使用权合同	Construction Land Use Right Contract	8	11	5	2
房地产开发经营合同	Real Estate Development and Operation Contract	8	26	10	3
房屋买卖合同	Housing Sales Contract	528	6450	8867	274
赠与合同	Contract of Gift	8	71	37	5
借款合同	Loan Contract	4500	33722	39357	584
银行卡	Bank Card	640	4041	1983	19
租赁合同	Lease Contract	629	5115	4591	85
承揽合同	Contract of Hired Work	165	1541	1669	86
建设工程合同	Construction Contract	896	5504	4527	266
运输合同	Contract of Carriage	82	478	721	26
委托合同	Commissioning Contract	58	340	220	11
农村土地承包合同	Rural Land Contract	70	416	544	3
服务合同	Service Contract	126	1091	764	27
其 他	Others	3325	39330	19093	3072

22—20 人民法院婚姻家庭、继承、权属、侵权纠纷及其他民事一审案件受理结案情况（2020年）

Settlement of Marriage and Family, Inheritance, Ownership, Infringement Disputes and Other Civil Cases of First Instance in People's Courts (2020)

单位：件（case）

项　　目	Item	受　理 Cases Accepted	结　案 Cases Settled	判　决 Hudgement	不予受理 Off the Docket
总　　计	**Total**	**195109**	**191286**	**79908**	**698**
婚姻家庭	Marriage and Family	82993	82423	32683	27
继　　承	Inheritance	2297	2194	702	6
物　　权	Real Right	9778	9341	3976	28
知识产权与竞争	Intellectual Property and Competition	8017	7913	2229	20
劳动争议、人事争议	Labor Disputes and Personnel Disputes	17873	17566	6897	572
与公司、证券、保险、票据等有关的民事	Civil Affairs Related to Companies, Securities, Insurance, Bills, Etc.	14831	14323	7499	11
侵权责任	Tort Liability	48161	46844	20565	25
适用特别程序案件案由	The Cause of Action for Cases Applying Special Procedures	1627	1437	978	5
其　　他	Others	9532	9245	4379	4

项　　目	Item	驳回起诉 Reject	撤　诉 Withdrwal	调　解 Mediation	其　他 Other
总　　计	**Total**	**4178**	**44331**	**60561**	**1610**
婚姻家庭	Marriage and Family	923	19583	28657	550
继　　承	Inheritance	76	531	848	31
物　　权	Real Right	712	3053	1459	113
知识产权与竞争	Intellectual Property and Competition	344	4376	804	140
劳动争议、人事争议	Labor Disputes and Personnel Disputes	603	3131	6053	310
与公司、证券、保险、票据等有关的民事	Civil Affairs Related to Companies, Securities, Insurance, Bills, Etc.	520	2835	3230	228
侵权责任	Tort Liability	701	8470	16890	193
适用特别程序案件案由	The Cause of Action for Cases Applying Special Procedures	130	296	21	7
其　　他	Others	169	2056	2599	38

22—21 主要年份交通事故发生情况
Traffic Accidents in Main Years

指　标	Item	2005	2010	2015	2019	2020
交通事故发生数　（起）	Number of Traffic Accidents　(case)	17474	7714	13736	10988	10706
一次性死亡三人以上事故	Accidents With More Than Three Deaths One Time	85	54	26	21	19
交通事故损失　（万元）	Losses of Traffic Accidents　(10000 yuan)	6118.0	2349.6	6122.5	5297.6	5526.8
一次性死亡三人以上事故	Accidents With More Than Three Deaths One Time	306.0	116.6	181.2	215.2	102.0

22—22 交通事故情况（2020年）
Basic Statistics on Traffic Accidents (2020)

指　标	Region	发生数（起）Number of Araffic Accidents (case)	死亡人数（人）Number of Deaths (person)	受伤人数（人）Number of Injuries (person)	损失折款（万元）Losses Coverted Into Cash (10000 yuan)
总　计	**Total**	**10706**	**2373**	**12252**	**5526.8**
#一次性死亡三人以上事故	Accidents With More Than Three Deaths One Time	19	68	17	102.0
一般事故	General Accident	10687	2305	12235	5424.9
机动车	Motor-driven Vehicles	7064	1820	7764	4542.0
汽　车	Automobiles	6065	1637	6556	4540.0
摩托车	Motorcycles	1175	190	1502	238.1
拖拉机	Tractors	145	40	149	21.2
农业运输车	Transport Vehicles for Agricultural Use	242	54	277	50.1
非机动车	Non-motor-driven Vehicles	2812	368	3516	514.3
#自行车	Bicycles	101	12	114	18.2
#其它非机动车	Other Non-motor-driven Vehicles	243	42	298	66.3
行人、乘车人	Pedestrians	119	41	87	56.3

注：机动车相关指标有重复计算。

a) Motor vehicle related indicators have repeated calculation.

22—23 各市交通事故情况（2020年）
Basic Statistics on Traffic Accidents by Region (2020)

地区	Region	合计 Total				城区 Urban Areas		
		发生数（起）Number of Traffic Accidents (case)	死亡人数（人）Number of Deaths (person)	受伤人数（人）Number of Injuries (person)	损失折款（万元）Losses Coverted Into Cash (10000 yuan)	发生数（起）Number of Traffic Accidents (case)	死亡人数（人）Number of Deaths (person)	受伤人数（人）Number of Injuries (person)
总计	**Total**	**10706**	**2373**	**12252**	**5527**	**3825**	**757**	**4149**
合肥市	Hefei	1696	455	2021	1640	762	120	838
淮北市	Huaibei	319	57	439	112	255	35	354
亳州市	Bozhou	636	181	561	178	277	61	223
宿州市	Suzhou	367	85	420	140	147	23	160
蚌埠市	Bengbu	1238	251	1383	401	376	69	431
阜阳市	Fuyang	459	136	475	319	78	39	71
淮南市	Huainan	830	112	1059	254	224	47	270
滁州市	Chuzhou	284	167	232	379	45	30	36
六安市	Luan	864	177	1049	448	438	75	500
马鞍山市	Maanshan	442	120	383	150	221	53	179
芜湖市	Wuhu	989	76	1072	280	221	32	219
宣城市	Xuancheng	335	154	467	339	120	58	175
铜陵市	Tongling	130	51	180	111	21	11	20
池州市	Chizhou	300	87	310	132	78	32	70
安庆市	Anqing	1284	190	1626	426	263	48	279
黄山市	Huangshan	532	74	573	214	299	24	324

22—24 灾害情况（2020年）
Statistics on Disasters (2020)

项　目	Item	自然灾害直接经济损失（亿元）Direct Losses of Natural Disasters (100 million yuan)	农业经济损失 Agricultural Losses	农作物灾害（万公顷）Area of Crop Disaster (10000 hectare) 受灾面积 Areas Covered	绝收面积 Areas of Total Crop Failure	受灾人口（万人）Population Covered (10000 persons)
总　计	**Total**	**602.49**	**201.00**	**123.73**	**39.40**	**1062.86**
#旱　灾	Drought					
洪涝灾	Floods	600.63	199.27	122.07	39.37	1045.28

注：旱灾、洪涝灾中每个地块受灾一次即统计一次，但总计中全年每个地块只统计受灾最重的一次。
a) Each plot of land affected by drought and flood is counted once, but in total, each plot of land affected by the disaster is counted only once in the whole year.

22—25 救灾情况
Statistics on Disaster Relief

单位：万元 (10000 yuan)　　单位：万元 (10000 yuan)

项　目	Item	财政资金投入 Investment of Financial Fund 2019	2020	救灾物资投入（折款）Input of Relief Materials (discount) 2019	2020
总　计	**Total**	**53999**	**187197.0**	**1577.6**	**8332.3**
中　央	Central Government	48610	177829.8	82.0	4803.2
省　级	Provincial-level	3000	2799.9	1224.0	1201.4
地　市	Prefecture-level	1218	4043.1	23.0	1096.3
县　级	County-level	1170	2524.2	248.6	1231.4

22-26 福利彩票
Welfare Lottery

项　目	Item	2019	2020
福利彩票发行额（亿元）	Circulation of Welfare Lottery (100 million yuan)	69.18	43.77
福利彩票公益金提取额（亿元）	Public Welfare Funds Drawn from Welfare Lottery (100 million yuan)	19.89	13.97

22-27 体育彩票
Sport Lottery

项　目	Item	2019	2020
体育彩票销售额（亿元）	Circulation of Sport Lottery (100 million yuan)	82.10	65.53
体育彩票公益金提取额（亿元）	Public Welfare Funds Drawn from Sport Lottery (100 million yuan)	20.64	17.85

主要统计指标解释

律师

指依法取得律师执业证书，接受委托或者指定，为当事人提供法律服务的执业人员。

公证人员

指在公证处工作的人员总称，包括公证处主任、副主任、公证员、公证员助理和其他从事辅助性工作的人员。

公证文书

指公证处根据当事人申请，依照事实和法律，按照法定程序制作的，具有法律效力的司法证明文书。

调解人员

指在人民调解委员会担负调解民间一般民事纠纷和轻微违法行为引起纠纷的工作人员，包括调解委员会的委员和调解小组的调解员。

调解民间纠纷

指调解委员会依照法律规定，根据自愿原则，用说服教育的方法调解民间发生的有关民事权利和义务的争执，促成当事双方达到协议和谅解，解决纠纷。包括婚姻家庭纠纷，财产权益纠纷等，不包括法院受理调解的民事案件数。

人民检察院直接立案侦查案件

指按照管辖的规定，由人民检察院直接立案侦查的贪污贿赂犯罪、渎职犯罪、国家机关工作人员利用职权实施的侵犯公民人身权利和民主权利的犯罪以及经省级人民检察院决定立案侦查的国家机关工作人员利用职权实施的其他重大犯罪案件。

立案

指检察机关对犯罪线索进行初步调查后，认为存在职务犯罪事实并需要追究刑事责任时，依法决定作为刑事案件进行侦查的诉讼活动，是追究犯罪的开始。

大案

贪污贿赂犯罪案件指贪污、贿赂数额在 5 万元以上，挪用公款案在 10 万元以上，其他案件在 50 万元以上。渎职犯罪大案一般为直接经济损失 5 万元以上，死亡 1 人以上或者重伤 3 人以上的案件；或虽然没有造成经济损失和伤亡，但犯罪情节恶劣或造成严重后果的案件。

要案

指县、处级以上干部的犯罪案件。该指标主要反映职务犯罪案件中县、处级以上干部被人民检察院依法立案侦查的情况。

青少年罪犯

指人民法院在报告期内判决发生法律效力的有罪判决中 14 周岁以上不满 25 周岁的罪犯。其中 14 周岁以上不满 18 周岁的罪犯为未成年罪犯。

行政案件

指公民、法人和其他组织不服行政机关作出的具体行政行为，向人民法院提起行政诉讼，人民法院依法审理的案件。

单独赔偿

指单独提起行政赔偿的案件。当事人对行政行为的合法性没有争议，就行政侵权造成的损害赔偿单独提起赔偿诉讼。

受理劳动争议案件数

指劳动争议仲裁委员会根据国家有关规定，对劳动争议当事人的申请予以审查，符合受理条件而正式立案、准备处理的劳动争议案件数。

结案

是指人民法院在统计报告期内，审理完毕或认为不需要再审理，决定结束审理或者做出实体或程序方面处理的案件数。

Explanatory Notes for Major Statistical Indicators

Lawyers

refers to the legally obtained a lawyer's practice certificate, accept entrust or specify, for the parties to provide legal services practitioners.

Notary Personnel

refers to the floorboard of notarization work personnel, including the notary office director and deputy director, notaries, assistant notaries, and other personnel engaged in the work of supporting.

Notary Documents

refer to the judicial notary documents drawn up at the request of the interested party and are in accordance with facts and the law and following certain legal proceedings.

Mediators

refer to workers on people's mediation committees responsible for mediating in civil disputes and cases of slight infraction of the law. They include members of the mediation committees and mediators of mediation groups.

Mediation of Civil Disputes

refers to mediation committees' work in mediating in civil disputes concerning civil rights and duties through persuasion and education in accordance with the provisions of law on a voluntary basis, so as to solve disputes by helping the parties involved come to an agreement and understanding. These disputes include divorce cases and disputes over property ownership, but exclude the civil cases to be handled by the court.

Cases Registered and Handled Directly by People's Procuratorate Offices

refer to those serious criminal cases that, according to the functional jurisdiction, are registered and handled by the People's Procuratorate Offices, including the ones on bribery and corruption, the ones on abuse and dereliction of duty, offences against citizens' personal and democratic rights by government officials abusing their powers; and that are registered and handled by the provincial Procuratorate offices in relation to other major crimes committed by government officials by abusing their powers.

Acceptance of Case

refers to the decision made by the procurators office to confirm the act of crime after initial investigation and to start legal proceedings of the case as criminal case.

Large Case

In case of corruption and bribery, it refers to the case involves a bribery of over 50000 yuan, or a misappropriation of over 100000, or other cases involving 500000 yuan. In case of offence on dereliction of duty, it refers to the case that causes an economic loss of over 50000, loss of one life, or severe injury of 3 persons; or a case that displays extremely disgusting behavior of the offender or results in grave aftermath.

Key Cases

refer to crimes committed by county and director-level officials. This indicator reflects the situation of those county and director-level officials involved in criminal cases registered and handled by People's Procuratorate offices.

Juvenile Criminals

refers to the offenders within the age range of 14 to 25 convicted guilty by the court during the reporting period while those between 14 and 18 are defined as minor offenders.

Administrative Cases

refers to the cases filed by citizens, corporations and other organizations against the specific administrative conducts of administrative authorities and handled by the court.

Separate Compensation

refers to cases that are separately filed for administrative compensation by the party who has no dispute on the legality of administrative conducts but brings proceedings separately to claim for damages caused by administrative tort.

Number of Labour Disputes Cases Accepted

refers to the number of cases of labour disputes submitted that, after being reviewed by the labour dispute arbitration committees in line with the relevant national regulations, are accepted and registered for treatment.

Cases Settled

refers to the number of cases During the report period that are finished or need not checked, are determined in finishing and are Made a substantive or procedural aspects of processing.

第二十三篇

Chapter 23

省级和县级主要经济指标及位次

MAIN ECONOMIC INDICATORS AND THEIR ORDERS OF PRECEDENCE OF PROVINCE AND COUNTY

简要说明

一、本篇包括全国分省（市）主要年份经济指标及位次和本省县级主要经济指标及位次。

二、各县资料均来自本年鉴各篇。

三、人均指标依据年平均人数计算。

Brief Introduction

I. This chapter includes main economic indicators and their orders of precedence of provinces and counties of Anhui in major years.

II. Data of counties are extracted from the concerned data in other chapters in this yearbook.

III. Per capita indicators are calculated in accordance with annual average population.

23—1　全国分省（市）主要年份生产总值及位次（2020年）
Gross Domestic Product and Their Orders of Precedence in Major Years by Province or City（2020）

本表按当年价格计算　(Data in value terms in this table are calculated at current prices.)　　单位：亿元（100 million yuan）

省（市） Province or City	生产总值 Gross Domestic Product	位次 Order of Precedence	第一产业 Primary Industry	位次 Order of Precedence	第二产业 Secondary Industry	位次 Order of Precedence	第三产业 Tertiary Industry	位次 Order of Precedence
全　国 National Total	**1015986**		**77754**		**384255**		**553977**	
北　京 Beijing	36102.55	13	107.61	30	5716.37	22	30278.57	5
天　津 Tianjin	14083.73	23	210.18	28	4804.08	23	9069.47	21
河　北 Hebei	36206.89	12	3880.14	8	13597.20	11	18729.54	13
山　西 Shanxi	17651.93	21	946.68	25	7675.44	18	9029.81	22
内蒙古 Inner Mongolia	17359.82	22	2025.12	19	6868.03	20	8466.66	23
辽　宁 Liaoning	25114.96	16	2284.61	15	9400.91	16	13429.44	14
吉　林 Jilin	12311.32	26	1553.00	22	4326.22	25	6432.10	26
黑龙江 Heilongjiang	13698.50	25	3438.29	11	3483.51	26	6776.70	25
上　海 Shanghai	38700.58	10	103.57	31	10289.47	14	28307.54	6
江　苏 Jiangsu	102718.98	2	4536.72	5	44226.43	1	53955.83	2
浙　江 Zhejiang	64613.34	4	2169.23	18	26412.95	4	36031.16	4
安　徽 Anhui	**38680.63**	**11**	**3184.68**	**12**	**15671.69**	**10**	**19824.26**	**12**
福　建 Fujian	43903.89	7	2732.32	13	20328.80	6	20842.78	11
江　西 Jiangxi	25691.50	15	2241.59	17	11084.83	13	12365.08	18
山　东 Shandong	73129.00	3	5363.76	2	28612.19	3	39153.05	3
河　南 Henan	54997.07	5	5353.74	3	22875.33	5	26768.01	7
湖　北 Hubei	43443.46	8	4131.91	7	17023.90	8	22287.65	9
湖　南 Hunan	41781.49	9	4240.45	6	15937.69	9	21603.36	10
广　东 Guangdong	110760.94	1	4769.99	4	43450.17	2	62540.78	1
广　西 Guangxi	22156.69	19	3555.82	10	7108.49	19	11492.38	19
海　南 Hainan	5532.39	28	1135.98	24	1055.26	30	3341.15	28
重　庆 Chongqing	25002.79	17	1803.33	21	9992.21	15	13207.25	15
四　川 Sichuan	48598.76	6	5556.58	1	17571.11	7	25471.07	8
贵　州 Guizhou	17826.56	20	2539.88	14	6211.62	21	9075.07	20
云　南 Yunnan	24521.90	18	3598.91	9	8287.54	17	12635.46	16
西　藏 Tibet	1902.74	31	150.65	29	798.25	31	953.84	31
陕　西 Shanxi	26181.86	14	2267.54	16	11362.58	12	12551.74	17
甘　肃 Gansu	9016.70	27	1198.14	23	2852.03	27	4966.52	27
青　海 Qinghai	3005.92	30	334.30	27	1143.55	29	1528.07	30
宁　夏 Ningxia	3920.55	29	338.01	26	1608.96	28	1973.58	29
新　疆 Xinjiang	13797.58	24	1981.28	20	4744.45	24	7071.85	24

注：本表数据为初步核算数。
a) Data in this table are preliminary accounting data.

23—2 全国分省（市）主要年份固定资产投资及位次
Urban Investment in Fixed Assets and Their Orders of Precedence in Main Years by Province or City

单位：亿元（100 million yuan）

省（市）	Province or City	2005	位次 Order of Prece-dence	2010	位次 Order of Prece-dence	2015	位次 Order of Prece-dence	2019年 增速位次 Growth Rank in 2019	2020年 增速(%)及位次 Growth Rate and Rank in 2020	
全　　国	**National Total**	**75096.48**		**270251.99**		**551590.04**			**2.9**	
北　　京	Beijing	2595.41	10	5350.84	22	7446.02	26	27	2.2	26
天　　津	Tianjin	1367.48	24	6252.22	20	11814.57	21	1	3.0	23
河　　北	Hebei	3361.65	7	14621.72	6	28905.74	5	16	3.2	21
山　　西	Shanxi	1671.91	19	5845.23	21	13744.59	17	7	10.6	2
内 蒙 古	Inner Mongolia	2563.54	11	8838.67	12	13529.15	18	13	-1.5	29
辽　　宁	Liaoning	3669.71	5	15793.64	4	17640.37	13	25	2.6	25
吉　　林	Jilin	1595.92	21	7695.62	16	12508.59	20	31	8.3	4
黑 龙 江	Heilongjiang	1638.17	20	6495.85	19	9884.28	24	15	3.6	19
上　　海	Shanghai	3198.57	8	5106.86	24	6349.39	27	19	10.3	3
江　　苏	Jiangsu	6211.87	2	22809.04	1	45905.17	2	20	0.3	27
浙　　江	Zhejiang	4756.95	4	11980.32	8	26664.72	6	4	5.4	11
安　　徽	**Anhui**	**2140.03**	**14**	**11104.35**	**9**	**23803.93**	**10**	**8**	**5.1**	**13**
福　　建	Fujian	1970.12	15	7992.46	14	20973.98	11	17	-0.4	28
江　　西	Jiangxi	1933.93	16	8470.19	13	16993.90	14	9	8.2	5
山　　东	Shandong	7274.83	1	22585.11	2	47381.46	1	28	3.6	19
河　　南	Henan	3528.29	6	15799.22	3	34951.28	3	12	4.3	14
湖　　北	Hubei	2433.23	12	9959.91	10	26086.42	7	3	-18.8	31
湖　　南	Hunan	2174.91	13	9301.29	11	24324.17	9	5	7.6	9
广　　东	Guangdong	5760.73	3	15270.71	5	29950.48	4	2	7.2	10
广　　西	Guangxi	1554.25	22	6719.29	17	15654.95	15	6	4.2	15
海　　南	Hainan	351.51	29	1278.62	29	3355.40	29	29	8.0	6
重　　庆	Chongqing	1786.43	17	6597.78	18	14208.15	16	18	3.9	18
四　　川	Sichuan	2989.60	9	12552.58	7	24965.56	8	10	2.8	24
贵　　州	Guizhou	916.09	26	2945.78	27	10676.70	22	24	3.2	21
云　　南	Yunnan	1550.18	23	5308.93	23	13069.39	19	11	7.7	8
西　　藏	Tibet	187.22	31	463.26	31	1295.68	31	26	5.4	11
陕　　西	Shanxi	1761.18	18	7744.17	15	18231.03	12	22	4.1	16
甘　　肃	Gansu	790.22	27	3054.73	26	8626.60	25	14	7.8	7
青　　海	Qinghai	312.56	30	967.44	30	3144.17	30	21	-12.2	30
宁　　夏	Ningxia	382.71	28	1397.52	28	3426.42	28	30	4.0	17
新　　疆	Xinjiang	1210.09	25	3274.20	25	10525.42	23	23	16.2	1

注：各省数据不包括跨地区项目投资。
a) Every provincial data does not include inter-regional project investment.

23—3 全国分省（市）主要年份房地产开发企业本年完成投资及位次

Major Years Real Estate Development Enterprises This Year Completed Investment and Ranking by Province or City

本表按当年价格计算 (Data in value terms in this table are calculated at current prices.) 单位：亿元（100 million yuan）

省（市） Province or City		2019	位次 Order of Prece-dence	增长 Growth (%)	2020	位次 Order of Prece-dence	增长 Growth (%)
全　国	**National Total**	**132194.26**		**9.9**	**141442.95**		**7.0**
北　京	Beijing	3838.38	28	-0.9	3938.71	25	2.6
天　津	Tianjin	2727.82	13	12.5	2608.54	30	-4.4
河　北	Hebei	4347.05	29	-2.9	4601.13	20	5.8
山　西	Shanxi	1656.50	5	20.3	1830.36	9	10.5
内蒙古	Inner Mongolia	1041.95	6	18.0	1176.48	4	12.9
辽　宁	Liaoning	2833.95	19	9.0	2978.86	22	5.1
吉　林	Jilin	1315.52	14	11.9	1460.78	7	11.0
黑龙江	Heilongjiang	958.01	27	1.4	982.92	25	2.6
上　海	Shanghai	4231.38	23	4.9	4698.75	7	11.0
江　苏	Jiangsu	12009.35	18	9.4	13171.27	11	9.7
浙　江	Zhejiang	10682.97	21	7.4	11413.66	17	6.8
安　徽	**Anhui**	**6670.48**	**15**	**11.7**	**7042.29**	**21**	**5.6**
福　建	Fujian	5673.13	9	14.8	6026.80	18	6.2
江　西	Jiangxi	2239.11	26	3.0	2378.08	18	6.2
山　东	Shandong	8614.89	10	14.1	9450.49	11	9.7
河　南	Henan	7464.59	22	6.4	7782.29	23	4.3
湖　北	Hubei	5111.73	20	8.9	4888.87	30	-4.4
湖　南	Hunan	4445.47	11	12.7	4880.44	10	9.8
广　东	Guangdong	15852.16	17	10.0	17312.74	13	9.2
广　西	Guangxi	3814.41	4	27.0	3845.62	27	0.8
海　南	Hainan	1336.18	31	-22.1	1341.67	28	0.4
重　庆	Chongqing	4439.30	24	4.5	4351.96	29	-2.0
四　川	Sichuan	6573.24	8	15.4	7315.31	6	11.3
贵　州	Guizhou	2990.81	3	27.3	3418.75	3	14.3
云　南	Yunnan	4151.41	2	27.8	4505.19	14	8.5
西　藏	Tibet	129.56	1	39.9	165.47	1	27.7
陕　西	Shanxi	3903.65	16	10.4	4404.39	5	12.8
甘　肃	Gansu	1257.85	11	12.7	1355.64	15	7.8
青　海	Qinghai	406.29	7	15.5	421.35	24	3.7
宁　夏	Ningxia	403.09	30	-10.3	433.27	16	7.5
新　疆	Xinjiang	1074.04	25	3.9	1260.89	2	17.4

23—4 全国分省（市）主要年份农林牧渔业总产值及位次

Gross Output Value of Farming, Forestry, Animal Husbandry, and Fishery and Their Orders of Precedence in Main Years by Province or City

本表按当年价格计算 (Data in value terms in this table are calculated at current prices.)　　单位：亿元（100 million yuan）

省（市） Province or City	2005	位次 Order of Precedence	2010	位次 Order of Precedence	2015	位次 Order of Precedence	2019	位次 Order of Precedence	2020	位次 Order of Precedence
全国 National Total	**39450.89**		**69319.76**		**107056.36**		**123967.94**		**137782.17**	
北京 Beijing	268.85	26	328.02	26	368.24	28	281.70	30	263.43	30
天津 Tianjin	258.41	27	317.33	27	467.44	27	414.35	28	476.44	28
河北 Hebei	2600.83	3	4309.42	3	5978.88	5	6061.46	8	6742.49	8
山西 Shanxi	483.80	24	1047.85	22	1522.64	24	1626.54	25	1935.84	24
内蒙古 Inner Mongolia	980.21	18	1843.57	18	2751.55	20	3176.34	20	3472.36	20
辽宁 Liaoning	1671.57	9	3106.53	9	4686.71	10	4368.25	14	4582.56	14
吉林 Jilin	1050.49	17	1850.28	16	2880.62	16	2442.73	21	2976.00	21
黑龙江 Heilongjiang	1294.41	14	2536.30	12	5044.93	9	5929.97	9	6438.11	9
上海 Shanghai	233.39	28	287.03	29	302.62	30	284.84	29	279.82	29
江苏 Jiangsu	2576.98	4	4297.14	4	7030.76	3	7503.15	4	7952.59	4
浙江 Zhejiang	1428.28	12	2172.86	14	2933.44	15	3355.25	19	3496.94	19
安徽 Anhui	**1666.19**	**10**	**2955.45**	**10**	**4390.80**	**11**	**5162.13**	**11**	**5680.91**	**12**
福建 Fujian	1396.15	13	2307.06	13	3717.87	13	4636.56	13	4901.07	13
江西 Jiangxi	1142.99	15	1900.58	15	2859.10	17	3481.29	18	3820.74	18
山东 Shandong	3741.81	1	6650.94	1	9549.63	1	9671.67	1	10190.58	1
河南 Henan	3309.70	2	5734.20	2	7641.27	2	8541.77	2	9956.35	2
湖北 Hubei	1775.58	8	3501.99	8	5728.56	6	6681.85	6	7303.64	7
湖南 Hunan	2056.24	7	3787.47	6	5630.75	7	6405.06	7	7511.96	6
广东 Guangdong	2447.57	6	3754.86	7	5520.03	8	7175.89	5	7901.92	5
广西 Guangxi	1448.37	11	2720.99	11	4197.12	12	5498.81	10	5913.28	11
海南 Hainan	475.88	25	821.31	25	1323.91	25	1689.40	24	1821.02	25
重庆 Chongqing	662.19	21	1021.13	23	1738.15	22	2337.81	22	2749.05	22
四川 Sichuan	2457.46	5	4081.81	5	6377.84	4	7889.35	3	9216.40	3
贵州 Guizhou	571.84	22	997.82	24	2738.67	21	3888.99	15	4358.62	15
云南 Yunnan	1068.58	16	1810.53	19	3383.09	14	4935.73	12	5920.52	10
西藏 Tibet	67.74	31	100.77	31	149.46	31	212.81	31	233.53	31
陕西 Shanxi	730.72	20	1666.06	20	2813.50	18	3536.80	17	4056.61	17
甘肃 Gansu	521.53	23	1057.02	21	1722.09	23	1887.58	23	2103.61	23
青海 Qinghai	94.04	30	201.32	30	319.27	29	454.35	27	507.10	27
宁夏 Ningxia	138.00	29	305.94	28	483.02	26	584.85	26	703.07	26
新疆 Xinjiang	831.06	19	1846.18	17	2804.42	19	3850.65	16	4315.61	16

23—5 全国分省（市）主要年份工业增加值及位次

Value-added of Industry and Their Orders of Precedence in Main Years by Province or City

本表按当年价格计算 (Data in value terms in this table are calculated at current prices.) 单位：亿元（100 million yuan）

省（市） Province or City	2005	位次 Order of Prece-dence	2010年增速位次 Growth Rank in 2010	2015年增速位次 Growth Rank in 2015	2019年增速位次 Growth Rank in 2019	2020年增速位次 Growth Rank in 2020
全国 National Total	**66425.20**					
北京 Beijing	1705.40	15	27	27	26	19
天津 Tianjin	1783.00	13	1	4	25	23
河北 Hebei	3219.00	7	22	25	17	13
山西 Shanxi	1712.00	14	8	30	18	8
内蒙古 Inner Mongolia	1135.50	20	14	7	16	27
辽宁 Liaoning	3007.40	8	18	31	12	21
吉林 Jilin	1200.80	19	12	22	26	2
黑龙江 Heilongjiang	2166.30	10	26	28	29	17
上海 Shanghai	3994.70	5	17	29	31	22
江苏 Jiangsu	8054.00	3	24	11	14	5
浙江 Zhejiang	4904.70	4	23	25	13	9
安徽 Anhui	**1373.90**	**17**	**4**	**7**	**10**	**6**
福建 Fujian	2235.20	9	11	6	2	20
江西 Jiangxi	828.50	24	9	5	3	14
山东 Shandong	8411.90	1	27	17	30	10
河南 Henan	3228.00	6	14	7	7	28
湖北 Hubei	1847.90	12	4	7	7	31
湖南 Hunan	1535.90	16	7	14	4	12
广东 Guangdong	8290.00	2	19	18	21	24
广西 Guangxi	833.10	23	1	12	23	25
海南 Hainan	138.00	30	16	24	24	30
重庆 Chongqing	716.40	25	1	2	14	7
四川 Sichuan	2034.40	11	6	12	6	15
贵州 Guizhou	561.60	27	25	3	1	10
云南 Yunnan	1018.10	21	27	21	5	18
西藏 Tibet	17.40	31	30	1	28	1
陕西 Shanxi	1267.20	18	13	19	19	26
甘肃 Gansu	601.80	26	21	20	19	4
青海 Qinghai	179.50	29	10	16	11	29
宁夏 Ningxia	202.30	28	19	14	9	16
新疆 Xinjiang	933.30	22	31	23	21	2

注：工业为月度快报口径。

a) Data in the table are preliminary statistics.

23—6 全国分省（市）主要年份社会消费品零售总额及位次

Total Retail Sales of Consumer Goods and Their Orders of Precedence in Main Years by Province or City

本表按当年价格计算 (Data in value terms in this table are calculated at current prices.) 单位：亿元 (100 million yuan)

省（市）	Province or City	2019	位次 Order of Precedence	增长 Growth (%)	2020	位次 Order of Precedence	增长 Growth (%)
全　国	**National Total**	**408017.2**		**8.0**	**391981.0**		**-3.9**
北　京	Beijing	15063.7	12	4.4	13716.4	12	-8.9
天　津	Tianjin	4218.2	24	-0.3	3582.9	26	-15.1
河　北	Hebei	12985.5	13	8.4	12705.0	13	-2.2
山　西	Shanxi	7030.5	21	7.8	6746.3	21	-4.0
内蒙古	Inner Mongolia	5051.1	23	4.1	4760.5	23	-5.8
辽　宁	Liaoning	9670.6	18	6.1	8960.9	18	-7.3
吉　林	Jilin	4212.9	25	3.4	3824.0	24	-9.2
黑龙江	Heilongjiang	5603.9	22	6.2	5092.3	22	-9.1
上　海	Shanghai	15847.6	11	6.5	15932.5	11	0.5
江　苏	Jiangsu	37672.5	2	6.2	37086.1	2	-1.6
浙　江	Zhejiang	27343.8	4	8.7	26629.8	4	-2.6
安　徽	**Anhui**	**17862.1**	**9**	**10.6**	**18333.7**	**8**	**2.6**
福　建	Fujian	18896.8	8	10.0	18626.5	7	-1.4
江　西	Jiangxi	10068.1	17	11.3	10371.8	15	3.0
山　东	Shandong	29251.2	3	6.4	29248.0	3	0.0
河　南	Henan	23476.1	5	10.4	22502.8	5	-4.1
湖　北	Hubei	22722.3	6	10.3	17984.9	9	-20.8
湖　南	Hunan	16683.9	10	10.2	16258.1	10	-2.6
广　东	Guangdong	42951.8	1	8.0	40207.9	1	-6.4
广　西	Guangxi	8200.9	19	7.0	7831.0	20	-4.5
海　南	Hainan	1951.1	28	5.3	1974.6	28	1.2
重　庆	Chongqing	11631.7	14	8.7	11787.2	14	1.3
四　川	Sichuan	21343.0	7	10.4	20824.9	6	-2.4
贵　州	Guizhou	7468.2	20	5.1	7833.4	19	4.9
云　南	Yunnan	10158.2	16	10.4	9792.9	16	-3.6
西　藏	Tibet	773.4	31	8.7	745.8	31	-3.6
陕　西	Shanxi	10213.0	15	7.4	9605.9	17	-5.9
甘　肃	Gansu	3700.3	26	7.7	3632.4	25	-1.8
青　海	Qinghai	948.5	30	5.4	877.3	30	-7.5
宁　夏	Ningxia	1399.4	29	5.2	1301.4	29	-7.0
新　疆	Xinjiang	3617.0	27	5.5	3062.5	27	-15.3

注：根据第四次全国经济普查结果对2018年社会消费品零售总额进行了修订，2019年相应进行调整。

a) According to the results of the fourth national economic census, the total retail sales of social consumer goods in 2018 was revised and adjusted accordingly in 2019.

23—7 全省分县（市）主要经济指标及位次（2020年）
Main Economic Indicators and Their Orders of Precedence of All Counties (2020)

县（市）	County (City)	生产总值（亿元）Gross Demestic Product (100 million yuan) 指标 Amount	位次 Order of Prece-dence	人均生产总值（元）Per Capita Gross Demestic Product (yuan) 指标 Amount	位次 Order of Prece-dence	一般公共预算收入（万元）General Public Budget Revenue (10000 yuan) 指标 Amount	位次 Order of Prece-dence	一般公共预算支出（万元）Expenditures in General Public Budgets (10000 yuan) 指标 Amount	位次 Order of Prece-dence
巢湖市	Chaohu	498.25	6	68441	9	232186	13	670168	18
长丰县	Changfeng	659.40	3	85029	5	430458	3	859546	6
肥东县	Feidong	703.45	2	79575	6	487374	2	957440	1
肥西县	Feixi	870.16	1	91308	4	545263	1	918210	4
庐江县	Lujiang	481.43	8	54002	27	205949	24	821307	9
濉溪县	Suixi	491.00	7	52795	31	206799	22	672736	17
涡阳县	Guoyang	380.70	19	32400	52	182161	29	703153	14
蒙城县	Mengcheng	391.46	17	35587	46	243026	10	714005	13
利辛县	Lixin	331.58	21	27864	55	159067	34	675242	16
砀山县	Dangshan	246.86	36	32059	53	132248	39	503293	32
萧县	Xiaoxian	393.24	15	37274	45	223814	15	833863	8
灵璧县	Lingbi	289.05	30	29494	54	129058	44	594043	24
泗县	Sixian	270.99	33	35423	47	131623	40	640912	22
怀远县	Huaiyuan	425.06	11	45195	39	234140	12	759203	11
五河县	Wuhe	258.57	35	49206	34	131112	41	432603	41
固镇县	Guzhen	311.58	26	62317	16	156322	35	406727	43
界首市	Jieshou	346.45	20	53714	28	170079	32	548495	26
临泉县	Linquan	394.62	14	23916	59	194708	26	927224	3
太和县	Taihe	476.04	9	34496	51	214254	18	749340	12
阜南县	Funan	289.50	29	24534	57	139569	37	809959	10
颍上县	Yingshang	415.93	12	34661	50	279064	8	868675	5
凤台县	Fengtai	305.88	28	56229	24	216722	16	473649	35
寿县	Shouxian	222.97	40	26310	56	173657	31	835916	7
天长市	Tianchang	549.28	4	91547	3	412018	4	698647	15
明光市	Mingguang	246.65	37	49829	32	185010	28	459235	39
来安县	Laian	326.98	23	77852	7	206554	23	401832	44
全椒县	Quanjiao	281.85	31	71354	8	209796	20	434545	40
定远县	Dingyuan	326.52	24	48374	35	213191	19	656958	20
凤阳县	Fengyang	414.42	13	65781	12	232097	14	545013	27
霍邱县	Huoqiu	227.59	39	23957	58	191936	27	935190	2

23—7 续表1 continued

县（市）	County (City)	生产总值（亿元）Gross Demestic Product (100 million yuan) 指标 Amount	位次 Order of Prece-dence	人均生产总值（元）Per Capita Gross Demestic Product (yuan) 指标 Amount	位次 Order of Prece-dence	一般公共预算收入（万元）General Public Budget Revenue (10000 yuan) 指标 Amount	位次 Order of Prece-dence	一般公共预算支出（万元）Expenditures in General Public Budgets (10000 yuan) 指标 Amount	位次 Order of Prece-dence
舒城县	Shucheng	306.54	27	43791	40	200684	25	636306	23
金寨县	Jinzhai	196.95	46	39389	43	160276	33	646906	21
霍山县	Huoshan	166.26	50	57330	22	110490	46	329954	52
当涂县	Dangtu	463.50	10	102999	1	303720	6	523190	30
含山县	Hanshan	204.21	43	60061	19	130507	42	337838	51
和县	Hexian	266.75	34	64278	14	239619	11	502520	33
无为市	Wuwei	511.04	5	61275	18	265068	9	662181	19
南陵县	Nanling	281.41	32	65369	13	214845	17	398974	47
宁国市	Ningguo	384.64	18	98880	2	309806	5	465370	37
广德市	Guangde	329.64	22	65993	11	286546	7	509656	31
郎溪县	Langxi	183.60	48	59035	21	208527	21	353219	50
泾县	Jingxian	130.21	52	46839	37	153208	36	378918	49
绩溪县	Jixi	88.32	55	63313	15	82205	52	190312	56
旌德县	Jingde	54.92	57	49477	33	64244	55	164893	57
枞阳县	Zongyang	168.24	49	35050	49	101529	47	467286	36
东至县	Dongzhi	211.40	42	52850	30	113111	45	388062	48
石台县	Shitai	28.26	59	35323	48	22525	59	159070	58
青阳县	Qingyang	142.38	51	56951	23	97939	49	220964	54
桐城市	Tongcheng	392.83	16	66021	10	182097	30	544000	28
潜山市	Qianshan	216.71	41	48158	36	98410	48	497342	34
怀宁县	Huaining	312.27	25	61836	17	139255	38	401325	45
太湖县	Taihu	198.12	45	45545	38	70118	54	528211	29
宿松县	Susong	243.15	38	39861	42	89682	51	577215	25
望江县	Wangjiang	190.83	47	40602	41	74987	53	461073	38
岳西县	Yuexi	124.40	53	38876	44	63011	56	431089	42
歙县	Shexian	200.15	44	54912	25	129103	43	400566	46
休宁县	Xiuning	116.32	54	54741	26	94482	50	268444	53
黟县	Yixian	45.64	58	60051	20	39826	58	150102	59
祁门县	Qimen	77.70	56	53222	29	55566	57	206966	55

23—7 续表2 continued

县（市）	County (City)	农林牧渔业总产值（万元）Gross Output Value of Farming, Forestry, Animal Husbandry and Fishery (10000 yuan)		城镇居民人均可支配收入（元）Per Capita Disposable Income of Urban Residents (yuan)		农村居民人均可支配收入（元）Per Capita Disposable Income of Rural Residents (yuan)		社会消费品零售总额（万元）Total Retail Sale of Consumer Goods (10000 yuan)	
		指标 Amount	位次 Order of Precedence	指标 Amount	位次 Order of Precedence	指标 Amount	位次 Order of Precedence	指标 Amount	位次 Order of Precedence
巢湖市	Chaohu	684133	27	39023.00	10	23896.00	5	1922386	11
长丰县	Changfeng	1158321	14	39041.00	9	23261.00	6	2877470	2
肥东县	Feidong	1216303	11	40854.00	6	25516.00	4	2707752	3
肥西县	Feixi	987255	20	43209.00	4	26062.00	3	2141256	6
庐江县	Lujiang	997533	19	36651.00	16	22672.00	7	1911845	12
濉溪县	Suixi	915212	22	32966.00	39	15170.00	35	1408329	23
涡阳县	Guoyang	1130393	15	30378.00	51	14347.00	45	2004532	9
蒙城县	Mengcheng	1164691	13	34348.00	30	15675.00	30	2122592	7
利辛县	Lixin	978184	21	33414.00	36	14207.00	47	2076871	8
砀山县	Dangshan	867784	23	33156.00	38	14681.00	36	1724041	17
萧县	Xiaoxian	1371092	3	32539.00	41	14298.00	46	1885663	13
灵璧县	Lingbi	1228729	10	30996.00	49	14410.00	43	1562111	20
泗县	Sixian	1173248	12	31168.00	47	13777.00	53	1305488	31
怀远县	Huaiyuan	1249283	9	34531.00	27	18265.00	18	2343129	5
五河县	Wuhe	1069015	18	34325.00	31	18127.00	21	1392852	24
固镇县	Guzhen	1390157	2	35147.00	25	18211.00	19	1103163	38
界首市	Jieshou	626098	31	36134.00	20	15550.00	33	1652917	18
临泉县	Linquan	1786658	1	31719.00	44	13723.00	54	2568690	4
太和县	Taihe	1263104	8	34448.00	28	14582.00	40	3362478	1
阜南县	Funan	1271422	7	31674.00	45	13565.00	55	1839383	14
颍上县	Yingshang	1308571	4	34227.00	33	14396.00	44	1930056	10
凤台县	Fengtai	584384	35	36459.00	18	17336.00	26	1085498	40
寿县	Shouxian	1090535	17	28761.00	59	13177.00	58	1365645	26
天长市	Tianchang	669333	29	38080.00	11	21896.00	10	1781160	16
明光市	Mingguang	722387	26	32729.00	40	14592.00	39	1347209	27
来安县	Laian	455045	45	37421.00	14	15639.00	32	1122729	36
全椒县	Quanjiao	548900	38	33795.00	35	16040.00	28	1389472	25
定远县	Dingyuan	1286188	5	32240.00	42	14673.00	37	1470780	22
凤阳县	Fengyang	787056	25	29607.00	56	13874.00	51	1835972	15
霍邱县	Huoqiu	1273292	6	29567.00	57	13543.00	56	1270940	32

23—7 续表3 continued

县（市）	County (City)	农林牧渔业总产值（万元）Gross Output Value of Farming, Forestry, Animal Husbandry and Fishery (10000 yuan)		城镇居民人均可支配收入（元）Per Capita Disposable Income of Urban Residents (yuan)		农村居民人均可支配收入（元）Per Capita Disposable Income of Rural Residents (yuan)		社会消费品零售总额（万元）Total Retail Sale of Consumer Goods (10000 yuan)	
		指标 Amount	位次 Order of Precedence	指标 Amount	位次 Order of Precedence	指标 Amount	位次 Order of Precedence	指标 Amount	位次 Order of Precedence
舒城县	Shucheng	673203	28	31400.00	46	14488.00	41	1326219	28
金寨县	Jinzhai	495012	41	29004.00	58	13524.00	57	1256252	33
霍山县	Huoshan	387416	48	33210.00	37	16030.00	29	798373	48
当涂县	Dangtu	556479	37	43495.00	3	28974.00	1	1556526	21
含山县	Hanshan	440601	47	36841.00	15	22477.00	9	971489	44
和县	Hexian	511998	39	38080.00	12	22636.00	8	1153299	35
无为市	Wuwei	1105681	16	40593.00	7	21752.00	11	1635978	19
南陵县	Nanling	601030	34	40213.00	8	26586.00	2	1088918	39
宁国市	Ningguo	441219	46	46535.00	1	21230.00	13	1063093	41
广德市	Guangde	472458	43	45681.00	2	21388.00	12	1316243	30
郎溪县	Langxi	329173	50	41038.00	5	18330.00	16	632058	53
泾县	Jingxian	340511	49	34285.00	32	17001.00	27	692591	52
绩溪县	Jixi	274459	53	37455.00	13	15661.00	31	301246	56
旌德县	Jingde	147344	56	30164.00	52	15214.00	34	188079	58
枞阳县	Zongyang	483124	42	30043.00	53	14628.00	38	795248	49
东至县	Dongzhi	605166	33	33922.10	34	17393.69	25	887324	46
石台县	Shitai	90344	58	31044.30	48	12511.73	59	134172	59
青阳县	Qingyang	229774	55	36459.77	17	18266.80	17	753274	50
桐城市	Tongcheng	633968	30	35247.00	24	18333.00	15	1323416	29
潜山市	Qianshan	506531	40	34934.00	26	14422.00	42	1109662	37
怀宁县	Huaining	455080	44	36387.00	19	17675.00	24	1176864	34
太湖县	Taihu	559435	36	30682.00	50	13811.00	52	987264	43
宿松县	Susong	859244	24	29847.00	55	13940.00	49	990207	42
望江县	Wangjiang	613929	32	31758.00	43	14131.00	48	829094	47
岳西县	Yuexi	320355	52	29912.00	54	13930.00	50	700714	51
歙县	Shexian	324943	51	35447.00	21	18129.00	20	959115	45
休宁县	Xiuning	266863	54	35439.00	22	18089.00	22	613870	54
黟县	Yixian	78966	59	34359.00	29	18488.00	14	213709	57
祁门县	Qimen	119415	57	35277.00	23	18084.00	23	378209	55

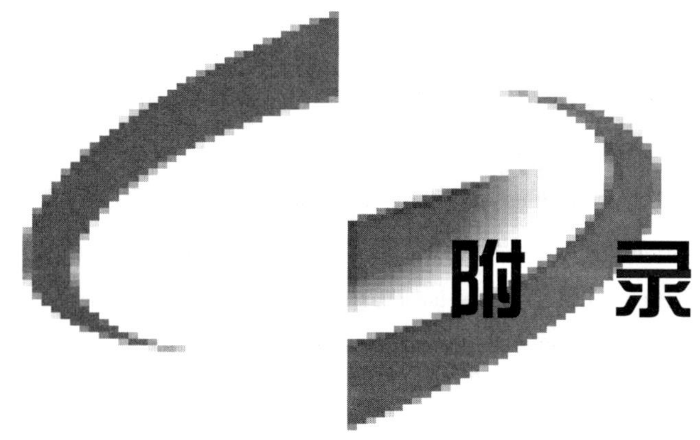

附　录

APPENDIX

简要说明

一、附表 1：安徽农民工非农就业基本情况，由国家统计局安徽调查总队提供。

二、附表 2：企业信息化建设情况由省局服务业处提供。

三、附表 3：环境保护统计资料由省生态环境厅提供，统计资料依据国家生态环境部制定的环境统计报表制度，由各市的环境统计年报汇总整理而成，主要包括“三废”排放与处理，反映各工业行业有关“三废”排放与处理的情况。

Brief Introduction

Ⅰ. The attached schedule 1 : Basic Situation of Non-agricultural Employment of Migrant Workers in Anhui Province, data is from Anhui Province survey organization of National bureau of statistics.

Ⅱ. The attached schedule 2: Enterprise information construction is provided by the service department of the provincial bureau.

Ⅲ. Statistical data of environmental protection are provided by the Provincial Department of Ecology and Environment. According to the environmental statistical statement system formulated by the Ministry of Ecology and Environment of The People's Republic of China, the statistical data are summarized and sorted out from the environmental statistical annual reports of various cities, mainly including the discharge and treatment of "three wastes" and reflecting the discharge and treatment of "three wastes" in various industries.

附录1　安徽农民工非农就业基本情况
Basic Situation of Non-agricultural Employment of Migrant Workers in Anhui Province

指　　标	Item	2015	2019	2020
农民工总量　（万人）	**Total Number of Migrant Workers　(10000 person)**	**1858.8**	**1977.4**	**1967.4**
外出农民工	Outgoing Migrant Workers	1371.4	1399.2	1342.1
住户中外出农民工	Migrant Workers Migrant Workers	823.4	863.5	858.3
举家外出农民工	Family Migrant Workers	548.0	535.7	483.9
本地农民工	Local Migrant Workers	487.4	578.3	625.2
外出农民工不同地区就业比例（%）	**Employment Proportion of Migrant Workers in Different Regions (%)**			
去往本省	Go to the Province	28.0	34.2	38.9
#去往乡外县内	Go to the County Outside the County	12.5	15.4	18.5
去往县外省内	Go to the County Outside the Province	15.6	18.8	20.3
去往省外	Go Outside the Province	72.0	65.8	61.1
#去往东部地区	Go to the Eastern Region	67.2	60.6	56.8
去往京津冀地区	Go to Beijing-Tianjin-Hebei Region	3.8	2.8	1.8
去往江浙沪地区	Go to Jiangsu, Zhejiang and Shanghai Region	56.9	51.9	49.2
去往中部地区（安徽除外）	Go to the Central Area (Except Anhui)	2.5	2.5	2.1
去往港澳台及国外	Go to Hong Kong, Macao, Taiwan and Abroad	0.1	0.1	0.1
不同行业农民工就业比例　（%）	**Proportion of Migrant Workers Employed in Different Industries　(%)**			
第一产业	Primary Industry	0.4	0.3	0.4
第二产业	Secondary Industry	55.4	49.2	47.4
#制造业	Manufacturing	27.0	24.6	23.3
建筑业	Construction	25.3	22.3	21.8
第三产业	Tertiary Industry	44.2	50.4	52.2
#批发和零售业	Wholesale and Retail Trades	12.7	12.3	12.6
交通运输、仓储和邮政业	Transport, Storage and Post	6.5	6.9	7.1
住宿和餐饮业	Hotels and Catering Services	6.9	7.6	7.6
居民服务、修理和其他服务业	Services to Households, Repair and Other Services	10.4	12.4	12.2
不同劳动合同农民工所占比例（%）	**Proportion of Migrant Workers With Different Labor Contracts (%)**			
无固定期限劳动合同工	Non-fixed Term Labor Contract Workers	12.8	12.6	13.0
一年及以上劳动合同工	One Year and Above Labor Contract Workers	15.7	21.9	23.5
一年以下劳动合同工	A Year of Labor Contract Workers	2.4	2.2	3.7
没有劳动合同	There is No Labor Contract	54.2	63.3	55.9
自　营	Self-employed	14.0	14.6	12.4
其　他	Other	0.9	3.4	3.8
外出务工月收入　（元）	**Monthly Income for Migrant Workers　(yuan)**	**3698.1**	**5230.8**	**5455.4**

附录2—1 企业电子商务情况（2020年）
Enterprise E-commerce by Registration (2020)

指 标	Item	企业数（个） Number of Enterprises (unit)
总 计	**Total**	**42843**
总计中：	**Of the Total:**	
内资企业	Domestic-funded	41808
国有企业	State-owned	507
集体企业	Collective-owned	115
股份合作企业	Cooperative	46
联营企业	Joint Ownership Enterprises	17
有限责任公司	Limited Liability Company	11063
股份有限公司	Share-holding Corporations Ltd.	926
私营企业	Private	28981
其他企业	Other	153
港、澳、台商投资企业	With Investment from Hong Kong, Macao and Taiwan	484
外商投资企业	With Foreign Investment	551
按行业分：	**Grouped by Sector**	
采矿业	Mining	295
制造业	Manufacturing	17235
电力、热力、燃气及水生产和供应业	Production and Supply of Electricity, Heat, Gas and Water	514
建筑业	Construction	5801
批发和零售业	Wholesale and Retail Trades	8143
交通运输、仓储和邮政业	Transport, Storage and Post	1306
住宿和餐饮业	Hotels and Catering Services	1977
信息传输、软件和信息技术服务业	Information Transmission, Software and Information Technology	645
金融业	Financial Intermediation	
房地产业	Real Estate	4319
租赁和商务服务业	Leasing and Business Services	1042
科学研究和技术服务业	Scientific Research and Technical Services	584
水利、环境和公共设施管理业	Management of Water Conservancy, Environment	164
居民服务、修理和其他服务业	Services to Households, Repair and Other Services	186
教 育	Education	164
卫生和社会工作	Health and Social Service	169
文化、体育和娱乐业	Culture, Sports and Entertainment	299

有电子商务的企业数 Number of E-Commerce Enterprises	电子商务销售的企业数 Number of E-Commerce Selling Enterprises	有电子商务采购的企业数 Number of E-Commerce Purchasing Enterprises	电子商务销售额（万元） E-commerce Sales (10000 yuan)	面向大陆区域以外的销售额 Sales to Mainland Area	电子商务采购额（万元） E-commerce Purchases (10000 yuan)	面向大陆区域以外的采购额 For Those from Outside the Mainland Area
5698	**4712**	**2629**	**62810557**	**1331431**	**27344095**	**109009**
5543	4604	2554	44685571	1045814	24929410	92785
62	49	36	11194929	5926	5147368	
11	7	4	11193		10257	
6	2	4	951	126	366	
3	3		3889			
1241	948	636	14359680	291973	5786206	37128
205	164	111	10333062	399640	10616535	26176
4000	3421	1756	8772953	341671	3368343	29482
15	10	7	8915	6479	336	
92	65	42	13450833	6509	335995	77
63	43	33	4674154	279108	2078691	16147
11	6	7	33319		15782	
2119	1633	1258	34504845	990134	13165583	64646
26	6	21	10636		1645512	
197	34	181	19455	2	2076104	201
1998	1932	628	22811321	289476	8720964	35322
67	48	30	628409		481960	20
733	725	140	358152	151	3494	15
143	109	95	1623058	50533	486838	8771
149	29	134	45491	10	3516	34
86	65	42	2707859	1010	144728	
35	13	30	19467	116	592975	
34	30	14	12843		937	
14	9	8	2056		142	
11	6	7	2721		284	
8	6	3	1494		319	
67	61	31	29434		4957	

附录2—2 企业通过互联网开展的活动情况（2020年）

Enterprises Activities Through the Internet by Registration (2020)

指 标	Item	企业数（个）Number of Enterprises (unit)	使用互联网的企业 Enterprises Using the Internet	
			数 量（个）Number (unit)	比 重（%）Proportion (%)
总 计	**Total**	**42843**	**42843**	**100.0**
总计中：	**Of the Total:**			
内资企业	Domestic-funded	41808	41808	100.0
国有企业	State-owned	507	507	100.0
集体企业	Collective-owned	115	115	100.0
股份合作企业	Cooperative	46	46	100.0
联营企业	Joint Ownership Enterprises	17	17	100.0
有限责任公司	Limited Liability Company	11063	11063	100.0
股份有限公司	Share-holding Corporations Ltd.	926	926	100.0
私营企业	Private	28981	28981	100.0
其他企业	Other	153	153	100.0
港、澳、台商投资企业	With Investment from Hong Kong, Macao and Taiwan	484	484	100.0
外商投资企业	With Foreign Investment	551	551	100.0
按行业分：	**Grouped by Sector**			
采矿业	Mining	295	295	100.0
制造业	Manufacturing	17235	17235	100.0
电力、热力、燃气及水生产和供应业	Production and Supply of Electricity, Heat, Gas and Water	514	514	100.0
建筑业	Construction	5801	5801	100.0
批发和零售业	Wholesale and Retail Trades	8143	8143	100.0
交通运输、仓储和邮政业	Transport, Storage and Post	1306	1306	100.0
住宿和餐饮业	Hotels and Catering Services	1977	1977	100.0
信息传输、软件和信息技术服务业	Information Transmission, Software and Information Technol	645	645	100.0
金融业	Financial Intermediation			
房地产业	Real Estate	4319	4319	100.0
租赁和商务服务业	Leasing and Business Services	1042	1042	100.0
科学研究和技术服务业	Scientific Research and Technical Services	584	584	100.0
水利、环境和公共设施管理业	Management of Water Conservancy, Environment	164	164	100.0
居民服务、修理和其他服务业	Services to Households, Repair and Other Services	186	186	100.0
教 育	Education	164	164	100.0
卫生和社会工作	Health and Social Service	169	169	100.0
文化、体育和娱乐业	Culture, Sports and Entertainment	299	299	100.0

收发电子邮件 E-mail		了解商品和服务的信息 Commodity and Service Information		从政府机构获取信息 Access Information From Government		与政府机构互动 Interaction With Government		使用网上银行 Using Online Bank		使用其他金融服务 Using Other Financial Services	
数　量（个） number (unit)	占使用互联网企业的比重（%） The Proportion of Enterprises Using the Internet (%)	数　量（个） number (unit)	占使用互联网企业的比重（%） The Proportion of Enterprises Using the Internet (%)	数　量（个） number (unit)	占使用互联网企业的比重（%） The Proportion of Enterprises Using the Internet (%)	数　量（个） number (unit)	占使用互联网企业的比重（%） The Proportion of Enterprises Using the Internet (%)	数　量（个） number (unit)	占使用互联网企业的比重（%） The Proportion of Enterprises Using the Internet (%)	数　量（个） number (unit)	占使用互联网企业的比重（%） The Proportion of Enterprises Using the Internet (%)
38068	**88.9**	**24472**	**57.1**	**28256**	**66.0**	**16394**	**38.3**	**37724**	**88.1**	**5901**	**13.8**
37064	88.7	23819	57.0	27457	65.7	15830	37.9	36804	88.0	5719	13.7
459	90.5	274	54.0	358	70.6	227	44.8	435	85.8	54	10.7
94	81.7	55	47.8	69	60.0	31	27.0	92	80.0	9	7.8
41	89.1	22	47.8	31	67.4	19	41.3	39	84.8	7	15.2
13	76.5	10	58.8	14	82.4	9	52.9	13	76.5	1	5.9
9868	89.2	6144	55.5	7440	67.3	4356	39.4	9696	87.6	1579	14.3
852	92.0	664	71.7	715	77.2	480	51.8	847	91.5	213	23.0
25596	88.3	16575	57.2	18711	64.6	10632	36.7	25549	88.2	3841	13.3
141	92.2	75	49.0	119	77.8	76	49.7	133	86.9	15	9.8
465	96.1	291	60.1	364	75.2	260	53.7	421	87.0	88	18.2
539	97.8	362	65.7	435	78.9	304	55.2	499	90.6	94	17.1
258	87.5	150	50.8	192	65.1	130	44.1	248	84.1	34	11.5
15996	92.8	11137	64.6	12319	71.5	7713	44.8	15652	90.8	2653	15.4
488	94.9	212	41.2	358	69.6	214	41.6	406	79.0	52	10.1
5226	90.1	2603	44.9	4324	74.5	2201	37.9	5213	89.9	732	12.6
6917	84.9	5204	63.9	4350	53.4	2316	28.4	6991	85.9	1114	13.7
1140	87.3	579	44.3	766	58.7	411	31.5	1114	85.3	147	11.3
1450	73.3	931	47.1	949	48.0	475	24.0	1586	80.2	133	6.7
597	92.6	464	71.9	447	69.3	307	47.6	560	86.8	112	17.4
3718	86.1	1849	42.8	2843	65.8	1630	37.7	3700	85.7	596	13.8
889	85.3	495	47.5	634	60.8	355	34.1	894	85.8	140	13.4
529	90.6	351	60.1	436	74.7	263	45.0	512	87.7	81	13.9
145	88.4	74	45.1	102	62.2	59	36.0	140	85.4	14	8.5
158	84.9	99	53.2	118	63.4	62	33.3	157	84.4	23	12.4
144	87.8	66	40.2	107	65.2	65	39.6	138	84.1	18	11.0
149	88.2	82	48.5	126	74.6	78	46.2	156	92.3	16	9.5
264	88.3	176	58.9	185	61.9	115	38.5	257	86.0	36	12.0

附录2—2 续表 continued

指 标	Item	提供客户服务 Providing for Customer Service 数 量（个）number (unit)	占使用互联网企业的比重(%) The Proportion of Enterprises Using the Internet (%)
总 计	**Total**	**20142**	**47.0**
总计中：	**Of the Total:**		
内资企业	Domestic-funded	19573	46.8
国有企业	State-owned	224	44.2
集体企业	Collective-owned	33	28.7
股份合作企业	Cooperative	21	45.7
联营企业	Joint Ownership Enterprises	7	41.2
有限责任公司	Limited Liability Company	5099	46.1
股份有限公司	Share-holding Corporations Ltd.	540	58.3
私营企业	Private	13568	46.8
其他企业	Other	81	52.9
港、澳、台商投资企业	With Investment from Hong Kong, Macao and Taiwan	272	56.2
外商投资企业	With Foreign Investment	297	53.9
按行业分：	**Grouped by Sector**		
采矿业	Mining	98	33.2
制造业	Manufacturing	8813	51.1
电力、热力、燃气及水生产和供应业	Production and Supply of Electricity, Heat, Gas and Water	197	38.3
建筑业	Construction	1834	31.6
批发和零售业	Wholesale and Retail Trades	4142	50.9
交通运输、仓储和邮政业	Transport, Storage and Post	594	45.5
住宿和餐饮业	Hotels and Catering Services	910	46.0
信息传输、软件和信息技术服务业	Information Transmission, Software and Information Technology	450	69.8
金融业	Financial Intermediation		
房地产业	Real Estate	1752	40.6
租赁和商务服务业	Leasing and Business Services	532	51.1
科学研究和技术服务业	Scientific Research and Technical Services	307	52.6
水利、环境和公共设施管理业	Management of Water Conservancy, Environment	67	40.9
居民服务、修理和其他服务业	Services to Households, Repair and Other Services	94	50.5
教 育	Education	94	57.3
卫生和社会工作	Health and Social Service	100	59.2
文化、体育和娱乐业	Culture, Sports and Entertainment	158	52.8

拨打互联网电话或召开视频会议 Dial Internet telephone or Hold Video Conference		在线提供产品 Provide Online Product		发布消息或即时消息 Release Messages or Instant Messages		员工培训 Staff Training		对外或对内招聘 External or Interna Lrecruitment		其　他 Other	
数　量（个）number (unit)	占使用互联网企业的比重（%）The Proportion of Enterprises Using the Internet (%)	数　量（个）number (unit)	占使用互联网企业的比重（%）The Proportion of Enterprises Using the Internet (%)	数　量（个）number (unit)	占使用互联网企业的比重（%）The Proportion of Enterprises Using the Internet (%)	数　量（个）number (unit)	占使用互联网企业的比重（%）The Proportion of Enterprises Using the Internet (%)	数　量（个）number (unit)	占使用互联网企业的比重（%）The Proportion of Enterprises Using the Internet (%)	数　量（个）number (unit)	占使用互联网企业的比重（%）The Proportion of Enterprises Using the Internet (%)
11741	**27.4**	**8694**	**20.3**	**17940**	**41.9**	**17543**	**40.9**	**20011**	**46.7**	**10157**	**23.7**
11086	26.5	8439	20.2	17291	41.4	16919	40.5	19298	46.2	9906	23.7
178	35.1	82	16.2	268	52.9	250	49.3	209	41.2	138	27.2
10	8.7	8	7.0	26	22.6	31	27.0	16	13.9	33	28.7
9	19.6	5	10.9	20	43.5	19	41.3	17	37.0	14	30.4
4	23.5	3	17.6	8	47.1	5	29.4	7	41.2	5	29.4
3798	34.3	2167	19.6	5063	45.8	5170	46.7	5352	48.4	2643	23.9
451	48.7	306	33.0	571	61.7	543	58.6	589	63.6	250	27.0
6587	22.7	5841	20.2	11249	38.8	10813	37.3	13017	44.9	6765	23.3
49	32.0	27	17.6	86	56.2	88	57.5	91	59.5	58	37.9
300	62.0	131	27.1	311	64.3	299	61.8	319	65.9	118	24.4
355	64.4	124	22.5	338	61.3	325	59.0	394	71.5	133	24.1
59	20.0	27	9.2	97	32.9	98	33.2	89	30.2	64	21.7
4745	27.5	3924	22.8	7371	42.8	6630	38.5	8596	49.9	3725	21.6
276	53.7	53	10.3	279	54.3	310	60.3	236	45.9	110	21.4
1163	20.0	355	6.1	2205	38.0	2414	41.6	2582	44.5	1584	27.3
2188	26.9	2229	27.4	3097	38.0	3217	39.5	3317	40.7	1920	23.6
324	24.8	152	11.6	548	42.0	498	38.1	492	37.7	324	24.8
328	16.6	468	23.7	692	35.0	701	35.5	856	43.3	527	26.7
385	59.7	310	48.1	416	64.5	430	66.7	446	69.1	138	21.4
1381	32.0	640	14.8	1854	42.9	1927	44.6	1921	44.5	1046	24.2
326	31.3	197	18.9	511	49.0	492	47.2	545	52.3	261	25.0
240	41.1	108	18.5	340	58.2	329	56.3	374	64.0	171	29.3
53	32.3	30	18.3	84	51.2	78	47.6	88	53.7	46	28.0
41	22.0	28	15.1	83	44.6	76	40.9	85	45.7	49	26.3
58	35.4	36	22.0	94	57.3	100	61.0	98	59.8	58	35.4
68	40.2	33	19.5	110	65.1	107	63.3	125	74.0	59	34.9
106	35.5	104	34.8	159	53.2	136	45.5	161	53.8	75	25.1

附录3—1 各市工业废水排放及处理（2019年）
Discharge and Treatment of Industrial Waste Water by Region (2019)

地 区	Region	汇总工业企业个数（个） Number of Industrial Enterprises (unit)	工业废水排放总量（万吨） Total Volume of Waste Water Discharge (10000 tons)	#排入污水处理厂 Disperses into the Sewage Treatment Plants
总　计	**Total**	**7505**	**48265.30**	**22716.23**
合 肥 市	Hefei	674	5442.53	5432.06
淮 北 市	Huaibei	499	2035.36	728.28
亳 州 市	Bozhou	337	889.20	340.51
宿 州 市	Suzhou	368	2417.85	1106.03
蚌 埠 市	Bengbu	371	2321.46	1647.31
阜 阳 市	Fuyang	690	1925.68	864.66
淮 南 市	Huainan	163	3585.12	1830.03
滁 州 市	Chuzhou	656	3068.21	1533.49
六 安 市	Luan	359	1139.79	471.39
马鞍山市	Maanshan	512	9690.04	1274.94
芜 湖 市	Wuhu	733	3190.30	3137.40
宣 城 市	Xuancheng	954	2336.87	1562.67
铜 陵 市	Tongling	245	5513.49	786.22
池 州 市	Chizhou	328	781.15	474.20
安 庆 市	Anqing	373	2980.29	1032.83
黄 山 市	Huangshan	243	947.96	494.21

地 区	Region	工业废水中污染物排放量（吨） Total Volume Pollutant of Waste Water Discharge (ton)			废水治理设施数（套） Number of Facilities for Treatment of Waste Water (set)	废水治理设施处理能力（万吨／日） Handling Ability of Facilities for Treatmnent of Waste Water (10000cu.m/h)
		#化学需氧量 COD	#石油类 Petroleum	#氨氮 Ammonia & Nitrogen		
总　计	**Total**	**27970.27**	**343.87**	**1049.32**	**3247**	**901.14**
合 肥 市	Hefei	2289.59	77.20	83.27	411	43.09
淮 北 市	Huaibei	1453.10	4.86	29.53	170	28.30
亳 州 市	Bozhou	578.94	2.08	21.10	122	11.25
宿 州 市	Suzhou	2278.34	1.84	82.55	128	29.99
蚌 埠 市	Bengbu	915.04	24.37	25.85	156	19.35
阜 阳 市	Fuyang	2409.91	15.53	97.34	244	19.97
淮 南 市	Huainan	1446.50	4.97	69.51	98	89.11
滁 州 市	Chuzhou	2273.84	47.35	73.26	275	26.31
六 安 市	Luan	1347.35	6.81	23.21	151	11.14
马鞍山市	Maanshan	2736.12	19.35	116.28	272	338.76
芜 湖 市	Wuhu	2142.35	41.75	65.73	362	158.27
宣 城 市	Xuancheng	2370.00	17.10	72.84	358	18.84
铜 陵 市	Tongling	1540.70	23.82	89.55	111	38.44
池 州 市	Chizhou	1024.45	9.52	32.53	127	43.77
安 庆 市	Anqing	1531.16	46.03	96.04	165	20.00
黄 山 市	Huangshan	1632.87	1.29	70.72	97	4.54

注：2019年“汇总工业企业个数（个）”“废水治理设施（套）”“废水治理设施处理能力（万吨/日）”“废水治理设施运行费用（万元）”均为生态环境统计业务系统内数值，生态环境部未对该四项数据基于二污普进行动态更新。

a) In 2019, "total number of industrial enterprises", "waste water treatment facilities", "treatment capacity of waste water treatment facilities (ten thousand tons per day)" and "operating cost of waste water treatment facilities (ten thousand yuan)" are all values in the business system of ecological environment statistics. The Ministry of Ecology and Environment has not dynamically updated these four data based on the second pollution level.

附录3—2　各市工业废气排放及处理（2019年）
Emission and Treatment of Industrial Waste Gas by Region (2019)

地　区	Region	汇总工业企业个数（个）Number of Industrial Enterprises (unit)	工业废气治理设施数（套）Number of Facilities for treat-ment of Waste Gas (set)	工业二氧化硫排放量（吨）Volume of Sulphur Dioxide Emission by Industry (ton)	工业氮氧化物排放量（吨）Industrial Nitrogen Oxide Emissions (ton)	工业颗粒物排放量（吨）Industrial Particulate Emissions (ton)
总　计	**Total**	**7505**	**22408**	**148279.56**	**255250.73**	**548245.21**
合 肥 市	Hefei	674	2758	8266.68	16491.17	49220.47
淮 北 市	Huaibei	499	1462	10559.13	15112.22	21978.87
亳 州 市	Bozhou	337	471	6390.97	5904.46	9152.12
宿 州 市	Suzhou	368	1188	8134.67	7770.70	48600.32
蚌 埠 市	Bengbu	371	885	2755.25	5931.54	11097.35
阜 阳 市	Fuyang	690	1341	15828.43	10981.14	37148.83
淮 南 市	Huainan	163	645	17583.50	19317.99	57600.33
滁 州 市	Chuzhou	656	1506	7102.78	19844.18	43193.71
六 安 市	Luan	359	838	6111.86	6386.19	21424.40
马鞍山市	Maanshan	512	1911	12899.60	33118.62	48568.90
芜 湖 市	Wuhu	733	2419	12335.99	39511.65	57507.21
宣 城 市	Xuancheng	954	2636	11104.85	18230.06	41393.33
铜 陵 市	Tongling	245	1654	9094.41	26527.41	31497.26
池 州 市	Chizhou	328	1176	7625.44	19347.51	27326.76
安 庆 市	Anqing	373	1065	11158.25	9973.33	28949.01
黄 山 市	Huangshan	243	453	1327.75	802.55	13586.32

注：2019年“汇总工业企业个数（个）”“工业废气治理设施（套）”均为生态环境统计业务系统内数值，生态环境部未对该四项数据基于二污普进行动态更新。

a) In 2019, "total number of industrial enterprises" and "industrial waste gas treatment facilities (sets)" are all values in the ecological environment statistics business system, but the Ministry of Ecology and Environment has not dynamically updated these four data based on the second pollution level.

附录3—3 各市工业固体废物产生及处理利用（2019年）
Discharge, Treatment and Utilization of Industrial Solid Wastes by Region (2019)

地区	Region	汇总工业企业个数（个）Number of Industrial Enterprises (unit)	一般工业固体废物产生量（万吨）The Amount of General Industrial Solid Waste Generation (10000 tons)	危险废物产生量（万吨）The Amount of Hazardous Waste Generation (10000 ton)	一般工业固体废物综合利用量（万吨）The Amount of General Industrial Solid Waste Comprehensive Utilization (10000 ton)
总计	**Total**	**7505**	**16570.80**	**156.24**	**13229.92**
合肥市	Hefei	674	1349.71	3.65	962.28
淮北市	Huaibei	499	1428.49	13.58	1180.78
亳州市	Bozhou	337	489.02	10.03	428.87
宿州市	Suzhou	368	613.00	41.28	524.90
蚌埠市	Bengbu	371	383.98	0.57	347.06
阜阳市	Fuyang	690	597.08	3.72	438.26
淮南市	Huainan	163	2616.47	12.10	1923.57
滁州市	Chuzhou	656	515.41	0.86	389.68
六安市	Luan	359	1489.02	31.36	1311.16
马鞍山市	Maanshan	512	2413.93	4.11	1937.97
芜湖市	Wuhu	733	781.52	2.53	559.86
宣城市	Xuancheng	954	653.75	5.95	556.74
铜陵市	Tongling	245	1611.25	12.72	1241.12
池州市	Chizhou	328	1079.27	4.98	972.82
安庆市	Anqing	373	497.27	6.34	412.92
黄山市	Huangshan	243	51.62	2.46	41.92

地区	Region	危险废物综合利用处置量（万吨）Quantity of Comprehensive Utilization and Disposal of Hazardous Waste (10000 ton)	一般工业固体废物贮存量（万吨）The Amount of General Industrial Solid Waste Storage (10000 tons)	一般工业固体废物处置量（万吨）The Amount of General Industrial Solid Waste Disposal (10000 tons)
总计	**Total**	**147.65**	**598.57**	**1571.88**
合肥市	Hefei	3.39	267.89	16.94
淮北市	Huaibei	12.61	18.70	159.46
亳州市	Bozhou	9.49	16.61	9.80
宿州市	Suzhou	39.74	0.08	33.33
蚌埠市	Bengbu	0.55	0.39	4.63
阜阳市	Fuyang	3.47	3.22	91.12
淮南市	Huainan	11.86	30.16	528.88
滁州市	Chuzhou	0.79	0.13	49.84
六安市	Luan	29.82	12.65	10.57
马鞍山市	Maanshan	3.85	87.30	198.69
芜湖市	Wuhu	2.41	1.26	119.57
宣城市	Xuancheng	5.16	18.30	23.60
铜陵市	Tongling	11.82	132.08	250.69
池州市	Chizhou	4.58	9.08	61.43
安庆市	Anqing	5.80	0.29	12.32
黄山市	Huangshan	2.31	0.44	1.00

注：除“一般工业固体废物贮存量（万吨）”数据国家未予以更新外，其余数据国家以二污普数据为基数进行了动态更新。

a) The data of "general industrial solid waste storage volume (ten thousand tons)" have not been updated, and the data of other countries have been updated dynamically based on the general pollution data.

中国统计出版社有限公司最新图书简目

(仅供参考,以实际出版为准)

统计资料

中国统计年鉴 中国统计摘要 中国第三产业统计年鉴
中国第三次全国农业普查综合资料 国际统计年鉴 金砖国家联合统计手册
中国-东盟国家统计手册 中国农村统计年鉴 中国县域统计年鉴
中国农产品价格调查年鉴 中国城市统计年鉴 中国价格统计年鉴
中国贸易外经统计年鉴 中国零售和餐饮连锁企业统计年鉴 中国商品交易市场统计年鉴
大中型批发零售和住宿餐饮企业统计年鉴 中国住户调查年鉴 中国工业统计年鉴
中国环境统计年鉴 中国能源统计年鉴 中国建筑业统计年鉴
中国房地产统计年鉴 中国投资领域统计年鉴 长江经济带发展统计年鉴
中国人口和就业统计年鉴 中国劳动统计年鉴 中国社会统计年鉴
中国科技统计年鉴 中国高技术产业统计年鉴 全国企业创新调查年鉴
中国文化及相关产业统计年鉴 中国妇女儿童状况统计资料 中国青年发展状况统计年鉴
中国基本单位统计年鉴 中国教育统计年鉴 中国教育经费统计年鉴
中国民族统计年鉴 中国残疾人事业统计年鉴 中国电力统计年鉴

省级综合统计年鉴系列

北京 天津 河北 山西 内蒙古 辽宁 吉林 黑龙江 上海 江苏 浙江 安徽 福建 江西 山东 河南 湖北 湖南
广东 广西 海南 重庆 四川 贵州 云南 西藏 陕西 甘肃 青海 宁夏 新疆 新疆生产建设兵团

市(县)级综合统计年鉴系列

滨海新区 石家庄 唐山 邯郸 邢台 保定 承德 沧州 衡水 太原 大同 晋城 晋中 长治 忻州 朔州 临汾 运城
阳泉 吕梁 呼和浩特 包头 鄂尔多斯 赤峰 大连 长春 四平 延吉 延边 哈尔滨 齐齐哈尔 黑龙江垦区 浦东新区
南京 无锡 徐州 常州 苏州 南通 淮安 盐城 扬州 镇江 宿迁 江阴 丹阳 海门 张家港 通州 如东 杭州 宁波
绍兴 台州 温州 金华 嘉兴 湖州 丽水 舟山 合肥 安庆 福州 厦门 漳州 宁德 龙岩 莆田 泉州 三明 南平 思明
南昌 上饶 抚州 赣州 九江 景德镇 宁都 济南 青岛 枣庄 潍坊 聊城 郑州 洛阳 三门峡 南阳 商丘 平顶山
信阳 济源 武汉 宜昌 十堰 荆州 荆门 咸宁 黄冈 长沙 广州 东莞 惠州 深圳 汕尾 珠海 南宁 桂林 柳州
防城港 贵港 梧州 玉林 钦州 海口 三亚 儋州 成都 贵阳 毕节 黔南 昆明 文山 德宏 西安 安康 延安 汉中
渭南 商洛 榆林 银川 兰州 庆阳 乌鲁木齐

调查年鉴系列

天津 内蒙古 上海 河南 湖北 湖南 广西 重庆 四川 云南 甘肃 宁夏 南宁 桂林 贵港 昆明

统计方法应用/实用手册

Python数据分析基础（第二版） 非参数统计（第五版） 现代金融投资统计分析（第四版）
国民经济核算初级教程（第二版） 国民经济核算教程（第五版） 概率统计基础
全国统计专业技术资格考试系列考试用书: 统计业务知识（第四版修订版） 统计业务知识学习指导与习题
全国统计专业技术资格考试系列考试用书: 统计相关知识（第四版） 统计相关知识学习指导与习题

统计通俗读物/统计科普图书

领导干部统计知识问答（第二版） 统计公文写作及会议办理实用手册 大数据在统计工作中的应用案例汇编
中国国民经济核算知识问答（修订版） 地区生产总值核算国际比较研究 新中国统计制度方法的发展与改革

重点图书

第七次全国人口普查年鉴 第四次全国经济普查地图集 中国经济普查年鉴2018
新编英汉汉英统计大词典 中国国民经济核算体系2016 国民经济行业分类注释
挑大学选专业2020—考研择校指南 挑大学选专业2020—高考志愿填报指南 中华医学统计百科全书